DEUTSCHLANDS NEUE AGENDA

DEUTSCHLANDS NEUE AGENDA

Die Transformation von Wirtschaft und Staat in eine klimaneutrale und digitale Gesellschaft

Econ

Alles muss neu gedacht werden

Vorwort der Herausgeber

Europa will der erste klimaneutrale Kontinent der Welt werden. Bis 2050 sollen alle Bereiche der Wirtschaft, der Staat selbst und die Lebensweise der Menschen klimaneutral sein. Deutschland geht noch einen Schritt weiter und will das Ziel bereits fünf Jahre früher erreichen, also 2045. Während die Pläne in der Bundesrepublik bereits verbindlichen Charakter haben, bedürfen die Vorschläge der EU-Kommission noch der Zustimmung aller Mitgliedstaaten und des Europäischen Parlaments.

Eine grundsätzliche Veränderung ist indes nicht mehr zu erwarten. Es geht also nicht mehr um die Frage, ob die Transformation stattfindet, sondern darum, wie sie abläuft. In Europa beginnt ein Wettlauf gegen die Zeit, um die ambitionierten Vorgaben in praktische Politik umzusetzen.

Damit sind große Aufgaben verbunden, aber auch enorme Chancen, denn klimaneutrales Wirtschaften kann der Kern einer zukunftsfesten Wettbewerbsfähigkeit Europas werden. Zudem wird weltweit immer deutlicher: Ohne Klimaschutz erodieren Wohlstand, Stabilität und Freiheit. Europa kann Vorreiter einer Wirtschaft und Gesellschaft sein, die die Realitäten des Erdsystems ernst nimmt. Wenn wir es richtig anfangen, werden sich viele daran orientieren, auch in den USA und China.

Eine klimaneutrale Wirtschaft und Gesellschaft erfordern völlig neue Strukturen, etwa in der Produktion, im Verkehr, in der Energieversorgung, in der Landwirtschaft oder beim Wohnungsbau. Die Versorgung mit Strom aus erneuerbaren Quellen in ganz Europa sowie neue europäische und globale Energiepartnerschaften werden die Grundlage unseres Wirtschaftens bilden. CO_2-Bepreisung auf europäischer Ebene, eine grundlegende Reform von Steuern, Abgaben und Umlagen, der konsequente Aufbau von Infrastrukturen für den Energietransport, die Mobilität sowie im Bereich der Digitalisierung, eine Forschungsstrategie und die Weiterentwicklung der globalen Kooperation beim Klimaschutz müssen die Grundlage für die Transformation in Deutschland und Europa bilden.

Transformation braucht Akzeptanz

Die Innovationskraft der Industrie wird es möglich machen, gesellschaftlichen Wohlstand mit nachhaltigem Wirtschaften zu verbinden. Das schafft Perspektiven für die Menschen und damit Akzeptanz für die Transformation. Denn in unserer demokratisch verfassten Gesellschaft ist es zentral, dass die Bürgerinnen und Bürger bereit sind, den Weg in Richtung Klimaneutralität im persönlichen Alltag mitzugehen.

In Europa hat die Klimabewegung der jungen Generation die öffentliche Debatte geprägt und so für ambitionierte politische Beschlüsse gesorgt, die nun festschreiben, was die Wissenschaft seit Langem fordert. Der jüngste Bericht des Weltklimarates hat in diesem Sommer noch einmal betont, wie nah der Globus an die Kipppunkte des Erdsystems herangerückt ist. Es drohen irreversible und sich wechselseitig beschleunigende Kettenreaktionen, die menschliches Leben an vielen Orten der Welt unmöglich machen und soziale und politische Verwerfungen auslösen können, die wir bislang nur aus düsteren Hollywoodfilmen kennen.

Nicht zu handeln heißt eben nicht, dass alles so bleibt, wie es ist. Wenn wir in Europa und weltweit die Transformation zur Klimaverträglichkeit weiter verzögern, wird ein gefährlicher Erdsystemwandel die Folge sein. Wir müssen handeln. Und zwar schnell.

Kraftakt und Chance für Europa

Was also ist zu tun in Deutschland, einem der führenden Industrieländer der Welt? Das Land braucht eine völlig neue Agenda, um eine grundlegende Veränderung der Produktions- und Lebensweise innerhalb eines demokratischen Gemeinwesens wirtschaftlich erfolgreich, sozial ausgewogen und rechtzeitig umzusetzen. Was für eine Verantwortung für alle politisch Handelnden in den Parlamenten und Regierungen der Kommunen, der Länder und im Bund! Was für eine Aufgabe für die europäischen Institutionen Rat, Kommission und Parlament! Und was für ein Kraftakt, aber eben auch Chance für die Europäische Union! Europa und vor allem Deutschland müssen nun zeigen, dass sie nicht nur beschließen, sondern auch liefern können. Es bleiben 25 Jahre, eine wahrlich kurze Zeit.

Das Klima hat einen großen potenziellen Verbündeten, der den Wandel weltweit beschleunigt: die Digitalisierung. Sie bildet den Hebel, über den die notwendigen Veränderungen in kurzer Zeit realisiert werden können. Intelligente Netze, vernetzte Unternehmen, smarter Verkehr und maximal effiziente Versorgung – all das ist möglich mit und durch Digitalisierung. Aus guten Gründen sprechen wir von einer »Industrie 4.0«, deren technologische Dynamik den Wandel hin zur Klimaneutralität rasant beschleunigen kann und muss. Denn es ist gerade die Industrie, von der Deutschland lebt und durch deren Transformation wir nun zeigen müssen, dass die Menschen keine Angst vor der Umstellung auf eine klimaneutrale Produktions- und Lebensweise zu haben brauchen.

Wir sind zu Recht stolz auf unsere demokratische Tradition und die Legitimation politischer Entscheidungen durch rechtsstaatliche Garantien und Verfahren. Das klimaneutrale Europa wird nur dann ein Exportschlager für den Rest der Welt, wenn die Bevölkerung alle Veränderungen mitträgt, weil wir zeigen können, dass Klimaschutz Schaden von unseren Gesellschaften abwendet, unsere wirtschaftliche Leistungsfähigkeit steigert und zugleich einen Zuwachs an Lebensqualität ermöglicht.

Gemeinsam wird die Transformation gelingen

Sieben Herausgeberinnen und Herausgeber haben sich zusammengetan, um gemeinsam mit 50 CEOs, Wissenschaftlerinnen und Praktikern alle wichtigen Bereiche der Transformation zu beleuchten und die vielen Fortschritte auf dem Weg zu illustrieren. Das Herausgeberteam vertritt die Überzeugung, dass die Transformation von vielfältigen Kräften unserer Gesellschaft vorangetrieben werden muss. Klimaschutz ist wie Demokratie: Wir müssen uns alle gemeinsam dafür einsetzen, dass sie gelingt.

Die Transformation ist bereits in vollem Gange. Die Beiträge dieses Bandes beschreiben, was heute schon geschieht und was in den nächsten Jahren und Jahrzehnten bis zur Klimaneutralität noch geschehen muss und wie Politik, Wissenschaft, Gesellschaft und Verwaltung dabei zusammenwirken müssen.

Das Spektrum der Branchen ist weit gespannt, wenn auch nicht vollständig. Es reicht von der Stahlbranche bis zur Automobilindustrie, vom Messewesen bis zur Ernährungsindustrie, von der Touristik bis hin zur öffentlichen Verwaltung. Die Bitte an die Autorinnen und Autoren, gemeinsam mit dem Herausgeberteam Deutschlands neue Agenda zu beschreiben, traf auf große Mitwirkungsbereitschaft, für die wir uns an dieser Stelle ausdrücklich bedanken.

Alle Beiträge beantworten dieselben Fragen: Was bedeuten die Klimaziele für die Transformation, welche Rolle spielt die Digitalisierung auf diesem Weg, und was braucht es seitens des Staates und anderer Sektoren, um den Weg frei zu machen?

Wo wir stehen und was als Nächstes geschehen muss
Die Autorinnen und Autoren blicken kenntnisreich in die Werkstätten der Transformation und halten die Aufgabe des 21. Jahrhunderts für machbar, wenn das Zusammenspiel aller Bereiche gut organisiert wird. Querschnittsbeiträge skizzieren die Abhängigkeiten und Wirkzusammenhänge verschiedener Sektoren, Branchenbeiträge beschreiben das konkrete Handlungsfeld in einem Sektor. Gemeinsam legen sie eine Roadmap für die Parlamente und Regierungen der nächsten Jahrzehnte vor.

Die Herausgeber machen sich nicht alle Sichtweisen und Forderungen der Autorinnen und Autoren in Gänze zu eigen. Wir wollen den produktiven und kreativen Disput über die besten Lösungen, solange sie ernsthaft dem großen Ziel verpflichtet sind. Vordergründige Veränderungsbehauptungen ohne echte Transformation lehnen wir ab. Denn wir alle sind uns einig in der Überzeugung, dass Politik, Wirtschaft und Wissenschaft, unsere Bürgergesellschaft, Konsumenten und Familien die große Aufgabe der Transformation in

eine klimaneutrale Gesellschaft anpacken und schaffen müssen. Und können.

Wie das gelingt, darum geht es diesem Band. Unser Dank gilt der Unternehmensberatung Roland Berger, die die Umsetzung dieser umfassenden Zusammenschau ermöglicht hat. Außerdem danken wir Anette von Löwenstern (Projektmanagement und Redaktion), Robert Pitterle (Lektorat) und Hannes Schulze (Grafik), ohne deren professionelle Unterstützung dieses zeitlich ambitioniert angelegte Projekt nicht umsetzbar gewesen wäre. Der daraus entstandene und nun vor Ihnen liegende Band ist ausreichend groß und sperrig, um nicht im Regal zu verschwinden, denn da gehört er nicht hin. »Deutschlands Neue Agenda« soll auf dem Tisch liegen, um gelesen und umgesetzt zu werden.

Berlin im September 2021

Die Herausgeberinnen und Herausgeber:

PROF. DR. VERONIKA GRIMM, *Mitglied des Sachverständigenrates zur Begutachtung der gesamtwirtschaftlichen Entwicklung*

DR. JOACHIM LANG, *Hauptgeschäftsführer des Bundesverbands der Deutschen Industrie e. V. (BDI)*

PROF. DR. DIRK MESSNER, *Präsident des Umweltbundesamtes (UBA)*

DIRK MEYER, *Abteilungsleiter im Bundesministerium für Umwelt, Naturschutz und nukleare Sicherheit (BMU)*

DR. LUTZ MEYER, *Kommunikationschef des Verbandes der Automobilindustrie (VDA) sowie Inhaber der Kommunikationsberatung Lutz Meyer & Company*

DR. SIGRID NIKUTTA, *Vorstand Güterverkehr der Deutschen Bahn AG und Vorstandsvorsitzende der DB Cargo AG*

STEFAN SCHAIBLE, *Global Managing Partner Roland Berger*

Inhalt

Die Website zum Buch

www.deutschlands-neue-agenda.de

Mit allen Beiträgen und Grafiken zum Teilen

GRAFISCHE DARSTELLUNGEN

Klimaschutz und Digitalisierung: Die zwei großen Aufgaben

»Die Klimapolitik der nächsten Bundesregierung muss einen Rahmen setzen, in dem klimaschützendes Handeln leichtfällt und zum Mitmachen anregt – in allen Sektoren.«

Weichenstellungen für den Klimaschutz in den nächsten zwei Legislaturperioden

Von Antje Boetius, Ottmar Edenhofer und Dirk Messner

Der im August 2021 erschienene Sechste Sachstandsbericht des Weltklimarats (IPCC) zur Funktion des Klimasystems der Erde zeigt eindeutig, wie empfindlich Klima und Natur auf Treibhausgasemissionen reagieren. Er analysiert auf Basis aktueller wissenschaftlicher Erkenntnisse, welchen Pfad die Menschheit beschreiten muss, um Klimastabilität zu erreichen[1]. Nur ein dauerhafter CO_2-Gehalt der Atmosphäre deutlich unter 450 ppm kann die globale Erwärmung auf unter zwei Grad begrenzen und Bedingungen schaffen, die das Kippen des Erdsystems verhindern und den irreversiblen Verlust an Lebensraum für Mensch und Natur begrenzen.

Um auf diesen Entwicklungspfad zu kommen, müssen die Treibhausgasemissionen weltweit pro Dekade halbiert und bis etwa Mitte des Jahrhunderts Richtung null reduziert werden. Das ist machbar, erfordert aber entschlossenes Handeln in vielen interagierenden Bereichen. Wir stellen acht zentrale Weichen für neue Formen zielorientierter, reflexiver Zusammenarbeit und Steuerung in den Mittelpunkt der Aktionen in den 2020er-Jahren.

Internationale Kooperation fördern und Wettbewerbsfähigkeit sichern

Weichenstellung 1 – internationale Kooperation für Klimaschutz und zur Sicherung der Wettbewerbsfähigkeit rasch voranbringen[2]: China, die USA und die Europäische Union sind die größten Emittenten von CO_2 und insgesamt für die Hälfte der globalen CO_2-Emissionen verantwortlich. Ein großer Schritt wäre getan, wenn sich diese drei Hauptemittenten auf einen Mindestpreis für CO_2 einigen würden, der mit der Zeit steigt. Nähme man Indien, Russland und Japan in diese Verhandlungen auf, wären bereits zwei Drittel der globalen Emissionen erfasst. Ergänzend zum CO_2-Mindestpreis könnte eine ausgleichende Importabgabe für besonders kohlenstoffintensive Produkte wie Stahl und Aluminium für jene Länder eingeführt werden, die keinen CO_2-Preis erheben. So kann die internationale Wettbewerbsfähigkeit der energieintensiven Industrien gesichert werden. Es wäre zudem ein zusätzlicher Anreiz für die exportierenden Länder, selbst einen CO_2-Preis einzuführen. Das Niveau des Mindestpreises kann dabei am Anfang niedrig sein, damit das Instrument als Hebel der internationalen Kooperation erst einmal etabliert wird. In

späteren Verhandlungsrunden würde dann schrittweise ein Anheben folgen. Maßgeblich für die Effektivität dieser Maßnahmen ist die Mitwirkung der großen Emittenten. Politisches Kapital muss daher verstärkt und schnell in internationale Kooperation investiert werden, damit eine Vorreiterallianz für den Umbau der Weltwirtschaft entsteht.

Inzwischen keimt Hoffnung auf, dass Verhandlungen über Mindestpreise auf internationaler Ebene bald Wirklichkeit werden. Dazu haben mehrere Entwicklungen beigetragen: die ambitionierte Politik und die bereits gelegten Fundamente in der EU, die Rückkehr der USA zum Pariser Abkommen, der von US-Präsident Joe Biden einberufene Leaders' Summit on Climate im April 2021 und der sich formierende G3-Klimaklub aus den USA, der EU und China. Ärmeren Ländern könnte durch Mittel aus dem Green Climate Fund oder multilateralen Investmentfonds die Teilnahme erleichtert werden. Der Green Climate Fund könnte sogenannten Entwicklungsländern, in deren Energiesystem immer noch die Kohlenutzung dominiert, zinsvergünstigte Kredite anbieten oder sie beim Aufbau eines erneuerbaren Energiesystems unterstützen. Im Gegenzug müssten sich die empfangenden Länder verpflichten, den Ausstieg aus der Kohle einzuläuten und CO_2-Preise einzuführen. Dabei bleibt für den einzelnen Staat offen, ob dies durch eine Steuer oder durch einen Emissionshandel erreicht wird, der ebenfalls um einen Minimumpreis ergänzt werden kann.

Dem Verlust natürlicher Kohlenstoffsenken sofort entgegensteuern

Berechnet man das verbleibende Kohlenstoffbudget, bis die Erderwärmung 2 °C überschreitet, so spielen die Rückkopplungen der Natur bei der schon jetzt erheblichen Erwärmung der Landflächen um 1,6 °C und der Ozeane um 0,9 °C[3] eine wichtige Rolle und steigern die Unsicherheit. Die Natur steuert wesentlich die CO_2- und Methanemissionen und das verbleibende Kohlenstoffbudget: Pflanzen und Ozeane nehmen CO_2 aus der Atmosphäre auf und speichern es vorübergehend. Mikroorganismen wiederum nutzen und oxidieren Methan aus den Böden an Land und im Meer, bevor es in die Atmosphäre gelangt.

Kleines CO$_2$-Budget für das 1,5-Grad-Ziel

Je kleiner das global verbleibende CO$_2$-Budget gehalten wird, desto größer ist die Wahrscheinlichkeit, dass sich die Erderwärmung noch auf 1,5 °C begrenzen lässt. Das bedeutet: Nur mit einer schnellen und drastischen Reduktion der globalen CO$_2$-Emissionen in Richtung null ist es möglich, die Klimaziele zu erreichen. (Geschätztes verbleibendes CO$_2$-Budget ab 2020, Emissionen 2021 mit 2019 vergleichbar angesetzt, Grafik von Glen Peters, Daten aus dem Sechsten Sachstandsbericht des Weltklimarats[4])

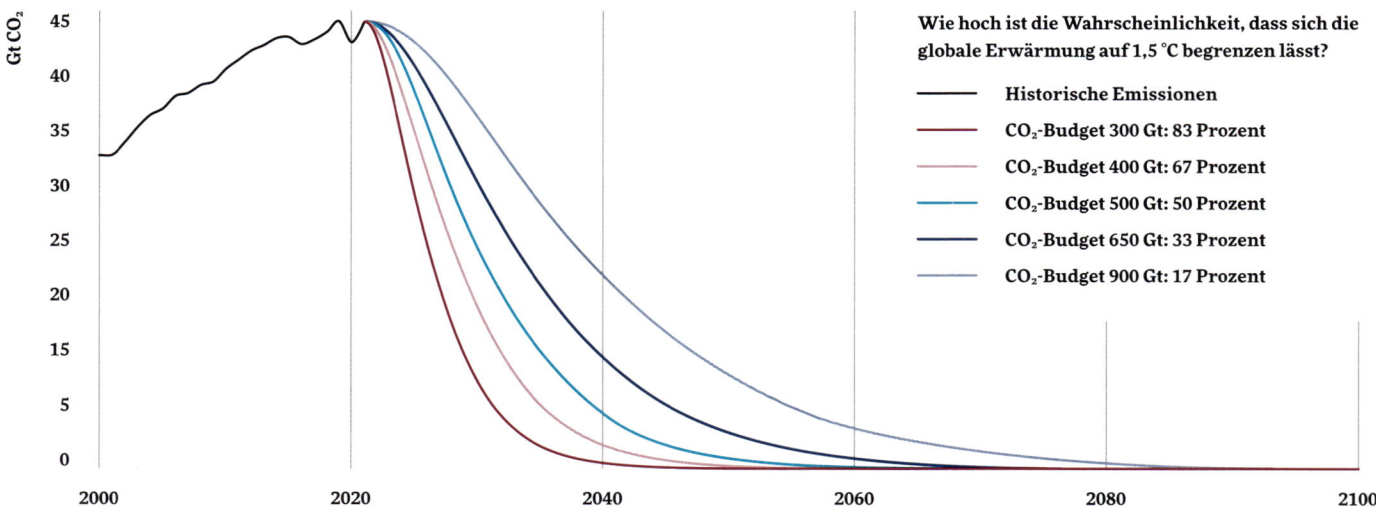

Wie hoch ist die Wahrscheinlichkeit, dass sich die globale Erwärmung auf 1,5 °C begrenzen lässt?

— Historische Emissionen
— CO$_2$-Budget 300 Gt: 83 Prozent
— CO$_2$-Budget 400 Gt: 67 Prozent
— CO$_2$-Budget 500 Gt: 50 Prozent
— CO$_2$-Budget 650 Gt: 33 Prozent
— CO$_2$-Budget 900 Gt: 17 Prozent

Noch nehmen Land und Ozean relativ gleichbleibend 56 Prozent der CO$_2$-Emissionen auf[5], wobei Land und Ozean im Durchschnitt etwa jeweils die Hälfte dazu beitragen. Der gemeinsame Bericht von IPCC und IPBES[6], der neue IPCC-Sachstandsbericht, das Global Carbon Project und neue Forschungsergebnisse zeigen aber, dass weitere CO$_2$-Emissionen, die Erderwärmung und verschiedene Nutzungsformen die relativen Leistungen der Natur als CO$_2$-Senke deutlich abschwächen könnten.

Weichenstellung 2 – Naturschutz und Klimaschutz müssen gemeinsam geplant und institutionalisiertes Monitoring, Restoration und Regulation müssen erheblich ausgebaut werden: Die Leistungen natürlicher Kohlenstoffsenken – zum Beispiel der Primärwälder, Moore und Küstenvegetation – müssen schnell und massiv ausgebaut werden. Denn in der Berechnung des verbleibenden Treibhausgasbudgets zählen wir auf sie. Globales Umweltmonitoring zeigt: Die mittlerweile etwa 15 Prozent geschützten Landflächen nehmen aufgrund von Nutzung, aber auch durch bereits wirksame Effekte der Erderwärmung weniger Treibhausgase auf. Böden, Wälder und Küsten können vor allem durch Hitze zu Quellen statt zu Senken für Kohlenstoff werden, aber auch extreme Regenfälle führen zu Erosion und vermindern die Naturleistung. Da die für die nachhaltige CO$_2$-Speicherung verantwortlichen Ökosysteme sehr langsam wachsen, werden langfristige und verlässliche Strategien sowie Förderungen für das Monitoring, den Schutz und die Restoration von Landflächen benötigt.

Beispielsweise lassen sich mithilfe von Satelliten und Drohnen Zustandsveränderungen von Land- und Meeresflächen sowie der Kohlenstoffflüsse global erfassen. Ziel ist dabei, die Wirksamkeit von Regulationen und Maßnahmen zu verbessern sowie das verbleibende Kohlenstoffbudget einschließlich der Nicht-CO$_2$-Treibhausgase genauer zu bestimmen. Entsprechende Technologien stehen grundsätzlich zur Verfügung, werden aber international noch nicht systematisch und auf der Grundlage gemeinsamer Standards und Regeln eingesetzt. Es wäre möglich und bezahlbar, etwa über die CO$_2$-Bepreisung, durch eine Verzahnung von globalem und lokalem Monitoring sowie die Pflege von Natur und Artenvielfalt den gegenwärtigen Verlusten entgegenzusteuern. Entsprechende Schutz- und Restorationskonzepte würden gleichzeitig erheblich zum Klimaschutz[7] wie auch zum Artenschutz und zur Wertschätzung der Natur beitragen. Lösungen sollen unter anderem in der gerade begonnenen »UN-Dekade für die Wiederherstellung von Ökosystemen« erarbeitet werden. Während die EU unter anderem das Ziel unterstützt, 2030 schon 30 Prozent der globalen Landfläche in geschützte Natur verwandelt zu haben, sind die bereits geschützten 15 Prozent Landfläche immer größerem Druck ausgesetzt. Hier sind deutliche politische Kraftanstrengungen notwendig.

Über die Entwicklung der natürlichen CO_2-Quellen und -Senken, auch der Nicht-CO_2-Treibhausgase, ihre Klimaempfindlichkeit, über die Lösung von Zielkonflikten in Klima- und Naturschutz sowie die Nutzungskonzepte bestehen große Unsicherheiten. Diese müssen mithilfe nationaler und internationaler Forschungsprogramme angegangen werden. In der Berechnung des verbleibenden Kohlenstoffbudgets wird dabei grundsätzlich kalkuliert, dass die Pflanzen, Böden und Gewässer nicht bewirtschafteter Naturflächen mehr CO_2 aufnehmen können, wenn mehr emittiert wird. Eine Kompensation von fossilen Energien oder ein Offset von nationalen und internationalen Emissionszielen mit Anrechnung dieser natürlichen CO_2-Senken ist daher abzulehnen.

Emissionsreduktion allein genügt nicht – Kohlendioxid aus der Atmosphäre zurückholen

Preise und Förderungen zum klimaverträglichen Umbau der Wirtschaft werden die Senkung der Treibhausgasemissionen beschleunigen. Alle Szenarienrechnungen zeigen, dass die wichtigste Stellschraube die rasche Dekarbonisierung des Stromsektors in den nächsten Dekaden ist und wir dazu einen frühzeitigen weltweiten Kohleausstieg benötigen. Die Transformation des Verkehrs- und Wärmesektors kann durch eine starke Elektrifizierung vorangetrieben werden. Die bis 2050 unvermeidbaren Emissionen, etwa bei industriellen Prozessen, müssten durch Rückholung von CO_2 (negative Emissionen) ausgeglichen werden, damit das bis dahin verbleibende Kohlenstoffbudget für einen Atmosphärengehalt an CO_2 deutlich unter 450 ppm eingehalten wird. Dabei spielen auch andere Treibhausgase eine wichtige Rolle für den Klimaschutz. Eine Klimastabilität bis Mitte des Jahrhunderts lässt sich also nur erreichen, wenn deutlich mehr CO_2 aus der Atmosphäre zurückgeholt wird (*carbon dioxide removal*, CDR), als es die Natur derzeit leisten kann[8,9]. Es muss daher Maßnahmen geben, die das Kohlenstoffbudget stabilisieren.

Weichenstellung 3 – global die Transformation der Land-, Forst- und Fischereiwirtschaft stärken, um Klima- und Artenschutz sowie menschliche Ernährung und Entwicklung zu sichern: Die Agrarwirtschaft und andere Formen der Landnutzung waren in der jüngsten Dekade nur noch für circa 14 Prozent der globalen Emissionen

verantwortlich[10], doch dieser Anteil wird wieder steigen. Land- und Ozeanmanagement braucht künftig faire und nachhaltige Geschäftsmodelle. Denn es muss zum einen den Schutz von Klima, Natur und Gesundheit belohnen und zum anderen regional die sozioökonomische Entwicklung fördern und dabei die Rechte von Menschen verschiedener Kulturen berücksichtigen[11]. Dafür müssen die Konflikte zwischen Klima- und Naturschutz auf der einen und Energie- und Ernährungsbedarfen auf der anderen Seite in der Land- und Meeresnutzung gelöst werden[12]. Die Biosphäre ist schon heute durch menschliche Aktivitäten so schwer beschädigt, dass sie ihre Aufgaben immer weniger erfüllen kann: das Klima und die Biodiversität zu schützen, Energie bereitzustellen und mehr Menschen zu ernähren[13]. Basierend auf internationaler Zusammenarbeit und unter Beachtung der Menschenrechte muss weltweit in die Stärkung und schonende Nutzung von Land und Meer investiert werden. Dabei gilt es, nicht nur ihre Produktivität, sondern auch ihre Methan- und Kohlendioxid-Speicherkapazität sowie ihre Biodiversität und damit Resilienz zu erhöhen. Das kann viele Arbeitsplätze schaffen und viele andere Vorteile wie Gesundheitsförderung und qualitativ hochwertige Nahrungsmittel bieten.

Die Senkenfunktionen der genutzten, bewirtschafteten Natur zu stärken bedeutet nicht, dass CO_2-Emissionen der Industrie oder der CO_2-Fußabdruck eines Produkts mit der CO_2-Speicherung eines Waldes anderswo verrechnet werden dürfen. Ebenso wenig dürfen nationale Emissionsziele um die CDR-Leistung der eigenen Land- oder Meeresfläche geschmälert werden. Denn erst dann, wenn erhebliche Flächen für CDR-Leistungen dazugewonnen wären, könnten diese auf die Klimaziele einzahlen. Theoretisch gäbe es reichlich Landflächen für den integrierten Klima- und Biodiversitätsschutz, wenn dafür weltweit ökologisch wirksame, ökonomisch tragfähige und faire Geschäftsmodelle entwickelt würden. Diese Herausforderung anzugehen ist eine zentrale Aufgabe internationaler Klima- und Artenschutzkooperation.

In den Meeren muss das Management von Naturleistungen ebenfalls dringend angegangen werden. Die seit dem vorigen Jahrhundert zusammenbrechenden Bestände großer planktonfressender Wale, die Überfischung und Übernutzung der Küsten sowie die Ozeanerwärmung verringern die Kapazität für die Rückholung von CO_2 aus der Atmosphäre. Küstenvegetation wie Mangroven, Seegras oder Kelpwälder können schnell sehr viel CO_2 binden, aber ihre Bestände gehen zurück. Algen könnten als Biomaterialien in Kreislaufwirtschaften dienen oder als Futter und Düngemittel sowie als Kohlenstoffsenke. Noch fehlt es aber an internationaler Forschung und Investition, um die Unterwasserwälder zu bewirtschaften. Dadurch könnte allerdings ein relevanter Beitrag zur Emissionsreduktion und zum Artenschutz geleistet werden. Zudem könnten Arbeitsplätze rund um die Küsten entstehen.

Land- und Ozeanmanagement braucht faire und nachhaltige Geschäftsmodelle.

Auch Land-, Forst- und Fischereiwirtschaft erfordern ein Flächenmanagement, damit CO_2 zurückgeholt werden kann. Einerseits sind diese Bereiche vom Klimawandel besonders bedroht, andererseits sollen sie künftig mehr Menschen ernähren und selbst zum Klimaschutz beitragen. Dafür müsste die Kreislaufwirtschaft viel stärker in die Agrar-, Forst- und Ernährungswirtschaft eingehen und gefördert werden. Das erfordert auch innovatives Wasser- und Nährstoffmanagement sowie die Stärkung kohlenstoffspeichernder Böden an Land und im Meer. Verbesserungen des Rechtsrahmens für eine integrierte Agrar-, Forst- und Umweltpolitik sind ebenso notwendig wie eine praxisnahe Förderung klima- und umweltfreundlicher Praktiken und Produkte. Die Subventionen von umwelt- und klimaschädlichen Verfahren müssen dagegen stark zurückgefahren werden.

Insbesondere die Agrarproduktion verursacht nicht nur einen signifikanten Anteil an Treibhausgasemissionen, sie beeinträchtigt auch durch den Biodiversitätsverlust, die Eutrophierung von Gewässern oder den Antibiotikaeinsatz in der Tierhaltung das Allgemeinwohl. Die Kosten zur Schadensbegrenzung dieser Externalitäten werden derzeit auf die Allgemeinheit abgewälzt und nicht etwa durch einen CO_2-Preis oder eine Lenkungssteuer an die Verursachenden zurückgegeben. Eine Bepreisung von Treibhausgasemissionen in der Landwirtschaft würde nicht nur die Emissionen reduzieren, sondern auch den Stickstoffeintrag und den Einsatz von Antibiotika verringern. Diese Internalisierung der Kosten setzt Anreize für Konsumierende und Produzierende.

Auch die Gemeinsame Agrarpolitik (GAP) der europäischen Landwirtschaft muss entsprechend reformiert werden und maßgeblich dazu beitragen, den Übergang zu einer nachhaltigen Agrarproduktion zu bewerkstelligen. Im »Fit for 55«-Paket des »European Green Deal« sind Ziele bis 2035 für die Landnutzung einschließlich der Forstwirtschaft vorgegeben – damit soll die kreislauforientierte Nutzung natürlicher Ressourcen befördert werden. Diese Ziele brauchen aber eine umfassende Bewertung ihrer Gesamtwirkung auf CO_2- und Nicht-CO_2-Emissionen und der Zielkonflikte im globalen Klima- und Naturschutz. Auch die Ernährungssicherung und Wettbewerbsfähigkeit in internationalen Dimensionen müssen dabei bedacht werden.

Weichenstellung 4 – technologische Innovationen für carbon dioxide removal verstärken: Für die Rückholung von CO_2 aus der Atmosphäre muss auch die Entwicklung technologischer Innovationen verstärkt werden. Studien zeigen die grundsätzliche Machbarkeit der CO_2-Abscheidung aus industriellen Prozessen und der Speicherung von CO_2 im Boden. Auch die Nutzung von Luftfiltern wäre möglich, um Treibhausgase aus der Atmosphäre zu entfernen. Gerade in der Übergangsphase der Energietransformation sind solche Technologien wichtig. Allerdings fehlt es an Investition in die Forschung und Entwicklung solcher Lösungen – sie sind derzeit zwar noch teuer, aber nach aktuellem Erkenntnisstand unvermeidlich, wenn das Zwei-Grad-Ziel eingehalten werden soll. Zuletzt haben sich die Nationalakademien der USA[14] und Großbritanniens umfassend mit den Chancen und Risiken des CDR und von Geoengineering beschäftigt. Im »European Green Deal« spielt CDR allerdings eine untergeordnete Rolle. In Deutschland und der EU sind erhebliche Lücken zu schließen: in der Forschung zu technologischen CDR-Lösungen, bei Fragen der Risikobewertungen, der Akzeptanz und der Kosten der jeweiligen Optionen sowie letztlich auch zu angemessenen Ordnungsrahmen und Anreizen.

Das Umweltprogramm der Vereinten Nationen (UNEP) und das UN-Entwicklungsprogramm (UNDP) könnten zu Schlüsselinstitutionen werden, um weltweit besonders im Bereich der genutzten Natur angemessene CDR-Strategien zu initiieren und die Umsetzung zu überwachen. Dafür benötigen sie massive Unterstützung der UN-Mitgliedstaaten, zum Beispiel der EU, sowie die Bereitschaft der Weltbank und der regionalen Entwicklungsbanken, diesem Kurs zu folgen. Zudem müssen die G7 und die G20 das Feld der negativen Emissionen als eine zentrale Dimension des Klima- und Naturschutzes bearbeiten.

Eine gerechte Verteilung der Lasten ermöglichen

Für die Bewältigung dieser Herausforderungen bedarf es eines langfristig verlässlichen, sektorübergreifenden, kosteneffektiven und sozial gerechten Rahmens[15].

Weichenstellung 5 – CO₂-Preis als zentrales Gestaltungsinstrument einsetzen und damit für nationale und europäische Klimagerechtigkeit sorgen: Um die nationalen und europäischen Klimaziele zu erreichen, müssen die CO_2-Preise nach 2026 stark steigen. Neueste Modellrechnungen gehen für den Strom- und Industriesektor von einem CO_2-Preis von 130 bis 300 Euro aus. Ohne eine sozial gerechte Ausgestaltung, die einkommensschwache Haushalte stärker entlastet, lässt sich diese Klimapolitik nicht durchsetzen.

So könnten die Einnahmen aus dem CO_2-Preis den Bürgerinnen und Bürgern als Klimadividende zurückbezahlt werden. Diese bevorzugt keineswegs, wie oft befürchtet, die obere Mittelschicht. Denn einkommensstarke Haushalte verbrauchen mehr CO_2 als einkommensschwache, weil sie in größeren Wohnungen leben und schwerere Autos fahren. Erhalten Emissionen also einen Preis, zahlen sie mehr. Werden die Einnahmen dann gleichmäßig an die Bürgerinnen und Bürger zurückgegeben, machen jene, die weniger CO_2 verbraucht haben, unterm Strich einen Gewinn. Die Unterschiede zwischen Stadt und Land verschwinden fast vollständig. Fernpendler und Haushalte mit Ölheizung sind zwar etwas höher belastet, schneiden aber mit der Pro-Kopf-Rückerstattung immer noch deutlich besser ab als mit allen anderen Rückerstattungsoptionen. Die Klimadividende ist jedoch mit administrativen Hürden verbunden, die eine zeitnahe Umsetzung erschweren.

Aber auch kurzfristig sind Entlastungen umsetzbar: Finanziert man die Förderung der erneuerbaren Energien mit den Einnahmen aus der CO_2-Bepreisung anstatt wie derzeit über eine Umlage auf den Strompreis für die Endverbraucher, wird der Strompreis sinken. Dadurch kann die Gesamtbelastung der ärmsten Haushalte nahezu auf null gedrückt werden. Zwar profitiert von einer Strompreissenkung zu zwei Dritteln die Wirtschaft, obwohl sie nur ein Drittel der CO_2-Bepreisung im Verkehrs- und Gebäudebereich finanziert. Aber diese Schieflage verringert sich, wenn Haushalte in Zukunft mehr Elektroautos und Wärmepumpen nutzen und entsprechend stärker von niedrigeren Strompreisen profitieren. Die Verminderung der Stromsteuer führt zu einer weiteren Absenkung des Strompreises.

Zusätzlich zur CO_2-Bepreisung setzt die Bundesregierung vor allem auf Fördermaßnahmen. Gebäudesanierung, Subventionierung der Bahn, Prämien für Elektroautos und die Pendlerpauschale sind jedoch teuer. Eine umfassende Bewertung der Verteilungswirkungen der einzelnen Programme ist zwar schwierig, dennoch ist davon auszugehen, dass Steuererleichterungen und Förderprogramme wegen des höheren Grenzsteuersatzes eher vermögenderen Haushalten zugutekommen. So ist auch die Anhebung der Pendlerpauschale wenig effektiv, um die einkommensschwachen Haushalte auf dem Land zu entlasten. Selbst von einem einkommensunabhängigen Mobilitätsgeld profitieren vor allem Mittel- und Vielverdiener, da sich unter ihnen mehr Fernpendler befinden.

Förderprogramme sind dort sinnvoll, wo ein Preissignal allein nicht ausreicht, zum Beispiel um Forschung und Innovation in ausgewählten Sektoren oder Berufsqualifizierungsprogramme für die Transformation voranzutreiben. Es besteht jedoch die Gefahr eines regulativen Flickenteppichs. Ein CO_2-Preis wirkt zielgerecht, ist transparent und generiert Einnahmen, die ausgleichend verteilt werden können. Allerdings werden vom Gesamtvolumen des Klimapakets von 62 Milliarden Euro bis zum Jahr 2023 insgesamt nur 25 Prozent für die direkte Entlastung der Haushalte aufgewendet, für Klimaschutzmaßnahmen und Förderprogramme dagegen 47 Milliarden Euro. Eine direkte Entlastung der Verbraucherinnen und Verbraucher kommt also bisher zu kurz.

Weichenstellung 6 – Klimaschutz mit Chancen steigender Lebensqualität verbinden: Um in der Gesellschaft die Motivation für die notwendigen Veränderungen zu verstärken, muss Klimaschutz als Beitrag zu verbesserten Lebensbedingungen konzipiert und kommuniziert werden. CO_2-Bepreisung, Energieeffizienzstandards, erneuerbare Energiesysteme, Wasserstoffwirtschaft und zirkuläre Ökonomie sowie wirksamer Naturschutz sind zentrale Elemente der Transformation, die jedoch nicht unmittelbar gesellschaftliche Handlungsbereitschaft erzeugen. Gesellschaftliche

Die wichtigste Stellschraube ist die rasche Dekarbonisierung des Stromsektors.

Legitimation setzt voraus, zu verdeutlichen, wie Klimaschutz mit Verteilungsgerechtigkeit, guter Arbeit, Gesundheit, lebenswerten Städten, Schutz der Biodiversität, internationaler Kooperation und Frieden zusammengeführt werden kann. Eine solche Klimapolitik setzt den Rahmen für die umfassende Beteiligung von Bürgerinnen und Bürgern und von Unternehmen aus allen Sektoren – hier müssen Forschung und Politik sichtbare Anreize und Akzente setzen.

Gesellschaftlicher Wandel – politische Gestaltung

Der Wandel zur Klimaneutralität bedeutet enorme Kraftanstrengungen und geht über politische und ökonomische Prozesse der schrittweisen Modernisierung weit hinaus.

Weichenstellung 7 – grundlegende und rasche Neuorientierungen in vielen Sektoren erfordern eine starke politische Führung: Studien zeigen, dass anspruchsvoller Klimaschutz nur gelingt, wenn in einer Vielzahl von Sektoren tiefgreifende Innovationen vorangebracht werden[16, 17, 18]. In Deutschland, Europa und weltweit gilt, dass nahezu die gesamte Palette der bekannten Optionen der Dekarbonisierung in einem sehr engen Zeitfenster umgesetzt werden muss, wenn das Pariser Klimaabkommen noch eingehalten werden soll. Mit halbherzigem, selektivem, »maßvollem« und auf »Pilotvorhaben« abzielendem Klimaschutz wie in

den vergangenen Dekaden scheitern Deutschland und Europa an ihren Klimazielen und daran, die globale Erwärmung auf unter zwei Grad zu begrenzen.

Für die nächsten zwei Legislaturperioden in Deutschland gilt: Wenn auch nur ein zentraler Sektor seine Klimaziele verfehlt, werden die ambitionierten kurz-, mittel- und langfristigen Klimaziele unerreichbar. Wirkungsvoller Klimaschutz wird also nur möglich, wenn er nicht nur vom Forschungs- und Umweltministerium, sondern von allen Ressorts der Bundesregierung kraftvoll, verlässlich und schnell vorangebracht wird. Dies setzt ein Kanzleramt voraus, das Klimaschutz zur zentralen Chefin- oder Chefsache macht. Klimaschutz erfordert starke politische Führung sowie Gestaltungs- und Durchsetzungskraft.

Sucht man nach Analogien für eine solche Zeitenwende, könnte man nach dem Zweiten Weltkrieg an die Westbindung Konrad Adenauers und die Einführung der sozialen Marktwirtschaft denken, die für die spätere Ostpolitik von Willy Brandt ein entscheidendes Fundament war. Der damalige politische Kraftakt wurde sukzessive von allen politischen Parteien akzeptiert und verfolgt. In solchen Zeitenwenden setzen fundamentale Richtungsentscheidungen und -änderungen den Rahmen für den politischen Wettbewerb um die besten Ideen und Lösungen. Auch nach der Neuausrichtung auf den Sozialstaat in den 60er-Jahren gab es weiter Debatten um seine sozialdemokratische, konservative oder liberale Ausgestaltung. Nun müssen Klima- und Ökosystemschutz zu einer Art Staatsräson werden.

Weichenstellung 8 – Planungs- und Gestaltungsprozesse durch Konzertierung beschleunigen: Was in den Phasen des Wandels schrittweise bearbeitet wird, muss durch enge Koordinierung, Verzahnung und Konzertierung zwischen politischen, ökonomischen, zivilgesellschaftlichen und wissenschaftlichen Akteuren vorangebracht werden. Ein Beispiel für die Herausforderungen in vielen Sektoren ist die Stahlindustrie: Sie muss jetzt milliardenschwere Investitionsentscheidungen für die Umstellung auf »grünen«, auf der Grundlage von Wasserstoff produzierten Stahl treffen. Die politischen Rahmenbedingungen, die dazu beitragen könnten, dass sich diese Investitionen amortisieren, existieren noch

Agenda für die 2020er-Jahre

- Internationale Kooperation für Klimaschutz und zur Sicherung der Wettbewerbsfähigkeit rasch voranbringen

- Naturschutz und Klimaschutz müssen gemeinsam geplant, und institutionalisiertes Monitoring, Restoration und Regulation müssen erheblich ausgebaut werden

- Global die Transformation der Land-, Forst- und Fischereiwirtschaft stärken, um Klima- und Artenschutz sowie menschliche Ernährung und Entwicklung zu sichern

- Technologische Innovationen für *carbon dioxide removal* verstärken

- CO_2-Preis als zentrales Gestaltungsinstrument einsetzen und damit für nationale und europäische Klimagerechtigkeit sorgen

- Klimaschutz mit Chancen steigender Lebensqualität verbinden

- Grundlegende und rasche Neuorientierungen in vielen Sektoren erfordern eine starke politische Führung

- Planungs- und Gestaltungsprozesse durch Konzertierung beschleunigen

nicht und entstehen quasi parallel zu den industriellen Weichenstellungen. Die Unternehmen müssen auch auf den Aufbau umfangreicher Wasserstoffinfrastrukturen vertrauen, deren Planung kaum begonnen hat. Ohne internationale Wasserstoffpartnerschaften, die ebenfalls erst etabliert werden müssen, kann der Umbau der Stahlindustrie nicht gelingen. Die Forschung muss zudem noch viele Erzeuger-, Speicher- und Verteilungslösungen entwickeln, damit wasserstoffbasierte Industrieprozesse ökologisch und ökonomisch funktionieren.

Diese gleichzeitigen und voneinander abhängenden Entscheidungs-, Planungs- und Umsetzungsprozesse verlangen eine umfassende Konzertierung der beteiligten Akteure: Durch dichte Koordinierung, Kommunikation, Ausrichtung auf gemeinsame Zielkorridore und entschlackte Planungsprozesse kann auf allen Seiten Erwartungs- und Planungssicherheit entstehen. Es bedarf also nicht nur politischer Führungsfähigkeit und der Ausrichtung der gesamten Bundesregierung auf den Klimaschutz, vielmehr müssen »sektorale Gesellschaftsverträge« und Akteursallianzen des Wandels entstehen, um den Richtungswechsel mit der notwendigen Geschwindigkeit voranzubringen. Die gute Nachricht ist, dass wir in Deutschland viel Erfahrung damit haben, Konzertierung und die Zusammenarbeit zwischen wirtschaftlichen, politischen, gesellschaftlichen und wissenschaftlichen Akteuren auch international zu ermöglichen. Diese Potenziale müssen jetzt mobilisiert werden, und alle Akteure müssen dazu mehr beitragen, als gerade möglich erscheint.

PROF. DR. ANTJE BOETIUS, *geb. 1967, ist Polar- und Tiefseeforscherin, Direktorin des Alfred-Wegener-Instituts Helmholtz-Zentrum für Polar- und Meeresforschung und Mitglied der Nationalen Akademie der Wissenschaften Leopoldina. Sie hat an fast 50 Expeditionen auf internationalen Forschungsschiffen teilgenommen, um die Rolle des Ozeans für den Kohlenstoffkreislauf und die Lebensvielfalt der Erde zu erforschen. Im Mittelpunkt ihrer Forschung stehen derzeit die Auswirkungen des Klimawandels auf den Arktischen Ozean sowie die Lebensvielfalt der Tiefsee.*

PROF. DR. OTTMAR EDENHOFER, *geb. 1961, ist Direktor und Chefökonom am Potsdam-Institut für Klimafolgenforschung (PIK) und Direktor des im Jahr 2012 gegründeten Mercator Research Institute on Global Commons and Climate Change (MCC). Seit 2008 ist er zudem Professor an der Technischen Universität Berlin. Ottmar Edenhofer gilt als einer der weltweit führenden Experten für die Ökonomie des Klimawandels. 2020 zeichnete die Deutsche Bundesstiftung Umwelt (DBU) ihn mit dem renommierten Deutschen Umweltpreis für seine wissenschaftliche Arbeit aus.*

PROF. DR. DIRK MESSNER, *geb. 1962, ist seit 2020 Präsident des Bundesumweltamtes. Er ist Politikwissenschaftler und Nachhaltigkeitsforscher, Direktor des Centre for Global Cooperation Research sowie Professor für Politikwissenschaft an der Universität Duisburg-Essen. Dirk Messner ist Autor und Herausgeber von mehr als 500 Publikationen, unter anderem von »Deutschlands Neue Verantwortung« und »Deutschland und die Welt 2030«.*

»Klimapolitik muss systemischer gedacht werden. Durch Verknüpfung unterschiedlicher Handlungsfelder lassen sich frühzeitig Synergien oder Konflikte erkennen, sodass passende Maßnahmen ergriffen werden können.«

Die 2020er-Jahre sind entscheidend: Klimaschutz muss effizienter werden

Von Katja Purr und Martin Schmied

Bereits heute führen uns Wetterextreme wie Hitze und Starkregen vor Augen: Nichts tun ist keine Option zur Bekämpfung des Klimawandels – weder in Deutschland noch weltweit. Die vom Menschen verursachten klimarelevanten Emissionen müssen schnell und drastisch gesenkt werden. Klimaschutzszenarien helfen dabei aufzuzeigen, was zu tun ist, um die Erderwärmung auf deutlich unter 2 °C, idealerweise 1,5 °C im Vergleich zum vorindustriellen Zeitalter zu begrenzen. Auch wenn Szenarien im Grunde nur Wenn-dann-Aussagen treffen, geben sie Orientierung darüber, mit welchen Schritten wie schnell eine Transformation unserer Wirtschaft und Gesellschaft in ein nachhaltiges, digitales Zeitalter gelingen kann.

In Deutschland werden Klimaschutzszenarien nicht nur von Ministerien und nachgeordneten Behörden, sondern auch von Forschungsinstituten und -netzwerken, Thinktanks sowie von der Wirtschaft selbst erarbeitet. Die Zielsetzungen der Szenarien haben sich jedoch inzwischen verändert: Mit Verabschiedung des Klimaschutzplans 2050 und schließlich dem Bundes-Klimaschutzgesetz gehen die Klimaschutzszenarien nun den Fragen nach, ob Deutschland Treibhausgasneutralität überhaupt erreichen kann – und vor allem wie?

Das zentrale Ergebnis der Klimaschutzszenarien der vergangenen Jahre ist: Ja, es ist möglich, die Treibhausgasemissionen in weiten Teilen auf praktisch null zu reduzieren – auch »innerhalb der üblichen Investitionszyklen und ohne politisch verordnete Verhaltensänderungen«[1].

Die Übereinstimmungen in den Szenarien machen deutlich, wo schnell und gleichzeitig gehandelt werden muss.

Und ja, es ist möglich, darüber hinaus Treibhausgasneutralität, also netto Nullemissionen, zu erreichen. Dafür kommen zusätzlich Kohlenstoffsenken zum Einsatz, um aus der Atmosphäre Kohlendioxid zu entnehmen und so die nicht vermeidbaren klimarelevanten Emissionen auszugleichen.

Klimaschutzszenarien im Vergleich

Der Teufel steckt natürlich im Detail. Vergleiche zeigen, dass sich die Transformationswege der Szenarien durchaus unterscheiden, zum Beispiel bei der Frage, wie schnell die Emissionen bis 2030 oder 2040 gesenkt werden können. Es gibt aber auch viele Gemeinsamkeiten. Daraus lassen sich strategische Handlungsfelder ableiten, in denen Politik, Wirtschaft und Gesellschaft schon heute für erfolgreiches zukünftiges Wirtschaften aktiv werden können und müssen. Aber auch die Kenntnisse von Unterschieden sind wichtig: Soll der Klimawandel begrenzt werden, brauchen wir gerade zu diesen Themen wissenschaftliche und gesellschaftliche Diskurse sowie Lösungen.

Aus der Vielzahl aktueller Klimaschutzszenarien haben wir vier herausgegriffen:
— das Szenario »95-Prozent-Klimapfad« der Studie »Klimapfade für Deutschland« im Auftrag des Bundesverbandes der Deutschen Industrie (BDI)[2],
— die beiden Szenarien »GreenEe1« und »GreenSupreme« der Studie »Wege in eine ressourcenschonende Treibhausgasneutralität« des Umweltbundesamtes (UBA)[3] und
— das Szenario »Klimaneutrales Deutschland 2045« (kurz: »KNDE 2045«) im Auftrag von Stiftung Klimaneutralität, Agora Energiewende und Agora Verkehrswende[4].

Das »95-Prozent-Klimapfad«-Szenario wurde unter Einbindung der deutschen Wirtschaftsverbände entwickelt und betont stark ökonomische Überlegungen. Die anderen Szenarien orientieren sich stärker an den Erfordernissen des Umwelt- und Klimaschutzes und zeigen eine weitergehende Treibhausgasminderung bis zur Neutralität auf. Das UBA-Szenario »GreenEe1« fokussiert dabei auf eine hohe Energieeffizienz, starke Elektrifizierung und schnellen Ausbau der erneuerbaren Energien. Das Szenario »KNDE 2045« stellt sogar schon ab 2045 die Klimaneutralität sicher. »GreenSupreme« nimmt im Unterschied zu den anderen Szenarien nicht nur technische Maßnahmen und Innovationen in den Fokus. Vielmehr unterstellt dieses Szenario eine hohe Bereitschaft von jedem Einzelnen, zum Wandel beizutragen, und richtet das Wirtschaften mit einer hohen Zirkularität und Langlebigkeit von Gütern nicht allein am Wachstum aus.

Gemeinsamkeiten erkennen und umsetzen

Alle Szenarien zeigen die Grenzen der konventionellen Ansätze der Treibhausgasminderung. Diese adressieren vornehmlich die Vermeidung und Substitution von Treibhausgasemissionen in den Sektoren Energieerzeugung, Verkehr, Gebäude, Industrie, Landwirtschaft sowie Abfall- und Abwasserwirtschaft. Bis 2050 oder 2045 sind in Deutschland mit diesen Ansätzen, wenngleich sie auch höchst ambitionierte Maßnahmen und Änderungen der Lebensweise unterstellen, maximal Minderungen von 95 bis 97 Prozent gegenüber 1990 möglich. Das zeigt, dass Emissionen in Höhe von rund 40 bis 60 Millionen Tonnen Treibhausgase (berechnet als CO_2-Äquivalente) in Deutschland als unvermeidbar gelten. Diese verbleibenden Treibhausgasemissionen der Landwirtschaft, der Industrie (Glas-, Kalk- oder Zementindustrie) und der Abwasserwirtschaft können nur durch eine Entnahme von Kohlenstoff aus der Atmosphäre mit langanhaltender, sicherer Bindung oder Einspeicherung ausgeglichen werden.

Eine weitgehende Elektrifizierung aller Sektoren ist ein Muss. Elektromobilität und Wärmepumpen sind dabei die Schlüsseltechniken.

Um Nullemissionen in den Sektoren Energie, Verkehr und Gebäude zu erreichen, ist in allen Szenarien eine defossilisierte Energieversorgung zwingend nötig – und damit der Ausbau der erneuerbaren Energien und der Ausstieg aus fossilen Energien. Je schneller, desto besser für unser Klima. Die Szenarien »Green-Supreme« und »KNDE 2045« sehen – wenn auch unter anderen Rahmenbedingungen – daher schon 2030 das Ende der Kohleverstromung vor. Gleichzeitig kommt kein Szenario ohne eine deutliche Steigerung der Energieeffizienz aus. Der Primärenergieverbrauch Deutschlands sinkt in allen Szenarien bis 2050 um rund 50 Prozent und mehr im Vergleich zu 2015 – in den Szenarien »KNDE 2045« und »GreenSupreme« sogar schon bis 2045. Diese Entwicklung hat drei Gründe: Energieeinsparungen durch Sanierung, Modernisierungen und Effizienzmanagement, der Umstieg auf direkte Nutzung erneuerbarer Energien sowie die effiziente Sektorkopplung.

Natürlich gibt es Unterschiede in der Einschätzung, wie stark der Energieverbrauch in den einzelnen Sektoren gesenkt werden kann. Beim Gebäudebestand müssten nach Vorstellungen der beiden UBA-Szenarien die energetischen Sanierungsraten von heute rund 1 Prozent pro Jahr auf 2,6 bis 2,8 Prozent pro Jahr im Mittel bis 2050 steigen. Die beiden anderen Szenarien sehen deutlich geringere Sanierungsraten von 1,6 bis 1,9 Prozent pro Jahr vor. Trotz dieser Unterschiede: Alle Szenarien sehen die Notwendigkeit, »Gebäude stärker und schneller energetisch [zu] sanieren«[5]. Je schneller und weitergehender die Energieeinsparung gesteigert wird, desto weniger Treibhausgasemissionen entstehen. Klimaschutz braucht also Effizienz! Dieser zentrale Hebel ist daher strategisch prioritär und kann – richtig gestaltet – zum wirtschaftlichen Erfolgsmodell werden.

»Strom ist der zentrale Energieträger auf dem Weg hin zu einer klimaneutralen Gesellschaft«, schlussfolgert die Szenario-Studie »KNDE 2045«[6]. Aber auch alle anderen Klimaschutzszenarien kommen zu diesem Ergebnis: Eine weitgehende Elektrifizierung aller Sektoren ist ein Muss. Da erneuerbarer Strom weder heute noch in Zukunft im Überfluss vorhanden ist, muss dieser, wann immer möglich, direkt genutzt werden – dies ist energieeffizienter, klimaschonender und kostengünstiger als Optionen der indirekten Stromnutzung durch andere Sektorkopplungstechniken[7]. Elektromobilität und Wärmepumpen sind dabei die Schlüsseltechniken. Die verstärkte Nutzung von Strom führt zwangsläufig zu einem Anstieg des Stromverbrauchs in Deutschland. Der Nettostromverbrauch steigt bis 2050 oder 2045 in einen Bereich von 700 (»95-Prozent-Klimapfad«) bis 1.000 Terawattstunden (»KNDE 2045«) – zum Vergleich: Im Jahr 2019 lag die Nettostromerzeugung bei rund 580 Terawattstunden.

Allerdings gibt es Bereiche, die langfristig nicht oder nur schwer elektrifiziert werden können, wie der internationale Luft- und Seeverkehr oder bestimmte Industrieprozesse. Auch zur Stabilisierung der Stromversorgung durch Speicher und Rückverstromung werden erneuerbare Brenn- und Kraftstoffe gebraucht. Nicht zu vergessen der Ersatz fossiler Ausgangsstoffe in der chemischen Industrie: Die UBA-Szenarien und »KNDE 2045« setzen auf die grünen Polymere. Kein Szenario schafft eine Treibhausgasminderung von 95 Prozent oder mehr ohne diese erneuerbaren Kraft-, Brenn- und Rohstoffe. Hierzu werden aus erneuerbarem Strom beispielsweise Wasserstoff und Methan mittels Power-to-Gas (PtG) und Flüssigkraftstoffe mittels Power-to-Liquid (PtL) hergestellt. Der Umfang der Mengen im Jahr 2050 oder 2045 divergiert jedoch stark zwischen 370 Terawattstunden und 705 Terawattstunden.

Für deren Produktion ist teilweise doppelt so viel Strom nötig. Für »GreenEe1« werden beispielsweise zusätzlich 1.070 Terawattstunden erneuerbarer Strom gebraucht. Unabhängig vom konkreten Zahlenwert wird deutlich: PtG und PtL brauchen viel Strom – diese Produkte dürfen daher nicht verschwendet und nur dort eingesetzt werden, wo eine Elektrifizierung nicht möglich ist. In Deutschland können diese Stromkapazitäten schlicht nicht konkurrenzfähig aufgebaut werden. Daher ist – wie heute – der Import von Brenn-, Kraft- und Rohstoffen auch zukünftig nötig. Die Szenarien gehen von Importquoten von 62 (»GreenSupreme«) bis 92 Prozent (»95-Prozent-Klimapfad«) aus. Schon heute muss damit begonnen werden, hierfür außerhalb Deutschlands erste Anlagen aufzubauen, dabei muss aber in diesen Ländern die Umstellung der Stromerzeugung auf erneuerbare Energien Vorrang haben. Klimaschutz in Deutschland darf nicht zu weniger Klimaschutz in anderen Ländern führen.

Kein Szenario schafft eine Treibhausgasminderung von 95 Prozent oder mehr ohne erneuerbare Kraft-, Brenn- und Rohstoffe.

Trotz des nationalen Fokus der Szenarienstudien werden spätestens hier auch die zukünftigen globalen Verflechtungen deutlich. Deutschland muss nicht nur im eigenen Land Klimaschutz leisten, sondern auch global einen angemessenen Beitrag durch Finanzierung und Umsetzung von Klimaschutzmaßnahmen. Der Ausstieg aus der Nutzung fossiler Energieträger und der Schutz und Ausbau der natürlichen Kohlenstoffsenken sollten dabei im Zentrum der internationalen Kooperationen stehen[8]. Klimaschutz kann nur ein Erfolgsmodell werden, wenn sich alle Staaten am Klimaschutzabkommen von Paris und der »Agenda 2030« orientieren und – zumindest langfristig – treibhausgasneutral werden. Klimaschutz ist ohne internationale Kooperationen nicht möglich – da sind sich die Szenarien im Grundsatz einig.

Unterschiede analysieren und im Diskurs auflösen

Auch wenn Einigkeit darin besteht, dass einer Senkung der Treibhausgase in Richtung Nullemissionen bis Mitte dieses Jahrhunderts »aus heutiger Sicht keine grundsätzlichen Hürden gegenüberstehen«[9], wird die Realisierbarkeit unterschiedlich eingeschätzt. Das BDI-Szenario »95-Prozent-Klimapfad« kommt zur Einschätzung, dass die hierzu notwendigen Maßnahmen »an der Grenze absehbarer technischer Machbarkeit und heutiger gesellschaftlicher Akzeptanz« sind[10]. Die Stiftung Klimaneutralität, Agora Energiewende und Agora Verkehrswende sehen demgegenüber den beschriebenen Pfad »KNDE 2045« zur Klimaneutralität »unter Wahrung von Wirtschaftlichkeit und gesellschaftlicher Akzeptanz« als realistisch an[11].

Unterschiede erklären sich teilweise über den Zeitpunkt, zu dem die Szenarien erstellt wurden. Beispielsweise erweitert sich fortlaufend der Kenntnisstand technischer Möglichkeiten zur Dekarbonisierung der Industrie. Auch über veränderte politische Rahmenbedingungen etwa hinsichtlich Treibhausgasneutralität lassen sich Unterschiede zwischen den Szenarien erklären. Es gibt aber auch inhaltliche Differenzen: zum Beispiel beim Umbau des Industriesektors, konkret beim Grad der Energieeffizienz, und beim Umfang innovativer, treibhausgasneutraler Produktionsprozesse. Während der BDI in seinem Szenario davon ausgeht, dass im Industriesektor kein umfassender Umbau des Anlagenbestandes möglich ist, sehen die aktuelleren Szenarien das anders. Das Szenario »KNDE 2045« und die UBA-Szenarien setzen auf Zirkularität sowie auf neue, innovative Industrieprozesse – zum Beispiel auf den Einsatz von grünem Wasserstoff bei der Primärstahlherstellung. Auch die aktuellen Ergebnisse der Langfristszenarien des Bundeswirtschaftsministeriums kommen zu diesem Schluss: In der Industrie ist »eine tiefgreifende Transformation in vielen Branchen und

Wertschöpfungsketten notwendig«[12], um die Klimaschutzziele zu erreichen.

Kontrovers wird die Rolle der Biomasse bei der Gestaltung der zukünftigen Energieversorgung betrachtet. Einigkeit besteht oft noch darin, Importe und damit die Verdrängungs- und Verlagerungseffekte sowie Landnutzungsänderungen im Ausland auszuschließen. Bei der Steigerung der Produktion heimischer Biomasse und deren Nutzung unterscheiden sich die Szenarien: einerseits in jene, die heimische Biomasse als erneuerbaren Energieträger maximal nutzen, und andererseits in jene, die Biomasse vorrangig nachhaltig in Kaskaden stofflich einsetzen und Synergien zu anderen Umweltherausforderungen heben. So steigt in den Szenarien »95-Prozent-Klimapfad« und »KNDE 2045« der energetische Einsatz von Biomasse von heute 300 Terawattstunden auf rund 350 Terawattstunden im Jahr 2050 beziehungsweise 2045, während in den beiden UBA-Szenarien die Biomassenutzung bis 2050 auf rund 60 Terawattstunden sinkt. Die energetische Nutzung von Anbaubiomasse wird ab dem Jahr 2030 ausgeschlossen und auch die Nutzung von Waldrestholz wird bis 2050 stark reduziert. Der Grund: Umwelt- und Naturschutz. Die nachhaltige Forstwirtschaft stärkt den Wald als natürliche Kohlenstoffsenke und leistet so zur Treibhausgasneutralität einen großen Beitrag. Gleichzeitig wird die Biodiversität gestärkt[13]. Diese Gegenüberstellung zeigt: Nicht alles, was beim Klimaschutz denkbar ist, ist unter anderen Umweltgesichtspunkten sinnvoll.

Da erneuerbarer Strom weder heute noch in Zukunft im Überfluss vorhanden ist, muss dieser, wann immer möglich, direkt genutzt werden.

Meist infolge der unterschiedlichen Sicht auf die Biomasse ergeben sich Unterschiede bei der Nutzung von *carbon capture and storage* (CCS). Der Grund: Wird Biomasse zur Energieversorgung eingesetzt, obwohl andere treibhausgasneutrale Lösungen zur Verfügung stehen, ist sie nur noch begrenzt als natürliche Senke zur Kompensation der unvermeidbaren Emissionen verfügbar. Das BDI-Szenario geht davon aus, dass sich schon ein 95-Prozent-Reduktionsziel am kostengünstigsten nur mit Anwendung von CCS-Technologie erreichen lässt. Würde CCS im »95-Prozent-Klimapfad«-Szenario nicht zum Einsatz kommen, würden die Treibhausgasemissionen Deutschlands 2050 bei rund 155 statt bei 62 Millionen Tonnen CO_2-Äquivalente liegen. Statt einer 95-prozentigen Reduktion ergäbe sich dann nur eine Minderung von 88 Prozent im Jahr 2050 – übrigens der Zielwert des Klimaschutzgesetzes für 2040.

Beim BDI-Szenario »95-Prozent-Klimapfad« war das politische Ziel der Treibhausgasneutralität allerdings noch nicht gesetzt – Negativemissionen für Netto-Nullemissionen spielen daher noch keine Rolle. Auch das Szenario »KNDE 2045« nutzt CCS. Allerdings würde das Szenario ohne CCS immer noch eine 94-prozentige Treibhausgasminderung im Vergleich zu 1990 erreichen. Vor allem wird für die Treibhausgasneutralität bis 2045 auf Biomasse-CCS (BECCS) und Direct-Air-Capture-CCS (DACCS) fokussiert. Die UBA-Szenarien verzichten dagegen ganz auf CCS, da mögliche Speicher in Deutschland nur sehr begrenzt sind und nicht sicher ist, ob Treibhausgase dauerhaft ohne Umweltwirkungen gespeichert werden können. Das UBA setzt auf andere Strategien, um maximalen Klimaschutz zu erreichen: Prozesse und Produkte so weit vermeiden und substituieren, dass nur noch nicht vermeidbare Emissionen übrigbleiben, sowie natürliche Senken erhalten und stärken[14].

»Agenda 2030« – schneller, stärker und besser handeln

Der Vergleich der Szenarien zeigt: Sich darauf zu verständigen, wo wir beim Klimaschutz 2045 und 2050 sein müssen, ist noch relativ einfach möglich. Dissens besteht aber bei der Frage, wie schnell die Treibhausgasemissionen vor 2050, insbesondere bis 2030 reduziert werden können. Hier unterscheiden sich die Szenarien massiv: Während die Szenarien »95-Prozent-Klimapfad« und »GreenEe1« ihre Emissionen bis 2030 gegenüber 1990 nur um 57 beziehungsweise 60 Prozent senken, erreichen die Szenarien »KNDE 2045« und »GreenSupreme« bereits Minderungen von 65 beziehungsweise 69 Prozent. Diese Szenarien erfüllen das neue 2030er-Ziel des gerade geänderten Klimaschutzgesetzes (2030: minus 65 Prozent) und kommen den europäischen Zielen und

Was die ausgewählten Klimaschutzszenarien für Deutschland verbindet und was sie unterscheidet – ein Vergleich wichtiger Kenndaten[15, 16, 17]

	BDI-Szenario »95-Prozent-Klimapfad«	UBA-Szenario »GreenEe1«	UBA-Szenario »Green-Supreme«	Szenario »KNDE 2045«
Treibhausgasveränderung 2050 gegenüber 1990 (als CO$_2$-Äquivalente, ohne LULUCF[a])	-95 %	-96 %	-97 %	-95 % (2045)
ohne *carbon capture and storage* (CCS)	-88 %	-96 %	-97 %	-94 % (2045)
mit Negativemissionen (natürlich/technisch)	k. A.	-98,3 % bis -102,9 %[b]	-99,2 % bis -103,8 %[b]	-100,2 % (2045)
Treibhausgasveränderung 2030 gegenüber 1990 (als CO$_2$-Äquivalente, ohne LULUCF[a])	-57 %	-60 %	-69 %	-65 %
Einhaltung Ziele 2030 nach Klimaschutzgesetz				
insgesamt	nein	nein	ja	ja
Energie	nein[c]	nein	ja	ja
Verkehr	nein[c]	nein	ja	nein
Gebäude	nein[c]	nein	nein	ja
Industrie	nein[c]	ja	ja	nein
Landwirtschaft	nein[c]	nein	ja	nein
LULUCF[b]	nein	ja	ja	nein
Nettostromerzeugung in Deutschland 2050 in TWh (zum Vergleich 2019: 579 TWh)	715	793	742	992 (2045)
Anteil erneuerbarer Energien an der Stromerzeugung 2050	100 %	100 %	100 %	100 % (2045)
Ausstieg aus der Kohleverstromung	bis 2045	vor 2040	bis 2030	bis 2030
Biomasse 2050 in TWh	347	62	59	345 (2045)
PtG/PtL-Nutzung (inklusive Wasserstoff) 2050 in TWh	368	704	571	423 (2045)
Importquote	92 %	70 %	62 %	77 %
Veränderung Endenergieverbrauch (EEV) 2050 gegenüber 2015	-39 %	-48 %	-57 %	-37 % (2045)
Veränderung EEV Industrie 2050 gegenüber 2015	-19 %	-35 %	-48 %	-17 % (2045)
durchschnittliche energetische Sanierungsrate der Gebäude pro Jahr	1,9 %	2,6 %	2,8 %	1,6 %
Pkw-Bestand 2050 in Mio.	41	41	29	37 (2045)
davon: E-Autos mit Batterie (BEV) und Plug-in-Hybrid (PHEV)	31	36	27	36 (2045)
Ausstieg aus dem reinen Verbrenner	k. A.	ca. 2035	ca. 2035	2032

a LULUCF: Land Use, Land-Use Change and Forestry (Landnutzung, Landnutzungsänderungen und Forstwirtschaft).

b Mit LULUCF.

c Sektorale Abgrenzung nach UN-Emissionsberichterstattung.

internationalen Verpflichtungen des Übereinkommens von Paris am nächsten.

Mit Blick in die einzelnen Sektoren offenbart sich, dass selbst die anspruchsvollen Szenarien »KNDE 2045« und »GreenSupreme« nicht alle Sektorziele des Klimaschutzgesetzes für das Jahr 2030 erreichen – nur bei der Energiewirtschaft ist eine klare Zielerreichung gegeben. Die anderen Sektoren verfehlen auf unterschiedliche Weise das Ziel. Die Verkehrs-, Wärme-, Industrie- und Landwirtschaftswende müssen also noch schneller erfolgen. Das neue Sektorziel für Landnutzung, Landnutzungsänderungen und Forstwirtschaft (LULUCF) erreichen ausschließlich die UBA-Szenarien. Die laufende Dekade der 2020er-Jahre ist entscheidend für den Erfolg beim Klimaschutz. Der Klimaschutz muss bis 2030 schneller, höher, stärker

werden – beim Ausbau der erneuerbaren Energien, bei der Steigerung der Energie- und Materialeffizienz, bei der Elektrifizierung, beim Umbau der Wirtschaft, beim Ausstieg aus fossilen Techniken und beim Schutz der natürlichen Senken.

Klimaschutz muss aber nicht nur schneller, höher und stärker werden, sondern auch anders. Das Szenario »GreenSupreme« hat die niedrigsten Treibhausgasemissionen im Zeitverlauf – aufgrund des unterstellten Wandels zu veränderten Lebensstilen mit beispielsweise starker Verkehrsvermeidung. So sinkt in diesem Szenario der Pkw-Bestand von heute 48 auf 29 Millionen im Jahr 2050, die Verkehrsleistung im motorisierten Individualverkehr reduziert sich um 20 Prozent und ein Drittel der Pkw-Fahrleistung wird von Car- und Ridesharing erbracht. Der Motorisierungsgrad in Großstädten sinkt von heute 450 auf zukünftig 150 Pkw pro 1.000 Einwohner. Einher geht dies mit einer Änderung des Wirtschaftswachstums: weg von Quantität und viel mehr hin zu einem qualitativen Wachstum[18]. Weitreichender Klimaschutz braucht neue Lebensstile und nachhaltiges Wachstum – dieser Diskurs muss schnell beginnen.

Klimapolitik muss noch systemischer gedacht werden und die Klimaschutzszenarien müssen Wechselwirkungen mit anderen Politikfeldern berücksichtigen. Die Green-Szenarien betrachten schon Klima- und Ressourcenschutz zusammen. Ergebnis ist[19]: Klimaschutz, wie der Ausstieg aus fossilen Energien, dient auch dem Ressourcenschutz. Gleichzeitig braucht Klimaschutz viele Rohstoffe für den Ausbau der erneuerbaren Energien oder die Elektromobilität. Dabei ist die Zirkularität von Materialien und Rohstoffen von Beginn an zu integrieren, um die Entnahme aus der Natur an sich und den Anstieg der Primärrohstoffnachfrage zu begrenzen. Dieses Beispiel verdeutlicht: Die Verknüpfung unterschiedlicher Umwelthandlungsfelder in wissenschaftlichen Analysen trägt dazu bei, frühzeitig Synergien oder Konflikte zu erkennen und entsprechende Maßnahmen zu ergreifen. Dieses Systemwissen zu den Wechselwirkungen zwischen Klimaschutz und zum Beispiel den Handlungsfeldern Rohstoffe, Flächen, Natur, Digitalisierung oder Soziales – sogenannte Wirkungen zweiter Ordnung – hilft, eine nachhaltige Transformation erfolgreich umzusetzen.

Nicht alles, was beim Klimaschutz denkbar ist, ist unter anderen Umweltgesichtspunkten sinnvoll.

Die vielen Übereinstimmungen der Szenarien zeigen die zentralen Hebel und machen deutlich, wo schnell gehandelt werden und dass vieles gleichzeitig passieren muss. Das bedeutet auch, dass es in den noch kontroversen Bereichen umgehend einen gesellschaftlichen und politischen Diskurs und Abwägungsprozess zu den Umwelt- und Klimafolgen sowie zu den wirtschaftlichen und sozialen Belangen geben muss. Der Vergleich der Klimaschutzszenarien macht aber klar: Treibhausgasneutralität ist machbar – nicht irgendwann, sondern jetzt!

DR. ING. KATJA PURR, *geb. 1979, arbeitet seit 2011 im Bereich »Strategien und Szenarien zu Klimaschutz und Energie« des Umweltbundesamtes. Ihre berufliche Laufbahn begann an der Universität als Wissenschaftlerin im Bereich Thermodynamik und Nutzung erneuerbarer Energien. Schwerpunkte der vergangenen Jahre waren inter- und multidisziplinäre Projekte zur Transformation hin zu einem treibhausgasneutralen Wirtschaftssystem.*

MARTIN SCHMIED, *geb. 1969, Diplom-Ingenieur für Technischen Umweltschutz, leitet seit 2015 den Bereich »Verkehr, Lärm und räumliche Entwicklung« des Umweltbundesamtes. Die Themen »Nachhaltige Mobilität« und »Klimaschutz im Verkehr« standen auch im Mittelpunkt seiner Tätigkeiten beim Deutschen Institut für Wirtschaftsforschung und im Bereich »Infrastruktur und Unternehmen« des Öko-Instituts. Von 2012 bis 2015 war er Bereichsleiter »Verkehr und Umwelt« des Schweizer Forschungs- und Beratungsinstituts INFRAS.*

»Eine umfassende CO_2-Bepreisung muss das Leit-instrument zur Erreichung der Klimaneutralität bis 2045 werden, damit diese Herausforderung überhaupt gemeistert werden kann.«

CO₂-Bepreisung als ökonomische Antwort auf den Klimawandel

Von Andreas Löschel

In der Umsetzung der deutschen und europäischen Klimaschutzziele spielt die CO₂-Bepreisung bereits heute eine herausgehobene Rolle: Das europäische Emissionshandelssystem belegt seit 2005 die Stromerzeugung und die energieintensive Industrie in Europa mit einem Preis für CO₂. In Deutschland besteht seit Anfang 2021 ein nationales Emissionshandelssystem insbesondere für die Sektoren Verkehr und Wärme, die nicht dem EU-Emissionshandel unterliegen. Dieses sieht einen fixen Preis für CO₂-Emissionen vor, der ab 2026 in ein Auktionsverfahren übergehen wird. Geht es nach der EU-Kommission, wird auch auf europäischer Ebene ein neuer Emissionshandel für Verkehr und Wärme aufgebaut und so die Verbrennung von fossilen Energieträgern wie Kohle, Öl und Erdgas bepreist.

Warum ist die CO₂-Bepreisung aus ökonomischer Sicht so wichtig? Beim Klimaschutz hat derzeit niemand einen Anreiz, sich so zu verhalten, wie es für die Gemeinschaft am besten wäre, denn Klimaschutz ist ein globales öffentliches Gut und Emissionen sind ein öffentliches Übel. Das bedeutet: CO₂-Emissionen schaden über die Wirkungen des Klimawandels nicht nur dem Verursacher selbst, sondern in weit größerem Maße auch anderen – heute und in der Zukunft, lokal und global. Dies bezeichnet man als Externalität. Schaut man nur auf den persönlichen, heutigen Nutzen, werden diese Effekte nicht berücksichtigt. Dann wird viel zu wenig Klimaschutz betrieben und die Emissionen sind zu hoch. Wir befinden uns in einem sozialen Dilemma: Individuelle Interessen und gemeinschaftliches Wohlbefinden stehen im Konflikt. Die unsichtbare Hand des Marktes führt nicht dazu, dass Eigennutz auch die kollektive Wohlfahrt erhöht.

Durch eine CO₂-Bepreisung erhalten Unternehmen und Haushalte einen Anreiz für Investitionen in Emissionsminderungen.

Vor mehr als 100 Jahren hat der englische Ökonom Arthur Cecil Pigou die ökonomische Antwort auf eine solche Externalität formuliert: die Bepreisung der schädlichen Aktivität durch den Staat. Die Idee ist einfach: Ein Preis auf CO₂-Emissionen soll das Nichtbeachten der Wirkungen eigenen Handelns auf Dritte beenden. So lassen sich private Kosten der Nutzung der Atmosphäre und soziale Kosten für die heutigen und künftigen Generationen in Einklang bringen. Die unsichtbare Hand des Marktes bekommt einen grünen Daumen. Mit dem richtigen Rahmen funktioniert der Markt und liefert mit korrekten Preisen Anreize für klimafreundliches Wirtschaften. Bei richtiger Implementierung überwiegt die Umweltdividende die Kosten des Markteingriffs – es geht uns insgesamt besser!

Dabei ist zunächst irrelevant, wo die CO₂-Emissionen anfallen. Eine Tonne CO₂ hat praktisch dieselbe Klimawirkung, egal, in welchem Land, in welchem Sektor oder bei welcher Aktivität sie entstanden ist. Eine Tonne CO₂ aus einem Kohlekraftwerk in China ist genauso gut oder schlecht wie eine Tonne CO₂ aus dem Verbrennungsmotor eines deutschen Pkw. Da die Externalität unabhängig vom Ort der Emission ist, ist der CO₂-Preis zur Internalisierung der Externalität auch idealerweise überall gleich hoch. In der Theorie würde das Klimaproblem also effizient durch einen einheitlichen globalen CO₂-Preis gelöst. Die CO₂-Bepreisung muss sich langfristig in diese Richtung orientieren.

Ausgestaltung als Emissionshandel mit Preiskorridor

Eine CO₂-Bepreisung kann über eine CO₂-Steuer oder über ein Emissionshandelssystem eingeführt werden. Die Höhe des Preises für eine Tonne CO₂ sollte sich an den gesamten Kosten durch die Emission einer zusätzlichen Tonne CO₂ orientieren. Die Unsicherheiten bezüglich dieser Kosten sind jedoch beträchtlich und reichen von kleineren Beträgen bis zu über 1.000 €/t CO₂. Das Umweltbundesamt empfiehlt einen Kostensatz von etwa 200 €/t CO₂, der mit fortschreitendem Klimawandel steigt. Nach dem Pariser Abkommen von 2015 soll die Erderwärmung im globalen Mittel auf deutlich unter 2 °C, möglichst auf 1,5 °C im Vergleich zum vorindustriellen Niveau begrenzt werden. Um das 2-Grad-Ziel zu halten, dürfen weltweit maximal etwa 1.200 Gt CO₂ zusätzlich in die Atmosphäre gelangen, beim 1,5-Grad-Ziel sogar nur noch etwa 400 Gt CO₂ – bei augenblicklich etwas über 40 Gt CO₂ weltweit pro Jahr. Statt gesellschaftlich »richtiger« CO₂-Preise werden nun also »zielkonsistente« CO₂-Preise gesucht, mit deren Hilfe sich die Klimaziele erreichen lassen.

Im Emissionshandel werden »zielkonsistente« CO_2-Preise durch Angebot und Nachfrage der Emissionszertifikate realisiert. Wenn das Emissionsziel leicht zu erreichen ist, wird sich ein niedriger Preis einstellen; wenn die Emissionsminderung schwer ist, steigt der Preis. Vorhersagen sind nur bedingt möglich, denn der Markpreis hängt etwa von der technologischen Entwicklung oder der Konjunktur ab. Man weiß also, welche Emissionsminderungen erreicht werden, aber nicht zu welchem Preis. Bei einer CO_2-Steuer ist es umgekehrt: Die Politik setzt den Preis, aber es ist unklar, welches Emissionsniveau daraus folgen wird.

Die Politik möchte beides: das gesetzte Ziel erreichen und den CO_2-Preis vorhersehbar machen. Dies geht nicht. Da sich die Politik in Deutschland und in Europa vorhersehbar auf ein umfassendes Emissionshandelssystem festgelegt hat, sollte dieses so gestaltet werden, dass sich zumindest begrenzt der CO_2-Preis absichern lässt. Ein Höchstpreis im Emissionshandel, bei dem zusätzliche Zertifikate in den Markt gegeben werden, stabilisiert den Handelspreis an der festgelegten Obergrenze und verhindert Verwerfungen durch zu starke Preisdynamiken und unerwünschte Abwanderung ins Ausland. Ein Mindestpreis, unterhalb dessen keine neuen Zertifikate in den Markt gegeben werden, stabilisiert den CO_2-Preis im Emissionshandel auf einem gewissen Niveau und schafft so Planungssicherheit für Unternehmen und private Haushalte.

Damit die Klimaziele der EU erreicht werden, braucht es nach Schätzung der EU-Kommission CO_2-Preise im Bereich von etwa 30 bis 65 €/t CO_2 – je nach Ausgestaltung des Instrumentenpakets. Für Deutschlands Ziele vor der Novelle des Klimaschutzgesetzes lagen die Schätzungen bei 70 bis 180 €/t CO_2. Nun sollte eine ernsthafte Diskussion über die Einführung und Weiterentwicklung von Preisbändern und deren Höhe beginnen: Im EU-Emissionshandel wurde mit der Marktstabilitätsreserve eine kaum nachvollziehbare Preissteuerung implementiert, die es dringend so zu reformieren gilt, dass klare und berechenbare Preissignale ermöglicht werden. Im nationalen Emissionshandel braucht es einen höheren und steileren Preispfad, der sich in Richtung »richtiger« und »zielkonsistenter« CO_2-Preise bewegt. Es sollte einen verlässlichen, breiteren Preiskorridor geben, der zum Zielpfad passt und mehr Planungssicherheit ermöglicht.

Leitinstrument in einem sinnvollen Instrumentenmix

Unter den vielen Maßnahmen der deutschen Klimapolitik gibt es komplexe Fördermechanismen und Instrumente, die häufig nicht an den Ursachen des Klimawandels ausgerichtet und kleinteilig, kurzfristig und nicht miteinander verzahnt ausgestaltet sind. Diese werden keine Hebelwirkung entfalten. Durch eine CO_2-Bepreisung hingegen erhalten Unternehmen und Haushalte einen Anreiz für Investitionen

Agenda für 2022

— Verschärfung der CO_2-Bepreisung und Anpassung der Preiskorridore im nationalen Emissionshandel

— Beschleunigung des Infrastrukturausbaus, Bestandsaufnahme überlappender Maßnahmen und Überarbeitung der Klimaschutz-Governance

— Einstieg in die Energiepreisreform mit Senkung der EEG-Umlage

— Verschärfung des Minderungsfaktors und Einführung von Preiskorridoren im EU-Emissionshandel

— Verhandlungen zum internationalen CO_2-Mindestpreis und Schaffung eines Klimaklubs

Agenda für 2025

— Integration des nationalen Emissionshandels in den zweiten EU-Emissionshandel mit einheitlicher CO_2-Mindestbepreisung für Verkehr und Wärme

— Beschleunigung komplementärer Klimaschutzmaßnahmen und Abbau von überlagernden Maßnahmen neben der CO_2-Bepreisung

— Beschluss einer Klimaschutzarchitektur mit europäischen Flexibilitäten und indikativen Sektorzielen für Deutschland

— Schaffung eines CO_2-Mindestpreises zumindest mit den USA und China und gemeinsame Entscheidung zum Grenzausgleich

— Abschluss der Energiepreisreform mit vollständigem Ersatz der EEG-Umlage

in Emissionsminderungen, ohne dass es langfristig umfangreicher zusätzlicher und immer wieder anzupassender Förderinstrumente und Technologieprogramme bedarf. Denn die Geschäftsmodelle der Unternehmen und die Entscheidungen der Haushalte verändern sich.

Gleichwohl kann eine CO_2-Bepreisung nicht das alleinige Instrument auf dem Weg in die Klimaneutralität sein. Komplementäre Maßnahmen wie ein nachhaltiger Infrastrukturausbau etwa für Transport, Speicherung und Verteilung von Wasserstoff oder die Förderung kritischer Technologien wie der CO_2-Entnahme aus der Luft sind wegen der hohen Investitionsrisiken, Pfadabhängigkeiten und Lock-ins gerechtfertigt. Ein weitgehendes Umschwenken auf Elektrofahrzeuge erfordert eine flächendeckende Infrastruktur für schnelles Laden. Auch der gesellschaftliche Nutzen der Förderung von Forschung und Entwicklung, Innovationen, Diffusion und Adoption neuer CO_2-armer Technologien wird durch CO_2-Preise häufig nicht voll erfasst. Etliche wichtige Technologien stecken noch in frühen Entwicklungsphasen. Es braucht entsprechende Projekte, aus denen perspektivisch lohnende Geschäftsmodelle entstehen, um in der Zukunft zu den führenden Technologieanbietern etwa für Wasserstoff zu gehören.

Komplementäre Maßnahmen müssen aber abgewogen, punktuell und temporär eingesetzt werden. Ansonsten gilt es, die Überlagerung von Regulierung abzubauen. Die Stärkung der CO_2-Bepreisung ermöglicht, Maßnahmen zum Klimaschutz neu zu bewerten. Dies gilt für überlappende ordnungsrechtliche Maßnahmen wie Gebote, Verbote, Auflagen oder Grenzwerte. Ihnen

fehlt – im Gegensatz zur CO_2-Bepreisung – das Preisschild für die Minderung der CO_2-Emissionen. Dies bedeutet aber nicht, dass mit diesen Maßnahmen keine Kosten verbunden wären – ganz im Gegenteil.

Zudem muss die CO_2-Bepreisung einheitlicher gestaltet werden: Auf europäischer Ebene wird ein zweiter Emissionshandel für Verkehr und Gebäude aufgebaut, der dem deutschen Emissionshandel sehr ähnlich ist. Es gilt, dieses europäische System zu stärken und das deutsche System perspektivisch darin zu integrieren. Mit der Einführung des zweiten Emissionshandels ergeben sich Emissionsminderungen marktgetrieben in den Sektoren und Mitgliedstaaten, in denen diese am günstigsten zu realisieren sind. Steigende CO_2-Preise etwa in der Stromerzeugung wirken unmittelbar: Die meisten Kohlekraftwerke können nicht mehr wirtschaftlich betrieben werden. Mit einem deutschen Kohleausstieg dürfte dann wohl weitgehend schon bis 2030 zu rechnen sein. Um trotzdem ein hohes Maß an Versorgungssicherheit zu erreichen, müssen die Erneuerbaren weiter ausgebaut, Flexibilitäten gehoben und europäische Ausgleichseffekte genutzt werden.

Demgegenüber agieren Verbraucher, etwa im Verkehrssektor, relativ unelastisch gegenüber Preisänderungen. Erst substanziell höhere CO_2-Preise dürften hier eine spürbare Lenkungswirkung entfalten. Dies ist aus ökonomischer Sicht durchaus sinnvoll, da zunächst ja relativ günstige Minderungsmaßnahmen im Vordergrund stehen sollen. Der Fokus im Verkehrssektor sollte entsprechend auf den komplementären Maßnahmen liegen, etwa auf dem Aufbau der Infrastruktur für alternative

Antriebe oder auf der Unterstützung technologischer Entwicklungen. Sinnvoll wäre auch eine strecken- und zeitbezogene Straßennutzungsgebühr. Im Ergebnis wird es zu Abweichungen der Emissionen gegenüber der fortgeschriebenen EU-Lastenteilungsverordnung und den deutschen Sektorzielen kommen. Für die deutsche Klimaschutzarchitektur sollte das bedeuten, dass die Flexibilitäten der Lastenteilungsverordnung zwischen den Mitgliedstaaten besser genutzt und Sektorziele stärker als indikative Ziele begriffen werden. Schließlich sollten mittelfristig der erste und zweite europäische Emissionshandel zusammengeführt werden. Der damit einhergehende einheitliche CO_2-Preis ist ein wichtiger Fixpunkt für eine effiziente europäische Klimapolitik.

Im EU-Emissionshandel wurde mit der Marktstabilitätsreserve eine kaum nachvollziehbare Preissteuerung implementiert, die es dringend zu reformieren gilt.

Chance für eine gerechte Transformation

Die Akzeptanz und politische Durchsetzbarkeit klimapolitischer Maßnahmen hängen nicht nur von den Kosten ab, sondern auch von den damit verbundenen Verteilungswirkungen. Da der Energieverbrauch zum Grundbedarf gehört, sind über die Einkommensgruppen betrachtet Stromkosten eindeutig regressiv. Das heißt: Ärmere Haushalte geben einen größeren Anteil ihres Nettoeinkommens für Strom aus. Das Gleiche gilt für die Bereiche Mobilität und Wärme. Ärmere Haushalte haben auch weniger Möglichkeiten zu Anpassungen, etwa weil sie bereits sehr sparsam leben oder kaum klimafreundliche Investitionen tätigen können. Deshalb gilt: Alle Maßnahmen, die explizit oder implizit die Kosten für Strom, Mobilität und Wärme erhöhen, belasten ärmere Haushalte in besonderer Weise.

Die stärkere CO_2-Bepreisung macht nicht nur die Kosten des Klimaschutzes sichtbar, sondern legt auch die Verteilungswirkungen offen. Unerwünschte Verteilungswirkungen sind aber nicht neu. Die meisten Maßnahmen der deutschen Klimapolitik, von der Förderung von Photovoltaik und energetischer Gebäudesanierung bis hin zu Kaufprämien für Elektrofahrzeuge, verteilen Einkommen von unten nach oben um. Diese Effekte sind schwer zu beziffern und werden

kaum diskutiert. Ganz anders mit einer CO_2-Bepreisung. Aber: Mit einer sinnvollen Verwendung der Einnahmen aus der CO_2-Bepreisung lässt sich eine Nettobelastung der unteren Einkommen vermeiden.

Bei einer Pro-Kopf-Rückverteilung der CO_2-Einnahmen werden ärmere Bürger sogar begünstigt. Zwar geben diese einen prozentual höheren Anteil ihres Einkommens für Energie aus, absolut gesehen verursachen aber die reicheren Mitbürger mehr CO_2-Emissionen. Weil bei der für alle Bürger gleichen Rückerstattung diejenigen mit unterdurchschnittlichen CO_2-Emissionen profitieren, hilft dies armen Haushalten. Die CO_2-Bepreisung ermöglicht also bei richtiger Ausgestaltung die Abfederung sozialer Härten bei den unteren Einkommensklassen und eine gerechtere Transformation. Dies gilt in sehr ähnlicher Weise auch für eine CO_2-basierte Energiepreisreform, die eine stärkere CO_2-Bepreisung mit einer Reduktion staatlicher Strompreisbestandteile kombiniert und Strom so günstiger macht. Die Entlastungswirkung für alle Stromkonsumenten kann die regressive Wirkung einer CO_2-Bepreisung kompensieren.

Die Energiepreisreform macht darüber hinaus Sektorkopplung attraktiver. Während der Anteil der Erneuerbaren an der Stromerzeugung bereits bei fast 50 Prozent liegt, hinkt der Ausbau im Wärme- und Verkehrssektor hinterher. Die Nutzung erneuerbaren Stroms in allen Sektoren ist daher ein Schlüssel für das Erreichen der Klimaneutralität. Die Idee einer Energiepreisreform mit Reduktion staatlicher Strompreisbestandteile wurde bisher in Deutschland zögerlich umgesetzt. Die EEG-Umlage wurde lediglich gedeckelt und wird zukünftig leicht gesenkt. Jetzt sollte es darum gehen, das derzeit existierende komplexe System aus Entgelten, Steuern, Abgaben und Umlagen grundlegend auf die tatsächlichen externen Effekte auszurichten und insbesondere die EEG-Umlage rasch anders zu finanzieren.

Gemeinsamer CO_2-Mindestpreis als globaler Ansatz

Weder Deutschland noch Europa können allein im Klimaschutz erfolgreich sein. Allerdings ist nur etwa ein Fünftel der globalen Treibhausgasemissionen einer CO_2-Bepreisung unterworfen. Lediglich etwa die Hälfte der

Agenda für 2030

— Zusammenführung der beiden europäischen Emissionshandelssysteme und Ausweitung des EU-Emissionshandels auf die Sektoren Verkehr und Wärme mit Schaffung eines einheitlichen CO_2-Preises für Europa

— Überführung der Mengenziele der eigenen nationalen Klimabeiträge (NDCs) in einen einheitlichen globalen CO_2-Mindestpreis gemäß dem Pariser Abkommen

— Schaffung eines globalen Transfermechanismus zur Adressierung von Verteilungswirkungen

eigenen nationalen Klimabeiträge (NDCs) im Pariser Abkommen sieht überhaupt eine CO_2-Bepreisung vor, um nationale Ziele zu erreichen. Weniger als fünf Prozent der globalen Emissionen unterliegen einer CO_2-Bepreisung, die im Einklang mit dem Pariser Abkommen steht. Entsprechend sollte Deutschland seine Bemühungen für vergleichbar hohe Klimaschutzambitionen intensivieren. Dies gilt besonders für die wichtigsten Handelspartner, die ja alle ebenfalls klimaneutral werden wollen, etwa die USA, Japan und Südkorea bis 2050, China im Jahr 2060.

Ziel sollte ein gemeinsamer CO_2-Mindestpreis auf internationaler Ebene sein. Dieser schützt vor Trittbrettfahrern und egoistischem Verhalten, schafft einen intuitiven Vergleichsmaßstab, vereinfacht die internationalen Verhandlungen und ermöglicht die Verfolgung ambitionierterer nationaler Ziele. Im Kern liegt das Problem eines einheitlichen globalen CO_2-Preises darin, dass dabei die Minderungskosten für die Entwicklungs- und Schwellenländer überdurchschnittlich hoch sind. Dies hängt mit der hohen Emissionsintensität dieser Volkswirtschaften zusammen, aber auch mit den (nicht) vorhandenen Klimaschutztechnologien. Deswegen werden diese Länder keine hohen CO_2-Preise akzeptieren. Für wohlhabendere Länder sind höhere CO_2-Preise schon eher akzeptabel, da diese mit geringeren Kosten verbunden sind. Eine einheitliche internationale CO_2-Bepreisung wird es daher nur geben können, wenn eine erhebliche Umverteilung von den Industrieländern zu den Entwicklungs- und Schwellenländern und ein Technologietransfer stattfinden. Das ist in jedem Fall besser als die aktuell unterschiedlich hohen CO_2-Preise im internationalen Kontext.

Die unsichtbare Hand des Marktes führt nicht dazu, dass Eigennutz auch die kollektive Wohlfahrt erhöht.

Starke Unterschiede in der CO_2-Bepreisung können die Wettbewerbsfähigkeit in emissions- und handelsintensiven Sektoren belasten und dazu führen, dass Wertschöpfung und CO_2-Emissionen in Regionen mit weniger strikter Klimagesetzgebung außerhalb der EU verlagert werden. Dann ist ein Grenzausgleich, der im Ausland hergestellte Produkte an der europäischen Grenze entsprechend dem CO_2-Gehalt verteuert, prinzipiell ein mögliches Instrument zur Nivellierung der CO_2-Bepreisung. Allerdings dürften Handelspartner dies als protektionistische Maßnahme werten und entsprechend Gegenmaßnahmen ergreifen. Deutschland als exportorientiertem Land drohen dann hohe Kosten. Wegen der handelspolitischen Verwerfungen sollte ein Grenzausgleich – wenn überhaupt – nur sehr zielgerichtet und mit Bedacht eingesetzt werden, etwa sukzessive in wenigen Sektoren und lediglich an den Außengrenzen eines möglichen Klimaklubs. Der exportorientierten deutschen Wirtschaft dürfte in jedem Fall nur bedingt geholfen sein. Auch wenn es keine einheitliche globale CO_2-Bepreisung geben wird, könnte ein gemeinsamer CO_2-Mindestpreis und höhere CO_2-Preise ambitionierterer Staaten in einem möglichst großen Klimaklub der Schlüssel sein, um die Klimaziele von Paris zu erreichen.

PROF. DR. ANDREAS LÖSCHEL, *geb. 1971, ist Inhaber des Lehrstuhls für Umwelt-/Ressourcenökonomik und Nachhaltigkeit an der Ruhr-Universität Bochum und aktuell Alfried Krupp Senior Fellow am Alfried Krupp Wissenschaftskolleg in Greifswald. Er ist Vorsitzender der Expertenkommission zum Monitoringprozess »Energie der Zukunft«, Leitautor des Weltklimarates (IPCC) für den Fünften und Sechsten Sachstandsbericht und Mitglied der Deutschen Akademie der Technikwissenschaften (acatech). Andreas Löschel forscht in den Bereichen Energie- und Klimaökonomik, experimentelle Ökonomik sowie Folgenabschätzung politischer Maßnahmen.*

»Das Internet der Dinge, Edge-Devices und Cloud-Computing werden einen wichtigen Beitrag dazu leisten, unsere Infrastruktur auch in Zukunft nach-haltig, zuverlässig und kosteneffizient zu halten.«

Digitale Dekarbonisierung

Von Peter Körte und Stefan Niessen

Keine Technologie allein ist in der Lage, das Klimaproblem zu lösen. Aber wenn wir viele Technologien standortspezifisch so kombinieren, dass Klima, Bebauung, Industrie- und gesellschaftliche Bedürfnisse sowie Leistungsfähigkeit bestmöglich aufeinander abgestimmt sind, dann können wir die Energieeffizienz erhöhen, die Transformation des Energiesystems vorantreiben und eine flexible Energieversorgung schaffen. Mit der Dekarbonisierung wird die Energieinfrastruktur jedoch auch immer komplexer. Bereits heute erbringen nahezu zwei Millionen dezentrale Stromerzeugungseinheiten eine Leistung von gut 100 GW. Technologische Trends wie Elektromobilität, Wärmepumpen und Elektrolyseure steigern die Komplexität auf der Seite des Stromverbrauchs. Auch dafür brauchen wir Lösungen.

Moderne Geräte lassen sich per WLAN und Internet steuern. Bereits heute gibt es in Deutschland pro Kopf rund zehn Geräte mit Internetverbindung – Tendenz stark steigend. Nur wenn wir die sich hieraus ergebenden Flexibilisierungspotenziale nutzen, können unsere Verteilnetze zukünftig sicher betrieben werden, ohne dass überall und gleichzeitig die Straßen kostenintensiv aufgerissen und Leitungen verlegt werden müssen. Beispielsweise könnten die Nutzer von zwölf Millionen Elektrofahrzeugen mithilfe von intelligenten Steuerungen rund 6 GW Ladeleistung in Zeiten verschieben, in denen das Stromnetz nur schwach ausgelastet ist. Einen Beitrag in ähnlicher Größenordnung kann die Industrie

Wenn es gelingt, mit neuen Geschäftsmodellen die Flexibilität der Verbraucher anzureizen, können die bestehenden Leitungen auch die doppelte Energie transportieren.

mit Demand-Side-Management leisten. Wärmepumpen könnten bei intelligenter Steuerung bereits heute 12 GW zum Flexibilitätspotenzial beitragen. Die nationale Wasserstoffstrategie sieht die Installation von 5 GW Elektrolyseurleistung bis 2030 vor. Neben der Flexibilität bietet die Sektorkopplung auch höhere Energienutzungsgrade. Zudem verbessert sie die Redundanz und Diversität unserer Infrastruktur und damit die Resilienz gegenüber Naturereignissen und Preisschwankungen. Die Summe der Flexibilitäten ergibt jedoch bei Weitem nicht die bereits heute installierten 100 GW Wind- und Solarstrom. Zur Umsetzung der Novelle des Klimaschutzgesetzes müssen die Erneuerbaren bis 2030 auf 200 GW ausgebaut werden.

Vieles von dem, was wir für die Energiewende brauchen, kennen wir heute noch gar nicht. Die Technologien und dadurch möglichen neuen Geschäftsmodelle werden in einem agilen Prozess mit Versuch und Irrtum entstehen. Es ist daher essenziell, dass die Politik Entscheidungen für innovationsfreundliche und anpassungsfähige Rahmenbedingungen trifft und nicht nur bereits bekannte Technologien fördert. Die Forschungsförderung leistet hierzu einen wichtigen Beitrag für den Industriestandort Deutschland. Für den Schritt in großskalige Praxistests ist jedoch noch politische Arbeit erforderlich. Der heutige regulatorische Rahmen zwingt die Netzbetreiber dazu, nur in diejenigen Technologien zu investieren, für die bereits heute die Kosteneffizienz kalkulierbar ist. Damit können Netzbetreiber heute praktisch nicht in innovative Technologien wie beispielsweise Sensorik, Kommunikationstechnik und Aktuatorik in Verteilnetzen investieren.

Die Komplexität der Dekarbonisierung ist mit digitalem Designwerkzeug beherrschbar

Unser Anspruch ist es, mit unserem industriellen Know-how die digitale und die reale Welt miteinander zu verbinden. So muss die Auslegung neuer Infrastruktursysteme und insbesondere der schrittweise Umbau unserer bestehenden Infrastruktur sämtliche technologischen Optionen und deren Wechselwirkungen berücksichtigen. Dazu entwickelt Siemens digitale Zwillinge für Gebäude, Standorte, Städte, Regionen und Länder. Sie bilden die Primärbedarfe an Strom, Wärme, Kühlung, Transport, Wasser und chemischen Energieformen in einem digitalen Bild ab. Darüber hinaus pflegen wir permanent eine Bibliothek mit den technischen, wirtschaftlichen und Umwelteigenschaften der heute und zukünftig verfügbaren Infrastrukturkomponenten. Diese ergänzen wir um unsere Einschätzung von Lernkurven. Von besonders innovativen Technologien beispielsweise in der Kühl- und Wärmetechnik oder Speichertechnologien machen wir uns in unseren Laboren ein eigenes Bild.

Wenn wir dabei die ausgetretenen Pfade verlassen wollen, müssen wir uns vorurteilsfrei den neuen technologischen Möglichkeiten stellen. Spätestens seit der Ausgliederung der Siemens Energy, die heute eine Minderheitsbeteiligung ist, glaubt man uns diese Technologieoffenheit auch außerhalb des Konzerns. Zur Ermittlung der bestmöglichen Kombination von Technologien setzen wir Verfahren des Operations Research und der künstlichen Intelligenz ein – sie optimieren nach rein mathematischen Gesichtspunkten.

Jedes Computerverfahren kann nur so gut sein wie die Eingangsdaten, mit denen es arbeitet. Daher sind Daten und darauf aufsetzende Prognoseverfahren ein wesentlicher Schlüssel zum Erfolg. Unsere Infrastruktursysteme sind leider immer noch nicht so effizient ausgelegt, wie es mit einer besseren Datenbasis möglich wäre. Dabei ist ein guter Teil der benötigten Daten verfügbar, allerdings gehören sie unterschiedlichsten Unternehmen und Behörden. Für die effektive Auslegung unserer Infrastruktur sind persönliche Daten einzelner Bürger nicht erforderlich. Eine Aggregation der Lastprofile von fünf Haushalten würde beispielsweise vollkommen ausreichen. Damit die Datensouveränität gewahrt bleibt, wird aktuell mit GAIA-X auf europäischer Ebene eine vielversprechende Basis geschaffen. Wir brauchen kollaborative Ansätze und seitens öffentlicher Stakeholder für Bereiche von öffentlichem Interesse einen Rahmen, der datenschutzkonform aggregierte Daten verfügbar macht.

Ihre Feuertaufe bestehen unsere digitalen Zwillinge, wenn ihre Prognosen mit den praktischen Erfahrungen verglichen werden.

Beim Design unserer Infrastruktur müssen wir auch deren gesamten Lebenszyklus berücksichtigen. Beispielsweise entstehen bereits bei der Einrichtung heutiger energieeffizienter Gebäude genauso viele CO_2-Emissionen wie während 40 Jahren Betrieb durch Heizung und Beleuchtung. Sowohl bei der Planung von Neubauten als auch bei grundlegenden Sanierungen von Bestandsgebäuden sollte daher die Energieeffizienz auf Basis eines digitalen Zwillings nachgewiesen werden. Hierzu hat Siemens ein Informationssystem (Building Information Modeling, BIM) entwickelt, das Gebäude während des Designs, der Bauphase und schließlich des Betriebs begleitet.

Mit digitalen Zwillingen zur Dekarbonisierungs-Roadmap

Für die Entwicklung praxistauglicher Technologie ist es essenziell, neue technologische Lösungen auszuprobieren – im Feld und in der Wechselwirkung miteinander. Ihre Feuertaufe bestehen unsere digitalen Zwillinge, wenn ihre Prognosen mit den praktischen Erfahrungen verglichen werden. Siemens entwickelt daher seit mehreren Jahren gemeinsam mit Partnern klimafreundliche Stadtteile mit modernster Technologie, beispielsweise in der Seestadt Aspern (Wien) und in Siemensstadt[2] (Berlin). Mit unserem City Performance Tool entwickeln wir zunächst einen digitalen Zwilling der heutigen Situation. Auf dieser Basis ermitteln wir dann unter Berücksichtigung von Verkehrssituation, Arbeitsplätzen und Luftqualität bestmögliche Pfade zur Dekarbonisierung.

Siemens hat sich bereits 2015 verpflichtet, bis 2030 klimaneutral zu werden. Seitdem arbeiten wir konsequent an der Dekarbonisierung unserer Standorte weltweit. Für Fertigungsstandorte und größere Gebäude haben wir dazu Green Digital Twins entwickelt. Mit einem standardisierten Rechenverfahren ermitteln sie innerhalb weniger Wochen für die spezifische Situation jedes Standortes eine maßgeschneiderte mehrjährige Dekarbonisierungsroadmap. Dabei wird auch die Einbindung in Stadt und Region berücksichtigt. Hier arbeiten Ingenieure mit der relevanten Bandbreite an Fachkompetenzen Hand in Hand mit IT-Experten zusammen.

Die Dekarbonisierung unserer Wirtschaft erfolgt nicht auf der grünen Wiese, sondern im laufenden Betrieb als Operation am offenen Herzen. Damit unsere Infrastruktur auch während des Umbaus zuverlässig und kosteneffizient bleibt, werden das Internet der Dinge (Internet of Things, IoT), sogenannte Edge-Devices, also Netzwerkkomponenten am Netzwerkrand, und Cloud-Computing zunehmend essenzielle Beiträge leisten. In Praxisprojekten mit bestehender Infrastruktur entdecken wir häufig haarsträubende Effizienzverluste im zweistelligen Prozentbereich, die sich durch Ferndiagnose und Fernwartung vermeiden ließen. Den größten Anteil am gesamten Endenergieverbrauch hat in Deutschland mit rund einem Drittel die Gebäudewärme – und davon sind 85 Prozent nach wie vor fossilen Ursprungs. Mit der Wärme müssen wir also effizient umgehen. Siemens hat mit »Navigator« eine App zur automatischen Überwachung und Steuerung von Gebäuden geschaffen, denn der größte Hebel zur nachhaltigen Effizienzsteigerung beim Betrieb von Gebäuden besteht im Einbau von intelligenter Gebäudeautomatisierung und im kontinuierlichen Monitoring der Energieeffizienz. Energieverschwendung muss identifiziert und beseitigt werden.

Für einen derart effizienten, automatisierten Betrieb der Gebäudetechnik müssen Wärme- oder Klimatechnik im Gebäude mit einem Steuerungsmechanismus auf einem Edge-Device vor Ort oder in der Cloud verbunden werden. Eigentlich könnte dies ganz einfach gehen, denn in modernen Gebäuden ist in der Regel WLAN verfügbar. In der Praxis haben wir aber eine Situation wie in den 80er-Jahren bei den Heimcomputern: Jeder Hersteller von intelligent steuerbaren Aggregaten verwendet für anspruchsvolle Anwendungen seinen eigenen Standard und schließt so den Wettbewerb faktisch aus. Wenn die Hersteller des Heimspeichers, der Photovoltaikanlage, der Wärmepumpe und der Ladestation fürs Elektroauto jeweils ihre eigenen Standards verwenden, vergeben wir die Chance der Interoperabilität dieser Aggregate. Die Zukunft aber gehört der Interoperabilität.

Für kommerzielle Gebäude gibt es die nötigen Standards bereits seit 20 Jahren. Ab November 2021 wird mit dem neuen Smart-Home-Standard »Matter« auch für Einfamilienhäuser die Basis für Interoperabilität geschaffen. Dann könnten sich die Aggregate bei der Installation automatisch mit dem System für das Gebäudeenergiemanagement verbinden. Dieses kann wiederum automatisch die Überwachung sowie klima- und kostenoptimale Steuerung übernehmen, Fehlfunktionen erkennen und beheben und die Aggregate so steuern, dass in Summe die Netzanschlussleistung nicht überschritten wird. Prototypen dieser Technologie setzt Siemens seit mehreren Jahren in öffentlichen Gebäuden, Appartementhäusern und auch Bürogebäuden erfolgreich ein. Diese Gebäudeleittechnik kann sogar den Strombedarf so steuern, dass das Gebäude die Netzbetreiber mit Regelenergie unterstützt.

Standards für die Überwachung und Steuerung der Energieaggregate erforderlich

Schon heute erleben die ersten Haushalte, dass ihre Netzanschlussleistung nicht für den Betrieb einer Ladestation ausreicht. Mit dem Verbot von Ölheizungen ab 2026 wird darüber hinaus der Strombedarf von Wärmepumpen zunehmen und das Problem noch verschärfen. Angesichts der Klimaerwärmung steigt zudem auch in Deutschland die Nachfrage nach Kühltechnik. Wir brauchen daher dringend einen einheitlichen Standard für die Überwachung und Steuerung von Energieaggregaten.

Dieser muss ein besonderes Augenmerk auf Cybersecurity legen. Während die Netzbetreiber seit jeher hochprofessionell an der Zuverlässigkeit ihrer Technik arbeiten, gibt es bei den mit dem Internet verbundenen Geräten hinter dem Zähler dringendes Verbesserungspotenzial. Beim erforderlichen Stakeholderdialog zum neuen Standard bleibt Siemens neutral, denn wir stellen keine Hersteller-Energieaggregate her. Je nach Größe des Gebäudes muss die Steuerungstechnik nicht auf einem Edge-Device vor Ort laufen. Unsere Pilotsysteme laufen ebenfalls in der Cloud. Und auch beim Cloud-Computing sind wir agnostisch, indem wir unsere Applikationen so aufbauen, dass sie in unterschiedlichen Clouds laufen können.

Neue Marktakteure und Geschäftsmodelle erschließen die dringend benötigte Flexibilität

Dekarbonisierung bedeutet Elektrifizierung von Wärme, Transport und Industrieprozessen. Da Wind und Sonne nicht immer verfügbar sind, muss zur Umsetzung der Novelle des Klimaschutzgesetzes bereits bis zum Jahr 2030 die installierte Stromerzeugungsleistung aus erneuerbaren Energien mehr als doppelt so groß sein wie unsere heutige Spitzenlast von 85 GW. In den seltenen Stunden, in denen weder genug Wind weht noch ausreichend Sonne scheint, füllen Gaskraftwerke die Versorgungslücke. Einen zunehmend wichtigen Beitrag zur Verringerung dieser Versorgungslücke kann Flexibilität auf der Verbrauchseite leisten. Die Verbraucher werden ihren Strombedarf an das Angebot an erneuerbarem Strom anpassen, wenn dazu die richtigen Rahmenbedingungen geschaffen werden. Heute haben sie kaum Veranlassung dazu, und wenn wir nicht aufpassen, dann wirkt unser regulatorischer Rahmen sogar kontraproduktiv.

Verbraucher und Prosumer mit eigener Stromerzeugung können ihren Verbrauch oder ihre Rückspeisung nur in dem Rahmen zur Verfügung stellen, den ihre Netzanschlussleistung erlaubt. Nach heutigem Regelwerk müssen Netznutzer für ihre Netzanschlussleistung zahlen und werden daher ihre Flexibilität nutzen, um mit einer möglichst niedrigen Anschlussleistung auszukommen. Mit einer derart minimalen Anschlussleistung können sie aber naturgemäß auch nur einen minimalen Beitrag dazu leisten, die Schwankung der Erneuerbaren zu kompensieren. Bisher zeigen die Verbraucher ein zufälliges Verhalten – von wenigen medialen Großereignissen wie Fußballmeisterschaften abgesehen. Wenn moderne Prognoseverfahren aber mehr präzise Vorhersagen von Strompreisen und der CO_2-Last im Strommix erlauben, werden die Gleichzeitigkeitseffekte zunehmen. Verbraucher, die ihren Bedarf am Strompreis ausrichten oder die den Ökoknopf am Ladegerät ihres Elektrofahrzeugs gedrückt haben, verhalten sich dann synchron. Ein ähnlicher Effekt tritt ein, wenn alle Autos der Stauumfahrungsempfehlung ihres Navigationssystems folgen und sich der Stau auf die Umgehungsstraße verlagert.

Für den Ausweg aus diesem Dschungel an vielschichtigen und teilweise konkurrierenden Zielen und Nebenbedingungen beim Betrieb unserer dekarbonisierten Infrastruktur bieten IoT, Edge-Devices, Apps und Cloud-Computing die notwendigen Werkzeuge. Jedoch nur in Verbindung mit wirtschaftlich tragfähigen Geschäftsmodellen werden sie auch tatsächlich genutzt. Wenn die regulatorischen Rahmenbedingungen stimmen, werden neue Investoren die Chancen nutzen und gemeinsam mit der bereits aktiven Start-up-Szene die dringend benötigte Innovationsdynamik bringen.

Neue Ökosysteme ermöglichen Paradigmenwechsel
Mit dem vom Bundeswirtschaftsministerium geförderten Forschungsprojekt »pebbles« demonstriert Siemens im Allgäu gemeinsam mit Projektpartnern einen Peer-to-Peer-Energiehandel auf Basis von Blockchains. Das Projekt zeigt in der Praxis, wie ein neues Ökosystem aus innovativen Geschäftsmodellen in einer Region funktioniert, die heute bereits in der Spitze mehr als achtmal so viel Strom aus erneuerbaren Energien produziert wie verbraucht. Hierzu haben wir die Gebäudemanagementsysteme um eine automatische Handelsfunktion erweitert. Gebäude und Unternehmen sind damit in der Lage, überschüssigen Strom vollautomatisch in der Region zu verkaufen, ihren Bedarf an günstige oder CO_2-freie lokale Stromangebote anzupassen oder ihre nicht ausgelastete Speicherkapazität Dritten mit Gewinn anzubieten. Die Gebäudenutzer brauchen dazu lediglich initial ihre Präferenzen zum Herkunftsnachweis anzugeben, den Rest erledigt die App.

Auch dem Verteilnetzbetreiber erleichtert das System das Leben, denn es bedeutet einen Paradigmenwechsel. Während bisher Netzbetreiber ihre Aufgabe darin sehen, jegliche Netznutzung notfalls mit Gegenmaßnahmen zu kompensieren, verringert das neue System den Stresslevel erheblich. Anstatt erraten zu müssen, was die Netznutzer demnächst tun werden, genügt es, dass der Netzbetreiber einen neuen Matching-Algorithmus im Vorhinein über die ihm bestens bekannte technische Leistungsfähigkeit seiner Betriebsmittel informiert. Der Matching-Algorithmus sorgt dann für ein Zusammenführen sämtlicher Angebote unter Einhaltung der Betriebsgrenzen. Dieses neue Verfahren bietet gerade auch für Erneuerbare-Energien-Anlagen, deren EEG-Förderung ausgelaufen ist, eine neue Vermarktungsperspektive. In den kommenden Jahren ließe sich so in vielen Regionen Deutschlands der gesamte Strombedarf der Haushalte mit erneuerbarem Strom aus Wind- und Solaranlagen, deren Förderung ausgelaufen ist, decken. Damit werden zwei Fliegen mit einer Klappe geschlagen: Für die heute installierten gut 100 GW wird eine Vermarktungsperspektive nach Auslaufen der EEG-Förderung geschaffen, und für die Flexibilität der Verbraucher entsteht ein wirtschaftlicher Anreiz. Und beides käme ohne Steuergelder aus.

In einer jüngst erschienen Studie beziffert das Energiewirtschaftliche Institut an der Universität zu Köln den wirtschaftlichen Nutzen allein durch die so verbesserte Bewirtschaftung der Netzengpässe in den

Agenda

- Die Ausrichtung der Energiepolitik sollte Raum für Innovationen geben und die Rahmenbedingungen für einen marktwirtschaftlichen Ausbau schaffen.

- Für den Austausch von Daten zwischen Betreibern und Nutzern von Infrastruktur muss ein Rahmen geschaffen werden, denn er ist Voraussetzung für Effizienz.

- Schlüssel für die zukünftige Systemsicherheit ist Innovation insbesondere an der Grid-Edge, das heißt bei der Wechselwirkung zwischen Prosumern und dem Verteilnetz. Die Flexibilität der Prosumer muss daher zukünftig in die Regulierung der Netze einbezogen werden.

- Wir brauchen dringend einen Standard für die Überwachung und Steuerung von Energieaggregaten wie Ladestationen, Wärmepumpen, Photovoltaikanlagen und Speichern in Gebäuden. Dieser muss besonderes Augenmerk auf Cybersecurity legen.

- Hemmnisse für die freie Teilnahme von Prosumern am lokalen Energiehandel müssen beseitigt werden.

- Zusätzlich hilft der Einsatz von Strom aus erneuerbaren Energien dabei, die Energiewende in den anderen Sektoren Wärme und Verkehr voranzubringen. Die Nutzung dieses sauberen Stroms hilft, denn Sektorkopplung reduziert den Einsatz fossiler Energie.

- Als Konsequenz aus den Erfahrungen der Coronapandemie ist die Verbesserung der Resilienz des Energiesystems eine wichtige Aufgabe. Hier sind neben der Systemstabilität und Cybersecurity auch die Energieflexibilität und die Reaktionsfähigkeit bei Systembeeinträchtigungen ein hervorgehobenes Handlungsfeld.

Verteilnetzen auf 2,4 Milliarden Euro pro Jahr. Wie bei jedem Paradigmenwechsel sind zur wirtschaftlichen Tragfähigkeit eines solchen Modells einige Veränderungen des regulatorischen Rahmens erforderlich. Ein Beispiel dafür ist die heutige Beaufschlagung mit gut 50 Prozent Steuern und Abgaben, wann immer der Strom die Grundstücksgrenze passiert. Hierbei gibt es derzeit keine Saldierung. Auf die Mehrwertsteuer übertragen würde dies bedeuten, dass jede Wertschöpfungsstufe die vollen Steuern zahlen müsste, anstatt sie durchzureichen. Die oft als Gegenargument gegen automatische Handelsfunktionen angeführten Betrugsversuche durch taktische Gebote lassen sich in der Praxis mit einer Typabnahme durch Zertifizierungsdienstleister problemlos vermeiden.

Köpfchen statt Kupfer

Dass zum Anschluss neuer Wind- und Solarstandorte neue Leitungen gebaut werden müssen, ist unvermeidlich. Bestehende Leitungen können mit moderner Leit- und Regeltechnik und insbesondere dank der Verbreitung des Internet of Things zukünftig besser ausgenutzt werden. Wenn es gelingt, mit neuen Geschäftsmodellen die Flexibilität der Verbraucher anzureizen, können die bestehenden Leitungen auch die doppelte Energie transportieren. Hier gilt das Prinzip »Köpfchen statt Kupfer«. Als Technologiepartner wird Siemens in dieser Transformation viel lernen und die nächste Phase der Energiewende gemeinsam mit allen anderen Akteuren gestalten.

DR. PETER KÖRTE, *geb. 1975, verantwortet als Chief Strategy Officer der Siemens AG die Entwicklung der Konzernstrategie und als Chief Technology Officer die Digitalisierung sowie den Aufbau des industriellen Internets der Dinge. Nach seiner Tätigkeit bei der Boston Consulting Group wechselte er 2007 zu Siemens, zunächst in die Konzernstrategie, dann in die Medizintechnik. Peter Körte ist Diplom-Wirtschaftsingenieur der Universität Karlsruhe, promovierte an der WHU Otto Beisheim School of Management und absolvierte das General Management Program der Harvard Business School.*

PROF. DR.-ING. STEFAN NIESSEN, *geb. 1970, leitet bei Siemens Technology das Technologiefeld Energiesysteme und ist Professor an der TU Darmstadt. Er hat an der RWTH Aachen in Elektrotechnik promoviert und einen MBA der Duke University.*

Aluminium

»Für klimaneutral produziertes Aluminium ist grüner Strom der wichtigste Rohstoff, Versorgungssicherheit und international wettbewerbsfähige Preise sind die entscheidende Voraussetzung.«

Klimaneutrales Aluminium durch grünen Strom

Von Philipp Schlüter

Die Aluminiumindustrie ist auf dem Weg zur klimaneutralen Produktion. Die Stromversorgung markiert dabei die wichtigste Etappe. Grüner Strom in ausreichender Menge zu international wettbewerbsfähigen Preisen: Das ist die unabdingbare Voraussetzung, die erfüllt sein muss, damit die Unternehmen in neue Produktionsverfahren investieren und damit die Wertschöpfungsketten am Standort erhalten bleiben. Den Weg dahin kann die Industrie nicht allein ebnen. Es ist die Aufgabe der Politik, geeignete Grundversorgungsstrukturen sicherzustellen, auf die unser Industriestandort angewiesen ist. Das gilt insbesondere für die Stromversorgung. Hierbei sind überkommene Marktmechanismen umzubauen, Hemmnisse für systemdienliche Leistungen zu beseitigen, Anreize für sinnvolle Geschäftsmodelle und Produkte zu schaffen sowie Fehlentwicklungen bei Regulierungen zu korrigieren.

Aluminium ist ein junger Werkstoff. Seine mechanischen Eigenschaften und seine gute Leitfähigkeit erschließen dem Leichtmetall immer neue Anwendungsgebiete im Maschinen- und Anlagenbau, in der Elektroindustrie, im Baugewerbe, bei Verpackungen und in der Energiewirtschaft. Das wichtigste Anwendungsfeld ist der Transportbereich. Der Einsatz von Aluminium im Fahrzeugbau hat sich seit 1990 verdreifacht – und er wird weiter steigen. Transportmittel für die Straße, die Schiene und den Luftverkehr sind auf Leichtbau angewiesen. Ohne Aluminium sind Fahrzeuge mit Elektroantrieb undenkbar. Auch in anderen Bereichen erhöhen die Anforderungen von Klimaschutz und Nachhaltigkeit den Bedarf an Aluminium. Das gilt für Stromtrassen, Windkraft- und Photovoltaikanlagen ebenso wie für den Wohnungsbau.

Seine unendliche Wiederverwertbarkeit bei gleichbleibender Qualität macht Aluminium zum idealen Werkstoff für nachhaltig produzierte Produkte.

Seine unendliche Wiederverwertbarkeit bei gleichbleibender Qualität macht Aluminium zum idealen Werkstoff für nachhaltig produzierte Produkte. Das Umschmelzen von Aluminiumschrotten erfordert nur einen Bruchteil der für die Primärproduktion erforderlichen Energie. So verbessert jede Wiederverwertung die Energiebilanz des Werkstoffs und verkleinert seinen CO_2-Fußabdruck. Die Klimaschutzanstrengungen beschleunigen zudem die Dynamik der Werkstoffentwicklung. Neue Aluminiumlegierungen ermöglichen innovative Produkte. Die Verarbeitungs- und Fertigungsbetriebe prägen die Leistungsfähigkeit der deutschen Industrie und tragen maßgeblich zu ihrer internationalen Wettbewerbsfähigkeit bei.

In Deutschland werden jährlich 1,2 Millionen Tonnen Aluminium produziert. Der Bedarf ist um ein Vielfaches größer: 60 Prozent des hierzulande verarbeiteten Aluminiums werden importiert. Der hohe Importanteil bietet den deutschen Aluminiumherstellern erhebliche Wachstumschancen, zumal die Nachfrage nach Werkstoffen mit günstiger CO_2-Bilanz steigt. Bei den Umweltstandards gehören die deutschen Aluminiumhütten zur Weltspitze. Außerdem setzen sie soziale Standards, die den Anforderungen an Nachhaltigkeit in allen Dimensionen gerecht werden. Diese Standards sowie die Verminderung oder gar Vermeidung der direkten CO_2-Emissionen, die der Herstellungsprozess verursacht, können für eine klimaneutrale Aluminiumproduktion allerdings nur greifen, wenn die bei der Stromerzeugung anfallenden CO_2-Emissionen deutlich gesenkt werden.

Strom ist ein Rohstoff der Aluminiumproduktion

Aluminium wird in einem elektrochemischen Prozess gewonnen. Dabei wird Strom über Kohlenstoffanoden durch ein mit Aluminiumoxid (Tonerde) angereichertes flüssiges Salzbad geleitet. Elektrische Energie dient dem Herstellungsprozess also als Rohstoff und macht die Aluminiumproduktion stromintensiv. Die Energieversorgung bildet in mehrfacher Hinsicht den zentralen Faktor für die Aluminiumindustrie. Sie bestimmt die wirtschaftliche Existenz und Perspektive der Produktionsbetriebe, und sie bestimmt den ökologischen Wert des produzierten Werkstoffs.

Aluminium ist ein Weltmarktprodukt, das zu einem internationalen Preis gehandelt wird. Dabei entscheidet der Strompreis maßgeblich über die Wettbewerbsfähigkeit, denn die Kosten für den Bezug von Energie machen etwa die Hälfte der Produktionskosten von Aluminium aus. Den Aluminiumherstellern ist es deshalb derzeit wirtschaftlich nicht möglich, ausschließlich grünen Strom zu beziehen. Als Rohstoffquelle für die Aluminiumerzeugung steht ihnen nur der Strommix in Deutschland zur Verfügung. Dieser Strommix besteht zu knapp 50 Prozent aus regenerativen Energien. Die ökologische Qualität der bei der Aluminiumproduktion eingesetzten Energie beeinflusst mit Abstand am stärksten den CO_2-Fußabdruck des erzeugten Metalls. Ihr Anteil an der CO_2-Bilanz des Werkstoffs liegt derzeit bei rund 75 Prozent. Die Reduktion der Emissionen aus der Stromerzeugung ist daher die dringlichste Aufgabe auf dem Weg zur klimaneutralen Aluminiumproduktion. Deswegen muss die Erzeugung von Strom aus erneuerbaren Energiequellen massiv ausgebaut und diese Energie vor allem zu international wettbewerbsfähigen Preisen bereitgestellt werden.

Erst auf dieser Grundlage greifen die geplanten Transformationsmaßnahmen der Aluminiumwirtschaft zur Minderung und Vermeidung der direkten, beim Produktionsprozess anfallenden CO_2-Emissionen. Die Forschung an einer Ofentechnologie, die die Metallerzeugung ohne die Freisetzung von Treibhausgasen erlaubt, hat bereits begonnen. Die Industrie entwickelt derzeit einen Demonstrator, mit dem das Verfahren im Produktionsumfeld erprobt werden kann. Die für die Markteinführung nötigen Investitionen kann die Industrie jedoch erst tätigen, wenn die zentralen gesellschaftlichen Aufgaben gelöst sind: die konsequente Umsetzung der Energiewende und die Sicherstellung ihrer Marktfähigkeit.

Der Ausbau erneuerbarer Energien muss Geschäftsmodell werden

Der Transformationsprozess zur klimaneutralen Erzeugung von Aluminium verlangt den zügigen Ausbau erneuerbarer Energien. Dafür ist es notwendig, die Investitionen für Betreiber wirtschaftlich attraktiv zu machen. Attraktiv ist es nur dann, wenn die Aussicht besteht, dass sich die Kapitalkosten refinanzieren lassen, dass die laufenden Betriebskosten gedeckt sind und dass sich Gewinne erzielen lassen. Die gegenwärtigen Rahmenbedingungen erfüllen diese Bedingungen nicht. Sie wirken vielmehr als Hindernis auf dem Weg zum Ziel, der Industrie für ihre Stromversorgung erneuerbare Energie zu wettbewerbsfähigen Preisen bereitzustellen.

Gefragt sind deshalb geeignete Absicherungsinstrumente gegen unvorhersehbare regulatorische Risiken – und zwar sowohl für Bau und Betrieb von Anlagen zur

Agenda für 2022

— Förderung und Beschleunigung des Ausbaus erneuerbarer Energien durch die Einrichtung von Differenzkontrakten (*contracts for difference*, CfD)

— Diese CfD sollen Betreiber von Energieanlagen gegen regulatorische Risiken absichern und Planungssicherheit für Investitionen schaffen

— Ebenso sollen CfD die Industrie als Stromabnehmer gegen das internationale Strompreisniveau absichern

Agenda für 2025

— Verlängerung der wirksamen Carbon-Leakage-Schutzmaßnahmen im Rahmen der vierten Handelsperiode des EU-Emissionshandelssystems

— Schaffung von Anreizsystemen für die Flexibilisierung von Produktionsprozessen zur Stromnetzstabilisierung und Integration von erneuerbaren Energien

— Anpassung der Netzentgeltregelung an systemdienliche Leistungen der Industrie

Erzeugung von Strom aus regenerativen Energien als auch für die Industrie, die von diesen Anlagen versorgt werden soll. Beide Seiten brauchen möglichst lange Planungshorizonte mit verlässlichen und investitionsfreundlichen Rahmenbedingungen, um die notwendigen Investitionen stemmen zu können. Es geht dabei ausdrücklich nicht um die Absicherung gegen klassische unternehmerische Risiken, die jedes Unternehmen selbst zu tragen hat. Für die Abfederung regulatorischer Unwägbarkeiten gibt es jedoch auf privatwirtschaftlicher Seite kein entsprechendes Instrument. Der Staat ist der Urheber der regulatorischen Unwägbarkeiten. Es ist folglich seine Aufgabe, diese Absicherung anzubieten.

Mit der neuen Verfahrenstechnik der inerten Ofentechnologie wird der CO$_2$-Fußabdruck von Primäraluminium bei nahezu null liegen.

Absicherungsinstrumente für wettbewerbsfähige Strompreise

Ein wirksames Absicherungsinstrument sind sogenannte Differenzkontrakte (englisch: *contracts for difference*, CfD). Sie werden bereits in einigen Ländern angewendet, um Anreize für gesellschaftlich wünschenswerte Investitionen zu schaffen. CfD sorgen dafür, dass die betriebswirtschaftlichen Grundlagen von Investitionen gegen unvorhersehbare regulatorische Eingriffe und ihre Folgen geschützt werden. Der Betreiber einer Windkraft- oder Photovoltaikanlage refinanziert seine Investitionen über den Preis des erzeugten Stroms. Er muss dazu einen festen Strompreis zugrunde legen können, der gleichzeitig in einem Bieterwettbewerb erfolgreich und damit konkurrenzfähig ist.

Die Aluminiumindustrie leistet mit der Flexibilisierung des stromintensiven Elektrolyseprozesses einen wichtigen Lösungsbeitrag.

Mithilfe eines Ausgleichsfonds sorgt der CfD dafür, dass der am regulatorisch beeinflussten Strommarkt tatsächlich erzielte Strompreis gegen den Festpreis ausgeglichen wird. Ist der Marktpreis niedriger, bekommt der Betreiber den Differenzbetrag, ist der Marktpreis höher, zahlt der Betreiber die Differenz in den Ausgleichsfonds. Der Industriekunde braucht als Abnehmer eine Absicherung dieses festen Strompreises gegen das internationale Strompreisniveau, das für seine Wettbewerbfähigkeit maßgeblich ist. Hier gilt dasselbe Prinzip: Ist der internationale Referenzpreis höher, zahlt der Industriekunde in einen Fonds ein, ist der Referenzpreis niedriger, erhält er die Differenz aus dem Fonds.

Die Kombination dieser beiden Absicherungsmechanismen gewährleistet beiden Seiten Planungssicherheit für die notwendigen Transformationspfade zur Umstellung auf erneuerbare Energien. Dabei wahrt dieser »Doppel-CfD« eine faire Balance von Chancen und Lasten für die Unternehmen, die dieses Instrument in Anspruch nehmen. Unter diesen Voraussetzungen können und werden sich die für die Transformation erforderlichen Akteure auf den Weg machen in die Umsetzung einer konsequenten Energiewende, die auch betriebswirtschaftlich attraktiv ist.

Aluminiumhütten helfen, schwankende Strommengen zu integrieren

Erneuerbare Energiequellen sind vor allem Wind- und Solaranlagen, die keine Grundlastversorgung sicherstellen können. Deren volatile Erzeugung muss unser Energieversorgungssystem jedoch integrieren. Die bestehende Infrastruktur kann das nicht leisten. Gefordert sind der Aufbau und Betrieb eines umfassenden Systems von Komplementärmaßnahmen, das die schwankende Energieerzeugung ausgleicht, die Stromnetze stabilisiert und eine sichere und bedarfsgerechte Versorgung von Industrie und privaten Haushalten gewährleistet.

Vor zehn Jahren begann der Umbau der Energieversorgung. Seitdem begleitet die Aluminiumindustrie konstruktiv diesen Wandel. Innovative Verfahren bieten Lösungen für zentrale Herausforderungen der Stromversorgung aus erneuerbaren Energiequellen. Der Rückzug aus der Kernenergie und die bereits erfolgte sowie für die kommenden Jahre geplante Abschaltung von Braun- und Steinkohlekraftwerken bilden eine Herausforderung für die Übertragungsnetze. Die schwankende Einspeisung von Strom aus Wind- und Solaranlagen macht es immer schwieriger, die Übertragungsnetze stabil zu halten. Die Aluminiumhersteller beteiligen sich mit dem bestehenden Potenzial zum Lastmanagement am Regelenergiemarkt. Mit der Möglichkeit, die Elektrolyseanlagen kurzfristig vollständig abzuschalten, tragen sie in akuten Notsituationen zur Netzstabilisierung bei.

Flexibilitätsleistungen brauchen eine angemessene Vergütung

Die Aluminiumindustrie leistet mit der Flexibilisierung des stromintensiven Elektrolyseprozesses einen wichtigen Lösungsbeitrag. Ausgehend von der konstanten Leistungsaufnahme der Elektrolysezellen wurden technische Möglichkeiten geschaffen, die Produktionsleistung und damit den aktuellen Strombedarf sekundenscharf an die Erzeugungsleistung der Erneuerbaren anzupassen – je nach Versorgungssituation im Netz. Wenn der Wind kräftig weht und die Sonne intensiv scheint, wird mehr Strom erzeugt, als aktuell benötigt wird. In diesem Fall nutzt das flexible System den Überschussstrom, um zusätzliches Aluminium zu erzeugen. Bei Windstille ohne Sonnenschein drosselt das System die Produktion und zehrt in der Weiterverarbeitung vom vorproduzierten Aluminiumvorrat. Der Strommangel an einem Tag wird also durch Stromüberschüsse an einem anderen Tag ausgeglichen. Damit trägt die Aluminiumindustrie dazu bei, Strommengen im Netz zu integrieren, die ansonsten ungenutzt abgeregelt werden müssten. Vor allem sorgt diese Form des flexiblen Lastmanagements für Netzstabilität. Ein stabiles Netz ist die Voraussetzung einer sicheren Stromversorgung für private Haushalte, Gewerbe und Industrie. Das ist systemdienliches Verhalten, welches ein Stromsystem braucht, das in erster Linie auf erneuerbare, aber schwankende Erzeugung setzt.

> Die ökologische Qualität der bei der Aluminiumproduktion eingesetzten Energie beeinflusst mit Abstand am stärksten den CO_2-Fußabdruck des erzeugten Metalls.

Die bestehenden Regeln des Energiemarktes verhindern jedoch, dass diese so dringend nötigen Potenziale dafür genutzt werden, volatile Strommengen zu integrieren und die Stromnetze zu stabilisieren. Die aktuelle Systematik des Netzentgelts bestraft derartige

systemdienliche Leistungen sogar durch einen hohen Anstieg der Netzkosten bis hin zum Verlust des individuellen Netzentgelts. Die vollständige Nutzung der möglichen Flexibilität würde hohe Mehrkosten im Millionenbereich verursachen. Dieses Hemmnis muss dringend beseitigt werden. Die Systematik zur Berechnung der Netzentgelte ist so weiterzuentwickeln, dass industrielle Flexibilitäten als systemdienliche Beiträge zur Sicherung eines stabilen Netzbetriebs nicht die Art und Höhe des zu entrichtenden Netzentgelts beeinflussen.

Für die Umsetzung ihres Transformationsprozesses braucht die Aluminiumindustrie auch beim CO_2-Emissionshandel Verlässlichkeit und langfristige Perspektiven. Die bestehenden Carbon-Leakage-Maßnahmen des EU-Emissionshandelssystems (ETS) sind dafür eine angemessene Basis, die es auszubauen und weiterzuentwickeln gilt. Die Zuteilungen sowie die Kompensationen der indirekten CO_2-Kosten im Strompreis sind auch in der vierten Handelsphase des ETS der richtige Weg. Sie verhindern, dass CO_2-Emissionen in Länder verlagert werden, in denen der Strompreis nicht durch ein Emissionshandelssystem belastet ist. Keinesfalls sollte das ETS zugunsten einer Regelung aufgegeben werden, wie sie die Europäische Kommission derzeit mit dem Carbon Border Adjustment Mechanism (CBAM) für die direkten CO_2-Emissionen erprobt. Eine Anwendung des CBAM auf indirekte CO_2-Emissionen würde die Industrie unabsehbaren Risiken aussetzen und zudem das Erreichen der globalen Klimaschutzziele gefährden. Eine solche Regelung könnte die Aluminiumbranche und ihre Arbeitsplätze nicht vor einem Carbon-Leakage schützen. Sollte sich der bestehende Regulierungsrahmen in den nächsten Jahren erneut ändern, werden zunehmendes Carbon-Leakage und sofortige Investitionszurückhaltung die Folge sein.

Auf dem Weg zur klimaneutralen Aluminiumproduktion

Ein klimaneutraler Elektrolyseprozess, gepaart mit verbesserten Flexibilitätsoptionen – dies sind die Ziele eines Forschungsprojekts zur sogenannten inerten Ofentechnologie, die den Einsatz von Kohlenstoffanoden

Agenda für 2030

— Verlängerung der Carbon-Leakage-Schutzmaßnahmen im Rahmen der fünften Handelsperiode des EU-Emissionshandelssystems

— Zusicherung einer Unterstützung durch CfD für die Herstellung von CO_2-freiem Aluminium in einem neuen Herstellungsverfahren

— Bereitstellung von Wasserstoff zu wettbewerbsfähigen Konditionen als Ersatz für Erdgas in Schmelz- und Wärmeprozessen

bei der Aluminiumerzeugung durch emissionsfreie Materialien und Verfahren ersetzt. Ausgehend von verlässlichen Rahmenbedingungen und einer langfristigen Sicherung der Versorgung mit grünem Strom verfolgt die Aluminiumindustrie das Ziel, bis 2045 Primäraluminium in Deutschland klimaneutral herzustellen. Die Nutzung CO_2-freien Stroms aus erneuerbaren Energiequellen für den Elektrolyseprozess, unterstützt durch die vermehrte Integration volatiler Strommengen durch flexibles Lastmanagement, wird den CO_2-Fußabdruck von Primäraluminium von derzeit rund acht Tonnen auf weniger als zwei Tonnen je Tonne Aluminium verringern. Mit dem Einsatz der neuen Verfahrenstechnik der inerten Ofentechnologie wird dieser Wert bei nahezu null liegen.

Die direkten CO_2-Emissionen bei der Aluminiumproduktion entstehen durch die Herstellung und den Einsatz von Kohlenstoffanoden, die bei der Schmelzflusselektrolyse für die Einleitung des Stroms erforderlich sind. Im Rahmen des Forschungsprojekts wird eine neue Elektrolysezelle entwickelt, die im Betrieb kein Kohlendioxid emittiert, sondern stattdessen Sauerstoff freisetzt und gleichzeitig flexibel die schwankende Einspeisung von Strom aus erneuerbaren Quellen aufnehmen und verarbeiten kann. Voraussichtlich 2024 wird die neue Technologie so ausgereift sein, dass ein verfahrenstechnisch repräsentativer Prototyp getestet werden kann. In mehreren Stufen wird das System dann in den Folgejahren im industriellen Maßstab erprobt, sodass die Technologie im Jahr 2035 für die Umrüstung der Aluminiumhütten bereitsteht.

Für die Abfederung regulatorischer Unwägbarkeiten gibt es auf privatwirtschaftlicher Seite kein entsprechendes Instrument.

Gleichzeitig treibt die Aluminiumindustrie die Defossilisierung der Schmelz- und Wärmeaggregate in den Gießereien voran. Dort wird das in den Aluminiumhütten erzeugte und in Recyclinganlagen wiedergewonnene Metall für die Weiterverarbeitung in geeignete Formate abgegossen. Bestehende Konzepte sehen vor, diese bislang mit Erdgas betriebenen Aggregate auf bivalenten Betrieb umzustellen, der wahlweise und im schnellen Wechsel den Einsatz klimaneutraler Gase und klimaneutralen Stroms erlaubt. Wie bei der Primärherstellung des Werkstoffs ergibt sich dadurch die Möglichkeit, volatile Strommengen aus regenerativen Energiequellen flexibel zu integrieren: Bei Stromüberschuss heizen die Anlagen mit Strom, bei Stromknappheit liefert beispielsweise Biogas oder Wasserstoff die benötigte Energie.

Die Umrüstung der Produktionsanlagen erfordert hohe Investitionen. Die Aluminiumindustrie ist dazu bereit. Voraussetzung sind verlässliche Rahmenbedingungen und die langfristige Sicherung der Stromversorgung aus erneuerbaren Energien zu international wettbewerbsfähigen Preisen.

PHILIPP SCHLÜTER, geb. 1984, ist seit 2018 Vorsitzender des Vorstands der TRIMET Aluminium SE. Von 2016 bis 2018 vertrat der Sohn des TRIMET-Gründers Heinz-Peter Schlüter die Eigentümerfamilie im Aufsichtsrat. Nach seinem Studium in Bern und London war er zunächst bei der UBS Investment Bank in London tätig. Seit 2009 ist er in verschiedenen Zuständigkeiten für das Familienunternehmen tätig, unter anderem verantwortete er Rohstoffbeschaffung, das Energiemanagement und den Handel von Aluminiumprodukten. Die TRIMET Aluminium SE betreibt in Deutschland drei Aluminiumhütten, zwei Recyclingwerke und Gießereien sowie zwei weitere Standorte in Frankreich mit insgesamt rund 2.400 Mitarbeitenden.

Bauwirtschaft

»Es gibt jetzt auch ein deutliches Signal der Politik, dass sich unsere Wirtschaftsweise auf allen Ebenen deutlich ändern muss. Wir als Schüco gehen hier mit gutem Beispiel voran.«

In der Baubranche steckt großes Potenzial

Von Andreas Engelhardt

*Der Klimawandel ist längst kein erschreckendes Zukunfts-
szenario mehr, sondern schon heute spürbar – und zwar
vor unserer eigenen Haustür. In Deutschland wurden in
den vergangenen Jahren gleich mehrere Hitzerekorde ge-
brochen. Aktuell erleben wir mit COVID-19 eine Pandemie,
wie sie nach Ansicht von Experten häufiger auftreten könnte, wenn Klimawandel und Artensterben nicht gestoppt
werden. Das gilt auch für extreme Wetterereignisse – die
Auswirkungen der Flutkatastrophe, die Teile Deutschlands im Sommer 2021 getroffen hat, werden noch lange
spürbar sein.*

Während vor zwei Jahren noch vor allem junge
Menschen als Teil von Fridays for Future für mehr Kli-
ma- und Umweltschutz auf die Straße gegangen sind,
kommen heute auch Wirtschaft und Politik nicht mehr
an Nachhaltigkeit als einem der wichtigsten Themen unserer Zeit vorbei. Ob CO_2-Besteuerungen, der »European
Green Deal« oder das »Klima-Urteil« des Bundesverfassungsgerichts für ein
generationengerechtes
Klimaschutzgesetz –
Nachhaltigkeit ist
inzwischen auch in der
Rechtsprechung und
den Gesetzgebungen an-
gekommen. Und das ist
gut so: Denn die Realität
übertrifft bereits die pessimistischen Klimaszenarien.
Klimaschutz und Ressourcenschonung gehören deshalb
zu den wichtigsten Aufgaben meiner Generation – denn
wir stehen in der Verantwortung, jetzt Veränderungen
anzutreiben.

**Die Politik muss jetzt sicherstel-
len, dass nicht nur klimaneutrale
Neubauten aktiv gefördert werden, sondern auch Renovierungen
sowie die Weiter- und Wiederverwendung von Bauteilen und
Baustoffen.**

Doch dieser Verantwortung können vor allem Unternehmen nur dann gerecht werden, wenn die Politik jetzt
eine fundamentale Wende in der Klimapolitik auf allen
Gebieten auch wirklich einleitet. Die Klimapolitik muss
sich konsequent an den Erkenntnissen der Wissenschaft
orientieren, denn sie verdeutlichen, wie wichtig es ist,
jetzt zu handeln: Bei gleichbleibendem Treibhausgasaus-
stoß ist das Budget zur Einhaltung des 1,5-Grad-Limits in
etwa sechs Jahren aufgebraucht[1]. Mehrere Belas-
tungsgrenzen unseres Ökosystems, die sogenannten
planetaren Grenzen, sind bereits überschritten[2]. Wenn
in den nächsten Jahren nicht gehandelt wird, verlieren
wir die Möglichkeit zur Gestaltung und riskieren unsere
Lebens- und Wirtschaftsgrundlage. Es gibt jetzt ein Signal der Politik, dass sich auch unsere Wirtschaftsweise
auf allen Ebenen deutlich ändern muss. Hierzu bedarf
es einer klaren Weichenstellung, die unter Berücksichtigung von Wettbewerbsfairness für alle Akteure
weltweit die gleichen Voraussetzungen schafft – damit
aus dem Umdenken in der Wirtschaft auch eine erfolgreiche Umsetzung wird. Das gilt besonders für die
Baubranche, der hierbei eine Vorreiterrolle zukommt.

Einfluss der Baubranche ist groß

Der Bausektor hat gleichzeitig einen starken Einfluss
auf Nachhaltigkeit als globale Herausforderung unserer Zeit und eine große Verantwortung beim Erreichen
von globalen Klimaschutzzielen. Weltweit verursachen
Gebäude heute fast 40 Prozent der gesamten CO_2-Emis-
sionen[3]. Allein in Deutschland verbraucht der Bausektor
jährlich rund 550 Millionen Tonnen mineralischer Rohstoffe und ist darüber hinaus für rund 55 Prozent des
deutschen Abfallaufkommens verantwortlich – Tendenz
steigend[4]. Damit gehört die Baubranche zu den emissi-
ons- und ressourcenintensivsten Wirtschaftszweigen.

Bereits heute werden rund zehn Prozent des deutschen
Bruttoinlandprodukts für Baumaßnahmen verwendet[5],
und der Bedarf an Wohnraum wächst stetig weiter: Laut
der »Wohnungsmarktprognose 2030« des Bundesins-
tituts für Bau-, Stadt- und Raumforschung beläuft sich
allein der errechnete private Neubaubedarf für das gesamte Bundesgebiet auf rund 230.000 Wohnungen pro
Jahr[6]. Diese Größenordnungen verdeutlichen anschaulich, wie viel ungenutztes Potenzial für Klima- und
Ressourcenschutz in der Baubranche liegt.

Energieeffizienz erhöhen

Der Bausektor kann mit seinen Produkten und Dienst-
leistungen einen wirksamen Beitrag zur nachhaltigen
Transformation der Wirtschaft leisten – zum Bei-
spiel mit energiesparenden und kreislauffähigen
Bauteilen oder neuen Geschäftsmodellen. Um den Kli-
maschutzzielen gerecht zu werden, muss aus Sicht des
Umweltbundesamtes der gesamte Gebäudebestand in
Deutschland bis spätestens 2050 klimaneutral werden.

Agenda für 2022

— Einleitung einer Wende in der Klimapolitik auf allen Gebieten, orientiert an der Wissenschaft

— Beendigung aller klimaschädlichen Subventionen, Stopp von Investitionen in fossile Infrastruktur

— Förderung von kreislauffähigen Produkten und Recycling, Erhöhung von Abgaben bei Verwendung von Primärmaterialien oder Vergünstigungen bei Nutzung von Sekundärmaterialien

— Einführung einer einheitlichen Berechnungsgrundlage für Emissionsdaten

Auch wenn die benötigten Maßnahmen dafür schon lange bekannt sind, fehlt es weiterhin an einer konsequenten Umsetzung[7].

Europaweit wurde mit der Verabschiedung des »European Green Deal« 2019 bereits ein erster Fahrplan veröffentlicht. Dieser erkennt auch das Potenzial der Baubranche und will zum Beispiel die Renovierungen von energieineffizienten Gebäuden oder den Ausbau der Kreislaufwirtschaft aktiv fördern, damit Europa bis 2050 klimaneutral ist[8]. Die Initiative des »New European Bauhaus« strebt darüber hinaus an, eine konkrete Verbindung zwischen dem »European Green Deal« und unseren Lebensräumen herzustellen. Ziel ist hierbei, unsere Lebensqualität zu verbessern – und das unter Berücksichtigung von Einfachheit, Funktionalität und Kreislaufwirtschaft sowie ohne Abstriche bei Komfort und Ästhetik. Die Initiative hat großes Potenzial, interdisziplinär und paneuropäisch das Thema Nachhaltigkeit für Lebensräume mitzugestalten[9]. Die Baubranche mit ihrer Nähe zum Handwerk, zur Wissenschaft und zur Technologie sollte hier zukünftig das Thema voranbringen. Damit die Ziele des »European Green Deal« und des »New European Bauhaus« erreicht werden können, gilt es jetzt, wirksame Maßnahmen zu entwickeln und die politischen Rahmenbedingungen für deren Umsetzung zu schaffen.

Ressourcenverbrauch minimieren
Um eine nachhaltige Wirtschaft umzusetzen, muss vor allem der enorme Ressourcenverbrauch der gesamten Baubranche – insbesondere in Bezug auf CO_2 und Materialien – minimiert werden. Dafür braucht es eine gemeinsame Anstrengung über alle Bereiche der Branche hinweg und die Unterstützung der Politik. Eine Möglichkeit zur Einsparung von Ressourcen und zur Steigerung der Energieeffizienz ist es, Gebäude zu erhalten und zu renovieren. Hier steckt großes Potenzial: Im Rahmen der »Renovation Wave«-Initiative will die EU-Kommission 35 Millionen Gebäude renovieren und bis zu 160.000 zusätzliche grüne Arbeitsplätze im Baugewerbe schaffen[10]. Damit das auch gelingt, muss die Politik jetzt sicherstellen, dass nicht nur klimaneutrale Neubauten aktiv gefördert werden, sondern auch Renovierungen sowie die Weiter- und Wiederverwendung von Bauteilen und Baustoffen. Um die stoffliche Weiterverwertung von Bauabfällen wirtschaftlich attraktiver zu gestalten, wäre außerdem eine erhöhte Abgabe für neues Material denkbar.

Gebäude als Rohstoffdepots
Doch der Bausektor kann nicht nur seinen eigenen Ressourcenverbrauch drastisch senken, sondern auch dafür sorgen, dass Gebäude zu den Rohstoffdepots der Zukunft werden. Darin liegt eine große Chance, denn der globale Verbrauch an endlichen Ressourcen wird in den kommenden Jahrzehnten die Rohstoffe weiter verknappen, zumal Deutschland nur einen kleinen Teil seiner benötigten Rohstoffe im eigenen Land gewinnen kann[11]. Bereits jetzt stellt der Gebäudebestand ein umfassendes Materiallager dar[12], das es in Zukunft besser zu nutzen gilt. Denn Recycling von Werkstoffen ist um ein Vielfaches emissionsärmer als die Nutzung von Primärmaterial und schont gleichzeitig Ressourcen[13]. Es gilt also, den Anteil von Primärmaterial in Gebäuden zu minimieren und stattdessen mehr Sekundärmaterial zu nutzen. Allerdings ist die Nachfrage nach Recyclingmaterial auf dem Markt bei manchen Werkstoffen, wie zum Beispiel Aluminium[14], höher als das Angebot, weshalb zunächst die Verfügbarkeit von Sekundärmaterial erhöht werden muss.

Darüber hinaus müssen die Zirkularität von Bauprodukten sichergestellt und innerhalb der Baubranche das Prinzip der ressourcenschonenden Kreislaufwirtschaft vorangetrieben werden. Dabei reicht es nicht, wenn sich allein die Unternehmen um einen Übergang von einer linearen zu einer zirkulären Bauweise, also zu geschlossenen Wertstoffkreisläufen, bemühen. Um dies für zukünftige Gebäude zu verbessern, müssen Anreize dafür geschaffen werden, den problemlosen

Um eine nachhaltige Wirtschaft mit umzusetzen, muss vor allem der enorme Ressourcenverbrauch der gesamten Baubranche minimiert werden.

Rückbau und die Rückführung in den Kreislauf bereits bei der Entwicklung von Bauteilen und der Planung eines Gebäudes zu bedenken. Die Politik kann sowohl zirkuläre Produktentwicklungen subventionieren als auch mit gesetzlichen Vorgaben ihren Beitrag leisten, um die Kreislaufwirtschaft voranzubringen.

Bauherren könnten zum Beispiel künftig verpflichtet werden, bereits beim Antrag auf die Erteilung einer Baugenehmigung ein entsprechendes Rückbaukonzept vorzulegen. Hersteller von Bauteilen könnten wiederum angehalten werden, ihre Produkte am Ende des Lebenszyklus zurückzunehmen. Hier liegt auch großes Potenzial für neue, innovative Geschäftsmodelle: Zukünftig könnten Bauteile und Materialien zum Beispiel direkt geleast statt gekauft werden. Der Kunde wäre dann nicht länger Eigentümer, sondern Nutzer, und der Hersteller würde die volle Verantwortung für das Produkt tragen – und zwar über den gesamten Lebenszyklus hinweg[15]. Somit würden auch Reparatur, Rücknahme und Recycling in seiner Verantwortung liegen, sodass er die Produkte von Beginn an besonders langlebig und kreislauffähig konstruieren würde.

Mehr Transparenz entlang der gesamten Wertschöpfungskette

Damit Gebäude in Zukunft auch wirklich als Rohstoffdepot genutzt werden können, braucht es außerdem eine verpflichtende systematische Erfassung der verbauten Werkstoffe. Sogenannte Materialpässe mit Informationen zu den einzelnen Rohstoffen, ihrer Qualität und ihrer Herkunft können dann digitalisiert werden, sodass im Falle einer Renovierung oder eines Abrisses schnell identifiziert werden kann, welche Werkstoffe

sich weiter nutzen lassen. Bauunternehmen, die dann gebrauchte Systeme auf den Markt bringen, sollten von der Politik aktiv gefördert werden, um die entstehenden Mehrkosten auszugleichen, die aufgrund aufwendiger Zulassungsverfahren entstehen könnten.

Außerdem werden Bauteilbörsen benötigt, um den schnellen und unkomplizierten Kauf und Verkauf von gebrauchten Produkten zu ermöglichen. Durch gezielte Förderungen kann die Politik dafür sorgen, dass solche innovativen Konzepte in Zukunft auch massentauglich sind.

Transparenz und innovative Ideen sind auch für die gesamte Wertschöpfungskette unbedingt erstrebenswert, wenn es darum geht, aktiv Ressourcen zu schonen und CO_2-Emissionen einzusparen. In Zukunft muss es problemlos möglich sein, standardisierte Herkunftsnachweise zu einzelnen Produkten zu erhalten. Diese sollten auch konkrete Informationen zur Lebenszyklusanalyse des Bauteils liefern sowie darüber, wie viel Recyclingmaterial in ihm steckt. In der Lebensmittelindustrie ist ein solcher Herkunftsnachweis schon heute möglich. Für die Bauindustrie ist mehr Transparenz entlang der Lieferkette unverzichtbar, um zukünftig verlässliche Daten unserer Emissionen zu erheben und langfristig wirksam CO_2 einzusparen.

Der Weg zur Nullemission

Emissionsdaten müssen besser erfasst und berechnet werden, damit Unternehmen wirksame CO_2-Minderungsziele anvisieren und auch erreichen können. Aktuell basieren vor allem die indirekten Emissionsdaten von Unternehmen in großen Teilen auf Schätzungen und Sekundärdaten. In den nächsten Jahren müssen diese Berechnungen genauer werden, damit Unternehmen sichergehen können, dass sie hinsichtlich ihrer Klimaschutzziele auf dem richtigen Weg sind. Es braucht vor allem standardisierte Berechnungswege, damit sich das Erreichte objektiv kontrollieren lässt – nur so kann der Weg zu einer klimaneutralen Wirtschaft auch transparent und glaubwürdig beschritten werden.

Eine klimaverträgliche Bauweise ist dringend notwendig, um die Ziele des Pariser Klimaschutzabkommens zu erreichen. Neben gesetzlichen Vorgaben bei den Berechnungswegen von CO_2-Emissionen braucht es deshalb auch bei der Entwicklung CO_2-armer Produkte die Unterstützung der Politik. Es müssen günstige Rahmenbedingungen für die gesamte Baubranche geschaffen werden, um energieintensive Produkte, wie zum Beispiel Beton, Stahl, Kunststoff oder Aluminium, CO_2-ärmer und in Zukunft sogar vollständig CO_2-neutral herzustellen – etwa durch die Verwendung von Ökostrom und grünem Wasserstoff. Auch die Förderung von alternativen und nachwachsenden Rohstoffen als mögliche Baustoffe kann dazu beitragen, die CO_2-Bilanz von Gebäuden zu senken. Eine weitere wirksame Möglichkeit wäre eine verpflichtende CO_2-Bilanz über den gesamten Lebenszyklus von Bauprodukten hinweg – und diese muss künftig ein Kriterium für die Erteilung einer Baugenehmigung sein. Die CO_2-Bilanz muss auch die sogenannte graue Energie, also die für Herstellung, Transport, Lagerung und Entsorgung benötigte Energie, enthalten und darf einen bestimmten Grenzwert nicht überschreiten[16].

Auch die Förderung von alternativen und nachwachsenden Rohstoffen als mögliche Baustoffe kann dazu beitragen, die CO_2-Bilanz von Gebäuden zu senken.

Digitalisierung unter den richtigen Voraussetzungen

Ich bin überzeugt, dass auch die Digitalisierung in Zukunft eine wichtige Rolle spielen wird, wenn es darum geht, nachhaltiger zu bauen. Digitalisierung und Nachhaltigkeit sind die zwei zentralen Themen der heutigen Zeit und greifen bereits in vielen Bereichen gut ineinander. Digitale Technologien können uns bereits heute dabei helfen, die Transformation hin zu einer nachhaltigen Wirtschaft voranzutreiben.

Doch der CO_2-Fußabdruck, den die Digitalisierung in den vergangenen Jahren hinterlassen hat, ist groß: Allein die Herstellung der Hardware und der dazugehörigen Infrastruktur ist sehr energie- und ressourcenintensiv. Wäre das Internet ein Land, würde es zu den zehn größten Stromfressern weltweit gehören[17]. Am besten lässt sich die Digitalisierung mit Nachhaltigkeit verbinden, indem erneuerbare Energien genutzt werden. Damit die Baubranche die Digitalisierung bestmöglich für eine nachhaltigere Ausrichtung nutzen und ihre Materialien klimaschonend herstellen kann, muss die Politik erneuerbare Energien viel stärker fördern und möglichst bis 2030 aus der Kohle aussteigen. Nur so kann die Grundlage für eine optimale Zusammenarbeit zwischen Digitalisierung und wirksamer Nachhaltigkeit geschaffen werden[18].

In der Bauwirtschaft hilft die Digitalisierung bereits heute dabei, die Planung von Gebäuden zu verbessern und die Ineffizienzen beim Bau zu reduzieren. Ineffizientes Bauen verbraucht Zeit und Ressourcen und lässt Bauprojekte am Ende des Tages teurer werden. Darüber hinaus

Agenda für 2025

— Förderung von CO_2-ärmeren Produkten, zum Beispiel durch den Einsatz von Ökostrom und grünem Wasserstoff in der Herstellung

— Sicherstellung von transparenten Lieferketten und Materialströmen (Herkunftsnachweise und Lebenszyklusanalyse), um Emissionen zu reduzieren

— Sukzessive Erhöhung der Recyclingmenge auf dem Markt

— Ausbau von CO_2-armen Lieferwegen durch Verlagerung des Frachtverkehrs auf die Schiene

Agenda für 2030

- Förderung von CO_2-neutralen kohlenstofffreien Produkten

- Ausstieg aus der Kohle und vorherige verstärke Förderung erneuerbarer Energien

- Verpflichtende Einführung von digitalen Materialpässen, die für jedes Gebäude angeben, welche Rohstoffe verbaut wurden

- Anteil an Baustoffen und -teilen aus Primärmaterial ist deutlich gesunken, Gebäude werden eher erhalten als abgerissen

können digitale Technologien im Rahmen von Building Information Modeling, kurz BIM, die Design- und Konstruktionsprozesse von Planern und Verarbeitern aktiv unterstützen und ein kostenoptimiertes, ressourcenschonendes und emissionsreduziertes Bauvorhaben ermöglichen. Projektmanagement-Softwarelösungen für den Bau wiederum tragen dazu bei, dass Fehler im gesamten Bauprozess minimiert und dadurch Ressourcen geschont sowie Emissionen eingespart werden.

Kein neues Geld in alte Technologien

Damit die Baubranche – aber auch jeder andere Wirtschaftszweig – zukünftig auch finanzielle Anreize für eine Umstellung auf Nachhaltigkeit erhält, braucht es eine Priorisierung von klimafreundlichen Investitionen. Diese sollen sowohl die Wirtschaft stärken als auch die notwendigen Rahmenbedingungen zum Erreichen des europäischen Klimaziels schaffen. Dabei muss eine einfache Regel gelten, die auch Fridays for Future und der WWF fordern: Es darf nicht länger neues Geld in alte Technologien, wie zum Beispiel fossile Energieträger, fließen[19]. Eine neue EU-Taxonomie soll deshalb zukünftig die europäische Finanzwirtschaft stärker für Nachhaltigkeit sensibilisieren und Kriterien für grüne Investitionen festlegen. Sobald solche Nachhaltigkeitskriterien zum Beispiel in die Bewertung und Vergabe von Krediten einfließen, kann das dazu führen, dass sich die Kapitalkosten für die Baubranche enorm erhöhen, wenn wir nicht frühzeitig handeln[20]. Ist die Baubranche allerdings bereits Vorreiter im Bereich Nachhaltigkeit, erhalten Bauunternehmen auch entsprechend günstigere Konditionen.

Die Politik kann sowohl zirkuläre Produktentwicklungen subventionieren als auch mit gesetzlichen Vorgaben ihren Beitrag leisten, um die Kreislaufwirtschaft voranzubringen.

Die EU-Taxonomie beeinflusst dann auch direkt das Anlageverhalten von Investoren: Je nachhaltiger sich die Baubranche in Zukunft aufstellen kann, desto attraktiver wird sie als Geldanlage. So lohnt sich nachhaltiges Handeln auch finanziell. Es ist also wünschenswert, dass die neue EU-Taxonomie schnell verabschiedet und konsequent umgesetzt wird.

Die politischen Entscheidungen und Investitionen der nächsten Monate und Jahre bestimmen maßgeblich den Erfolg oder Misserfolg des Pariser Klimaschutzabkommens und können den Weg in eine CO_2-neutrale europäische Wirtschaft und den wirksamen Schutz unseres Klimas ebnen. Noch haben wir es selbst in der Hand, die Erderhitzung auf maximal 1,5 Grad zu begrenzen und unsere Lebensgrundlagen zu erhalten. Als Baubranche haben wir das Potenzial, die Welt besser zu hinterlassen, als wir sie vorgefunden haben – dieses Potenzial muss nur vollständig genutzt werden. Und das wollen wir! Dafür braucht es jetzt schnelle und vor allem zielgerichtete Unterstützung durch die Politik, sowohl deutschlandweit als auch auf EU-Ebene, um die notwendige Wende in der Klimapolitik zu vollziehen und wirksame Maßnahmen einzuleiten – denn die Zeit drängt.

ANDREAS ENGELHARDT, *geb. 1960, übernahm am 1. Oktober 2012 den Vorsitz der Geschäftsleitung der Schüco International KG und wurde im September 2014 zum persönlich haftenden Gesellschafter berufen. Darüber hinaus wurde er mit Wirkung zum 1. Dezember 2020 zum persönlich haftenden Gesellschafter der Otto Fuchs Beteiligungen KG ernannt. Des Weiteren ist Andreas Engelhardt Präsidiums- und Kuratoriumsmitglied der Stiftung 2° – Deutsche Unternehmer für Klimaschutz, seit 2016 Mitglied des Petersburger Dialogs und seit Juni 2021 Präsidiumsmitglied im Zentralen Immobilien Ausschuss (ZIA).*

»Die Zementindustrie steht vor der vielleicht größten Herausforderung ihrer Geschichte.«

Klimaneutraler Beton: Von der Vision zur grünen Realität

Von Dominik von Achten

Beton ist einer der wichtigsten und am weitesten verbreiteten Baustoffe der Welt. Er hat immense Vorteile, doch bei der Herstellung seines wichtigsten Bestandteils, des Zements, wird aufgrund der dabei ablaufenden chemischen Prozesse und des hohen Energieaufwands der Brennöfen eine große Menge Kohlendioxid (CO_2) freigesetzt. Innovative Technologien wie Abscheidung, Speicherung und Nutzung von CO_2 machen eine klimaneutrale Zementherstellung möglich. Auch dem Recycling von Baustoffen in Verbindung mit dem Aufbau einer nachhaltigen Kreislaufwirtschaft kommt eine entscheidende Bedeutung zu.

Der Grundstoff Zement begleitet das Bauen schon sehr lange. So besteht das im Jahr 80 unserer Zeitrechnung fertiggestellte Pantheon in Rom zu einem großen Teil aus *opus caementitium*, einem Vorläufer unseres heutigen Betons. Heute jedoch – auf dem Weg in eine klimaneutrale Zukunft – steht die Zementindustrie vor der vielleicht größten Herausforderung ihrer Geschichte. Denn nur ein Teil der CO_2-Emissionen entsteht durch den Einsatz von Brennstoffen für Herstellung und Transport von Zement und ist daher durch klimaneutrale Energieträger zu ersetzen. Der größere und derzeit noch unvermeidbare Teil der Treibhausgase stammt aus chemischen Prozessen in der Zementproduktion selbst.

Langfristig ist eine klimaneutrale Zementherstellung nur möglich, wenn es gelingt, das CO_2 abzuscheiden und als Rohstoff einzusetzen.

HeidelbergCement geht die Herausforderung mit voller Energie an und verfolgt uneingeschränkt das Ziel der Klimaneutralität. Als Technologieführer der Branche sehen wir uns in der Pflicht, nicht nur ehrgeizige Ziele zu setzen, sondern diese auch zu erreichen.

Zement als Schlüssel zum nachhaltigen Bauen

Zement und Beton sind zwei der wichtigsten Grundstoffe unserer modernen Welt. Anders als in der öffentlichen Diskussion oft dargestellt, sind Zement und Beton aber keine Synonyme. Bei Beton handelt es sich um einen künstlichen Stein, der aus drei Hauptkomponenten besteht: kleinen Sand- und Gesteinskörnern, Wasser und Zement. Zement, hergestellt meist auf der Basis von Kalkstein, übernimmt dabei die Rolle des Bindemittels, das dem Beton die hohe Festigkeit verleiht. Anders formuliert: Ohne Zement gäbe es den Baustoff Beton nicht.

Auf den ersten Blick ist daher die Frage legitim, ob Beton durch andere Baustoffe ersetzt werden kann – dann wären auch die Emissionen aus der Zementherstellung nicht mehr relevant. Die Antwort darauf hat mehrere Facetten. Erstens erfordert der Aufbau einer Infrastruktur für eine nachhaltige Welt einen hochfesten und dauerhaltbaren Baustoff, der nicht auf Basis von Biomasse wie Holz hergestellt werden kann. Die Fundamente von Windkraftanlagen, U-Bahn-Schächten in Metropolen oder Speicherbecken für Kläranlagen sind nach heutigem Ingenieurswissen allein mit dem Baustoff Beton herzustellen. Zweitens wächst nicht nur der Bedarf an Infrastruktur. Auch der Hochbau wird in den kommenden Jahrzehnten eine steigende Nachfrage erleben. Einer Hochrechnung der Vereinten Nationen zufolge werden im Jahr 2050 allein in den Städten rund 2,5 Milliarden Menschen mehr als heute leben. Den daraus resultierenden Mehrbedarf an Schulen, Krankenhäusern, Wohn- und Gewerbebauten allein mit anderen Baustoffen als Beton zu decken ist schlicht nicht möglich.

Ein weiterer wesentlicher Vorteil von Beton liegt darin, dass er sehr langsam verwittert und sich damit der CO_2-Fußabdruck des Bauens auf viele Jahre verteilt. Beton besitzt darüber hinaus eine sehr hohe Wärmespeicherkapazität. Über die sogenannte Betonkernaktivierung können Decken und Wände als Kälte- oder Wärmespeicher eingesetzt werden. Das senkt den Energieeinsatz für Klimatisierung und Heizung und erleichtert zudem den Einsatz von nachhaltigen Heizungstechnologien wie Wärmepumpen. Hinzu kommt, dass Beton mit seinen hellen Oberflächen die Sonneneinstrahlung besser reflektiert als dunkle Baumaterialien. Dieses Rückstrahlvermögen senkt den Treibhauseffekt – nicht umsonst hatte der Physiker Steven Chu, ehemaliger Energieminister der USA, einst den Vorschlag gemacht, sämtliche Dächer des Landes weiß zu streichen. Darüber hinaus ist Beton vollständig recycelbar und eignet sich hervorragend zum Aufbau einer nachhaltigen Kreislaufwirtschaft.

Es gibt daher keine echte Alternative zum Baustoff Beton und somit auch nicht zum Grundstoff Zement. Vielmehr muss es uns gelingen, Zement klimaneutral zu produzieren.

Der Weg, der auch von der Entwicklung innovativer Technologien abhängt, ist zwar beschwerlich, aber machbar. HeidelbergCement hat sich zum Ziel gesetzt, die CO_2-Emission pro produzierter Tonne Zement bis zum Jahr 2025 um 30 Prozent gegenüber dem Basisjahr 1990 zu senken – und zwar nicht nur in Deutschland, sondern weltweit. Wesentlich dazu beitragen wird die Verringerung der energiebedingten Emissionen, unter anderem durch den Einsatz alternativer Brennstoffe. Je näher wir dem Ziel der Klimaneutralität kommen wollen, desto wichtiger wird es, die durch den Herstellprozess bedingten Emissionen zu reduzieren. Der Blick in ein Zementwerk verdeutlicht anschaulich, was damit gemeint ist.

Eine Reduzierung des Klinkeranteils kann die Klimabilanz von Zement signifikant verbessern.

Bausteine für klimaneutralen Zement

Wichtigstes Ausgangsmaterial für die Zementherstellung ist Kalkstein. Das ist unter Klimaschutzaspekten zunächst eine gute Nachricht, denn Kalkstein ist in den meisten Weltregionen reichlich vorhanden, sodass lange Transportwege entfallen. Chemisch betrachtet, enthält Kalkstein jedoch Kohlen- und Sauerstoff, die im Herstellprozess entfernt werden müssen – nur so kann der Zement später mit Wasser reagieren und sich wieder zu einem festen Stein verbinden. Die Entsäuerung erfolgt in speziellen, mit einer Temperatur von 1.450 Grad Celsius betriebenen Öfen. Dabei entsteht das Zwischenprodukt, der sogenannte Klinker, der anschließend mit weiteren Stoffen wie Gips zu Zement vermahlen wird.

Noch besser, als CO_2-neutrale Energieträger zu verwenden, ist es, weniger Energie zu verbrauchen.

In gewisser Weise zeigt dieser Prozess bereits, bei welchen Bausteinen der Zementproduktion der CO_2-Ausstoß minimiert oder sogar eliminiert werden kann:

— *Baustein 1:* Die energiebedingten Emissionen zum Betrieb der Öfen lassen sich durch Effizienzsteigerung und den Einsatz alternativer Brennstoffe verringern. Kommen für die Wärmeerzeugung grüner Wasserstoff und für den Betrieb der Mühlen nur grüner Strom zum Einsatz, können die Emissionen perspektivisch auf null gesenkt werden.

— *Baustein 2:* Da die durch den Herstellungsprozess bedingten Emissionen – in unserer Branche sprechen wir von direkten Emissionen – im Wesentlichen von der Höhe des Klinkeranteils im Zement abhängen, kann eine Reduzierung des Klinkeranteils die Klimabilanz signifikant verbessern.

— *Baustein 3:* Selbst wenn der Klinkeranteil auf 50 Prozent reduziert würde, käme es weiterhin zu direkten Emissionen in signifikanter Größenordnung. Daher ist eine Abscheidung und Verwertung des entstehenden Kohlendioxids ein wichtiger Teil der Gesamtlösung. Vor allem in der Transformationsphase trägt eine sichere Speicherung des abgeschiedenen CO_2 zum Klimaschutz bei.

— *Baustein 4:* Der Baustoff Beton muss so weit wie möglich Teil einer Kreislaufwirtschaft werden. Denn das Produkt ist zu 100 Prozent recycelbar. Weitere Forschung an innovativen Verfahren wie der Rekarbonatisierung ist aber notwendig. Rekarbonatisierung bezeichnet die künstlich forcierte Rückverwandlung von in Betonabbruch enthaltenem Zement in Kalkstein.

Für eine erfolgreiche Transformation in der Zementindustrie werden alle vier Bausteine benötigt. HeidelbergCement hat für alle Bausteine entsprechende Maßnahmen festgelegt, die gestaffelt umgesetzt werden. Vor allem arbeiten wir an deren Skalierung.

Baustein 1: Energiebedingte Emissionen mindern

Bereits heute liefern alternative Brennstoffe durchschnittlich ein Viertel der von HeidelbergCement aufgewendeten Energiemenge für die Klinkerherstellung. Eine wichtige Alternative zur Kohle stellen beispielsweise Altreifen dar. Sind Reifen mehrfach runderneuert worden, kann das Gummimaterial nicht mehr zur Neureifenproduktion wiederverwendet werden. Wird es hingegen verbrannt, so sind die pro Kilowattstunde Wärme entstehenden CO_2-Emissionen niedriger als bei Kohle. Zudem enthält jeder Reifen auch einen Anteil von 20 bis 25 Prozent Naturkautschuk – das darin enthaltene CO_2 wurde von Gummibäumen durch Fotosynthese zuvor der Luft entzogen.

Um die Ziele des Pariser Klimaschutzabkommens zu erreichen, bleibt wenig Zeit, da sich CO_2 über lange Zeiträume in der Atmosphäre anreichert.

Grundsätzlich CO_2-neutral sind zudem alle biogenen Brennstoffe, sofern dafür Abfälle und Reststoffe genutzt werden können. HeidelbergCement setzt dabei auf lokal verfügbare Stoffe. Dazu gehören getrockneter Klärschlamm oder auch Abfälle aus der Agrarwirtschaft und der Papierindustrie sowie nicht rezyklierbare Kunststoffabfälle.

Noch besser, als CO_2-neutrale Energieträger zu verwenden, ist es, weniger Energie zu verbrauchen, unter anderem durch Umrüstung auf moderne Öfen und Systeme zur Wärmerückgewinnung. Die Abwärme aus den Öfen dient vor allem dazu, die verwendeten Roh- und Brennstoffe zu trocknen. An einigen Standorten speist HeidelbergCement die Energie auch in Fernwärmenetze ein. Insgesamt werden heute bereits 75 Prozent der Abwärme genutzt. Eine weitere Steigerung der Energieeffizienz ist vor allem eine Frage der digitalen Anlagenführung und des Energiemonitorings. Denn aus einer Anlage, die gleichmäßig ausgelastet ist und stets im optimalen Temperaturfenster arbeitet, lassen sich immer noch einige Prozentpunkte Effizienz herausholen. Als Technologieführer adaptiert HeidelbergCement moderne »Industrie 4.0«-Konzepte für die Zementbranche.

Die energiebedingten Emissionen zum Betrieb der Öfen lassen sich durch Effizienzsteigerung und den Einsatz alternativer Brennstoffe verringern.

Baustein 2: Klinkeranteil reduzieren

Da die direkten Emissionen während der Klinkerherstellung wesentlich den CO_2-Fußabdruck des Zements beeinflussen, ist es naheliegend, den Anteil des Klinkers im Zement zu reduzieren. Vor einigen Jahren lag er noch bei über 90 Prozent. Zu berücksichtigen ist dabei allerdings, dass es eben jener Klinker ist, der für die hohe Festigkeit von Beton sorgt. Da sich Architekten und Bauingenieure bei ihren Berechnungen darauf verlassen müssen, dass ein Baustoff immer in gleicher Qualität zur Verfügung steht, sind Beton- und Zementsorten standardisiert. So legen die europäischen Normen für Zement bestimmte Mindestanteile für Klinker fest – je nach Materialklasse zwischen 20 und 95 Prozent. Folglich müssen alle Innovationen eines Zementherstellers zu Materialien führen, die trotz geringeren Klinkeranteils in jeweils spezifischen Anwendungen im Hoch- und Tiefbau eingesetzt werden können.

In den vergangenen 20 Jahren hat HeidelbergCement die Entwicklung neuer Zementsorten vorangetrieben, in denen Teile des Klinkers durch Hüttensand, Flugasche und andere Stoffe ersetzt werden. Aktuell beträgt der Klinkerfaktor konzernweit etwas mehr als 70 Prozent – eine Absenkung auf 50 Prozent scheint langfristig möglich, ohne Lebensdauer und Sicherheit von Betonbauten zu beinträchtigen. Weil derzeit noch ein Teil der verwendeten Stoffe aus Hochofenschlacken und Kohlekraftwerks-Aschen besteht, arbeitet HeidelbergCement auch an Prozessen, die ohne diese industriellen Reststoffe auskommen.

Baustein 3: CO_2 abscheiden und nutzen

Da bei der Entsäuerung von Kalkstein immer Kohlendioxid freigesetzt wird, ist langfristig eine klimaneutrale Zementherstellung nur möglich, wenn es gelingt, das CO_2 abzuscheiden und als Rohstoff einzusetzen. In vielen Industriezweigen – etwa bei der Herstellung von Düngemitteln, Treibstoffen für Flugzeuge oder hygienischen Medizinprodukten aus Kunststoff – wird Kohlenstoff dringend benötigt. Bislang wird dieser fast ausschließlich aus Erdöl und Erdgas gewonnen. Eine Alternative zu den fossilen Rohstoffen aus der Erde kann der unvermeidbare »Produktionsabfall« aus prozessbedingtem CO_2 bei der Zementherstellung sein.

Sowohl das Abscheiden von CO_2 (*carbon capture*) als auch dessen Weiterverarbeitung (*carbon usage*) sind in zahlreichen Forschungsprojekten international untersucht worden. So ist HeidelbergCement an einem 2016 gestarteten Forschungsprojekt der Europäischen Union federführend beteiligt, in dessen Rahmen ein innovatives Verfahren erprobt wird: die indirekte Kalzinierung. Bei diesem Verfahren wird das Kalksteingemisch indirekt beheizt, sodass das während der Entsäuerung entstehende CO_2 nahezu rein entweicht und abgeschieden werden kann. Da dieses Kohlendioxid nicht aus Verbrennungsprozessen stammt, liegt es in sehr gut verwertbarer Form vor. Erfahrungen kann HeidelbergCement auch mit der sogenannten *post-combustion*-Abscheidung vorweisen, die das CO_2 aus dem Abgas des Ofens abscheidet.

Aus einer Anlage, die gleichmäßig ausgelastet ist und stets im optimalen Temperaturfenster arbeitet, lassen sich noch einige Prozentpunkte Energieeffizienz herausholen.

Beide Verfahren eignen sich prinzipiell zur Nachrüstung bestehender Zementwerke. Das ist nicht unerheblich, denn allein in Deutschland gibt es 54 Zementwerke mit Klinkererzeugung – zehn davon werden von HeidelbergCement betrieben –, weltweit existieren mehrere Tausend. Die üblichen Betriebszeiten für einen Brennofen betragen 30 bis 50 Jahre, sodass es zwingend notwendig ist, nachrüstfähige Lösungen zu entwickeln. Davon unbenommen arbeitet die Branche aber auch an anderen Verfahren wie der Oxyfuel-Technologie, bei der abgeschiedenes CO_2 als Rohstoff für synthetische Kraftstoffe genutzt wird. Diese Technologie kann vor allem bei neuen Ofenanlagen eingesetzt werden.

Gelingt es, die neuen Technologien zu skalieren und auch außerhalb Europas zur Anwendung zu bringen, rückt die Klimaneutralität in der gesamten Zementindustrie in greifbare Nähe.

Baustein 4: Eine Kreislaufwirtschaft für Beton etablieren

Bereits heute wird ein hoher Anteil des aus Abrissgebäuden stammenden Betons wiederverwendet. Zahlen des Bundesverbandes Baustoffe zufolge werden aktuell nur 6,1 Prozent des gesamten Bauschutts in Deutschland auf Deponien verbracht, während beinahe 94 Prozent verwertet werden. Das Abbruchmaterial von Betonbauten wird dabei häufig als Zuschlagmaterial im Straßenbau genutzt oder dient zur Abdeckung von Deponien und Tagebauen. Auch wenn Abbruchbeton damit eine wichtige Funktion erfüllt, sprechen der hohe Energieeinsatz und die prozessbedingten CO_2-Emissionen dafür, die stoffliche Nutzung voranzutreiben. So kann Betongranulat als Zuschlagstoff in der Herstellung von Frischbeton verwendet werden.

Abbruchbeton dient aber auch als CO_2-Senke. Denn dieses menschengemachte Gestein reagiert kontinuierlich mit der Umgebungsluft, dabei bindet der Kalk wieder einen Teil des Kohlendioxids, das bei der Klinkerherstellung freigesetzt wurde. Dieser Prozess beginnt schon in der Nutzungsphase eines Gebäudes. Generell nimmt man an, dass rund 20 bis 25 Prozent der prozessbedingten Emissionen durch den als Rekarbonatisierung bezeichneten Prozess über die Lebensdauer eines Gebäudes hinweg wieder aufgenommen werden können.

Liegt der Beton nach einem Abbruch in zerkleinerter Form vor, läuft dieser Prozess aber deutlich schneller ab, weil im Verhältnis zum Volumen eine viel größere Oberfläche mit der Luft in Kontakt steht. Eine Entwicklung von HeidelbergCement soll die natürliche CO_2-Aufnahme deutlich beschleunigen, mittels derer der Betonabbruch mit Kohlendioxid aus der Zementproduktion rekarbonisiert wird. Das Verfahren wird langfristig einen wichtigen Beitrag zu geschlossenen Rohstoffkreisläufen in der Bauindustrie leisten.

Ziele setzen – und dann handeln

Um die Ziele des Pariser Klimaschutzabkommens zu erreichen, bleibt wenig Zeit, da sich CO_2 über lange Zeiträume in der Atmosphäre anreichert. Es ist daher unzweifelhaft richtig, dass sich die Zementindustrie ehrgeizige Langfristziele setzt. Idealerweise basieren diese Ziele sowie deren fortlaufende Überprüfung auf wissenschaftlichen Methoden. Mindestens ebenso wichtig ist es in einem globalen Unternehmen, dass diese Ziele von allen Führungskräften verfolgt werden. Deshalb hat HeidelbergCement das Erreichen

Agenda

- Investitionen in den Bau und Betrieb CO_2-armer Schlüsseltechnologien müssen gefördert werden, etwa durch Forschungsförderung und Klimaschutzverträge, um die neuen Technologien erfolgreich auf die industrielle Marktreife skalieren zu können.

- Es müssen Transportinfrastrukturen für Wasserstoff und CO_2 geschaffen werden, um CO_2 aus industriellen Quellen mit CO_2-Nutzern oder CO_2-Speicherstätten zu verbinden.

- Durch Anreizsysteme und nachhaltige öffentliche Beschaffung müssen Carbon-Leakage-Effekte verhindert werden. Gleichzeitig muss die Nachfrage nach grüneren, anfangs aber teureren Produkten gewährleistet sein.

- Produkt- und Baunormen müssen modernisiert werden, um neue Baustoffe schneller einsetzbar zu machen.

- Erneuerbare Energien müssen ausreichend und bezahlbar zur Verfügung gestellt werden.

der Klimaziele an die variable Vergütung seiner Mitarbeiter gekoppelt – als eines der ersten Unternehmen weltweit.

Parallel dazu stellt HeidelbergCement erhebliche Finanzmittel bereit, um bereits in den 2020er-Jahren deutliche Fortschritte zu erreichen. So investieren wir bis 2030 rund 500 Millionen Euro in Klimaschutztechnologien und betreten dabei vielfach technisches Neuland. Gelingt es, diese neuen Technologien in den 2030er-Jahren zu skalieren und auch außerhalb Europas zur Anwendung zu bringen, rückt die Klimaneutralität in greifbare Nähe – nicht nur in unserem Unternehmen, sondern in der gesamten Zementindustrie. Damit bereiten wir den Weg für vollständig nachhaltiges Bauen, ob es um urbane Infrastrukturen, Verkehrswege oder Wohngebäude für immer mehr Menschen geht.

Die energiebedingten Emissionen zum Betrieb der Öfen lassen sich durch Effizienzsteigerung und den Einsatz alternativer Brennstoffe deutlich verringern.

Gleichzeitig muss die Politik spätestens in der kommenden Legislaturperiode den passenden politischen Rahmen schaffen, um aus Klimaschutz ein Geschäftsmodell entwickeln zu können. Die Investitionszyklen in der Industrie zur Entwicklung und Skalierung der notwendigen Schlüsseltechnologien sind lang. Eines unserer wegweisenden Projekte zur CO_2-Abscheidung in industriellem Maßstab im Zementwerk Brevik, Norwegen, wird seit rund einem Jahrzehnt vorbereitet. Im Jahr 2024 wird die Anlage in Betrieb gehen. Projekte dieser Größenordnung und Relevanz für den Klimaschutz können nur durch politische Unterstützung und entsprechende Richtungsentscheidungen umgesetzt werden. Für die Zementindustrie muss die kommende Bundesregierung daher schnell Maßnahmen ergreifen. Wenn Industrie und Politik Hand in Hand arbeiten, dann wird Klimaneutralität gelingen.

DR. DOMINIK VON ACHTEN, *geb. 1965, studierte Rechtswissenschaften und Volkswirtschaftslehre. Als Partner und Geschäftsführer der Boston Consulting Group wurde er 2007 in den Vorstand der HeidelbergCement AG berufen und verantwortete zunächst Großbritannien sowie die Integration von Hanson. 2009 übernahm er die Verantwortung für das Konzerngebiet Nordamerika, von 2016 bis 2020 für das Konzerngebiet West- und Südeuropa. Seit dem 1. Februar 2020 ist Dr. von Achten Vorstandsvorsitzender der HeidelbergCement AG. Der geborene Münchener ist verheiratet und hat vier Kinder.*

Beschäftigung

»Nur eine sozial gerechte Transformation, die das Prinzip einer sozial nachhaltigen Gesellschaft ins Zentrum stellt, kann auch langfristig ökologisch nachhaltig sein.«

Beschäftigung und Verteilung: Die soziale Dimension der Transformation

Von Michael Vassiliadis

Mit dem Umbau vieler Branchen, Wertschöpfungsketten und Geschäftsmodelle rücken verstärkt Verteilungs- und Beschäftigungsfragen auf die politische Agenda. Gefordert ist eine transformationsbefähigende, nachhaltige Industriepolitik, die Wohlstandswachstum mit aktivem Klimaschutz verbindet. Faktisch braucht es eine Anpassung und Modernisierung vieler sozialpolitischer Institutionen und Instrumente, die die technischen und wirtschaftlichen Veränderungen flankieren können.

Da die beschleunigte Klima- und Nachhaltigkeitspolitik fast alle Lebensbereiche unserer Gesellschaft betrifft, ist es zunächst wichtig, den Sinn und Zweck wichtiger sozialpolitischer Institutionen und Instrumente aufzuzeigen: Sie stehen für Regeln und Verfahrensweisen, durch die unsere gesellschaftliche Entwicklung in kontrollierten und nachvollziehbaren Bahnen stattfinden kann. Sie sind Eckpfeiler der Chancengleichheit, die jedem Menschen zusteht, auch – oder sogar insbesondere – in der Transformation. Im Kern geht es darum, Wahlfreiheit, Selbstbestimmung und das Anrecht auf Teilhabe und Teilnahme zu sichern.

In der Nachhaltigkeitsdebatte wurde diese Verknüpfung von ökologischen, sozialen und demokratischen Aspekten der Transformation zu wenig thematisiert. Leider verbinden die meisten Menschen bis heute Nachhaltigkeit ausschließlich mit den Klimazielen und dem Erhalt der Natur. Das ist zwar richtig, jedoch beschreibt diese ökologische Dimension Nachhaltigkeit nur unvollständig. Die soziale Komponente ist nicht weniger zentral. Denn nur eine sozial gerechte Transformation, bei der das Prinzip einer sozial nachhaltigen Gesellschaft ins Zentrum gestellt wird, kann auch langfristig ökologisch nachhaltig sein, indem sie die Legitimität der ökologischen Transformation sichert.

Unsere Aufgabe ist es, die Transformation in einer demokratischen Gesellschaft zu gestalten.

Verteilungsfragen der sozial-ökologischen Transformation

Im Kontext der beschleunigten Transformation geht es also um fundamentale Verteilungsfragen, die mit und durch diese Transformation aktualisiert werden müssen. Sie betreffen viele Institutionen der Gesellschaft, insbesondere das Metier der Gewerkschaften: Einkommen und Erwerbschancen.

Um die prinzipiellen sowie praktischen Zusammenhänge zwischen ökologischer und sozialer Gerechtigkeit in der Transformation besser zu verstehen, hat die Industriegewerkschaft Bergbau, Chemie, Energie vor mehr als zwei Jahren damit begonnen, Szenarien gesellschaftlicher und industrieller Entwicklungspfade und Zukunftsbilder zu erkunden[1]. Dazu haben wir Trends nachgespürt und unterschiedliche Entwicklungsoptionen skizziert. So entstanden vier Zukunftsbilder, deren Bandbreite kaum größer sein könnte:

— Das Szenario »Unter Druck« erzählt von wachsendem Konkurrenz- und Verlagerungsdruck und einer schleichenden Schrumpfung von Wirtschaftsleistung und gesellschaftlichem Wohlstand.
— Das Szenario »Smartes Wachstum« beschreibt, wie Deutschland mithilfe einer weitsichtigen und ambitionierten Innovations- und Investitionspolitik seine Wirtschaftsstruktur modernisiert und seine Wachstumschancen in der sozial-ökologischen Wende erfolgreich nutzt.
— Das Szenario »Neuland« schildert einen schnellen und tiefgreifenden Veränderungsprozess von Wirtschaft und Gesellschaft, der durch harte politische Regulierungsvorgaben Klimaschutzziele zu erreichen versucht – auch auf Kosten von Produktion und Beschäftigung.
— »Tohuwabohu« skizziert eine Gesellschaft, die im Spannungsfeld ökonomischer und ökologischer Zielkonflikte und sozialer Polarisierung sowie angesichts eines wachsenden Populismus förmlich zerrieben wird.

Klar ist: Nicht alle vier Möglichkeiten sind gleichermaßen wünschenswert, weder aus ökologischer noch aus sozialer Sicht. Smartes Wachstum ist zwar eine wünschenswerte Zukunftsoption, aber sie realisiert sich nicht von selbst, nur weil sie vernünftig ist. Es kommt darauf an, wofür wir uns engagieren, denn die Transformation ist gestaltbar. Zur Realisierung eines wünschenswerten Szenarios müssen wir bereit sein, Institutionen um- oder neu zu bauen. Das heißt nicht, dass wir immer mehr Gesetze brauchen, wohl aber, dass Normen und Institutionen geschaffen werden, die ähnliche Bindungswirkung entfalten wie die Sozialpartnerschaft (etwa in der chemischen Industrie), die sich in vielen Krisen bewiesen hat.

Ein innovations- und investitionsfreundliches Klima, die technologiegetriebene Erschließung neuer Geschäftsfelder, eine gestärkte Sozialpartnerschaft und die gesellschaftliche Anerkennung von guter Arbeit erfordern entsprechende politische und gesellschaftliche Entscheidungen und aktive Gestaltung, unter anderem durch Gewerkschaften. In Zeiten zahlreicher Transformationen – Globalisierung, demografischer Wandel, Digitalisierung und verstärkte Klimapolitik – lautet dabei die Kernfrage aus Gerechtigkeitssicht: Wie lassen sich die erforderliche Konkurrenz- und Zukunftsfähigkeit unserer Wirtschaft erzielen und gleichzeitig sozialer Zusammenhalt und Sozialpartnerschaft langfristig sichern?

Neue Rahmenbedingungen: »Fit for 55«-Programm und CO$_2$-Grenzausgleich

Die konkreten Rahmenbedingungen der Transformation verändern sich mit zunehmender Geschwindigkeit. Beispielsweise hat die EU-Kommission als einen wesentlichen Zwischenschritt auf dem Weg zur Klimaneutralität bis 2050 im Juli 2021 das »Fit for 55«-Programm vorgestellt, das unter anderem zwei entscheidende Punkte für die Transformation der Industrie beinhaltet: erstens eine Verschärfung der Emissionsminderungsziele für 2030 von bislang 40 auf 55 Prozent gegenüber 1990. In diesem Zusammenhang wird der Europäische Emissionshandel (EU-ETS) um einen zweiten Emissionshandel für Brennstoffe, der den Verkehrs- oder den Gebäudesektor abdeckt, ergänzt. Diese Veränderungen des Emissionshandelssystems treffen die energieintensiven Industrien – unter anderem Chemie, Stahl und Zement – direkt.

Wie lassen sich die erforderliche Konkurrenz- und Zukunftsfähigkeit unserer Wirtschaft erzielen und gleichzeitig sozialer Zusammenhalt und Sozialpartnerschaft langfristig sichern?

Zweitens wird das Prinzip der CO$_2$-Bepreisung mit einem CO$_2$-Grenzausgleich, dem sogenannten Carbon Border Adjustment Mechanism (CBAM), erstmalig auch auf den Import von emissionsintensiven Grundstoffen wie Stahl und Eisen, Aluminium, Zement, Düngemittel oder Strom aus Drittstaaten ausgedehnt, die nicht dem europäischen Emissionshandel unterliegen. Der CBAM ist als Alternative zur kostenlosen Zuteilung von EU-ETS-Zertifikaten in den (bisher) erfassten Sektoren vorgesehen und soll im Laufe der Zeit die kostenlose Zuteilung vollständig ersetzen[2].

Hinsichtlich industrieller Erneuerung, gleicher Wettbewerbsbedingungen und Carbon-Leakage-Schutz stellen die schnelle CO$_2$-Preiserhöhung und die Einführung des CBAM die Industrie vor große Herausforderungen. Mittelfristig könnte der CBAM als Schutzmaßnahme einen Rückschritt für emissionsintensive Sektoren wie etwa die Chemieindustrie darstellen, weil ein ausgleichender Exportmechanismus entfällt. Hinsichtlich der Lenkungswirkung dürfte die Einführung des CBAM bestenfalls zur Eindämmung des direkten Leakage dienen, hingegen dürfte der CBAM indirektes Leakage über die globalen Energiemärkte kaum im nennenswerten Umfang beeinflussen[3]. Hingegen spricht einiges dafür, dass die wesentliche Lenkungswirkung des CO$_2$-Grenzausgleichmechanismus darin liegen wird, zu einem disruptiven Kostenanstieg in den Wertschöpfungsketten beizutragen und noch existierende Teile der Wertschöpfung in Europa massiv zu gefährden.

Die Wechselwirkung zwischen einem weiteren schnellen Anstieg des EU-ETS-Preises und der Abschaffung der freien Zuteilung von Zertifikaten wird zu teils disruptiven Entwicklungen innerhalb der industriellen Wertschöpfungsketten führen. Viele Industrieunternehmen mit langen Investitionszyklen stehen vor einem Dilemma, denn zahlreiche Technologien, die zu Emissionsreduktionen beitragen sollen, befinden sich noch in einem frühen Entwicklungsstadium. Einige Technologien nähern sich der Marktreife, doch setzen diese zum Teil CO$_2$-Preise von 70 bis 170 Euro und mehr pro Tonne voraus, um wirtschaftlich rentabel zu sein. Ob Finanzierungsinstrumente wie Green Bonds oder

Förderinstrumente wie die aktuell in Deutschland debattierten Carbon Contracts for Difference (CCfD) die Finanzierungslücke schließen können, ist fraglich.

An diesem konkreten klima- und industriepolitischen Beispiel und an den jüngst vorgeschlagenen Veränderungen des Emissionshandelssystems sowie den vorgeschlagenen Carbon-Leakage-Schutzmechanismen zeigt sich, dass die Transformation unserer Industriegesellschaft hochkomplex ist. Obwohl Konsens über die gesetzliche und technologische Richtung besteht, sind fundamentale Fragen wie die Geschwindigkeit in der politischen Umsetzung, effektive Lenkungsmechanismen hin zu CO_2-armem Wirtschaften, Möglichkeiten zur Beschleunigung der technologischen Reifegrade und zum Erhalt von Wertschöpfung noch offen. Alle diese Debatten und Maßnahmen haben Auswirkungen auf die soziale – und regionale – Gerechtigkeit, auf Beschäftigungssicherung und auf die Institutionen, die die politische Akzeptanz der Transformation sicherstellen müssen.

Der Staat darf sich nicht mit der Rolle des Zuschauers zufriedengeben, sondern muss aktiv in das Transformationsgeschehen eingreifen und seine Ressourcen stärker auf eine gerechte sozial-ökologische Transformation lenken.

Industrielle Revitalisierung durch regionalisierte, klimaneutrale Wertschöpfung

Mit der politisch getriebenen Transformation industrieller Wertschöpfungsketten hin zu Nachhaltigkeit geht auch eine Debatte um die Globalisierung und den Erhalt von regionalen industriellen Fertigungskapazitäten einher[4]. Sie tangiert fundamentale Gerechtigkeitsaspekte. Zunächst wurde sie insbesondere in den vom Strukturumbruch betroffenen europäischen und deutschen Kohlerevieren geführt, und sie wird sicherlich auch bald in anderen Industriezweigen wie der Chemie- sowie Automobilzulieferindustrie und deren häufig stark regionalisierten Fertigungsclustern eröffnet.

Viele Industrien sind regional organisiert, in Clustern und Verbünden, was deren regionale, wirtschaftliche und soziale Relevanz erhöht. Hier bestehen große regionale Risiken, aber richtig gemacht, kann ein regionaler Fokus in der Transformation auch eine Chance für eine industrielle Revitalisierung sein. Ein Erfolgsbeispiel wäre die Etablierung von Wasserstoff-Valleys in den ehemaligen Kohlerevieren Europas und die damit einhergehende sukzessive Neustrukturierung europäischer Energieregionen. Diese könnte einen wichtigen Beitrag zum Erhalt von industrieller Wertschöpfung und Beschäftigung leisten. Die Vorteile einer regionalisierten Erzeugung und Anwendung von Wasserstoff (H_2) für die heimische Industrie überwiegen nicht nur, weil die gegenwärtigen hohen Transportkosten für H_2 dabei entfallen, sondern auch, weil dadurch die Wertschöpfung im Zusammenhang mit Anlagenbau sowie mit energieintensiver industrieller Produktion basierend auf erneuerbaren Energien (EE) und H_2 in der Region bleiben könnte.

Dieses regionalwirtschaftliche Beispiel bestätigt das große Potenzial branchenspezifischer und regionalisierter Transformationskonzepte. Mit einem durchdachten Technologie- und Investitionsfokus mit Blick auf bestehende, regional verankerte Fertigungsstrukturen wird der Abbau industrieller Wertschöpfung vermieden. Die Erfolgsfaktoren sind dabei dieselben wie für die gesamte Transformation: Innovationsförderung, Investitionslenkung, die Bereitstellung von EE- und H_2-basierter Infrastruktur sowie die Herstellung von fairen Wettbewerbsbedingungen und Schaffung von Märkten für neue, nachhaltige Produkte.

Die Akteure der sozial gerechten Transformation

Unternehmen sind die Hauptakteure der Transformation, wenn es um ökologische und wirtschaftliche, aber auch um soziale Nachhaltigkeit geht. Sie sind deswegen Adressat vieler Vorgaben, Fördersysteme und Rahmenbedingungen der Transformation.

Auch der Staat ist ein wichtiger Akteur. Er darf sich nicht mit der Rolle des Zuschauers zufriedengeben, sondern muss aktiv in das Transformationsgeschehen eingreifen, indem er die Infrastrukturen schafft, die Industrieunternehmen selbst nicht bereitstellen können oder wollen. Die Kunst staatlichen Handelns in der Transformation besteht darin, eine Richtung zu finden,

die Wirtschaftlichkeit mindestens mittelfristig glaubwürdig in Aussicht stellt und politische Ideen und Ziele mit Blick auf die Vielzahl förderungswürdiger Bereiche in einer Gesellschaft politisch ausbalanciert.

Neben guten Rahmenbedingungen braucht es eine politische Koordination von oberster Stelle. Dies gilt nicht zuletzt für die Abstimmung zwischen den verschiedenen Regulierungs- und Planungsinstanzen. Auf nationaler Ebene könnte die Schaffung eines Energiewendeministeriums oder einer zentralen Infrastrukturbehörde dazu beitragen, dass politische Entscheidungen schneller und effizienter umgesetzt werden können.

Um jedoch eine weitgehende gesamtgesellschaftliche Konvergenz – zumindest auf nationaler Ebene – herzustellen, braucht es außerdem eine vertiefte gesellschaftliche Einbettung der Transformationsbemühungen. Die Arbeit der Kommission »Wachstum, Strukturwandel und Beschäftigung« (KWSB) hat dabei auch in Abgrenzung zum Atomausstieg verdeutlicht, dass strittige gesamtgesellschaftliche Fragestellungen, die gleichermaßen Versorgungssicherheit, Beschäftigung und Klimaschutz berühren, eine weitgehende Konvergenz und Akzeptanz brauchen, um Planungssicherheit und Verlässlichkeit der Entscheidungen zu gewährleisten. Damit bleibt die KWSB auch im Hinblick auf die Debatten um die Industriewende, Technikfolgen und die ethische Abschätzung von gesellschaftlich umstrittenen Technologien wie CO_2-Abscheidung und -Speicherung[5] ein wichtiges Instrument.

Sozialpartnerschaft, Mitbestimmung, Qualifikation und gute Arbeit ausbauen

Ein dritter Schlüsselakteur der sozial gerechten und demokratisch verankerten Transformation sind die Sozialpartner. Der selbst regulierte Interessenausgleich zwischen Gewerkschaften und Arbeitgeberverbänden in der Institution der Tarifautonomie hat sich in Krisen immer wieder bewährt. So werden Lösungen gefunden, die die unterschiedlichen Interessenlagen im Unternehmen oder auch zwischen großen, mittleren und kleinen Unternehmen in einer Branche oder in einer Region berücksichtigen.

Die Mitbestimmung im Aufsichtsrat und im Betriebsrat ist eine weitere Form selbsttätiger Interessenregulierung. Sie erweitert das Spektrum der Problemwahrnehmungen und bezieht die Sicht und das Wissen der Beschäftigten direkt mit ein. Tarifautonomie und Mitbestimmung am Arbeitsplatz sind Kernstücke der funktionierenden Demokratie und damit auch einer funktionierenden, demokratisch akzeptablen Transformation. Letztendlich sind es die Beschäftigten selbst, die sich für eine sozial gerechte ökologische Transformation einsetzen sollen. Hier spielt neben den Mitbestimmungs- und Mitgestaltungsstrukturen die Bildungs- und Qualifikationsstruktur der Gesellschaft eine immense Rolle, um Chancengleichheit und Teilhabe sicherzustellen.

Die Kunst staatlichen Handelns in der Transformation besteht darin, eine Richtung zu finden, die Wirtschaftlichkeit mindestens mittelfristig glaubwürdig in Aussicht stellt und politische Ideen und Ziele mit Blick auf die Vielzahl förderungswürdiger Bereiche in einer Gesellschaft politisch ausbalanciert.

Für die Chemiebranche haben die Sozialpartner BAVC und IG BCE die von der Bundesregierung verabschiedete Qualifizierungsoffensive Chemie aufgegriffen und kürzlich einen »Future Skills Report«[6] veröffentlicht, der den Qualifizierungsbedarf mit Blick auf die anstehende Digitalisierung in der Branche darlegt. Ziel der Chemiesozialpartner ist es dabei, die Transparenz des Weiterbildungsbedarfs sowie der Qualifikationsmöglichkeiten zu erhöhen, das Angebot an Qualifizierungsmaßnahmen zu stärken und die Förderlücke zu schließen.

Auch für die anstehende sozial-ökologische Transformation braucht es Antizipierungs- und Qualifizierungsinstitutionen. Die Stärkung der Aus- und Weiterbildungsinstitutionen ist zwar keine ganzheitliche Antwort auf betriebliche Herausforderungen, stärkt aber dennoch für Beschäftigte den Impuls und die Möglichkeit, die Transformation persönlich mitzugestalten. So findet Transformation nicht *top-down*, sondern *bottom-up* statt.

Nachhaltigkeitspolitik muss Chancengleichheit und demokratische Teilhabe ins Zentrum stellen. Es braucht den Dreiklang aus Sicherung von guter Arbeit durch stärkere Qualifikationsangebote, mehr Mitbestimmung am Arbeitsplatz und nachhaltiger, regional fokussierter Industriepolitik für zukunftsfähige Wertschöpfung, um die ökologische Transformation demokratisch und sozial zu verankern und legitim voranzutreiben.

MICHAEL VASSILIADIS, *geb. 1964, absolvierte eine Ausbildung zum Chemielaboranten bei der Bayer AG. 1986 begann er seine hauptamtliche Gewerkschaftstätigkeit bei der IG Chemie-Papier-Keramik, der heutigen IG BCE. Im März 2004 wurde er Mitglied des geschäftsführenden Hauptvorstandes. Seit 2009 ist er Vorsitzender der IG BCE. Seit Mai 2012 ist Michael Vassiliadis auch Präsident von IndustriALL Europe. Er ist Mitglied in den Aufsichtsräten RAG AG, BASF SE, Henkel GmbH & Co. KG und STEAG GmbH.*

Beratung

»Beratung wird künftig virtueller, individueller und ganzheitlicher werden. Nur so können wir die anstehende fundamentale Transformation der Wirtschaft unterstützen.«

Wie Beratung die Transformation der Wirtschaft unterstützt

Von Stefan Schaible

Wie unter einem Brennglas hat zuletzt die COVID-19-Pandemie deutlich gemacht, dass viele Unternehmen, aber auch der öffentliche Sektor sich neu aufstellen müssen. Als Berater sehen wir unsere Aufgabe darin, Kunden bei der Bewältigung der fundamentalen Transformation in eine digitale und klimaneutrale Zukunft zu unterstützen. Dabei wird künftig nicht nur die entsprechende Expertise, sondern auch ein klarer Wertekompass gefragt sein.

Wenn die Welt komplexer und die Probleme größer werden, dann profitieren die Berater. Allein in Deutschland haben sich die Umsätze der Branche seit 2009 verdoppelt. Zwar war 2020 pandemiebedingt ein leichter Rückgang zu verzeichnen, doch längst boomt der Markt wieder. Und es gibt keine Anzeichen, dass sich dies in absehbarer Zeit ändern wird.

Kein Wunder, sorgen doch die notwendige Digitalisierung und die Transformation hin zu einer nachhaltigen und klimaneutralen Wirtschaft und Gesellschaft für stetigen »Nachschub« beim Beratungsbedarf. Wir stehen vor einem der tiefgreifendsten Umbrüche der vergangenen Jahrzehnte – und Organisationen brauchen fachkundige Unterstützung, um ihn zu meistern. Deshalb wird qualitativ hochwertige und perspektivisch ausgerichtete Beratung auch weiterhin stark nachfragt werden.

Beratung wird immer digitaler werden – im Kern aber ein *people business* bleiben.

Beratung wird virtueller und individueller

Dabei ist auch die Beratungsbranche selbst – befördert nicht nur, aber auch durch COVID-19 – im Wandel. Wenn die Mitarbeiterinnen und Mitarbeiter der Kundenunternehmen auch in Zukunft mehr Zeit im Homeoffice verbringen, wird der Anteil virtueller Formen der Kollaboration weiterhin eine wichtige Rolle spielen oder bei einigen Kunden zum Standard werden.

Schon heute ist zu beobachten, dass sich viele Kunden an die Zusammenarbeit in (teil-) virtuellen Projekten gewöhnt haben und sie häufig selbst einfordern. Die Vorteile liegen auf der Hand, zum Beispiel hat die Virtualisierung die Arbeit internationaler Projektteams auf Kunden- und Beratungsseite ganz klar erleichtert. Dadurch ist die Beratungswelt deutlich globaler geworden.

Wir erwarten daher keine Rückkehr in das bisherige Standardmodell (das heißt, alle Beraterinnen und Berater sind fast die ganze Woche im Kundenunternehmen), sondern in Zukunft einen wachsenden Anteil maßgeschneiderter Lösungen, die sich an der jeweiligen Situation der Klienten orientieren. Der Modus Operandi von Beratung ändert sich damit: im Sinne der Kunden, aber auch im Sinne der Beraterinnen und Berater, deren individuelle Vorlieben für viel oder wenig Reisezeit beziehungsweise Präsenz am Projektstandort sich damit ganz anders als bisher berücksichtigen lassen.

Digitalisierung schafft Freiraum für neue Lösungen

Wie in fast allen anderen Branchen spielt die Digitalisierung mit Stichwörtern wie Big Data oder künstliche Intelligenz auch in der Beratung eine wichtige Rolle. Aber sie ersetzt sie nicht. Der Kern des Geschäfts, nämlich unseren Klienten hochqualitative, maßgeschneiderte Beratungsdienstleistungen anzubieten, wird erhalten bleiben.

Trotzdem werden einige Tätigkeiten, die heute noch manuell erledigt werden, künftig (teil-) automatisiert abgewickelt werden. Das gilt vor allem für den Bereich der Analyse: Mussten Juniorberaterinnen und -berater früher oft in mühsamer Kleinstarbeit Daten zusammentragen, etwa um spezifische Benchmarks aufzubereiten, lassen sich riesige Datenmengen heute in kürzester Zeit auswerten. Die Analyse wird dadurch anspruchsvoller: Sie erfordert zwar weniger Kapazität, aber mehr Expertise.

Wir glauben, dass diese Entwicklung Freiraum für Kreativität und neue Lösungen in den Unternehmen schafft, weil die Beschäftigten von zeitraubenden Routinetätigkeiten entlastet werden. Gleichzeitig wird die Aussagekraft von Daten und Analysen deutlich steigen. Die Herausforderung für die Beratungsbranche besteht dabei darin, digitale Standards, Instrumente und Prozesse zu nutzen, ohne den Fokus auf individuelle Lösungen für unsere Kunden zu verlieren. Denn noch mehr als früher werden von uns Beratern passgenaue, klare und umsetzbare

Agenda für 2022

Unternehmen brauchen Sicherheit, damit sie in neue Technologien investieren. Die Politik muss deswegen noch 2022 klare Rahmenbedingungen schaffen, insbesondere im Hinblick auf die Schließung der Ökostromlücke. Parallel müssen wir die Wettbewerbsfähigkeit der deutschen Industrie durch international konkurrenzfähige Stromkosten sichern. Investitionen in klimaneutrale Schlüsseltechnologien kann die Politik unter anderem durch sogenannte *contracts for difference* (CfD) fördern, die Mehrkosten ausgleichen.

Ergebnisse erwartet. Nicht umsonst orientiert sich die Vergütung von Projekten immer häufiger an deren Erfolg.

Obwohl die Bedeutung digitaler Technologien auch bei uns eine immer größere Rolle spielt, sollten wir nie vergessen, dass der Mensch im Zentrum unseres Handelns steht. Bei aller Expertise zählt Empathie zur persönlichen »Grundausstattung« eines jeden guten Consultants. Beraterinnen und Berater müssen ihre Auftraggeber »abholen« und gemeinsam Lösungen für deren teilweise sehr komplexe Fragen finden.

Beratung wird deshalb in Zukunft ein Balanceakt zwischen Virtualität und Präsenz sein. Wir bei Roland Berger sind davon überzeugt, dass gute Beratung ein intensives Vertrauensverhältnis zwischen Kundinnen und Kunden auf der einen und Beraterinnen und Beratern auf der anderen Seite braucht. Ein solches Verhältnis lässt sich ohne persönlichen Kontakt nur schwer aufbauen. Die Coronapandemie hat zwar gezeigt, dass sich vieles auch online lösen lässt – zumindest besser als gedacht. Doch gerade beim Kennenlernen sowie in der Anfangs- und Endphase von Projekten oder bei der Klärung von Schlüsselfragen können virtuelle Formen ein »echtes« Miteinander von Angesicht zu Angesicht nicht ersetzen.

Wertorientiertes Selbstverständnis der neuen Generation

Doch nicht nur die Beratung, auch die Beraterinnen und Berater ändern sich. So beobachten wir seit einigen Jahren, dass sich das Selbstverständnis der Consultants, geprägt sicher auch von den Wünschen der Generationen Y und Z, deutlich verschoben hat. Das Bild ist heterogener geworden: Viele unserer Kolleginnen und Kollegen sind gerne unterwegs und beim Kunden vor Ort, zunehmend auch auf internationaler Ebene. Das Kennenlernen verschiedener Kulturen gilt als Wert an sich. Gleichzeitig wird gerne Zeit zu Hause mit der Familie oder Freunden verbracht. Diese Bindungen wurden früher häufig hintangestellt, spielen aber für beide Geschlechter heute eine wichtige Rolle. Beides werden wir in Zukunft noch stärker ermöglichen. Der steigende Anteil von Remote- oder virtuellen Projekten unterstützt uns dabei.

Ein weiteres wichtiges Anliegen unserer Firma – wie der Branche insgesamt – ist es, die Diversität der Teams weiter zu erhöhen. Ein Projektteam ist nur dann erfolgreich, wenn alle Beteiligten ihre Perspektiven, Talente und Expertisen einbringen können. Wir sind davon überzeugt und haben selbst vielfach die Erfahrung gemacht, dass Teams mit verschiedenen Hintergründen die kreativsten Strategien entwickeln.

Was eine erfolgreiche Beratungsgesellschaft – nicht nur im Hinblick auf Attraktivität bei den Consultants, sondern insgesamt – künftig auszeichnen wird, ist eine klare Wertorientierung, nach innen und außen. Fragen wie die, für wen wir arbeiten, welchen Strategien unsere Beratung zum Durchbruch verhelfen soll oder welche Überzeugungen ein Unternehmen vertritt, dessen Performance wir steigern sollen, mögen früher nachrangig gewesen sein. Doch Berufseinsteiger und Young Professionals, aber auch Partner, Medien und die Öffentlichkeit fordern immer nachdrücklicher – und zu Recht – überzeugende Antworten, auch wenn die nicht immer einfach zu finden sind und manchmal abgewogen werden muss.

Es geht um Glaubwürdigkeit. Nach innen und außen

Es ist entscheidend für den Erfolg der Beratung, sowohl nach innen den Beschäftigten gegenüber wie auch nach außen zum Kunden glaubwürdig zu sein. Dies gilt insbesondere beim Klimaschutz. Der Umgang mit dem Thema Nachhaltigkeit, insbesondere der jeweilige Beitrag zum Ziel der Klimaneutralität, wird für alle Unternehmen in Zukunft einen wichtigen Wettbewerbsfaktor darstellen.

Deshalb ist eine umgehende Bearbeitung nicht nur eine Frage der gesellschaftlichen Verantwortung – wo gewiss Eile geboten ist –, sondern auch eine Frage der künftigen Geschäftschancen unserer Kunden.

Wir selbst haben uns das Ziel gesetzt, bis zum Jahr 2028 Netto-Nullemissionen zu erreichen. Dieses Ziel wurde auch durch die »Science Based Targets initiative« validiert. Angesichts des im Vergleich mit produzierenden Unternehmen geringen CO_2-Fußabdrucks der Branche zählt dies zu den lösbaren Aufgaben. Die entscheidenden Hebel sind aufgrund der hohen Scope-3-Emissionen ein angepasstes Reiseverhalten mit insgesamt weniger Reisen, mehr Bahn- statt Flugreisen und ein höherer Homeoffice-Anteil. Dies immer in Einklang mit den Anforderungen unserer Kunden im Hinblick auf Präsenz unserer Teams vor Ort. Hier hat die Corona-Herausforderung eine wirkliche Disruption unserer Branche befördert, denn Meetings in digitalen Formaten sind nicht mehr geduldet – wie früher –, sondern breit akzeptiert und werden von vielen Klienten aktiv nachgefragt. Ein weiterer wichtiger Baustein unserer Nachhaltigkeitsstrategie ist eine Ablösung einer traditionellen Firmenwagenrichtlinie durch breitere Mobilitätsangebote, die unter anderem auch Elektromobilität und Klimafreundlichkeit besonders fördern.

Der verbleibende CO_2-Fußabdruck wird mit einem zertifizierten Portfolio aus Klimaschutzprojekten in den Bereichen Aufforstung, Verhindern von Rodungen, Energieeffizienz und erneuerbaren Energien ausgeglichen.

Derzeit geschieht dies noch über Kompensation bei renommierten zertifizierten Anbietern, wir werden jedoch in den kommenden Jahren eigene Kapazitäten zur Produktion erneuerbarer Energien oder Aufforstungsprojekte aufsetzen, um spätestens ab 2028 mehr Kohlenstoff aus der Atmosphäre zu entziehen, als in sie zu emittieren.

Um das Querschnittsthema Klimaschutz konsequent in unserer Projektarbeit zu verankern, werden wir künftig bei Projekten ab einer Mindestgröße auf Wunsch ein kostenloses »Climate Impact Assessment« in Form einer Kurzanalyse durchführen. Dieses setzt dort an, wo der jeweilige Kunde aktuell steht, und kann von der Unterstützung bei der Analyse des CO_2-Fußabdrucks über die Definition von Maßnahmen zur Reduzierung desselben bis zur Überprüfung des Umsetzungsstandes von Klimaschutzmaßnahmen reichen.

Der Transformationsdruck trifft Unternehmen in ohnehin fordernden Zeiten

Die Wirtschaft steht vor der denkbar umfassendsten Umstellung ihrer Geschäftstätigkeit der letzten Jahrzehnte, denn die Transformation hin zu Nachhaltigkeit und Klimafreundlichkeit verändert praktisch alles: Die gesamte Wertschöpfungskette ist betroffen, angefangen bei der Produktentwicklung, über Herstellung und Einkauf bis hin zum Vertrieb. Ohne organisatorische Neuaufstellung kann und wird sie nicht gelingen.

Doch damit ist es nicht getan. Unternehmen müssen heute meist mehrere Transformationsprojekte gleichzeitig

Agenda für 2025

Bis 2025 wird der globale Markt für Umwelttechnik auf knapp sechs Billionen Euro wachsen. Das ist eine riesige Chance für die exportorientierte deutsche Industrie. Die Politik muss gleichzeitig verhindern, dass CO_2-intensive Industrien in weniger streng regulierte Märkte abwandern (Carbon-Leakage). Carbon Border Adjustment Mechanisms (CBAM) sind ein Lösungsansatz. Dabei sollte Deutschland konsequent multilateral vorgehen und stets abgestimmt mit europäischen und internationalen Partnern agieren.

bewältigen und ihr Portfolio viel aktiver als früher managen. Während in einer Abteilung restrukturiert wird, sind parallel Zukäufe zu integrieren. Ein weiterer Drahtseilakt: Die Firmen müssen ihre Margen absichern, aber gleichzeitig massiv in Zukunftstechnologien investieren, um nicht abgehängt zu werden. Denn Innovation wird künftig noch wichtiger sein, vor allem im internationalen Vergleich. Wer forschen und neue Produkte oder Services entwickeln will, braucht dafür aber die nötigen Mittel. Damit rücken für uns traditionell wichtige Themen wie Performance-Improvement, verbunden mit Innovation, in noch nicht da gewesener Form in den Fokus der Beratung.

In dieser herausfordernden Situation möchten wir unseren Kunden helfen, die Dekarbonisierung stärker als Chance denn als Risiko zu begreifen. Denn die gibt es zweifellos: Am Ende werden Unternehmen, die jetzt konsequent handeln, einen klaren Wettbewerbsvorteil haben. Natürlich benötigen sie dafür die entsprechenden politischen Rahmenbedingungen, denn insbesondere die energieintensive Industrie wird die geplanten Ziele ohne Flankierung durch geeignete Maßnahmen nicht schaffen. In einer aktuellen Studie[1], die wir gemeinsam mit Agora Energiewende und der Stiftung 2° erstellt haben, zeigen wir, mit welchem Instrumentenmix der richtige Rahmen für eine erfolgreiche Industrietransformation hin zu Klimaneutralität gesetzt wird (siehe hierzu auch die Agenden).

Wir stehen vor einem Jahrzehnt harter Transformationen. Auch die öffentliche Verwaltung wird sich verändern müssen.

Wettbewerbsfähigkeit in einer dekarbonisierten Welt
Wir versuchen, Unternehmen auf dem Weg mit unserer Expertise und den daraus entwickelten Lösungen zu unterstützen. Sie reichen von der Verbesserung der Klimaschutzperformance und der Klimaresilienz über Investitionen in klimafreundliche Methoden und Geschäftsmodelle bis hin zu Kreislaufstrategien. So helfen wir Organisationen aller Größen aus dem privaten und dem öffentlichen Sektor dabei, herauszufinden, inwieweit Umwelt- und klimabezogene Entwicklungen ihre jeweilige Geschäftstätigkeit beeinflussen. Damit schaffen wir die Basis für die Entwicklung individueller Strategien, mit denen sich die Wettbewerbsfähigkeit in einer dekarbonisierten Welt sichern und steigern lässt.

Gemeinsam mit unseren Kunden entwickeln wir außerdem klimaneutrale Strategien und beleuchten die finanziellen Auswirkungen von Klimaschutzmaßnahmen – oder fehlender Maßnahmen – auf deren Umsatz- und Kostenstruktur.

Zu den kurz- und langfristigen Auswirkungen des Klimawandels zählen auch Verschiebungen in der Kundennachfrage, Veränderungen bei den weltweiten Lieferketten oder auch Infrastrukturschäden. Eine Klimaresilienz-Strategie macht Unternehmen widerstandsfähiger gegen solche Veränderungen und unterstützt Entscheidungsprozesse unter ungewissen Rahmenbedingungen. Im Beratungsbereich Klimainnovation helfen wir bei der Entwicklung und Realisierung emissionsarmer und klimafreundlicher Produkte, Dienstleistungen, Prozesse und Geschäftsmodelle. Unser Programm für Klimastrategie und Transformation im öffentlichen Sektor unterstützt staatliche Organisationen bei der Entwicklung von Strategien, die sowohl ihre eigene Klimaperformance verbessern als auch ein erfolgreiches Management der gesellschaftlichen und wirtschaftlichen Transformation ermöglichen.

Bei der Digitalisierung sind noch einige Schritte zu gehen
Die Digitalisierung ist ein notwendiger Hebel auf dem Weg in eine klimaneutrale Wirtschaft. Das Potenzial der neuen Technologien wird dabei meines Erachtens immer noch unterschätzt – vielleicht auch deshalb, weil es sich noch nicht in den Kennzahlen zur volkswirtschaftlichen Produktivität niederschlägt.

Hier rate ich zu entschiedenem Handeln, gleichzeitig auch zur Geduld. Die Digitalisierung ist eine tiefgreifende Veränderung, die sich auf breiter Basis in der gesamten Wirtschaft niederschlägt. Eine solche *general-purpose technology* braucht Zeit, bis sie in *messbar* produktivitätssteigernden Innovationen spürbar wird. So hat es Ende des 19. Jahrhunderts auch rund 20 Jahre gedauert, bis die Produktivität der Fabriken im Zuge der Elektrifizierung gestiegen ist.

Agenda für 2030

Vollständig werden sich CO_2-Emissionen in absehbarer Zukunft nicht vermeiden lassen. CO_2-Neutralität ist daher nur erreichbar, wenn wir neben der Emissionsvermeidung auch auf Negativemissionen beispielsweise im Rahmen von Direct Air Carbon Capture and Storage (DACCS) setzen. Ob dies gelingt, ist eine Frage der Technologie. Deswegen muss weiter in F&E investiert werden. Gleichzeitig brauchen wir eine breite öffentliche Debatte, um die Akzeptanz solcher Technologien zu verbessern.

Die Pandemie hat der Digitalisierung einen wichtigen Schub verpasst – insbesondere an der Kundenschnittstelle. Dieser Schub muss sich jetzt in allen Produktionsabläufen durchsetzen. Seit rund zehn Jahren sprechen wir von »Industrie 4.0«, doch bei der Implementierung sind noch immer große Lücken zu sehen. Wenn wir unsere Branche als Rückgrat der deutschen Wirtschaft erhalten wollen, ist eine entschiedene, stringente und strategische Digitalisierung entscheidend.

Das Problem ist: Viele Unternehmen arbeiten seit Jahren an dem Thema, optimieren ihre Systeme und fügen dem bestehenden IT-Kern immer neue Programme hinzu. Die daraus resultierende Komplexität schränkt jedoch ihre Fähigkeit ein, wirklich digitale Produkte und Dienstleistungen zu entwickeln und eine attraktive Kundenschnittstelle entlang der gesamten Customer-Journey aufzubauen. Die Herausforderung besteht darin, den Firmen genau diese strategische Freiheit zurückzugeben. Ein durchdachter, fundierter und ausgewogener Ansatz, der IT und Digital kombiniert und dabei aktuelle Geschäftsanforderungen, Innovation und Benutzerorientierung verzahnt, schafft auch innerhalb der Organisation den Mehrwert, der heute oft noch vermisst wird.

Bei Roland Berger N3XT haben wir die Expertise aus verschiedenen Disziplinen gebündelt, um Unternehmen auf diesem Weg zu unterstützen. Dabei spielen IT und digitales Set-up eine wichtige Rolle, ebenso wie die jeweils spezifischen Geschäftsanforderungen, die Geschichte und Kultur eines Unternehmens. Vor allem aber geht es oft darum, Business und IT strategisch und organisatorisch neu zusammenzuführen. Denn ohne das eine hat das andere wenig Sinn.

Auch die öffentliche Verwaltung muss sich bewegen

Wenn wir im internationalen Wettbewerb bestehen wollen, steht uns ein Jahrzehnt harter Transformationen bevor. Dekarbonisierung und Digitalisierung wird die Wirtschaft aber nur dann erfolgreich umsetzen können, wenn auch der Staat seine Hausaufgaben macht. Dazu muss unsere Verwaltung flexibler werden und schneller lernen. Das kann nur durch radikale Reformen gelingen – davon haben wir in den vergangenen Jahren zu wenige gesehen. Viele spannende und wichtige Projekte könnten effizienter umgesetzt werden, wenn zeitgemäße Planungsmechanismen, -prozesse und nicht zuletzt -kapazitäten eingesetzt würden. Wenn wir solche Großprojekte – auch mit Unterstützung durch professionelle Beratungen – ambitionierter und agiler angehen, können wir mehr erreichen.

Dazu braucht es neue, kreative Ansätze. Warum führen wir nicht die Rolle von »Projekt-Beamten« ein? Persönlichkeiten mit verschiedenen Erfahrungshintergründen in Wirtschaft, Wissenschaft und Gesellschaft, die bereits erfolgreiche Transformationsprojekte gemanagt haben und nun für einen befristeten Zeitraum ein Projekt in der öffentlichen Verwaltung vorantreiben – und anschließend wieder auf ihren alten oder einen anderen Posten wechseln. Das würde nicht nur für zusätzliche Expertise sorgen, sondern Reformprojekten der öffentlichen Hand sicherlich auch einen gewaltigen Schub verleihen.

STEFAN SCHAIBLE, *geb. 1968, ist seit 2020 Global Managing Partner der Unternehmensberatung Roland Berger. Nach seinem Studium der Chemie, Philosophie und Rechtswissenschaften an der Universität Konstanz kam Stefan Schaible 1997 zu Roland Berger, 2001 wurde er Partner. Später übernahm er die Verantwortung für den Beratungsbereich Öffentlicher Sektor & Infrastruktur, ab 2014 leitete er als CEO Germany & Central Europe das gesamte Beratungsgeschäft in der Region.*

Digitalwirtschaft

»Die Digitalisierung wird helfen, die Klimaziele zu erreichen. Die Telekom hat die Kraft und die Verantwortung, Lösungen zu finden. Aber es geht nicht alleine, sondern nur in Kooperationen.«

Grünes Wachstum durch Digitalisierung

Von Timotheus Höttges

Wir leben von der Substanz. Wir verbrauchen deutlich mehr Ressourcen, als natürlich nachwachsen. Wir stoßen mehr CO_2 aus, als wir dürfen, um zumindest das 1,5-Grad-Ziel zu erreichen, das seinerseits einhergeht mit erheblichen Veränderungen der Lebensgrundlage auf diesem Planeten. Hier kann die Digitalisierung helfen, denn sie ermöglicht im Idealfall Wachstum, das entkoppelt ist von dem, was bislang immer damit verbunden war: mehr Ressourcenverbrauch und mehr CO_2.

Warum kann die Digitalisierung helfen? Dazu drei Punkte:

1. Digitale Produkte entwickeln sich exponentiell. Daher nimmt ihre Nutzbarkeit rapide zu, während der notwendige Ressourceneinsatz pro Produkt kaum oder nur gering steigt und sich daher »gegen Null« bewegt. Das Phänomen wurde zum Beispiel von Jeremy Rifkin als »Null-Grenzkosten-Gesellschaft«[1] beschrieben.
2. Digitalisierung bedeutet Entmaterialisierung und ist daher gleichbedeutend mit Ressourcenerhalt. Ein Beispiel: Aus einem Schlüssel wird eine App. Sie brauchen daher kein Metall mehr als Grundstoff für den Schlüssel. Sie brauchen keine Maschinen für die Fertigung des Schlüssels. Und Sie brauchen auch keine Energie, um die Maschinen zu betreiben. Früher gab es den »Brockhaus«. Tonnen von Papier wurden dafür benötigt. Heute gibt es das Wissen der Welt online.
3. Die Digitalisierung macht die »Sharing Economy« möglich, die wiederum eine deutlich verbesserte Nutzung der vorhandenen Güter ermöglicht. Ein Auto zum Beispiel ist in erster Linie zum Fahren da. Aber 92 Prozent seiner Zeit ist es irgendwo geparkt. Ist es sinnvoll, in ein Auto und den entsprechenden Unterhalt zu investieren, wenn Sie sich eins mit Freunden oder Nachbarn teilen können? Und wäre das nicht auch nachhaltiger?

Schon heute sorgt die Digitalisierung durch ihre Eigenschaften für das, was ich als »stilles, grünes Wachstum« bezeichne. Weil Carsharing oder die Nutzung von Online-Enzyklopädien wie Wikipedia Kosten sparen oder kostenlos sind, erkennt man den Zuwachs an Wohlstand und den gestiegenen Lebensstandard nicht mehr am Bruttoinlandsprodukt. Das (digitale) Wachstum ist da, aber es zeigt sich nicht an den Kennziffern, die wir verwenden. Es entstehen also ganz neue Dimensionen der Effizienz.

Die Unternehmensberatung Accenture hat vor einiger Zeit die Studie »Europe's new dawn«[2] publiziert. Demnach kann die Digitalisierung nicht nur zur Lösung umweltbedingter Probleme beitragen. Sie bietet auch Antworten auf weitere drängende Fragen wie der Bildung, der Gesundheit oder der Ernährung. Durch konsequente Anwendung digitaler Technologien könnte der CO_2-Ausstoß um 34 Prozent gesenkt werden. Durch Carsharing könnte die Zahl benötigter Fahrzeuge um 35 Prozent gesenkt werden. Gleichzeitig sorgen intelligente Verkehrsleitsysteme für weniger Staus in den Städten. Und spätestens seit Corona wissen wir: Nicht jede (Flug-) Reise ist notwendig. Videokonferenzen helfen, Reisen und damit den Einsatz von Energie zu reduzieren.

Einsparung durch Digitalisierung

Die Telekom ermöglicht mit ihren Lösungen und Produkten beträchtliche CO_2-Einsparungen bei ihren Partnern: 2020 lagen die in Deutschland bei unseren Kunden ermöglichten positiven CO_2-Effekte um 605 Prozent höher als unsere eigenen CO_2-Emissionen (Enablement-Faktor von 7,1 zu 1). Die positiven CO_2-Effekte, die auf Kundenseite durch die Nutzung unserer Produkte und Lösungen ermöglicht werden, stiegen von 13,9 auf 35,8 Millionen Tonnen. Europaweit waren die positiven CO_2-Effekte um 331 Prozent höher als unsere eigenen CO_2-Emissionen (Enablement-Faktor von 4,31 zu 1), sodass wir insgesamt 38 Millionen Tonnen Einsparungen ermöglichen[3].

Unsere Berechnung basiert auf den anerkannten GeSI-Prinzipien[4] und kalkuliert den Reboundeffekt mit ein, also einen gesteigerten Verbrauch sparsamer Anwendungen[5]. Bisher herrscht bei der Berechnung des Enablement-Faktors ein Wildwuchs, der Vergleiche erheblich erschwert. Deshalb begrüßen wir die Überlegungen der Europäischen Kommission, die Kalkulation zu standardisieren. Vergleichbarkeit und Einheitlichkeit sind die Grundlage dafür, »grüne« Kriterien bei

Ausschreibungen, Förderprojekten etc. angemessen und fair zu berücksichtigen und bloßes Greenwashing zu vermeiden.

Telekom mit klaren Klimazielen

Falsch wäre es allerdings, der Digitalisierung und damit den digitalen Unternehmen per se einen grünen Unbedenklichkeitsstempel zu verpassen. Die Digitalisierung kann Probleme lösen, aber sie schafft auch neue. Etwa den Elektroschrott, der durch kurzlebige technische Geräte wie Smartphones entsteht. Rund 200 Millionen alte Mobilfunkgeräte liegen immer noch irgendwo in deutschen Schubladen. Ressourcen, die recycelt werden könnten.

Oder der Energieverbrauch. Wäre das Internet ein Staat, stünde es Greenpeace zufolge in der Liste der Länder mit dem höchsten Stromverbrauch auf Platz sechs. Und auch wenn die Digitalisierung nach verschiedenen Rechnungen zwischen sechs- bis zehnmal mehr Energie einspart, als sie verbraucht, muss es der Digitalwirtschaft darum gehen, selbst effizienter zu werden.

Die Telekom setzt sich bereits seit den 90er-Jahren aktiv für den Klimaschutz ein und baut ihr Engagement stetig aus. Mit unseren neuen Klimazielen werden wir unserem Anspruch gerecht, führender europäischer Telekommunikationskonzern zu sein – auch in Sachen Nachhaltigkeit. Bis 2025 wollen wir bei Scope 1 und 2 (also den direkten und indirekten Emissionen) klimaneutral sein, bis 2040 auch entlang der Wertschöpfungskette (Scope 1, 2 und 3). Das schließt die Emissionen mit ein, die bei der Herstellung und Nutzung unserer Produkte anfallen. Seit Anfang 2020 decken wir in unserem Heimatmarkt Deutschland 100 Prozent des Strombedarfes aus erneuerbaren Energien; im Laufe dieses Jahres werden wir dies für den Bedarf des gesamten Telekom-Konzerns weltweit erreichen[6]. Dabei handelt es sich nicht nur um den Energieverbrauch des gesamten Telekom-Netzes, sondern auch um jeglichen sonstigen Strombedarf im Konzern. Hierfür setzt die Telekom mittelfristig auf einen Mix aus grünen Tarifen, Power Purchase Agreements (»Stromabnahmevereinbarungen«), Herkunftsnachweisen und Eigenerzeugung.

Effiziente Netze

Leistungsstarke und sichere Kommunikationsnetze sind das Rückgrat der Digitalisierung. Die Coronapandemie hat gezeigt, wie sehr Wirtschaft und Gesellschaft auf hochleistungsfähige Netze angewiesen sind – überall in Deutschland, im Festnetz wie im Mobilfunk. Der schnelle Ausbau von FTTH-Glasfasernetzen (*fibre to the home*) und 5G-Mobilfunk ist daher eine der zentralen infrastrukturpolitischen Herausforderungen unserer Zeit. Auch klimapolitisch sind FTTH und 5G wegen ihrer Effizienz ein Gewinn. Bisher ist es der Branche auch gelungen, die Emissionen trotz ansteigenden Datenverkehrs konstant zu halten – durch beachtliche Effizienzsteigerungen in Netzen und Rechenzentren.

Agenda für 2022

— Vereinheitlichung von Standards zur Messung der Energieeffizienz zur besseren Vergleichbarkeit

— Einführung eines europaweiten Eco-Ratings für Mobiltelefone

— Europaweite Abschaltung der 3G-Netze (UMTS)

— Deckung des Strombedarfs der Telekommunikationsunternehmen zu 100 Prozent aus Erneuerbaren

So wird sich die Energieeffizienz unserer Netze zwischen 2019 und 2024 um mehr als 50 Prozent verbessern. Den Energieverbrauch im Festnetz werden wir so bis 2025 kontinuierlich senken und dann stabil halten können. Im Mobilfunk wird der Energieverbrauch trotz Effizienzmaßnahmen stetig steigen, denn die Datennutzung wächst rasant. Umso wichtiger ist es, dass jeweils aktuelle Mobilfunktechnologien eingesetzt werden, die deutlich effizienter sind. So ist der neue Mobilfunkstandard 5G nicht nur ultraschnell und unerlässlich für das Internet der Dinge, er weist auch eine deutlich höhere Energieeffizienz (*bit per watt*) auf als vorangegangene Standards. Studien zufolge werden rund 85 Prozent weniger Emissionen pro Byte für das Jahr 2030 im Vergleich zum heutigen Mobilfunknetz prognostiziert, bereits heute mindestens zehn Prozent[7]. Die Telekom hat das größte 5G-Netz Deutschlands. Bis 2025 soll eine Abdeckung von 99 Prozent der Haushalte und 90 Prozent der Fläche erreicht sein. Wir schalten unser 3G-Netz ab und sparen damit jährlich 42 Gigawattstunden in fünf Ländern. Das entspricht dem jährlichen Energiebedarf von 10.000 Einfamilienhäusern. Allerdings verursachen 5G-Ausbau und die Produktion 5G-kompatibler Smartphones auch Emissionen, was das Bild trübt[8].

Im Festnetz ist FTTH die leistungsfähigste Netztechnologie. Zum einen kann FTTH 500-mal mehr Daten über eine zehnmal längere Strecke transportieren als herkömmliche Kupferleitungen. Zum anderen ist die Übertragung von Licht deutlich energieeffizienter als die elektronische Datenübermittlung. Bei einer deutschlandweiten Versorgung mit Glasfasernetzen könnten also große Mengen Energie eingespart werden[9]. Darum brauchen wir jetzt einen Investitionsschub in Richtung FTTH, wie die Telekom ihn betreibt. Denn rein auf die Netzwerktechnik bezogen ist zum Beispiel der Energieverbrauch von Kupfer-Koaxial-Kabeln der Kabelunternehmen pro Anschluss etwa drei

2020 lagen die in Deutschland bei unseren Kunden ermöglichten positiven CO₂-Effekte um 605 Prozent höher als unsere eigenen CO₂-Emissionen.

Im Mobilfunk wird der Energieverbrauch trotz Effizienzmaßnahmen stetig steigen, denn die Datennutzung wächst rasant.

Mal höher als beim Glasfasernetz der Telekom. Bis 2024 werden wir zehn Millionen Haushalte mit Glasfaser bis in die Wohnung anschließbar machen. Bis 2030 sollen rund 60 bis 70 Prozent aller Haushalte mit FTTH von der Telekom versorgt werden. Gemeinsam mit Wettbewerbern sollen es rund 95 Prozent oder mehr sein.

Rechenzentren: Steigende Effizienz trotz wachsender Datenmengen

Mindestens ebenso wichtig wie leistungsstarke Telekommunikationsnetze sind effiziente Rechenzentren. Im vergangenen Jahrzehnt verzwanzigfachte sich die verarbeitete Datenmenge bei gleichzeitiger Verzehnfachung der weltweiten Rechenzentrumsleistung[10]. Dabei ist von einem weiter deutlich ansteigenden Bedarf an Rechen- und Speicherleistung und damit von einem verstärkten Ausbau der Rechenzentrumsinfrastruktur[11] auszugehen.

Die Annahmen über Energieverbrauch und Treibhausgasemissionen gehen weit auseinander. Der Bitkom hält eine Größenordnung der weltweiten Treibhausgasemissionen der Rechenzentren von 200 bis 250 Mt CO_2e (inklusive Herstellung) für plausibel[12]. 60 Prozent davon gehen auf IT-Komponenten wie Server, Speichersysteme und Netzwerke zurück, 40 Prozent auf Infrastruktur für Kühlung, Klimatisierung sowie sichere Stromversorgung[13]. Die EU-Kommission geht von einem Anstieg des Energieverbrauchs der Rechenzentren in der EU auf 98,5 Terawattstunden bis 2030 aus[14]. Gleichzeitig halten Experten Effizienzsteigerungen von 25 Prozent bis 2030 für möglich[15]. So ist das Sparpotenzial durch Cloud- und Edge-Cloud-Lösungen in Europa alles andere als ausgeschöpft[16].

Bisher trugen umfangreiche Effizienzmaßnahmen zu einer Senkung der CO₂-Emissionen des Rechenzentrumsbetriebs in Europa bei – trotz stark steigender Datenmengen. Doch dieser Effekt ist endlich. Die Telekom versucht, Effizienzpotenziale möglichst umfassend zu heben. Unser Rechenzentrum in Biere (bei Magdeburg) genügt[17]. Der Stromverbrauch ist rund 30 Prozent niedriger als in herkömmlichen Rechenzentren. Durch modernste Klimatechnik können mehr als 80 Prozent der Betriebszeit allein durch Außenluft gekühlt werden.

Der als Maßstab für die Energieeffizienz geltende PUE (*power usage effectiveness*)[18] liegt bei 1,31. Die besten industriellen Rechenzentren der Welt unterschreiten 1,2. Der Durchschnitt aller Rechenzentren in Deutschland liegt bei etwa 1,8. Zwischen 2011 und 2020 haben wir den durchschnittlichen globalen PUE-Wert unserer T-Systems-Rechenzentren von 1,85 auf 1,61 gesenkt. Und wir werden ihn weiter reduzieren.

Die EU wird im Rahmen des »Green Deal« neue Effizienzvorgaben für Rechenzentren machen. Rechenzentren sollen bis 2030 klimaneutral sein. Die genaue Definition von klimaneutralen, effizienten Rechenzentren ist bisher aber ebenso unklar wie der Weg dorthin. Wir plädieren dafür, neue Regeln und Kennzahlen in enger Abstimmung mit der Industrie zu entwickeln, um eine Abwanderung von Rechen- und Wirtschaftsleistung in Regionen mit geringeren Nachhaltigkeitsanforderungen zu vermeiden.

Europäische Souveränität im Cloudmarkt

Die EU hat die digitale Souveränität Europas zu einem Kernanliegen gemacht und möchte mehr Unabhängigkeit in technologischen Schlüsselbereichen der digitalen Transformation erlangen. Rund 95 Prozent des Cloudmarkts werden von Firmen aus den USA oder China beherrscht (Amazon, Microsoft, Google, IBM, Alibaba), die auch beim Ausbau und Betrieb von Rechenzentren von Skalenvorteilen profitieren.

GAIA-X soll die europäische Position im Cloudmarkt verbessern helfen. Die deutsch-französische Initiative soll die Basis für ein europäisches Cloud-Ökosystem werden. Es geht darum, eine leistungs- sowie wettbewerbsfähige, sichere und vertrauenswürdige Dateninfrastruktur für Europa zu entwickeln. GAIA-X soll zentrale und dezentrale digitale Infrastrukturen zu einem homogenen und nutzerfreundlichen System vernetzen und europäische Anforderungen an die digitalen Infrastrukturen definieren – dazu werden auch Umweltkriterien gehören. Mit

Der schnelle Ausbau von FTTH-Glasfasernetzen (*fibre to the home*) und 5G-Mobilfunk ist eine der zentralen infrastrukturpolitischen Herausforderungen unserer Zeit.

GAIA-X gäbe es also die Chance, europäische Standards für die Cloud (auch hinsichtlich Nachhaltigkeit) zu formulieren und zu etablieren – und diese in die Regeln für öffentliche Beschaffung und Förderung durch die öffentliche Hand zu integrieren.

Ein weiterer Aspekt in diesem Bereich, der zu beachten ist, sind sehr unterschiedliche Strompreise im EU-Binnenmarkt. Die aktuellen Regelungen in der europäischen Energiesteuerrichtlinie (2003/96/EG) führen dazu, dass die Steuern und Abgaben auf elektrischen Strom in Europa stark variieren. Das Betreiben von Rechenzentren in Deutschland ist im Vergleich zu anderen Standorten mit deutlich höheren Stromkosten verbunden: Diese sind in Deutschland für ein durchschnittliches Rechenzentrum mit einem Stromverbrauch von fünf Megawatt bis zu fünf Millionen Euro im Jahr höher als in europäischen Nachbarländern[19]. Der Grund: Es werden die EEG-Umlage und die volle Stromsteuer fällig. Dieses Ungleichgewicht muss abgestellt werden[20]. Ein Beispiel: Die Deutsche Telekom hat 2019 bei einem Stromverbrauch von circa 2,9 Terawattstunden rund 185 Millionen Euro an EEG-Umlage (plus 50 Millionen Euro Stromsteuer) gezahlt. Dies entspricht den Ausbaukosten von circa 180.000 FTTH-Anschlüssen. Die EEG-Umlage wirkt folglich in zweifacher Hinsicht wie eine Strafsteuer auf den Digitalisierungsfortschritt, indem sie die – politisch gewollte – intensivere Netznutzung durch digitale Dienste »besteuert« und die Investitionskraft der Netzbetreiber schwächt.

In Kreisläufen denken

Ein konsequenter Weg zur Kreislaufwirtschaft in Europa ist unerlässlich, um das Ziel der Klimaneutralität zu erreichen. Die EU-Kommission hat mit dem »Aktionsplan zur Kreislaufwirtschaft«[21] Maßnahmen vorgeschlagen, die den Lebenszyklus von Produkten verlängern und Elektroschrott reduzieren sollen. Die Deutsche Telekom hat diesen Weg bereits eingeschlagen und ist bereit, ihn konsequent weiterzugehen.

Die Hälfte der Emissionen der Endgeräte etwa entsteht in der Herstellung – bei klassischen Smartphones mit kürzerer Lebensdauer mehr als bei größeren Endgeräten wie Tablets[22]. Eine Verlängerung der Lebensdauer

Agenda für 2025

— 5G-Abdeckung über 90 Prozent der Fläche in Deutschland

— Zehn Millionen Haushalte mit Glasfaser bis in die Wohnungen (FTTH) allein durch Telekom versorgt

— Klimaneutralität der Telekom bei direkten und indirekten Emissionen (Scope 1 und Scope 2)

Agenda für 2030

— Klimaneutralität der europäischen Rechenzentren

— Mindestens 95 Prozent aller deutschen Haushalte mit FTTH versorgt (Telekom plus Wettbewerber)

dieser Geräte durch neue Anforderungen an Qualität, Reparierbarkeit und eine zweite Lebensphase (»Re-Use«) kann Emissionen senken. Zudem lässt sich so der Ressourceneinsatz reduzieren.

Laut dem aktuellen »Circularity GAP Report« können bis zu knapp 40 Prozent der Treibhausgase durch Kreislaufwirtschaft gesenkt werden, indem die Zirkularität heutiger Produkte und Lösungen mindestens verdoppelt und so der Einsatz von neuen Ressourcen um bis zu 30 Prozent reduziert wird. Konsequent umgesetzt könnte dies bereits zu einer 85-Prozent-Erreichung der Klimazielsetzungen bis 2050 führen[23].

Im Rahmen des Programms »#Green Magenta« sorgt die Telekom für einen nachhaltigen Smartphone-Kreislauf. Beim Kauf eines Neugeräts können Kunden ihr gebrauchtes Smartphone in Zahlung geben. Die Telekom bereitet ausgewählte Geräte professionell wieder auf. Alle Geräte, die nicht von der Telekom angekauft werden, können an das Telekom Recycling Center gesandt werden. Seit Einführung der Handyrücknahme im Jahr 2003 hat die Deutsche Telekom bereits mehr als drei Millionen gebrauchte Geräte ressourcenschonend weiterverwendet oder recycelt. Allein im Jahr 2020 wurden von der Telekom in Deutschland rund 250.680 gebrauchte Handys und Smartphones zurückgenommen[24]. Mit dem Service »Mieten statt kaufen« schonen wir Ressourcen, reduzieren den Elektronikabfall und vermeiden so auch CO_2-Emissionen.

Gemeinsam mit Vodafone, Orange, Telefónica und Telia haben wir außerdem ein neues »Eco-Rating«[25]. Es gibt Verbrauchern Auskunft über die Nachhaltigkeit ihres Smartphones und wurde bereits in 24 europäischen Ländern für die Handys von zwölf Herstellern ausgerollt.

Außerdem werden wir unser Angebot zu aufbereiteten Handys bis Jahresende im Heimatmarkt Deutschland erweitern.

Kooperation und Konsequenz

Die Digitalisierung kann und wird bei richtiger Ausgestaltung einen zentralen Beitrag leisten, die Klimaziele zu erreichen. Die Telekom als großes Unternehmen hat die Kraft, aber auch die Verantwortung, Lösungen zu finden. Aber es geht nicht alleine. Wir brauchen Kundinnen und Kunden, die Partner entlang der Wertschöpfungskette, die uns begleiten und unterstützen. Und natürlich ist auch die Politik weiterhin gefragt, um etwa die Energiewende konsequent weiterzuverfolgen.

Es muss insgesamt eine Transformation der Gesellschaft geben, bei der Klimaschutz und Wohlstandswachstum kein Gegensatz sind. Nachhaltigkeit heißt immer: Ökologie, soziale Gerechtigkeit und Wohlstand gleichzeitig zu denken. Es geht nicht darum, was wir morgen machen wollen. Sondern darum, was wir heute machen.

TIMOTHEUS HÖTTGES, geb. 1962, ist seit Januar 2014 Vorstandsvorsitzender der Deutschen Telekom AG. Höttges arbeitete nach seinem BWL-Studium an der Universität Köln drei Jahre in einer Unternehmensberatung. Ende 1992 wechselte er zum VIAG-Konzern und war dort an der Fusion von VIAG AG und VEBA AG zur E. ON AG beteiligt. 2000 wechselte er zur Deutschen Telekom. In seine Zeit als Vorstandsvorsitzender fällt die Fusion der T-Mobile US mit dem Anbieter Sprint in den USA. Zudem hat die Telekom unter Höttges die Wahrnehmung gesellschaftlicher Verantwortung als Ziel in die Unternehmensstrategie aufgenommen.

»Der ›Grüne Zwilling‹ ist der entscheidende Baustein der Transformation. Er steht im Zentrum der Datenräume, in denen Daten und Informationen global gehandelt werden – genauso wie physische Produkte.«

Digitalwirtschaft 2045: Aus der Zukunft die Gegenwart gestalten

Von Carsten Polenz

Die Digitalwirtschaft hat seit der Jahrtausendwende eine immer wichtigere Bedeutung erlangt. Ihre Produkte sind Teil des täglichen Lebens und Wirtschaftens geworden. Wo sie wenig genutzt wird, hat sich in der COVID-19-Pandemie besonders deutlich gezeigt, wie sehr sie fehlt. Gleichzeitig hat es die Digitaltechnik der Weltgemeinschaft ermöglicht, »weiter zu funktionieren und sich zu koordinieren«. Die Jahre 2020 und 2021 geben einen Vorgeschmack darauf, wie zentral die Digitaltechnik zukünftig für die Koordination der nachhaltigen Wertschöpfungsketten und des nachhaltigen Konsums sowie für das gesellschaftliche Miteinander sein wird.

Denken wir die Digitalwirtschaft von der Zukunft her: Wir schreiben das Jahr 2045, und Deutschland hat den Wandel hin zu einer klimaneutralen Wirtschaft und Gesellschaft gemeistert. Alle Industrie- und Wirtschaftszweige sind zu Digitalunternehmen geworden, die »alte« Digitalindustrie hat als Innovator, Motor und Katalysator dieser Transformation fungiert. Die Grenzen zwischen klassischer Wirtschaft und Digitalwirtschaft haben sich aufgelöst. Industrieunternehmen bieten Hardware- und Softwareprodukte sowie digitale Dienstleistungen als Teil ihrer eigenen Wertschöpfungskette und im Verbund mit ihrer klassischen Domäne an.

»Grüner Zwilling« im Zentrum der Datenräume

Der »Grüne Zwilling« ist der entscheidende Baustein dieser Transformation. Er steht im Zentrum der Datenräume, mittels derer Daten und Informationen global gehandelt werden – genauso wie physische Produkte. Der Handel mit diesen Daten erhöht die Transparenz innerhalb der gesamten Wertschöpfungsnetzwerke, und der grüne Zwilling war die Eintrittskarte dafür, diese klimaneutral zu gestalten. Deutsche Unternehmen hatten das frühzeitig erkannt. Um der »Ausrüster der Welt« zu bleiben, mussten sie bei der Digitalisierung aufholen und ihre Geschäftsmodelle mit einem Baustein für verbesserte Wettbewerbsfähigkeit kombinieren. In der aufziehenden Ära der Klimaneutralität wurde die Digitalisierung daher um die Dimension Nachhaltigkeit erweitert.

Die »Ausrüster der Welt« verkaufen ihre Maschinen und Anlagen als digitalbasierte Anwendungen.

Produkte deutscher Unternehmen halfen dabei, weltweit Fabriken, Werkhallen und Unternehmen auf Klimaneutralität umzustellen. Der grüne Zwilling eines physischen Produkts – beispielsweise einer Druckluftpumpe, eines pneumatischen Greifers oder eines Büroschreibtisches – erlaubte es, dessen CO_2-Bilanz von der Wiege bis zur Bahre transparent zu machen. Der ökologische Fußabdruck ist jederzeit in Echtzeit ermittelbar. Integriert in die eigene IT, konnten die Unternehmen dadurch Ressourcenkreisläufe optimieren und schließen sowie digitale Geschäftsmodelle rund um die Nutzung ihrer Produkte etablieren und zu einem wichtigen Werttreiber machen. Klimaneutrale Rechenzentren produzieren und liefern die digitalen Dienste und Geschäftsmodelle.

Deutsche Verwaltung als Ankerkunde von GAIA-X

Die deutsche Digitalindustrie wurde mittels des europäischen Dateninfrastrukturprojekts GAIA-X zum Weltmarktführer für die effiziente und energieoptimierte Steuerung von Rechenzentren. Wie konnte das passieren? Im Nachgang der COVID-19-Pandemie steuerte die deutsche Verwaltung um und wurde der lange geforderte und gewünschte Pilot- oder Ankerkunde von GAIA-X. Das Projekt gab den Unternehmen Investitionssicherheit, und es etablierte sich ein Ökosystem aus Start-ups, die den Betrieb von Rechenzentren weiter optimierten. Die große Expertise in der Produktionswissenschaft und Automatisierungstechnik wurde zum Standortvorteil. Aufbauend auf der großen Erfahrung in diesem Bereich, wurden deutsche Unternehmen Weltmarktführer für das industrielle Management von Server- und Softwaresystemen.

Investitionssicherheit treibt Innovationen voran

Gleichzeitig hatte der Ankerkunde Staat klare Vorgaben in puncto Energieeffizienz der von ihm eingekauften Digitaldienstleistungen gemacht. Die Regierung kombinierte das Versprechen, zukünftig ihre IT-Bedarfe im Rahmen von GAIA-X zu decken, mit der Forderung, dass diese energieeffizient und klimaneutral bereitgestellt würden. In den Blickpunkt rückte die Leistungszahl der Rechenzentren, das heißt, wie viel Endenergie pro gelieferte Rechenleistung aufgewendet wurde. Die Bundesregierung definierte einen klaren Fahrplan für die von ihr geforderte durchschnittliche Leistungszahl der Rechenzentren, von denen sie künftig Digitalleistungen beziehen würde. Das war das Aufbruchssignal für die deutsche Digitalindustrie, Weltmarktführer für die Konzeption und den Betrieb von klimaneutralen Rechenzentren zu werden.

Masterplan für den digitalen Neustart des öffentlichen Sektors

Befeuert wurde dieser Innovationsschub durch die Investitionssicherheit, die der digitale Aufholprozess der öffentlichen Verwaltung und Institutionen, wie beispielsweise im Bildungswesen, der deutschen Digitalwirtschaft gab. Inspiriert durch das Beispiel von Estland im Jahr 2007, das den Schock eines massiven Cyberangriffes zum Anlass nahm, die öffentliche Verwaltung digital zu modernisieren, verhandelte die neue Bundesregierung nach dem Ende der COVID-19-Pandemie mit den Ländern und den Kommunen einen Masterplan für den digitalen Neustart des öffentlichen Sektors. Dieser Masterplan wirkte wie ein Marshallplan für die deutsche Digitalwirtschaft und die Wettbewerbsfähigkeit Deutschlands als Digitalstandort.

Die kleinen, regionalen Rechenzentren lassen sich im Verbund lokaler Wärme- oder Kühlnetze betreiben – sie dominieren im Jahr 2045 diesen Markt.

Kleine lokale Datacenter statt großer Digitalfabriken

Der Industrialisierungsschub in der Produktion von Digitalleistungen erlaubte die Lokalisierung der Rechenzentren: weg von den großen Digitalfabriken, wie sie in den 2020er-Jahren von den großen Digitalkonzernen betrieben wurden, hin zu kleineren, lokalen Datacentern. Diese passten auch viel besser zur mittelständischen Struktur der deutschen Wirtschaft. Gerade für die Umsetzung von »Industrie 4.0« sind geringe Latenzen – also Antwortzeiten – zwischen Maschinen sowie Anlagen und der Rechnerinfrastruktur notwendig, um deren Echtzeitsteuerung und Überwachung sicherzustellen. Die Rechenzentren wanderten zu den Unternehmen. GAIA-X lieferte die architektonische Blaupause, die ein föderiertes Netzwerk von Rechenzentren beliebiger Größen erstmalig möglich machte.

Die wachsende Anzahl und Leistung der Rechenzentren machte die Datenwirtschaft jedoch zu einem Sektor mit großem Energieverbrauch. Damit ging ein Abwärmeproblem einher: Serversysteme müssen gekühlt werden, damit sie nicht überhitzen. Nur wohin mit der entstehenden Wärme? In den Pionierjahren der Rechenzentren und Clouddienste zwischen 2005 und 2020 wurden die großen Serverfarmen in kalten Regionen wie dem Nordkap oder Lappland gebaut – man musste zwar weniger kühlen, aber die Abwärme der Server wurde auch

Agenda für 2022

— Start der Projektstudie »Grüner Zwilling« zur Pilotimplementierung

— Pilotprogramme »Effiziente Datenproduktion und Industrialisierung der Datenwirtschaft« und »Energieeffiziente Serversysteme«

— Gründung von Lehrstühlen »Automatisierungstechnik der Datenproduktion«, »Energieeffiziente

Rechner- und Halbleiterarchitekturen«, »Energieeffizientes Software-Engineering«, »Betriebswirtschaftslehre der Daten« und »CO_2-Controlling«

— Ausschreibungen »Konzept CO_2-neutraler Rechenzentren für die GAIA-X-Bundescloud« und »Aufbau von zirkulären Datenräumen«

Agenda für 2024

— Grüner Zwilling: Zertifizierung als internationaler Standard und Selbstverpflichtung zur Nutzung

— Förderprogramme »Digitaler Zwilling der CO_2-freien Fabrik« und »Effiziente Rechenzentren«

— Entwicklung der Roadmap »Energieeffiziente Rechenzentren«

— Start-up-Programm »Design und Entwurf von energieeffizienten Halbleiterarchitekturen« und Aufbau von Gründerzentren »Entwurf von Halbleitersystemen«

— Vorschlag für die zukünftigen CO_2-Buchhaltungsvorschriften

---

nicht genutzt. Die kleinen, regionalen Rechenzentren hingegen lassen sich im Verbund lokaler Wärme- oder Kühlnetze betreiben – sie dominieren im Jahr 2045 diesen Markt.

Eigene Halbleiterindustrie für sichere Lieferketten

Deutschland war es gelungen, wieder eine Halbleiterindustrie aufzubauen. Sie war zwar noch klein, aber fein: Beschleunigt durch die Nachfrage von GAIA-X und der politischen und unternehmensstrategisch gewonnenen Überzeugung, dass digitale Souveränität für die Wettbewerbsfähigkeit der deutschen Wirtschaft und die Sicherheit der Lieferketten relevant sei, fokussierte sich die deutsche Halbleiterindustrie darauf, energieoptimierte Rechenkerne und Halbleiter zu entwerfen und herzustellen. Industrieunternehmen bauten

Die Unternehmen sind Digitalunternehmen geworden und haben die Cloud-Geschäftsmodelle der großen Digitalkonzerne sehr erfolgreich adaptiert.

darüber hinaus eigene Kompetenzen im Entwerfen und teilweise auch im Fertigen von Halbleitern auf. Damit wollten sie Erfahrungen wie zu Beginn der 2020er-Jahre, als Lieferengpässe bei Halbleitern den eigenen Umsatz und Neuentwicklungen massiv abbremsten, künftig entgehen.

Dieses ging einher mit einem Paradigmenwechsel in der Softwareentwicklung: Der Ausbau der digitalen Geschäftsmodelle und damit der dazugehörigen Infrastruktur und Rechenzentren wurde ein Kostenblock für die deutschen (Industrie-) Unternehmen. Dessen Wachstum korreliert direkt mit den Umsätzen. Die Kostenstruktur der Digitalleistungen wurde Teil der Kalkulation und damit der Profitabilitätsbetrachtungen der Unternehmen. Klassische Softwarefirmen hatten diese Erfahrungen bereits beim Umbau ihres Geschäftsmodells auf Cloud-Softwareunternehmen gemacht.

Entwicklung neuer Programmiersprachen

Mit dem industrialisierten Betrieb der Datacenter stieg der Anteil der Energiekosten an den gesamten Betriebskosten kontinuierlich. Die fehlende Energieeffizienz des Softwarecodes wurde ein zentraler Kostentreiber. Zuerst hatte man das bei den riesigen Rechenzentren gesehen, die im Rahmen der Bitcoin-Spekulation zu Beginn der 2020er-Jahre die energetischen und damit kostenrelevanten Auswirkungen von ineffizientem Code für das Schürfen der Bitcoins herausgestellt hatten. Wo bislang neue Funktionalitäten und die Personalkosten der Software-Entwicklungsabteilungen im Vordergrund standen, wurde jetzt die Energieeffizienz immer wichtiger – die Kosten des Betriebs der Software im Rahmen der Digitalgeschäftsmodelle verblieben ja bei den Firmen. Im Verbund mit der Spitzenforschung und in enger Verzahnung mit der Industrie in Deutschland wurden nun neue Programmiersprachen und -modelle entwickelt und etabliert, um mittels neuartiger Compiler die funktionalen Modelle in einen energieoptimierten Maschinencode übersetzen zu lassen.

Paradigmenwechsel in den Modellen und den Algorithmen

Deutschland hat bei der künstlichen Intelligenz (KI) den Durchbruch geschafft. Lange sah es so aus, dass die datenintensiven Modelle des Maschinenlernens auf der Basis tiefer, neuronaler Netze der Goldstandard für die Nutzung künstlicher Intelligenz sein würden. Mit zwei gravierenden Nachteilen: Das Training der neuronalen Netze auf eine Problemstellung hin verbrauchte sehr viel Ressourcen und Energie. Zudem wuchs die Datenmenge, die für aussagekräftige Prädiktionsmodelle benötigt wurde. Letzteres sah gerade das industrielle Umfeld mit großem Unbehagen, und das verhinderte dort lange den Durchbruch der Technologie. Der deutschen Spitzenforschung gelang schließlich ein Paradigmenwechsel in den Modellen und den Algorithmen. Zugleich ließ sich mithilfe von neuen Rechensubstraten wie beispielsweise Quantencomputern der Daten- und Ressourcenverbrauch trotz gesteigerter Leistung optimieren.

Im Verbund mit der Spitzenforschung und in enger Verzahnung mit der Industrie in Deutschland werden neue Programmiersprachen und -modelle entwickelt und etabliert.

Maschinen und Anlagen als digitalbasierte Anwendungen

Deutsche Industrieunternehmen erkannten im Nachgang der COVID-19-Pandemie den Wert digitaler und digitalisierter Geschäftsmodelle. GAIA-X mit seinem Konzept des föderierten Datenmanagements und verteilter Berechtigungssysteme hat die Basis für das Vertrauen der Unternehmen in den Datenaustausch und die Kooperation über Netzwerke hinweg geschaffen. Sektor-, anwendungs- und technologiespezifische Datenräume stellten interoperable Datenstandards und übergreifende Datensemantik bereit. Diese ermöglichten den Unternehmen, datengetriebene Geschäftsmodelle für ihre physischen Produkte einzuführen und sich so ihre Marktführerschaft global zu sichern. Die »Ausrüster der Welt« verkaufen ihre Maschinen und Anlagen als digitalbasierte Anwendungen. Sie sind Digitalunternehmen geworden und haben die Cloud-Geschäftsmodelle der großen Digitalkonzerne sehr erfolgreich assimiliert und adaptiert.

Betriebswirtschaftslehre der Daten notwendig

Zentral für diesen Erfolg war die Entwicklung einer Betriebswirtschaftslehre (BWL) der Daten. Sie legte die Basis für die Integration der Datengeschäfte in die

Agenda für 2027

— Start des Pilotprogramms »Rechenzentren als integraler Bestandteil lokaler und regionaler Energie- und Wärmeversorgungssysteme«

— Inbetriebnahme der Bundescloud, basierend auf GAIA-X

— Investitionsinitiativen »Digitale Verwaltung« und »Rechenzentren für den ländlichen Raum und den Mittelstand«, Investitionsprogramm »Next-Gen-Halbleiterfertigung« und Förderprogramm »CO_2-Controlling«

— *Green Software Engineering* als Bestandteil der Curricula aller Informatikstudiengänge

Agenda für 2030

— Investitionsprogramm »Digitaler Zwilling der CO_2-freien Fabrik«

— Umsetzung der Roadmap »Energieeffiziente Rechenzentren« für alle öffentlichen Beschaffungsverfahren im IT-Bereich

— Einbindung der Landes- und kommunalen IT in die föderierte Bundescloud

— Entwurf der Rechnungslegungsvorschriften für die Bewertung von Daten

— Aufnahme der CO_2-Buchführung in die Gesetzgebung

Agenda für 2035 bis 2045

- Zertifizierungsprogramme »Grüner Zwilling« und »Digitaler Zwilling der CO₂-freien Fabrik«

- Umsetzung der Roadmap »Föderierte öffentliche IT-Infrastruktur« abgeschlossen

- Umsetzung des Plans »Klimaneutrale öffentliche IT-Infrastruktur 2045«

- Umsetzung der Rechnungslegung von Daten und CO₂-Buchführung national und international

Unternehmenssteuerung. Deutschland setzte sich in diesem neuen Teilbereich der Betriebswirtschaftslehre an die Spitze der internationalen Forschung. Zwei Dinge trieben die BWL der Daten voran: Zum einen legten die früheren Arbeiten zu *intangible assets* die Basis. Sie verdeutlichten die Notwendigkeit der Integration von

Klimaneutrale Rechenzentren produzieren und liefern die digitalen Dienste und Geschäftsmodelle.

Nachhaltigkeitsindikatoren in die Buchhaltung und die Kostenrechnung und zeigten damit auch die Bedeutung von Daten als *intangible assets* auf. Zum anderen erhielten die kalifornischen Datenkonzerne sehr hohe Kapitalmarktbewertungen, die sich nur durch deren Datenbestände begründen ließen und damit den Blick auf die »Lücke in der Buchhaltung« richteten.

Mit der Einführung der Daten in die internationale Rechnungslegung wurde der Wert der Datenschätze – gerade bei den stark gesuchten und wertvollen Industriedaten – vieler deutscher Unternehmen schlagartig erkennbar, und der Kapitalmarkt wurde auf sie aufmerksam. Die frühe Investition in »Industrie 4.0« und die dazugehörigen Technologien zahlte sich aus: Deutsche Maschinen- und Anlagenbauer sowie Automatisierungsfirmen sitzen an der Quelle der Industriedaten. Die verlässliche Bewertung der Daten im Zusammenspiel mit dem föderierten Berechtigungssystem von GAIA-X beflügelte den Austausch von Betriebsdaten zwischen den Firmen, da die Daten nun genauso wie Bauteile gehandelt werden konnten.

Weniger Ressourcenverbrauch durch transparente Informationsflüsse

Der Verkauf von digitalbasierten Anwendungen und die kalkulatorische Bewertung von Daten wiederum ermutigten die Firmen, ihre Maschinen nicht mehr länger zu verkaufen, sondern die eigentliche physische

Leistung den Kunden anzubieten. Das führte zu einem Innovationsschub bei den Technologien und den industriellen Prozessen. Mithilfe der Datenräume konnten die Informationsflüsse von der Wiege bis zur Bahre transparent gemacht werden. Dadurch ließ sich der Ressourcenverbrauch reduzieren. Gleichzeitig lenkte diese »Renaissance« aber auch den Blick auf bestehende Probleme, und es entstanden innovative Lösungen. Diese hatten a priori den Klimaschutz im Fokus. Die »BWL der Daten« ging mit der Bewertung von öffentlichen Gütern in der Rechnungslegung einher. Die Nutzung von Ressourcen im Allgemeinen und nicht erneuerbaren Ressourcen im Besonderen ist nun Standard und vollständig in die Kostenkalkulation von neuen Produkten und Dienstleistungen integriert.

Deutschland im Jahr 2045: Das ist der »Ausrüster der klimaneutralen, nachhaltigen Fabrik«. Unternehmen aus aller Welt bauen auf die Digitalexpertise deutscher Unternehmen. Die deutsche Industrie ist mit ihren Produkten und Dienstleistungen zum Katalysator der Transformation der globalen Wirtschaft hin zu Klimaneutralität und zirkulärem Wirtschaften geworden. Die deutsche Wirtschaft ist im Jahr 2045 eine Digitalwirtschaft.

DR. CARSTEN POLENZ, *geb. 1968, leitet seit fünf Jahren das Sherpa Office der SAP, einen Thinktank, der den SAP-Vorstand an der Schnittstelle zwischen Wirtschaft, Politik, Forschung und Gesellschaft berät. Zuvor hatte er Führungspositionen in den Bereichen Forschung und Entwicklung, Support, Global Design und der Konzernstrategie inne. Er hat ein Diplom der Physik und wurde an der Universität Kassel in Volkswirtschaftslehre promoviert. Seine wissenschaftliche Arbeit fokussiert auf das Zusammenspiel von Digitalisierung und Nachhaltigkeit bei der Transformation hin zu einer nachhaltigen Wirtschaft.*

Energiewirtschaft

»Zwei Dinge sind im nächsten Jahr besonders wichtig: Der Erneuerbaren-Ausbau muss entfesselt und europäische und nationale Reformen in Bezug auf die CO_2-Bepreisung müssen auf den Weg gebracht werden.«

Nachhaltigkeit als Transformationstreiber

Von Frank Mastiaux

Bei der Reduktion der Treibhausgasemissionen (THG) spielt die Energiebranche eine entscheidende Rolle. Zwar konnte der deutsche Energiesektor mit einer THG-Reduktion von fast 53 Prozent im Vergleich zu 1990 schon erhebliche Fortschritte erzielen. Gleichwohl machen die Emissionen der Branche mit knapp 30 Prozent immer noch den größten Anteil an den Gesamtemissionen aus. Fragte man früher häufig: »Wie viel Nachhaltigkeit können wir uns leisten?«, lautet die Frage angesichts der drohenden Klimakrise heute: »Können wir es uns leisten, nicht nachhaltig zu wirtschaften?«

Über Jahrzehnte praktizierte die Energiebranche ein stabiles Geschäftsmodell: große, fossil befeuerte Kraftwerke, die Strom produzierten, den man verkaufte. Der Markt war geprägt von Kontinuität: wenige Technologiesprünge, bekannte Wettbewerber und eine sich kaum ändernde Regulierung. In den Nullerjahren und 2011 folgte die erste Phase der Transformation: Innerhalb weniger Jahre kam es zu einem massiven Ausbau der Erneuerbaren und durch Fukushima zum »Ausstieg vom Ausstieg vom Ausstieg« aus der Kernenergie. Hohe Subventionen und die bevorzugte Behandlung der Erneuerbaren auf dem Markt machten klimafreundliche Investitionen attraktiv. Diese politisch-regulatorisch getriebene Phase war und ist stark vom Prozess einer technologischen Umstellung des Energieversorgungsystems geprägt: weg von einer zentralen konventionellen Erzeugung durch Großkraftwerke hin zu einer regenerativen und stärker dezentralen Erzeugung.

Nachhaltigkeit wird zum Geschäftsmodell

Vor allem aus zwei Beobachtungen lässt sich ableiten, dass wir mittlerweile ein neues Kapitel aufgeschlagen haben. Erstens lohnt sich Nachhaltigkeit aufgrund von technologischem Fortschritt, Skalenentwicklung und Know-how in der Projektentwicklung inzwischen auch wirtschaftlich. So ist es heute möglich, Erneuerbaren-Großprojekte subventionsfrei umzusetzen. Dafür sprechen die zahlreichen Nullgebote in vergangenen Offshore-Wind-Ausschreibungen sowie der erste förderfreie und zugleich größte Solarpark Deutschlands, der kürzlich durch Energie Baden-Württemberg (EnBW) eröffnet wurde.

Die Energiewende hat dazu geführt, dass Nachhaltigkeit in Deutschland ein wesentlicher Faktor für die Innovationsförderung geworden ist. So gehen die Anstrengungen der Unternehmen, dem Wettbewerb unter den Anforderungen hoher Nachhaltigkeitsstandards standzuhalten, mit effizienteren Produktionsprozessen, Emissionsreduktionen, Kostensenkungen und der Entwicklung neuer klimafreundlicher Technologien einher. Dabei konnte die Energieproduktivität in Deutschland (bezogen auf Endenergieverbrauch) zwischen 1990 und 2020 um 60 Prozent erhöht werden. Im internationalen Vergleich ist Deutschland somit für den weiteren Umbau nicht nur gut gerüstet. Angesichts der Tatsache, dass nachhaltige technologische Lösungen künftig global umgesetzt werden, können in Deutschland unter erhöhtem »Nachhaltigkeitsdruck« entwickelte Technologien zum Exportschlager werden.

Zweitens wird Nachhaltigkeit zunehmend eine notwendige *license to operate*: Zahlreiche deutsche Energieversorgungsunternehmen haben Nachhaltigkeitskonzepte definiert. Endkunden agieren nachhaltigkeitsorientierter als früher und fragen beispielsweise vermehrt Grünstromtarife nach. Und grüne Anleihen sind etwa bei EnBW in der Spitze zehnfach überzeichnet.

Das Zusammenspiel von Markt und Staat ändert sich

Nachhaltiges unternehmerisches Handeln ist als dauerhafter Trend in der Branche etabliert und nicht mehr nur von politischen Entscheidungen abhängig. Gleichwohl spielt der Staat weiterhin eine relevante, wenn auch sich wandelnde Rolle, indem er Märkte schafft. In der Vergangenheit hat die Politik mittels Subventionen, etwa für die Erneuerbaren, hauptsächlich die Angebotsseite gestärkt.

In den nächsten Jahren gilt es, mit politischen Maßnahmen die Nachfrage nach klimafreundlichen Technologien zu stärken, um Investoren für eine gewisse Zeit einen Teil ihrer Zusatzkosten oder ihres Risikos abzunehmen; etwa durch Garantiepreise für eingesparte CO_2-Mengen (Carbon Contracts for Difference, CCfD) für die Nutzung von Wasserstoff in der Stahlindustrie oder durch Kaufprämien für Elektrofahrzeuge. Der Staat muss zunehmend durch zielgerichtete Mechanismen und Regeln sowie Beseitigung staatlich induzierter

Agenda für 2022

- Ambitionierte Reform des europäischen Emissionshandelssystems (EU-ETS)

- Klimaorientierte Reform des Steuer-, Abgaben- und Umlagensystems in Deutschland, unter anderem durch Anhebung des BEHG-Preispfads, Reduktion der EEG-Umlage und Senkung der Stromsteuer

- Abbau von Planungs- und Genehmigungshemmnissen für beschleunigten, unbürokratischen Ausbau der Erneuerbaren

- Schaffen des Rahmens für eine Wasserstoffwirtschaft, vor allem durch Infrastrukturaufbau und Nachfrageförderung (etwa durch Carbon Contracts for Difference, CCfD, in der Industrie)

Preisverzerrungen die effiziente Marktentstehung für neue Technologien flankieren, um die erforderlichen Kostensenkungen und Skalierungen zu erreichen.

Klimaorientierte Anpassungen des regulatorischen Umfelds

Parallel wird es auf einen politischen und regulatorischen Rahmen ankommen, der den schnellen und unbürokratischen Ausbau klimafreundlicher Energien absichert.

Mit erneuerbarem Strom liefert die Energiewirtschaft die Basis für die Dekarbonisierung der Gesamtwirtschaft. Die notwendigen Technologien für diese besondere Verantwortung sind vorhanden. Damit diese ihren Teil zur Erreichung der Klimaziele beitragen können, müssen schnellstmöglich zahlreiche Hindernisse bewältigt und klimaorientierte Marktregeln etabliert werden.

Verbesserter Klimaschutz durch Marktsignale

Eine wirksame CO_2-Bepreisung als zentrales marktliches Steuerungselement ist in allen Sektoren anzustreben. Sie liefert richtige Anreize, um die Klimaziele effizient durchzusetzen, beispielsweise den Kohleausstieg über die Marktintegration der Erneuerbaren. Diesbezügliche Reformen sind auf europäischer und nationaler Ebene unumgänglich. Erste Maßnahmen müssen jetzt auf den Weg gebracht werden, um ab 2025 ihre volle Wirkung zu entfalten.

Im Rahmen einer möglichst ambitionierten Reform des Europäischen Emissionshandels (EU-ETS) muss dessen Mengengerüst den neuen EU-Klimaschutzzielen angepasst werden: Eine deutliche Verknappung der Zertifikate ist notwendig, etwa durch *rebasing*, einen steileren Minderungspfad und einen Mindestpreis.

Diese Maßnahmen sollten kurzfristig auf den Weg gebracht werden, um das System robuster zu machen und Sektorkopplung anzureizen.

Auf deutscher Ebene hindert die hohe Abgabenlast auf dem Strom-Endkundenpreis die Nutzung der Elektrifizierung zur Erreichung der Klimaziele, etwa durch Sektorkopplung und klimafreundliche Investitionen: Eine Neuausrichtung des Steuer-, Abgaben- und Umlagensystems, orientiert an der CO_2-Intensität von Energieträgern, ist dringend erforderlich. Konkrete Maßnahmen zur Strompreisentlastung umfassen:
- die Anhebung des Preispfades im Brennstoffemissionshandelsgesetz (BEHG),
- die ergänzende Einführung eines nationalen CO_2-Mindestpreises im ETS,
- die schrittweise Abschaffung der EEG-Umlage bis 2025 sowie
- die Senkung der Stromsteuer auf das EU-rechtliche Minimum von 0,1 ct/kWh.

Erneuerbaren-Ausbau schnellstmöglich angehen

Der beschleunigte Erneuerbaren-Zubau ist die wichtigste Voraussetzung zur Erreichung der Klimaziele. EnBW geht von einem jährlichen Zubaubedarf bis 2030 von rund 9 GW Photovoltaik, 6 GW Wind an Land und 2 GW Wind auf See aus. Planungs- und genehmigungsrechtliche Hemmnisse führen allerdings dazu, dass diese Bedarfe derzeit bei Weitem verfehlt werden.

Der Hauptengpass bleibt der Zubau von Wind onshore, der aktuell etwa um den Faktor 4 zu gering ist. Die Gewährleistung der Flächenverfügbarkeit und die Verbesserung der Genehmigungssituation sind dabei Schlüssel zur Wiederbelebung. Es muss ehrlich festgehalten werden: Wenn wir diese Probleme nicht in den Griff bekommen, ist die Erreichung der 2030er-Ziele vollkommen unrealistisch. Es ist an der Zeit, die Verwaltungsprozesse grundlegend auf ihre Leistungsfähigkeit zu überprüfen und Reformen anzustoßen, die auf die Herausforderungen der gesellschaftlichen Großprojekte angepasst sind.

Schaffung einer Wasserstoffinfrastruktur

Eine dekarbonisierte Wirtschaft ist auf klimaneutralen Wasserstoff angewiesen. Nicht alle Anwendungen können technisch oder wirtschaftlich sinnvoll elektrifiziert werden. Zwar ist die Bereitstellung dieser Zukunftstechnologie noch nicht profitabel. Die Voraussetzungen für einen liquiden, nationalen und europäischen Wasserstoffmarkt müssen jedoch bereits heute geschaffen werden.

Besonders wichtig ist in diesem Zusammenhang der flächendeckende, zügige Aufbau einer durchgängigen Wasserstoffinfrastruktur, bestehend aus Backbone, Fernleitungs- und Verteilnetzen. Das bestehende Erdgasnetz kann auf allen Druckstufen umgewidmet werden – die Schaffung einer völlig neuen Infrastruktur ist nicht vonnöten. Darüber hinaus ist die Etablierung eines geeigneten Marktregulierungsrahmens von großer Bedeutung. Auch hier kann auf »Bestehendes« zurückgegriffen werden, etwa auf die Marktregeln aus dem Erdgasmarkt oder auf Herkunftsnachweise für grünen Wasserstoff.

Schließlich müssen Anreize für die Nachfrage von klimaneutralem Wasserstoff gesetzt werden. Punktuelle Förderungen, beispielsweise CCfD für große Industrieunternehmen, müssen durch weitere, breiter angelegte Förderinstrumente ergänzt werden.

Komplexität durch heterogenere Kundenwünsche und neue Wettbewerber

Neben dem Nachhaltigkeitstrend tragen weitere Faktoren dazu bei, dass das energiewirtschaftliche Umfeld vielschichtiger wird. Waren es früher zentrale Großkraftwerke, so ist die zukünftige Energieerzeugung durch ein hohes Maß an Dezentralität gekennzeichnet. So gibt es bereits heute deutschlandweit deutlich mehr als zwei Millionen dezentrale Erzeuger. Je nach Szenario wird es zudem bis 2030 bis zu 15 Millionen Elektrofahrzeuge geben, die durch bidirektionales Laden auch als flexible Energiespeicher fungieren werden. Gleichzeitig strömt eine Vielzahl von neuen Wettbewerbern auf den Markt.

Auch Kundenbedürfnisse werden immer heterogener. Kunden wollen nicht mehr nur einen simplen Strom- oder Gastarif, sondern erwarten gesamthafte, smarte und digitalisierte Energielösungen. Diese reichen von der privaten PV-Dachanlage über die Wallbox in der Garage bis hin zur digitalen Steuerung des Stromverbrauchs übers Smartphone. Aus Strom- und Gasverbrauchern werden selbstständige Energieproduzenten und -manager.

Infrastruktur und Digitalisierung erfordern neue Kompetenzen

Das Thema Infrastruktur wird für alle Akteure immer wichtiger. Unternehmen sehen sich bezüglich ihrer zukünftigen Aufstellung mit einer wegweisenden Entscheidung konfrontiert, weil es »die« klassische Energiewirtschaft so nicht mehr geben wird. Zwar werden einzelne Unternehmen weiterhin auf – dann CO_2-neutrale – Energieerzeugung oder -verteilung setzen. Andererseits wird es Unternehmen wie EnBW geben, die sich auf die Bereitstellung von Infrastrukturen konzentrieren. So reicht unser Portfolio inzwischen von Erneuerbaren Energien über Netze bis hin zu neuen Themen wie Ladeinfrastruktur für E-Autos und Breitband.

Für Unternehmen, die sich für diesen »universellen Weg« entscheiden, werden erstklassige Kompetenzen in der Gesamtinfrastruktur (einschließlich der IT-Infrastruktur) zunehmend zum kritischen Erfolgsfaktor. Diese Infrastruktur muss ohne Einschränkungen zuverlässig sowie aus Kunden- und Anwendersicht nachhaltig, einfach und sicher zu bedienen sein.

Erfahrungen der Energiewende nutzen

In diesem disruptiven Umfeld können deutsche Unternehmen auf eine umfassende Lernhistorie zurückblicken. Wenn die nötigen politischen und regulatorischen Voraussetzungen geschaffen werden, können wir uns darauf verlassen, dass die Energiewirtschaft weiterhin in der Lage sein wird, die für Klimaneutralität und Nachhaltigkeit erforderlichen

Agenda für 2025

- Schaffung einer integrierten Netzplanung Strom-Gas-Wasserstoff

- Kraftwerksseitige Voraussetzungen für doppelten Fuel-Switch müssen geschaffen werden (Problem EU-Taxonomie)

- Wasserstoff: Beginn des Infrastrukturaufbaus, Klärung der prognostizierten Nachfragemenge und Anwendung im Wärmemarkt

- CO$_2$-Bepreisungsregelungen sollten in Kraft treten: Einführung Mindestpreis in Höhe von 35 €/t im EU-ETS; ab 2026: nationaler Mindestpreis in Höhe von 80 € im BEHG (zuzüglich Abschaffung der EEG-Umlage 2025)

Zukunftstechnologien effizient einzuführen. Im Bereich Wasserstoff werden so möglicherweise Kostensenkungen erreicht, die dazu führen, dass Deutschland im globalen Vergleich einen Wettbewerbsvorteil erlangt. So könnte Deutschland zum Beispiel eines der ersten Länder der Welt werden, die Stahl mit klimaneutralem Wasserstoff herstellen und die entsprechenden Technologien und Produkte exportfähig machen.

Die Grundlagen der Infrastruktur für eine klimafreundliche Energieversorgung wie integrierte Netzausbauplanung und Marktregeln für Wasserstoff müssen bis 2025 geschaffen und entsprechend staatlich flankiert werden. Zudem sollten in diesem Zeitraum wichtige Regelungen in Bezug auf CO$_2$-Bepreisungsmechanismen auf europäischer (EU-ETS) und nationaler Ebene (BEHG) sowie im Steuer-, Abgaben- und Umlagensystem (Abschaffung der EEG-Umlage) in Kraft treten.

Integrierte Planung der Strom- und Gasnetze bis 2025

Auch die Strom- und Gasnetzinfrastruktur muss in den kommenden Jahren noch zügiger um- und ausgebaut werden. Dabei handelt es sich um sehr komplexe Unterfangen. Gleichwohl ist eine möglichst enge Verzahnung des Netzentwicklungsplans Strom mit der Netzausbauplanung Gas und der Wasserstoffstrategie erstrebenswert. Primäres Ziel sollte sein, die Rahmenbedingungen für den Strom- und Gasnetzausbau zu harmonisieren und eine Planung auf Basis gemeinsam entwickelter integrierter Szenarien zu ermöglichen.

Auch in diesem Bereich sollten Prozesse vom Ende her gedacht und entbürokratisiert werden. Eine bundesweite Vereinheitlichung und Vereinfachung der

Planungs- und Genehmigungsprozesse für Netze ist eine wichtige Voraussetzung, um die Infrastruktur für die Anforderungen der steigenden Dezentralität und der Sektorkopplung fit zu machen.

EU-Taxonomie darf doppeltem Fuel-Switch nicht im Wege stehen

Für die Versorgungssicherheit werden auf Sicht disponible Kraftwerke weiterhin benötigt. Daher braucht es einen hinreichenden Ausbau von gasbetriebenen thermischen Kraftwerken für einen doppelten Fuel-Switch. Das bedeutet: Die mittelfristige Umstellung von kohlebefeuerten Kraftwerken auf Gas ist die Voraussetzung für die Umstellung auf Wasserstoff ab 2035.

Vor diesem Hintergrund muss Gas für die Strom- und Wärmeerzeugung als Brückentechnologie beim Übergang in eine Wasserstoffwelt finanzierbar bleiben. Solche Übergangsaktivitäten mit klarer Perspektive zur schnellstmöglichen Dekarbonisierung sind daher in der EU-Taxonomie als Transitionsaktivität zu berücksichtigen. Die Beibehaltung des aktuellen Grenzwertes für CO$_2$-Emissionen verteuert und erschwert den Fuel-Switch und die Dekarbonisierung des Gassektors in den kommenden Jahren. Es bedarf ambitionierter, aber realistischer Grenzwerte, die die mittelfristige Weiterverwendung von Erdgas ermöglichen. Zumindest in den nächsten Jahren haben wir keine Alternative zur Verfügung, um Versorgungssicherheit zu gewährleisten, und Investitionen in eine künftige Wasserstoff-Kraftwerksflotte, auf die wir nach dem Kohleausstieg 2030 angewiesen sind, werden verteuert.

Für den Fuel-Switch auf Wasserstoff muss ab 2025 mit dem Aufbau der relevanten Transportinfrastruktur

Agenda für 2030 bis 2040

- Erneuerbaren-Mengen, die eine Erreichung der Klimaziele garantieren, sollten im Jahr 2030 geschaffen sein

- Errichtung der Wasserstoffinfrastruktur muss zwischen 2030 und 2035 in allen Teilen Deutschlands vollendet sein (inklusive H_2-Backbone-Netze); alle thermischen/fossilen Kraftwerke (inklusive Wärmeerzeugung) müssen dann auf Wasserstoff oder Erneuerbare umgestellt sein

- Klimaneutralität der Branche spätestens im Jahr 2040

- Klärung des Umgangs mit unvermeidlichen Rest- und Negativemissionen

begonnen werden. Auch sollte der Staat bis dahin prognostizierbare Mengen der Wasserstoffnachfrage für die Zeit nach 2030 festlegen, sodass Investoren in den europäischen Nachbarländern (vor allem in Nordafrika) die Voraussetzungen für ein ausreichendes Importangebot schaffen können. Schließlich gilt es zu klären, ob und inwiefern Wasserstoff im Wärmemarkt eine Option sein wird, damit Unternehmen Investitionssicherheit haben.

Zwischenziele und Meilensteine ebnen Weg zur Klimaneutralität 2040

Bis 2030 muss die Energiewirtschaft ihre Emissionen im Vergleich zum Basisjahr 1990 um 77 Prozent mindern. Bis dahin muss der dafür erforderliche Bestand an Wind onshore (mindestens 95 bis 100 GW), Wind offshore (über 30 GW bis 2035; 50 bis 70 GW bis 2050) und Photovoltaik (mindestens 140 GW) geschaffen sein. Durch die Zielverschärfung in den Sektoren Verkehr und Gebäude werden mehr Elektromobilität und Elektrifizierung von Wärmeanwendungen notwendig werden, was zukünftig zu einem höheren Stromverbrauch führen wird und den Ausbaudruck erhöht.

Ab 2030 müssen die letzten Voraussetzungen für eine Wasserstoffwirtschaft erfüllt werden. So sollte die H_2-Infrastruktur in Norddeutschland 2030 vollendet sein. Spätestens 2035 muss Süddeutschland an die nationale Transportinfrastruktur angeschlossen sein, um Kraftwerke und Industrie beliefern zu können. Parallel ist der zweite Schritt des Fuel-Switchs zu vollziehen. Der gesamte thermische und fossile Kraftwerkspark in Deutschland muss dann auf Wasserstoff umgestellt sein. Dies gilt auch für den Wärmebereich – dort, wo keine Nutzung von elektrischen Wärmepumpen realisierbar

ist, bedarf es einer Fernwärmeversorgung durch klimaneutralen Wasserstoff.

Das Erreichen von »Netto-Null« in der Energiebranche bis 2040 heißt auch, dass natürliche und technische Senken an Bedeutung gewinnen werden. In einigen Sektoren wird es unvermeidliche Restemissionen geben, etwa im Verkehrssektor durch Verbrennungsmotoren oder in der Landwirtschaft durch Methanemissionen aus der Tierhaltung. Diese müssen entweder durch Negativemissionen aus natürlichen Ökosystemen (etwa CO_2-Bindung in Wäldern) oder durch technische Abscheidung von CO_2 (beispielsweise durch CO_2-Filterung) kompensiert werden.

Die Agenda für die künftigen Jahre zeigt, dass für alle Akteure dicke Bretter zu bohren sind. Gleichwohl bin ich mir sicher: In diesem klaren Handlungsrahmen mit einem deutlichen Fahrplan »von oben« kann die Industrie im globalen Vergleich weiterhin eine Vorreiterrolle einnehmen und die erforderlichen (Veränderungs-)Schritte umsetzen – getreu dem Motto: »Nachhaltig zu wirtschaften lohnt sich.«

DR. FRANK MASTIAUX, *geb. 1964, ist seit dem 1. Oktober 2012 Vorsitzender des Vorstands der Energie Baden-Württemberg AG (EnBW). Der promovierte Chemiker begann seine berufliche Laufbahn 1993 bei der Veba Oel AG, wo er bis 1999 mehrere Managementpositionen im In- und Ausland innehatte. Im Anschluss wirkte Frank Mastiaux für Aral und später BP (unter anderem in London) in verschiedenen Managementpositionen mit. Von 2007 bis 2012 gehörte er in verschiedenen Topmanagement-Positionen dem E. ON-Konzern an, wo er unter anderem den Aufbau des Geschäftes mit erneuerbaren Energien verantwortete.*

»Beim Wasserstoff müssen wir Klimaschutz, Industrie- und Außenpolitik zusammen denken. Chancen für die europäische Wettbewerbsfähigkeit können wir am besten ergreifen, wenn wir das Tempo hoch halten.«

Wasserstoff als Chance für Resilienz und Wachstum in Europa

Von Veronika Grimm

Wasserstoff und synthetische Energieträger werden in einer zunehmend klimafreundlichen Volkswirtschaft eine zentrale Rolle spielen. Das große Spektrum der für die Wasserstoffnutzung notwendigen Technologien und Komponenten eröffnet Deutschland und Europa die Möglichkeit, durch die Produktion von Schlüsselkomponenten sowie durch den Aufbau neuer Wertschöpfungsketten ein substanzielles Wertschöpfungspotenzial zu erschließen.

In welchem Umfang wir davon profitieren, hängt entscheidend vom politischen Handeln in diesem Jahrzehnt ab. Der bereits intensive internationale Wettbewerb erfordert schnelle und zielgerichtete Entscheidungen. Schon heute befinden sich die Industriestaaten, insbesondere Japan, Südkorea, China, Kanada und die USA, in einem globalen Wettlauf um die Vorherrschaft bei der industriellen Produktion von Schlüsselkomponenten einer zukünftigen Wasserstoffwirtschaft. Das Wertschöpfungspotenzial betrifft eine Vielzahl von Sektoren, die in Deutschland traditionell einen hohen Anteil an der Bruttowertschöpfung im verarbeitenden Gewerbe haben, etwa die Automobil- und Zulieferindustrie, den Maschinenbau oder die chemische Industrie.

In den nächsten Jahren gilt es, eine grüne Wasserstoffproduktion im Inland aufzubauen und darüber hinaus enge Partnerschaften in Europa zu etablieren.

Deutschland hat dieses Potenzial erkannt und im Juni 2020 seine »Nationale Wasserstoffstrategie« vorgelegt. Im Rahmen des Corona-Konjunkturpakets wurden dafür umfangreiche Fördermittel bereitgestellt. Auch einige Bundesländer haben in der jüngeren Vergangenheit Wasserstoffstrategien vorgelegt. Auf die konsequente Umsetzung dieser Strategien und den schnellen Hochlauf einer Wasserstoffwirtschaft kommt es nun an.

Technologische Handlungsfelder und neue Wertschöpfungsketten

Heute werden deutschlandweit jährlich etwa 55 TWh_{H2} Wasserstoff verbraucht. Mit dem Ziel der Klimaneutralität wird der Wasserstoffbedarf in Zukunft deutschland- und europaweit erheblich ansteigen. Zur Erreichung der Klimaneutralität ist es notwendig, dass der »graue« Wasserstoff in Zukunft CO_2-neutral, idealerweise »grün« (mittels Elektrolyse von Wasser), hergestellt wird. Eine weitere Option für die Herstellung emissionsneutralen Wasserstoffs ist die Erzeugung sogenannten »blauen« oder »türkisen« Wasserstoffs aus fossilen Ressourcen wie Erdgas, durch Dampfreformierung oder Pyrolyse mit anschließender Einlagerung oder Weiterverwendung des CO_2 beziehungsweise des festen Kohlenstoffs (*carbon capture and storage*, CCS, oder *carbon capture and usage*, CCU).

Um Wasserstoff und synthetische Energieträger in großem Maßstab einsetzen zu können, ist der Aufbau neuer beziehungsweise die Transformation bestehender Wertschöpfungsketten notwendig. Eine globale oder auch nationale Wasserstofflogistik fehlt bisher aber weitgehend. Da die Bedingungen zur Herstellung grünen Wasserstoffs regional sehr unterschiedlich sind und insbesondere von den Kosten und der Verfügbarkeit regenerativ erzeugten Stroms abhängen, werden Erzeugung und Verbrauch von Wasserstoff zeitlich und räumlich in Zukunft stark auseinanderfallen. Es ist daher entscheidend, Speicher- und Transportoptionen für Wasserstoff zu entwickeln und auszubauen.

Die zukünftige Wasserstoffnutzung kann in zwei Bereiche unterteilt werden: erstens die Substitution von grauem Wasserstoff in bestehenden Anwendungen und zweitens die Erschließung neuer Anwendungsfelder. In der Industrie gibt es eine Vielzahl von Möglichkeiten, bestehende Prozesse durch den Einsatz von grünem Wasserstoff emissionsneutral zu gestalten. Beispiele reichen von der Methanol- und Ammoniakproduktion über die Reduktion von Eisenerz für die Stahlherstellung bis hin zur Bereitstellung von Prozesswärme für die Zementproduktion. Für die Integration von Wasserstoff in bestehende Produktionsprozesse sind zum Teil erhebliche Investitionen in neue Anlagen oder Anlagenkomponenten erforderlich, die über lange Zeiträume abgeschrieben werden. In der Mobilität sind Wasserstoff und synthetische Kraftstoffe zukünftig insbesondere dort attraktiv, wo heute Dieselmotoren zum Einsatz kommen, zum Beispiel bei Antrieben für Schiffe, Züge, Lkw, Busse, Bau- und Forstmaschinen, landwirtschaftliche Maschinen oder Langstrecken-Pkw.

Agenda für 2022

- CO$_2$-Bepreisungsmechanismen nachschärfen, Strompreis entlasten: EEG-Umlage abschaffen, Stromsteuer auf ein Minimum reduzieren

- Zertifizierung und Standardisierungsaktivitäten koordinieren und beschleunigen

- Richtungsentscheidung zu blauem und türkisem Wasserstoff als Brückenoption

- Etablierung von Herkunftsnachweisen

- Infrastrukturaufbau (H$_2$-Netz und Tankstelleninfrastruktur) vorantreiben

- Wasserstoffimporte vorbereiten

- Rechtliche Rahmenbedingungen für Wasserstoff im Gasnetz etablieren

Synthetische Kraftstoffe auf Basis von grünem Wasserstoff werden aufgrund der höheren Produktionskosten perspektivisch dort zum Einsatz kommen, wo elementarer Wasserstoff nicht sinnvoll eingesetzt werden kann, zum Beispiel im Langstreckenflugverkehr oder im Überseeschiffsverkehr. Neben der Verwendung in der Mobilität und der Industrie kann Wasserstoff eingesetzt werden, um Emissionen im Wärmesektor zu reduzieren. Dies kann beispielsweise durch eine Beimischung in das Gasnetz oder durch den Einsatz in stationären Brennstoffzellen geschehen. Letztendlich wird in einer defossilisierten Zukunft auch der Energiesektor selbst auf Wasserstoff als Langzeitspeicher für elektrische Energie angewiesen sein.

Schlüsselkomponenten für die Herstellung, den Transport und die Nutzung von Wasserstoff – wie Elektrolyseure, Fahrzeuge, Konversionseinheiten oder Brennstoffzellen – sind bisher relativ teuer. In vielen Bereichen, wie etwa der Wasserstofferzeugung, sinken die spezifischen Kosten erheblich mit der Skalierung der Stückzahl oder der Leistung der einzelnen Anlagen. In der Wasserstofflogistik können die Kosten signifikant gesenkt werden, wenn aufgrund höheren Wasserstoffbedarfs auf effizientere Transporttechnologien umgestiegen werden kann (zum Beispiel Rohrleitungssysteme statt Transport auf der Straße).

Internationale Einbettung: Energieabhängigkeiten diversifizieren, bestehende Handelsbeziehungen transformieren

Deutschland importiert heute etwa 70 Prozent seines Primärenergiebedarfs und wird auch in Zukunft Energieimporteur bleiben. Perspektivisch werden – statt fossiler Energieträger – klimaneutraler Wasserstoff und synthetische Kraftstoffe aus weiter entfernten Regionen auf dem Seeweg importiert werden und einen Teil unseres Energiebedarfs decken. Dabei kann teilweise auf heutige Infrastrukturen für fossile Energieträger, wie Erdgas oder Erdöl, zurückgegriffen werden. Zukunftsszenarien und Berechnungen der Bereitstellungskosten von Wasserstoff aus unterschiedlichen Produktionsstandorten im In- und Ausland legen nahe, dass Wasserstoff zu einem großen Teil aus Regionen importiert werden wird, in denen die Stromgestehungskosten sehr gering sind. Dies können europäische Nachbarn wie Island, Norwegen oder Schottland sein, aber auch bisherige Energielieferanten wie zum Beispiel die Länder des Nahen Ostens.

Der Aufbau von Partnerschaften zum Import von grünem Wasserstoff bietet Deutschland die Chance, seine Energieabhängigkeiten zu diversifizieren. Dabei gilt es, die Belange der Partnerländer gezielt mit in den Blick zu nehmen. So können potenzielle Exportländer beim Aufbau und Betrieb von Anlagen sowie durch den Export der Energieträger Wertschöpfung realisieren.

Neben der Diversifikation von Energieabhängigkeiten muss zeitnah die Transformation bestehender Energiehandelsbeziehungen in den Blick genommen werden. Denn eine simple Reduktion unserer Nachfrage nach fossilen Energieträgern wie Gas dürfte zum *Green Paradox* führen: Der Preis fossiler Energieträger sinkt, Entwicklungs- und Schwellenländer könnten ihr zukünftiges Wachstum dann günstig mit fossilen Energieträgern befeuern. Der Effekt der nationalen Emissionsreduktion auf den globalen Klimaschutz

Agenda für 2025

— Europäischen sektorenübergreifenden Emissionshandel voranbringen

— Importterminals, grenzüberschreitende und Binnen-
infrastruktur für den Import und die Verteilung von
Wasserstoff auf- und ausbauen

— Import von grünem sowie blauem Wasserstoff (bilate-
rale Partnerschaften)

— Verzahnte Planung von Strom-, Wärme-, Gas- und
Wasserstoffinfrastrukturen

— Im »Klimaklub« mit wichtigen Handelspartnern
globale CO_2-Preise anstreben

— Rechtliche Grundlagen für *carbon capture and storage*
(CCS) und *carbon capture and usage* (CCU) schaffen

— Fachkräfteangebot sichern

würde konterkariert. Deutschland sollte daher proaktiv eine Transformation der Handelsbeziehungen mit
Staaten anstreben, von denen es fossile Energieträger
bezieht. Dies kann geschehen, indem im Rahmen bi-
lateraler Abkommen
Importe von Gas auf blau-
en Wasserstoff (auf Basis
von Gas) als Übergangs-
technologie umgestellt
werden und im selben
Zuge mit den entspre-
chenden Partnerländern auch die Produktion von
grünem Wasserstoff vorbereitet wird. Letzterer könnte
mit zunehmender Kostendegression den blauen Wasserstoff in Zukunft ablösen.

**Der Aufbau von Partnerschaften
zum Import von grünem Wasserstoff bietet Deutschland die
Chance, seine Energieabhängigkeiten zu diversifizieren.**

Neben der Vermeidung des Green Paradox führt diese
Strategie insbesondere zu einer breiten Verfügbarkeit
von Wasserstoff in Deutschland auf kurzen Zeitachsen. Dies wiederum beschleunigt die Entwicklung von
Technologiekompetenzen entlang der vielfältigen Wasserstoff-Wertschöpfungsketten und stärkt dadurch die
Position deutscher Unternehmen in globalen Märkten.
Über den industriepolitischen Nutzen hinaus generiert diese Strategie eine geopolitische Dividende, da
sie den Exporteuren fossiler Energieträger zukünftige
Wertschöpfungspotenziale eröffnet und somit zur geopolitischen Stabilität beiträgt.

Vollständige Wertschöpfungsketten und
Infrastrukturen in Deutschland und Europa aufbauen

In den nächsten Jahren gilt es, eine grüne Wasserstoffproduktion im Inland aufzubauen und darüber hinaus

enge Partnerschaften in Europa zu etablieren. Zum einen sind die Transportkosten für Wasserstoff aufgrund
der bisher fehlenden Infrastruktur aktuell noch sehr
hoch. Zum anderen kann die Kooperation in Europa
die Abhängigkeit von Importen aus außereuropäischen
Staaten reduzieren und somit die Resilienz der Europäischen Union erhöhen. Auch die wirtschaftliche Erholung
nach der Coronapandemie kann durch den Hochlauf
einer europäischen Wasserstoffwirtschaft beschleunigt werden.

Mit Blick auf die Wettbewerbsposition heimischer
Industrien wächst durch den Aufbau und Betrieb
von Wasserstoff-Wertschöpfungsketten die Technologiekompetenz. Dies ist von großer Bedeutung, um
die Technologieexpertise der deutschen Unternehmen weiterzuentwickeln und langfristig im Bereich
der Schlüsselkomponenten für die Erzeugung, den
Transport und die Nutzung von grünem Wasserstoff
eine starke Position am Weltmarkt zu etablieren und
auszubauen. Industrien mit einem großen Export-
potenzial dürften von einem heimischen Markt für
die entsprechenden Komponenten und Anlagen in
ihren Anfängen stark profitieren. Die aktuell initi-
ierten IPCEI-Projekte (Important Project of Common
European Interest) führen Unternehmen aus den Mitgliedstaaten der EU zusammen und sind daher ein
wichtiges Instrument.

Von entscheidender Bedeutung sind darüber hinaus
Netzwerkaktivitäten, die Unternehmen, Wissenschaft
und Anwender in den Kommunen zusammenbringen,
sodass Wertschöpfungspotenziale schnell erkannt und

Agenda für 2030

- Umfangreiche europäische und inländische Wasserstoffproduktionskapazität aufbauen

- Großskaliger Import von Wasserstoff und dessen Derivaten aus Europa und aus Regionen weltweit

- Sektorübergreifender europäischer Emissionshandel in Europa

- Koordination der weltweiten Klimapolitik in einem globalen Klimaklub, der CO_2-Bepreisung als zentrales Instrument nutzt

- Nationale Wasserstoffreserven aufbauen

- Handel mit Herkunftsnachweisen und Wasserstoff sowie dessen Derivaten als *commodities* voranbringen

erschlossen werden. Letztendlich können Aktivitäten im Inland mit ihrer Sichtbarkeit für die Bürgerinnen und Bürger auch die Akzeptanz der Technologien in der Bevölkerung erhöhen.

Rahmenbedingungen auf den Klimaschutz ausrichten: CO_2-Bepreisung europaweit stärken, Energiepreise in Deutschland reformieren

Bei der Skalierung der Produktion für verschiedene Komponenten entlang der Wertschöpfungsketten bestehen zahlreiche Koordinationsprobleme, die die Akteure und ihre Geschäftsmodelle betreffen und nur durch geeignete Rahmenbedingungen aufgelöst werden können.

Um die Koordinationsprobleme aufzulösen, müssen klimafreundliche Geschäftsmodelle generell attraktiver werden als ihre fossilen Alternativen. Nur dann kann sich ein Unternehmen darauf verlassen, dass klimafreundliche Wertschöpfungsketten, zu denen es mit seinen Produkten beiträgt, auch tatsächlich entstehen. Als Leitinstrument der Klimapolitik sollte daher der europäische Emissionshandel erweitert werden, sodass ein sektorenübergreifender und einheitlicher CO_2-Preis auf europäischer Ebene etabliert wird.

Deutschland befindet sich mit Blick auf Wasserstofftechnologien in einer exzellenten Ausgangsposition, um eine führende Position an den Weltmärkten zu erreichen.

In Deutschland behindern aktuell zudem hohe staatlich induzierte Preisbestandteile beim Strom und bundesweit einheitliche Strompreise die Sektorenkopplung. Die Abgaben und Umlagen der Energiebepreisung müssen deswegen dringend reformiert werden. Im ersten Schritt sollte schnellstmöglich die EEG-Umlage wegfallen und eine Reduktion der Stromsteuer auf den europäischen Mindestsatz angestrebt werden. Eine Refinanzierung durch die Einnahmen aus der steigenden CO_2-Bepreisung sowie durch den Abbau von direkten und indirekten Subventionen fossiler Energieträger ist möglich. Zusammen mit der Anreizwirkung der CO_2-Bepreisung könnte eine solche Reform erheblich zur Wettbewerbsfähigkeit von wasserstoffbasierten Anwendungen beitragen.

Investitionen in Infrastruktur, Forschung und Fachkräfte

Der Hochlauf einer Wasserstoffwirtschaft kann nur gelingen, wenn zeitnah Infrastrukturen für den Transport von Wasserstoff und die Betankung von Fahrzeugen entstehen. Handlungsbedarf für den Staat besteht bei der Gewährleistung verlässlicher Zeitachsen, bei Entscheidungen hinsichtlich der Regulierung von Wasserstoffinfrastruktur und teilweise auch bei der Förderung von Infrastrukturprojekten. Idealerweise sollte eine integrierte Infrastrukturplanung für Strom, Gas und Wasserstoff erfolgen, um den Interdependenzen der Energiesysteme Rechnung zu tragen.

Darüber hinaus spielen öffentliche Investitionen bei der Forschungsförderung sowie der Ausbildung von Fachkräften eine wichtige Rolle. Besondere Aufmerksamkeit erfordert schon heute der zukünftige Fachkräftebedarf, da die Anpassung von Studiengängen und Ausbildungsinhalten großen Vorlauf hat. Heutige Fachkräfte in der Automobil- und Zulieferindustrie oder auch im Maschinenbau bringen zum Teil bereits Qualifikationen mit, die auch für die entstehenden Wertschöpfungsketten einer Wasserstoffwirtschaft benötigt werden.

Agenda für 2040

- Inbetriebnahme eines deutschen und europäischen H₂-Backbone-Netzes

- Abschluss des Ausbaus eines europäischen H₂-Tankstellennetzes

- Flächendeckende Nutzung grünen Wasserstoffs, Ablösung von Brückentechnologien

- Infrastrukturen für blauen und türkisen Wasserstoff werden als Negativemissionstechnologien genutzt

- Globaler Handel mit Herkunftsnachweisen und von Wasserstoff (-derivaten) als *commodities* ist etabliert

- Einsatz von Wasserstoff in allen relevanten Sektoren (Industrie, Energie, Mobilität, Wärme)

Zertifizierung und Standards sind Voraussetzung für private Investitionen

Die sektorenübergreifende Bepreisung von Emissionen und der globale Handel klimafreundlicher Energieträger sind nur umsetzbar, wenn CO_2-Emissionen entlang von Lieferketten glaubwürdig und zuverlässig erfasst werden können. Dazu muss ein Zertifizierungssystem etabliert werden, das zum einen die Grundlage von ordnungspolitischen Maßnahmen ist, zum anderen die Eigeninitiative vieler Unternehmen bei Klimaschutzaktivitäten unterstützen kann. Die einheitliche Zertifizierung von Energieträgern und die systematische Ermittlung des CO_2-Fußabdrucks von (Import-) Produkten nach transparenten und möglichst globalen Standards sind zudem die Voraussetzung für die perspektivische internationale Kooperation beim Klimaschutz, die der Einführung eines Mechanismus zum CO_2-Grenzausgleich (*carbon border adjustment*) vorzuziehen ist, sowie für die Auflage entsprechender Finanzprodukte.

Klimafreundliche Geschäftsmodelle müssen generell attraktiver werden als ihre fossilen Alternativen.

Privatwirtschaftliche Investitionen und marktwirtschaftliche Kräfte mobilisieren

Um Innovationen zum Durchbruch zu verhelfen und zu skalieren, ist ein guter Zugang der Unternehmen zu Wagniskapital entscheidend. Heute steht in den USA und zum Teil in Asien im Vergleich zu Europa ein Vielfaches an Wagniskapital zur Verfügung. Europa muss daher sein Finanzierungsökosystem stärken und die Weichen stellen, damit Klimarisiken und -chancen an Märkten eingepreist werden können. Wichtige Komponenten sind die in diesem Beitrag beschriebenen Anpassungen des realwirtschaftlichen Umfelds,

belastbare Informationen und Indikatoren zur Nachhaltigkeit, eine echte europäische Kapitalmarktunion sowie eine Vernetzung der Expertise von Finanzwirtschaft, Realwirtschaft und Wissenschaft. Letzteres könnte die Expertise zu Wasserstoffthemen im Finanzsektor stärken, dadurch Investitionen und insbesondere mehr aktive Beteiligungen an Unternehmen auslösen. Der Ausbau der kapitalgedeckten betrieblichen Altersvorsorge könnte eine interessante Möglichkeit sein, Kapital für Zukunftsinvestitionen zu mobilisieren und gleichzeitig viele Menschen am zukünftigen wirtschaftlichen Erfolg zu beteiligen.

Deutschland befindet sich mit Blick auf Wasserstofftechnologien heute in einer exzellenten Ausgangsposition, um eine führende Position an den Weltmärkten zu erreichen. Es wird entscheidend sein, die Kräfte der Marktwirtschaft zu mobilisieren, um diese herausragende Technologiekompetenz in Innovationen zu übersetzen und eine Skalierung der Produktion in Europa zu erreichen.

PROF. DR. VERONIKA GRIMM, *geb. 1971, ist Inhaberin des Lehrstuhls für Wirtschaftstheorie an der Friedrich-Alexander-Universität Erlangen-Nürnberg. Seit 2020 ist sie Mitglied des Sachverständigenrats zur Begutachtung der gesamtwirtschaftlichen Entwicklung. Darüber hinaus ist sie in zahlreichen Gremien aktiv, etwa im Nationalen Wasserstoffrat der Bundesregierung, in der Expertenkommission zum Monitoringprozess »Energie der Zukunft« sowie im Energy Steering Panel des European Academies Science Advisory Council (EASAC). Ihre Forschungsschwerpunkte sind Energiemärkte und Energiemarktmodellierung, soziale Netzwerke sowie Marktdesign.*

»Stadtwärme ist ein Schlüssel zum Erfolg der Energiewende. Sie wird in Ballungszentren lokal und immer mehr aus erneuerbarer Energie erzeugt und über eine effiziente Infrastruktur in die Häuser verteilt.«

Wärmewende: Systemrelevant und unterschätzt

Von Tanja Wielgoß

Als im Oktober 2009 die Vattenfall Wärme Berlin AG die Klimaschutzvereinbarung mit dem Berliner Senat unterzeichnete, war das in den bundesweiten Medien keine große Nachricht. Dabei begann damit eine Revolution, denn bereits 2017 und damit drei Jahre früher als geplant wurde ein wichtiges Ziel erreicht: der Ausstieg aus der Braunkohle in der Wärmeerzeugung in Berlin. Vattenfalls CO_2-Emissionen in Berlin haben sich dadurch um die Hälfte reduziert. In den kommenden zehn Jahren soll die Stadt in der Wärmeerzeugung vollständig aus der Kohle aussteigen. Die Wärmewende als Baustein einer erfolgreichen Klimaschutzpolitik wird seit Jahren systematisch unterschätzt.

Das Beispiel Berlin zeigt: Ein ambitioniertes politisches Klimaschutzziel ist erreichbar, wenn sich alle gemeinsam dafür starkmachen, die strategisch richtigen Prioritäten setzen und die politischen Rahmenbedingungen stimmen. Die Geschwindigkeit ist dabei mehr als angemessen, denn mit dem im Juni 2021 verabschiedeten Klimagesetz soll Deutschland schon 2045 und nicht erst 2050 insgesamt klimaneutral sein. Die ohnehin ambitionierten Ziele in allen Sektoren wurden dafür noch einmal geschärft. Ein paar Zahlen: Der Primärenergieverbrauch soll bis 2030 um 30 Prozent gegenüber 2008 sinken. Der Gebäudesektor soll 2030 noch 70 Millionen Tonnen Treibhausgasemissionen verursachen – das wären rund 42 Prozent weniger als 2020. Längst wird diskutiert, ob erst 2038 kein Strom mehr aus Kohle kommen darf oder schon 2030. Alle sind sich einig, dass schnell und konsequent gehandelt werden muss.

Das sollte besonders für die Wärme gelten, denn Heizungen, Warmwasseraufbereitung, Kühlschränke und zunehmend Klimaanlagen verursachen rund die Hälfte des gesamten Energieverbrauchs. Allein die Raumwärme steht für einen Anteil von 30 Prozent. Der größte Teil dieser Energie stammt weiterhin aus fossilen Brennstoffen. Nur knapp 16 Prozent kamen 2019 aus erneuerbaren Quellen. Mehr als zehn Millionen der rund 41 Millionen Wohnungen in Deutschland werden bis heute mit Öl beheizt – besonders die alten Gebäude weisen eine katastrophale CO_2-Bilanz auf.

Im Vordergrund der Maßnahmen im Wärmesektor steht bisher die Gebäudesanierung und -dämmung.

Allerdings schreitet sie mit gerade einmal durchschnittlich einem Prozent der Gebäude pro Jahr voran. Dank umfangreicher Förderprogramme zieht das Interesse zwar deutlich an, aber um die Klimaziele in diesem Sektor zu erreichen, müsste sich die Rate verdoppeln, so das Fraunhofer-Institut für Solare Energiesysteme ISE in seiner aktuellen Studie »Syswärme – Systemische Herausforderungen der Wärmewende«[1]. Bislang erreichen das aber nur vereinzelte Kommunen.

Quelle der Wärmeversorgung umstellen

Mehr in den Fokus rücken sollte ein anderer Hebel: die Quelle der Wärmeversorgung in urbanen Räumen umzustellen. Ein Ausbau der klimaschonenden Stadtwärme, wie Vattenfall die lokal erzeugte Fernwärme nennt, kann die Gebäudesanierung begleiten, ihre Kosten senken und das Klimaschutzziel vor allem in den Städten schneller und effizient erreichbar machen. In Städten leben rund 77 Prozent der Bevölkerung in Deutschland. Stadtwärme aus erneuerbaren Energien, über eine effiziente, moderne Infrastruktur verteilt – das ist der Schlüssel zur urbanen Energiewende.

Berlin hat das größte Stadtwärmesystem in Westeuropa und versorgt 1,3 Millionen Wohneinheiten. Vattenfall Wärme hat sich in enger Abstimmung mit der Stadt das Ziel gesetzt, bis 2030 vollständig aus der Kohle auszusteigen. Gleichzeitig soll der Anteil erneuerbarer Energien im gesamten Wärmenetz von aktuell sieben Prozent auf nunmehr nicht nur 30, sondern nach neuester Berliner Gesetzgebung sogar auf 40 Prozent steigen. Die restlichen rund 60 Prozent Wärme aus fossilen Energieträgern kommen heute schon zum Großteil aus umweltfreundlichen Kraft-Wärme-Kopplungsanlagen (KWK-Anlagen). Diese Anlagen sind ein Paradebeispiel für die Sektorenkopplung: Sie produzieren gleichzeitig Strom und Wärme und erreiche daher sehr hohe Wirkungsgrade von oft mehr als 90 Prozent. Allerdings haben auch diese in der jetzigen Form keine Ewigkeitsgarantie: Vattenfall will bis 2040 klimaneutral werden. Dafür sollen im Laufe der 2030er-Jahre viele Anlagen auf Wasserstoff umgestellt werden und weitere emissionsfreie Wärmeerzeugungsarten im Netz integriert werden. Immer mit in der Planung: der Ausbau einer digitalen, effizienten Steuerung der Netze.

Auch viele andere deutsche Städte mit größeren Wärmenetzen gehen so vor, und viele werden den ambitionierten Zielen der Hauptstadt folgen. Das ist nicht nur ein Modell für Deutschland, sondern auch ein potenzielles Exportmodell.

Mit Mut in den (Stadt-) Umbau

Ein solcher Umbau ist in verdichteten urbanen Zentren eine besondere Herausforderung. Ob es um die Umrüstung eines Heizkraftwerks von Kohle auf Biomasse geht, um den Bau von wasserstoffkompatiblen Leitungen oder die Errichtung von Großwärmepumpen als Ersatz für bestehende Anlagen – jede Entscheidung, jeder Bau erfolgt bei laufendem Betrieb. Bei allen Arbeiten muss die Wärme- und Stromversorgung durchgehend gewährleistet werden. Außerdem sind konkrete Rahmenbedingungen zu berücksichtigen, etwa der Denkmalschutz.

Ein Beispiel ist das Märkische Viertel im Norden von Berlin. Es wurde lange mit einem Heizkraftwerk über Steinkohle, dann mit Öl und Gas versorgt. Zunächst hatte sich das kommunale Wohnungsbauunternehmen GESOBAU nur entschieden, die Wohnungen zu sanieren, um die CO_2-Emissionen von rund 40.000 auf circa 17.000 Tonnen im Jahr zu reduzieren. In einer Klimapartnerschaft mit Vattenfall wurde dann ein Biomassekraftwerk realisiert – jetzt beziehen 13.500 Menschen Wärme aus umweltschonender Quelle. Damit steht hier eines der größten Klimaschutzquartiere Deutschlands. Teile des Kraftwerks standen unter Denkmalschutz, daher wurden der Biomassekessel und die Turbine über das Dach eingehoben. Man muss einfach wollen.

Diese Kombination aus Gebäudesanierung und intelligenter Heizung könnte enorme Kosten sparen: Wollte Berlin sein Klimaziel allein durch Gebäudesanierung und -renovierung erreichen, würde das nach Berechnungen der Vattenfall Wärme 80 Milliarden Euro kosten. Wird gleichzeitig saniert und in kluge Heiztechnologien investiert, können diese Kosten auf zehn Milliarden Euro gedrückt werden.

Strategisch zentral ist die Einbindung regionaler und lokaler klimaschonender Ressourcen. München setzt zunehmend Geothermie ein. Nordrhein-Westfalen nutzt die Abwärme zahlreicher Industrieanlagen. Das industriearme Berlin verwendet schon seit den 60er-Jahren in Kooperation mit der Berliner Stadtreinigung die Abwärme aus der Müllverbrennungsanlage. Zudem profitiert die Stadt vom Ausbau der Windkraft im benachbarten Brandenburg. Grundsätzlich können in einem systemischen Ansatz zwischen Stadt und Land Power-to-Heat-Anlagen (PtH) eine relevante Rolle einnehmen: Sie funktionieren wie riesige intelligente Wasserkocher, in denen mit Strom aus erneuerbarer Energie Wärme produziert wird. Mithilfe solcher Anlagen ließe sich überschüssige Energie aus Wind- oder

Agenda für 2022

— Die Partnerschaft zwischen Wirtschaft, Politik, NGOs und Wissenschaft erreicht eine neue Stufe. Erfolge und Best-Practice-Beispiele werden zu Vorbildern für alle. Die Politik fördert den Aus- und Umbau der Wärmenetze und erleichtert die Einspeisung überschüssiger Windkraft und Photovoltaik in Power-to-Heat-Anlagen.

— Ein planbar steigender CO_2-Preis macht die Verwendung erneuerbarer Energie für Verkehr und Gebäudewirtschaft attraktiv. Abwärme anderer Quellen wie die der Industrie, aus der Abfallverbrennung oder aus der Kühlung wird konsequent genutzt.

Agenda für 2025

— Die Gas-Kraft-Wärme-Kopplung (KWK) wird bis 2030 deutlich ausgebaut. Sie garantiert Versorgungssicherheit im Wärmesektor, aber auch für den Strom – vor allem in den sogenannten Dunkelflauten, wenn keine Sonne scheint und kein Wind weht.

— Das derzeitige KWK-Fördergesetz hat eine Laufzeit bis 2026. Die Politik novelliert es mit dem Ziel, der Investitionssicherheit für die Betreiber höchste Priorität einzuräumen, damit es nicht zu Versorgungsengpässen kommt.

Solarkraft, die zu bestimmten Zeiten nutzlos abgeregelt werden muss, im Wärmesektor verwenden. Das ist die smarte Sektorenkopplung. Die Technologie beginnt sich zu verbreiten: Anfang 2019 waren in Deutschland 36 größere PtH-Module installiert, mit einer Gesamtleistung von circa 555 Megawatt. Das größte PtH-Werk mit 120 Megawatt steht in Berlin-Spandau. Es ersetzte einen Block des Steinkohle-Heizkraftwerks vor Ort.

Zukunftsfest in Wärme investieren: Wärmepumpen, Gas und Wasserstoff

Die Wärmewende besteht aber nicht nur aus dem Ausbau von Stadtwärme. Dort, wo Häuser oder Siedlungen nicht an das Stadtwärmenetz angeschlossen sind und nur schlecht angeschlossen werden können, kommt eine andere Lösung zum Tragen: Wärmepumpen statt Öl- oder Gasheizungen. Wärmepumpen verwandeln lokale Wärmequellen – Luft oder Erdwärme – in Heiz- und Warmwasserwärme, bei vergleichsweise geringem Stromverbrauch. Derzeit werden in Deutschland jedes Jahr rund 800.000 alte Heizkessel ausgetauscht – allerdings häufiger durch Gas- oder Ölkessel als durch Wärmepumpen. Geht es so weiter, würden bis 2030 laut Agora Energiewende lediglich zwei Millionen Wärmepumpen eingebaut – gebraucht werden für das Klimaschutzziel fünf bis sieben Millionen. Dabei könnten auch hier lokale Wärmequellen neu erschlossen werden: Vattenfall nutzt in ihrer Hamburger Zentrale seit 2012 die Abwärme der Server über ein innovatives Wärmepumpenkonzept. Die Abwärme aus EDV und Rechenzentrum versorgt über in Kaskade geschaltete Wärmepumpen andere Gebäudeteile mit Wärme.

Ein weiterer Baustein der Wärmewende ist Erdgas. Gas-Kraft-Wärme-Kopplungen garantieren die Versorgungssicherheit bei der mitunter stark schwankenden Erzeugung erneuerbarer Energien, insbesondere aus Wind und Sonne. Das Erdgasnetz könnte zudem der Verbreitung eines Hoffnungsträgers der Energiewende dienen: Wasserstoff.

Bundesweit wird derzeit zu Wasserstoff geforscht. Die Verwendung von Wasserstoff oder synthetischen Brennstoffen in den Kraft-Wärme-Kopplungsanlagen ist eine Chance gerade für Städte, in denen jeder Eingriff in die bestehende Infrastruktur teuer und komplex ist. Auch hier könnte eine Sektorenkopplung erfolgreich sein, wenn überschüssige Energie aus der erneuerbaren oder konventionellen Erzeugung in die Erzeugung von Wasserstoff fließen würde. In Hamburg haben sich hierfür Industriekonzerne (Vattenfall, Shell und Mitsubishi) mit dem stadteigenen Unternehmen Wärme Hamburg zusammengetan. Am Standort des mittlerweile außer Betrieb genommenen Kohlekraftwerks Moorburg planen sie, wie sich künftig Wasserstoff aus Wind- und Solarenergie erzeugen und im Umfeld des Standorts nutzen lässt. Projekte wie diese erfordern allerdings allein in Hamburg Investitionen in Höhe von 1,6 Milliarden Euro, die nur mit öffentlicher Förderung möglich sind. Hier wird es noch viel Bedarf an öffentlich-privaten Partnerschaften geben.

Andere Länder machen es vor

Das alles zeigt: Die Wärmewende zu einem zentralen Pfeiler des Klimaschutzes auszubauen ist nicht nur notwendig, sondern auch machbar. Andere Länder machen es vor: In Schweden ist mittlerweile ein Großteil der Bevölkerung an das Fernwärmenetz angeschlossen, und die Wärme wird zu mehr als 60 Prozent aus Biomasse hergestellt, etwa aus Hackschnitzeln von Energieholzplantagen und Holzresten. In Litauen wird die Fernwärme schon heute zu 70 Prozent aus erneuerbaren Energiequellen gespeist. Dänemark hat bereits Mitte der Nullerjahre mit dem Bau von PtH-Anlagen begonnen, um überschüssige Energie aus den massiv ausgebauten Windkraftanlagen zu verwenden. Mehr als 60 Prozent aller Wohnungen in Dänemark sind an Wärmenetze angeschlossen, die zu knapp 60 Prozent aus erneuerbaren Energien, Abwärme und Müllverbrennung gespeist werden. In Skandinavien sind Großwärmepumpen als Wärmeerzeuger weit verbreitet, es gibt sie aber auch in Italien, Frankreich und Österreich. In Schweden, dem Musterland der Energiewende, liegt der Anteil der Erneuerbaren am Energieverbrauch bereits bei knapp 55 Prozent – bei starkem Wirtschaftswachstum. Das zeigt die Möglichkeiten für Deutschland mit aktuell knapp 16 Prozent.

Was machen diese Länder anders? Es ist nicht nur die teilweise größere Akzeptanz der Energiewende in der Bevölkerung. Sie arbeiten auch mit anderen Rahmenbedingungen. Das beginnt bei der Größe, in der dort gedacht und gebaut wird: In Deutschland hat eine durchschnittliche Windkraftanlage fünf Mühlen – in Schottland sind es 80. In Dänemark müssen Kommunen seit 1979 eine kommunale Wärmeplanung aufstellen, wodurch die Fernwärme-Infrastruktur bis in kleine Gemeinden reicht. Schweden hat schon 1991 einen CO_2-Preis auf fossile Brennstoffe eingeführt, der von damals 26 auf über 120 Euro pro Tonne gestiegen ist und damit die Nutzung fossiler Brennstoffe finanziell unattraktiv macht.

Schneller von den Vorbildern lernen

Deutschland kann und muss seine Rahmenbedingungen so anpassen, dass der Umbau in eine klimaneutrale Wirtschaft beschleunigt wird. Die ersten Schritte sind getan: Seit Januar 2021 gilt der CO_2-Preis von 25 Euro pro Tonne fossiler Brennstoffe, bis 2025 wird er auf 55 Euro pro Tonne steigen. Damit sind nun alle Wärmeerzeuger – von der Stadtwärme (im Europäischen Emissionshandel seit 2005) bis zu Gas und Öl – einem CO_2-Preisregime unterworfen. Die Förderung für den Erwerb oder den Ausbau energieeffizienter Gebäude ist erhöht und verbessert worden. Die kommunale Wärmeplanung ist in einem ersten Bundesland zur Pflicht geworden: In Baden-Württemberg müssen alle größeren Kommunen bis 2023 einen Plan aufstellen, wie ihre Wärmeversorgung klimaneutral wird. Ein Bundesprogramm unterstützt auch alle anderen Kommunen im Land, die hier aktiv werden wollen. Entscheidend ist, dass die Bevölkerung den Umbau akzeptiert. Eine Wärmewende, die nur als künftige finanzielle Belastung vermittelt wird und in der Windmühlen auf Widerstand stoßen, weil der Nutzen nicht kommuniziert wird, ist nicht durchsetzbar.

Aber die bisherigen Schritte reichen nicht aus – vor allem nicht angesichts des prognostizierten steigenden Energiebedarfs. Dafür müsste viel mehr in klimaschützende Systeme, Konzepte und Technologien investiert werden, die zukunftsfest sind und potenzielle innovative Quellen wie Wasserstoff mitdenken.

Agenda für 2030

— Der Kohleausstieg ist erfolgt, und Strom- und Wärmenetze sind entsprechend aus- und umgebaut.

— KWK-Anlagen setzen zunehmend Wasserstoff ein, Forschung und Erprobung der vergangenen Jahre waren erfolgreich und vielversprechend.

— Biomasse-Heizkraftwerke, Power-to-Heat-Anlagen und Wärmepumpen verbreiten sich mit zunehmender Geschwindigkeit.

— Weil Kundinnen und Kunden sowie Bürgerinnen und Bürger aktiv in den Transformationsprozess eingebunden sind, hat sich die bisherige Ablehnung in eine Debatte darüber verwandelt, was als Nächstes kommen muss.

Agenda für 2040

- Dekarbonisierte Stadtwärme, Wärmepumpen und Wasserstoffwärme finden bundesweit breite Anwendung. Die nachziehenden Kommunen orientieren sich an den bereits vollständig klimaneutralen Städten.

- Berlin ist in Europa Modellstadt der Wärmewende: Der Gebäudebereich ist über die Stadtwärme hinaus weitgehend dekarbonisiert.

Noch bremsen viele Rahmenbedingungen innovative Technologien aus. Ein Beispiel ist der Bau von Power-to-Heat-Anlagen: Die Anlage in Berlin, mit 120 Megawatt die größte in Europa, könnte auf 300 Megawatt ausgebaut werden – wenn es sich wirtschaftlich lohnen würde. Aber noch müssen alle Energie- und Wärmeerzeuger auf den Strom aus der Windkraft die vollständigen Abgaben bezahlen. Damit wird die Nutzung zu teuer. Statt die überschüssige Energie aus Wind und Photovoltaik in PtH-Anlagen zu leiten, wird sie abgeregelt. Grundsätzlich, so Forschende, seien die Umlagen, Steuern und Abgaben auf diesen Strom so hoch, dass sie in der Regel keinen wirtschaftlichen Aufbau und Betrieb von PtH-Anlagen erlauben. Das Resultat ist eine wenig smarte Sektorenkopplung mit PtH in Deutschland.

Hinzu kommen nicht monetäre Investitionshemmnisse: Das Geld ist da, aber die Genehmigungsverfahren sind langwierig, in den Ämtern fehlen geschultes Personal und die technischen Voraussetzungen für eine effiziente digitale Bearbeitung. Komplexe Rechts- und Zuständigkeitssysteme bremsen Investorinnen und Investoren aus. Auch die Fördermaßnahmen und -inhalte halten mit den aktuellen Anforderungen nicht Schritt. Der Wärmesektor, so das Fraunhofer-Institut, sei angesichts der heterogenen Strukturen bei Technik, Markt und Kosten eine »besondere Herausforderung«, bei gleichzeitig langen Investitionszyklen und einem »sehr trägen Sektor«. Die Schlussfolgerung: »Aus diesem Grund muss die Implementierung von Maßnahmen (technische Maßnahmen und politische Instrumente) vorausschauend geplant und frühzeitig angegangen werden.«[2]

Lösbare gesamtgesellschaftliche Aufgabe

Diese Rahmenbedingungen, die ambitionierten Ziele und technologischen Herausforderungen machen aus der Wärmewende eine Mammutaufgabe, die aber zu stemmen ist: Die Wirtschaft hat die technologischen Lösungen, steht in einem innovativen Wettbewerb und treibt Pilotprojekte voran, auf denen man aufbauen kann. Die Unternehmen selbst stehen vor der Herausforderung, das neue Denken zu etablieren, Belegschaften mitzunehmen und zu ermutigen, neue Ansätze zu verfolgen – und stoßen dabei sehr häufig auf viel Verständnis und große Motivation der Mitarbeitenden. Denn Arbeiten macht mehr Freude, wenn Hierarchien infrage gestellt werden dürfen, neue Kommunikationswege gefunden und ausprobiert werden. Die Belegschaft ist häufig offen und neugierig. Allerdings mangelt es häufig an der Diversität, die nötig wäre, um alle Kräfte zu bündeln, offen für Ideen zu sein, fachliche, methodische und soziale Kompetenzen in einem breiten Spektrum an Bord zu holen und damit Lösungen für die Klimaneutralität zu finden und umzusetzen.

Letztlich ist die Energiewende eine gesamtgesellschaftliche Aufgabe. Sie gelingt nur, wenn Politik, Wirtschaft und Gesellschaft konstruktiv zusammenwirken, wenn Energie-, Gebäude-, Industrie- und Mobilitätssektor kooperieren und zusammen gedacht werden. Es geht um die Kooperation privater mit städtischen Unternehmen, großer Konzerne mit innovativen Start-ups, um Zusammenarbeit mit Verwaltungen, von Stadt und Land, von Bund, Ländern und Kommunen. Das ist die Basis für eine erfolgreiche Wärmewende.

DR. TANJA WIELGOSS, *geb. 1972, ist seit Anfang 2019 Vorstandsvorsitzende der Vattenfall Wärme Berlin AG mit rund 1.700 Mitarbeiterinnen und Mitarbeitern und Westeuropas größtem Stadtwärmenetz. Die Managerin verantwortet den Vertrieb sowie alle operativen Bereiche und zeichnet mitverantwortlich für die schrittweise Dekarbonisierung des Berliner Wärmesystems. Die Politik- und Wirtschaftswissenschaftlerin war unter anderem Verbandsgeschäftsführerin und Partnerin einer internationalen Unternehmensberatung, bevor sie 2014 als Vorstandsvorsitzende zur Berliner Stadtreinigung wechselte.*

»Neben den fachlichen Aspekten sollten wir die Akzeptanz der Windenergie in der Bevölkerung stärker in den Blick nehmen, denn diese ist mitentscheidend für den Erfolg der Energiewende in Deutschland.«

Windenergie als Motor der Energiewende

Von Kurt Rohrig und Antje Wagenknecht

Die Transformation der gesamten Energieversorgung hin zu einer dekarbonisierten Energiebereitstellung ist die zentrale Aufgabe der Industrienationen im 21. Jahrhundert und wird den Industriestandort Deutschland nachhaltig verändern. Gelingt diese Transformation, wird unser Weg in die Richtung einer modernen und dem technischen Fortschritt angemessenen Energieversorgung weltweit anerkannt sein.

Das Erreichen der Klimaschutzziele erfordert eine CO_2-freie beziehungsweise CO_2-neutrale Energiebereitstellung für die Sektoren Strom, Wärme und Verkehr. Durch die Sektorenkopplung wird der Bedarf an Strom aus erneuerbaren Energien noch enorm zunehmen. »Mehr Wärmepumpen, mehr E-Autos, mehr Elektrolyseure für die Wasserstoffproduktion – wegen des absehbar hochschnellenden Strombedarfs hat das Bundeswirtschaftsministerium (BMWi) seine Verbrauchsprognose für das Jahr 2030 erhöht. Wirtschaftsminister Peter Altmaier (CDU) rechnet nun mit einem Bedarf von 645 bis 665 Terawattstunden (TWh) statt mit 580 Terawattstunden wie bisher«, schrieb der Berliner »Tagesspiegel« am 14. Juli 2021[1].

Je nach Effizienz sowohl der Energieumwandlung, zum Beispiel bei der Elektrolyse, als auch bei den Endverbrauchern, etwa im Rahmen der Gebäudedämmung, errechnen Fraunhofer-Institute einen Strombedarf von mindestens 2.000 TWh im Jahr 2050[2]. Aktuelle Studien zu den Erfordernissen und Herausforderungen der Energiewende zeigen auf, dass in Deutschland für das Zieljahr 2050 circa 900 bis 1.000 TWh Strom pro Jahr aus heimischen erneuerbaren Energiequellen bereitgestellt werden müssen. Um diese Größenordnung zu erreichen, muss die installierte Wind- und Photovoltaikleistung bis 2050 auf jeweils 220 GW wachsen. Analysen und Studien aus der nahen Vergangenheit haben gezeigt, dass in Deutschland genügend Flächen konfliktfrei zur Verfügung stehen und die dort bestehenden Windverhältnisse ausreichen, um die Windenergie entsprechend auszubauen.

Windparks können in Zukunft mithilfe von Wahrscheinlichkeitsaussagen genauso zuverlässig Regelleistung bereitstellen wie bisherige Anbieter.

Allerdings ist in den vergangenen zwei Jahren der Ausbau der Windenergie nahezu zum Erliegen gekommen. Im Jahr 2019 wurde mit knapp 1 GW so wenig Windleistung an Land installiert wie zuletzt vor 20 Jahren. Damit steht die Windbranche vor einer gewaltigen Herausforderung, und die Politik und Gesellschaft in Deutschland müssen sich fragen, ob die Klimaschutzziele noch erreicht werden können. Gerade die Windenergie an Land sieht sich zunehmend Hemmnissen und Widerständen ausgesetzt, die den dringend erforderlichen Zubau neuer Windparks erschweren.

Um die Entwicklung der Windenergie wieder zu beschleunigen, braucht es nun regulatorische, technische und institutionelle Lösungen. Dabei werden Aspekte wie die Akzeptanz, der Natur- und Artenschutz, die Wirtschaftlichkeit und die Versorgungssicherheit gleichermaßen betrachtet.

Hemmnisse abbauen

Die Hemmnisse, die der Windenergie an Land in Deutschland derzeit entgegenstehen, sind vielfältig: So spielen beispielsweise der Denkmalschutz, die Flugsicherung, der Natur- und Artenschutz, die militärischen Belange und das Wetterradar eine Rolle. Gleichzeitig sind die Politik, die Flächenverfügbarkeit und die Genehmigungsverfahren entscheidende Stellschrauben für den weiteren Ausbau. Es braucht zunächst ein klares Bekenntnis der Bundesregierung und der Landesregierungen zu einem ambitionierten Ausbau der Windenergie und einer gesetzlichen Verankerung der Windenergienutzung als öffentliches Interesse. Andernfalls wird es herausfordernd, jene Mengen an Windenergie zu realisieren, wie sie zur Erreichung der nationalen und europäischen Klimaziele notwendig sind.

Für die Stromerzeugung benötigen Windenergieanlagen möglichst windhöffige Flächen. Bis heute wurden nach Analysen des Umweltbundesamtes 0,9 Prozent der Landesfläche über die Regional- und Bauleitplanung für die Windenergie ausgewiesen[3]. Allerdings mangelt es an einer abgestimmten Strategie des Bundes und der Länder mit einem klaren Mengen- und Zeitgerüst, das der Windenergie in substanzieller Weise Raum verschafft. Um ein

Mengengerüst zu definieren, könnten Mindestmengen erzeugten Windstroms für die einzelnen Bundesländer festgelegt oder bundesländerscharfe Flächenausweisungen entwickelt werden. Denkbar wäre auch eine bundesgesetzliche Regelung, die von Planungsträgern eine Ausweisung von Mindestflächen einfordert – darüber könnten beispielsweise zwei Prozent des Bundesgebiets für die Nutzung von Windenergie gesichert werden. Um kurzfristig die Bereitstellung von Flächen für Anlagenleistungen von bis zu 1.500 MW zu ermöglichen, ließe sich der Prüfradius um Drehfunkfeuer an internationale Standards anpassen, also auf 10 km reduzieren. Gegenwärtig geht Deutschland mit einem Radius von 15 km einen nationalen Sonderweg[4].

Die Planungsprozesse zur Flächenbereitstellung sind komplex und zeitaufwendig. So dauert die Aufstellung von Regionalplänen mindestens fünf Jahre, und für einen Flächennutzungsplan sind wenigstens zwei Jahre einzurechnen[5]. Viele dieser Pläne scheitern später vor Gericht, weil die Rechtsprechung so hohe Anforderungen an die Steuerung von Windenergiestandorten im Außenbereich stellt, dass sie in der Planungspraxis kaum noch zu erfüllen sind. Vor diesem Hintergrund sollten die gesetzgeberischen Bemühungen darauf zielen, das Instrument der Konzentrationszonenplanung

wieder handhabbar und dadurch rechtssicherer zu machen. Lösungsansätze könnten sein, praktikable Anforderungen an die Planungen nach § 35 Absatz 3 Satz 3 BauGB zu sichern oder das Beweisermittlungsverbot im Rahmen des § 214 Absatz 3 Satz 2 BauGB aufzuheben. Flankieren ließen sich die Ansätze gegebenenfalls mit Klauseln zum Planerhalt[6].

Nach Erkenntnissen der Fachagentur Windenergie an Land (FA Wind) dauern Genehmigungsverfahren durchschnittlich 21 Monate[7]. Nur bei sieben Prozent der Verfahren liegt innerhalb der im Bundes-Immissionsschutzgesetz (BImSchG) festgelegten Frist von sieben Monaten ein Bescheid vor. Allerdings bleibt dabei offen, inwieweit mit der Antragstellung vollständige Unterlagen eingereicht wurden. Die Erneuerbare-Energien-Richtlinie RED II legt eine Verfahrensdauer von 24 Monaten fest. Diese wird derzeit in drei von vier Verfahren eingehalten. Klare, einheitliche und praktikable Regelungen würden die Prüfung der Antragsunterlagen vereinfachen und beschleunigen. Prominentes Beispiel ist hier die artenschutzrechtliche Prüfung. In vielen weiteren Bereichen sind Standardisierungen ebenso möglich. Es wird auch angeregt, das Genehmigungsverfahren aus dem BImSchG-Regime herauszulösen. Ob dieses Vorgehen den Prozess beschleunigen würde, ist allerdings

Agenda für 2022

— Klares Bekenntnis der Bundesregierung und der Landesregierungen zum ambitionierten Ausbau der Windenergie und eine gesetzliche Verankerung der Windenergie als öffentliches Interesse

— Erhöhung der jährlichen Ausbauziele im Rahmen der Ausschreibungen auf mindestens 5 GW/Jahr

— Anpassung des Prüfradius um Drehfunkfeuer an internationale Standards (10 km)

— Ausweitung der finanziellen Teilhabeoption des § 6 EEG auf Bestandsanlagen

— Markteinführungsprogramm für virtuelle Kombikraftwerke

— Weiterer Zugang für Windenergieanlagen zu Regelleistungsmärkten

fraglich, da der Umbau von Behördenstrukturen und eine Etablierung der Rechtsprechung Verzögerungen mit sich brächten. Um dem Ausbau der Windenergie wieder Aufwind zu verleihen und bis spätestens 2045 Klimaneutralität zu erreichen, müssen Genehmigungshemmnisse konsequent abgebaut werden. Zugleich gilt es, die Entstehung neuer Hemmnisse zu vermeiden.

Rahmenbedingungen verbessern

Auch die rechtlichen, regulatorischen und wirtschaftlichen Rahmenbedingungen haben dafür gesorgt, dass der deutsche Windenergiemarkt zurückgegangen ist. Einem aktuellen Bericht[8] der Bundesregierung über die Novelle des Umwelt-Rechtsbehelfsgesetzes zufolge nehmen die Klagen gegen Windenergieanlagen stark zu. Nach Erkenntnissen der FA Wind waren Mitte 2019 mehr als 1.000 MW Onshore-Leistung beklagt, wodurch der Bau der Anlagen mindestens verzögert, wenn nicht gar verhindert wird[9]. Viele Akteure nehmen wegen laufender Klagen nicht an den Ausschreibungen teil, was mit dazu beiträgt, dass seit Mai 2018 nahezu jeder Gebotstermin deutlich unterzeichnet war. Das Interesse an Ausschreibungen ließe sich steigern, wenn bezuschlagte Anlagen, die aufgrund von Klagen Dritter nicht fristgerecht realisiert werden können, frei von Vertragsstrafen blieben. Stattdessen sollten der Umsetzungszeitraum und der Förderbeginn um die Dauer des Gerichtsverfahrens gestreckt werden.

Die Windenergie liefert den Hauptanteil der erneuerbaren Energien im Strombereich.

Zudem ist es notwendig, die Ausbaumengen für die Windenergie im Rahmen des Erneuerbare-Energien-Gesetzes (EEG) anzupassen. Hier wäre eine sofortige Anhebung der jährlichen Ausbauziele auf 5 GW und ab 2025 auf 7 GW erforderlich.

Aus ökologischer Sicht ist die Finanzierung der Vergütung von Strom aus erneuerbaren Energien zu reformieren. Hier gilt es, eine Absenkung der EEG-Umlage nicht auf Kosten der Stromerzeuger zu realisieren. Zu entwickeln ist ein alternatives Finanzierungs- oder Marktmodell, das unter anderem die Zertifikatpreise im Emissionshandel berücksichtigt. Damit ließe sich das Marktumfeld für erneuerbare Energien verbessern.

Akzeptanz fördern

Neben den fachlichen Aspekten sollten wir die Akzeptanz in der Bevölkerung stärker in den Blick nehmen, denn diese ist mitentscheidend für den Erfolg der Energiewende in Deutschland. Entgegen anderslautenden Einschätzungen ist die gesamtgesellschaftliche Akzeptanz für die Nutzung und den Ausbau der Windenergie an Land in Deutschland seit vielen Jahren konstant sehr hoch – sie beträgt rund 80 Prozent, wie jährlich durchgeführte Umfragen der FA Wind in Zusammenarbeit mit forsa zeigen[10]. Die Befürwortung von Windenergie wird in der öffentlichen Wahrnehmung vielfach unterschätzt. Stattdessen wird der Widerstand überbewertet, indem er zunehmend medial und politisch aufgegriffen und somit in der Wahrnehmung verstärkt wird.

Dass Menschen vor Ort phasenweise anderweitige Erfahrungen machen, steht nicht im Widerspruch zu einer hohen gesamtgesellschaftlichen Akzeptanzquote. In den unterschiedlichen Phasen des Planungs- und Genehmigungsprozesses ändert sich oftmals das Meinungsbild. Im Vorfeld von Windenergieplanungen und nach der Inbetriebnahme der Anlagen ist die Akzeptanz zumeist hoch. Dazwischen jedoch, in der Planungs-, Genehmigungs- und Bauphase, ist sie oftmals geringer, weil beispielsweise Gerüchte die Menschen verunsichern oder Ängste entstehen – das kann auch in Protest umschlagen[11].

Entscheidend für die Akzeptanz ist, *wie* ein Projekt wahrgenommen wird. Dabei spielen laut den Ergebnissen des Forschungsprojekts Accept EE[12] fünf Faktoren eine Rolle:
— der Umfang lokaler Wertschöpfung, also die ökonomischen Effekte vor Ort,
— die individuelle Einstellung zur Energiewende,
— das Vertrauen in die Akteure, die an der Planung und Umsetzung eines Windenergieprojekts mitarbeiten,
— der Einfluss der zu errichtenden Anlagen auf Mensch und Natur und
— die Meinungen sowie das Verhalten des jeweiligen gesellschaftlichen Umfeldes (soziale Normen).

Beurteilen die Menschen vor Ort diese Aspekte positiv, dann wird der Bau von Windenergieanlagen vielfach befürwortet und unterstützt.

Agenda für 2025

- Erhöhung der jährlichen Ausbauziele auf mindestens 7 GW bis 2050

- Entwicklung von Finanzierungs- und Marktmodellen unter Berücksichtigung von Zertifikatspreisen und CO_2-Steuern

- Entwicklung eines Mengen- und Zeitgerüsts zur Flächenausweisung durch den Bund und die Länder

- Handhabbarmachung der Konzentrationszonenplanung gemäß § 35 Absatz 3 Satz 3 BauGB

- Vereinfachung und Beschleunigung von Genehmigungsverfahren durch klare und einheitliche Regelungen

- Schaffung fundierter Rahmenbedingungen für mehr Bürgerenergieprojekte durch die Bundespolitik

- Regulierung der Flächensicherungspraxis und Stärkung der Rolle der Kommunen

- Märkte für weitere Systemdienstleitungen einführen

Welche Maßnahmen sollten also vorrangig angegangen werden, um die Beteiligung der Menschen zu fördern und die Akzeptanz zu erhöhen? Der neue § 6 im Erneuerbaren-Energien-Gesetz bietet eine solide Basis für die lokale Wertschöpfung: Die Betreiber künftiger Windenergieanlagen können die Gemeinden im Umfeld dieser Anlagen finanziell stärker von der Windenergienutzung vor Ort profitieren lassen. Zukünftig sollte der Anwendungsbereich dieser Regelung auch auf Bestandsanlagen ausgeweitet werden. Windenergieprojekte werden von den Betroffenen unterstützt, wenn sie gemeinsam mit den Menschen vor Ort umgesetzt werden. Besonders hoch ist die Akzeptanz, wenn Windparks von lokalen Akteuren im Rahmen von Bürgerenergieprojekten realisiert werden[13]. Entsprechende Rahmenbedingungen dafür zu schaffen wäre Aufgabe der Bundespolitik.

Virtuelle Kraftwerke bieten neue Möglichkeiten, Energie bedarfsgerecht bereitzustellen.

Gegenwärtig verläuft die Flächenakquise vielerorts intransparent und wettbewerblich über hohe Pachtangebote. Zur Umgestaltung der Flächensicherungspraxis sollte über Alternativen, die auch die Gestaltungsspielräume von Kommunen stärken, diskutiert werden[14]. Um Transparenz rund um die Bedingungen der Windenergie zu schaffen und die Öffentlichkeit gut zu beteiligen, sollten den Kommunen und Trägern der Regionalplanung professionell moderierte und begleitete Dialogverfahren finanziert werden. Und wo noch nicht vorhanden, sollten Servicestellen auf Landesebene eingerichtet werden.

Ziel dieser Maßnahmen ist es, das Vertrauen der Menschen vor Ort in die Akteure zu stärken und ihr Bewusstsein für die Sinnhaftigkeit der Projekte zu schärfen. Die Chancen dieser Technologie sollten von den Betroffenen deutlicher erkannt und vor Ort auch selbst genutzt werden können. Damit können die Anlagen nicht nur ein selbstverständlicher Bestandteil der Energieversorgung werden, sondern auch ein wertvolles Element für das Leben im ländlichen Raum.

Energiebedarf decken und Netz stabilisieren

Um die Energieversorgung auch in Zukunft zu sichern, sollten wir Lösungen finden, die die kurzfristigen, regionalen Fluktuationen der Einspeisung verringern. Infrage kommen dabei Speichertechnologien, das koordinierte Zusammenspiel verschiedener regenerativer Energiequellen und das Lastmanagement. Koordiniert und gesteuert werden diese unterschiedlichen Komponenten durch den IT-Zusammenschluss und ein Energiemanagementsystem. Diese sogenannten virtuellen Kraftwerke (VK) bieten neue Möglichkeiten, einerseits Energie bedarfsgerecht bereitzustellen. Andererseits können die Verbraucher ihren Stromverbrauch besser an die Netzauslastung anpassen und somit die Netzstabilität mit sichern.

Es ist aber nicht nur erforderlich, den Energiebedarf jederzeit zu decken, sondern auch, den Betrieb des Netzes aktiv zu unterstützen. Die Energiewirtschaft bezeichnet das als Kraftwerkseigenschaft. Die besondere Bedeutung von virtuellen Kraftwerken wird deutlich, wenn

Agenda für 2030

— Neue Marktmodelle für die Stromversorgung

— Etablierung der Windenergienutzung als ökonomische Säule in ländlichen Räumen

— Verstetigung und kontinuierliche Weiterentwicklung von Maßnahmen zum konsequenten Abbau bestehender und der Vermeidung neuer Genehmigungshemmnisse

man die mutmaßliche Entwicklung der erneuerbaren Energien in den nächsten drei Dekaden betrachtet: Sind heute circa zwei Millionen Wind- und Photovoltaikanlagen mit einer Gesamtleistung von circa 110 GW in Betrieb, werden es 2050 weit mehr als fünf Millionen Anlagen mit einer Gesamtleistung von 400 GW sein[15]. Diese Anlagen sind dann vollständig für die Versorgungssicherheit und die Systemstabilität verantwortlich und müssen in diesem Sinne zuverlässig, planbar und steuerbar sein.

Sichere Energieversorgung durch Systemdienstleistungen

Technisch können schon heute die meisten Erneuerbare-Energien-Anlagen, vor allem die Windenergieanlagen, Regelleistung bereitstellen. Sie sind im Vergleich zu thermischen Großkraftwerken sehr reaktionsschnell. Im Unterschied zu konventionellen Energiequellen stehen jedoch die wichtigsten erneuerbaren Energieträger Sonne und Wind nicht kontinuierlich zur Verfügung, sondern hängen vom Wetter ab. Die Regelleistung muss daher von einem vielteiligen, zeitlich variablen Mix von Anlagen bereitgestellt werden. Um die mögliche Regelleistungsbereitstellung durch die einzelnen Anlagen und den Regelleistungsbedarf dynamisch berechnen zu können, sind hochpräzise Einspeiseprognosen mit Angabe von Vertrauensbereichen notwendig. Genaue Prognosen sind auch für die Angebotserstellung von Wind- und Photovoltaikparks am Regelleistungsmarkt entscheidend, da durch diese das Regelleistungsangebot bei ebenso zuverlässiger Lieferung gesteigert werden kann. Windparks können in Zukunft mithilfe solcher Wahrscheinlichkeitsaussagen genauso zuverlässig Regelleistung bereitstellen wie bisherige Anbieter.

Windenergie als ökonomische Säule im ländlichen Raum

Die Windenergie liefert den Hauptanteil der erneuerbaren Energien im Strombereich – und ist der Motor der deutschen und europäischen Energiewende. Aufgrund vieler Hemmnisse ist der Zubau an Windenergieleistung in Deutschland in den vergangenen Jahren jedoch eingebrochen. Einige Hemmnisse liegen bei Gesetzen und Regeln, die die Politik ändern kann und muss. Um die jeweiligen Chancen der Technologieentwicklung für die Menschen vor Ort zu nutzen, sollte Windenergie als ökonomische Säule im ländlichen Raum etabliert werden. Virtuelle Kraftwerke managen Wind- und Photovoltaikparks im Kraftwerksmaßstab und sind das Werkzeug der zukünftigen Energieversorgung. Mit der vorausschauenden Steuerung und der Koordination von einer Vielzahl von Erneuerbare-Energien-Anlagen und Speichern sowie des Verbraucherverhaltens lassen sich auch künftig eine zuverlässige Energieversorgung realisieren und der Einsatz von konventionellen Kraftwerken auf ein Minimum reduzieren.

PROF. DR. KURT ROHRIG, *geb. 1957, leitet das Fraunhofer-Institut für Energiewirtschaft und Energiesystemtechnik und hat mehr als 30 Jahre Erfahrung im Bereich erneuerbare Energien und Energiesystemtransformation. Seit 2016 ist er zudem als Honorarprofessor am Fachbereich Elektrotechnik/Informatik der Universität Kassel tätig. Für seine wissenschaftlichen Leistungen zum regenerativen Kombikraftwerk zeichnete ihn 2009 die Deutsche Umwelthilfe mit dem Deutschen Klimaschutzpreis aus. Kurt Rohrig studierte Maschinenbau mit Diplom im Bereich numerische Mechanik und promovierte an der Universität Kassel.*

DR. ANTJE WAGENKNECHT, *geb. 1978, leitet die Fachagentur Windenergie an Land (FA Wind). Sie ist zudem als Vorständin der Windenergie-Agentur WAB und Kuratorin des Fraunhofer-Instituts für Windenergiesysteme IWES aktiv. Antje Wagenknecht promovierte über Strukturen im Wasser an der Universität Bremen und absolvierte einen Executive Master of Business Administration an der Universität Münster.*

»Die Wettbewerbsposition erneuerbarer Energien kann grundsätzlich über zwei Wege gestärkt werden: durch eine direkte Förderung oder die Verteuerung der fossilen Alternativen.«

Mehr Solarenergie für Deutschland und Europa

Von Karen Pittel und Hans-Martin Henning

Die neuen deutschen und europäischen Klimaziele er-fordern eine schnellere Reduktion der Energieerzeugung aus fossilen Energieträgern. Die Erzeugung von erneuer-barem Strom und die Verdrängung fossiler Energieträger stellen die Grundvoraussetzung dafür dar, dass Bereiche wie Mobilität, Industrie und Gebäude, in denen Strom oder strombasierte Energieträger stark genutzt werden, ihre CO_2-Emissionen verringern können.

Es besteht wenig Zweifel daran, dass die Solarener-gie – neben der Windenergie – eine der tragenden Säulen zukünftiger, nachhaltiger Energiesysteme sein wird. Allerdings muss sich die Ausbaugeschwindig-keit europaweit deutlich erhöhen, um die mittel- und langfristigen Klimaziele zu erreichen. Instrumen-te und Maßnahmen können dabei aber nicht nur auf Ausbauziele fokussieren, sondern müssen auch die Vor-aussetzungen für eine flexibilisiertere Stromnachfrage schaffen. Entsprechend gilt es, geeignete Technologie-entwicklung und Marktetablierung zu unterstützen, um schließlich ein selbsttragendes System zu schaffen.

Wie viel Solarenergie brauchen wir?

In allen Studien zur klimaneutralen Energieversor-gung Deutschlands auf Basis erneuerbarer Energien spielt Photovoltaik (PV) eine entscheidende Rolle für die zukünftige Stromversorgung. Erneuerbarer Strom gewinnt aber auch zunehmend an Bedeutung für die Herstellung sekundärer Energieträger wie Wasserstoff, stofflicher Energieträger oder von Chemikalien.

Die notwendige installierte PV-Leistung, die diese Stu-dien für das Jahr 2045 – oder 2050 bei Studien vor der Novelle des Klimaschutzgesetzes – ausweisen, reicht von rund 250 GW bis hin zu mehr als 500 GW. Die gro-ßen Schwankungen sind primär auf unterschiedliche zukünftige Entwicklungen des End- beziehungsweise Nutzenergiebedarfs, der Verteilung auf Wind- und Solar-energie und technischer Potenziale für die Installation von Photovoltaik zurückzuführen. Eine wichtige Rolle spielen auch unterschiedliche Annahmen über den Grad der europäischen Integration der Stromversorgung und somit den Ausbau europaweiter Übertragungsnetze so-wie die Verfügbarkeit und Importpreise erneuerbar hergestellter stofflicher Energieträger.

Die Entwicklung des europäischen Energiesystems prägen weitere Unsicherheiten, zum Beispiel über den Anteil von Atomkraftwerken in der zukünftigen Strom-versorgung. Zugleich liegen hier weniger Studien vor, die auf das Gesamtsystem mit allen Verbrauchssek-toren schauen, und somit auch weniger Projektionen der installierten Leistung von Photovoltaikanlagen. Der Korridor der veröffentlichten Werte liegt bei über 1.000 GW bis über 2.500 GW installierte Photovoltaik-leistung für das Jahr 2050 – unter der Annahme, dass Europa bis dahin Klimaneutralität erreicht.

Was sind die technischen Möglichkeiten und Herausforderungen?

1. Flächenverfügbarkeit

Eine Photovoltaikanlage marktverfügbarer Technologie mit Modul-Wirkungsgraden um die 20 Prozent braucht pro kW installierter Leistung rund 4 bis 6 m² Modul-fläche. Steht sie auf horizontalen Freiflächen oder Flachdächern, muss die rund doppelte Aufstellfläche veranschlagt werden, um gegenseitige Verschattung zu vermeiden. Somit stellt sich die Frage, ob ausreichend Flächen verfügbar sind, um die benötigten Leistungen bereitstellen zu können. In Deutschland waren im Jahr 2020 rund 54 GW netzgekoppelte Photovoltaikanlagen installiert. Davon entfielen 48 Prozent auf Anlagen bis 100 kW und der Rest auf Anlagen größer als 100 kW. Mehr als ein Drittel der Leistung kommt von Anlagen oberhalb 500 kW, wovon die meisten Freiflächenan-lagen sind.

Aufgrund des hohen weiteren Ausbaubedarfs bietet sich zunehmend eine Mehrfachnutzung von Flächen an. Unter dem Stichwort »integrierte Photovoltaik« wurden in den vergangenen Jahren viele Konzepte und neue Lösungen entwickelt. Sie reichen bis hin zur fle-xiblen farblichen Gestaltung von PV-Modulen, damit Architekten mehr Gestaltungsmöglichkeiten für die Gebäudeintegration haben. Eine umfassende Studie des Fraunhofer-Instituts für Solare Energiesysteme ISE[1] weist ein technisches Potenzial von 3.160 GW installier-ter Leistung für integrierte Photovoltaik aus – davon allein rund 1.700 GW für die Kombination mit landwirt-schaftlicher Nutzung und 1.000 GW für die Nutzung in

Gebäuden – und somit ein Vielfaches der für Klimaneutralität benötigten Mengen.

2. Systemintegration

Künftig müssen große Mengen volatiler erneuerbarer Energien in das Energie- und Stromsystem integriert werden. Da der Ertrag von Photovoltaikanlagen vom solaren Strahlungsgang abhängt, gibt es einen Peak zur Mittagszeit – zumindest dann, wenn die Anlage gen Süden ausgerichtet ist. Zur Glättung der Erzeugung innerhalb des Tagesgangs bietet sich deshalb an, PV-Anlagen auch mit Ost- und Westorientierung zu installieren. Das mindert zwar etwas den Ertrag gegenüber perfekter Südausrichtung, führt jedoch zu einer Abflachung des Einspeiseprofils.

Weitere Maßnahmen zur Systemintegration im Zeithorizont von Stunden und Tagen liegen im Bereich des Lastmanagements. Optionen dafür ergeben sich beispielsweise beim Laden von Elektrofahrzeugen oder bei gewerblichen Anlagen zur Kälteerzeugung. Auch Kurzzeitspeicher sind hilfreich: Zunehmend werden Batteriespeicher auf unterschiedlichen Netzebenen und an unterschiedlichen Orten – in der Nähe von erneuerbaren Kraftwerken und von Verbrauchern oder als eigenständige Anlagen im Netz – zum zeitlichen Ausgleich innerhalb des Tagesgangs oder auch zwischen Werktagen und Wochenenden genutzt.

Im Sinne einer saisonal ausgeglicheneren Stromerzeugung bietet sich ein Mix aus Solar- und Windenergie an: Idealerweise kommt die Leistung dabei zu rund 40 Prozent von Windkraftanlagen (offshore und onshore) und zu 60 Prozent von PV-Anlagen mit unterschiedlicher Ausrichtung. Größere Abweichungen von diesem Verhältnis erhöhen den Speicherbedarf und damit die Kosten. Um die Versorgungssicherheit herzustellen, bedarf es in jedem Fall eines Parks an flexiblen Kraftwerken, die langfristig mit Wasserstoff oder sonstigen erneuerbaren Energieträgern betrieben werden.

Was ist mit den Kosten?

Es gibt wenige Technologien im Energiebereich, die eine ähnlich drastische Kostenreduktion durchlaufen haben wie die Photovoltaik in den vergangenen 30 Jahren. Lagen im Jahr 1990 die Preise für Solarmodule pro Watt Nennleistung (auch Peakleistung genannt: Einheit Wp) bei rund 10 €/Wp, so lagen sie jüngst bei weniger als drei Prozent davon, also weniger als 0,3 €/Wp. Eine Analyse der weltweiten Entwicklungen zeigt, dass über die vergangenen 40 Jahre jede Marktverdoppelung im Mittel zu einem Rückgang der Modulpreise um 26 Prozent geführt hat. Zu welchen Stromgestehungskosten dies führt, hängt wesentlich vom Standort und von der dort vorherrschenden jährlichen Strahlungssumme sowie von weiteren Randbedingungen ab. In Deutschland lagen die bislang niedrigsten Stromlieferpreise im Rahmen von Auktionen bei 3,5 Eurocent pro kWh. In sonnenreichen Regionen wurden bereits sogenannte Power Purchase Agreements abgeschlossen mit garantierten Lieferpreisen von weniger als 1 US-Cent pro kWh.

Wie können wir Ausbau und Systemintegration realisieren?

Das neue deutsche Klimaschutzgesetz verpflichtet den Gesetzgeber zu einer Minderung der Treibhausgasemissionen im Energiesektor um fast 80 Prozent bis zum Jahr 2030 im Vergleich zu 1990. Angesichts dieses Ziels ist klar, dass nicht nur der Ausbau von Windenergie und Photovoltaik erheblich gesteigert werden muss. Gleichzeitig muss die Fähigkeit des Energiesystems, diese Mengen schwankender Einspeisung effizient zu nutzen, deutlich wachsen. Fossile Energieträger müssen gezielt verdrängt und die Akzeptanz des Ausbaus erneuerbarer Energien muss gesichert und gestärkt werden. Dabei akzeptiert die Bevölkerung Photovoltaik deutlich besser als Onshore-Windenergie. Es wird während der Übergangsphase Politiken auf unterschiedlichen Ebenen brauchen, um das Energiesystem mit der aus Klimaschutzperspektive notwendigen Geschwindigkeit umzubauen. In Anbetracht der erheblichen Investitionen, die zur Erreichung der Klimaneutralität unumgänglich sein werden[2], sollten diese Politiken nicht nur schnell wirken, sondern auch ökonomisch effizient sein.

3. Photovoltaik und CO_2-Bepreisung

Die Wettbewerbsposition erneuerbarer Energien, also auch der Solarenergie, kann grundsätzlich über zwei Wege gestärkt werden: durch ihre direkte Förderung

Agenda für 2022

— Ausschreibungsmengen für Photovoltaik auf 2030-Ziel anpassen und Flächennutzung von integrierter PV (zum Beispiel Agri-PV und Floating-PV) stärker in den Blick nehmen

— Mieterstromförderung zu einem vereinfachten System für Mehrfamilienhäuser umbauen (Eigenstromnutzung inklusive Laden von Elektrofahrzeugen)

— Neue PV-Anlagen im Dachanlagensegment stärken und vereinfachen, neuen PV-Boom auslösen

— Kopplung von PV-Anlagen mit Wärmeversorgung und Mobilität bei Handwerkern und Investoren unterstützen

— EU-RED-II-Richtlinie umsetzen: Befreiung von Umlagen und Abgaben bei eigengenutztem PV-Strom bis 30 kW

oder die Verteuerung der fossilen Alternativen. Aus diesem Grund darf die Bedeutung der CO_2-Bepreisung für den Umstieg auf erneuerbare Energien nicht vernachlässigt werden.

Durch den starken Anstieg der Preise im EU-Emissionshandel und das Energie- und Klimaprogramm der Europäischen Union »Fit for 55« etabliert sich die CO_2-Bepreisung immer stärker als Leitinstrument der europäischen Klimapolitik. Dass der Anteil von Kohle an der Stromerzeugung in der EU zwischen den Jahren 2015 und 2020 um die Hälfte sank, ist nicht zuletzt auf die Entwicklungen im EU-Emissionshandel zurückzuführen[3]. Da im »Fit for 55«-Paket eine schnellere Reduktion der ausgegebenen Emissionszertifikate geplant ist, kann zudem erwartet werden, dass der Preis für Emissionszertifikate perspektivisch weiter steigt. Der relative Vorteil erneuerbarer Energien gegenüber fossilen Energieträgern sollte sich zudem durch die Revision der EU-Energiesteuerrichtlinie weiter verbessern, da diese auf eine stärkere Belastung fossiler Energieträger abzielt.

Insbesondere für Großanlagen stellt sich die Frage, ob und wie lange es angesichts steigender europäischer CO_2-Preise und sinkender Kosten für Solartechnologien noch eine gesonderte Förderung erneuerbarer Energietechnologien braucht. Einerseits erhöhen steigende CO_2-Preise die Einnahmen aus Solarstrom, soweit Kohle oder Erdgas die preissetzende Erzeugungstechnologie darstellen. Andererseits werden Wind- und Solarenergie bei einem zunehmenden Anteil erneuerbarer Energien vermehrt preissetzend sein. Die damit

verbundene Senkung der Strompreise erschwert die Refinanzierung der Anlagen. Eine Flexibilisierung der Stromnachfrage kann diesen Effekt abschwächen. Dennoch ist nicht klar, inwieweit langfristig eine Refinanzierung über Energy-only-Märkte oder Power Purchase Agreements möglich sein wird. Eventuell sind aufgrund von Strompreisentwicklung und Kostenstruktur der erneuerbaren Energien auch längerfristig Förderungen notwendig – potenziell auch über ein neues Strommarktdesign.

4. Europäische Kooperation im Bereich erneuerbarer Energien

In jedem Fall ist zu hinterfragen, ob ein primär auf nationalen Politiken und Förderregimen basierender Ausbau erneuerbarer Energien in Europa langfristig sinnvoll ist. Um die Erzeugung von Wind- und Solarenergie zu verstetigen, sollte die EU stärker in deren Ausbau und Förderung einbezogen werden. Möglich wäre beispielsweise, ein (ergänzendes) EU-weites Fördersystem aufzubauen oder EU-weite Vorgaben zu entwickeln, damit der grenzübergreifende Ausbau in nationale Fördersysteme einfließt. Optionen dafür werden im Klima- und Energieprogramm der EU »Fit for 55« diskutiert[4].

Im heutigen System haben die EU-Mitgliedstaaten allerdings wenig Anreize, ein grenzüberschreitendes Fördersystem zu unterstützen. Während grenzüberschreitende Investitionen relativ einfach auf nationale Ausbauziele im Förderland anzurechnen wären, ist die Anrechnung von Emissionsreduktionen potenziell komplexer. Denn nicht am Ort der Förderung würden

Agenda für 2025

— Investitionsunterstützungsprogramm für europäische PV-Fertigung, etwa durch Europäische Investitionsbank (EIB) oder »Important Project of Common European Interest« (IPCEI)

— Netzdienlichkeit und Kommunikation der Anlagen fördern und netzdienliche Vergütungsregeln etablieren

— Investitionssicherheit für PV-Speicherlösungen auf allen Netzebenen sicherstellen

— PV-Nachhaltigkeitsstandards auf europäischer Ebene etablieren

— Kommunale Solarrahmenplanung als Standard verankern

— Bundeswettbewerb »Unser Ort soll klimaneutraler werden« etablieren mit prominenter jährlicher Siegerehrung

weniger CO_2-Emissionen entstehen, sondern am Ort des Ausbaus. Im Status quo würden diese Emissionsreduktionen nicht zur Erreichung nationaler Ziele beitragen. Zudem stellt sich bei überproportionalem Ausbau in einigen Regionen die Frage der Akzeptanz erneuerbarer Energieanlagen, insbesondere von Onshore-Windenergie. Auch ist die für den Ausbau benötigte Infrastruktur zu finanzieren – dafür müssen Lösungen gefunden werden.

Grundsätzlich sollte die Sinnhaftigkeit nationaler Zielsetzungen im Bereich der Stromerzeugung und des Ausbaus erneuerbarer Energien neu diskutiert werden. Voraussetzung für einen solchen EU-weit integrierten Ausbau wäre, die Fördersysteme stärker aufeinander abzustimmen und das grenzüberschreitende Übertragungsnetz entsprechend auszubauen.

Die Umsetzung eines gemeinsamen Systems stünde zudem vor einer weiteren Herausforderung: Laut EU-Verfassung können die EU-Mitgliedstaaten unabhängig ihren Energiemix und die Struktur ihrer Energieversorgung gestalten[5]. Entsprechend müssten Änderungen der Rahmensetzungen, die diese Unabhängigkeit beschneiden, einstimmig getroffen werden.

5. Ausbau und Systemintegration auf nationaler Ebene

Auch bei Stärkung der europäischen Koordination des Ausbaus erneuerbarer Energien kann allerdings auf eine erhebliche Erweiterung der installierten Leistung in Deutschland nicht verzichtet werden. Im Gegensatz zur Windenergie, bei der zur Auktion ausgeschriebene Volumina regelmäßig nicht zugeschlagen werden,

dürften weniger restriktive Ausschreibungen im Bereich der Photovoltaik direkt und substanziell den Ausbau der Solarenergie beschleunigen. Daneben werden zukünftig rein kommerziell auf Basis von Power Purchase Agreements installierte Anlagen eine wachsende Rolle spielen.

Auch bei verstärkten transeuropäischen Anstrengungen zur Glättung der Stromerzeugung werden Schwankungen erneuerbarer Energieerzeugung nicht zu vermeiden sein. Über einen Ausgleich saisonaler Schwankungen durch einen geeigneten Mix an Wind- und Solarenergie hinaus braucht es daher auch einen systematischen Aufbau der Potenziale für die Integration kurzfristig fluktuierender Einspeisung. Im Bereich der Stromnetze gibt es dabei eine Reihe von Möglichkeiten, um die Kapazität zur Aufnahme schwankender Einspeisung zu erhöhen[6].

Maßnahmen auf Angebots- und Nachfrageseite können dazu beitragen, die Energieerzeugung zeitlich gleichmäßiger zu verteilen und den Ausbaubedarf, die insgesamt benötigte Fläche sowie den Bedarf an Speichern zu reduzieren. Staatliche Rahmensetzung und temporäre Förderung stellen bei vielen Optionen eine wichtige Voraussetzung dar, um entsprechende Technologien rechtzeitig in den Markt zu bringen und Erfahrungen in ihrer Anwendung zu sammeln, obwohl Technologiekosten oder auch Strompreisdifferenzen noch keinen profitablen Einsatz zulassen.

Die Erzeuger bieten bereits heute einige Optionen: etwa die Abweichung von einer Südausrichtung der

Agenda für 2030

- Umsetzung von PV auf allen Bundesbauten und öffentlichen Gebäuden (Bestandsbauten)

- Breite Nutzung des PV-Stroms in Sektorkopplungstechnologien, unter anderem auch in Elektrolyseuren

- Weiterhin Flächen in der Breite zur Verfügung stellen

- Stärkere europäische Zusammenarbeit im Bereich Ausbau erneuerbarer Energien und Netze

Solaranlagen oder trackende Systeme für Standorte mit hoher Direkteinstrahlung. Dadurch lässt sich zusätzliche Energie in Zeiten erzeugen, in denen PV-Anlagen bisher weniger Energie produzieren. Das vergrößert die Nutzungsfenster für Eigenstromverbrauch und kann sich aufgrund höherer Börsenpreise positiv auf die Ertragslage auswirken. Voraussetzung ist, dass entsprechende Preissignale bei den Eigentümern erneuerbarer Energieanlagen ankommen. Bei einer Förderung durch zeit- und marktpreisunabhängige Instrumente ist dies allerdings nicht der Fall.

Bei den energieverbrauchenden Unternehmen und Haushalten kann eine flexibilisierte Preisgestaltung zu einer Nachfrage führen, die besser zum Erzeugungsprofil passt. Voraussetzung für einen profitablen Betrieb sind allerdings wiederum Anreize durch entsprechende Strompreisdifferenzen.

Was ist für die Zukunft zu erwarten?

Trotz der großen Erfolge bei der Industrialisierung und Kostensenkung der Photovoltaik ist die Entwicklung bei Weitem nicht am Ende. So wird beispielsweise intensiv an Mehrfachsolarzellen geforscht, bei denen die Kopplung verschiedener Halbleitermaterialien eine bessere Ausbeute der einfallenden Solarstrahlung ermöglicht und somit Wirkungsgrade von 30 Prozent und darüber möglich werden. Dies bedeutet eine Flächenreduktion um 30 Prozent und mehr.

Global ist mit einem ungebremsten Wachstum der Photovoltaik zu rechnen. Seriöse Studien gehen von weltweit installierten Leistungswerten zwischen 20 TW und bis zu 60 TW bis zur Mitte dieses Jahrhunderts aus. Dies erfordert zugleich eine drastische Erhöhung der globalen Produktionskapazität von heute knapp 150 GW pro Jahr auf das Zehn- bis 20-Fache. Berücksichtigt man zugleich, dass die Transportkostenanteile aufgrund der niedrigen und weiter sinkenden Herstellkosten immer relevanter werden, ergeben sich auch neue Chancen für eine Produktion von Photovoltaik entlang der gesamten Wertschöpfungskette in Europa und Deutschland. In jüngster Zeit gibt es einige vielversprechende Initiativen, auch die Zellfertigung, die vor rund zehn Jahren nahezu vollständig nach Asien abgewandert ist, wieder in Europa anzusiedeln.

Eine der großen Herausforderungen für die kommenden Jahre und Jahrzehnte wird es sein, eine möglichst vollständig geschlossene Kreislaufwirtschaft für die Photovoltaik aufzubauen, um die globalen Produktionsmengen nachhaltig sicherstellen zu können. Dies betrifft bei der heute marktbeherrschenden Siliziumtechnik vorrangig Glas und Silber, das für die Kontakte benötigt wird. Langfristig gilt das aber auch für weitere Materialien bis hin zum Silizium als Basismaterial der Zellen – dessen Aufbereitung benötigt bei Verwendung von Quarzsand als Ausgangsmaterial erhebliche Energiemengen.

PROF. DR. KAREN PITTEL, *geb. 1969, ist Professorin für Volkswirtschaftslehre an der Ludwig-Maximilians-Universität München und Direktorin des Zentrums für Energie, Klima und Ressourcen am ifo Institut. Sie ist Co-Vorsitzende des Wissenschaftlichen Beirats der Bundesregierung Globale Umweltveränderungen (WBGU), Mitglied des Bayerischen Klimarats und des Lenkungskreises der Wissenschaftsplattform Klimaschutz.*

PROF. DR. HANS-MARTIN HENNING, *geb. 1959, ist Leiter des Fraunhofer-Instituts für Solare Energiesysteme ISE in Freiburg und Professor für Solare Energiesysteme an der Albert-Ludwigs-Universität Freiburg. Er ist außerdem Mitglied des Präsidiums der Fraunhofer-Gesellschaft und Vorsitzender des Expertenrates für Klimafragen.*

»Das Stromversorgungssystem muss auf dem Weg zur Klimaneutralität Vorreiter sein und beim Übergang von Kohle und Kernenergie auf erneuerbare Energien die Versorgungssicherheit im Blick behalten.«

Die Stromversorgung der Zukunft: Erneuerbare Energien und Wasserstoff

Von Manfred Fischedick

Die klimaverträgliche Umgestaltung der Stromversorgung ist mit großen Herausforderungen verbunden. Zum einen geht es um den konsequenten Systemwechsel: von nuklearen und fossilen Großkraftwerken, die über Jahrzehnte die Stromversorgung dominiert haben, auf erneuerbare Energien. Zum anderen kommt dem Stromsystem eine Vorreiterrolle zu. Nahezu alle Szenarien, die sich mit der Erreichbarkeit ambitionierter Klimaschutzziele beschäftigen, gehen davon aus, dass die Dekarbonisierung in der Stromerzeugung etwa ein Jahrzehnt früher als in den Endenergiesektoren abgeschlossen sein muss.

Die Energiequellen des neuen Systems sind vielschichtig und umfassen sowohl kleine Anlagen wie etwa Photovoltaik-Dachanlagen als auch große Anlagen wie Offshore-Windparks. Aufgrund des schwankenden Energieangebots zeigt sich jedoch eine andere Erzeugungscharakteristik. Dabei werden an erneuerbare Energien genauso hohe Ansprüche gestellt wie an das bisherige System: Bezahlbarkeit und vor allem Versorgungssicherheit wissen besonders die industriellen Verbraucher in Deutschland zu schätzen und stellen einen gehörigen Standortvorteil dar.

Als Endenergieträger übernimmt Strom zudem eine wichtige Funktion für die Dekarbonisierung von Industrie, Gebäuden und Verkehr. Der Anteil von Strom im Endenergiemix wird sich Szenarien zufolge von rund 20 Prozent im Jahr 2019 auf 50 Prozent und mehr im Jahr 2050 erhöhen. Für diese Sektorenkopplung

> **Der Kohleausstieg müsste bereits 2030 weitgehend abgeschlossen sein.**

braucht es nicht nur weitere technische Entwicklungen, wie beispielsweise elektrische Anwendungen im Bereich Mittel- und Hochtemperaturen, sondern auch die richtigen Rahmenbedingungen und ökonomischen Anreize, vor allem durch eine Anpassung des hochkomplexen energieträgerbezogenen Abgaben- und Umlagensystems.

Abkehr von Stein- und Braunkohle in vollem Gange

Während der Ausstieg aus der Kernenergie infolge der Grundsatzentscheidung vom März 2011 nach der Reaktorkatastrophe im japanischen Fukushima nahezu abgeschlossen ist und die letzten drei Kernkraftwerke in Deutschland spätestens Ende 2022 vom Netz gehen werden, ist auch die Abkehr von der fossilen Stromerzeugung, vor allem aus Stein- und Braunkohle, in vollem Gange. Im Rheinischen Revier, in der Lausitz und dem Mitteldeutschen Revier wird die Gewinnung von Braunkohle aufgegeben.

Lange wurde über die Bedeutung der Kohle für die sichere Stromversorgung in Deutschland heftig gestritten. Den Knoten zum Platzen gebracht hat die breit besetzte Kommission für »Wachstum, Strukturwandel und Beschäftigung«, die nach nur einem halben Jahr Arbeit Anfang 2019 einen Konsensvorschlag für den Ausstieg aus der Kohle vorgelegt hat. Mit dem Kohleausstiegsgesetz und dem Strukturstärkungsgesetz hat die Bundesregierung Mitte 2020 die rechtlichen Weichen dafür gestellt. Danach sollen bis spätestens 2038 die Kohlekraftwerke stufenweise ihren Betrieb einstellen. Während für Steinkohlekraftwerke ein Ausschreibungsprozess verankert wurde, legt das Kohleausstiegsgesetz für die Braunkohlekraftwerke einen blockscharfen Ausstiegsfahrplan fest. Das Strukturstärkungsgesetz flankiert den Ausstieg aus der Kohlegewinnung und -verstromung: Milliardenhilfen sollen den Strukturwandel in den betroffenen Regionen unterstützen. Den Kraftwerksbetreibern werden Entschädigungen für die vorzeitige Außerbetriebnahme zugesagt. Deren Höhe allerdings wird die Europäische Union noch beihilferechtlich überprüfen.

Anteil der erneuerbaren Energien am Strommix steigt

Nahezu parallel zu den politischen Entscheidungsprozessen hat sich seit 2017, getrieben durch Entwicklungen am Markt, der Strommix bereits substanziell verändert. Während Stein- und Braunkohle 2017 (2019) zusammen noch 37 Prozent (29,8 Prozent) der Bruttostromerzeugung ausmachten, lag ihr Anteil im Jahr 2020 bei knapp 24 Prozent (16 Prozent Braunkohle, acht Prozent Steinkohle). Damit hat die Windenergie die Kohle als wichtigsten Energieträger für die Stromerzeugung mittlerweile überholt. Die erneuerbaren Energien tragen in Summe – Wind, Sonne, Biomasse und Wasserkraft – etwa doppelt so viel zur heimischen

Stromerzeugung bei wie Stein- und Braunkohle zusammen. Der Rückzug der Kohle beschränkt sich dabei nicht nur auf alte abgeschriebene Kraftwerke. Zum Beispiel hat sich das moderne Steinkohlekraftwerk Moorburg in Hamburg erfolgreich an der ersten Stilllegungsausschreibung beteiligt und geht nach nur gut fünf Jahren Betrieb im Jahr 2021 vom Netz.

Mit dem Kohleausstiegs- und dem Strukturstärkungsgesetz sind die rechtlichen Weichen für den Kohleausstieg gestellt.

Die Hintergründe für die Veränderungen sind vielschichtig und wurden 2020 durch die COVID-19-Pandemie, während der die Stromnachfrage deutlich zurückgegangen ist, überlagert. Der dynamische Ausbau der erneuerbaren Energien, ein substanzieller Anstieg des CO_2-Preises im Europäischen Emissionshandelssystem (ETS) sowie günstige Erdgaspreise haben für einen massiven Rückgang der Kohleverstromung gesorgt. Mit dem Anstieg des CO_2-Preises von einem mittleren Wert deutlich unter 10 Euro/t CO_2 2017 auf im Mittel knapp 25 Euro/t CO_2 2020 verschob sich die Merit-Order, also die ökonomische Einsatzreihenfolge der Kraftwerke, und Erdgaskraftwerke verdrängten teilweise Kohlekraftwerke. Der Anstieg des CO_2-Preises hat sich 2021 nicht zuletzt aufgrund der erhöhten europäischen Ambitionen für den Klimaschutz fortgesetzt. Im Verlauf der ersten Jahreshälfte 2021 stieg der CO_2-Preis im ETS auf mehr als 50 Euro/t CO_2, der Druck, aus der Kohleverstromung auszusteigen, nimmt damit weiter zu.

Trends, Perspektiven und Herausforderungen für das Stromsystem

Die Klimaschutzziele der Bundesregierung bestimmen entscheidend die Perspektiven und Herausforderungen in der Stromerzeugung. Bis 2045 will Deutschland vollständig treibhausgasneutral sein. Aufgrund seiner Vorreiterrolle muss der Stromsektor diese Zielmarke schon früher erreichen. Der größte Schritt in diese Richtung muss bis 2030 erfolgen. Orientiert man sich an dem Zwischenziel der Bundesregierung für 2030 – Minderung der Treibhausgasemissionen um 65 Prozent gegenüber 1990 –, dann zeigen Szenarioanalysen[1] eine notwendige Reduktion der Emissionen für den Bereich der Strom-/Energiewirtschaft auf 98 Mio. t CO_2eq

(eq steht für CO_2-Äquivalent) und damit um fast 80 Prozent gegenüber 1990. Gegenüber dem Jahr 2018, also in gerade einmal zwölf Jahren, müssen die Emissionen um 206 Mio. t CO_2eq reduziert werden. Dies ist nur dann zu erreichen, wenn der Kohleausstieg bis 2030 weitgehend abgeschlossen ist, der Anteil erneuerbarer Energien auf 70 Prozent am Bruttostromverbrauch angestiegen ist, erste noch im System verbleibende Gaskraftwerke mit Wasserstoff betrieben werden und die Umstellung der Fernwärme auf klimaneutrale Wärmequellen begonnen wurde.

Für die Kohlekraftwerke bedeutet dies, dass sie schon acht Jahre vor der im Kohleausstiegsgesetz formulierten Zielmarke vom Netz gehen müssen – das erfordert eine Beschleunigung des Strukturwandels in den Kohleregionen. Das ließe sich durch eine Anpassung des Kohleausstiegsgesetzes erreichen – oder besser durch eine marktliche Steuerung mit hohen CO_2-Preisen. Um die Planungssicherheit zu erhöhen, sollten die im ETS ohnehin zu erwartenden Preiseffekte von einem nationalen Mindestpreis für den Stromsektor in Höhe von mindestens 50 Euro/t CO_2 flankiert werden.

Deutschland im internationalen Vergleich

Wäre Deutschland mit einem Kohleausstieg 2030 international Vorreiter? Sicher nicht. Allein in Europa haben Länder wie Großbritannien, die Niederlande, Finnland, Italien und Frankreich erklärt, die Nutzung der Kohle vor 2030 zu beenden. Großbritannien war das erste Land, das aus Klimaschutzgründen eine forcierte Kohleausstiegspolitik angekündigt und auch umgesetzt hat. Vor allem die Einführung der CO_2-Steuer im Jahr 2013 hat dazu geführt, dass die Kohleverstromung drastisch eingebrochen ist: Wurden 2012 noch 43 Prozent des Stroms aus Kohle gewonnen, waren es 2020 nur noch weniger als zwei Prozent.

Ausbau von Photovoltaik und Windenergie beschleunigen

Nach 2030 muss die Stromversorgung in Deutschland weiter konsequent umgebaut und letztlich zu 100 Prozent auf erneuerbare Energien, primär Wind- und Solarstrom, umgestellt werden. Den Szenarioanalysen folgend, tragen 2045 Gaskraftwerke (sechs Prozent), die zunächst

Agenda für 2022

— Anpassung des Europäischen Emissionshandels-systems (ETS) an die erhöhten Klimaschutzziele

— Klares Bekenntnis zur Vorreiterfunktion der Stromwirtschaft für den Klimaschutz und Einführung von nationalen CO_2-Mindestpreisen

— Zentrale Entscheidungen für eine Reform des Umlagen- und Abgabensystems für Strom, um Sektorenkopplung attraktiver zu machen und Investitionen anzureizen

— Ausstieg aus der Kernenergie Ende 2022 mit dem Abschalten der letzten drei Kraftwerke in Deutschland

mit Erdgas und später mit erneuerbar erzeugtem Wasserstoff betrieben werden müssen, Speichersysteme (vier Prozent) und Stromimporte (2,5 Prozent) mit jeweils wenigen Prozentpunkten zur Stromerzeugung bei und gewährleisten die Versorgungssicherheit auch in wind- und sonnenarmen Zeiten. Insgesamt müssen in Deutschland 2045 rund 50 Prozent mehr Strom als heute erzeugt werden, um die Anforderungen aus der Sektorenkopplung abdecken zu können. Dafür müssen auch neue Gaskraftwerkskapazitäten entstehen, die *H2-ready* ausgeführt werden müssen, um Lock-in-Situationen zu vermeiden. Grundvoraussetzung für die klimaneutrale Aufstellung der Stromversorgung ist aber die deutliche Beschleunigung des Ausbaus der Photovoltaik und der Windenergie. Zwischen 2030 und 2045 müssen im Mittel jährlich rund 19 GW an Photovoltaikleistung und 10 GW an Windkraftwerksleistung (davon 3 GW/Jahr offshore) hinzugebaut werden und damit um den Faktor 5,5 (Photovoltaik) beziehungsweise 3,5 (Wind) mehr als im Durchschnitt der Jahre 2018 bis 2020.

Insgesamt müssen in Deutschland 2045 rund 50 Prozent mehr Strom als heute erzeugt werden, um die Anforderungen aus der Sektorenkopplung abzudecken.

Steigender Bedarf an gespeicherter Energie

Diese Transformation mit stetig wachsender Bedeutung volatiler, nicht direkt regelbarer erneuerbarer Energien für die Stromerzeugung markiert einen Paradigmenwechsel weg vom originär auf zentralen, regelbaren Kraftwerken basierenden Versorgungsmodell. Der weitere Ausbau der erneuerbaren Energien erfordert mehr Flexibilität: in erster Linie Technologien für die Kurzzeitspeicherung von Strom, zum Beispiel Frequenzhaltung über Batterien. Je weiter wir uns aber auf eine Stromerzeugung zu 100 Prozent aus erneuerbaren Energien zubewegen, desto mehr steigt der Bedarf, Strom über Tage oder Wochen zu speichern – das geht letztlich nur mithilfe chemischer Energieträger wie Wasserstoff oder daraus abgeleiteten Derivaten. Diese können eine Doppelrolle spielen, indem sie einerseits das Stromsystem stabilisieren und andererseits die Dekarbonisierung der Endenergiesektoren unterstützen. Flexibilitäten entstehen aber auch durch gezieltes Lastmanagement, also durch eine stärkere Steuerung der Stromnachfrage. Die Stromversorgung der Zukunft wird ohne Zweifel komplexer, daher braucht es ein noch besseres Verständnis davon, wie die vielfältigen Komponenten des zukünftigen Stromsystems zusammenspielen. Regionale Reallabore und überregionale virtuell vernetzte Systeme sind dazu geeignete Instrumente.

Wird die Stromversorgung aus Klimaschutzgründen wie beschrieben umgebaut, leiten sich daraus verschiedene Herausforderungen ab, für die zeitgleich Lösungen gefunden werden müssen. Dies betrifft sowohl technisch-strukturell geprägte Herausforderungen als auch solche auf der Akteursebene.

Technisch-strukturelle Herausforderungen sind beispielsweise:
— Gestaltung des Übergangs auf grüne Fernwärme durch das Wegbrechen von kohlebetriebenen Heizkraftwerken, die heute zu den zentralen Stützen der Fernwärmeversorgung gehören. Zahlreiche Unternehmen wie die Stadtwerke München oder die Mannheimer MVV haben bereits mit der Umstellung begonnen oder Konzepte für die Umstellung erarbeitet.
— Bereitstellung hinreichender Flexibilität im System wie Speicher und Lastmanagement zur Kompensation der wegbrechenden regelbaren Kraftwerksleistung. Hiermit verbunden ist auch die Integration neuer Akteure in den Strommarkt und die Entwicklung der dafür notwendigen Anreizsysteme.

- Stärkere Verzahnung des Strommarktes mit den Endenergiesektoren (Sektorenkopplung) und die Etablierung neuer Geschäftsfelder sowie damit verbundener Flexibilitätsoptionen, beispielsweise Power-to-Heat.
- Aufbau von Versorgungsstrukturen mit grünem Wasserstoff, verbunden mit einer aus der Gesamtsystemperspektive heraus notwendigen Einführung einer Wasserstoffwirtschaft.

Akteursbezogene Herausforderungen sind beispielsweise:
- Organisation eines gerechten, die relevanten Akteure in den Kohleregionen mitnehmenden Strukturwandels (*just transition*) und der Erhalt attraktiver Lebensbedingungen in den Regionen.
- Änderung des Selbstverständnisses der im Strommarkt etablierten Akteure. Zahlreiche große Unternehmen haben bereits angekündigt, ihr Geschäftsfeldportfolio vollständig neu auszurichten: Entweder fokussieren sie sich auf Investitionen in erneuerbare Energien oder wandeln sich zum Energiedienstleistungsunternehmen. Viele Unternehmen haben auch bereits klar formuliert, bis wann sie klimaneutral werden wollen. Mit dem Zieljahr 2025 für eine CO_2-freie Stromversorgung gehören die Stadtwerke München sicher zu den Vorreitern, während die meisten anderen Unternehmen eher 2035 oder 2040 anstreben.

- Einbindung von digitalisierungsaffinen Start-ups, um die Möglichkeiten digitaler Technologien für die Systemintegration erneuerbarer Energien und die Flexibilitätssteuerung auszuschöpfen.
- Berücksichtigung der nationalen Besonderheiten beim Umbau des Stromsystems im europäischen Kontext, insbesondere bei der Fortentwicklung der Energie-, Klima-, Wirtschafts- und Strukturpolitik.
- Systematische Erfassung des Bedarfs an Kompetenzen für die Umsetzung der Transformationsprozesse und die Übersetzung in interne und externe Qualifizierungsprogramme.

Strukturwandel proaktiv begleiten

Der Strukturwandel in den Kohleregionen hat im Grunde schon vor Jahrzehnten begonnen. Dies gilt insbesondere für den Steinkohlebergbau. Haben 1950 dort noch mehr als 500.000 Menschen gearbeitet, wurde mit der Stilllegung der letzten deutschen Zeche in Bottrop 2018 die Beschäftigung quasi beendet. Eine ähnlich dramatische Entwicklung hat es in den ostdeutschen Braunkohlerevieren gegeben. Dort gingen die Beschäftigungszahlen mit Beginn der Wiedervereinigung zwischen 1990 und 2000 von knapp 130.000 auf rund 21.000 zurück. Ein sehr großer Teil des Strukturwandels ist somit bereits erfolgt – bei der Braunkohle allerdings weitgehend ohne staatliche Unterstützung. Mit dem Kohleausstiegs- und dem Strukturstärkungsgesetz soll der Strukturwandel nun proaktiv begleitet werden.

Agenda für 2025

- Beschleunigter Ausbau erneuerbarer Energien und der Stromnetzinfrastruktur, etwa durch schlankere Genehmigungsverfahren und bessere Teilhabemöglichkeiten

- Etablierung von Anreizen für Flexibilitätsleistungen, etwa durch regionale Flexibilitätsmärkte der Verteilnetzbetreiber

- Einführung zeitvariabler Energiepreise

- Beschleunigte Ausschreibung und Umsetzung von Strukturwandelprojekten in den Kohlerevieren, dabei vor allem Berücksichtigung von Nachhaltigkeitszielen und Zukunftsfestigkeit

Agenda für 2030

- Ausbau des gesamteuropäischen Stromverbundsystems durch Verstärkung der grenzüberschreitenden Kuppelstellen

- Aufbau einer Wasserstoffinfrastruktur und Etablierung eines internationalen Wasserstoffmarktes

- Anreize für die Umstellung auf grüne Fernwärme

- Schaffung der regulativen Rahmenbedingungen für Transformation des bestehenden Erdgasnetzes hin zu Wasserstoff

- Monitoring des Strukturwandels in den Kohleregionen und gegebenenfalls Anpassung von Förderrichtlinien und -schwerpunkten

Im Jahr 2020 waren im Braunkohlenbergbau in Deutschland noch etwa 19.500 Personen tätig, einschließlich Beschäftigter in den Braunkohlekraftwerken der allgemeinen Versorgung. Hinzu kommen die damit indirekt verknüpften Arbeitsplätze, etwa in der Vorleistungsindustrie, im Handel und Gewerbe. Da viele der heute im Bergbau Beschäftigten in den nächsten Jahren ohnehin in Rente gehen, geht es im Rahmen des Strukturwandels nicht primär darum, Beschäftigungsalternativen für die aktuelle Belegschaft zu finden. Zentrales Ziel ist vielmehr, mit den rund 40 Milliarden Euro an Bundesmitteln, die in den nächsten Jahren als Strukturhilfemittel fließen sollen, die Kohleregionen insgesamt zukunftsfest aufzustellen. Dabei geht es um die Ansiedlung von zukunftsorientierten Unternehmen, etwa in den Bereichen nachhaltige Energieversorgung, Mobilität, Wasserstoff und Kreislaufwirtschaft. Die Regionen müssen als Produktionsstandort attraktiv gehalten werden, die Menschen brauchen ein gutes Wohn- und Lebensumfeld. Das Angebot qualitativ hochwertiger Jobs sowie Qualifizierungs- und Weiterbildungsangebote spielen damit eine ebenso große Rolle wie die nachhaltige Raum- und Infrastrukturentwicklung.

Dabei unterscheiden sich die drei großen Kohlereviere wesentlich in ihren Ausgangsbedingungen, was bei der Gestaltung des Strukturwandels zu berücksichtigen ist. Im Rheinischen Revier bieten sich durch die Nähe zu den Innovationszentren in Aachen, Köln, Leverkusen und Düsseldorf ganz andere Möglichkeiten als etwa in der strukturschwachen Lausitz. Gemeinsam ist den drei Regionen aber, dass sie mithilfe der Bundesmittel die Chance nutzen müssen, eine Innovations- und Demonstrationsregion mit Ausstrahlung und Multiplikationseffekt zu werden. Ausstrahlung ist dabei in zwei Richtungen

notwendig. Nach außen ist sie wichtig, um über Systemlösungen vor Ort Exportpotenziale generieren zu können. Nach innen geht es vor allem darum, die Entstehung einer neuen Identität und eines neuen Zusammengehörigkeitsgefühls in der Region zu unterstützen – ohne die hat der Strukturwandel kaum Erfolgschancen.

Integrative Perspektive gefordert

Die strukturpolitische Debatte ist, historisch betrachtet, eine ökonomische Debatte. Traditionell zielen strukturpolitische Interventionen mit Blick auf Arbeitsplätze darauf ab, die Wirtschaftsleistung einer Branche beziehungsweise einer Regionalökonomie zu erhalten oder zu verbessern. Dabei haben in der Vergangenheit oft globale Effekte im Rahmen der globalisierten Wertschöpfungsketten oder technologische Fortschritte einen Strukturwandel ausgelöst. Beim Braunkohleausstieg hingegen sind klimapolitische Vorgaben das auslösende Moment. Die Politik steht daher in einer besonderen Verantwortung, die mit den Veränderungen verbundenen ökonomischen und sozialen Effekte abzufedern. Dafür braucht es von Anfang an eine integrative Perspektive.

PROF. DR.-ING. MANFRED FISCHEDICK, *geb. 1964, ist wissenschaftlicher Geschäftsführer des Wuppertal Instituts und Professor an der Schumpeter School of Business and Economics an der Bergischen Universität Wuppertal. Er erforscht Transformationsherausforderungen in den Bereichen Energie, Mobilität, Industrie und Stadt. Zudem berät er die Europäische Union, Bundes- und Landesregierungen sowie Unternehmen in energie- und klimapolitischen Fragen. Er ist Autor zahlreicher Bücher und Fachbeiträge, Leitautor des Weltklimarates sowie Mitglied vieler nationaler und internationaler Gremien.*

»Ohne Netzausbau und -umbau geht es nicht voran. Wenn die Netze nicht in der Lage sind, den beschleunigten Ausbau der erneuerbaren Energien zu verkraften, werden die Klimaziele nicht erreicht.«

Netze: Eine unerlässliche Basis

Von Katherina Reiche

Wenige Monate vor der Bundestagswahl 2021 haben Exekutive und Legislative auf die Entscheidung des Bundesverfassungsgerichts reagiert, das die Freiheitsrechte künftiger Generationen durch die bisherige Klimapolitik nicht ausreichend gewahrt sah. Die sehr zügige Verschärfung der Klimaziele stellt die Energiewirtschaft nun vor erhebliche Herausforderungen. Auf die Strom- und Gasnetzbetreiber wirkt sich die neue Gesetzgebung wie eine radikale Fristverkürzung aus. Viele Planungen müssen beschleunigt werden, denn ohne Netzausbau und -umbau geht es nicht voran. Wenn die Netze nicht in der Lage sind, den beschleunigten Ausbau der erneuerbaren Energien zu verkraften, werden die Klimaziele nicht erreicht werden können.

Netze haben die Eigenschaft, unauffällig zu sein. Beim Fischernetz ist das sogar erfolgskritisch. Die Fische sollen schließlich nicht wahrnehmen, in was sie da hineinschwimmen. Unsere Energie- und Kommunikationsnetze, also die Netze, über die Wasser und Abwasser verteilt und entsorgt werden, sollen ebenfalls möglichst unsichtbar sein, aber reibungslos funktionieren. In vielen Teilen der Welt werden daher nicht nur Rohre, sondern auch Strom- und Datenleitungen unterirdisch verlegt. Sie finden in der sichtbaren Welt nicht statt.

Was leicht übersehen wird, fehlt aber häufig auf der Tagesordnung. Und tatsächlich denken Politik, Wirtschaft, Forschung und Gesellschaft bislang zu wenig darüber nach, welche elementare Rolle Netze spielen, gerade bei der Bewältigung des Klimawandels und der Vollendung der Energiewende. Das ist riskant.

Das Netz der Zukunft – das Smart Grid – wird Milliarden von Messpunkten miteinander verbinden, um Energieströme so effizient und verlässlich wie möglich zu steuern.

Im Frühjahr 2021 beauftragte der Nationale Wasserstoffrat der Bundesregierung drei Fraunhofer-Institute damit, einen Überblick über den Forschungsstand zu erarbeiten, der zum künftigen Wasserstoffbedarf der Sektoren Energie, Industrie, Mobilität und Gebäude verfügbar ist. Dabei stellte sich heraus, dass die Frage des Netzausbaus wenig oder gar nicht berücksichtigt wird. Wie der erzeugte Wasserstoff zu den Kunden kommen soll und welche Konsequenzen das beispielsweise für den Wasserstoffpreis hat, wird in den Studien einfach ausgeklammert. Die Infrastruktur wird als selbstverständlich vorausgesetzt.

Die Bedeutung der Netze lässt sich am ehesten erkennen, wenn sie einmal ausfallen. Das weiß man, leidgeprüft, vom Mobilfunknetz oder vom DSL-Anschluss zu Hause. Aber es ist ungleich dramatischer, wenn der Strom oder das Gasnetz ausfallen.

Einen solchen Ausfall erlebten die Menschen im Februar 2021 im US-Bundesstaat Texas. Bis zu vier Millionen Haushalte und Gewerbebetriebe waren zeitweise komplett von der Strom- und Gasversorgung abgeschnitten, weil nach einem extremen Kälteeinbruch Windräder, Gas- und Kohlekraftwerke ausgefallen waren. Zahlreiche Systeme wurden schwer in Mitleidenschaft gezogen: Ohne Energie kam es zu Problemen bei der Lebensmittelversorgung. Ganze Krankenhäuser mussten evakuiert werden. Weil frierende Menschen in ihrer Verzweiflung Feuer machten, brachen vielerorts Brände aus, die die Feuerwehren jedoch nicht löschen konnten, weil die Wasserleitungen eingefroren waren und kein Löschwasser zur Verfügung stand. 150 Todesfälle sollen mit dem Netzausfall in Verbindung stehen.

Die Politik in Texas machte zunächst die Windenergie für das Desaster verantwortlich. Das war deutlich zu kurz gegriffen, enthält aber einen wahren Kern. Als der Strom noch aus ein paar wenigen großen, zentralen Kraftwerken kam, war die Steuerung der Stromnetze vergleichsweise einfach. Zeichnete sich ab, dass der Strombedarf von der Prognose abwich, konnte der Netzbetreiber in der Leitwarte des Kraftwerks anrufen und darum bitten, die Erzeugungsleistung entsprechend anzupassen. Stromnetze waren Einbahnstraßen vom Erzeuger zum Verbraucher.

Heute sind die wenigen übrig gebliebenen Großkraftwerke über die Stromnetze mit einer Vielzahl kleinerer Stromerzeuger, Stromspeicher und Stromverbraucher verbunden. 2,1 Millionen Wind-, Photovoltaik- und Biomasseanlagen gibt es heute in Deutschland – 2030 müssen es mehr als doppelt so viele sein, wenn wir die gesetzten Klimaziele erreichen wollen. 95 Prozent davon speisen Strom ins Verteilnetz, das damit zu einer stark

Agenda für 2022

— Die Genehmigungsverfahren für den Bau neuer Anlagen zur Erzeugung erneuerbarer Energien müssen deutlich kürzer werden. Dazu brauchen wir ein passgenaues Planungs- und Genehmigungsrecht mit entsprechender Ausstattung der Behörden.

— Bei der Frage, wie die Umrüstung des Gasnetzes und der Neubau der Wasserstoffinfrastruktur zu bezahlen sind, müssen sich Bund und EU pragmatischen Überlegungen öffnen. Beide Netze müssen gemeinsam geplant werden, und ihr Um- und Ausbau müssen gemeinsam finanziert werden.

befahrenen Straße mit viel Gegenverkehr geworden ist. Je nach Wetterlage kann eine Region im Saldo vom Verbraucher zum Erzeuger von Strom werden – oder umgekehrt. Entweder zieht sie Strom aus den übergelagerten Netzen – oder sie speist ihn dort ein. Die Netzsteuerung ist zu einem hochkomplexen Prozess geworden.

Ohne Digitalisierung geht es nicht mehr

Stromnetze funktionieren nur so lange, wie der momentane Verbrauch der momentanen Produktion entspricht. Nur so kann die erforderliche Stromfrequenz von 50 Hertz gehalten werden. Schon längst ist diese Balance nur dank Digitalisierung zu halten. Ein Beispiel dafür ist »Redispatch 2.0«. Unter diesem Namen haben die vier Übertragungsnetz- und 17 Verteilnetzbetreiber in Deutschland eine Daten- und Kommunikationsplattform geschaffen, durch die ab Oktober 2021 Versorgungssicherheit und Netzstabilität weiter erhöht werden. Alle 15 Minuten werden sich die Netzsteuerungen der unterschiedlichen Spannungsebenen über vorhersehbare Schwankungen in der Energieproduktion und -abnahme verständigen. Auf diese Weise wird automatisch ein Ab- oder Hochregeln von Anlagen veranlasst. Das System verspricht einen erheblichen Effizienz- und Sicherheitsgewinn. Gleichzeitig wird es sowohl die dauerhaften Kosten der Netzsteuerung als auch den Bedarf an klassischem Netzausbau reduzieren, weil es Probleme und Herausforderungen im Netz so lokal wie möglich löst.

»Redispatch 2.0« ist dabei nur ein Digitalisierungsvorhaben unter vielen. Die Entwicklung digitaler Technologien, mit denen die regenerative Erzeugung und Speicherung von Strom sowie die Integration von Elektromobilität besser zu beobachten und zu regeln sind, ist in vollem Gange. Das Netz der Zukunft – das Smart Grid – wird Milliarden von Messpunkten

miteinander verbinden, um Energieströme so effizient und verlässlich wie möglich zu steuern.

Grundlage dafür ist ein Informationsaustausch in Echtzeit. Folgerichtig haben die Netzbetreiber ein hohes Eigeninteresse am Ausbau der Kommunikationsinfrastruktur. Die Verlegung von Glasfaserkabeln gerade im ländlichen Raum ist ein zentraler Standortfaktor für Familien, Gewerbetreibende und Industrie. Datenautobahnen sind fundamental wichtig für die Zukunftsfähigkeit unseres Landes. Die Glasfaser ist dabei zugleich ein unverzichtbarer Teil der Energiewende. Denn so wie das Breitbandnetz auf ein stabiles Stromnetz baut, ist das Stromnetz zunehmend angewiesen auf ein gut ausgebautes Breitbandnetz.

Durch verschärfte Klimaziele nimmt der Transformationsdruck zu

Netzbetreiber müssen sich derzeit mit vielen verschiedenen Themen beschäftigen: von der Frage, wie sie den Wandel der Energienutzung in den Sektoren Industrie, Energie, Mobilität und Gebäude gleichzeitig und verlässlich unterstützen können, bis hin zu der Herausforderung, die personellen Kapazitäten und Kompetenzen zu entwickeln, die der Klimaschutz in den nächsten Jahrzehnten benötigen wird.

Drei Transformationsvorhaben sind zentral für die Netze: die Wasserstoffwirtschaft, die Elektrifizierung in fast allen Sektoren sowie das Anwachsen der Produktion und des Imports von erneuerbaren Energien.

1. Die Wasserstoffwirtschaft kommt

Die Frage, ob Wasserstoff eine Rolle als Tafelwasser der Energiewende spielen wird, können wir als beantwortet betrachten. Er wird, weil er muss – und das zügig! Ohne einen zeitnahen Einstieg in die

Agenda für 2025

— Die »European Hydrogen Backbone«-Initiative rechnet damit, dass bis 2025 allein in Deutschland 452 Kilometer des Wasserstoff-Fernleitungsnetzes fertiggestellt sein müssen.

— Die Fraunhofer-Institute sagen eine erhöhte Wasserstoffnachfrage ab 2025 voraus, zunächst in der Chemie- und Stahlindustrie. Ab 2030 werden auch die Sektoren Energie und Mobilität große Mengen benötigen. Laut Nationalem Wasserstoffrat benötigt der Energiesektor dann bis zu 20 Terawattstunden.

Wasserstoffwirtschaft wird die neue Klimaschutzpolitik des Bundes zur Makulatur. Viele Anwendungen in der Energieversorgung, in der Industrie, im Verkehr und im Wärmesektor lassen sich nicht technisch oder zumindest nicht ökonomisch sinnvoll per Elektrifizierung dekarbonisieren. Ein molekularer Energieträger muss deshalb her, der treibhausgasarm zu erzeugen, großvolumig zu speichern und von den Produktionsstandorten in die Regionen der energieintensiven Industrien zu transportieren ist. Dieser Energieträger ist Wasserstoff. Die Produktion über Elektrolyse ist eingeübt und skalierbar, die Speicherung in riesigen Salzkavernen wird an mehreren Stellen erprobt, und für den Transport steht uns in Deutschland das bereits vorhandene 550.000 Kilometer lange Erdgasnetz zur Verfügung. Das ist ein echter Trumpf für den Wasserstoffhochlauf.

Netzsteuerung ist zu einem hochkomplexen Prozess geworden.

Aber wie spielt man diesen Trumpf aus?

In Holzwickede bei Dortmund probiert dies die Westnetz GmbH, der Verteilnetzbetreiber der Westenergie AG, mit dem Forschungs- und Entwicklungsprojekt »H2HoWi« aus. Zum ersten Mal in Deutschland wird dort eine bestehende Erdgasleitung der öffentlichen Gasversorgung auf reinen Wasserstoff umgestellt. Wissenschaftlich begleitet wird hier nachgewiesen, dass Wasserstoff das Rohrmaterialgefüge und die Dichtigkeit der vorhandenen Infrastruktur nicht beeinträchtigt. Mit diesen Erfahrungen aus Westfalen werden wir überall dort eine Vorlage für die Umrüstung des Gasverteilnetzes liefern können, wo Wasserstoff als effizienteste Energielösung ausgewählt wird – sei es für den Nutz- oder Nahverkehr, die Versorgung von Unternehmen mit Prozesswärme oder das Heizen von Gebäuden.

Wir werden das Rohrleitungsnetz der heutigen Gasversorgung auch für das Energiesystem der Zukunft brauchen. Die Fraunhofer-Institute sagen eine erhöhte Wasserstoffnachfrage bereits ab 2025 voraus, zunächst in der Chemie- und Stahlindustrie. Schon ab 2030 werden aber auch die Energieversorgung selbst und der Mobilitätssektor erhebliche Mengen an Wasserstoff benötigen. Der Nationale Wasserstoffrat rechnet für den Energiesektor dann mit einem Bedarf von bis zu 20 Terawattstunden und von bis zu 288 Terawattstunden zehn Jahre später. Das wäre eine Steigerung um den Faktor 14 innerhalb nur einer Dekade.

Allein die deutsche Industrie könnte bis 2050 einen Wasserstoffbedarf von bis zu 500 Terawattstunden entwickeln. Zur Einordnung: Das ist doppelt so viel Energie, wie in Deutschland heute an Grünstrom erzeugt wird.

2. Investitionsdruck auf die Stromverteilnetze

Durch die Verschärfung der Klimaschutzziele muss der Ausbau der erneuerbaren Energien in Deutschland wesentlich beschleunigt werden. Der Strombedarf wird nach Berechnungen des Energiewirtschaftlichen Instituts an der Universität zu Köln (EWI) von heute rund 500 Terawattstunden bis 2030 auf 685 Terawattstunden steigen: durch die Produktion von Wasserstoff, Elektrifizierung vieler energieintensiver Prozesse in Industrie und Gewerbe, Ablösung von Öl- und Gasheizungen durch stromverbrauchende Wärmepumpentechnik sowie zunehmende E-Mobilität und den damit verbundenen Ausbau der Ladeinfrastruktur für Autos und Fahrräder. Um einen Eindruck von den Dimensionen zu bekommen: Die Zahl der Ladepunkte werden wir von heute 200.000 bis 2025 vervierfachen, bis 2030 verneunfachen müssen.

Jeder dieser Punkte bedeutet für die Netzbetreiber, erheblich in die Verstärkung und Digitalisierung der regionalen und lokalen Verteilnetze investieren zu müssen. Die Versorgungssicherheit ist andernfalls nicht aufrechtzuerhalten. Denn die derzeitigen Stromnetze können die Mehrbelastung nicht verkraften.

Zum Glück fangen wir hier nicht bei null an. Gemeinsam mit Partnern entwickelt E.ON mit dem vom Bundeswirtschaftsministerium geförderten Reallabor SmartQuart ein effizientes und nachhaltiges Modell für die Zukunft, in der die digitale Vernetzung verschiedener Anwender mit den Erzeugern von erneuerbaren Energien innerhalb eines Smart Grids Normalität sein wird. Dazu sind drei sehr unterschiedlich strukturierte Quartiere in Kaisersesch (Rheinland-Pfalz), Bedburg und Essen (beide Nordrhein-Westfalen) intelligent vernetzt worden. Auf diese Weise können die Energieflüsse nicht nur innerhalb der Stadtviertel, sondern auch zwischen ihnen optimiert werden. Entstehen sollen Lösungen und Ansätze, die auf andere Regionen übertragbar sind.

Was wir jetzt schon wissen: Der nötige Ausbau und Umbau wird immense Kosten für die Netzbetreiber verursachen. 75 Prozent des Investitionsbedarfs im Stromverteilnetz sind dabei direkt durch das Ambitionsniveau der Klimaziele beeinflusst. Wie eine Studie des europäischen Branchenverbands der Elektrizitätswirtschaft, Eurelectric, aus dem Januar 2021 aufzeigt, werden wir in Deutschland bis 2030 rund 104 Milliarden Euro in die Verteilnetze investieren müssen, wenn wir 55 Prozent CO_2-Reduktion erreichen wollen. Bei den nun festgelegten 65 Prozent steigt dieser Betrag der Hochrechnung zufolge auf 123, unter Umständen gar bis 128 Milliarden Euro. Mit anderen Worten: Der Klimaschutz wird die Netzbetreiber rund zehn Milliarden Euro im Jahr kosten, davon sind mehr als zwei Milliarden Euro Folge der im Juni 2021 beschlossenen Verschärfungen.

Der Klimaschutz wird die Netzbetreiber rund zehn Milliarden Euro im Jahr kosten, davon sind mehr als zwei Milliarden Euro Folge der im Juni 2021 beschlossenen Verschärfungen.

3. Wir brauchen eine Importinfrastruktur

Die Verschärfung der Klimaziele fokussiert den Blick auf die Frage, woher Deutschland in Zukunft seine Energie bezieht. Derzeit werden etwa 70 Prozent unseres Primärenergiebedarfs importiert, vor allem in Form von Kohle, Öl und Gas. Die Abkehr von fossilen Energieträgern und die Grenzen bei den inländischen Erzeugungsmöglichkeiten erneuerbarer Energien haben zur Folge, dass Energie in ähnlicher Größenordnung auch in Zukunft eingeführt werden muss – statt in Form fossiler Energieträger dann als klimafreundlich produzierter Strom und Wasserstoff oder als deutlich leichter verschiffbare Wasserstoffderivate wie Ammoniak und Methanol. Selbst bei sinkendem Endenergieverbrauch bleibt in Zukunft ein immenser Importbedarf an (grüner) Energie bestehen.

Die Infrastruktur dafür steht allerdings bislang nur in begrenztem Maße zur Verfügung. Lediglich ein Bruchteil der nötigen Importe kann bis 2030 über bestehende Fernleitungen abgewickelt werden, wie das Öko-Institut im Juni 2021 in einer Studie zum einjährigen Jubiläum der »Nationalen Wasserstoffstrategie« feststellte. Es fehlen vor allem Pipelineverbindungen in Länder, in denen Wasserstoff zu wettbewerbsfähigen Preisen hergestellt werden kann. Zusätzlich mangelt es an Infrastruktur in Häfen, um Wasserstoff und seine Derivate von den Schiffen zu holen, zwischenzulagern, möglicherweise rückzuwandeln und an Verbraucher weiterzutransportieren.

Die »European Hydrogen Backbone«-Initiative der großen Ferngasnetzbetreiber geht davon aus, dass bis 2025 allein in Deutschland 452 Kilometer des Wasserstoff-Fernleitungsnetzes fertiggestellt sein müssen, bis Ende 2030 gar 1.236 Kilometer. Doch damit ist dann nicht viel mehr erreicht als eine Anbindung der Chemie- und Stahlstandorte des Ruhrgebiets an die Windkraftregionen in Norddeutschland, Dänemark und den Niederlanden sowie an die Kavernenspeicher im Emsland und einige Nordseehäfen. Die eigentliche Wachstumsdynamik beim Wasserstoff kommt erst zwischen 2030 und 2040 auf uns zu. Dann muss das noch recht rudimentäre Startnetz international verflochten und mit wichtigen Abnehmerregionen im Süden und Osten Deutschlands verbunden werden.

Agenda für 2030

— 2,1 Millionen Wind-, Solar- und Biomasseanlagen gibt es laut Bundesverband der Energie- und Wasserwirtschaft (BDEW) in Deutschland – 2030 müssen es mehr als doppelt so viele sein, um die Klimaziele zu erreichen.

— Die Zahl der Ladepunkte für E-Fahrzeuge muss nach Prognosen des Energiewirtschaftlichen Instituts

(EWI) bis 2030 von 200.000 auf 1,8 Millionen, die der Wärmepumpen von einer auf sechs Millionen steigen.

— Laut einer Eurelectric-Studie müssen wir in Deutschland bis 2030 bis zu 128 Milliarden Euro in die Verteilnetze investieren, wenn wir 65 Prozent CO_2-Reduktion wollen.

Netzbetreiber sind auf verlässliche Rahmenbedingungen angewiesen

Eine sichere Energieversorgung basiert auf leistungsfähigen Transport- und Verteilnetzinfrastrukturen. Deren Planung und Einrichtung benötigen lange Vorlaufzeiten von oft mehr als zehn Jahren, ihre Betriebs- und Abschreibungszeiträume betragen typischerweise mehrere Jahrzehnte. Umso wichtiger ist, dass Politik und Gesellschaft anerkennen, unter welchen Bedingungen der Aufbau und Umbau der Netzinfrastruktur für Strom, Gas und Wasserstoff sowie die Digitalisierung dieses Energiesystems erfolgreich bewältigt werden können. Wir benötigen verlässliche Rahmenbedingungen, zugleich Flexibilität und Technologieoffenheit, um mit der Arbeit beginnen zu können.

Es wird nicht möglich sein, das ideale Energieszenario detailliert festzulegen, bevor die ersten Schritte gegangen wurden. Es ist dasselbe Spannungsfeld, mit dem Deutschland auch bei der Digitalisierung hadert: Der Netzausbau wie der Hochlauf der Wasserstoffwirtschaft gelingen nicht als geplante Punktlandung, sondern nur mit konkreten und kontinuierlichen Schritten.

Vom Ausbau der Windkraft wissen wir: In nur einem Jahr entsteht zwar ein neuer großer Windpark, zur Anbindung ans Stromnetz aber vergeht ein Jahrzehnt, weil sich das Genehmigungsverfahren zieht. Das wird die neue Bundesregierung zu lösen haben. Nehmen wir die Klimaschutzgesetzgebung wirklich ernst, brauchen wir ein passgenaues Planungs- und Genehmigungsrecht mit entsprechender Ausstattung der zuständigen Behörden.

Bund und EU müssen sich darüber hinaus pragmatischen Überlegungen öffnen, wie die Umrüstung des

Gasnetzes und der Neubau der Wasserstoffinfrastruktur zu bezahlen sind. Es muss möglich sein, Gas- und Wasserstoffnetze gemeinsam zu planen und deren Um- und Ausbau gemeinsam zu finanzieren, schon weil die jeweiligen (Folge-) Kosten nicht trennscharf zu behandeln sind.

Unter den Bedingungen eines klimapolitischen Kraftakts wie heute ist es hochriskant, die Netzbetreiber durch Regulierung und das Verengen finanzieller Spielräume zu schwächen. Im Gegenteil: Wir brauchen für das komplexer werdende Energiesystem der Zukunft mehr Sicherheit und Verlässlichkeit – politisch, wirtschaftlich und technologisch.

Wir brauchen alle Unterstützung für das, was auf uns zukommt. Ansonsten enden wir mit Ladesäulen ohne Strom, Elektrolyseuren ohne Wasserstoff – und schlimmstenfalls mit Stromausfällen wie in Texas. Es sollte uns daher allen sehr daran gelegen sein, dass die Netze nicht dadurch plötzlich auffallen, dass sie nicht mehr liefern.

KATHERINA REICHE, geb. 1973, ist Vorstandsvorsitzende der Westenergie AG. Sie ist zudem Vorsitzende des Nationalen Wasserstoffrats, der die Bundesregierung bei Weiterentwicklung und Umsetzung der Wasserstoffstrategie berät. Zuvor war Reiche Hauptgeschäftsführerin des Verbands kommunaler Unternehmen. Zwischen 1998 und 2015 war sie Mitglied des Deutschen Bundestags und wirkte als Parlamentarische Staatssekretärin für das Bundesumweltministerium und das Bundesverkehrsministerium. Katherina Reiche ist Diplom-Chemikerin und hat drei Kinder.

»Erschwingliche Energiedienstleistungen für alle
sind von zentraler Bedeutung für die menschliche
Entwicklung und die Systeme, die das Leben auf der
Erde ermöglichen.«

Globale Energietransformation hin zu Netto-Null

Von Nebojsa Nakicenovic

Die »Agenda 2030« der Vereinten Nationen mit ihren Nachhaltigkeitszielen und der »Green Deal« der Europäischen Union sind ein großes Geschenk an die Menschheit: Sie skizzieren eine ehrgeizige Vision davon, wie ein gerechter und integrativer Wandel gelingen kann, ohne jemanden zurückzulassen. Zugleich wird aufgezeigt, wie sich die negativen Auswirkungen auf unseren Planeten reduzieren lassen, damit er sicherer wird. Denn die Menschheit steht an einem Scheideweg. Die historische Entwicklungsrichtung, die manche »business as usual« nennen, die man aber besser als »kontrafaktisch« bezeichnen sollte, zerstört jene Grundlagen, die den Fortschritt und die Entwicklung der Menschheit erst ermöglicht haben. Inzwischen gibt es zahlreiche wissenschaftliche Beweise dafür, dass wir diesen Weg nicht weitergehen können, denn das Klima verändert sich: Permafrostböden und Eisschilde schmelzen, Arten und natürliche Wälder verschwinden.

Der »European Green Deal« fordert vor allem die Bereitstellung sauberer, erschwinglicher und sicherer Energie sowie die effiziente Nutzung von Energie und Ressourcen. Denn bis 2050 will die EU klimaneutral sein[1]. Die zentrale Frage dabei ist, wie diese Zukunft aussehen könnte, in der die Ziele der »Agenda 2030« und des »European Green Deal« erreicht sind. Und wie die Wege und Fahrpläne aussehen könnten, die in eine solche Zukunft führen – nennen wir sie das digitale und nachhaltige Anthropozän[2,3]. Welche konkreten Ziele könnten wir uns für 2030, 2040, 2050 und auf lange Sicht stecken?

Jetzt kommt es auf die dritte Revolution an

Zwei Revolutionen haben bereits gezeigt, was ein großer Wandel bewirken kann: die neolithische und die industrielle Revolution. Beide verbesserten das Leben der Menschen und haben die Welt gravierend verändert. Allerdings dauerte die neolithische Revolution fast 10.000 und die industrielle Revolution etwa 200 Jahre. Die bevorstehende digitale Nachhaltigkeitsrevolution dagegen hat nur ein Zeitfenster von etwa drei Jahrzehnten. Außerdem muss diese dritte Revolution alle nachteiligen

Wir könnten die Schaffung von Wohlstand vom Energie- und Ressourcenverbrauch, von Emissionen und der Zerstörung von Ökosystemen abkoppeln.

Auswirkungen auf die Menschen, den Planeten und die Umwelt, die die ersten beiden Revolutionen auch hinterlassen haben, abwenden und so weit wie möglich bereinigen.

Die Energiewende ist integraler Bestandteil einer nachhaltigen Zukunft. Mit ihr müssten drei zentrale Ziele erreicht werden:

1. Universeller Zugang zu sauberen, zuverlässigen und erschwinglichen Energiedienstleistungen für alle Menschen
2. Änderung der Energienutzung und der Geschäftsmodelle in Richtung Energiedienstleistungen: vom Eigentum zur Nutzung und weiter zur Sharing Economy und Kreislaufwirtschaft
3. Konsequente Dekarbonisierung in Richtung Nullemissionen von Treibhausgasen (THG): weg von fossilen Brennstoffen, hin zu kohlenstofffreien Energiequellen sowie Strom und Wasserstoff als Energieträgern

Universeller Zugang zu Energiedienstleistungen

Der Zugang zu grundlegenden Energiedienstleistungen wie Mobilität, Kommunikation, Kochen und Heizen für alle Menschen ist eine der höchsten Entwicklungsprioritäten. Etwa drei Milliarden Menschen weltweit kochen und heizen mit traditionellen Brennstoffen, haben keinen Zugang zu moderner Energie und besitzen kaum effiziente und saubere Öfen. Dies führt jährlich zu schätzungsweise vier Millionen vorzeitigen Todesfällen, vor allem bei Frauen und Kindern, denn sie verbringen mehr Zeit in Häusern, in denen die Luft durch das Verbrennen von Biomasse – häufig von minderwertigem Holz in offenen Feuern – stark verschmutzt ist. Die meisten von ihnen leben in ländlichen Regionen südlich der Sahara und in Südasien.

Darüber hinaus müssen weltweit noch mehr als 600 Millionen Menschen an das Stromnetz angeschlossen werden. Für beide Aufgaben gibt es längst Lösungen – immerhin wurde der größte Teil der Welt bereits im vergangenen Jahrhundert elektrifiziert, und die Mehrheit der Weltbevölkerung kocht mit Gas oder Strom. In jüngster Zeit wurden Hunderte von Millionen Menschen in Afrika und Asien ans Stromnetz angeschlossen.

Um die fehlenden Energiedienstleistungen bereitzustellen, sind jedoch Ressourcen, Investitionen und ein geeigneter institutioneller Rahmen notwendig – allein das ist schon eine eigene Revolution. Ein Aktionsplan für die Elektrifizierung Afrikas zeigt, dass das Stromnetz in Afrika umfassend modernisiert und erweitert werden muss. Erreicht werden könnte dies durch fünf politische Maßnahmen[4]:

1. Einführung eines kontinentweiten Risikogarantiesystems, verbunden mit gezielten nachfrageseitigen Subventionen, um die Elektrifizierung zu beschleunigen
2. Digitalisierung und offener Zugang zu Planungs- und Managementinstrumenten für den Energiesektor
3. Integration von lokalen Anforderungen in die Politik für erneuerbare Energien, um Arbeitsplätze im Energiesektor zu erhalten und zu schaffen
4. Stärkung und Ausweitung kooperativer regionaler Energiepools durch nationale Partnerschaften, die von afrikanischen Gebern und Entwicklungspartnern unterstützt werden
5. In Städten Ausweitung der Investitionen in netzunabhängige und zusammengeschaltete Mininetze für saubere Energie

Es liegt auf der Hand, dass sich diese Empfehlungen ebenso dafür eignen könnten, den universellen Zugang zu Strom und anderen Energiedienstleistungen auch in anderen Teilen der Welt zu verwirklichen.

Die große Energiewende

Die Energiesysteme unterscheiden sich weltweit drastisch hinsichtlich ihrer Abhängigkeit von traditionellen Energiequellen wie (nicht nachhaltiger) Biomasse und Kohle sowie der Nutzung von erneuerbaren Energien, Gas oder Kernkraft. **Der Zugang zu grundlegenden Energiedienstleistungen wie Strom, Kochen und Heizen für alle Menschen ist eine der höchsten Entwicklungsprioritäten.** Allen gemeinsam ist wiederum, dass sie vom Erdöl abhängen und enorm komplex sind. Eine systemische Energiewende müsste die großen Unterschiede zwischen den Energiesystemen berücksichtigen – das ist eine Herausforderung. Zugleich liegt darin die Chance, Vielfalt und alternative Entwicklungspfade zu gewährleisten. Dies kann vor allem dann von Vorteil sein, wenn etwa durch den Handel mit kohlenstofffreier Energie, die Zusammenarbeit bei Investitionen – beispielsweise zur Senkung der kollektiven Kosten durch technologisches Lernen – oder mithilfe neuer Geschäftsmodelle Synergien erzielt werden können.

Aus wirtschaftlicher und technologischer Sicht müssen viele Prozesse umgestaltet werden, um eine vollständige Dekarbonisierung zu erreichen und die Effizienz der Energieumwandlung, des Transports und des Endverbrauchs wie Mobilität, Gebäude, Industrie und Landwirtschaft zu verbessern. Der Ersatz fossiler Brennstoffe erfordert zudem umfangreiche Investitionen in erneuerbare Anlagen, Netze und Pipelines, Speicher wie Batterien, kohlenstofffreie Energieträger wie Wasserstoff und grünes Methan sowie in die Sanierung von Gebäuden, effiziente Geräte, neue Verkehrstechnologien und intelligente Systeme.

Die flächendeckende Elektrifizierung spielt eine wichtige Rolle bei der Transformation. Eine umfassende Digitalisierung ebenso: Sie würde ermöglichen, intermittierende erneuerbare Energien wie Solar- und Windenergie, lokale und dezentrale Systeme sowie kontinentale Netze zu harmonisieren. Die vielleicht größte Auswirkung hätte die Digitalisierung auf den Endverbrauch von Energie und auf Energiedienstleistungen. Digital ermöglichte Verbraucherinnovationen und daraus entstehende neue Verhaltensweisen der Verbraucherinnen und Verbraucher könnten eine starke Kraft sein, um die Energiewende voranzutreiben. Sie verbessern die Energieeffizienz und -suffizienz, reduzieren den Materialverbrauch und die Emissionen, steigern die Leistung durch neue Dienstleistungen und inspirieren möglicherweise zum Mitmachen. So wird aus dem Besitzen ein Nutzen, und es entsteht eine gemeinsame Wirtschaft. Beispiele sind Fahrrad- und Auto-Sharing, Peer-to-Peer-Netze und Smart Homes.

Der angestrebte Wandel bietet die Chance für ein neues, nachhaltiges Wirtschaftswachstum, wenn die Länder ihren Energiebedarf im eigenen Land decken und Investitionen kosteneffizient umsetzen können. Europa

Die Ziele bis 2030

— Universeller Zugang zu grundlegenden Energiedienstleistungen, einschließlich des Anschlusses von
etwa 600 Millionen Menschen, die keinen Strom haben, und von etwa drei Milliarden Menschen, die mit
traditionellen Brennstoffen kochen und heizen.

— Verdoppelung des Anteils der emissionsfreien Energiequellen sowie Verbesserung der Energienetze und
der Effizienz des gesamten Energiesystems.

— Halbierung der globalen Treibhausgasemissionen
und als Nebeneffekt radikale Verringerung anderer
Energieemissionen sowie von Müll.

ist der größte Energieimporteur der Welt. Die Nach-
haltigkeitstransformation hin zu emissionsfreien,
sauberen, erschwinglichen und effizienten Energiedienstleistungen verringert die Abhängigkeit von
fossilen Energieträgern, wodurch ein enormer Zusatz-
nutzen entsteht. Allerdings besteht das Risiko, dass
sich neue Abhängigkeiten entwickeln, beispielsweise
von seltenen Erden. Die Kreislaufwirtschaft und das
Recycling von Materialien können – unterstützt von
der Digitalisierung – die Ressourcen- und Energieeffizienz deutlich verbessern. Dann gilt es jedoch, den
Reboundeffekt einzudämmen, also zu verhindern, dass
Menschen aufgrund hö-
herer Ressourcen- und
Energieeffizienz mehr
verbrauchen. Das be-
trifft vor allem die
einkommensstarken
Gruppen, auf die heu-
te ein großer Teil des Energie- und Materialverbrauchs
entfällt. In den Entwicklungsländern allerdings, in
denen viele Menschen nur unzureichend Zugang zu
Energiedienstleistungen haben, ist der Reboundeffekt
sogar wünschenswert, da er die Kosten senken und zu
erschwinglicheren und ausreichenden Energiedienstleistungen führen würde. Diese sind für die weitere
Entwicklung unerlässlich und verringern hoffentlich
auch den Druck auf die Erdsysteme.

**Die Frage, wie all die Techno-
logien mit einer angemessenen
sozialen Steuerung und Politik
erfolgreich skaliert und integriert
werden können, ist noch zu lösen.**

In ihrem wissenschaftlichen Gutachten zur Energiewende argumentiert die Gruppe der wissenschaftlichen
Chefberater der Europäischen Kommission, dass
wichtige Investitionsentscheidungen von vielen verschiedenen Akteuren erforderlich sein werden: von
den Verbrauchern bis zur Industrie, von den Gemeinden bis zu den Regionen und von den verschiedenen

Regierungsebenen bis zu den Unternehmen auf globaler,
nationaler, regionaler und lokaler Ebene. Dies beinhaltet
einen breiteren gesellschaftlichen Wandel und erfordert
einen systemischen Ansatz[5,6], der neue rechtliche Rahmenbedingungen, Normen und Verhaltensweisen sowie
rechtliche, wirtschaftliche, technologische und finanzielle Innovationen einbezieht. Dabei müssen die Menschen
im Zentrum stehen. Der einzuschlagende Weg besteht
darin, Energiedienstleistungen universell zugänglich zu
machen, damit Synergien zu erzielen und das Alte los-
zulassen, um dem Neuen in der Welt nach der Pandemie
den Weg zu ebnen.

Vollständige Dekarbonisierung der Energie

Der jüngste und sechste Sachstandsbericht des Weltklimarats (Intergovernmental Panel on Climate Change,
IPCC)[7] bestätigt frühere wissenschaftliche Erkenntnisse, wonach die Gefahr des Umkippens der Erdsysteme
in neue Zustände aufgrund menschlicher Eingriffe
steigt. Das erfordert ein entschlossenes und sofortiges
Handeln, um das Fortschreiten des Klimawandels abzuwenden. In erster Näherung ist die globale Erwärmung
eine lineare Funktion der kumulativen Treibhausgasemissionen. Das bedeutet: Wenn sich das Klima bei
einer bestimmten Temperatur stabilisieren soll, müssen die globalen Emissionen bei null liegen, um eine
weitere Aufsummierung der Emissionen zu vermeiden.
Um das Ziel des Pariser Klimaschutzabkommens zu
erreichen, also die globale Erwärmung möglichst auf
1,5 °C über dem vorindustriellen Niveau zu begrenzen,
müssen die Nettoemissionen bis Mitte des Jahrhunderts auf null sinken. Da zwei Drittel der weltweiten
Treibhausgasemissionen auf den Energiebereich entfallen, muss die Umgestaltung des Energiesystems
auf Netto-Nullemissionen ausgerichtet sein. Dies
würde zahlreiche Vorteile mit sich bringen, wie die

Verringerung der Umweltverschmutzung und eine bessere Qualität der Energiedienstleistungen für alle.

Die Dekarbonisierung und die Transformation in Richtung Nullemissionen erfordern einen Preis für Kohlenstoffdioxid und andere Treibhausgase. Durch eine Kohlenstoffsteuer, eine Versteigerung von Emissionsrechten oder durch beides würden neue Einnahmen generiert. Diese sollten zum einen für die Förderung von Wissenschaft, Technologie und Innovation auf der ganzen Welt verwendet werden. Zum anderen sollten diese Einnahmen vor allem dazu dienen, allen Menschen weltweit einen Zugang zu sauberen, erschwinglichen und effizienten Energiedienstleistungen zu verschaffen. Generell müssen einkommensschwächere Gruppen vor dem regressiven Charakter der Kohlenstoffpreise geschützt werden.

Es gilt, den Reboundeffekt einzudämmen, also zu verhindern, dass Menschen aufgrund höherer Ressourcen- und Energieeffizienz mehr verbrauchen.

Europa und die EU-Mitgliedstaaten haben die Chance, mit einer raschen Dekarbonisierung und der Verpflichtung zum Einsatz emissionsfreier Energiequellen die globale Energiewende anzuführen[8, 9]. Die Entwicklung von Energiesystemen, die fast vollständig auf variablen erneuerbaren Energien wie Wind und Sonne basieren, ist jedoch eine gewaltige Herausforderung. Diese wird durch die zunehmende Bedeutung der Elektrizität als wichtigster Energieträger auf dem Weg zu einer nachhaltigen Zukunft für alle noch erschwert. Viele der erforderlichen Technologien und Optionen sind zumindest im Prinzip bekannt, während sich einige noch in einem frühen technologischen Stadium befinden. Die rasanten Entwicklungen bei den digitalen Technologien werden in den künftigen Energiesystemen eine wichtige Rolle spielen: Intelligente Netze, das Internet der Dinge, »Industrie 5.0«, künstliche Intelligenz und Deep Learning könnten den Weg zu neuen emissionsfreien Energie-, Verkehrs-, Produktions- und Siedlungssystemen ebnen[10]. Es ist jedoch so gut wie sicher, dass keines dieser Elemente allein ausreicht. Zudem können sie auch zu Anfälligkeiten der Systeme beitragen. Und die Frage, wie all diese Technologien mit einer angemessenen sozialen Steuerung und Politik erfolgreich skaliert und integriert werden können, ist mit hoher Priorität noch zu lösen.

Der Übergang zur Kohlenstoffneutralität erfordert die erfolgreiche Koordinierung vieler freiwilliger Entscheidungen verschiedener Akteure, vor allem weil es darauf ankommen wird, die Energieeffizienz zu steigern und gleichzeitig die Energienachfrage und den Energieverbrauch in Richtung Suffizienz zu senken. Diese Koordinierung kann durch eine Mischung aus Regulierungsmaßnahmen (beispielsweise technologische Normen, Anreize und Subventionen mit sogenannten

Umwälzende Veränderungen bis zu den 2040er-Jahren

— Während die Umstrukturierung des Energiesystems die Treibhausgasemissionen weltweit weiter auf ein Viertel des Niveaus von 2020 halbiert hat, steigt die globale mittlere Erderwärmung auf über 1,5 °C.

— Digitalisierung, neue Verhaltensweisen und andere technologische, institutionelle und soziale Innovationen verändern das Wesen der Energiedienstleistungen erheblich.

— Die Verbesserung des Zugangs zu sauberen, erschwinglichen und effizienten Energiedienstleistungen ermöglicht auch den ärmsten Menschen ein menschenwürdiges Leben.

Auf dem Weg zu einer sicheren und gerechten Zukunft in den 2050er-Jahren

— Reduzierung der Treibhausgasemissionen auf null, was bedeutet, dass sich der Klimawandel bis zum Ende des Jahrhunderts bei 1,5 °C Temperaturanstieg stabilisieren wird.

— Erdgas wird durch Energiegase aus erneuerbaren Energiequellen und in einigen Teilen der Welt auch Kernenergie sowie Kohlenstoffabscheidung und

-speicherung aus Erdgas ersetzt. Die Nutzung von Kohle und Erdöl wird schrittweise eingestellt.

— Die digitale und nachhaltige Revolution läuft erfolgreich, um die Erdsysteme in einem gerechten und ausgewogenen Anthropozän sicher und widerstandsfähig zu halten.

Sonnenuntergangsklauseln) und Marktinstrumenten (wie Kohlenstoffpreise) erreicht werden. Im Einklang mit den politischen Maßnahmen und Prioritäten, die bereits durch den »Green Deal« und wachsende nationale Strategien gesetzt werden, kann dies Chancen für politische und gesetzgeberische Innovationen bieten. Das für den Wandel erforderliche Wissen könnte auch in die Bildung und Kommunikation zur Energiewende einfließen.

Digitales und nachhaltiges Anthropozän

Die derzeitigen Systeme haben die Menschheit nicht auf einen nachhaltigen Weg geführt. Die Digitalisierung und der transformative Wandel versprechen, wesentliche Voraussetzungen für eine nachhaltige Zukunft und ein emissionsfreies Energiesystem mit ausreichenden Dienstleistungen für ein menschenwürdiges

Es gibt noch nie da gewesene digitale Möglichkeiten und innovative Gamechanger, die den Wandel in Richtung Nachhaltigkeit lenken können.

Leben für alle zu schaffen. Dies ist jedoch das Paradoxon des digitalen Anthropozäns[11]: Der transformative Wandel hat auch das Potenzial, eine nachhaltige Zukunft zu gefährden. Daher braucht er eine angemessene gesellschaftliche Steuerung. Abgesehen von den Unwägbarkeiten und möglichen gesellschaftlichen und erdsystembezogenen Kipppunkten des digitalen Anthropozäns gibt es noch nie da gewesene digitale Möglichkeiten und innovative Gamechanger, die den Wandel in Richtung Nachhaltigkeit lenken und so in ein digitales und nachhaltiges Anthropozän führen können. Der Übergang von der linearen zur Kreislaufwirtschaft ist

jetzt in greifbare Nähe gerückt, und wir könnten die Schaffung von Wohlstand vom Energie- und Ressourcenverbrauch, von Emissionen und der Zerstörung von Ökosystemen abkoppeln. Ein umfassender Schutz des Planeten wird möglich und könnte dazu beitragen, die Erdsysteme zum Nutzen aller zu erhalten[12].

Erforderlich ist also eine tiefgreifende technologische, wirtschaftliche, soziale und ordnungspolitische Transformation, die alle einschließt und integrativ ist. Das bedeutet, sowohl die Menschen als auch die Systeme müssen sich grundlegend verändern. Es müssen neue Werte, Normen und menschliche Verhaltensweisen entstehen, die attraktiv sind und angenommen werden können. Diese wären weder bedrohlich noch schädlich oder mit Opfern verbunden. Ganz im Gegenteil: Der Wandel hin zu einer digitalen und nachhaltigen Zukunft würde ein gerechtes und ausgewogenes Leben auf einem sicheren und widerstandsfähigen Planeten ermöglichen.

PROF. DR. NEBOJSA NAKICENOVIC, *geb. 1949, ist stellvertretender Vorsitzender der Gruppe der wissenschaftlichen Hauptberater der Europäischen Kommission und emeritierter Deputy Director General des Internationalen Instituts für Angewandte Systemanalyse (IIASA). Er ist unter anderem Direktor der globalen Forschungsinitiative The World in 2050 und des Global Energy Assessment, Co-Vorsitzender des Austrian Climate Change Assessment sowie koordinierender Hauptautor des Intergovernmental Panel on Climate Change. Als Professor für Energiewirtschaft lehrte Nebojsa Nakicenovic an der Technischen Universität Wien.*

Finanzmärkte

»Damit die Transformation der Wirtschaft gelingt, müssen wir die Finanzbranche als Motor des Wandels begreifen. Die Menschen in Deutschland und Europa profitieren von einem starken Finanzplatz.«

Wer finanziert die Transformation? Zentrale Rolle der Finanzmärkte

Von Sabine Mauderer[1]

Die Finanzmärkte haben seit jeher Kapitalströme gelenkt. Auch bei der Finanzierung innovativer Technologien und zukunftsweisender Infrastruktur spielen sie eine zentrale Rolle, denn sie entscheiden mit, welche Projekte finanziert werden – und welche nicht. Genau diese Lenkungsfunktion gilt es, gezielt zu nutzen, um klimafreundliche Innovationen und Technologien zu fördern.

Deutschland und Europa stehen vor gewaltigen Herausforderungen. Der Klimawandel und die Digitalisierung werden unsere Gesellschaft von Grund auf verändern. Wir müssen heute die Weichen für die Zukunft stellen, um den Wohlstand auch für kommende Generationen zu sichern. Dafür brauchen wir eine umfassende nachhaltige und digitale Transformation unserer Wirtschaft und Gesellschaft.

Der Erfolg der Transformation wird entscheidend von der Entwicklung und dem Einsatz innovativer Zukunftstechnologien abhängen und somit auch von dem Kapital, das für diese zur Verfügung steht. Die Politik hat hier eine Schlüsselrolle und sollte ihre gestalterische Kraft für bestmögliche Rahmenbedingungen nutzen. Sie sorgt für einen Ordnungsrahmen, der durch klare Signale wegweisend für Investitionen in innovative Technologien ist. Eine angemessene CO_2-Bepreisung ist ein Beispiel für ein sehr wirkungsvolles Signal.

Mit dem neuen Ziel, Deutschland bis 2045 klimaneutral zu machen, gewinnen Investitionen in Zukunftstechnologien weiter an Bedeutung. Bislang wurde der zusätzliche staatliche und private Investitionsbedarf für den Strukturwandel in Deutschland auf jährlich circa 1,5 Prozent des Bruttoinlandproduktes geschätzt[2] – dieser Anteil dürfte nun deutlich höher ausfallen, da die Kosten der CO_2-Einsparung nicht linear, sondern exponentiell steigen. Auch die Europäische Kommission schätzt, dass zum Erreichen der europäischen Emissionsziele für 2030 EU-weit zusätzliche Investitionen von jährlich 350 Milliarden Euro benötigt werden[3].

> **Die bankbasierte Kreditfinanzierung wird bei Zukunftstechnologien an ihre Grenzen stoßen – auch weil dem Risikoappetit der Banken regulatorisch zu Recht Grenzen gesetzt sind.**

Dabei sollte nicht nur öffentliches, sondern vor allem auch privates Kapital mobilisiert werden. Die Förderung von Zukunftstechnologien braucht eine langfristige und stabile Finanzierung – gepaart insbesondere mit einer gewissen Risikobereitschaft, denn die Entwicklung neuer Technologien ist mit besonderen Unwägbarkeiten verbunden.

Bankbasierte Kreditfinanzierung wird hier an ihre Grenzen stoßen – auch weil dem Risikoappetit der Banken regulatorisch zu Recht Grenzen gesetzt sind. Die Finanzierung der Transformation muss daher maßgeblich auch über den Kapitalmarkt erfolgen. Dafür bedarf es unter anderem eines Kulturwandels hinsichtlich des Umgangs mit dem Kapitalmarkt, einer stärkeren Zusammenarbeit zwischen dem öffentlichen und dem privaten Sektor, die die Hebelwirkung öffentlicher Mittel zur Mobilisierung privaten Kapitals nutzt (zum Beispiel über öffentlich-private Partnerschaften), sowie einer Stärkung des Finanzstandortes Deutschland beziehungsweise Europa.

Blick auf die Finanzmärkte: Nachhaltigkeit spielt eine immer größere Rolle

In der jüngeren Vergangenheit konnten wir bei der Finanzierung der Transformation über den Kapitalmarkt erste Erfolge verbuchen. Nachhaltige Anlagen werden bei Investoren immer beliebter. Dies gilt sowohl für Eigenkapitalinstrumente (insbesondere Aktien) als auch für Fremdkapitalinstrumente (vor allem Anleihen). Bei der Entwicklung nachhaltig orientierter Aktienfonds ist ein positiver Zusammenhang zwischen der Höhe der Nachhaltigkeitsratings und den Mittelzuflüssen zu erkennen[4]. Eine längerfristige eindeutig schlechtere Kursentwicklung nachhaltiger Aktienindizes gegenüber ihren konventionellen Pendants lässt sich bislang aber nicht beobachten.

ESG-Anleihen, mit denen Umwelt- und Sozialprojekte finanziert werden, wiesen in den vergangenen Jahren ein sehr dynamisches Wachstum auf. So stieg das weltweite Emissionsvolumen solcher Anleihen zwischen 2013 und 2020 von zwölf Milliarden Euro auf 457 Milliarden Euro. Im Jahr 2021 wird ein neuer Rekordwert erzielt[5]. Dennoch ist der Anteil der ESG-Anleihen am weltweiten

Emissionsvolumen ESG-Bonds weltweit[6]

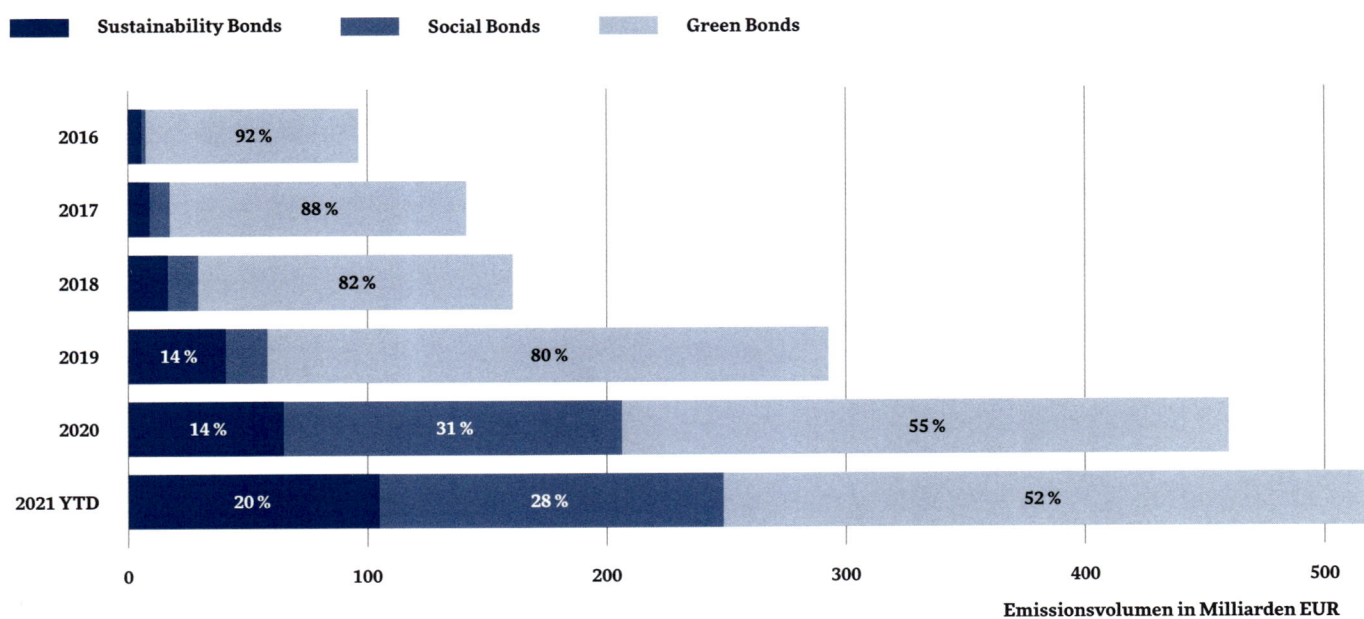

■ Sustainability Bonds **■ Social Bonds** **■ Green Bonds**

2016	92 %
2017	88 %
2018	82 %
2019	14 % 80 %
2020	14 % 31 % 55 %
2021 YTD	20 % 28 % 52 %

0   100   200   300   400   500

Emissionsvolumen in Milliarden EUR

Anleihevolumen momentan insgesamt noch sehr gering, sodass hier ein enormes Steigerungspotenzial besteht. Auch deshalb dürfte sich das Umfeld zur Finanzierung grüner und nachhaltiger Projekte über den Anleihemarkt weiter sehr positiv entwickeln. Aktuell übersteigt die Nachfrage der Investoren nach ESG-Anleihen das Angebot, und das trotz ihrer vereinzelt leicht geringeren Rendite. Diese sogenannte Grüne Prämie zeigt, dass einige Investoren momentan bereit sind, für ein nachhaltigeres Portfolio auf Rendite zu verzichten.

Die jüngsten Entwicklungen deuten zudem darauf hin, dass immer mehr Kleinanleger – auch aufgrund des anhaltenden Niedrigzinsumfelds – Aktienanlagen als Alternative zum Sparbuch sehen. Dies zeigt sich unter anderem in einem Anstieg von Fondssparplänen, wobei hier das Segment der *exchange-traded funds* (ETFs) eine besonders hohe Dynamik aufweist. Anleger schätzen dabei vor allem die Möglichkeit, mit geringem Aufwand in ein diversifiziertes Portfolio investieren zu können.

ETF-Anbieter und Informationsdienste gehen davon aus, dass sich dieser Trend weiter fortsetzen wird, und erwarten, dass die Anzahl von ETF-Sparplänen allein in Deutschland von zwei Millionen Ende 2020 bis 2025 auf neun Millionen anwachsen wird[7]. Das jährliche Sparvolumen soll im selben Zeitraum von 3,6 Milliarden Euro auf 15,7 Milliarden Euro steigen. Von besonderem Interesse innerhalb der Aktien-ETFs war zuletzt das

ESG-Segment. Allein im ersten Quartal 2021 flossen 20 Milliarden Euro in europäische ESG-Aktien-ETFs. Das entspricht knapp 50 Prozent der gesamten Zuflüsse. So können auch private Anleger Teil der grünen Transformation werden.

Fehlende Standards bei den Nachhaltigkeitskriterien
Gleichzeitig ist die Definition nachhaltiger Investments noch uneinheitlich. Es existieren derzeit vielfältige Metriken und Definitionen nachhaltiger Assets und Anlagestrategien mit teils großen Unterschieden. So gibt es zum Beispiel in der Anlageklasse der Anleihen ein breites Spektrum an Papieren. Je nach Verwendung der Erlöse kann man zwischen nachhaltigen, sozialen, grünen oder Klimaanleihen unterscheiden. Welche Anleihen für Investoren am besten geeignet sind, hängt von der jeweiligen nachhaltigen Investmentstrategie ab.

Immer mehr Anleger wollen ihre Portfolios in Einklang mit internationalen Nachhaltigkeitszielen, wie den UN-Zielen für nachhaltige Entwicklung, dem »UN Global Compact« oder dem Pariser Klimaabkommen, bringen. Um dabei »Greenwashing« zu verhindern, brauchen wir eine einheitliche Definition. So ist beispielsweise zu klären, was als grüne Anleihe bezeichnet werden kann. Bislang gibt es lediglich Leitlinien einiger unabhängiger Organisationen wie der International Capital Market Association. Diese sind jedoch unverbindlich und definieren zudem nicht abschließend, was bei der

Verwendung der Erlöse als nachhaltige Wirtschaftsaktivität angesehen werden kann.

Hier setzt die EU-Kommission mit dem Green Bond Standard (EU GBS) an, für den sie im Juli 2021 einen Verordnungsentwurf vorgelegt hat. Dieser soll ein eigenes Klassifikationsschema bilden und Qualitätsstandards bei der Emission grüner Anleihen festlegen. Auch wenn die Anwendung des EU GBS dem Entwurf zufolge freiwillig wäre, soll dadurch eine weitere Standardisierung in Europa erreicht werden, da er an die rechtlich verbindliche Taxonomie-Verordnung der Kommission gekoppelt würde. Die öffentlichen Institutionen, als wichtiger Emittent am Kapitalmarkt, können bei der Umsetzung nachhaltiger Refinanzierungstransaktionen mit gutem Beispiel vorangehen und diese an den Anforderungen des EU GBS ausrichten.

Die EU-Taxonomie soll dabei helfen, EU-weit wirtschaftliche Aktivitäten nach ihrer Nachhaltigkeit zu klassifizieren. Dies ist ein sehr wichtiger Schritt zu mehr Transparenz und Vergleichbarkeit. Somit können Investoren auf Basis der Taxonomie beispielsweise ableiten, welcher Teil ihrer Anlagen in nachhaltige Aktivitäten investiert ist. Die in der Taxonomie-Verordnung festgehaltene Verpflichtung für Finanzdienstleister und Unternehmen, ihre Taxonomie-Konformität zu berichten, wird in Kombination mit den Offenlegungspflichten der kommenden EU-Richtlinie Corporate Sustainability Reporting Directive und der bereits in Kraft getretenen EU-Verordnung Sustainable Finance Disclosure Regulation für eine deutlich breitere Informationsgrundlage sorgen. Die somit entstehenden neuen Daten und Informationen sind wichtig, um Nachhaltigkeitsrisiken besser zu verstehen und angemessene Maßnahmen abzuleiten.

Das Eurosystem wird einen Beitrag zu mehr Transparenz leisten, indem es klare Anforderungen und einen verbindlichen Zeitplan zur Veröffentlichung klimarelevanter Informationen durch Anleihe-Emittenten festlegen wird. Die Erfüllung dieser Berichtsanforderungen wird ein neues Zulassungskriterium für die Ankaufbarkeit von Vermögenswerten des privaten Sektors in den geldpolitischen Portfolios und deren Akzeptanz als Sicherheiten in den Refinanzierungsgeschäften sein, oder sie wird als Grundlage für eine differenzierte Behandlung von Vermögenswerten als Sicherheit oder im Rahmen der Ankäufe dienen.

Für die Definition nachhaltiger Wirtschaftsaktivitäten und Anlagen stehen auf politischer Ebene weitere Diskussionen und Entscheidungen an. Transparenz und die Offenlegung klimarelevanter Daten sind zentrale Pfeiler für den Ausbau nachhaltiger Marktsegmente und für die Finanzierung der Transformation. Deshalb ist es wichtig, Fortschritte bei einheitlichen Standards zu erzielen.

Elemente einer politischen Begleitung der Transformationsagenda
1. Ausbau der Förderinfrastruktur
Der Übergang zu einer kohlenstoffärmeren Wirtschaft ist mit großen technologischen Herausforderungen verbunden. Zudem stellen die teilweise noch mangelnde Rentabilität klimaneutraler Technologien und fehlendes Eigenkapital häufig ein Hindernis für Investitionen dar, zumal Investitionsentscheidungen unter hoher klimapolitischer Unsicherheit stattfinden. Dementsprechend muss die nächste Bundesregierung ein innovations- und investitionsfreundliches Umfeld weiter ausbauen.

In Deutschland wird von Wirtschaft, Politik, Gewerkschaften und Wissenschaft einhellig der Aufbau sogenannter Transformationsfonds gefordert. Solche Fonds können ein guter Hebel sein, um Finanzflüsse in zukunftsträchtige Bahnen zu lenken, also die notwendigen Investitionen für die Transformation zu mobilisieren. Die gute Bonität von Bund und Ländern sorgt dabei für günstige Finanzierungsbedingungen.

In Deutschland werden mit dem Zukunftsfonds, der seit März 2021 von der KfW verwaltet wird, und dem Fondsstandortgesetz bereits Schritte unternommen, um die Investmentkultur zu stärken und Jungunternehmen zu unterstützen. Der Fokus liegt hier nicht ausschließlich auf der Transformation der Wirtschaft, aber es eröffnen sich Anknüpfungspunkte für die Umsetzung nachhaltiger Strategien. Mit dem European Investment Fund, der insbesondere den Zugang innovativer kleiner und mittlerer Unternehmen zu Risikokapital erleichtern soll, steht auch auf europäischer Ebene ein ähnliches Förderinstrument bereit.

Staatliche Beteiligungen helfen nicht nur, den Investitionsbedarf innovativer Unternehmen zu decken, sie sorgen auch für Planungssicherheit. Gerade die langfristig ausgerichtete Unterstützung hilft bei der Entwicklung innovativer oder gar disruptiver Technologien und Verfahren, die zum Beispiel für die Energiewende zwingend benötigt werden. Hier sind auch etablierte Industrieunternehmen gefragt, denn insbesondere bei Industrieanlagen mit langer Lebensdauer ist der Einsatz neuer, effizienterer Technologien wichtig, um Lock-in-Effekte zu vermeiden.

2. Stärkung des Finanzstandorts Deutschland

Zugang zu Kapital, zu kenntnisreichen Investoren, zu qualifiziertem Personal und zu einer effizienten und digitalen Infrastruktur sind wichtige Faktoren bei der Entwicklung eines Finanzplatzes. Deutsche Gründer- und Finanzstandorte bieten bereits gute Bedingungen, beispielsweise ein großes Angebot an qualifizierten Arbeitskräften, ein stabiles finanzielles Ökosystem und ein internationales Umfeld. Trotzdem ist noch Luft nach oben.

Der Hauptgrund dafür, dass sich viele aufstrebende Unternehmen an anderen Standorten als Deutschland Kapital beschaffen, liegt im niedrigen Entwicklungsstand der hiesigen Märkte für Eigenkapital. Ohne ein vielschichtiges System von Eigenkapitalgebern mit Venture Capital Fonds, Private-Equity-Gesellschaften und klassischen Fondsgesellschaften ist es schwierig, eigenkapitalbedürftige Unternehmen aufzubauen. Börsengänge sind eine Möglichkeit für Investoren, ihre anfänglichen Investitionen gewinnbringend zu veräußern, und auch hierfür gilt es, die richtigen politischen Weichen zu stellen, damit sowohl die Reife als auch insbesondere die Liquidität des Kapitalmarktes zum Kapitalbedarf der heimischen Unternehmen passen.

Wir müssen die Finanzbranche endlich als Motor des Wandels begreifen.

Die Rahmenbedingungen für einen wettbewerbsstarken Kapitalmarkt weiter zu verbessern sollte auch der kommenden Bundesregierung ein Anliegen sein.

Insbesondere sind Schritte hin zu einer Gleichbehandlung von Fremd- und Eigenkapital wichtig. Eine Möglichkeit wäre, die steuerliche Bevorzugung von Fremdkapital zu überdenken. Dies könnte eine wichtige Stellschraube sein, um Eigenkapitalanlagen, also auch Aktien, zu unterstützen. Darüber hinaus sind weitere Fortschritte bei der europäischen Kapitalmarktunion erforderlich, um die bislang fragmentierten europäischen Kapitalmärkte weiter zu vereinheitlichen und zu verbreitern. Unternehmen könnten sich so auch über die Grenzen ihrer eigenen Länder hinweg leichter Kapital beschaffen. Harmonisierte Spielregeln und ein verlässliches Rahmenwerk, etwa beim Insolvenz- wie auch Wertpapierrecht, sind dafür maßgeblich.

Außerdem bedarf es zur erfolgreichen Finanzierung innovativer Vorhaben auch hinreichender Branchenkenntnisse am Finanzplatz, um komplexe technologische Neuerungen und deren Potenzial, wie sie gerade Start-ups mit digitaler und nachhaltiger Ausrichtung anstoßen, zu verstehen. Neben Finanzkapital spielt daher insbesondere das Humankapital bei der Attraktivität von Metropolen eine entscheidende Rolle. Mit vielen klugen Köpfen können nicht nur Zukunftstechnologien – sei es von potenziellen Gründern, an Universitäten oder in den Forschungsabteilungen von Unternehmen – erdacht, sondern auch als solche – von Investoren und Förderern – erkannt und zur Marktreife geführt werden.

Eine wettbewerbsfähige intellektuelle Infrastruktur muss also im Hinblick auf Standort- und Zukunftsfragen das oberste Ziel sein, um langfristig Arbeitsplätze zu schaffen und Wachstum und Innovation zu fördern. Dafür gilt es auch, die Vernetzung zwischen aufstrebenden Unternehmen, etablierten Finanzinstitutionen, der Politik und der Wissenschaft zu stärken.

Darüber hinaus ist ein Regulierungsrahmen, der mit den aktuellen Veränderungen Schritt hält, wichtig. Es gilt, Markteintrittsbarrieren fortwährend auf den

Prüfstand zu stellen, damit Innovationen nicht schon im Keim erstickt werden. Die Politik hat hier eine besondere gestalterische Verantwortung.

Außerdem sind Finanzplätze gefragt, die über eine effiziente Infrastruktur verfügen, damit die Chancen der Digitalisierung voll ausgeschöpft werden können. Die weltweite Zunahme digitaler Informationen und Daten gilt als Treiber neuer Technologien. Deutschland hat dabei keine schlechte Ausgangsposition. Daten bilden den Rohstoff für neue Technologien, die das Geschäftsleben revolutionieren – gerade auch in der Finanzwelt. Technologien wie 5G, künstliche Intelligenz und das Internet der Dinge (*internet of things*) dürften den Datenverkehr in Zukunft um ein Vielfaches erhöhen. Entsprechend liegt in der Digitalindustrie hohes Potenzial. Große Hoffnungen werden auch in das europäische Cloudprojekt GAIA-X gesetzt, mit dem die Grundlage für eine souveräne europäische Dateninfrastruktur und eine bessere Kommunikation zwischen Unternehmen gelegt werden soll.

> **Der Finanzstandort Deutschland hat großes Potenzial, wenn es darum geht, neue Geschäftsfelder und Ertragsquellen in den Bereichen Green Finance und Digital Finance zu erschließen.**

Der Finanzstandort Deutschland hat großes Potenzial, wenn es darum geht, neue Geschäftsfelder und Ertragsquellen in den Bereichen Green Finance und Digital Finance zu erschließen. Damit die Transformation der Wirtschaft gelingt, müssen wir die Finanzbranche endlich auch als Motor des Wandels begreifen. Die Menschen in Deutschland und Europa profitieren von einem starken Finanzplatz.

3. Langfristige Ansätze zur Belebung der Investitionslandschaft

Ein weiterer wichtiger Hebel zur Belebung der Investitionslandschaft in Deutschland liegt in einer stärkeren ökonomischen Bildung der breiten Bevölkerung. Nach wie vor wird an den meisten Schulen kein eigenständiges Fach Wirtschaft angeboten. Dadurch fehlen grundlegende Kenntnisse der Funktionsweise der Finanzmärkte. Erfolgreiche Unternehmen werden zu selten als Ort der Wertschöpfung und Grundlage für unseren Wohlstand beschrieben. Dass die Teilhabe am Unternehmenserfolg in Form langfristiger Aktienbeteiligungen auch für den Kleinanleger sinnvoll sein kann, steht ebenfalls zu selten im Fokus.

Das zunehmende Interesse breiterer Bevölkerungsgruppen an den Finanzmärkten und am Thema Geldanlage zu festigen sollte ein wichtiger Ansatzpunkt der Politik sein. Dies erscheint vor allem vor dem Hintergrund des Reformbedarfs des deutschen Rentensystems wünschenswert. Es bedarf einer ganzheitlichen Betrachtung, wie die staatlichen Systeme durch private Komponenten des Vermögensaufbaus ergänzt werden können. Neben der Stärkung der ökonomischen Bildung könnte der Staat auch neue finanzielle Anreize für die kapitalmarktgedeckte private Altersvorsorge schaffen.

Finanzmärkte spielen eine Schlüsselrolle bei der Transformation

Deutschland steht vor wegweisenden Jahren. Wenn wir den Klimawandel und die Digitalisierung als Chance begreifen und entschlossen handeln, können wir ein neues, nachhaltigeres Fundament für unseren Wohlstand schaffen. Mithilfe des richtigen Zusammenspiels von Politik, Realwirtschaft, Finanzwirtschaft, Zivilgesellschaft und Wissenschaft können wir das das enorme innovative Potenzial in Deutschland nutzen und die nachhaltige und digitale Transformation zu einer Erfolgsgeschichte machen. Die richtigen Rahmenbedingungen, wie klare Standards und mehr Transparenz, sind entscheidend, damit nachhaltige Finanzen ihre volle Kraft entfalten können.

DR. SABINE MAUDERER, *geb. 1970, ist Mitglied des Vorstands der Deutschen Bundesbank und verantwortlich für die Zentralbereiche Märkte und Personal. In ihrer Funktion ist sie auch Mitglied im Lenkungsausschuss des Central Banks and Supervisors Network for Greening the Financial System (NGFS). Zuvor arbeitete sie in verschiedenen Bereichen bei der KfW-Bankengruppe und war als Referentin im Bundesministerium der Finanzen tätig. Sie studierte Rechtswissenschaften, promovierte an der Universität Osnabrück und erwarb einen Executive MBA an der ESSEC & Mannheim Business School.*

Handel

»Wir haben das Ziel definiert, bis 2025 das global führende Unternehmen der Branche im Bereich Nachhaltigkeit zu werden und diese Entwicklung vor ein Umsatzwachstum zu stellen.«

Der Handel macht sich auf den Weg

Von Andreas Bartmann

Als wir 1979 im kleinen Kreis von Enthusiasten mit unserem Unternehmen Globetrotter Ausrüstung starteten, ging es darum, beste Produkte für Expeditionen, Trekking und Survival anzubieten. Auf 140 m² Fläche trafen sich Spezialisten und Kunden, diskutierten über ihre vergangenen oder anstehenden Reisen, und »nebenbei« wurde auch verkauft. Eine Sackkarre war das erste Firmenfahrzeug, und ein über die Tür genageltes Globetrotter-Schild zeigte, wo unser Laden zu finden war. Die Themen Umwelt und Nachhaltigkeit beschränkten sich seinerzeit auf das Verständnis, die Natur so zu hinterlassen, wie man sie vorgefunden hat.

Es begann eine stetige Entwicklung des Unternehmens, die nur von Wachstum geprägt war. Heute sind mehr als 1.500 Mitarbeitende in 20 Filialen in Deutschland und im Onlinebusiness beschäftigt. Aus dem kleinen ersten Geschäft heraus sind große Häuser mit einer Fläche von bis zu 7.000 m² entstanden, die jährlich Millionen von Kunden besuchen und weltweit eine Referenz für erlebnisorientiertes Einkaufen geworden sind.

Unsere zukünftigen Herausforderungen im stationären Handel sehen wir als Teil einer dezentralen Energiewende.

Nachdem das Unternehmen einige Jahre am Markt war, machten wir uns mehr Gedanken über das Thema Umwelt. Eine intakte Natur ist schließlich die Basis unseres Geschäftes. Wir fühlen uns dafür verantwortlich, das Umweltbewusstsein der vielen Menschen, die wir mit unserer Ausrüstung nach draußen schicken, zu stärken. Somit sollen sich unsere Produkte nicht nur über ihre Funktionsqualität definieren.

Nachhaltigkeit vor Umsatzwachstum

Seit etwa 2010 ist der Bereich Corporate Social Responsibility (CSR) bei uns fest personell implementiert und mit klaren Verantwortungen und Zielen für das gesamte Unternehmen unterlegt. Unser Handeln diesbezüglich wurde stetig geschärft. Wir haben das Ziel definiert, bis 2025 das global führende Unternehmen der Branche im Bereich

Die Anforderungen an eine verpackungseffiziente Logistik werden steigen.

Nachhaltigkeit zu werden und diese Entwicklung vor ein Umsatzwachstum zu stellen. Nur so sehen wir auch künftig eine erfolgreiche Präsenz und Entwicklung in unserem Markt sichergestellt.

Markige Ziele bedürfen aber auch harter Regeln, die man sich selbst setzt – also nicht mit Fingern auf andere zeigen, sondern selbst daran arbeiten, in eigener Verantwortung etwas positiv zu bewegen! Globetrotter will damit mögliche Wege für die Handelsbranche aufzeigen und Vorbild sein.

Klimaschutz als zentrales Handlungsfeld

Wir Globetrotter unterstützen in vollem Umfang das Ziel des Pariser Klimaschutzabkommens, die globale Erwärmung auf 1,5 °C zu beschränken, und wollen unseren Teil dazu beizutragen. Den Schutz der Natur haben wir als einen Grundpfeiler in unserem »Globetrotter Weg«, der ethischen Verfassung unseres Unternehmens, festgelegt. Alle unsere Mitarbeitenden und besonders die Führungskräfte sind verpflichtet, die dort definierten Richtlinien einzuhalten.

Globetrotter ist seit 2015 Teil der Fenix Outdoor International AG. In diesem Zusammenschluss mit Globetrotter wurde die CO_2-Emission des Unternehmens maßgeblich gesenkt. Im Zeitraum von 2012 bis 2020 konnte die Fenix Outdoor International AG die Treibhausgasemissionen um fast 40 Prozent pro Mitarbeitendem (Headcount-Basis) vermindern. Klimaschutz wurde als zentrales Handlungsfeld in unserer Nachhaltigkeitsstrategie 2025 festgelegt. Die Ziele bis dahin sind speziell für den Einzelhandel:

— Klimakompensiert bei Scope-1- und Scope-2-Emissionen.
— Weiterhin 100 Prozent Grünstrom für alle Standorte.
— Bis 2025 Verringerung des relativen Stromverbrauchs um 25 Prozent (Basisjahr 2019).
— Produktbezogene CO_2-Bilanz und ein vollständig klimakompensiertes Sortiment.

Um dies zu erreichen, haben wir bereits frühzeitig Maßnahmen zum Klimaschutz ergriffen:
— Einführung eines eigenen Nachhaltigkeitsstandards (»Eine grünere Wahl«), der unsere Kunden

Agenda für 2022

- Grünstrom braucht attraktivere Preise und Preisstabilität sowie eine Preisbremse

- Verstärkte Förderung von Energieeffizienzmaßnahmen, insbesondere bei der Gebäudesanierung

- Anreizsysteme für klimafreundliche Anfahrten zur Belebung der Innenstädte

- Wettbewerbsfairness für nachhaltige Sortimente

dabei unterstützt, sich bei mehreren Produkten für die nachhaltigere Alternative zu entscheiden. Unter anderem werden der Einsatz von Recyclingmaterial sowie Recycling- und Reparaturfähigkeit belohnt.
- Förderung von ehrenamtlichem Engagement für den Umweltschutz durch Vergabe des Hanse-Umweltpreises gemeinsam mit dem Naturschutzbund (NABU) Hamburg seit 25 Jahren – die Globetrotter Stiftung dotiert die Auszeichnung mit 6.000 Euro.
- Mit-Initiierung von »Schüler werden Klimabeobachter«, eines Programms zur Klimabildung und -sensibilisierung.
- Bezuschussung eines emissionsfreien Arbeitswegs: Die Mitarbeitenden erhalten jährlich einen Betrag zur Fahrradnutzung und -reparatur sowie für Bike-Leasing.
- Verwendung von Ökostrom seit 2007 in allen Filialen.
- Ausrüstung unserer Geschäfte mit LED-Beleuchtung, sodass der Energieverbrauch deutlich reduziert ist. Wir arbeiten eng mit LED-Produzenten zusammen und können daher immer auf die effizienteste Technik zurückgreifen.
- Soweit wie möglich Vermeidung und stetige Reduzierung von Flugreisen und -transporten.
- Kompensation unserer eigenen Prozesse, Geschäftsreisen und Sendungen (Ein- und Ausgang unserer Lager und Filialen) gemäß dem Goldstandard.
- Ausrüstung unserer Filialen mit Werkstätten und Reparaturservice – Reparatur hat immer Vorrang vor Vernichtung.
- Vermietung von Produkten, um Artikel mehrfach und häufiger einzusetzen.
- Angebot von Secondhand-Teilen in einigen Filialen, um die Nutzungsdauer der Produkte weiter zu verlängern.
- Verkauf von noch gebrauchsfähiger Ware in Outlet-Stores und als Secondhand-Produkte.

Partnerschaftlich Emissionen verringern

Trotz dieser vielen Maßnahmen ist uns bewusst, dass noch deutlich mehr Anstrengungen erforderlich sind, um die Ziele des Pariser Klimaschutzabkommens zu erreichen. Wir sind fest entschlossen, die mit unserem Unternehmen verbundenen Emissionen weiter zu reduzieren.

Vor diesem Hintergrund haben wir auch die »Fashion Industry Charter for Climate Action« der UN-Klimarahmenkonvention (UNFCCC) unterzeichnet. Modeakteure haben dafür Wege erarbeitet, wie sich die Textil-, Bekleidungs- und Modeindustrie im Allgemeinen ganzheitlich für den Klimaschutz engagieren kann. Die »Fashion Industry Charter for Climate Action« hat die Vision, bis 2050 Netto-Nullemissionen zu erreichen. Es ist der richtige Weg, partnerschaftlich so viel Treibhausgas wie möglich zu vermeiden.

Nachhaltigkeitskriterien bereits beim Einkauf entscheidend

Der größte Einflussfaktor bei Globetrotter sind jedoch die eingekauften Produkte und ihr Transport. Um die Scope-3-Emissionen merklich zu reduzieren, berücksichtigen wir bereits beim Einkauf Nachhaltigkeitskriterien. Wir setzen hier auf einen obligatorischen Product Carbon Footprint, ein Life Cycle Assessment. An Konzepten zur Berechnung, Auszeichnung und Kompensation des Product Carbon Footprint wird aktuell intensiv gearbeitet. Dieser bildet dann auch die Grundlage für das CO_2-Benchmarking von Produkten und wird im Einkauf berücksichtigt.

Wir befinden uns außerdem im Austausch mit unseren wichtigsten Lieferanten, denn nur mit ihnen gemeinsam werden wir unsere Ziele erreichen. Wir machen aber auch deutlich, dass wir ab 2025 nur noch mit Marken zusammenarbeiten, die sich offiziell dem 1,5-Grad-Ziel verpflichten und eine Klimastrategie entwickelt haben. Dafür haben wir eine Bewertung auf Markenebene entwickelt und werden zusätzliche Initiativen verfolgen, um die Marken auf diesem Weg mitzunehmen. Erfreulicherweise sind die meisten unserer Partner hier schon auf dem richtigen Weg.

Herausforderung der Zukunft: Wärmeversorgung

Darüber hinaus haben wir verschiedene Maßnahmen initiiert, um unseren relativen Stromverbrauch bis 2025 um 25 Prozent zu verringern (Basisjahr 2019):

— Umwelt-Due-Diligence eines potenziellen neuen Filialstandortes bezüglich der Energieeffizienz, um frühzeitig Potenziale zu identifizieren und zu nutzen.
— Pilotprojekt Energie-Scouts in unseren Filialen.
— Energieeffizienz-Guideline für die Erneuerung beziehungsweise Renovierung von Filialen.
— Abbau von IT-Hardware in unseren Geschäften, Verlagerung der IT in die Cloud und damit auch die Verlagerung der Emissionen, denn Serverzentren lassen sich effizienter betreiben als dezentrale Einheiten, deshalb sehen wir darin prinzipiell den richtigen Weg.

Den Weg der Energiereduzierung lassen wir stetig auditieren. Aktuelle Ergebnisse zeigen jedoch, dass bei Globetrotter keine übermäßig großen Sparpotenziale im Strombereich vorhanden sind. In allen Filialen gibt es bereits einen hohen Anteil an LED-Beleuchtung und wenig große Stromverbraucher, die wir selbst beeinflussen können. Um noch mehr Energie zu sparen, müssen wir mit unseren Vermietern kooperieren. Die nächste Herausforderung sind der Wärmeverbrauch und das Einsparpotenzial bei den damit verbundenen Emissionen. Es geht also um den Umstieg von fossilen Energieträgern wie Öl und Gas auf Fernwärme oder Wärmeversorgung mit erneuerbaren Energien, wie beispielsweise bei der Solarthermie. Weitere Maßnahmen sehen wir vor allem im Bereich der energetischen Gebäudesanierung. Bedingt durch den Klimawandel könnte sich in den Sommermonaten ein stärkerer Kühlbedarf ergeben.

Ein guter Ansatz ist es, die im Einzelhandel häufig vorhandene Gebäudekomplexstruktur zur dezentralen Energieerzeugung zu nutzen, beispielsweise mittels Solarthermie oder Solarstrom. Der regulatorische Druck auf den Einzelhandel und die Besitzer gewerblicher Immobilien wird durch die Pflicht zur Installation von Photovoltaikanlagen erhöht. Bei der Energieeffizienz könnte der Einzelhandel davon profitieren, sofern die Pflichten beim Gebäudeeigentümer liegen. Allerdings besteht dadurch das Risiko, dass die Mieten steigen – je nach Regelung mehr oder weniger stark. Hier ist auf alle Fälle die Politik gefordert.

Agenda für 2025

— Besteuerung von Produkten, die durch Herstellung und/oder Transport einen großen CO_2-Fußabdruck haben, oder ein Verzicht auf diese Produkte – sofern es Alternativen gibt

— Anreizsysteme für nachhaltigere Innovationen und Produkte

— Steuerbegünstigung von Reparaturleistungen, Secondhand-Waren und Produktvermietungen

— Verstärkte Förderung von Textil-zu-Textil-Recycling

— Höhere Vorgaben energetischer Standards bei Gewerbeobjekten

Problem Transport- und Verpackungsmaterialien
Während der COVID-19-Pandemie hat sich auch bei
Globetrotter der Umsatz erheblich ins Onlinegeschäft
verlagert. Das hat sich insbesondere bei Transport und
Verpackung bemerkbar gemacht. Eine wichtige Aufgabe
der nächsten Jahre wird darin bestehen, Transport- und
Verpackungsmaterialien zu vermeiden, insbesonde-
re aus Plastik. Dazu wird der Handel allein jedoch nur
eingeschränkt in der Lage sein. Vielmehr ist hier ein
Hand-in-Hand-Gehen der ganzen Lieferkette nötig.

Unsere aktuellen Handlungsfelder liegen hier:
— Verringerung des Verpackungsmaterials unserer
 Lieferanten sowie in unseren Geschäften und im
 E-Commerce.
— Verwendung von wiederverwendbaren Transport-
 boxen in der Intralogistik.

— Bessere Verkaufsaufbereitung für unsere Filialen,
 sodass bereits ein Großteil der Verpackung im Ver-
 teilzentrum recycelt wird.
— Fachgerechtes Recycling von Plastik sowie Papier
 und Pappe in den Filialen.

Die Anforderungen an eine verpackungseffiziente
Logistik bei den Zulieferern werden auf alle Fälle steigen, wenn Umweltaspekte zunehmend bedeutender
werden. Die Herausforderung dabei ist, die Produkte
von der Herstellung bis zum Point of Sale (POS) und
zum Kunden zu schützen. Auch die Wahrnehmung
der Artikel in den Geschäften spielt dabei eine wesentliche Rolle.

Im Jahr 2020 haben wir einen internen Klimawork-
shop durchgeführt, um gemeinsam mit unseren

Agenda für 2030

— Ausbau des Schienenverkehrs und der nachhaltigen Mobilität in Deutschland sowie zu den Nachbarstaaten

— Verzicht auf fossile Brennstoffe bei der Wärmegewinnung

— Einheitliches System für Mehrweglösungen bei Transportverpackungen im E-Commerce

— Verzicht auf jegliches Plastik bei der Einwegnutzung

Unternehmensbereichen zusätzliche Maßnahmen zu identifizieren. Auch dabei haben sich gute Ansatzpunkte gefunden. Viele Maßnahmen wurden bereits umgesetzt. Erste Meilensteine waren der klimaneutrale Druck unseres Kundenmagazins sowie geringere Streuverluste bei dessen Versand.

Dialog mit Politik und Immobilienwirtschaft

Die nächste große Aufgabe im stationären Handel ist unser Beitrag zur dezentralen Energiewende. Beispiele dafür sind die verstärkte Nutzung von Fassaden- und Dachflächen zur fossilfreien Energie- und Warmwassererzeugung, die Einbindung in die erweiterte städtische Infrastruktur sowie ein möglichst

Wir erwarten auch von anderen, sich zusammenzuschließen und aktiv zu einer besseren, lebenswerten und nachhaltigen Zukunft beizutragen.

breit akzeptierter klimafreundlicher Kundenverkehr mit öffentlichen Verkehrsmitteln, zu Fuß oder mit dem Fahrrad. Der Dialog mit Politik und Immobilienwirtschaft ist hier besonders wichtig, um die eigenen Anforderungen an neue Standorte umsetzen zu können.

Als weitere Herausforderung ist die verstärkte Zusammenarbeit mit unseren Lieferanten zu nennen, da die meisten Emissionen während der Produktion der Produkte entstehen. Incentivierung für nachhaltige Produkte kann auch über den stationären Handel erfolgen: durch verstärkte Kommunikation am Point of Sale, Anpassung der sogenannten Marketing-Contribution, verstärktes Marketing und Berücksichtigung bei Einkaufsentscheidungen.

Markige Ziele bedürfen auch harter Regeln, die man sich selbst setzt.

Zusammenschließen und aktiv werden

Als Outdoor-Unternehmen können und möchten wir die Menschen dazu inspirieren, die Natur zu genießen und die Ökosysteme um uns herum wahrzunehmen und zu schätzen. Der Klimawandel bedroht unsere Natur und ihre Lebewesen in einem unvorstellbaren Maß. Wir kommen unseren Aufgaben und selbst auferlegten Verpflichtungen nach, um die Zukunft unseres Planeten zu sichern. Wir erwarten auch von anderen, sich zusammenzuschließen und aktiv zu einer besseren, lebenswerten und nachhaltigen Zukunft beizutragen.

Ich bin sicher, dass wir mit dem beschriebenen Weg unseres Unternehmens die ehrgeizigen Klimaziele erreichen und Vorbild sein können. Dies kann aber nur funktionieren, wenn alle Beteiligten miteinander im Einklang agieren. Zudem muss die Politik geeignete und praktikable Rahmenbedingungen schaffen. Die Zeit der Schuldzuweisungen sowie des Leugnens und Verdrängens der Warnsignale unserer Natur muss endgültig vorbei sein. Wir sollten mehr Bewusstsein entwickeln und uns an dem einen oder anderen Punkt aus der Komfortzone bewegen, um auch künftigen Generationen die Basis für ein lebenswertes Leben zu geben.

ANDREAS BARTMANN, *geb. 1959, ist seit 1989 Geschäftsführer von Globetrotter Ausrüstung. Er absolvierte eine Ausbildung zum Mess- und Regelmechaniker, studierte Produktionstechnik und arbeitete bereits als Student bei Globetrotter. Im Jahr 2002 erhielt er den Deutschen Handelspreis und 2005 den Forumspreis der Textilwirtschaft. 2006 wurde Andreas Bartmann in Deutschland »EY Entrepreneur Of The Year«. Er ist Präsident des Handelsverbands Nord, Vizepräsident des Handelsverbands Deutschland und des Bundesverbands Textilhandel sowie Vorstandsmitglied der Hamburger Klimaschutzstiftung.*

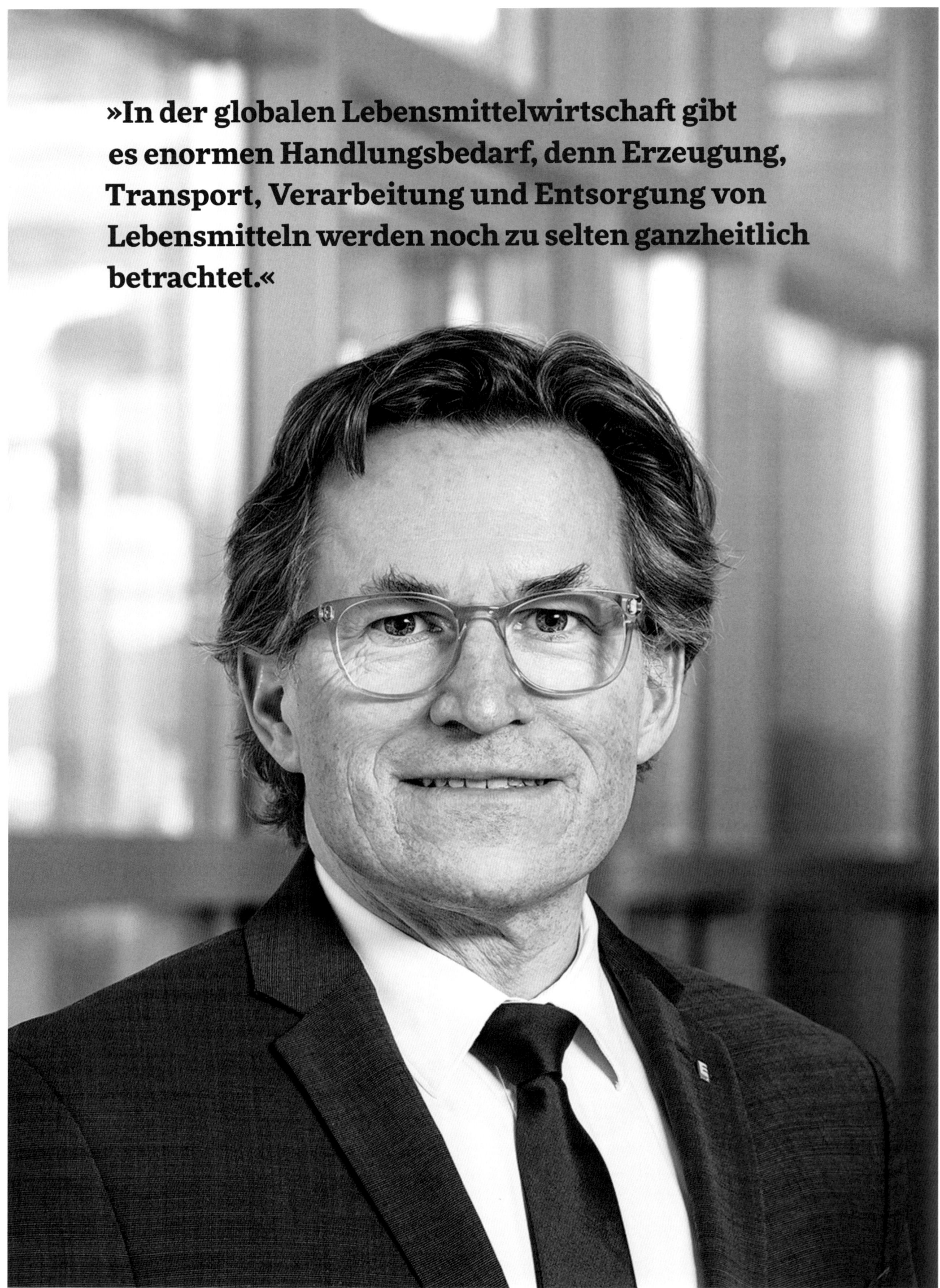

»In der globalen Lebensmittelwirtschaft gibt es enormen Handlungsbedarf, denn Erzeugung, Transport, Verarbeitung und Entsorgung von Lebensmitteln werden noch zu selten ganzheitlich betrachtet.«

Lebensmitteleinzelhandel: Mit neuen Ideen zum Ziel

Von Markus Mosa

Das Credo des deutschen Lebensmitteleinzelhandels (LEH) ist so schlicht wie prägnant: »Mittel zum Leben« hat sich unsere Branche bei der Versorgung von hierzulande mehr als 83 Millionen Menschen auf die Fahnen geschrieben. Eine der daran geknüpften Verantwortungsdimensionen ist jedoch höchst komplex. Oder anders formuliert: Beim Klimaschutz handelt es sich um die größte globale Herausforderung der Menschheitsgeschichte.

Das Leitmotiv des Lebensmitteleinzelhandels charakterisiert zugleich seinen gesellschaftlichen Auftrag. Rund 38.000 Geschäfte und die vielen Lieferdienste gerade in den Städten bieten hochwertige, sichere und bezahlbare Lebensmittel an. Sie gewährleisten die Versorgung der Bevölkerung in praktisch jedem Winkel unseres Landes.

Die Bündelung von Sortimentsvielfalt durch die Vollsortimentsgeschäfte minimiert den Individualverkehr. Der stationäre Handel ist so hinsichtlich Nachhaltigkeit dem Onlinehandel überlegen.

Ob Stadt oder Land – keine andere Branche ist flächendeckend so präsent und regional so fest verankert. Auch abseits der Ballungszentren garantieren gut erreichbare Supermärkte mit Vollsortiment ein vielfältiges Warenangebot. »One-Stop-Shopping« heißt diese Serviceleistung mit bis zu 60.000 Artikeln. Von dieser Infrastruktur profitieren täglich bis zu 41 Millionen Kundinnen und Kunden. Unsere Branche fungiert als zentrale Schnittstelle zwischen Verbraucherinnen und Verbrauchern, der Landwirtschaft und der Lebensmittelindustrie. Gleichzeitig zählt sie mit etwa einer Million Beschäftigten zu den wichtigsten Arbeitgebern und Ausbildern des Landes und profiliert sich als regionaler Wirtschaftsförderer und lokaler Steuerzahler. Mit aktuell 166 Milliarden Euro Jahresumsatz gilt der LEH auch über Pandemiezeiten hinaus als systemrelevante, tragende Säule der deutschen Wirtschaft und spielt eine entscheidende Rolle beim Schutz von Natur, Umwelt und Klima.

Zeit für Ehrlichkeit im Sortiment

Die Coronapandemie führte uns in zum Teil extremer Weise vor Augen, wie aufwendig die Versorgung der Bevölkerung und gleichzeitig leistungsfähig die gesamte Wertschöpfungskette ist. Die heutige Breite und Tiefe der Sortimente erfordert permanente Höchstleistungen.

Denn das Angebot in den Lebensmittelmärkten ist mit Produkten aus verschiedenen Regionen und Ländern so abwechslungsreich wie nie. Die Verbraucherinnen und Verbraucher schätzen das zwar, achten beim Einkauf jedoch verstärkt auch auf die regionale Herkunft und eine nachhaltige Erzeugung ihrer Lebensmittel.

Hier müssen wir umdenken. In der globalen Lebensmittelwirtschaft gibt es enormen Handlungsbedarf, denn Erzeugung, Transport, Verarbeitung und letztlich auch die Entsorgung von Lebensmitteln werden noch zu selten ganzheitlich betrachtet, und die jeweiligen Kosten werden internalisiert: Monetäre Aufwände für Umwelt- und Klimaschutz werden in den arbeitsteiligen Produktions-, Liefer- und Verwertungsketten zumeist nur unzureichend berücksichtigt. Umweltschäden wie Treibhausgasemissionen, Boden- und Wasserverschmutzung oder auch die Minderung der Artenvielfalt werden fast immer pauschal auf die Gemeinschaft abgewälzt. Es fehlt eine vollständige Transparenz entlang der Wertschöpfungsketten. Jetzt ist die Zeit für eine offene Diskussion über die Internalisierung externer Umweltkosten. Eine Lösung könnte ein *true lifecycle cost*-Ansatz darstellen. Dieser berücksichtigt marktwirtschaftlich differenziert den tatsächlichen Wert der Lebensmittel, indem auch Faktoren wie Umweltbelastung und Dienstleistungen für Ökosysteme konkret beziffert werden. Das Ergebnis: Die Verbraucherinnen und Verbraucher erhalten ökologische Klarheit, und die tatsächlichen Preise entfalten eine Lenkwirkung hin zu mehr Umweltbewusstsein.

Entscheidend ist, dass wir den Hebel aktiv in der Erzeugung unserer Nahrungsmittel ansetzen: Die immer umweltfreundlichere Produktion muss im Mittelpunkt aller Strategien stehen, um die realen Umweltkosten dauerhaft zu senken. Dazu müssen die Erzeuger, Agrarexpertinnen und Agrarexperten sowie anerkannte, lösungsorientierte NGOs vorbehaltlos und konsequent zusammenwirken. Das gemeinsame Ziel muss lauten, Umweltschäden in den Anbau- und Produktionsländern auf ein Minimum zu reduzieren. Nur so können sich die tatsächlichen Kosten den aktuellen Marktpreisen annähern. Der wirtschaftliche Vorteil liegt auf der Hand: Mittelfristig steigern ökologisch vorteilhafte, klimafreundliche Erzeugnisse spürbar ihre Wettbewerbsfähigkeit.

Wirklich nachhaltig in Bewegung

Ohne eine ausgefeilte Logistik gäbe es keine flächendeckende Versorgung der Bevölkerung. Unsere Kundinnen und Kunden erwarten zu Recht jederzeit frische und einwandfreie Lebensmittel. Bei der typischen Just-in-time-Belieferung ist der LEH auf der »letzten Meile« auf den Einsatz von Lkw angewiesen, denn kürzere innerstädtische Strecken und Belieferungsintervalle prägen das Geschäft. Ein Baustein zur emissionsärmeren Mobilität der Zukunft ist hier die mittelfristige Umstellung der Fuhrparks auf alternative Antriebstechnologien – natürlich ohne dabei die Wirtschaftlichkeit aus den Augen zu verlieren.

Allerdings sind Fahrzeugleistung, Ladeinfrastruktur und Ladezeiten nach wie vor eher ein Hemmschuh als ein Durchbruch für schwere Elektro-Lkw. Es gibt einen anderen Hoffnungsträger: Brennstoffzellen-Lkw. Sie haben erhebliche Vorteile – für Unternehmen und das Klima. Je schwerer ein Fahrzeug ist und je häufiger es auch auf kurzen Strecken fährt, desto sinnvoller ist es, den Strom für den Elektroantrieb über geräuschärmere Brennstoffzellen zu produzieren. Auf tonnenschwere Batterien kann so verzichtet werden. Zudem verspricht die Wasserstofftechnologie ähnlich kurze Betankungszeiten wie bei herkömmlichen Kraftstoffen. Und sie ist Studien zufolge deutlich abnutzungsresistenter. Dies macht sie für Handelsunternehmen wirtschaftlich attraktiv. Sollten sich diese Vorteile mittel- bis langfristig bestätigen, könnte eine wasserstoffbetriebene Lkw-Flotte im Lebensmittelhandel bis spätestens zum Ende dieses Jahrzehnts die Laderampen und die Straßen dominieren.

Dafür brauchen wir ein koordiniertes Vorgehen von Herstellern, Politik und Handel. Wie das funktionieren kann, zeigt ein 2020 gestarteter Feldversuch in Schleswig-Holstein. Dabei engagiert sich der EDEKA-Verbund gemeinsam mit weiteren Partnern dafür, CO_2-neutralen Wasserstoff in den Schwerlastverkehr zu bringen.

Außerdem verbessern wir kontinuierlich die logistischen Prozesse. Zum einen entstehen dank neuer digitaler Tools Bündelungseffekte beim Transport der Waren. So werden bereits heute spezielle Drei-Kammer-Lkw genutzt, die gleichzeitig frische, gekühlte und tiefgekühlte Ware transportieren können. Einzelne Märkte müssen so nicht mehr von drei verschiedenen Lkw-Typen angefahren werden. Zum anderen hilft Tourenmanagement-Software dabei, überflüssige Wegstrecken zu vermeiden. Die Waren werden effizient und zugleich klimaschonend transportiert. Über die Verlagerung

Agenda für 2022

— Auf dem Weg zu mehr Klimaschutz bedarf es stärker aufeinander abgestimmter Maßnahmen von Politik und Wirtschaft.

— Wir brauchen eine ideologiefreie, technologieoffene und marktorientierte Gesamtstrategie für eine zuverlässige und wirtschaftlich sinnvolle Energieversorgung.

— Die Politik ist gefordert, diverse bürokratische Hürden und Meldepflichten für Unternehmen abzubauen. Dadurch könnten kurzfristig erhebliche Investitionen in Klimaschutz- und Energieeffizienzmaßnahmen generiert werden.

von Warentransporten in Rand- und Nebenzeiten könnte zudem speziell der innerstädtische Verkehr erheblich
entlastet werden. Staus und Engpässe, häufig verursacht durch Ladetätigkeiten in zweiter Reihe, würden
so umgangen. Und die Kommunen erhielten Unterstützung bei der Einhaltung von Schadstoffgrenzwerten.
Gelebte Praxis ist die kontinuierliche Sensibilisierung
der Mitarbeiterinnen und Mitarbeiter, zum Beispiel
durch Schulungen zum spritsparenden Fahren.

Mit dem Stromer einkaufen und ausliefern
Wenn die Herstellung von Lebensmitteln klimafreundlicher erfolgt und die Logistik auf minimale Emissionen
setzt, dann gilt es, auch den CO_2-Fußabdruck der Verbraucherinnen und Verbraucher so klein wie möglich
zu halten. Längst wird der Lebensmitteleinkauf hierzulande zunehmend zum ganzheitlichen Genusserlebnis.
Gastronomieangebote runden heute vielfach den Besuch
im Supermarkt ab. Zudem prägt One-Stop-Shopping
das Einkaufen: Die Kundinnen und Kunden steuern
gezielt Einkaufsstätten an, in denen sie in modernem
Ambiente alle relevanten Sortimente und Produkte
vorfinden. Die Bündelung von Sortimentsvielfalt und
Dienstleistungsangeboten reduziert die Kosten für die
Warendistribution zwischen Hersteller und Handel und
minimiert den Individualverkehr. Mit dieser Effizienz
ist der stationäre Handel hinsichtlich Nachhaltigkeit
dem Onlinehandel überlegen, der jeden gekauften Artikel einzeln verpackt und liefert.

Mehrfache Fahrten werden also durch Nutzung moderner Einkaufsstätten immer öfter hinfällig. Der Weg
zum Supermarkt des Vertrauens muss dennoch ange-
treten werden. Um die dabei entstehenden Emissionen
weiter zu verringern, ist die Elektrifizierung des Individualverkehrs ein entscheidender Faktor. Die Formel
ist bekannt: mehr Stromer, weniger Emissionen. Voraussetzung dafür: Erst wenn es in den Städten und auf

dem Land ein engmaschiges Netz aus Ladestationen
gibt, werden viele Menschen auf Elektroautos umsteigen. Und hier ist die Vision recht klar: Supermärkte
könnten für ihre Kundinnen und Kunden schon bald
zu den Tankstellen werden, an denen sie während des
Wocheneinkaufs ihre Fahrzeuge aufladen. Auch hier ist
die Politik gefordert, entsprechende Rahmenbedingungen zu schaffen und privatwirtschaftliche Initiativen
zu fördern.

Nun ist nicht jeder Mensch in gleichem Maße mobil. Personen, die nicht regelmäßig Supermärkte
besuchen können oder wollen, benötigen ebenfalls
entsprechende Versorgungsangebote. Eine Antwort
sind moderne Lieferservices. Gegenwärtig zeichnen
sich allerdings noch viele Lieferdienste durch ökonomische und ökologische Unvernunft aus. Durch
sehr eng einzugrenzende Lieferzeitfenster und eine
Belieferung mit konventionell betriebenen Fahrzeugen lassen sich Warenlieferungen nur selten bündeln,
was wiederum den Emissionsausstoß fördert. Ansätze wie das »Milchmann-Prinzip« weisen hier den Weg:
Mit festen Liefertagen und -routen lassen sich Waren-
volumina intelligent bündeln und die Liefereffizienz
steigern. In Kombination mit einer engmaschigen Hub-
Lagerstruktur und dem Einsatz von elektrisch oder mit
Wasserstoff betriebenen Kurzstreckenfahrzeugen ist
das Milchmann-Prinzip eine scharfe Waffe gegen klimaschädliche Emissionen.

Ein weiterer wirkungsvoller Hebel liegt in der vollständigen Digitalisierung der Werbung. Gegenwärtig
dominieren noch die Flugblätter, die zweimal wöchent-
lich die Briefkästen der Kundinnen und Kunden füllen.
Hier bieten eine konsequente Digitalisierung und Individualisierung enormes Potenzial: Emissionen in der
Papierherstellung und der Auslieferungslogistik entfallen, und Streuverluste werden vermieden.

Klimafreundliche Marktwirtschaft

Selbstverständlich gilt es, auch die Supermärkte selbst auf maximale Klimafreundlichkeit zu trimmen. Die Zeiten, in denen Trockensortimente wie beispielsweise Zucker, Mehl und Kaffee oder auch Nudeln und Konserven die Supermarktregale prägten, sind längst Geschichte. Täglich frische, gut gekühlte Lebensmittel – ob für zu Hause oder »to go« – sowie tiefgekühlte Produkte gehören fest zum Angebot in den Supermärkten. Um die Präsentation dieser sensiblen Warengruppen jederzeit adäquat sicherzustellen und ihre Qualität zu erhalten, sind die Unternehmen – insbesondere die Supermärkte mit Vollsortiment – auf energieintensive Kältetechnik angewiesen. Das fängt bei den Servicetheken für Fleisch, Wurst, Käse, Salate und Fisch an und geht über Kühlregale für Joghurt, Quark und Milch bis hin zu den Truhen für Tiefgefrorenes. Hinzu kommen die Kühlräume und Kühlhäuser in den Logistikzentren, die dem Einzelhandel vorgelagert sind. Auch die Kühlaggregate beim Transport der Lebensmittel verbrauchen viel Energie. Allein aus Kostengründen stellt dies unsere gesamte Branche kontinuierlich vor immense Herausforderungen. Der Stromverbrauch nimmt mittlerweile rund drei Viertel der gesamten Energiekosten im Lebensmitteleinzelhandel ein. Und die immer weiter steigenden Stromkosten binden Kapital für mögliche Klimaschutzinvestitionen.

Flankiert von erheblichen bürokratischen Hürden sowie diversen Meldepflichten für Unternehmen, wird der Klimaschutz mitunter zum schwierigen Parcours.

Dabei gilt es allerdings zu bedenken: Der Anteil von uns Händlerinnen und Händlern am Stromverbrauch aller Branchen liegt bei lediglich sechs Prozent. Trotzdem schultern die Unternehmen des Lebensmittelgroß- und -einzelhandels heute bereits rund zehn Prozent der Kosten für den Ausbau von erneuerbaren Energien.

Es braucht den Willen zum Bürokratieabbau

Die Handelslandschaft zwischen Flensburg und Garmisch-Partenkirchen wird von einer heterogenen Immobilienstruktur geprägt. Nur teilweise gehören die genutzten Gebäude den Handelsunternehmen selbst. Der überwiegende Teil sind Mietobjekte. Und hier offenbart sich ein ärgerliches Hindernis auf dem Weg zu verbessertem Klimaschutz, denn auf gemieteten Gebäuden ist die Installation klimafreundlicher Photovoltaikanlagen nur unter erschwerten Bedingungen möglich. Ein weiterer Hemmschuh: Aufgrund wirtschaftlicher, rechtlicher – und nicht selten auch politischer – Rahmenbedingungen darf der auf einem Supermarktdach produzierte Strom nicht ohne Weiteres in eine Ladesäule für E-Autos geleitet werden. Ebenso wenig ist es für einen gemieteten Supermarkt praktikabel, den selbst produzierten Strom selbst zu nutzen, da zwischen Stromerzeuger und -abnehmer noch immer eine Personenidentität bestehen muss. Hier schnappt die Kostenfalle erneut zu: Besteht diese Identität nicht, müssen anstelle von 40 Prozent EEG-Umlage 100 Prozent entrichtet werden. Flankiert von erheblichen bürokratischen Hürden sowie diversen Meldepflichten für Unternehmen, wird das Thema Klimaschutz mitunter zum schwierigen Parcours. Das muss sich ändern.

Doch auch das ist Fakt: Bereits seit Jahren zählt energieeffizientes Wirtschaften in den deutschen Handelshäusern zum gelebten Alltag. Wir achten darauf, den Stromverbrauch zu regulieren und verantwortungsvoll zu managen. Solarenergie und Geothermie rücken hierbei verstärkt in den Fokus. Auch Batteriespeichersysteme können eine sinnvolle Ergänzung sein. Ressourcenschonend errichtete, hocheffiziente Super- und Verbrauchermärkte, bei denen die eigene Stromerzeugung und -versorgung uneingeschränkt möglich ist, sollten mittelfristig ein konkretes Etappenziel sein.

Individuelle Gebäude- und Ladenbaukonzepte sind ein wichtiger Schritt auf diesem Weg. Dabei kommen beispielsweise natürliches Tageslicht oder energiesparende LED-Beleuchtung ebenso zum Tragen wie effiziente Wärmerückgewinnungssysteme und natürliche, umweltfreundliche Kältemittel und -anlagen. Bei Neubauten setzen wir zunehmend auf ganzheitliche Green-Building-Konzepte – beispielsweise nach den Standards der Deutschen Gesellschaft für Nachhaltiges Bauen.

Die Unterzeichner der Klimaschutzerklärung des deutschen Einzelhandels – zu denen auch EDEKA

Agenda für 2030

- Es fehlt eine vollständige Transparenz entlang der Wertschöpfungsketten. Wir brauchen eine offene Diskussion über die Internalisierung externer Umweltkosten. Eine Lösung könnte in diesem Zusammenhang ein *true lifecycle cost*-Ansatz darstellen.

- Unser gemeinsames Ziel muss es sein, Umweltschäden direkt in den Anbau- und Produktionsländern auf ein Minimum zu reduzieren. Dadurch werden ökologisch vorteilhafte, klimafreundliche Lebensmittel ihre Wettbewerbsfähigkeit spürbar steigern.

gehört – haben so seit 2013 mehr als 500 Millionen Euro in Energieeffizienzmaßnahmen investiert. Durch die vielfältigen Maßnahmen ist es dem Sektor Gewerbe, Handel und Dienstleistung (GHD) gelungen, den CO_2-Ausstoß im Vergleich zum Jahr 1990 um 54 Prozent zu reduzieren. Insgesamt konnten gut 110.000 Tonnen CO_2 eingespart werden. Zudem hat es der Handel geschafft, seinen Strombedarf jährlich um 200.000 Megawattstunden zu reduzieren – das entspricht etwa dem Jahresverbrauch einer Kleinstadt.

Marktorientiert neue Anreize schaffen

Uns Händlerinnen und Händlern ist bewusst, dass es sich bei den eigenen Aktivitäten zum Klimaschutz um einen kontinuierlichen und langfristig ausgerichteten Prozess handeln muss. Gleichzeitig sind alle Beteiligten – ob aus Wirtschaft oder Politik – aufgefordert, zum Erreichen der Klimaschutzziele weitere, idealerweise aufeinander abgestimmte Maßnahmen einzuleiten und erheblich zu investieren.

Um zugleich eine zuverlässige und wirtschaftlich sinnvolle Energieversorgung für Deutschland sicherzustellen, bedarf es einer ebenfalls langfristigen, integrierten Gesamtstrategie. Im Energiemix der Zukunft werden die erneuerbaren Energien die konventionellen Energieträger schrittweise ersetzen. Das funktioniert am besten über ideologiefreie, technologieoffene und marktorientierte energiepolitische Konzepte. Einerseits gilt es, die fraglos auch im Handel weiterhin vorhandenen Effizienzpotenziale auszuschöpfen, um Energie- und Ressourceneinsparungen voranzutreiben. Andererseits ist die Nutzung von erneuerbaren Energien ein weiterer essenzieller Baustein der Energiewende. Dabei spielt nicht nur deren stetiger Ausbau eine wichtige Rolle, sondern auch daran gekoppelte Speicherkapazitäten müssen erhöht werden.

Den Ideen sind keine Grenzen gesetzt. Indem Industrie und Handel Non-Food-Produkte und Investitionsgüter noch konsequenter langlebig, kreislauf- und reparaturfähig gestalten, entstehen in den Unternehmen finanzielle Spielräume, um in Klimaschutz und Energieeffizienz zu investieren. Ergänzend könnte eine seitens der Bundespolitik initiierte »Klimaoffensive Mittelstand« ebenfalls dazu beitragen, Handelsunternehmen zusätzliche Horizonte zu eröffnen. Beispielsweise könnten Abwrackprämien für ältere, klimaschädliche Kühlmöbel als zielgenauer Anreiz dienen, neue Technologien anzuschaffen und dadurch Emissionen weiter zu senken.

Es ist die Vielfalt an Ideen, Initiativen und Methoden, die zum Ziel führt. Und das ist längst definiert: den individuellen CO_2-Fußabdruck zu reduzieren, damit wir gemeinsam die Erderwärmung auf maximal 1,5 °C begrenzen. Dabei darf nicht außer Acht gelassen werden, dass starke Schultern mehr leisten können als schwache. Im Sinne der sozialen und Generationengerechtigkeit gilt es, solidarisch vorzugehen. Um die Ziele mittel- bis langfristig zu erreichen, sind konzertierte, kaskadische und sozial gerechte Vorgehensweisen der einzige Weg.

MARKUS MOSA, *geb. 1967, ist seit 2008 Vorstandsvorsitzender der EDEKA-Zentrale. Dort leitet er die strategische Führung und Weiterentwicklung des EDEKA-Verbunds und verantwortet die Ressorts Einkauf, Produktion, IT, Revision, Unternehmenskommunikation sowie die Unternehmenstochter Netto Marken-Discount. Nach einem Studium der Betriebswirtschaftslehre an der Universität zu Köln begann der gebürtige Rheinländer seine berufliche Laufbahn 1994 bei der SPAR Handels AG, wechselte 1999 zu Netto Marken-Discount und führte das Unternehmen von 2001 bis 2007 in die Spitzengruppe der deutschen Discounter.*

IT-Infrastruktur

»Deutschland hat die finanziellen Mittel, das Know-how und engagierte Menschen, um im IT-Bereich weltweit konkurrenzfähig zu sein. Die dazu benötigte Infrastruktur muss jedoch jetzt ausgebaut werden.«

Führen statt Folgen – eine neue IT-Infrastruktur

Von Sabina Jeschke

Das Resümee des Gutachtens des Wissenschaftlichen Beirats des Bundesministeriums für Wirtschaft und Energie »Öffentliche Infrastruktur in Deutschland: Probleme und Reformbedarf« könnte nicht klarer sein: »In Deutschland wird schon seit vielen Jahrzehnten deutlich zu wenig in die öffentliche Infrastruktur investiert.« Insbesondere in der digitalen Infrastruktur seien große Anstrengungen notwendig, um die Herausforderungen der digitalen Revolution zu meistern[1].

Dabei bedeutet Infrastruktur nicht nur Netzwerktechnik für Kommunikations- und Informationsübertragung, sondern umfasst auch jene Strukturen, Systeme und Technologien, die für die Realisierung neuer Geschäftsmodelle notwendig sind. Dazu zählen etwa Ökosysteme zum Auf- und Ausbau von künstlicher Intelligenz als zentralem Treiber der vierten industriellen Revolution. Auch die konsequente Einführung digitaler Identitäten für Personen, Organisationen und Objekte für leistungsfähige Bürgerdienste gehört dazu sowie ein umfassendes Internet of Things. Zudem müssen jene Infrastrukturkomponenten betrachtet werden, die in den kommenden Jahren disruptive Veränderungen hervorrufen werden: beispielsweise Quantum-Computing für leistungsfähige Simulationen auf der Basis von digitalen Zwillingen, die für die Echtzeitfähigkeit nicht nur 5G, sondern perspektivisch auch 6G benötigen[2].

Die Bedeutung von Quantum-Computing liegt darin, einerseits wirtschaftliche Wettbewerbsvorteile zu generieren und andererseits signifikante gesellschaftliche Fragen zu lösen.

Hier sollen die vier zentralen Ziele einer modernen und innovativen IT-Landschaft skizziert werden, die das Potenzial haben, Deutschland in den digitalen Technologien des 21. Jahrhunderts führend zu machen.

Ziel 1: Schnelle Netze

In der Studie »5G an jeder Milchkanne«[3] beschreibt die Konrad-Adenauer-Stiftung präzise die außerordentliche Bedeutung schneller *flächendeckender* Mobilfunknetze. Die Ausrichtung an der prozentualen Versorgung von Haushalten ist kein geeignetes Kriterium mehr, worauf auch das SPD-Positionspapier zum »Gesamtkonzept Mobilfunk«[4] hinweist. Das Potenzial echtzeitfähiger 5G/6G-Kommunikationssysteme liegt in *anywhere everytime*, um etwa autonomes Fahren, hoch automatisierte Agrarwirtschaft, flächendeckende medizinische Betreuung und zuverlässige Warnsysteme für den Katastrophenschutz zu realisieren. Ein lückenloses 5G-Netz ist ein zentraler Standortfaktor jeder Industrienation, und sein Nachfolger 6G wird ab circa 2028 diese Entwicklung weiter verstärken. Der Ausbau von 5G hat daher maximale Priorität, und gleichzeitig sind die Vorbereitungen für 6G jetzt zu starten – in China[5] und den USA hat die Forschung dazu bereits begonnen.

Für die Zukunft müssen sich dringend die Frequenzvergabeverfahren ändern. Das aktuelle Höchstgebot-Versteigerungsmodell von Frequenzen führt zu Milliardeninvestitionen der Mobilfunkunternehmen nur für den Zuschlag von Lizenzen. Diese Investitionen fehlen dann für den Netzausbau und sind damit eine der Ursachen für den vergleichsweise langsamen Netzausbau in Deutschland. Einer Analyse der Telefónica[6] von 2020 zufolge haben die deutschen Netzbetreiber in 20 Jahren – also ab der 3G/UMTS-Versteigerung – rund 65 Milliarden Euro in Lizenzen investiert. Das ist mehr, als im selben Zeitraum in den eigentlichen Netzausbau geflossen ist. Die Analyse kommt zu der Erkenntnis: »Hätte das gesamte Geld direkt in die Infrastruktur fließen können, könnte schon heute in jedem Winkel Deutschlands ein Hochgeschwindigkeitsnetz stehen.«

Alternativen liegen etwa in sogenannten Beauty-Contests oder Negativauktionen: Beim Beauty-Contest werden die Frequenzen selbst zwar verschenkt, die Zuteilung wird dabei jedoch an Ausbaupläne und künftige Services der Mobilfunkbetreiber gekoppelt. Bei einer Negativauktion unterbieten sich die Anbieter in Bezug auf eine staatliche Fördersumme, die notwendig ist, um eine konkrete Dienstleistung – etwa die Versorgung einer bestimmten Region – zu realisieren. Bei beiden Verfahren steht der rasche Infrastrukturausbau im Vordergrund, nicht die Maximierung staatlicher Einnahmen. Auch eine Komposition der traditionellen Versteigerung mit Negativauktionen kann ein mögliches Modell sein[7]: Für Gebiete, in denen sich ein Ausbau wirtschaftlich lohnt, werden die Frequenzen weiterhin versteigert. Die Einnahmen werden ausschließlich dafür verwendet, die staatlichen Fördersummen der Negativauktionen zu finanzieren.

Beide Verfahren ermöglichen das »Umparken im Kopf«: Bisher gestalten vor allem die Telekommunikationsunternehmen den Mobilfunkausbau, der politische Einfluss beschränkt sich weitgehend auf die Bereitstellung von Fördermitteln in bestimmten, eher »inselartigen« Kontexten. Notwendig ist aber eine klare gesellschaftliche Perspektive auf die Thematik, wie sie für andere Infrastrukturbereiche wie etwa den Straßenbau selbstverständlich ist. Politik und Regierung müssen diese Perspektive dann konsequent mitgestalten und umsetzen. Mithilfe von Negativauktionen und Beauty-Contests lässt sich diese gesellschaftliche Vision realisieren.

China hat sehr interessante Erfolge erzielt[8]: Durch die Gründung von »China Tower« gelang den drei führenden Telekommunikationsunternehmen eine komplette Ausbauplanung zur gemeinsamen Nutzung von Mobilfunkmasten (*value creation through resource sharing*), die heute zu den weltführenden zählt[9]. Die massiven Eingriffe des chinesischen Staates in die Geschäftsmodelle der Unternehmen – etwa der erzwungene Verkauf der jeweils eigenen Masten an China Tower – sind definitiv kein Modell für

Künstliche Intelligenz ist die zentrale Voraussetzung dafür, dass Deutschland seine Produktivität, Arbeitsleistung und soziale Versorgungsstruktur in der Zukunft halten kann.

Deutschland und Europa[10]. Gleichwohl kann man von der grundsätzlichen Philosophie dieser Architektur lernen: Das Konzept einer gemeinsamen Ausbauplanung und die Maximierung der Mitnutzung als *freiwillige* Kooperation und Föderation können einen Betrag dazu leisten, die Mobilfunkversorgung in Deutschland insgesamt zu verbessern und einen schnellen 5G/6G-Roll-out zu realisieren.

Im Mai 2021 hat Bayerns Wirtschaftsministerium eine Änderung des Telekommunikationsgesetzes angestoßen, um Raum für neue Frequenzvergabemodelle zu schaffen[11]. Es ist entscheidend, dass die Bundesregierung

diese Gesetzesänderung schnellstmöglich umsetzt und die neuen Verfahren auch praktiziert werden, bevor weitere Investitionssummen dem Netzausbau de facto »entzogen« werden.

Ziel 2: Strategische Agenda Quantum-Computing

Spätestens seit IBM 2019 seinen ersten Quantum-Computer auf der Hannover-Messe präsentierte, ist das Rennen um diese Technologie auch in Deutschland eröffnet. Am 15. Juni 2021 haben Fraunhofer und IBM mit IBM Quantum System One in Ehningen nahe Stuttgart den ersten Quantum-Computer in Deutschland in Betrieb genommen – mit 27 Qubits das aktuell leistungsstärkste System in Europa[12]. Indem für Wissenschaft und Wirtschaft der Zugang zu ersten Quantenrechnern rasch realisiert wird, entsteht *eine* wichtige Voraussetzung für den frühzeitigen Kompetenzausbau dieser Zukunftstechnologie in Deutschland. Mit monatlichen Tickets sind auch temporäre, flexible Zugänge zu Experimenten und erste Bewertungen der Technologie möglich.

Der Grund für die extreme Popularität und Relevanz liegt vor allem in zwei Faktoren: Zum einen kommt das Mooresche Gesetz zunehmend an seine Grenzen. Konnte sich in den vergangenen Jahrzehnten die Rechnerleistung der Von-Neumann-Architekturen durch weitere Miniaturisierung alle 18 Monate verdoppeln, wird die Steigerung zwischen 2025 und 2030 immer weiter abflachen. Damit wird die Leistung etwa von Optimierungsverfahren oder Simulationsumgebungen de facto »eingefroren«. Zum anderen werden Quantum-Computer das *high-performance computing* (HPC) disruptiv verändern: Weil ihre Rechenmethodik auf grundlegend anderen physikalischen Prinzipen basiert, können sie perspektivisch Probleme und Aufgabentypen bewältigen, die mit klassischen Computern zeitnah nicht lösbar sind. Benötigt etwa eine Optimierung der gesamtdeutschen Mobilität ein Jahrzehnt an Rechnerzeit, ist sie unbrauchbar. Dieselbe Optimierung in Minuten oder sogar Sekunden würde aber völlig neue Planungs- und Steuerungsmodelle erlauben.

Dieses Beispiel macht auch deutlich, dass Quantum-Computing nicht ausschließlich der Wirtschaft dient – etwa zur Optimierung von Logistikprozessen, der computergestützten Materialentwicklung oder der Beschleunigung von Entwicklungszyklen von Produkten. Quantum-Computer können in vielen gesellschaftlich hochrelevanten Bereichen neue Wege aufzeigen, wie eben in einer nachhaltigen Mobilitätsoptimierung, der Entwicklung neuer medizinischer Therapien oder bei der Reduktion des CO_2-Ausstoßes. Beispielsweise kann Quantum-Computing dabei helfen, chemische Stoffe zu entdecken, mit denen CO_2 aus der Atmosphäre gebunden werden kann[13]. Die Bedeutung von Quantum-Computing liegt also darin, einerseits wirtschaftliche Wettbewerbsvorteile zu generieren und andererseits signifikante gesellschaftliche Fragen zu lösen.

Europa braucht dringend eine eigene digitale Identität, die alle Facetten der Identität abdeckt – zunächst für Menschen, weiterführend aber auch für Institutionen und Dinge.

Die völlig andere Physik der Quantum-Computer bewirkt allerdings auch, dass das gesamte HPC-Gebiet in Teilen neu zu denken ist: Nicht nur die Hardware ändert sich radikal, es sind auch etwa neue Programmiersprachen, Entwicklungsumgebungen und Software-Stacks und Lösungen zur Portierung bestehender Codes notwendig. Ebenso muss Cybersecurity neu gedacht werden: Mit Quantenrechnern lassen sich die aktuellen Kryptografieverfahren viel leichter »knacken«. Ein klassischer Computer braucht Billionen von Jahren, um die weitverbreitete RSA-Verschlüsselung zu knacken – ein Quantencomputer könnte das perspektivisch in Minuten oder sogar Sekunden realisieren. Umgekehrt bietet Quantum-Computing völlig neue Sicherheitskonzepte, etwa durch die Generierung »echter« Zufallszahlen oder durch quantensichere Kommunikation auf der Basis von Quantenschlüsselverteilung[14].

Ökosysteme wie die Initiative »Quantencomputing« des Deutschen Zentrums für Luft- und Raumfahrt (DLR)[15] sind entscheidend, um Quantum-Computing in Deutschland und in Europa voranzubringen, und zwar *schnell*. Derzeit kommen die großen Entwicklungen einmal mehr von US-Konzernen wie IBM, Google, Microsoft und Co. Auch die chinesische Regierung hat ehrgeizige Programme, Milliarden werden allein in das chinesische National Laboratory for Quantum Information Sciences investiert[16]. Mit Erfolg: Jüngst konnten chinesische Teams mit einem 66-Qubit-Rechner den bisherigen Leader Google schlagen. Ihr Quantencomputer konnte in etwas mehr als einer Stunde eine Berechnung durchführen, für die klassische Computer mehr als acht Jahre brauchen würden[17]. Im Verbund mit Europa braucht Deutschland jetzt eine klare und kraftvolle Agenda für das im IT-Bereich voraussichtlich wichtigste Zukunftsfeld des kommenden Jahrzehnts und eine massive Investition in dieses Gebiet.

Ziel 3: Weg frei für künstliche Intelligenz und autonome Systeme

Künstliche Intelligenz (KI) ist der zentrale Treiber der vierten industriellen Revolution. Durchbrüche sind in mindestens drei Dimensionen sichtbar: Erstens dringen künstliche Intelligenzen immer mehr in Alltagsbereiche ein, wie etwa beim »autonomen Fahren«, und sind nicht mehr auf »Laborumgebungen« oder *gated communities* wie eine Produktionsanlage beschränkt. Zweitens entsteht durch den gleichzeitigen Durchbruch bei den Mobilfunknetzen eine neue, vernetzte und verteilte Form von Intelligenz. Dabei tauschen sich technologische Systeme in Echtzeit aus und agieren wie eine einzige Entität, obwohl sie räumlich verteilt sind, wie etwa bei einer »Car2X-Communication«[18]. Ein *cyberphysical system* kann aus heterogenen Komponenten bestehen, die sich im Extremfall über die gesamte Welt verteilen und synchron agieren. Und drittens hat KI längst die Schwelle zur Kreativität durchbrochen: Wir sehen nicht nur künstliche Intelligenzen, die Musikstücke komponieren oder Gedichte schreiben, sondern auch solche, die etwa über räumliches Vorstellungsvermögen verfügen oder Szenen des menschlichen Alltags sinnvoll fortschreiben können.

Für Deutschland und viele andere Industrienationen liegen die Chancen der KI nicht nur in der Optimierung von Produkten und Prozessen. Vielmehr ist KI die wichtigste Antwort auf den demografischen Wandel – und damit die zentrale Voraussetzung dafür, dass Deutschland seine Produktivität, Arbeitsleistung und soziale Versorgungsstruktur in der Zukunft halten kann. Betrachten wir exemplarisch den Verkehrssektor: Um die

Klimaziele zu erreichen und eine nachhaltige Mobilität umzusetzen, sollen bis 2030 die Passagierzahlen auf der Schiene verdoppelt werden. Während sich Arbeitnehmer und Gewerkschaften nachvollziehbar Sorgen um den potenziellen Wegfall von Arbeitsplätzen durch KI und Automatisierung machen, mangelt es global aufgrund demografischer Veränderungen etwa an Rangierern, Zugbegleitern, Lokführern und Instandhaltern. Ohne eine radikale Automatisierung vieler Prozesse sind die Ziele nicht erreichbar. Ähnliche Situationen finden sich etwa in der Produktion, in der Logistik, im Pflegebereich und im stationären Handel.

Deutschland hat – insbesondere aufgrund seiner aus der aktuellen Exportstärke resultierenden Finanzstabilität und seines überaus kompetitiven Ausbildungssystems – hervorragende Chancen, in der vierten industriellen Revolution und damit in dem zentralen Feld der KI eine prominente Rolle zu spielen. Gleichzeitig wird erstens immer deutlicher, dass der Vorsprung insgesamt schwindet, und es kann zweitens nicht übersehen werden, dass die wesentlichen Innovationen und Firmenneugründungen im 4.0/KI-Kontext bisher vorwiegend außerhalb Deutschlands stattgefunden haben.

Angesichts des rasanten Fortschrittes in der KI – künftig zusätzlich getrieben durch 5G/6G und Quantum-Computing – brauchen wir Raum und Möglichkeiten für visionäre Köpfe und mutige Macherinnen und Macher, die die nächste Generation von KI-Anwendungen in allen Wirtschaftszweigen und mit gesamtgesellschaftlichem Impact entwickeln. Die Vision muss »*bold*« sein – und nicht weniger als ein Führungsanspruch in der KI-Technologie, um ihr Potenzial für die Prosperität Deutschlands und Europas zu nutzen. Eine entscheidende Bedeutung kommt dabei der Gründerszene in Deutschland zu, die sich in den vergangenen Jahren bereits erheblich entwickelt hat. Dennoch müssen noch mehr offene Ökosysteme entstehen, in denen Start-ups, Wirtschaft, Wissenschaft, öffentliche Hand und Kapitalgeber *gemeinsam* die großen Themen der KI

Deutschland hat hervorragende Chancen, in der vierten industriellen Revolution und damit im zentralen Feld der KI eine prominente Rolle zu spielen.

mit »Flagship-Projekten« und »Made in Germany and Europe« anpacken, um in der zweiten Hälfte der 2020er-Jahre das Feld anzuführen.

Der wichtigste Punkt ist jedoch: Noch immer fehlen Kapitalstrukturen für die schnelle und finanziell umfangreiche Förderung exzellenter und disruptiver Ideen. Vergleicht man die Start-up-Szene etwa mit der in den USA, dann haben neue Gründer in Deutschland kaum Chancen auf »größere Tickets« – diese sind aber notwendig. Gründer müssen sich voll auf ihr eigentliches Produkt und einen möglichst schnellen Marktstart fokussieren können – statt von Investmentrunde zu Investmentrunde zu hecheln. Neue Finanzmodelle – eine Art »Einhorn-Strategie« – sind notwendig, um den deutschen und europäischen Start-ups neue Chancen auf schnelles Wachstum eröffnen.

Ziel 4: Digitale Identitäten für Menschen, Organisationen und Objekte

Beim Thema »digitale Identität« preschen Digitalkonzerne wie Facebook, Google und Co. vor: Bei vielen Onlineportalen Dritter ist inzwischen der Login über diese »Identitäten« möglich. Ähnliche Trends wie etwa WeChat kommen aus China. Die Funktionalitäten hinter diesen Identitäten werden zudem immer breiter, wie die Integration von Zahlfunktionen unter anderem bei Google Pay, Apple Pay oder Alipay sowie die Kopplung mit Health-Diensten zum Beispiel bei HUAWEI ID deutlich machen. Europäische und deutsche Initiativen – auch zu digitalen Identitäten wie netID oder Verimi – können derzeit nicht mithalten[19].

Aufgrund der sowohl im öffentlichen wie auch im privaten Sektor allgegenwärtigen Nachweispflichten wird die in Deutschland und Europa noch immer meist rein analoge Ausstellung von Nachweisen zu einem der größten Digitalisierungshemmnisse unserer Zeit. Das trifft »hoheitliche Bereiche« wie die Autozulassung oder Schulanmeldung ebenso wie die Identifikation im Alltag, etwa bei einer Bankkontoeröffnung oder dem Hotel-Check-in. Europa braucht dringend eine *eigene* digitale Identität, die alle Facetten der Identität abdeckt – zunächst für Menschen, weiterführend aber auch für Institutionen und Dinge.

Für die technische Umsetzung existieren verschiedene Konzepte, darunter die inzwischen weit ausgereifte und zunehmend in allen Teilen der Welt aufkommende *self-sovereign identity* (SSI). Diese Lösung erlaubt es, Identitätsattribute standardisiert, datensparsam und vor allem fälschungssicher bereitzustellen, auszutauschen und zu speichern. Sie fügt sich damit konsequent in die Strategie einer »europäischen digitalen Souveränität« ein. Richtig umgesetzt, liefert SSI die technische Grundlage zur nutzerfreundlichen Umsetzung europäischer Werte und der Datenschutzgrundverordnung (DSGVO). SSI kann zudem sowohl für personenbezogene Daten als auch für Identitäten von Dingen und Institutionen genutzt werden. Die Lösung bietet enormes Potenzial für die Wirtschaft.

Zwingend notwendig ist die Einführung digitaler Identitäten auch in einem ganz anderen, gesellschaftlich hochrelevanten Bereich: Algorithmen sind zunehmend in der Lage, sich als »echte Personen« auszugeben. Das ist nicht nur ein Problem bei Fake-Bewertungen im E-Commerce, sondern auch in sozialen Netzwerken, wo eine »Heerschar« künstlich generierter Bots, die kaum noch von realen Personen zu unterscheiden sind, die Stimmungen und Positionen etwa in der politischen Auseinandersetzung mehr und mehr beeinflusst. Auch können inzwischen aus einer Sequenz von Bildern Animationen und Movies generiert werden, bei denen den Akteuren Texte »in den Mund gelegt werden«. Keinesfalls sind interaktive KI-Klone immer bedrohlich, sondern als animierter Chatbot in einer Beratungssituation sogar außerordentlich nützlich – dennoch wüsste man gern, ob das Gegenüber eine reale Person oder eine künstlich generierte ist.

Konzepte wie SSI unterstützen nicht nur digitale, gesicherte Identitäten, sondern auch weiterführende Konzepte wie etwa authentische Pseudonyme und Identitätstreuhänderschaften. Die amtierende Bundeskanzlerin Angela Merkel hat im Winter 2020 das Konzept einer digitalen Identität für Deutschland öffentlich vorgestellt und es auch im Rahmen der EU-Ratspräsidentschaft Deutschlands (Juli bis Dezember 2020) in die Europäische Union eingebracht. Inzwischen sind erste Anwendungsfälle realisiert worden.

Insbesondere hat auch der VDE Verband der Elektrotechnik Elektronik und Informationstechnik wichtige Impulse zu »Vertrauen im virtuellen Raum« und zur »Zertifizierung digitaler Identitäten« eingebracht[20].

Es ist entscheidend, die Vordenkerschaft Deutschlands mit hoher Geschwindigkeit fortzusetzen und auf europäischer Ebene breit zu verankern, denn digitale Identitäten der einzelnen Nationalstaaten Europas haben kaum eine Chance, eine wirklich breite Verwendung zu finden. Weitere Referenzimplementierungen und die Bereitstellung von Werkzeugen sind wichtig, um die niedrigschwellige Einführung etwa auf Bewertungsplattformen und in Onlinemedien zu erleichtern.

Digitale Infrastruktur jetzt ausbauen
Entlang vier zentraler und dennoch exemplarischer Themenfelder wurden hier bestehende Barrieren, aber auch Modelle ihrer Überwindung skizziert. Viele weitere IT-Infrastrukturfragen stellen sich, wie etwa »Datenplattformen«, europäische Cloud-Souveränität, der Ausbau des europäischen Navigationssatellitensystems Galileo, nationale und/oder europäische Chipproduktion oder die Gestaltung und Technologieführerschaft einer »Green IT«. Als Fazit ergibt sich: Deutschland und Europa haben die finanziellen Mittel, das Know-how und engagierte Menschen, um im IT-Bereich weltweit konkurrenzfähig zu sein. Die dazu benötigte Infrastruktur muss jedoch *jetzt* ausgebaut werden. Nur so kann Europa – mit seinen Werten – im weltweiten Wettbewerb bestehen.

PROF. DR. SABINA JESCHKE, *geb. 1968, ist Managerin, Gründerin und Wissenschaftlerin. Nach einer Karriere als Universitätsprofessorin in Informatik, Elektrotechnik und Maschinenbau sowie als Vorstandsmitglied der Deutschen Bahn AG verstärkt sie seit Juni 2021 Deloitte Deutschland als Scientific Senior Advisor und hält zudem verschiedene Aufsichtsratsmandate. Sie gründete das KI-Start-up Arctic Brains AB in Jämtland, Schweden, befasst sich intensiv mit dem Aufbau von Start-ups im Umfeld von Quantum-Computing, begleitet die Initiative »KI Park« in Berlin und hält Honorarprofessuren an der RWTH Aachen und der TU Berlin.*

Kreislaufwirtschaft

»Während die Dringlichkeit einer Energie- und Verkehrswende zunehmend verstanden wird, braucht es bei der Industriewende hin zur Circular Economy nach wie vor den großen Wurf.«

Kreislaufwirtschaft und Ressourcenschonung als Grundlage für Klimaschutz

Von Martin Stuchtey, Julia Okatz und Bertram Kloss

Die Kreislaufwirtschaft oder Circular Economy (CE) ist ein Stück intellektuelle Wertarbeit aus dem deutschen Sprachraum. Friedrich Schmidt-Bleek mit »Wieviel Umwelt braucht der Mensch?«, Michael Braungarts »Cradle to Cradle«, Ernst Ulrich von Weizsäckers »Faktor Fünf« und Walter Stahels »Leistungsökonomie« legten die Fundamente. Mittlerweile ist das Konzept der CE im »European Green Deal« und in den Beschlüssen von G7 und G20 fest verankert. Es findet sich zunehmend in Unternehmensstrategien und nationalen Aktionsplänen. Und es mehrt sich die Einsicht, dass die klimaneutrale Gesellschaft nicht nur die Energiewende braucht, sondern auch die zirkulare Industriewende.

Allerdings ist allgemein noch nicht verstanden worden, wie notwendig zirkulares Wirtschaften ist, wie vielfältig seine Möglichkeiten sind, aber auch wie groß die systemischen Veränderungen sein müssen. Ressourcenschonendes Wirtschaften ist mehr als Effizienzgewinn. Es ist zur absoluten Bedingung für anhaltenden Wohlstand und Wettbewerbsfähigkeit geworden. Deutschland hat einen enormen Ressourcenverbrauch von 23 Tonnen pro Kopf – elf Tonnen mehr als der globale Durchschnitt –, und mehr als drei Viertel der Ressourcen werden importiert[1]. Anders als Finnland oder die Niederlande hat Deutschland allerdings noch keine integrierte Circular-Economy-Strategie, die der Industrie Investitionssicherheit gibt oder der Klimapolitik wichtige Lösungen liefert.

Dabei fehlt es nicht an Ideen oder soliden Analysen: Die »Circular Economy Initiative Deutschland« hat mit ihrer Roadmap einen wichtigen Startpunkt geliefert[2]. Smartes Ressourcenmanagement muss zum Dreh- und Angelpunkt jedes Unternehmens und jeglicher Wirtschafts-, Finanz- und Umweltpolitik werden. Wir müssen die Ressourcenwende beschleunigen. Zehn Thesen, wie das gehen kann.

1. Die Notwendigkeit zirkularen Wirtschaftens liegt auf der Hand

Traditionell gilt ungebrochenes Wachstum als erstrebenswert. Das Bruttosozialprodukt (BSP) in Deutschland war nie höher als 2019. Doch in Wahrheit wächst sich die Menschheit arm: Unser weltweiter exzessiver Ressourcenverbrauch von 90 Milliarden Tonnen im Jahr schrumpft unser Natur- und Sozialkapital. Seit Mitte der 80er-Jahre hängen unsere wirtschaftlichen Indikatoren (Arbeitsproduktivität, BSP) die sozialen Indikatoren (Einkommen, Beschäftigung) ab[3]. Unser Wachstum ist auf Kosten insbesondere unseres Naturkapitals zustande gekommen. Dessen beschränkte Verfügbarkeit führt nun zunehmend zu Produktivitätseinbußen in der Realökonomie.

Ressourcenverbrauch ist eine direkte Ursache für die Klimakrise: Die Hälfte der Treibhausgasemissionen (THG-Emissionen) ist mit Ressourcenextraktion und -verarbeitung verbunden. Ohne eine Reduktion des Ressourcenverbrauchs sind die Ziele des Pariser Klimaschutzabkommens nicht zu erreichen. Neben der Wissenschaft und unserem Gewissen drängen uns inzwischen auch die Gerichte von Karlsruhe bis Den Haag dazu, den Worten Taten folgen zu lassen. Ähnliches geschieht auf den Kapitalmärkten: Die Anteilseigner etwa von ExxonMobil und Chevron trimmen die Firmen auf Klimakurs.

Ebenso zerstört der Ressourcenverbrauch die Biodiversität: 90 Prozent des Artensterbens gehen darauf zurück. Das Ausdünnen und Zurückdrängen natürlicher Ökosysteme ist auch ein möglicher Grund für Zoonosen – wie etwa COVID-19. Wir müssen also unsere Landwirtschaft, unseren Bergbau, unsere Forstwirtschaft und Holznutzung fundamental verändern.

Und schließlich führt Ressourcenverbrauch auch zu sozialen und wirtschaftlichen Verwerfungen, die in Deutschland zunehmend die politische Mitte erodieren. Die Klima- und Umweltkosten, etwa bei Überschwemmungen, werden primär die sozial Schwachen treffen, obwohl sie viel weniger zu den Verursachern gehören[4]. Auch unsere aktuellen ressourcenintensiven Lösungen in der Mobilität oder bei der Flächennutzung sind derart gestaltet, dass sie wirtschaftlich schwachen Personen nicht oder nur schwer zugänglich sind: Die Bereitstellung eines Personenkilometers in einem autozentrierten und ressourcenintensiven Mobilitätssystem ist dreimal teurer als die öffentliche oder geteilte Lösung gleicher Qualität[5].

2. Technologie allein reicht nicht und führt in die falsche Richtung

Der MIT-Wissenschaftler und Bestsellerautor Andrew McAfee vertraut Technologie und traditionellem Wirtschaftswachstum und sieht die reichen Länder der Welt auf einem vielversprechenden Pfad[6]. Allerdings ist sich die Wissenschaft weitgehend einig: Spätestens seit dem »Global Resources Outlook 2019« des International Resource Panel (IRP) ist klar, dass aktuelle Technologieentwicklungen allein nicht zu einem ausreichenden Effizienzgewinn führen werden. Die globale Ressourcenproduktivität (pro BSP) hat sich seit 2000 nicht verbessert, und der globale durchschnittliche Ressourcenverbrauch wuchs von 7,4 Tonnen pro Kopf im Jahr 1970 auf 12,2 Tonnen im Jahr 2017. Die reichsten Länder verbrauchen bis zu zehnmal mehr als die ärmsten Länder. Verglichen mit 1995 haben sich die Klima- und Biodiversitätsauswirkungen des deutschen Ressourcenkonsums leicht verbessert – allerdings von einem sehr schlechten Niveau ausgehend –, und seit 2010 ist der Trend entweder stagnierend oder negativ[7]. Diese Einschätzung deckt sich mit den Erkenntnissen der Circular Economy Initiative Deutschland: Demnach sind nur 13 Prozent unserer Produkte aus Sekundärrohstoffen, und unsere Fortschritte in der Ressourcenproduktivität liegen bei 2,2 Prozent. Diese auch *domestic material consumption* (DMC) genannte Größe misst, wie viel Bruttoinlandsprodukt (BIP) wir pro Einheit Materialverbrauch generieren können. Eine Steigerung in diesem Umfang führt nicht zu einer Entkopplung von Ressourcenverbrauch und Wohlstand[8].

Und selbst McAfee und andere Technologieoptimisten sehen, dass Technologisierung aktuell zu mehr Ungleichheit führt: Die unteren Einkommensschichten in den USA haben heute weniger Kaufkraft als 1998, während die oberen zehn Prozent deutlich reicher geworden sind[9].

3. Die Kreislaufwirtschaft ist ein wirtschaftspolitisches Chancen- und Handlungsfeld

Der attraktive strategische Ausweg ist die Dematerialisierung und radikale Ressourcenproduktivität im Zentrum eines klima-, wirtschafts- und sozialpolitischen Programms. Bis 2040 ließen sich die THG-Emissionen der Industrie allein durch Materialeinsparungen und Recycling um 40 Prozent reduzieren[10]. Mit Ressourcenschonung in den Bereichen Mobilität, Ernährung und Bau könnte die EU jährlich 1,8 Billionen Euro einsparen. Diese essenziellen Leistungen in diesen Bereichen könnten wir 25 Prozent günstiger anbieten und somit einen signifikanten Wohlstandsbeitrag leisten. Dies würde nicht zuletzt unser BSP steigern, es würde um 0,5 Prozentpunkte stärker wachsen als in einem linearen Referenzszenario. Das entspricht der Größenordnung, die der interne Markt zu Europas Wachstum beiträgt[11]. Schon jetzt, beim konjunkturellen Wiederaufbau nach der COVID-19-Pandemie, sind Investitionen in die Circular Economy der richtige Weg, um schnell einen realwirtschaftlichen Effekt zu erzielen[12]. Zu Recht hat die Europäische Kommission ihren »European Green Deal« und den dazugehörigen »Circular Economy Action Plan« als wirtschaftliche Wachstumsstrategie präsentiert. Auch der vom UN-Umweltprogramm (UNEP) und dem IRP herausgegebene »Global Resources Outlook 2019« macht klar: Klimapolitik ist Ressourcenpolitik, und Ressourcenpolitik ist Wirtschaftspolitik.

Eine bessere Abfallpolitik – und viele sehen Circular Economy immer noch vor allem als solche – wird den nötigen Wandel allein nicht liefern können. Eine echte CE muss zum Leitbild eines resilienzorientierten Wirtschaftsministeriums werden. Erstens muss zirkulare Wertschöpfung das Rückgrat einer neuen Makropolitik werden, die Ressourcenproduktivität über ineffizientes Wachstum stellt. Zweitens können zirkulare Prinzipien helfen, Märkte im Sinne gesellschaftlicher Ziele zu gestalten: Leistungen statt Produkte, wiederverwendbare statt Einmalprodukte, Rezyklat oder erneuerbare Materialien statt Primärrohstoffe. Drittens kann Zirkularität zum Zentrum eines neuen gesellschaftlichen Projekts werden, sodass alle Teile der Regierung im Rahmen einer integrierten Agenda »am selben Strang« ziehen.

4. Unsere Rohstoffindustrien brauchen Stoffstromstrategien

Es braucht außerdem eine Fundamentalstrategie für die Produzenten von Grundstoffen wie Stahl, Zement, Plastik und Chemikalien. Beispielsweise wird heute die Hälfte aller Plastikabfälle verbrannt, und nur zwei Prozent landen wieder im gleichen Produkt.

Regulatorische Instrumente für eine Circular Economy (CE) in Deutschland[13]

Ordnungsrechtliche Instrumente
- Nationale Ressourcenverbrauchsziele, CE-Ziele und Monitoring (EU CE Monitoring Framework) – bis 2025

- Kohärente CE-Produktpolitik und zirkulare Produktverantwortung auf nationaler und europäischer Ebene, insbesondere strategisches Testen von Producer-Ownership-Regulatorikmodellen – Tests bis 2025, Ausweitung bis 2040

- Anpassung und – zur Not – Aussetzung regulatorischer Instrumente, beispielsweise Reallabore, in denen bestimmte Regelungsansätze kleinräumig getestet werden können (Energie-, Mobilitätswende) – bis 2025

Information und Standards
- Zugang zu transparenten Produktinformationen wie Produkt-ID und Produktpässen (Madaster, Global Battery Alliance) – Pilotprojekte umsetzbar für weniger komplexe Produkte bis 2025, Ausweitung auf alle Produkte bis 2040

- Standardisierung der digitalen Produktidentität und von CE-Terminologien und -Strategien – Pilotprojekte umsetzbar bis 2025, Ausweitung der digitalen Infrastruktur und Standardzertifikate graduell bis 2035

Institutionen
- Schaffung eines zentralen, für die CE-Transformation in Deutschland verantwortlichen institutionellen Trägers, ähnlich dem finnischen Modell des unabhängigen, aber regierungsnahen Innovationsfonds Sitra – bis 2025

Öffentliche Beschaffung
- Ziele und verbindliche Vorgaben für gebrauchte, wiederaufbereitete und wiederverwertete Produkte in der öffentlichen Beschaffung und Präferenz von »as a service«-Modellen (Beispiel Niederlande) – umsetzbar für weniger komplexe Produktkategorien und Dienstleistungen vor 2025, Ausweitung auf jegliche Beschaffungsrichtlinien bis 2040

Ökonomische Instrumente
- Förderung ressourcenproduktiver, zirkularer und datengetriebener Geschäftsmodelle (Beispiel Schweden), Revision von öffentlicher Innovationsförderung – umsetzbar bis 2025

- Sicherstellen von CE-relevanter Bildung und Ausbildung sowie Stärkung des öffentlichen Bewusstseins durch Teilhabe, zum Beispiel mit Blick auf erste Erfolgsmodelle in Schottland – graduelle Revision von Lehrstuhlförderung und Erstellen von Lehrplänen ab 2022 möglich

- Ausbau und die Entwicklung der Wieder-, Weiterverwendungs- und Recyclinginfrastruktur (Beispiel Rotterdam) – Konsultationen mit Industrie und Innovationfahrpläne möglich vor 2025, konkrete Investitionen ab 2025 graduell bis 2040

- (Technologieoffene) Förderung von relevanten Material-, Produkt- und soziotechnischen Innovationen (Aria) – Richtlinien in Technologieförderung können ab sofort graduell modernisiert werden

Fiskalische Instrumente
- Neuausrichtung der Steuerregularien nach dem Ex'tax-Prinzip, das heißt höhere ökologische Abgaben auf Ressourcen und Emissionen sowie Steuerentlastungen im Bezug zum Faktor »Arbeit« – Auswirkungsstudien, Planentwicklung und Pilotprojekte ab sofort möglich, Ausweitung der graduellen Transition ab spätestens 2025

Internationale Institutionen und Narrative
- Wirtschaftlicher Erfolg, Stabilität und sogar Wohlstand werden global immer noch vorrangig mit dem Bruttosozialprodukt gemessen, also der Menge von Produktion und Konsum. Deutschland kann ein Vorreiter sein, diesen Indikator international zu modernisieren, sodass Investoren Kapital zunehmend in ressourcenproduktive Lösungen investieren und somit zum nachhaltigen gesellschaftlichen Wohlstand beitragen. Deutschland muss eine solche Diskussion ab sofort anstoßen, insbesondere im Jahr 2022 während seiner G7-Präsidentschaft.

Wie aber sieht nun eine zirkulare Industrie aus, die Klimaneutralität und Erhalt der Biodiversität vor 2050 erreicht? In der Studie »Breaking the Plastic Wave« beschreiben SYSTEMIQ und die Pew Charitable Trusts ein Szenario mit 80 Prozent weniger Kunststoffeintrag in die Ozeane – mit massiven Konsequenzen. Demnach muss 2040 ein großer Teil des Absatzes durch verpackungsfreie und plastikfreie Lösungen geliefert werden. Parallel dazu muss sich die Recyclingkapazität massiv erhöhen. Auf beides sind wir aktuell nicht vorbereitet[14]. Wir müssen daher schnell Sektorstrategien für alle Rohstoffindustrien entwickeln, um unsere Klima- sowie Resilienzversprechen einzuhalten.

5. Verarbeitende Industrien brauchen neue Geschäftsmodellstrategien

CE ist auch eine Agenda für Fertigungsindustrien wie den Maschinen- und Immobilienbau. Es gibt bereits erfolgreiche Geschäftsmodelle, die ein hohes Level an Ressourcenproduktivität erreichen. In der Investitionsgüterindustrie sind das jene Geschäftsmodelle, die von einer Produktökonomie zu einer Leistungsökonomie geworden sind und Anreize dadurch neu verteilen: Mit Everything-as-a-Service, kurz XaaS genannt, verkaufen Unternehmen nicht mehr Produkte, sondern deren Nutzen, Resultate oder Dienstleistungen: Frische statt Kühlschränke, Personenkilometer statt Reifen oder Helligkeit statt Lichtinstallationen. Unternehmen stellen damit den Kundennutzen wieder ins Zentrum – nicht den linearen Vertrieb von Gütern. Ressourcen werden dadurch deutlich effizienter genutzt, denn die Wertschöpfung entsteht nicht mehr durch den Absatz von Produkten, sondern durch Bereitstellung von Ergebnissen. Ziel ist dabei, diese Ergebnisse mit möglichst wenig Materialeinsatz zu erreichen.

6. »Industrie 5.0« als attraktives Leitbild aus Digitalisierung und zirkularen Geschäftsmodellen

Die erfolgreiche Umsetzung einer Circular Economy hängt in hohem Maße von unserer Fähigkeit ab, industrielle Prozesse zu digitalisieren und – oft diffuse – Bedarfsanforderungen technisch optimal abzubilden. Kombiniert ermöglichen Digitalisierung und Zirkularisierung voll integrierte und flexible Wertschöpfungsmodelle. Wir nennen das »Industrie 5.0«: Das

bedeutet nicht nur eine produktive Weiterentwicklung und Effizienzsteigerung im aktuellen Betrieb, sondern ist auch ein Konzept mit politischer Strahlkraft. Denn es lässt ahnen, welchen gesellschaftlichen Nutzen uns die Digitalisierung der Industrie verschafft. Als Zukunftsvision für Deutschland steckt darin auch eine neue Art, über gesellschaftlichen Erfolg nachzudenken: mehr positive Resultate, mehr soziale Gerechtigkeit und mehr gesellschaftliche Dienstleistungen mit weniger Ressourcen.

7. Unternehmen und Gesellschaft haben sich längst auf den Weg gemacht – und sind der Motor der Veränderung

In Deutschland machen derzeit viele Unternehmen CE zum Markenkern: zum Beispiel Siegwerk, BASF, Covestro, BMW und Umicore. Sie sind die Pioniere, die sich heute für eine radikal veränderte Wirtschaftsweise bereit machen. TRUMPF etwa hat zusammen mit Munich Re als Finanzierungspartner ein »Pay-per-part-Modell« eingeführt. Digitalunternehmen wie Relayr beschleunigen die XaaS-Revolution mit Lösungen, die es der klassischen Industrie ermöglichen, neue Geschäftsmodelle zu etablieren. Für Deutschland ist der Übergang zu XaaS eine der größten Veränderungen und Erfolgschancen der kommenden zehn Jahre. Während die Dringlichkeit einer Energie- und Verkehrswende zunehmend verstanden wird, braucht es bei der Industriewende hin zur Circular Economy nach wie vor den großen Wurf der Industrie.

Auch bürgernah organisierte Initiativen treiben die Veränderung in Deutschland voran. Der Freiburger Stadtteil Vauban wurde durch eine bürgernahe Stadtentwicklung so gestaltet, dass er weit weniger Ressourcen verbraucht und gleichzeitig eine Umgebung für sozialen Zusammenhalt und gemeinschaftliche Innovationen bildet[15].

8. Eine attraktive Kreislaufwirtschaft braucht einen politischen Paradigmenwechsel

Um eine Industriewende und radikale Ressourceneffizienz zu erreichen, müssen systemische Stellhebel angesetzt werden. Diese fasst der »System Change Compass« von SYSTEMIQ zusammen[16]. Die Stellhebel verändern, wie wir mit Materialien und Wertschöpfung umgehen. Zudem verändern sie die Haltung: Ressourceneffizienz gilt nicht als Beiprodukt, sondern kann zentraler Motor einer Wirtschaft werden.

Es braucht einen Paradigmenwechsel, etwa von der Flussgrößenorientierung (BSP) hin zur Bestandsgrößenorientierung (zum Beispiel International Wellbeing Index, IWI), vom Produktdesign zum Systemdesign und von der Ressourcenextraktion zur Ressourcenverantwortung. In der Summe entsteht eine Wirtschaftspolitik, die sich verpflichtet, die klimaverträgliche Ressourcennutzung der Volkswirtschaft sicherzustellen. Ansätze der Europäischen Union hin zu »strategischer Autonomie« könnten so weiterentwickelt werden. Hinzukommen muss eine (deutsche) Politik, die sich konsequent auf die Gesundheit, die soziale Gerechtigkeit und das Wohlbefinden der Gesellschaft konzentriert, die Wirtschaft als Katalysator und Ermöglicher dieser Vision versteht und die als Kennzahl eine maximale Ressourceneffizienz pro »Wohlstand« statt pro Produktions- oder Konsumeinheit misst.

9. Effektiv durch den Einsatz neuer regulatorischer Instrumente

Wir brauchen innovative Instrumente, um den Schritt von einer kreislauforientierten Abfallpolitik zu einer Circular Economy zu gehen. Es geht nicht nur um die Schärfung bestehender Umweltauflagen, sondern um neue und gut abgestimmte Instrumente. Diese können auf Ordnungsrecht (Ziele und Monitoring), Informationspflichten (Produktpässe), Standards (Datenprotokolle), Infrastruktur (Recyclingsysteme) oder Steuern (Ressourcenabgaben) basieren. Am wichtigsten ist jedoch eine Ausweitung der Produzentenverantwortung auf den gesamten Lebenszyklus der eingesetzten Ressourcen. Produzenten müssen sich verhalten wie die Eigner des Produkts. Produzentenverantwortungssysteme wie Deutschlands Grüner Punkt können dies – bei richtiger Konzeption – erreichen.

10. Das Thema hat politisches Potenzial

Das Konzept der CE ist populär: Politisch haben es Länder wie China, Kanada und Japan sowie die EU auf ihrer Agenda. Auch die Wirtschaft ist dran: Mehr als 100 CEOs bewegten 2016 den damaligen EU-Kommissionspräsidenten Jean-Claude Juncker dazu, CE erneut zu priorisieren.

Das Wertvollste am Konzept der Circular Economy: Sie bietet uns ein Designkonzept jenseits der lähmenden Kämpfe um die Frage, ob wirtschaftliches Wachstum auf einer begrenzten Welt weiterhin möglich ist. Sie befeuert mit Rohstoffeinsparungen die Effizienz, durch den Übergang zu naturverträglichen Materialien die Konsistenz und durch eine neue, dematerialisierte Definition von Konsumentennutzen die Suffizienz. Jede wahlwerbende Partei sollte sich das Thema auf die Fahnen schreiben.

In der Gesamtschau ist klar: Es gibt einen klimapolitischen Imperativ, eine wirtschaftliche Logik und ein politisches Motiv. Und wir verstehen zunehmend, aus welchem Zusammenspiel politischer und unternehmerischer Entscheidungen die Dynamik entsteht, die wir brauchen. Innovative regulatorische Instrumente erzeugen neue Märkte und Opportunitäten für die Pioniere der Wirtschaft und in der Gesellschaft, um neue zirkuläre Geschäftsmodelle umzusetzen. Das Opportunitätsfenster für Deutschland ist da. Wir müssen es nur nutzen.

PROF. DR. MARTIN STUCHTEY, *geb. 1968, ist Gründer und Managing Partner von SYSTEMIQ und Professor für nachhaltiges Ressourcenmanagement an der Universität Innsbruck. Zuvor arbeitete er 20 Jahre für McKinsey, zuletzt als Direktor des Center for Business and Environment. Er ist langjähriger strategischer Berater des World Economic Forum (WEF) und Autor vieler Reports und Artikel zum Thema Nachhaltigkeit und Ressourcenschonung, etwa »A Good Disruption: Redefining Growth in the Twenty-First Century«.*

JULIA OKATZ, *geb. 1990, verantwortet seit 2018 im Londoner Büro von SYSTEMIQ die Partnerschaft zwischen SYSTEMIQ und dem International Resource Panel (IRP) der Vereinten Nationen (UN).*

DR. BERTRAM KLOSS, *geb. 1986, arbeitet seit 2019 im Münchener Büro von SYSTEMIQ an Innovationen in der Umwelt- und Nachhaltigkeitspolitik im europäischen Kontext.*

»Nur mit chemischem Recycling bekommen wir es hin, Plastik im großen Stil zu recyceln. Die Kunststoffhersteller sehen das Potenzial und lenken ihre Investitionen zunehmend in diese Richtung.«

Die Kunststoffwirtschaft muss zirkulär werden

Von Markus Steilemann

29. Juli 2021: Der »Earth Overshoot Day« hat uns gezeigt, dass die Menschheit wieder einmal viel zu früh alle natürlichen Ressourcen aufgebraucht hat, die unser Planet innerhalb eines Jahres wiederherstellen kann. Wenn eine weit entfernte Zivilisation auf uns blicken würde, so veranschaulichen es die Klimaforscher Johan Rockström und Owen Gaffney, dann würde sie feststellen, dass die Erde seit etwa 70 Jahren aus dem Tritt geraten ist. Aliens müssten zu dem Schluss kommen, dass dem Planeten eine »katastrophale Erschütterung« widerfahre[1]. Die beiden Forscher meinen aber, dass die Erde in einem riesigen Kraftakt doch noch zu stabilisieren sei. Demnach könnte das natürliche Ökosystem in 30 Jahren sogar robuster und auch wieder ausgedehnter sein als heute. Eine entscheidende Rolle kann dabei – mit politischem Rückenwind – die Kreislaufwirtschaft spielen.

Anlass zur Hoffnung geben drei Faktoren, die sich gegenseitig verstärken und so den Stein ins Rollen bringen. Erstens gibt die Politik eine klare Richtung vor: Immer mehr Länder, darunter sehr einflussreiche wie die USA und die Staaten der Europäischen Union, wollen bis zur Jahrhundertmitte klimaneutral werden oder denken zumindest darüber nach. China hat sich dieses Ziel bis 2060 gesetzt. Zusammen würde das bereits mehr als 70 Prozent der globalen Treibhausgasemissionen umfassen[2].

Zweitens bewegt sich die Gesellschaft: War die Jugend vor einigen Jahrzehnten noch eher unideologisch, ist sie heute hoch inspiriert. Und auch in der Mitte unserer (Wohlstands-) Gesellschaft scheint das Thema Ökologie richtig angekommen zu sein. Drittens ist die Wirtschaft zunehmend auf Nachhaltigkeitskurs. Hier gehen ideelle und wirtschaftliche Motive Hand in Hand: Angesichts des ausgeprägten Bedarfs an nachhaltig hergestellten Produkten und Lösungen[3] winkt ein Billionenmarkt. Hinzu kommen politische Vorgaben wie nationale Klimaziele und tendenziell steigende CO_2-Preise. Auch seitens der Investoren kommt mehr Druck: Immer mehr Anleger sind auf grüne Investments aus.

Reallabore können dabei helfen, technologische Erfolge rasch in den Industriemaßstab zu katapultieren.

Vor diesem Hintergrund arbeiten Wirtschaft und Wissenschaft intensiv an der Entwicklung klimafreundlicher Technologien. Unlängst hat Bill Gates aufgezeigt, wie viele emissionsarme Lösungen es bereits gibt, die auch von den Kosten her konkurrenzfähig sind[4]. Gleichzeitig wissen wir, welche Technologien dringend weiterentwickelt und einsatzbereit werden müssen, um die Welt bis zur Jahrhundertmitte klimaneutral zu machen – von synthetischen Kraftstoffen über stresstolerante Nutzpflanzen bis hin zu fossilen Hochleistungsmaterialien, etwa Kunststoffen aus alternativen Kohlenstoffquellen. Und auch über die Kernenergie sollte man zumindest nachdenken.

Die Kreislaufwirtschaft als Zündfunke

Doch Technologie, Absichten und Engagement allein reichen nicht. Wir brauchen auch ein ideelles Koordinatensystem. Einen gemeinsamen Fluchtpunkt, auf den unser Denken und Handeln zuläuft. Die große Idee, die einigende Vision, die uns mitreißt und motiviert – die Politik, die Wirtschaft, die Gesellschaft als Ganzes und jedes einzelne Individuum. Diese einigende Vision ist für mich das Konzept der Kreislaufwirtschaft. Sie bedeutet eine fundamentale Transformation: Wir müssen der überkommenen Linearwirtschaft mit ihren Konsum- und Produktionsmustern, die auf einmalige Nutzung ausgerichtet sind, den Rücken kehren. Herstellen, verbrauchen, wegwerfen – das bisherige Prinzip führt nur immer tiefer in die Sackgasse. Ich bin überzeugt: Mit konsequenter Kreislaufführung wird es uns gelingen, wirklich nachhaltige Verhaltens-, Konsum- und Produktionsweisen einzuführen.

Der Zirkularitätsgedanke gilt vor allem für die energie- und CO_2-intensiven Grundstoffindustrien. Die Hersteller von Glas, Papier, Aluminium, Zement, Stahl und Kunststoffen müssen ihre Produktion auf Treibhausgasneutralität trimmen. Das heißt Abschied nehmen von fossilen Rohstoffen. Wie am Beginn des Ölzeitalters vor gut 150 Jahren steht die Industrie damit vor einer regelrechten Rohstoffrevolution.

Kunststoffbranche besonders herausgefordert

Auf die Produktion von Kunststoffen entfallen derzeit schätzungsweise sechs Prozent des globalen

Erdölverbrauchs[5]. Als zukunftsweisender Werkstoff wird Plastik künftig noch sehr viel mehr benötigt als heute. Denn hochwertige Polymere werden nicht nur praktisch überall im täglichen Leben eingesetzt.

Damit die Kunststoffwende gelingt, gilt es, das Sammeln, Sortieren und Trennen von ausgedientem Plastik zu verbessern, um es zielgerichtet recyceln zu können.

Sie sind auch unabdingbar, um die zahlreichen globalen Herausforderungen zu bewältigen, mit denen die Menschheit konfrontiert ist: Hunger und Armut bekämpfen, bezahlbare und saubere Energie bereitstellen, die Wohnverhältnisse der Menschen verbessern und neue Mobilitätsformen entwickeln. Und das sind nur einige der Großaufgaben. Experten rechnen daher damit, dass sich die Kunststoffproduktion bis in die 2050er-Jahre vervierfachen könnte – mit entsprechenden Folgen für den Ölbedarf[6].

Treibhausgasneutralität bekommen wir in solch einem Szenario nicht hin. Daher müssen wir das Öl als Rohstoff ersetzen und den Kohlenstoff, den wir zur Plastikherstellung brauchen, aus umweltverträglichen Quellen ziehen. Ein Gedanke, den vor mehr 40 Jahren bereits Primo Levi ausführte. In seinem Werk »Das periodische System« feiert der Chemiker und Schriftsteller den Kohlenstoff nicht nur als »Schlüsselelement allen Lebens«. Er regt auch an, dass sich die Menschheit das Prinzip der Photosynthese und der Kreislaufführung des Kohlenstoffs zunutze machen sollte[7].

Für viele Kunststoffe ist chemisches Recycling die einzig mögliche Methode der Wiederverwertung.

Biomasse und CO_2 als Alternativen zum Erdöl

Quellen für erneuerbaren Kohlenstoff sind durchaus vorhanden – und finden auch zunehmend Verwendung. Pflanzliche Biomasse etwa hat sich als Alternative zum Öl bewährt. Das durchschnittliche jährliche Produktionswachstum biobasierter Kunststoffe liegt weltweit inzwischen bei acht Prozent – weitaus mehr als der gesamte Zuwachs an Polymeren[8].

Technologisch ist es zum Beispiel in den vergangenen Jahren gelungen, den Kohlenstoff in der wichtigen Grundchemikalie Anilin komplett aus Pflanzen zu gewinnen, genauer gesagt aus unraffiniertem Rohrzucker, der wiederum aus Futtermais, Stroh oder Holz stammt[9]. Nach dem Durchbruch im Labor wird nun daran gearbeitet, das neue Verfahren in den großtechnischen Maßstab zu überführen. Die industrielle Herstellung von biobasiertem Anilin wäre ein absolutes Novum im Chemie- und Kunststoffsektor.

Als weitere Kohlenstoffquelle und Alternative zum Öl kommt zunehmend auch CO_2 infrage. *Carbon capture and usage* (CCU) ermöglicht die Abscheidung von CO_2 vor allem aus Verbrennungsabgasen und dessen anschließende Verwendung. In der Kunststoffindustrie kommen immer mehr mit CO_2 hergestellte Produkte auf den Markt: Schaumstoffe für Matratzen[10] und Autositze[11] etwa oder Kleber für Sportböden[12].

Den »Klimakiller« als Ersatz für Erdöl zu nutzen klingt zwar einfach, ist aber alles andere als trivial. Denn eigentlich braucht es viel zu viel Energie, um das träge CO_2 mit anderen Stoffen zu verbinden. Erst ein Durchbruch in der Katalyseforschung hat dafür gesorgt, dass sich der Energieaufwand in Grenzen hält und die chemischen Reaktionen ökologisch und ökonomisch sinnvoll sind. Auf diese Weise lassen sich nun bestimmte Plastikkomponenten, sogenannte Polyole, herstellen, die bis zu 20 Prozent CO_2 enthalten – das ist der Erfolg einer engen Kooperation zwischen der RWTH Aachen und Covestro[13].

Abseits der Kunststoffindustrie wird die Palette an CO_2-basierten Produkten ebenfalls immer breiter und reicht von Reinigungsmitteln über zementfreien Beton bis hin zu synthetischem Kerosin. Weltweit verwenden bereits mindestens 70 Firmen beziehungsweise Projekte das Treibhausgas als Rohstoff – Tendenz stark steigend[14]. Auch die Politik hat das Potenzial von CCU erkannt. So fördert etwa die Bundesregierung seit Langem zahlreiche entsprechende Forschungsvorhaben, und auch im »European Green Deal« spielt das Thema eine Rolle[15].

Vor diesem Hintergrund erweist sich CCU auch industrieübergreifend als Innovationsmotor. Im klimaintensiven Stahlsektor etwa wird die globale

Produktion bis zur Mitte dieses Jahrhunderts voraussichtlich noch einmal um die Hälfte zunehmen. Momentan werden bei der Herstellung einer Tonne Stahl etwa 1,7 Tonnen CO_2 freigesetzt[16]. Die Branche arbeitet aber nicht nur an neuen Verfahren, damit diese Emissionen gar nicht mehr entstehen. Ein Konsortium unter Führung von thyssenkrupp beispielsweise zeigt im Projekt Carbon2Chem auch, dass sich das Abgas aus den Fabrikschloten recyceln und für die Chemieproduktion nutzen lässt[17].

Recycling von Kunststoffabfällen fördern

Recycling ist die dritte große Möglichkeit, fossilfrei zu produzieren. Nicht nur Abgase, sondern auch jede Art von Produkten sollten am besten gar nicht erst zu Abfall werden – der Kerngedanke der Kreislaufwirtschaft, bei der wir allerdings noch sehr am Anfang stehen. Derzeit ist die gesamte Weltwirtschaft nur zu 8,6 Prozent zirkulär: Laut »Circularity Gap Report 2020«[18] wurden zuletzt nur 8,6 Milliarden der gut 100 Milliarden Tonnen an Ressourcen, die dem globalen Wirtschaftssystem zugeführt wurden, recycelt.

Die industrielle Herstellung von biobasiertem Anilin wäre ein absolutes Novum im Chemie- und Kunststoffsektor.

Aufgeschlüsselt auf Länder wie Deutschland, sind die Quoten für das Abfallrecycling natürlich viel höher. Hier wurden 2018 rund 70 Prozent des Verpackungsmülls recycelt. Damit liegt Deutschland im europäischen Vergleich im oberen Fünftel[19]. In vielen anderen Gegenden der Welt, vor allem im globalen Süden, ist hingegen noch Pionierarbeit zu leisten, um Entsorgungssysteme und Abfallmanagement auf- und auszubauen. Zudem müssen die Menschen für das Thema sensibilisiert und auch in die Lage versetzt werden, bei sich vor Ort etwas zu ändern.

Wir müssen das Öl als Rohstoff ersetzen und den Kohlenstoff, den wir zur Plastikherstellung brauchen, aus umweltverträglichen Quellen ziehen.

Mit Blick auf Kunststoffe hat sich ein weltweites Bündnis von mehr als 70 Firmen aus der Chemieindustrie und anderen Sektoren dieser Aufgabe angenommen: die Alliance to End Plastic Waste, der auch zahlreiche deutsche Unternehmen angehören[20]. Sie will unter anderem beim Aufbau von Infrastruktur, der Entwicklung von Recyclingtechnologien und beim Reinigen von Flüssen helfen, die Plastik ins Meer spülen.

Speziell Kunststoffabfall wird derzeit weltweit nur zu rund zwölf Prozent wiederverwertet oder recycelt[21]. In Deutschland ist das Bild wiederum erfreulicher. Hier lag die Quote laut Umweltbundesamt 2019 bei mehr als 46 Prozent[22]. Diese Zahl bezieht sich allerdings auf die Menge an Kunststoffen, die bei den Recyclingunternehmen ankommt, nicht auf den recycelten Output. Hier ist die Lage anders: Nur etwa 16 Prozent des Plastikabfalls werden tatsächlich zu Rezyklat verarbeitet. Der Rest besteht vielfach aus verschiedenen Kunststoffarten oder ist zu stark verschmutzt und wird deshalb entweder zur Energiegewinnung verbrannt oder ins Ausland exportiert[23].

Doch daran soll sich etwas ändern. Durch das seit 2019 geltende Verpackungsgesetz werden die vorgeschriebenen Recyclingquoten für Plastikverpackungen in Deutschland künftig deutlich angehoben – von 58,5 Prozent im Jahr 2019 auf 63 Prozent bis 2022[24]. Die Industrie arbeitet intensiv an vielversprechenden neuen Technologien, um das Kunststoffrecycling zu unterstützen.

Chemisches Recycling als Zauberformel

Indem wir das Rohstofflager Abfall durch Recycling nutzen, ersetzen wir nicht nur primäre fossile Rohstoffe in der Produktion. Gleichzeitig lassen sich auch die mit CO_2-Emissionen verbundene Abfallverbrennung und die umweltschädliche Deponierung vermeiden. Umfassendes Recycling kann damit entscheidend zur Klimaneutralität und zum Schutz natürlicher Ressourcen und der Umwelt beitragen.

Insbesondere gilt es, das noch junge chemische Recycling auszubauen. Für viele Kunststoffe ist es die einzig mögliche Methode der Wiederverwertung. Denn bei stark verschmutztem und nicht sortenreinem Abfall stößt das herkömmliche mechanische Recycling an seine Grenzen. Die überwinden wir, wenn wir den Plastikmüll chemisch auflösen, in seine Moleküle zerlegen und aus diesen wiederum neue Molekülketten und neue Kunststoffe bilden. So kann man jedes Produkt in ein beliebiges anderes verwandeln – eine wahre Zauberformel. Die Pflanzenwelt macht es uns seit Hunderten von Jahrmillionen vor.

Nur mit chemischem Recycling bekommen wir es hin, Plastik im großen Stil zu recyceln. Die Kunststoffhersteller sehen das Potenzial und lenken ihre Investitionen zunehmend in diese Richtung – bis 2030 sind auf europäischer Ebene bereits Vorhaben im Gesamtumfang von mehr als sieben Milliarden Euro geplant[25].

Das durchschnittliche jährliche Produktionswachstum biobasierter Kunststoffe liegt weltweit inzwischen bei acht Prozent – weitaus mehr als der gesamte Zuwachs an Polymeren.

Schon heute wird zum Beispiel der gängige Kunststoff Polyethylenterephthalat (PET) in großem Maßstab mittels chemischer Prozesse zur Herstellung von Dämmstoffen wiederverwertet. Und auch an anderen Verfahren wird weiter geforscht. Erste Erfolge sind bereits sichtbar. So lassen sich etwa Matratzen aus Polyurethan-Weichschaum inzwischen auf diesem Wege wiederverwerten. Das entsprechende neue Verfahren wird derzeit für den industriellen Einsatz erprobt[26].

Energiewende muss Fahrt aufnehmen

Für eine ressourceneffiziente zirkuläre Welt braucht es aber noch mehr: nämlich sehr viel Energie aus erneuerbaren Quellen. Johan Rockström und Owen Gaffney bringen es in »Breaking Boundaries« auf den Punkt: »electrify everything«[27]. Gemeint sind energieintensive Bereiche wie Transport und Verkehr, Bauen und Wohnen sowie die Industrie. Nur mit Grünstrom können wir hier Klimaneutralität erreichen.

In der Kunststoffindustrie kommen immer mehr mit CO_2 hergestellte Produkte auf den Markt.

Die Chemie- und Kunststoffindustrie in Deutschland hat sich das ehrgeizige Ziel gesetzt, bis 2050 treibhausgasneutral zu werden. Dafür braucht die Branche ab Mitte der 2030er-Jahre gut 600 Terawattstunden Ökostrom pro Jahr. Das ist mehr, als das gesamte Land – die Fabriken, die Wohnungen, das öffentliche Leben – heute jährlich an Elektrizität verbraucht. Und der Strom muss zudem erschwinglich sein: Die Kilowattstunde darf maximal vier Cent kosten[28].

Das ist alles nur zu schaffen, wenn die Energiewende in Deutschland deutlich an Fahrt aufnimmt. Momentan hinkt der Ausbau der Erneuerbaren den Klimazielen hinterher. Wir brauchen mehr Wind- und Solarparks, mehr Übertragungsnetze und vor allem mehr Speicherkapazität. Um die fluktuierende Energie aus Wind-, Sonnen- und Wasserkraft zu konservieren, gibt es erfreulicherweise zahlreiche Forschungsbemühungen. So wird etwa im Rahmen der von der Bundesregierung geförderten Kopernikus-Projekte daran gearbeitet, erneuerbaren Strom in Kraftstoffe, Wärme oder chemische Rohstoffe umzuwandeln[29].

Politischer Rückenwind nötig

Herausforderungen wie die Energiespeicherung und zuverlässige Versorgung mit erneuerbarer Energie sowie auch die Kreislaufwirtschaft insgesamt sind freilich nur im supranationalen Rahmen sinnvoll zu lösen. Hier übt die Politik neuerdings wieder den Schulterschluss: Die G7 wollen in den 2030er-Jahren die Kohleverstromung weitgehend zurückführen, die G20 die Besteuerung von Emissionen in geordnete Bahnen lenken. Das stimmt zuversichtlich, dass auch die Zirkularität zum gemeinsamen Großprojekt der Menschheit werden kann. Es wird ein riesiges Unterfangen, ein gigantischer Umbau. Immense Summen müssen die Hand genommen werden, mutige Entscheidungen sind zu treffen, Wissenschaft und Ingenieurkunst auf höchstem Niveau sind gefragt, ebenso ein langer Atem und große Zuversicht.

Und die Politik muss für den passenden Rahmen sorgen, um die Kreislaufwirtschaft zu verwirklichen. Wir brauchen etwa Regelungen zur Überbrückung der Öko-aufschläge, also der Kluft zwischen herkömmlichen und klimaneutralen neuen Produktionsverfahren, die meistens teurer sind. Hier bieten sich Differenzverträge an, bei denen der Staat Unternehmen bezuschusst, für die sich Investitionen in klimaschonende Projekte bei niedrigen CO_2-Preisen zunächst nicht lohnen.

Agenda

- Zügig Reallabore zum chemischen Recycling starten

- Chemisches Recycling abfallrechtlich als Recycling anerkennen

- Regelungen zur Überbrückung von Ökoaufschlägen bei der Umstellung auf neue klimaneutrale Produktionsverfahren entwickeln, beispielsweise Differenzverträge

- Marktanreize für alternative Rohstoffe wie Biomasse und CO_2 schaffen

- Massenbilanzverfahren für den flexiblen Einsatz von nachwachsenden Rohstoffen akzeptieren

- Vollständige Verknüpfung von Kreislaufwirtschaft und Klimapolitik bis 2030

Insgesamt sollte die Politik Innovationen fördern und mit einem klugen Instrumentenmix Anreize setzen. Damit die Kunststoffwende gelingt, gilt es, das Sammeln, Sortieren und Trennen von ausgedientem Plastik zu verbessern, um es zielgerichtet recyceln zu können. Allerdings lässt sich in manchen Fällen der Anteil von Rezyklaten nur rein rechnerisch bestimmen. Dazu sollten sogenannte Massenbilanzverfahren akzeptiert werden. Um speziell das wichtige chemische Recycling anzukurbeln, sollte es abfallrechtlich auch explizit als Recycling anerkannt werden. Und Reallabore können dabei helfen, technologische Erfolge auf dem Gebiet rasch in den Industriemaßstab zu katapultieren. Neben dem Rückenwind fürs Recycling brauchen wir weiterhin Unterstützung, um für Biomasse und CO_2 als Erdölersatz den Weg zu bereiten.

Die Industrie arbeitet intensiv an vielversprechenden neuen Technologien, um das Kunststoffrecycling zu unterstützen.

Bei allem müssen wir uns aber vor einem Übermaß an Regulierung hüten, vor allem auf europäischer Ebene – flankierende Unterstützung ja, aber kein Vorschriftenkorsett, das den Unternehmen die Luft abdrückt. Ganz wichtig ist zudem, die Gesellschaft mitzunehmen. Die Kreislaufwirtschaft darf nicht als Elitenprojekt abgetan werden. Bei den Bürgerinnen und Bürgern darf nicht der Eindruck entstehen, dass sie die Zeche für die Transformation zahlen. Um durchzudringen, braucht es Mut, Fortschrittsoptimismus und einen konstruktiven, sachlichen Dialog im Sinne der »Factfulness« des schwedischen Wissenschaftlers Hans Rosling[30].

Vor allem aber braucht es Länder, die vorangehen und den Weg weisen. Deutschland sollte dazugehören. Dann haben wir die Chance, zum weltweit gefragten Standort für nachhaltige Technologien zu werden.

DR. MARKUS STEILEMANN *ist seit Juni 2018 Vorstandsvorsitzender von Covestro, einem weltweit führenden Anbieter hochwertiger Polymerwerkstoffe mit Sitz in Leverkusen. Geboren 1970 in Geilenkirchen, studierte Steilemann Chemie an der RWTH Aachen und schloss mit der Promotion ab. 1999 begann er seine berufliche Karriere bei Bayer. Ab 2008 bekleidete Steilemann Führungspositionen bei Bayer MaterialScience, der Vorgängergesellschaft von Covestro. 2015 wurde er in den Vorstand des Unternehmens berufen.*

»Die Kreislaufwirtschaft ist ein Garant dafür, dass die Erfüllung temporärer materieller Bedürfnisse heutiger Generationen den Gestaltungsmöglichkeiten künftiger Generationen nicht im Wege steht.«

Werterhalt statt Wertvernichtung – wie es andere Länder vormachen

Von Sabine Oberhuber und Thomas Rau

Die wirtschaftlichen Prozesse, also die Art und Weise, wie wir Material in unserer Wirtschaft verkaufen, gestalten, produzieren, bewerten und verwalten, müssen dringend überdacht werden. Kreislaufwirtschaft minimiert den Einsatz von nicht erneuerbaren Primärrohstoffen und maximiert deren Nutzungseffizienz. Entsprechende Ideen und Technologien sind reichlich vorhanden, und auch der Wille in Wirtschaft und Gesellschaft ist da. Woran es bislang hapert, ist die politische Umsetzungskraft.

Unser globales Wirtschaftssystem basiert auf der Illusion einer physischen Unendlichkeit, die es nicht gibt. Wir leben auf einem begrenzten Planeten, der nur deswegen schon seit »Ewigkeiten« existiert, weil sich das ökologische System ständig selbst erneuert. Doch in den letzten Jahrhunderten hat der Mensch massiv in diesen Prozess eingegriffen, mit gravierenden Folgen. Diese bleiben nicht unbemerkt: So stufen 65 Prozent der Bundesbürger Umwelt- und Klimaschutz inzwischen als sehr wichtiges Thema ein. In der Gesellschaft regt sich Widerstand: Einzelne Bürger- und Umweltorganisationen gehen juristisch gegen Staat und Großunternehmen vor und haben Erfolg. Der Ölkonzern Shell wurde im Mai 2021 vom Bezirksgericht Den Haag dazu verpflichtet, seinen CO_2-Ausstoß bis 2030 um netto 45 Prozent im Vergleich zu 2019 zu senken[1].

Ähnlich historisch urteilte das deutsche Bundesverfassungsgericht wenige Wochen vorher: Demnach müssen politische Entscheidungen mit Blick auf das Vorsorgeprinzip des Staates auch die Freiheit der künftigen Menschen berücksichtigen und sichern[2]. Doch nicht nur gesellschaftlich und juristisch, sondern auch wirtschaftlich wächst die Einsicht in die Notwendigkeit einer Transformation – und der Wille, diese zu gestalten. Schon die ersten Auswirkungen der drohenden Klimakatastrophe zeigen, welche Wertvernichtung damit einhergeht: Durch den Klimawandel buchstäblich »befeuerte« Brände verursachten 2018 einen Rekordgesamtschaden von 24 Milliarden US-Dollar und vernichteten Milliarden von Tieren[3].

Produkte werden nicht hergestellt, um zu halten, sondern um ersetzt zu werden. Sie sind darauf ausgelegt, kaputtzugehen, möglichst schnell zu veralten oder aus der Mode zu kommen.

Die finanziellen und wirtschaftlichen Folgeschäden der Flutkatastrophe des Sommers 2021 in Deutschland liegen schon jetzt bei mindestens 30 Milliarden Euro. Das menschliche Leid lässt sich nicht beziffern[4].

Fast die Hälfte des weltweiten CO_2-Ausstoßes stammt aus Herstellung und Verbrauch von Materialien

Die 2015 in Paris vereinbarten Klimaziele reichen laut Experten nicht aus. Tatsache ist, dass die CO_2-Konzentration in der Atmosphäre 2019 so hoch war wie in den vergangenen 800.000 Jahren nicht[5]. Solche Negativrekorde sind nicht nur darauf zurückzuführen, dass die Transformation des Energiesektors zu langsam vonstattengeht. Mit erneuerbaren Energien lassen sich lediglich 55 Prozent der heutigen globalen Treibhausgasemissionen beseitigen, nämlich die, die aus Energieversorgungssystemen, dem Energieverbrauch in Gebäuden und dem Verkehr stammen. Die verbleibenden 45 Prozent stammen aus der Art und Weise, wie wir Produkte, Materialien und Lebensmittel herstellen, verwenden und entsorgen beziehungsweise verbrauchen[6].

Im Nachdenken über die künftigen wirtschaftlichen Chancen und Risiken stößt man relativ schnell auf drei grundlegende Fehler unseres aktuellen Wirtschaftssystems:

1. Die industriellen Prozesse sind linear konzipiert und verwandeln letztlich jede Ressource in nicht verwertbaren Abfall. Wir kennen immer nur eine Richtung: Rohstoffe gewinnen, gebrauchen und schließlich wegwerfen – *take, make and waste*.
2. Unser Wirtschaftssystem basiert auf exponentiellem Wachstum und speist sich aus dem Konsum von Produkten. Die deswegen ständig wachsende Produktion verbraucht immer mehr Ressourcen, die aber endlich sind. Damit stoßen wir nicht nur an die bereits 1972 beschriebenen Grenzen des Wachstums[7], wir haben auf vielen Gebieten auch die Grenzen der planetarischen Belastbarkeit überschritten[8].
3. Um dieses stetige Wachstum zu ermöglichen, sind Geschäftsmodelle, die auf geplanter Obsoleszenz basieren, in fast jedem Wirtschaftszweig üblich: Produkte werden nicht hergestellt, um möglichst lange zu halten, sondern um ersetzt zu werden. Sie sind darauf ausgelegt, kaputtzugehen, möglichst schnell zu

veralten oder aus der Mode zu kommen[9], wodurch die Menge des Abfalls, der durch den linearen industriellen Prozess entsteht, vervielfacht wird.

Die Lösung heißt Kreislaufwirtschaft

Für diese Fehler des Wirtschaftssystems gibt es eine Lösung: die Kreislaufwirtschaft. Um zu verstehen, was es damit auf sich hat, muss erst einmal ein gängiges Missverständnis ausgeräumt werden: die Gleichsetzung von Kreislaufwirtschaft mit »Recycling«. Denn obwohl der Name etwas anderes suggeriert, ist unsere heutige Praxis des Recyclings die letzte Stufe des linearen Materialsterbeprozesses.

Laut einer Studie von McKinsey haben unsere Güter schon nach einem einzigen Nutzungszyklus bereits 95 Prozent ihres Materialwertes eingebüßt[10]. In Schweden, das sich einer Recyclingquote von 99 Prozent rühmt, werden gerade einmal 24 Prozent des ursprünglichen Materialwertes erhalten[11]. Ein riesiger Teil des Mülls wird schlicht verbrannt. Zwar wird aus dem Abfall mithilfe der Müllverbrennungsanlagen Energie produziert. Aber echte Kreislaufwirtschaft meint etwas anderes: den Einsatz von nicht erneuerbaren Primärrohstoffen zu minimieren, die Nutzungseffizienz von Material zu maximieren und das gesamte System auf den *Ge*-brauch von Material hin umzubauen, statt auf seinem *Ver*-brauch aufzubauen.

Der Kreislaufwirtschaftsgedanke beginnt bereits beim Produktdesign, das auf Materialerhalt, Langlebigkeit, Reparierbarkeit und Recyclingfähigkeit ausgelegt wird. Neue Geschäftsmodelle wie Product-as-a-Service oder Sharing-Konzepte ermöglichen eine längere und intensivere Nutzung von Produkten, das Verlängern von Produktlebenszyklen über Reparaturen oder »Refurbishment« und schließlich den Werterhalt der Materialen über Wiederaufbereitung und Recycling. Allerdings bedarf es einer Kombination all dieser Elemente aus Produkt- und Prozessanpassungen, wenn eine echte Kreislaufwirtschaft entstehen soll.

Eine funktionierende Kreislaufwirtschaft setzt voraus, dass Material*einsatz* bewusst gestaltet, Material*ströme* organisiert und Material*kreisläufe* geschlossen werden.

Die traditionelle lineare Wertschöpfungskette, die eine Wertvernichtungskette ist, muss durch eine Werterhaltungskette ergänzt werden. Die bewusste Verbindung führt zu einem ständigen Materialkreislauf, wodurch Material nicht mehr verloren gehen kann. Im Prinzip muss Material so eingesetzt werden, dass es nicht verbraucht, sondern lediglich gebraucht wird. Der größte denkbare Schritt wäre es, Material selbst nur noch als Service zur Verfügung zu stellen[12]. »Produkte von heute sind Rohstoffe von morgen zu Preisen von gestern«, brachte Vordenker Walter Stahel den Wesenskern der Kreislaufwirtschaft auf den Punkt[13].

Veränderte Einstellungen in der Gesellschaft

Die Gesellschaft ist zu einer Transformation der Wirtschaft zunehmend bereit. Umfragen zeigen, dass immer mehr Menschen Umweltverschmutzung und Trinkwasserqualität mit Sorge betrachten[14]. Die Rückbesinnung auf Qualität, statt Wegwerf- oder Einwegprodukte zu nutzen, findet größte Akzeptanz in der breiten Bevölkerung: 82 Prozent der Befragten hielten ein Verbot von Einwegprodukten in einer Umfrage für »richtig und sinnvoll«[15]. Die veränderte Einstellung vieler Menschen zu Besitz und Gebrauch (Stichwörter Sharing Economy und Servitization) ist in manchen Bereichen schon Teil des Alltags geworden, sei es bei Streamingdiensten oder in der Mobilität. Immer mehr Konsumenten sind in immer mehr Bereichen bereit, für die Nutzung oder den Nutzen von Produkten zu bezahlen, anstatt sie zu kaufen. Die Digitalisierung beschleunigt diesen Wandel: Leicht zu bedienende Apps und Mikrozahlungssysteme vereinfachen den Wandel der Gewohnheiten und ermöglichen neue, deutlich ressourceneffizientere Geschäftsmodelle und Dienstleistungen.

Unternehmen sehen Wettbewerbsvorteile

Auch die Wirtschaft erkennt die enormen Chancen einer Kreislaufwirtschaft. Die neuen Technologien reduzieren die Transaktionskosten drastisch, sodass es sich für Unternehmen lohnt, in kreislauforientierte Geschäftsmodelle zu investieren[16]. Unternehmen, die ihre Produkte langlebig gestalten, können zudem über mehrere Lebenszyklen Gewinne zu machen[17]. Produkt-Service-Systeme erlauben eine wesentlich bessere Kundenbindung und eine erweiterte

Agenda für 2022

— Bis Ende 2022 sollte die neue Bundesregierung ein Sonderministerium für Kreislaufwirtschaft eingerichtet haben. Dieses hat eine Koordinationsfunktion zwischen den anderen Ministerien und ist während eines Zeitraums von sieben Jahren für die Entwicklung und Umsetzung einer Gesamtstrategie und eines detaillierten Maßnahmenkatalogs für den umfassenden Umbau von Wirtschaft, Gesellschaft und Politik in Richtung Kreislaufwirtschaft verantwortlich.

— Zu den Aufgaben des Ministeriums gehören eine umfassende Steuerreform, gesetzliche Regelungen und auf die Kreislaufwirtschaft ausgerichtete Investitionen in Forschung, Bildung und Digitalisierung (Besetzung: Politik, Wirtschaft, Gesellschaft, Wissenschaft).

Produzentenverantwortung. Auch der effiziente Einsatz von Materialien rückt vermehrt in den Fokus, um die Treibhausgasemissionen maßgeblich zu reduzieren[18]. Mehr noch: Unternehmen, die ihren Rohstoffbedarf erheblich reduzieren oder ihre Stoffkreisläufe schließen, schützen nicht nur das Klima, sondern haben angesichts der knappen Rohstoffmärkte auch einen Wettbewerbsvorteil.

Druck kommt derzeit vor allem aus der Finanzwirtschaft: Langfristig orientierte institutionelle Anleger wie Pensionskassen, Versicherungen oder Körperschaften des öffentlichen Rechts setzen längst auf »Green Finance«. Es findet also ein Umdenken statt: Investoren berücksichtigen verstärkt Klimafolgen im Risikomanagement und Nachhaltigkeitsaspekte in der Portfoliokonstruktion[19]. Die Rufe der Wirtschaft werden lauter: Analog zum Corona-Krisenmanagement müsse es auch in der Klimakrise ein deutliches staatliches Eingreifen geben[20], heißt es.

Der Staat muss den Takt vorgeben

Der spielentscheidende Ball liegt jetzt im Feld der Politik, denn die Einführung der Kreislaufwirtschaft ist eine Systemtransformation. Und sie sollte kurzfristig beginnen: Ein erster, einfacher Schritt wäre eine konsequente Beschaffung der öffentlichen Hand nach Kreislaufkriterien. In den Niederlanden entfaltet dies bereits große Lenkungswirkung. Weitreichender wären allerdings entsprechende gesetzliche Regulierungen, etwa durch Erweiterung der Ökodesign-Richtlinien[21]. Mit ihrer Hilfe könnten Hersteller dazu verpflichtet werden, Produkte langlebig und vor allem reparierbar zu gestalten. Frankreich[22] und Italien[23] haben bereits vorgemacht, wie man zielgerichtet gegen »geplante Obsoleszenz« vorgehen kann. Schweden hat 2016 die Mehrwertsteuer auf Reparaturen gesenkt[24]. Die Europäische Kommission erwägt im Rahmen ihres »Aktionsplans Kreislaufwirtschaft«[25] die Einführung von Pfandsystemen für ausgewählte Produktgruppen, um die Voraussetzung für qualitativ hochwertiges Recycling zu optimieren[26].

In den USA ist 2021 mit der »Durchführungsverordnung« ein Recht auf Reparatur wahrscheinlicher geworden: Hersteller müssen fortan Reparaturen durch unabhängige Dritte ermöglichen und dürfen sie nicht aktiv verhindern[27]. Derlei fordert in Deutschland der von Verbraucher- und Umweltschutzorganisationen gegründete »Runde Tisch Reparatur« schon seit Jahren[28]. Gerade für Deutschland liegt eine große Chance darin, im globalen Wettbewerb eine Vorreiterrolle zu übernehmen, neue Standards zu definieren und gleichzeitig Versorgungssicherheit im eigenen Land zu schaffen.

Vorbild in Europa: Die Niederlande

Europaweit der wichtigste Vorreiter für Kreislaufwirtschaft sind wohl die Niederlande. Bis 2050 will Deutschlands Nachbarstaat vollständig zirkulär sein, bereits 2030 soll der Verbrauch von Primärrohstoffen um 50 Prozent reduziert sein. Mit der »Transitieagenda« für ausgewählte Branchen treiben die Niederlande den Umbau ihrer Wirtschaft systematisch voran[29]. Auch Dänemark, Schweden und Finnland gehen verstärkt in Richtung Kreislaufwirtschaft[30]. Denn sie ist nicht nur Klima- und Umweltschutz, sondern schafft auch Arbeitsplätze und soziale Gerechtigkeit[31].

Auch eine veränderte Fiskalpolitik, bei der nicht länger (wertschöpfende) Arbeit, sondern (wertvernichtender) Material- und Energieverbrauch besteuert wird, könnte eine Kreislaufwirtschaft beschleunigen. Dieses Konzept einer ökologischen Steuerreform, das bereits in den 90er-Jahren vom Wuppertal Institut für Klima, Umwelt, Energie[32] propagiert wurde, treibt derzeit der niederländische Thinktank Ex'tax Project international intensiv voran[33].

Zu den staatlichen Handlungsoptionen gehört auch die gezielte Regulierung der Sekundärmaterialströme. Heute sind Primärrohstoffe oft noch billiger als Rezyklate. Durch den verpflichtenden Einsatz von Monomaterialien bei Verpackungen ließen sich Handelsvolumina vergrößern und damit eine werterhaltende Wirtschaftlichkeit für Rezyklate schaffen[34]. Insgesamt sollte der Staat alle Hersteller verpflichten, für den Erhalt der von ihnen eingesetzten Materialien zu sorgen, sodass Material bleibend und hochwertig in der Wirtschaft zirkulieren kann.

Digitale Technologien tragen zur Langlebigkeit von Produkten bei

Die Digitalisierung ist ein Turbo für die Kreislaufwirtschaft. Internet, Smartphones und vor allem die Blockchain-Technologie ermöglichen eine kleinstteilige Betrachtung, Nachverfolgung und Dokumentation sämtlicher Finanz-, Waren- und Materialströme[35]. Schon heute wird in anspruchsvollen Branchen mit digitaler Technik die Qualität von Logistikketten sichergestellt. Das Internet of Things könnte durch Informationen über Nutzung und Wartungsbedarf wesentlich zur Langlebigkeit von Produkten beitragen. Auch die Bundesregierung hat die Bedeutung von digitalen Zwillingen für materielle Güter erkannt[36] und könnte sie leicht zur Entwicklung einer nachhaltigen Kreislaufwirtschaft nutzen.

Ähnlich wie bei Lebensmitteln könnten Hersteller zur Angabe von Inhaltsstoffen verpflichtet werden, und darauf basierend könnten sämtliche Stoffströme in einem »Materialpass« datenmäßig erfasst werden. So ließen sich sämtliche Materialien und Komponenten eines Produkts oder Gebäudes präzise registrieren, dokumentieren und archivieren – und blieben dauerhaft verfügbar. Im Prinzip würde auf diese Weise eine Art von volkswirtschaftlichem Asset-Managementsystem für Material eingerichtet werden. Als erstes Gebäude der Welt wurde bereits 2013 das Rathaus des niederländischen Städtchens Brummen mit einem solchen Materialpass ausgestattet[37].

Beispiel Bausektor: Kataster erfassen die Identität und den Verbleib von Materialien

Der Bausektor ist in der EU für rund 40 Prozent des Energieverbrauchs, für 36 Prozent der

Agenda ab 2022

— Etablierung fester Kreislaufkriterien in der öffentlichen Beschaffung

— Zielgerichtete Maßnahmen gegen »geplante Obsoleszenz«: Verpflichtung der Hersteller, Produkte langlebig und vor allem reparierbar zu gestalten

— Senkung der Mehrwertsteuer auf Reparaturen

— Verpflichtung, bei Verpackungen ausschließlich Monomaterialien einzusetzen

— Verpflichtung der Hersteller, sämtliche Materialien und Komponenten eines Produkts oder Gebäudes in einem »Materialpass« präzise zu registrieren, zu dokumentieren und zu archivieren

Agenda für 2025

- Baugenehmigungen nur für energieproduzierende Neubauten und Renovierungen

- Gesetzliche Vorgaben für die Verwendung von mindestens 15 Prozent Sekundärmaterialen, -komponenten oder -produkten mit jährlich steigenden Prozentzahlen

- Nachweis über Rückbaubarkeit mit Verpflichtung zum Werterhalt der Materialen

- Verpflichtender Materialpass für alle Neubauten

- Bis 2028 sukzessive Erstellung eines Materialpasses für den Bestand

Treibhausgasemissionen, für mehr als 50 Prozent des Ressourcenverbrauchs und für 46 Prozent der Abfallproduktion verantwortlich. Damit ist die Branche größter Verbraucher von Ressourcen und Energie – ihr Umbau sollte daher besonders im Fokus stehen. Ein Materialpass macht Gebäude und Produkte aller Art dauerhaft wertvoll: Bereits in der Planung wird alles so konstruiert und gestaltet, dass sämtliche Materialien und Einzelkomponenten eines Tages ohne Wertverlust wieder »geerntet« werden können. Damit ein Materialpass wirklich gültig wird, bedarf es einer offiziellen Anerkennung und Registrierung – in einer Art Personenstandsregister für Materialien[38]. Dank zivilgesellschaftlicher Initiative[39] gibt es seit 2017 eine solche öffentliche Datenbank, in der Identität und augenblicklicher Verbleib von Materialien in Form von Materialpässen erfasst werden: Madaster, ein Materialienkataster[40]. 2017 in den Niederlanden gegründet, ist das Madaster für Gebäude mittlerweile in der Schweiz, Deutschland, Norwegen, Belgien und den Niederlanden operativ, insgesamt wurden bereits mehr als 10 Millionen m² Gebäude darin registriert.

Im Prinzip muss Material so eingesetzt werden, dass es nicht verbraucht, sondern lediglich gebraucht wird.

Das Maß der Wiederverwertbarkeit der Materialien durch Entwurf und Verarbeitung wird dabei in einem Circularity Index beziffert und finanziell bewertet. Je höher der Circularity Index, desto höher der Werterhalt der verbauten Materialien. So wird jedes Produkt oder Gebäude, auch wenn es nur begrenzte Zeit einen bestimmten Zweck erfüllt, auf Dauer ein Materialdepot.

In den Niederlanden soll 2022 ein Materialpass für Neubauten gesetzlich eingeführt werden. Die finanziellen Vorteile dieser Dokumentation sind bereits in verschiedenen Sektoren erkannt worden. Die 2019 fertiggestellte Hauptgeschäftsstelle der Triodos Bank in Zeist (Niederlande) ist das erste vollkommen zerlegbare Bürogebäude der Welt. Hier dient der Materialpass auch dazu, den Gesamtwert der Materialien des Gebäudes in Zusammenarbeit mit einem Wirtschaftsprüfungsunternehmen *bankable* zu machen. Das heißt: Ein solches Gebäude wird in Zukunft nicht mehr nach null abgeschrieben, sondern auf seinen materiellen Zukunftswert, was wiederum finanzielle Anreize für die Umsetzung des Kreislaufgedankens in der Baubranche schafft.

Es ist Zeit, unsere wirtschaftlichen Prozesse zu überdenken und neu zu gestalten. Wenn wir nicht lernen, Material in unserem Wirtschaftssystem zu bewerten und zu verwalten, wachsen wir uns selbst arm.

SABINE OBERHUBER, *geb. 1971, und* **THOMAS RAU,** *geb. 1960, gründeten 2010 in den Niederlanden Turntoo, eines der ersten auf die Circular Economy spezialisierten Beratungsunternehmen der Welt, das Firmen und Institutionen bei der Entwicklung von neuen Geschäftsmodellen und Strategien unterstützt. Sie sind Initiatoren von Madaster, des Katasters für Material, sowie Autoren von »Material Matters« (Econ Verlag). Thomas Rau gründete 1992 in den Niederlanden das Architekturbüro RAU, das auf dem Gebiet des nachhaltigen und energieproduzierenden Bauens führend ist und das 2011 das zirkuläre Bauen zu seinem Kernthema gemacht hat.*

Landwirtschaft

»Eine durchgreifende Ökologisierung des Landwirtschafts- und Ernährungssystems kann betriebswirtschaftlich attraktiv und auch makroökonomisch vorteilhaft gestaltet werden.«

Ökologisierung von Landwirtschaft – zur gesamtgesellschaftlichen Agenda

Von Peter Strohschneider

Ohne Ackerbau und Viehhaltung können menschliche Zivilisationen nicht gedacht werden. Ihre Ausdifferenzierung und Entwicklung sind konstitutive Voraussetzung für alle Formen komplexerer, arbeitsteiliger Gesellschaftsbildung. Seit der Agrarrevolution des 18. Jahrhunderts hat die Agrarwirtschaft mit der Technisierung der Landbewirtschaftung und dann vor allem in den zurückliegenden Jahrzehnten mit der stark beschleunigten weiteren Automatisierung sowie mit agrarchemischen, veterinärpharmazeutischen, biotechnologischen und digitalen Neuerungen enorme Entwicklungsschübe erlebt.

Spezialisierung, Standardisierung und fortschreitende Intensivierung haben nie gekannte Produktivitätsfortschritte und bei sinkendem Arbeits-, aber steigendem Kapital- und Betriebsmitteleinsatz ein steiles Bevölkerungswachstum ermöglicht. In den Industriestaaten der Nordhemisphäre verbindet sich dies mit hoher Ernährungssicherheit, Lebensmittelvielfalt und -qualität. Dabei ist der Anteil an den Lebenshaltungskosten, den die privaten Haushalte für ihre Ernährung aufwenden, auf ein historisch niedriges Niveau gesunken; proportional umso mehr kann daher in anderen Wirtschaftsbereichen konsumiert und investiert werden.

Der marktwirtschaftliche Ansatz fasst ökologisch intakte Natursysteme und ethisch verantwortliche Tiernutzung als Kapital auf.

Der weitaus größte Teil der Landfläche Deutschlands wird seit Jahrhunderten durch Landbewirtschaftung geprägt. Agrarische Naturbeherrschung ist mit vielgestaltigen und komplexen Auswirkungen auf die geophysikalische und biochemische Umwelt verbunden, auf natürliche Ressourcen wie Boden, Wasser, Luft und Artenvielfalt, auf Klima, Pflanzen und Tiere, auf die Landschaft überhaupt. Sie ist eine beinahe vollständig – und in der ursprünglichen Bedeutung des lateinischen Wortes *cultura* – bearbeitete Kulturlandschaft.

Natürliche Ressourcen und Landwirtschaft unter Druck

Verschoben hat sich indessen in den zurückliegenden Jahrzehnten das Ausmaß, in dem »Natur« für Nahrungs-, Futtermittel- und Energieproduktion genutzt wird. Längst führen die Produktionsformen einer Landwirtschaft, die unter globalisierten Marktbedingungen strikt auf die kontinuierliche Steigerung der quantitativen Erträge pro Flächeneinheit beziehungsweise Nutztier ausgelegt ist, vielfältig zur Überbeanspruchung natürlicher Ressourcen. Betroffen sind auch jene, die nicht allein agrarische Produktionsfaktoren sind, sondern zugleich als regionale und globale Gemeingüter gelten müssen. Besonders augenfällig ist solche Übernutzung etwa bei Stoffkreisläufen (wie Stickstoff[1]), beim Rückgang der Biodiversität in der Agrarlandschaft[2] oder bei der Emission von Treibhausgasen, die zu 13,4 Prozent der Landwirtschaft zugerechnet werden muss[3].

Derartige ökologische Auswirkungen der heute vorherrschenden Produktionsformen vermögen einander systemisch gegenseitig zu steigern und sind – nicht nur für die weitere Erderwärmung – auch langfristig gravierend. Sie lassen sich auch ökonomisch abschätzen: Für die Bundesrepublik entsteht jährlich ein hoher zweistelliger Milliardenbetrag an gesamtvolkswirtschaftlichen Lasten[4]. Dabei handelt es sich um tatsächliche Produktionskosten, die derzeit allerdings überwiegend externalisiert, in der Preisbildung bei Agrarprodukten nicht berücksichtigt und daher von der Allgemeinheit getragen werden.

Trotz eindrucksvoller Produktivitätsfortschritte, der Externalisierung erheblicher Produktionskostenanteile und beachtlicher Finanzierung aus öffentlichen Mitteln ist bei vielen Höfen die Ertragslage schwach und der Kostendruck enorm. Im Verhältnis zu der ihre Produkte abnehmenden Ernährungswirtschaft und zum Lebensmittelhandel befindet sich die Landwirtschaft in einer schwachen Marktposition. Und der landwirtschaftliche Strukturwandel schreitet scheinbar ungebrochen fort. »Wachse oder weiche!« lautet eine prominente Kampfformel: Die Zahl der Betriebe und der Beschäftigten sinkt seit Jahrzehnten stetig, die Flächenausstattung beziehungsweise der Tierbestand des durchschnittlichen Betriebs nimmt zu, die Konkurrenzen zwischen landwirtschaftlicher und anderweitiger Landnutzung um die Ressource Boden verschärfen sich.

Überdies geht mit dem ökonomischen Strukturein allgemeiner Werte- und Diskurswandel einher.

Landwirtinnen und Landwirte sehen sich wachsenden Ansprüchen an die ökologische Nachhaltigkeit und tierethische Verantwortbarkeit der Lebensmittelproduktion gegenüber und beobachten allerdings, dass die Verbraucherinnen und Verbraucher nicht im gleichen Maße bereit sind, höhere Lebensmittelpreise zu bezahlen. Zudem wird »Natur« in der Moderne vielfältig zu einem positiven Wertbegriff: zur Chiffre einer Ressource, die den technologisch gesteigerten Verwertungslogiken des modernen Kapitalismus gerade entzogen sein soll. Am besten lässt sich diese Dynamik vermutlich am Wandel tierethischer Maßstäbe beobachten. Nicht zuletzt treten hier typische Ambivalenzen von Fortschritt zutage: Technische Naturbeherrschung kann in modernisierungskritischer Perspektive als Problem erscheinen, während Landwirte sie als Leistungssteigerung anerkannt sehen wollen.

Für die Lebensmittelmärkte müssen EU-weit verbindliche Kennzeichnungssysteme gelten.

Zukunftskommission Landwirtschaft führt Interessen zusammen

Die Lage stellt sich als strukturell widersprüchlich und spannungsreich dar. Dabei ist es so, dass »eine unveränderte Fortführung des heutigen Agrar- und Ernährungssystems aus ökologischen und tierethischen wie auch aus ökonomischen Gründen aus[scheidet]«[5]. Diese Einsicht ist der Ausgangspunkt der Zukunftskommission Landwirtschaft (ZKL), die im Auftrag der Bundesregierung Landwirtschafts- und Umweltinteressen ebenso wie Industrie-, Handels- und Verbraucherinteressen in Gestalt ihrer maßgeblichen Verbandsvertreterinnen und -vertreter in Deutschland und unter Einbeziehung agrarwissenschaftlicher Expertise zusammenführt. In ihrem im Sommer 2021 veröffentlichten Abschlussbericht »Zukunft Landwirtschaft. Eine gesamtgesellschaftliche Aufgabe« legt die ZKL konkrete Empfehlungen für politisches Handeln vor. Sie zeigt Entwicklungspfade für eine »schnelle[] und umfassende[] ökonomische[] wie ökologische[]

Gesündere Ernährungsstile wirken über das Konsumentenverhalten auf das Lebensmittelangebot zurück.

Transformation des gesamten Landwirtschafts- und Ernährungssystems in Deutschland«[6] auf. Deren Notwendigkeit ergibt sich aus der ökonomischen und sozialstrukturellen Situation der Landwirtschaft sowie ihren ökologischen Auswirkungen einerseits und andererseits aus jenen Klima-, Umwelt-, Biodiversitäts- und Tierschutzzielen, auf welche die Bundesrepublik verfassungsrechtlich[7] ebenso wie durch nationale, internationale und supranationale Verträge und Strategien[8] verpflichtet ist.

Im Einzelnen präzisiert die ZKL diese gesamtgesellschaftliche Agenda in einer Reihe von Zielen und politischen Leitlinien. Dabei betrachtet sie Klima, Umwelt und Artenreichtum sowie den guten Zustand landwirtschaftlich gehaltener Nutztiere als Produktionsfaktoren und zugleich auch als Gemeingüter. Deren Übernutzung ist volkswirtschaftlich ebenso wenig kostenneutral, wie es ihr Schutz in betriebswirtschaftlicher Hinsicht ist. Wenn es also darum gehen muss, den Nutzen der Agrarproduktion für diese Gemeingüter zu verbessern und schädigende Auswirkungen auf sie möglichst zu vermeiden, jedenfalls aber deutlich zu mindern, dann wird dies am wirkungsvollsten zu erreichen sein, wenn es auch »betriebswirtschaftlich attraktiv«[9] ist und deswegen im Unternehmensinteresse der Agrarbetriebe liegt.

Dieser politische Grundsatz einer marktwirtschaftlich angelegten Ökologisierung des Agrar- und Ernährungssystems soll »die Risiken dieser Transformation beherrschbar machen, Planungssicherheit ermöglichen und ihre Akzeptanz insbesondere auch auf Seiten der Landwirt: innen erhöhen«. Vor allem indes soll er »die ökologische Nachhaltigkeit des deutschen Agrar- und Ernährungssystems deutlich verbessern, seine ökonomische Tragfähigkeit dauerhaft sichern sowie Produktionsverlagerungen in Regionen mit geringeren ökologischen und sozialen Standards entgegenwirken«[10].

Marktwirtschaftlicher Ansatz und faire Bedingungen
Dieser Ansatz der ZKL ist voraussetzungs- und implikationsreich. Erstens verlangt er in politisch praktischer Hinsicht die Weiterentwicklung von Rahmenbedingungen und Grenzziehungen für Agrarmärkte auf EU- wie auf WTO-Ebene. Hohe Nachhaltigkeits- und

Sozialstandards in Deutschland oder der Europäischen Union führen nämlich zu Unterbietungswettbewerben und Produktionsverlagerungen, wenn sie nicht durch Instrumente wie Grenzausgleiche, informative Produktkennzeichnungen oder Sorgfaltspflichten in Lieferketten gesichert werden. Da die derzeitigen Handelsregularien »im Effekt eine Wirtschaftsordnung [privilegieren], in der vielfältige Anreize bestehen, Wettbewerbsfähigkeit dadurch zu steigern, dass tatsächliche Produktionskosten zulasten von Gemeinwohlgütern wie Klima, Biodiversität und Tierwohl externalisiert werden«[11], setzt die Vermeidung und Reduktion derartiger Externalitäten voraus, dass es gelingt, im internationalen Wettbewerb faire Bedingungen auch für nachhaltig produzierte Erzeugnisse der Land- und Ernährungswirtschaft zu schaffen.

Zweitens setzt die ZKL darauf, dass die tatsächlichen Kosten nachhaltiger Lebensmittelproduktion relativ schnell in den Marktpreisen auftauchen; die Transformationszeit ist wegen der Bedrohlichkeit des globalen Wandels sehr knapp. Dazu müssen für die Lebensmittelmärkte EU-weit verbindliche Kennzeichnungssysteme gelten. Maßnahmen wie beispielsweise eine Spreizung der Mehrwertsteuersätze für Obst und Gemüse einerseits, tierische Produkte andererseits müssen hinreichend schnell zu kollektiven Veränderungen des Ernährungsverhaltens mit entsprechenden Rückwirkungen auf die Produktion, wie etwa eine weitere Verringerung des Tierbestandes, führen. Als Ultima Ratio kommen nach Auffassung der ZKL schließlich auch andere steuernde Eingriffe sowohl in die Produktionsprozesse (zum Beispiel Stickstoffüberschussabgabe, Pestizidsteuer) wie ins Verbraucherverhalten (etwa Lenkungssteuern für Salz, Zucker und Fett) infrage.

Die Transformation der Landwirtschaft führt zu einem zusätzlichen Bedarf von circa sieben bis elf Milliarden Euro jährlich.

Drittens fasst der genannte marktwirtschaftliche Ansatz ökologisch intakte Natursysteme und ethisch verantwortliche Tiernutzung als Kapital auf: als quantifizierbare und monetarisierbare Sachverhalte. Die ZKL greift insofern für die Einleitung der ökologischen Transformation des Landwirtschafts- und Ernährungssystems auf eine politische Ökonomie der Natur zurück, deren theoretische Prämissen und Reichweiten im Spektrum zwischen neoklassischer und sozialökologischer Ökonomik durchaus noch unterbestimmt und jedenfalls nicht alternativlos sind[12].

Landwirtschaft und Ernährungssystem weiterentwickeln

Für die Transformation der landwirtschaftlichen Produktionsprozesse selbst sind viele Aspekte von Belang. Zusammen mit entsprechenden Förder-, Organisations-, Ausbildungs-, Beratungs- und Vermarktungssystemen gehört hierher all das, was die unumgänglichen Eingriffe der Agrarproduktion in die natürlichen Ressourcen so verträglich wie möglich macht und was ihre Resilienz gegenüber den Folgen des Klimawandels erhöht: von Ackerrandstreifen über die Erweiterung der Fruchtfolgen bis hin zu Düngemengensteuerung und Pestizideinsatz; von der Pflanzenzucht über die Strukturierung der Agrarlandschaften bis hin zu Humusaufbau und Wiedervernässung von Mooren als CO_2-Senken; von der Rückbindung der Tierhaltung an die jeweils verfügbaren Agrarflächen über tierschonende Produktions- und Schlachtverfahren bis hin zum Baurecht bei Ställen.

Fortschritten in der Technologieentwicklung, der Agrarchemie und der Züchtung sowie den vielfältigen Anwendungsmöglichkeiten digitaler Tools kommt beim modernen Pflanzenbau wie in der Tierhaltung eine erhebliche Bedeutung zu. Betont sei, dass technologische Innovationen zwar »eine notwendige, wenngleich freilich nicht schon hinreichende Bedingung für den Transformationsprozess der Landwirtschaft«[13] sind.

Sie entlasten auch nicht von der Herausforderung, das Ernährungssystem in der Weise weiterzuentwickeln und zu gestalten, dass sich kollektive Ernährungsstile deutlich verbessern und sich das Konsumentenverhalten verändern. Die Fachgesellschaften empfehlen Abwechslungsreichtum, einen hohen Anteil pflanzlicher und einen relativ geringen Anteil tierischer Lebensmittel sowie Wasser und ungesüßte Getränke. Daraus ergibt sich eine ganze Reihe von ernährungspolitischen Folgerungen, die deutlich über eine bessere

Ernährungsbildung hinausgehen. Es geht um finanzielle Anreize wie Abgaben etwa auf Zucker, Salz, Fett und tierische Produkte[14] oder Mehrwertsteuersenkungen für Obst, Gemüse und Hülsenfrüchte. Ebenso geht es um Qualitätsverbesserungen in der Gemeinschaftsverpflegung, um den Einsatz der Nachfragemacht des öffentlichen Beschaffungswesens zugunsten ebenso qualitätsvoller wie gesunder Ernährung, um bestmögliche Information der Verbraucherinnen und Verbraucher durch Kennzeichnungen und Zertifizierungen sowie um Möglichkeiten, die Verschwendung von Nahrungsmitteln nachdrücklich zu reduzieren[15].

Solche Empfehlungen gehen nicht allein von positiven Auswirkungen auf die Gesundheit der Bevölkerung aus. Sie rechnen auch damit, dass gesündere Ernährungsstile über das Konsumentenverhalten erstens auf das Lebensmittelangebot zurückwirken, insbesondere also auf das Nachhaltigkeitsniveau der Lebensmittelproduktion. Zweitens wird angenommen, dass sich daraus sodann positive Auswirkungen auch auf Umwelt, Klima und Tierwohl ergeben. Die Realisierung einer solchen Ernährungspolitik dürfte einerseits für die Verbraucherinnen und Verbraucher mit Preiserhöhungen bei Lebensmitteln und also damit verbunden sein, dass sich der Anteil der Ernährungs- an den gesamten Lebenshaltungskosten vergrößert. Dies muss für einkommensschwache Verbrauchergruppen sozialpolitisch entsprechend flankiert werden[16]. Andererseits verlangt der skizzierte ernährungspolitische Fortschritt von der Landwirtschaft erhebliche Anpassungsleistungen. Er würde damit einhergehen, dass sich die Proportionen der verschiedenen Produktionssysteme – Tierhaltung und Pflanzenbau, sodann Sonderkulturen und Ackerbau, sodann Lebens- und Futtermittel – verschieben und dass sich die Nachhaltigkeitsniveaus von Produktionsverfahren wie von Produkten erhöhen.

Die Folgekosten von Fehlernährung, Umweltschäden, Biodiversitätsverlust und Klimawandel sind gegenzurechnen.

Was die Transformation kostet – und wo sich Lasten verringern

Die unterschiedlichen Elemente einer durchgreifenden Erhöhung des Nachhaltigkeitsniveaus in allen Produktionsformen der Landwirtschaft werden – auch wenn Qualitäten und Quantitäten nicht einfach gegeneinander zu verrechnen sind – aus unterschiedlichen Gründen in vielen Fällen mit Einbußen bei den Produktionsmengen sowie mit Minderungen der Produktivität einhergehen. Schon aus Gründen der Ernährungssicherheit muss dabei die ökonomische Tragfähigkeit der Landwirtschaft in Deutschland gleichwohl gewährleistet sein. Von den ernährungs- und konsumhabituellen Aspekten dieser Aufgabe war schon die Rede. Ihre ökonomischen Größenordnungen hat die ZKL in einer vorläufigen Kostenabschätzung zu ermitteln versucht.

Die von ihr empfohlene Transformationsagenda für die deutsche Landwirtschaft führt danach zu einem zusätzlichen Bedarf von insgesamt circa sieben bis elf Milliarden Euro jährlich. Rechnet man die derzeit in den öffentlichen Haushalten für die Landwirtschaft vorgesehenen Mittel in Höhe von gut sechs Milliarden Euro (vor allem aus der Gemeinsamen Agrarpolitik der EU [GAP]) dagegen, so verbleiben Kosten von circa 1,5 bis 5,5 Milliarden Euro pro Jahr. Weil diese Kosten überwiegend durch die Schonung und Pflege von Gemeingütern entstehen, wäre es unfair, allein die Land- und Ernährungswirtschaft mit ihnen zu belasten. Vielmehr gilt: Diese Mittel »aufzubringen ist eine gesamtgesellschaftliche Aufgabe. Die eigentliche politische Herausforderung besteht in der fairen gesellschaftlichen Verteilung dieser Kosten.«[17]

Die ökologisch nachhaltige Transformation, die die ZKL insbesondere über die Vermeidung und Internalisierung der externen Effekte des Landwirtschafts- und Ernährungssystems voranzutreiben empfiehlt, wird eine Erhöhung des Anteils der Agrarproduktion an der volkswirtschaftlichen Gesamtleistung mit sich bringen. Das ist durchaus erwünscht. Zugleich wird das durchschnittliche Niveau der Lebensmittelpreise steigen – schätzungsweise um 100 bis 150 Euro pro Person und Jahr – und darin eine gewachsene gesellschaftliche Wertschätzung von Nahrung ihren Ausdruck finden. Aus einer ganzen Reihe von Gründen unrealistisch und sachlich verfehlt wäre allerdings die Erwartung, die hier kalkulierten Ökologisierungskosten würden sich allein aus den entsprechenden Markterlösen decken lassen.

Das müssen sie auch nicht, denn neben den Markterlösen stehen zur Gegenfinanzierung der Mehrkosten einer ökologisch nachhaltigeren Agrarwirtschaft einerseits etwa zweckgebundene Verbrauchsabgaben und Erträge zum Beispiel aus dem Handel mit Klima- oder Umweltzertifikaten zur Verfügung. Andererseits wären zumindest mittelfristig die heutigen Folgekosten von Fehlernährung im Sozial- und Gesundheitssystem[18] ebenso gegenzurechnen wie die volkswirtschaftlichen

Dieser Ansatz verlangt die Weiterentwicklung von Rahmenbedingungen und Grenzziehungen für Agrarmärkte auf EU- wie auf WTO-Ebene.

Lasten der Beseitigung von Umweltschäden, des Biodiversitätsverlustes und des Klimawandels, die sich auf einen hohen zweistelligen jährlichen Milliardenbetrag belaufen. Wie immer methodisch verbesserungsfähig diese in Umrissen hier nur angedeutete Kostenkalkulation auch sein mag, erlaubt sie daher doch eine verlässliche politische Aussage: Die Differenz zwischen den Kosten einer durchgreifenden Ökologisierung des Landwirtschafts- und Ernährungssystems und den gesamtgesellschaftlich getragenen externen Kosten eines weitergeführten Status quo hat einen Umfang, der diese Ökologisierung auch in makroökonomischer Perspektive sehr vorteilhaft werden lässt.

Nachzutragen ist indes ein zentraler Aspekt, der agrar- und umweltpolitisch höchstes Aufmerksamkeits- und Konfliktpotenzial besitzt. Die skizzierte Kalkulation unterstellt nämlich, dass öffentliche Mittel »insgesamt der zielgerichteten Finanzierung der Bereitstellung öffentlicher Güter dienen«[19]. Demgemäß hat sie die von der öffentlichen Hand derzeit für die Landwirtschaft jährlich verausgabten gut sechs Milliarden Euro insbesondere aus der GAP bereits für die Deckung der Ökologisierungskosten veranschlagt. Das ist indes ein Vorgriff auf die Zukunft. Denn vor allem der größte Anteil dieser Mittel, die sogenannten Direktzahlungen, trägt in seiner derzeitigen Form allenfalls ansatzweise dazu bei, ein ökologisch nachhaltigeres und tierethisch verantwortliches Agrarsystems zu entwickeln. Die GAP muss deshalb nach Überzeugung der ZKL in einer stetigen und klar definierten Schrittfolge grundsätzlich neu ausgerichtet werden. Und das bedeutet vor allem:

»Die bisherigen flächengebundenen Direktzahlungen der 1. Säule der GAP sollen im Laufe der nächsten zwei Förderperioden ab 2023 schrittweise und vollständig in Zahlungen umgewandelt werden, die konkrete Leistungen im Sinne gesellschaftlicher Ziele betriebswirtschaftlich attraktiv werden lassen.«[20]

Vielfalt der Sachaspekte in einen systematischen Rahmen integrieren

Die von der ZKL beschriebene und empfohlene Agenda einer Ökologisierung der deutschen Landwirtschaft ist das Ergebnis einer Verständigung zwischen unterschiedlichen organisierten Interessen unter Einbeziehung agrarwissenschaftlicher Expertise. Diese Verständigung folgte der Logik des vernünftigen Ausgleichs widerstreitender politischer, ökonomischer, ökologischer und sozialer Positionen. Möglich wurde sie nicht zuletzt, weil es zugleich gelungen ist, die enorme Vielfalt der zu berücksichtigenden Sachaspekte in einen systematischen Rahmen zu integrieren.

Dieser Rahmen ist offen für weitere Themen, die von der Kommission aus praktischen Gründen nicht bearbeitet werden konnten. Zugleich sind die einzelnen Empfehlungen der ZKL dieserart in einen systematischen Zusammenhang gerückt, in dem sie sich gegenseitig stützen und der es erschweren soll, sich auf dem Wege der politischen Rosinenpickerei bloß die je passende Einzelempfehlung zu eigen zu machen. Ein opportunistisch selektiver Gebrauch würde jene Verständigungsressourcen verschleißen, ohne die die von der ZKL entwickelte neue Agenda für Landwirtschaft und Ernährung in Deutschland nicht verwirklicht werden könnte.

PROF. DR. PETER STROHSCHNEIDER, *geb. 1955, ist Professor im Ruhestand für Germanistische Mediävistik an der Universität München. Er ist Träger des Bundesverdienstkreuzes 1. Klasse und Mitglied unter anderem der Bayerischen Akademie der Wissenschaften, der Leopoldina sowie der Academia Europaea. Von 2006 bis 2011 saß er dem Wissenschaftsrat vor, von 2013 bis 2019 war er Präsident der Deutschen Forschungsgemeinschaft. Von 2020 bis 2021 leitete er die Zukunftskommission Landwirtschaft der deutschen Bundesregierung.*

Grafische Darstellungen

Zum Stand der Transformation in eine klimaneutrale und digitale Zukunft

Das deutsche Ziel ist gesetzt: Klimaneutralität bis 2045. Doch wo steht Deutschland gemessen an den eigenen Vorgaben und im internationalen Vergleich? Was bedeuten die Reduktionsziele für die einzelnen Sektoren? Wie werden sich Energieversorgung, Industrie und Mobilität verändern? Und welche Chancen bietet der globale GreenTech-Markt den deutschen Unternehmen? Die Grafiken auf den folgenden Seiten geben wichtige Antworten.

Treibhausgasemissionen in Deutschland 2020

in der Abgrenzung der Sektoren nach Klimaschutzgesetz 2021[1]

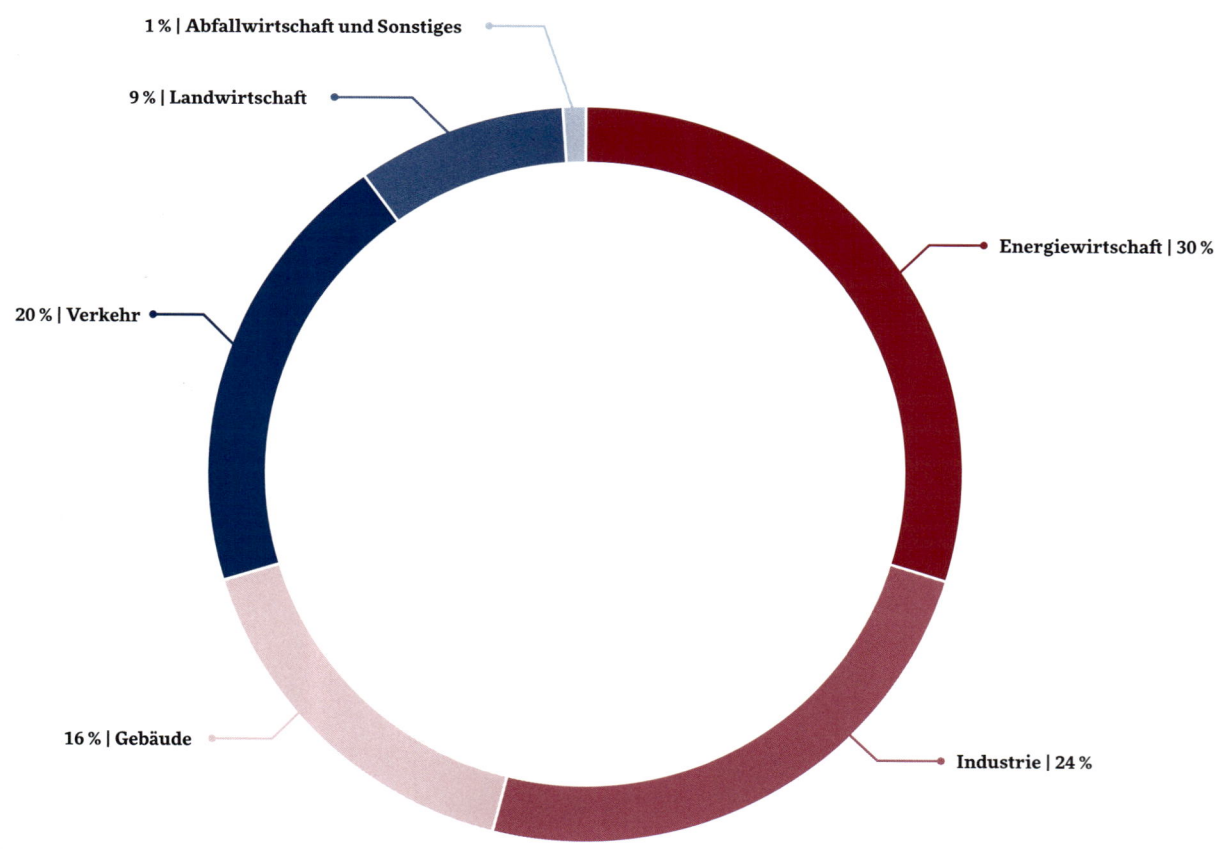

- 1 % | Abfallwirtschaft und Sonstiges
- 9 % | Landwirtschaft
- 20 % | Verkehr
- 16 % | Gebäude
- Energiewirtschaft | 30 %
- Industrie | 24 %

Energie

Übersicht der CO_2-Emissionen nach Quellen[2]

- CRF 1.A.1 – Energiewirtschaft
- CRF 1.A.3.e – Erdgasverdichter
- CRF 1.B – diffuse Emissionen aus Brennstoffen
- Energiewirtschaft – Zielpfad

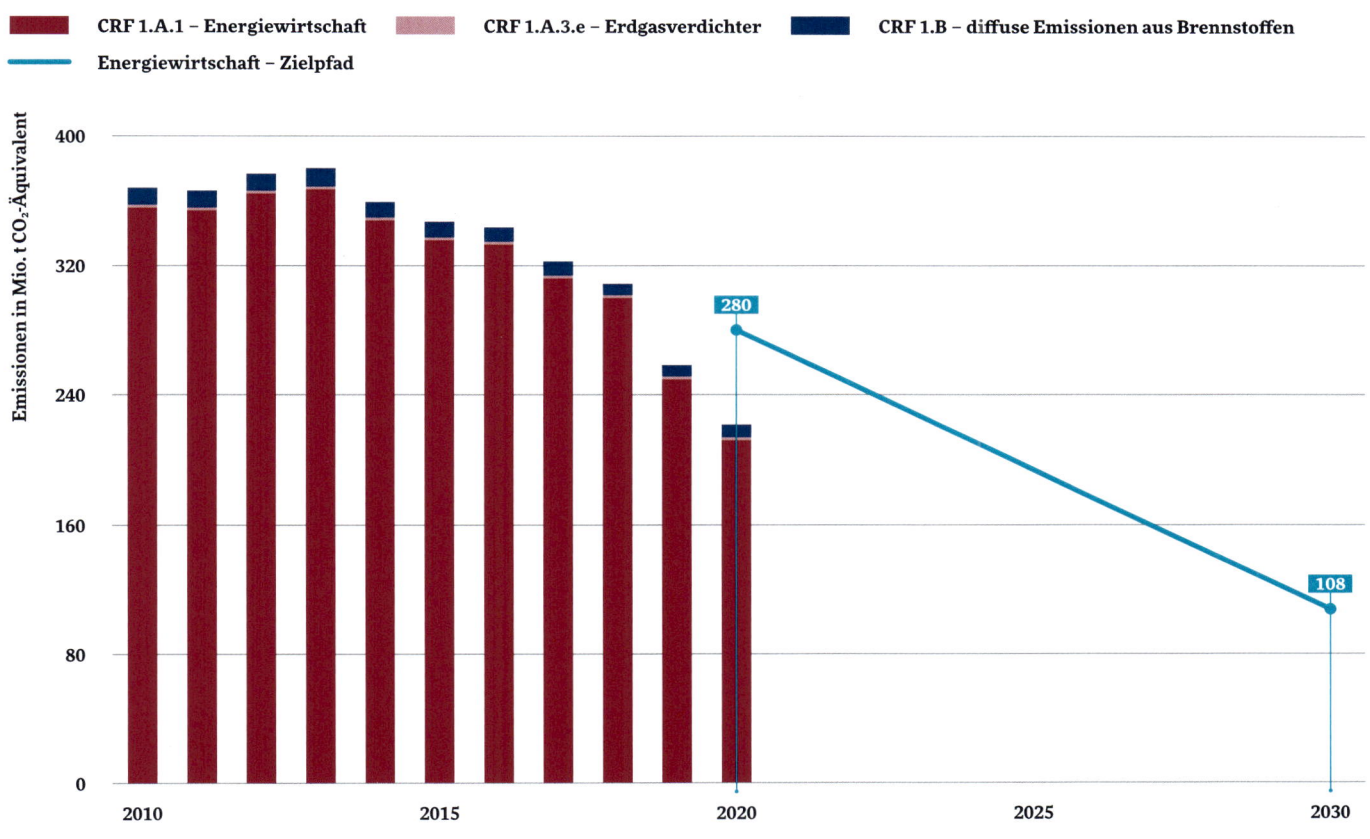

Industrie

Übersicht der CO_2-Emissionen nach Industriebranchen[3]

- CRF 1.A.2 – verarbeitendes Gewerbe
- CRF 2.A – Herstellung mineralischer Produkte
- CRF 2.B – chemische Industrie
- CRF 2.C – Herstellung von Metallen
- CRF 2.D-H – übrige Prozesse und Produktverwendungen
- Summe F-Gase
- Industrie – Zielpfad

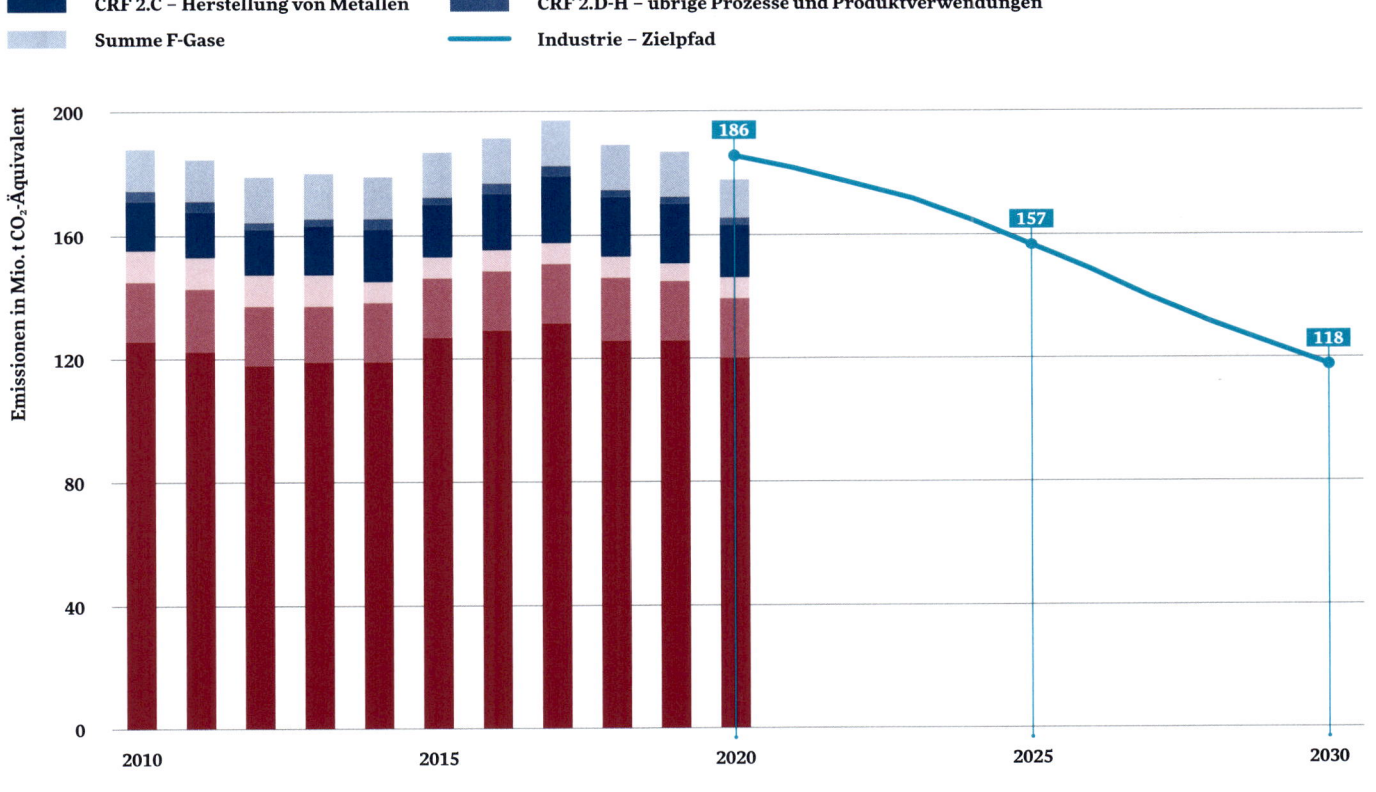

Gebäude

Übersicht der CO$_2$-Emissionen nach Gebäudearten[4]

- CRF 1.A.4.a – Gewerbe, Handel, Dienstleistung
- CRF 1.A.4.b – Haushalte
- CRF 1.A.5 – Militär
- Gebäude – Zielpfad

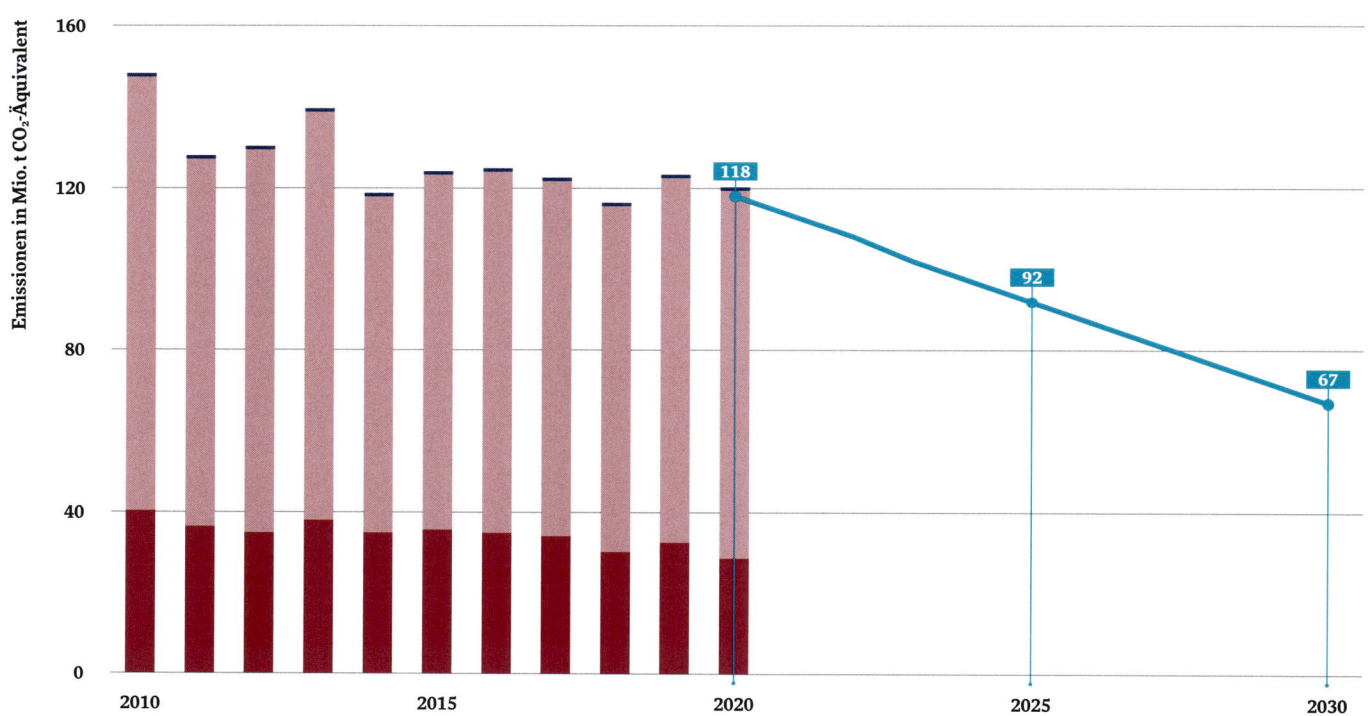

Mobilität

Übersicht der CO$_2$-Emissionen nach Verkehrsträgern[5]

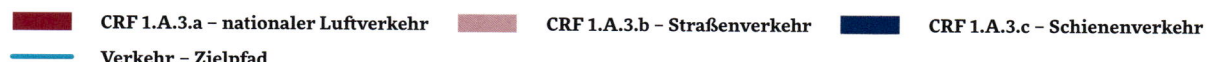

- CRF 1.A.3.a – nationaler Luftverkehr
- CRF 1.A.3.b – Straßenverkehr
- CRF 1.A.3.c – Schienenverkehr
- Verkehr – Zielpfad

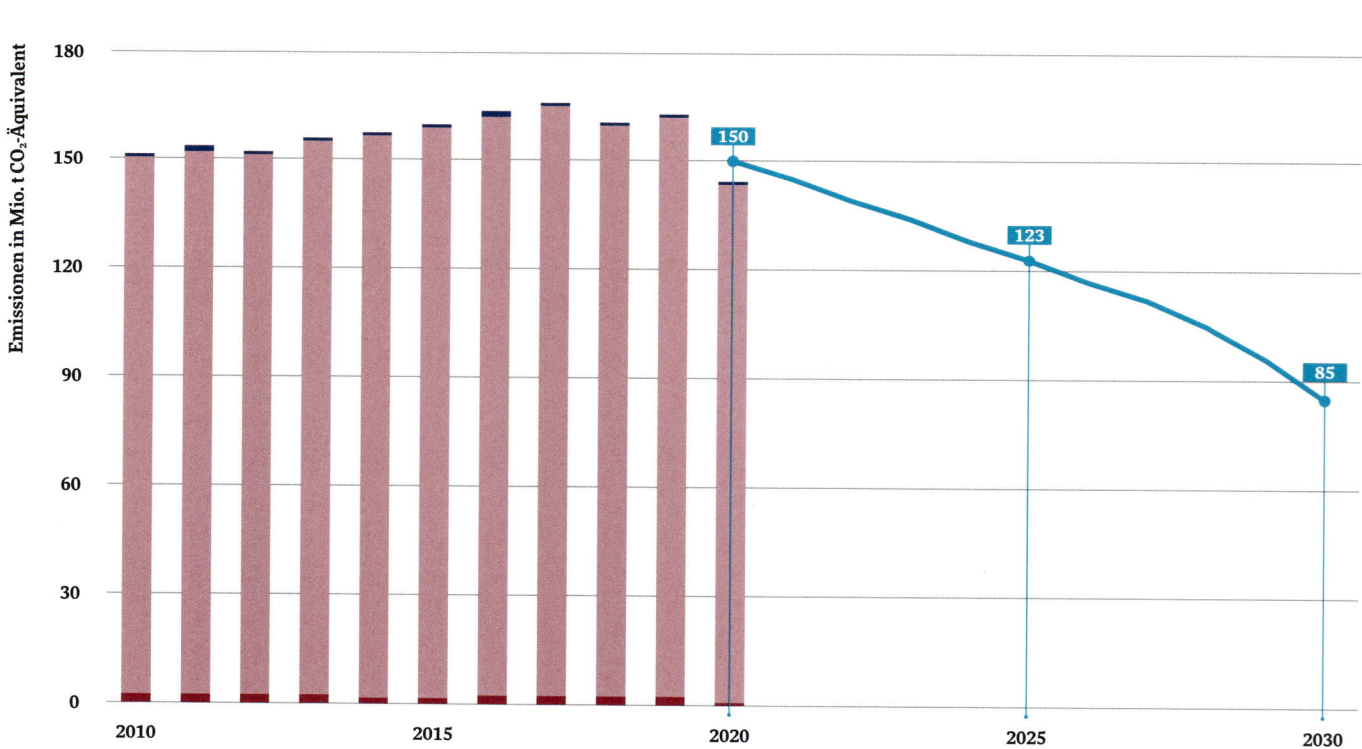

Agrar, Ernährung und Landnutzung

Übersicht der CO$_2$-Emissionen nach Quellen[6]

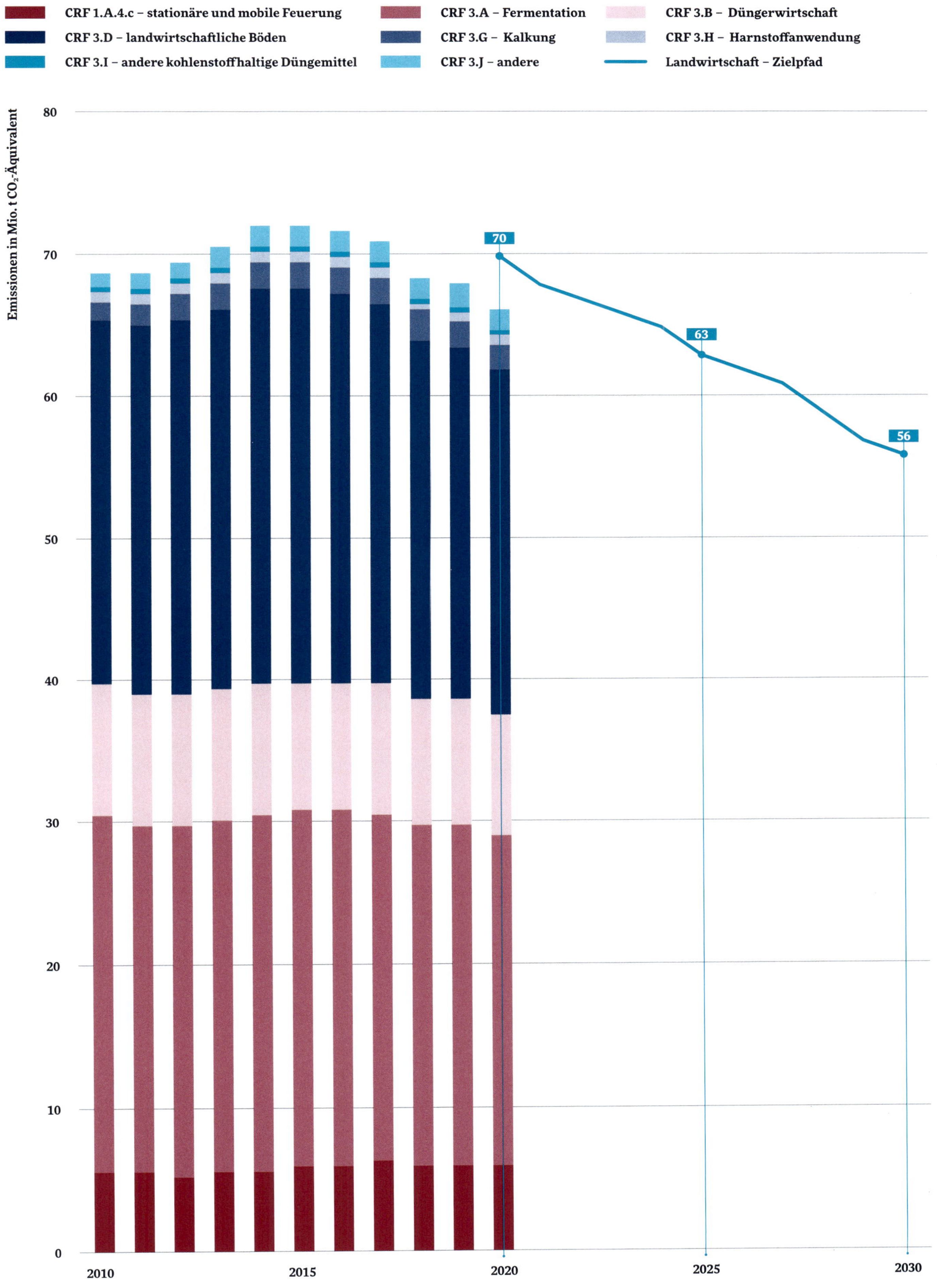

- CRF 1.A.4.c – stationäre und mobile Feuerung
- CRF 3.A – Fermentation
- CRF 3.B – Düngerwirtschaft
- CRF 3.D – landwirtschaftliche Böden
- CRF 3.G – Kalkung
- CRF 3.H – Harnstoffanwendung
- CRF 3.I – andere kohlenstoffhaltige Düngemittel
- CRF 3.J – andere
- Landwirtschaft – Zielpfad

Emissionen in Mio. t CO$_2$-Äquivalent

80

70

70

63

60

56

50

40

30

20

10

0

2010   2015   2020   2025   2030

Bei Digitalisierung ist Deutschland nur Durchschnitt

Der Digital Economy und Society Index misst Konnektivität, Human Kapital, Nutzung des Internet, Integration digitaler Technologien und digitaler öffentliche Dienstleistungen[7]

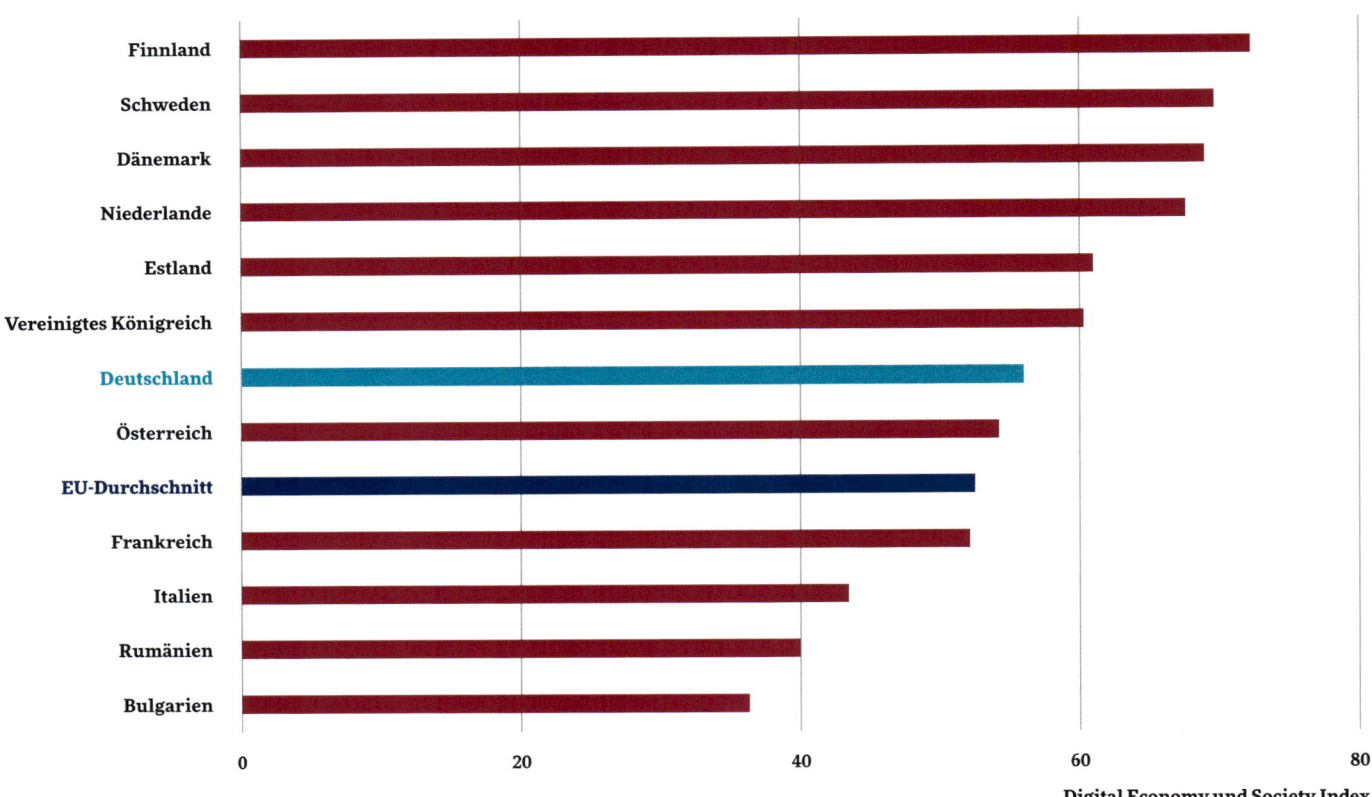

Digital Economy und Society Index

Große Unterschiede im Breitbandausbau

Verfügbarkeit von Breitbandinternet (Glasfaser) für Haushalte in Deutschland[8]

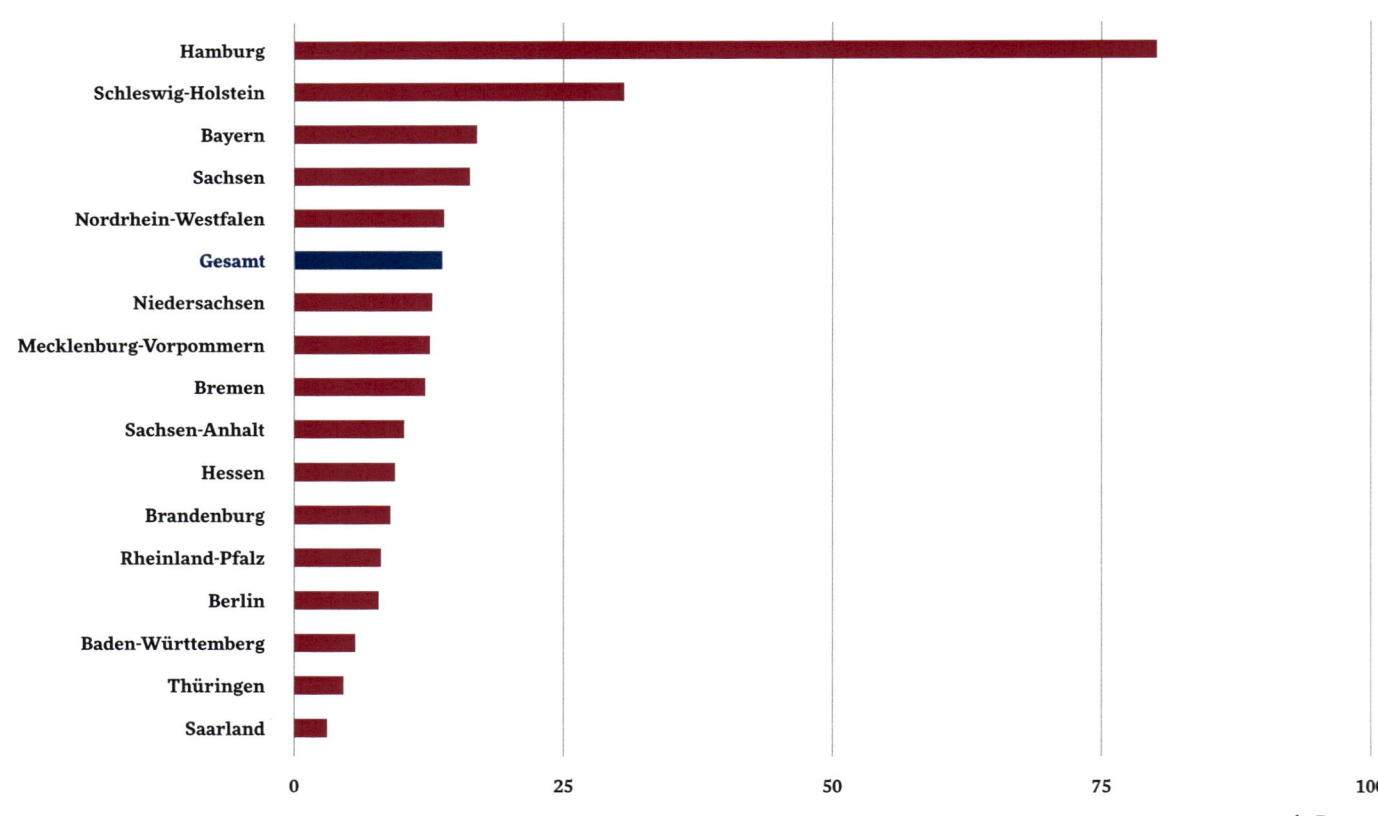

in Prozent

Begrenztes Datenvolumen für deutsche Kunden

Anteil der Mobilfunkverträge mit unbegrenztem Datenvolumen[9]

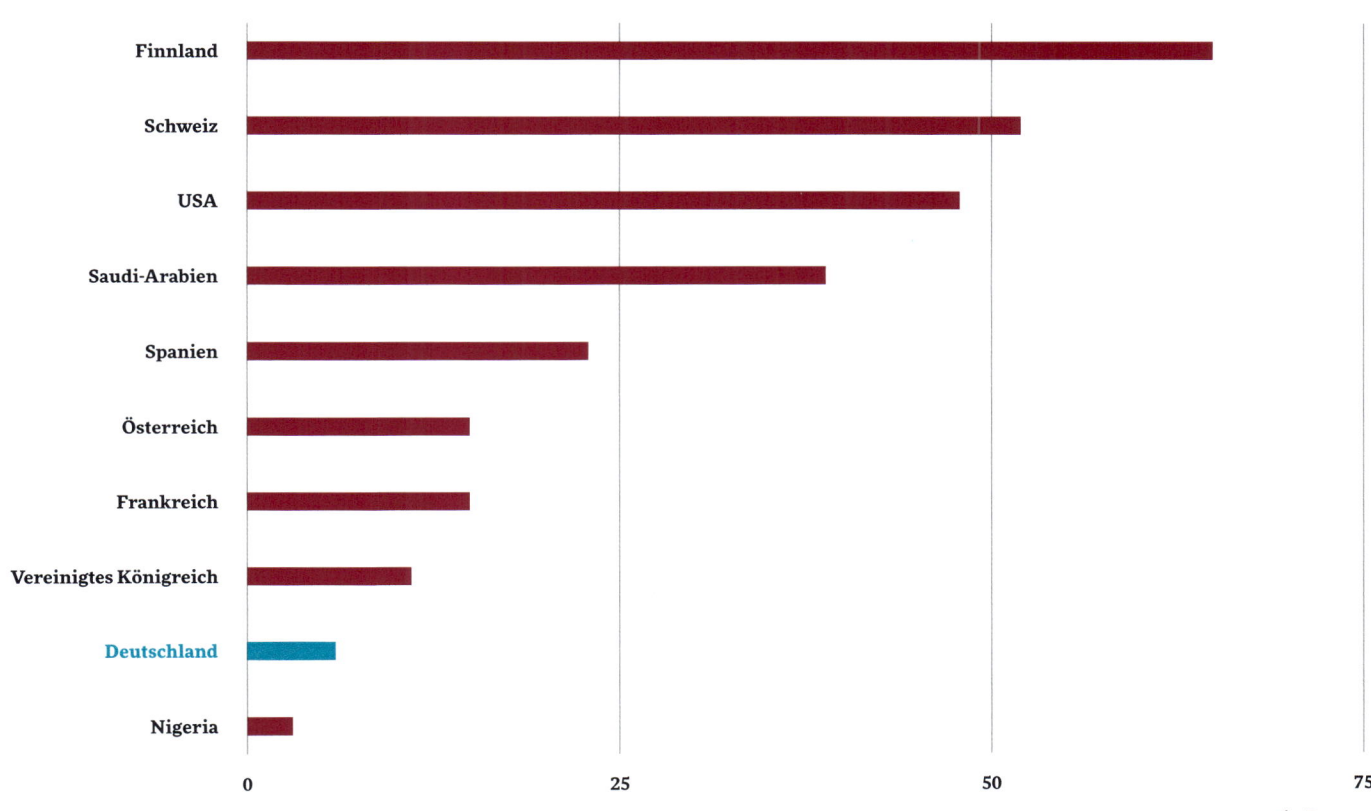

in Prozent

Mobiles Internet in Deutschland ist teuer

Durchschnittlicher Monatspreis für ein Gigabyte Datenvolumen[10]

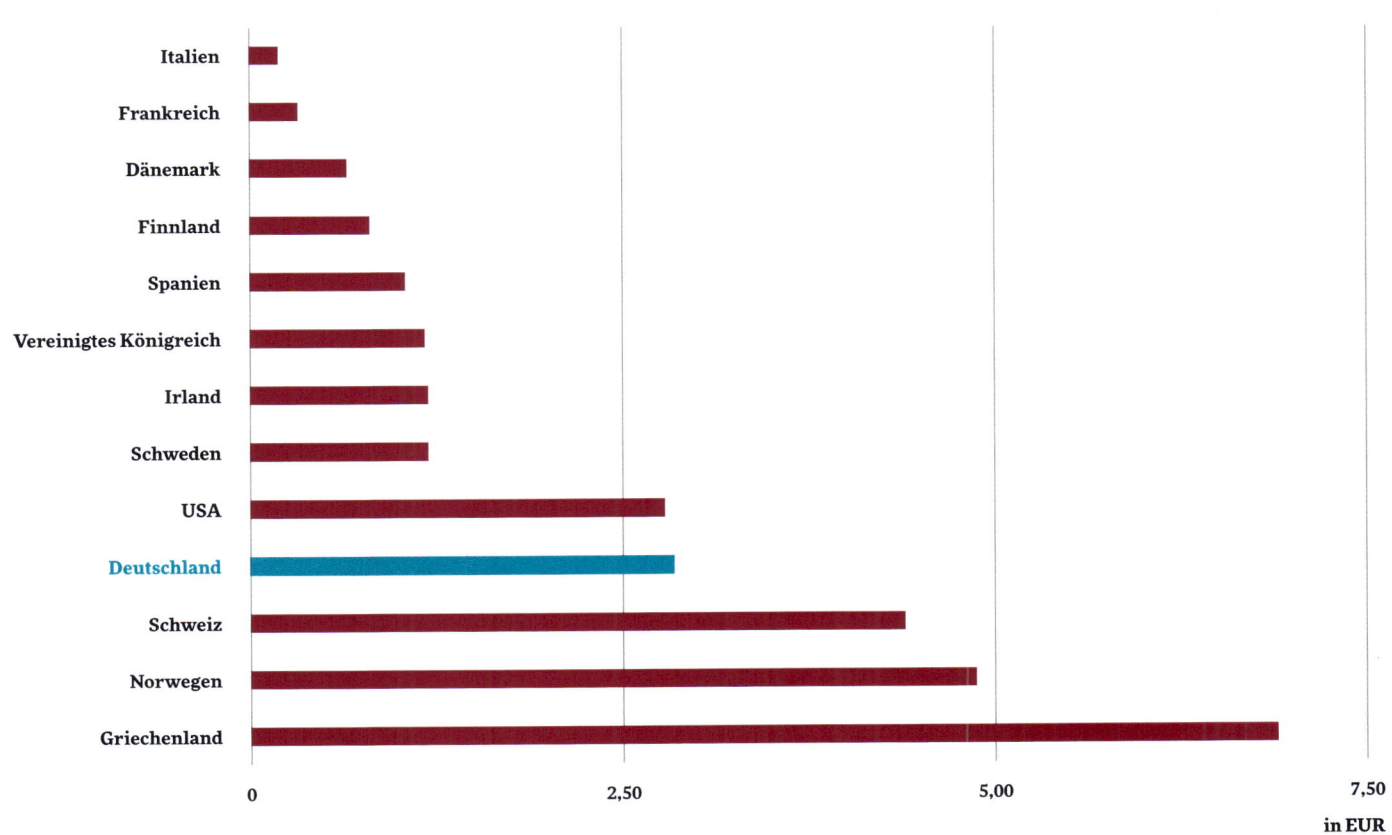

in EUR

Deutschland verfehlt Emissionsziele 2030 deutlich

Treibhausgasemissionen in Deutschland nach Sektoren, Ziele für 2020, 2025 und 2030 und prognostizierte Emissionen für 2030[11]

- Energiewirtschaft
- Industrie
- Gebäude
- Verkehr
- Landwirtschaft
- Abfallwirtschaft und Sonstiges

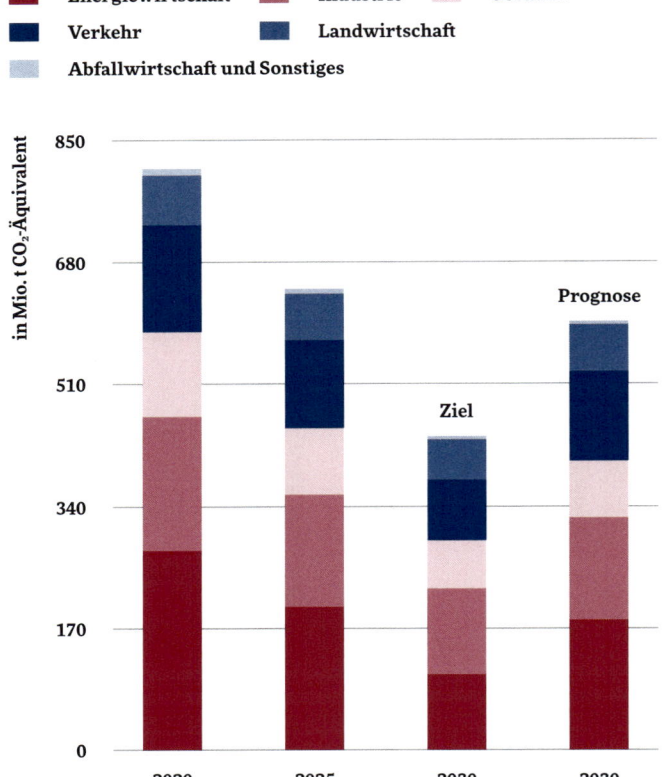

Energiequellen: Auch 2030 noch hoher fossiler Anteil

Primärenergieverbrauch in Deutschland nach Energieträgern, Prognosen für die Jahre 2025 und 2030[12]

- Erneuerbare Energien
- Kernenergie
- Kohlen
- Mineralöle
- Gase
- Sonstige

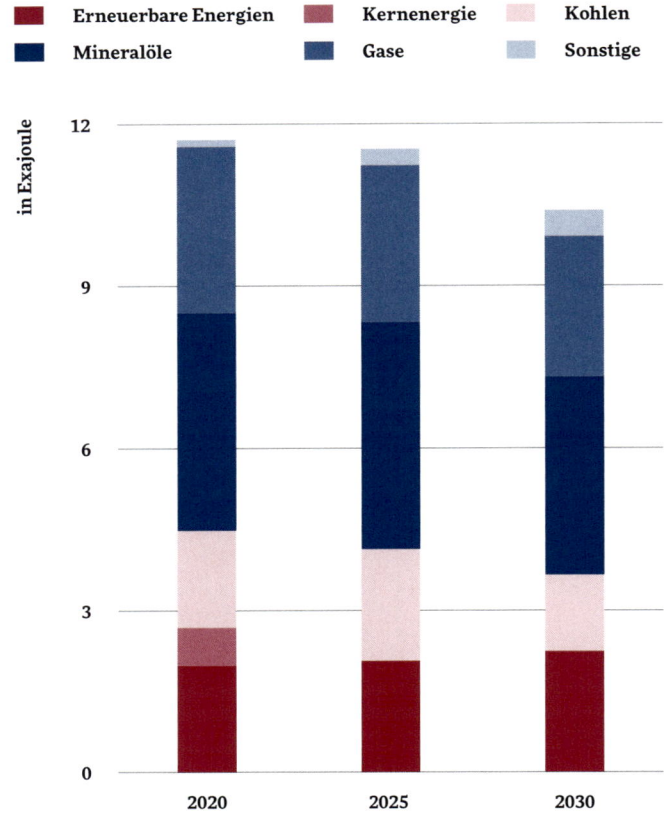

Erneuerbare Energien müssen ausgebaut werden

Globaler Energiekonsum nach Energiequellen: momentane Beschlüsse und Anforderungen des Pariser Klimaabkommens[13]

- Erneuerbare Energiequellen
- Andere Energiequellen

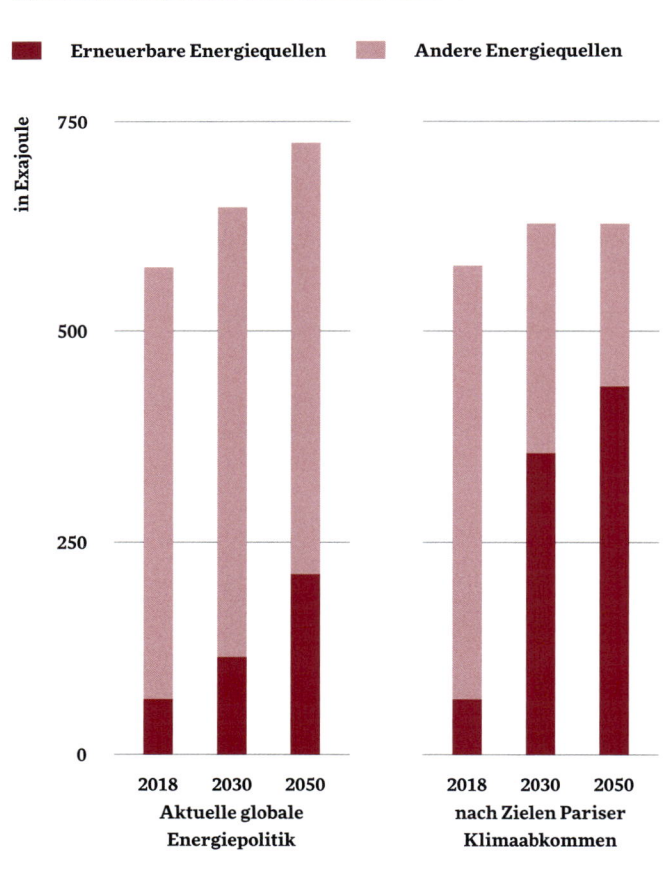

Umwelttechnik als Wachstumschance

Globaler Markt für Umwelttechnik und Ressourceneffizienz 2020 und geschätzte Entwicklung bis 2030[14]

- Agrar- und Forstwirtschaft
- Wasserwirtschaft
- Kreislaufwirtschaft
- Mobilität
- Rohstoff- und Materialeffizienz
- Energieeffizienz
- Umweltfreundliche Erzeugung, Speicherung & Verteilung von Energie

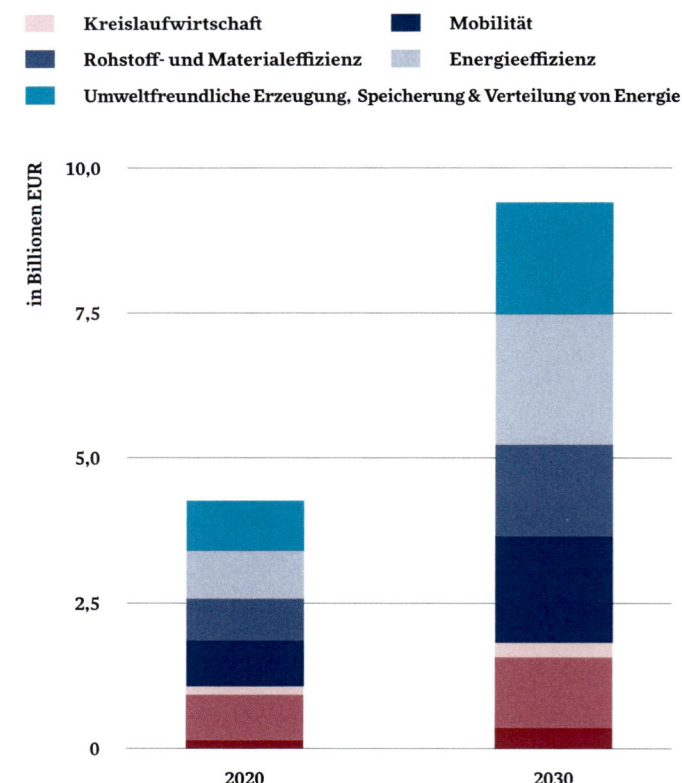

Asiatische Länder mit hohem CO$_2$-Ausstoß

Anteil des globalen CO$_2$-Ausstoßes (2019)[15]

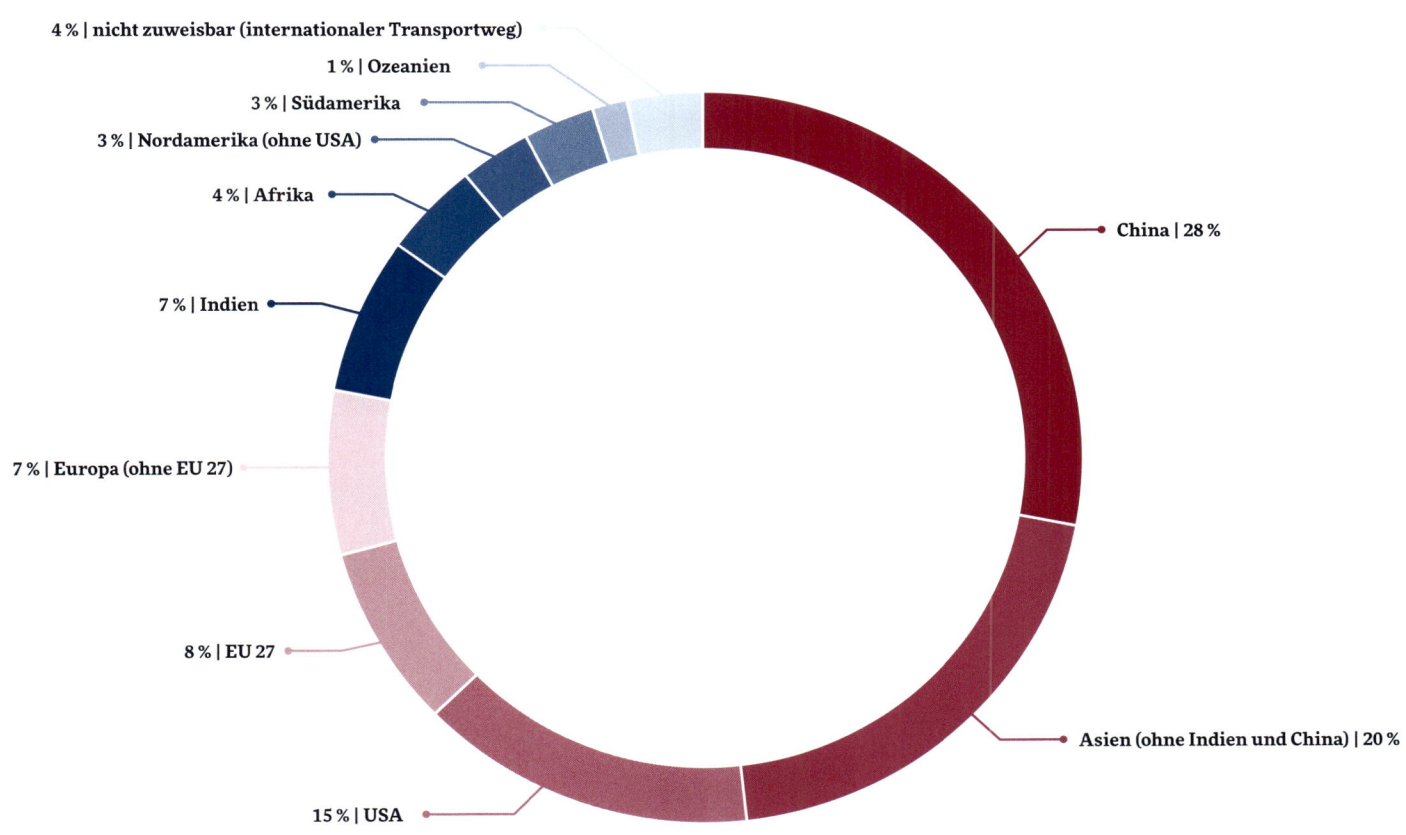

- 4 % | nicht zuweisbar (internationaler Transportweg)
- 1 % | Ozeanien
- 3 % | Südamerika
- 3 % | Nordamerika (ohne USA)
- 4 % | Afrika
- 7 % | Indien
- 7 % | Europa (ohne EU 27)
- 8 % | EU 27
- 15 % | USA
- China | 28 %
- Asien (ohne Indien und China) | 20 %

Hoher CO$_2$-Ausstoß pro Kopf in Deutschland

Internationaler Vergleich des CO$_2$-Ausstoßes pro Kopf in ausgewählten Ländern für das Jahr 2018[16]

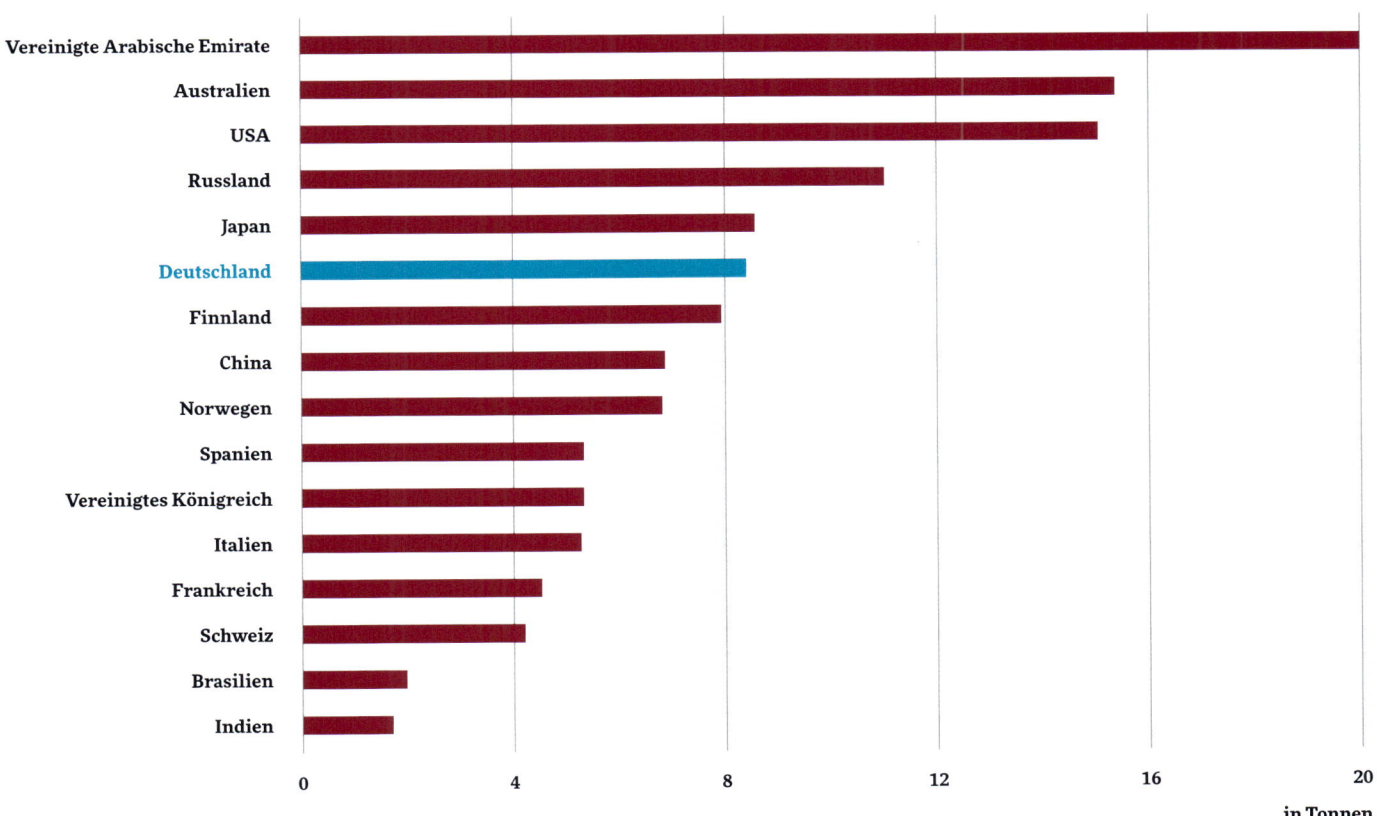

Vereinigte Arabische Emirate
Australien
USA
Russland
Japan
Deutschland
Finnland
China
Norwegen
Spanien
Vereinigtes Königreich
Italien
Frankreich
Schweiz
Brasilien
Indien

0   4   8   12   16   20

in Tonnen

Deutschland: EU-Spitzenreiter bei Stromsteuer

Strompreise für Industriekunden mit einem Verbrauch zwischen 20.000 MWh bis 70.000 MWh[17]

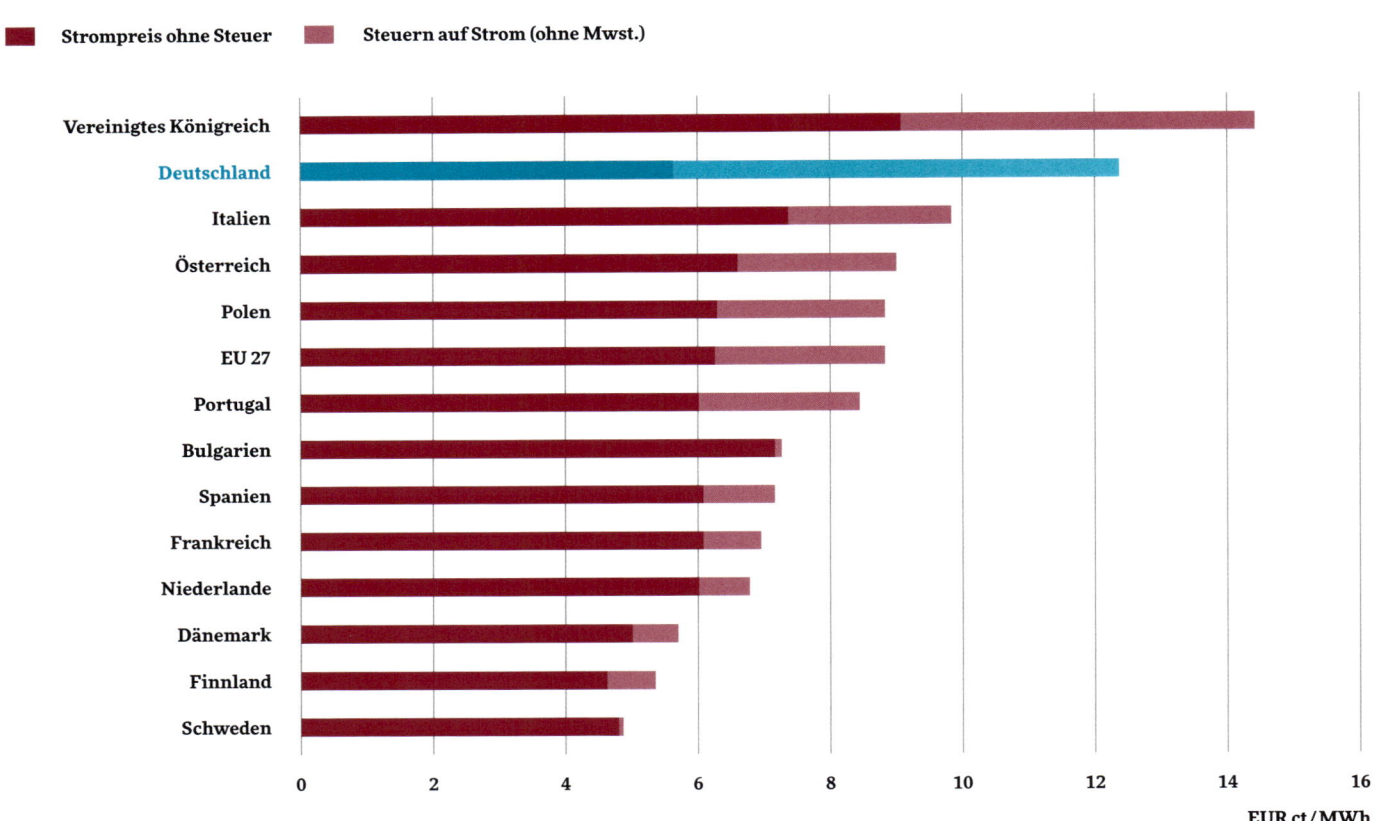

- ■ Strompreis ohne Steuer
- ■ Steuern auf Strom (ohne Mwst.)

EUR ct/MWh

Transformation der Stromerzeugung in Deutschland

Jährliche Stromerzeugung in Deutschland mit Prognose bis 2050 unter Einhaltung des Klimaschutzgesetzes nach Energieträgern[18]

- ■ Import und Export
- ■ Fossile Energieträger und andere
- ■ Photovoltaik
- ■ Wasserkraft
- ■ Kernenergie
- ■ Biomasse
- ■ Wasserstoff
- ■ Windkraft

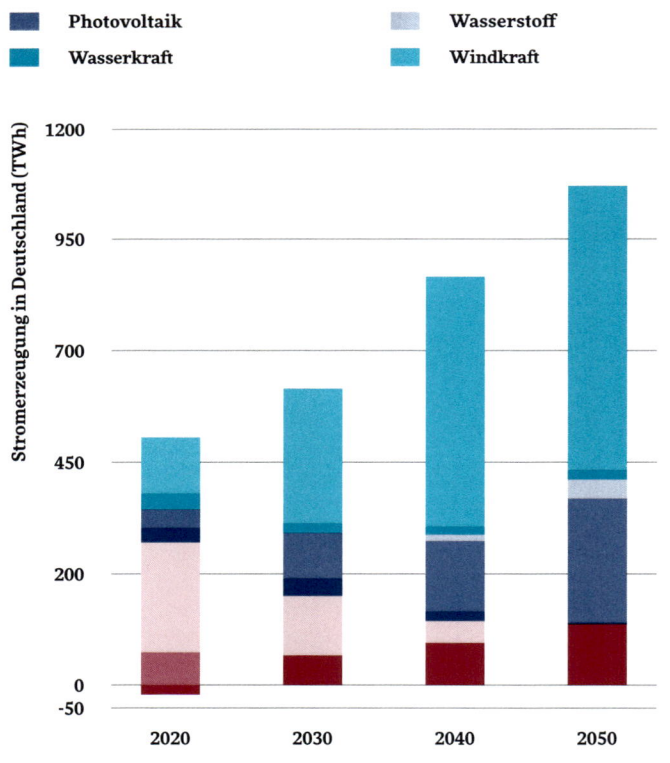

Bahn und Bus am klimafreundlichsten

CO_2-Emissionen pro Kilometer im deutschen Personenfernverkehr nach Verkehrsmitteln für das Jahr 2018[19]

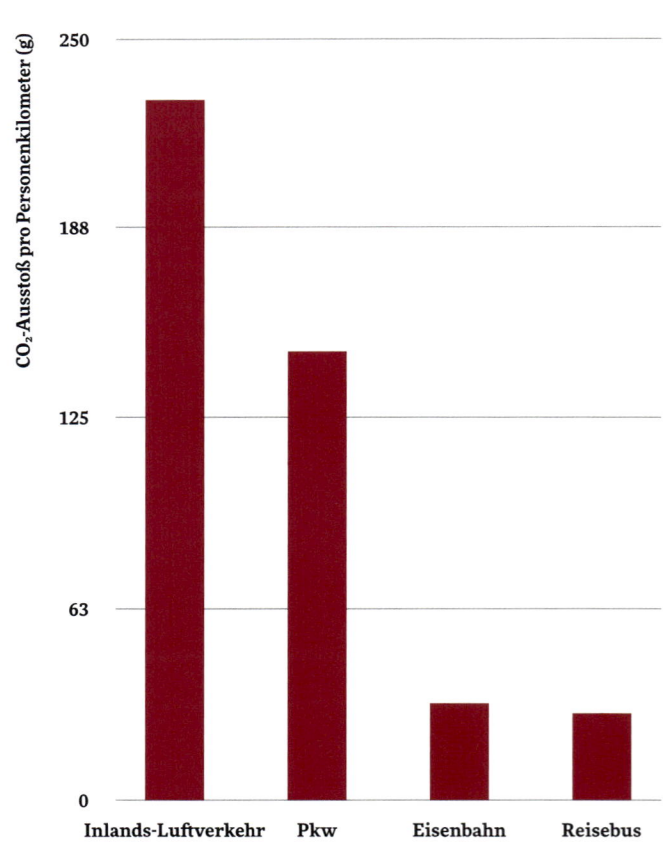

Entwicklung des Individualverkehrs

Modal Split im Personenverkehr in Deutschland bis 2024[20]

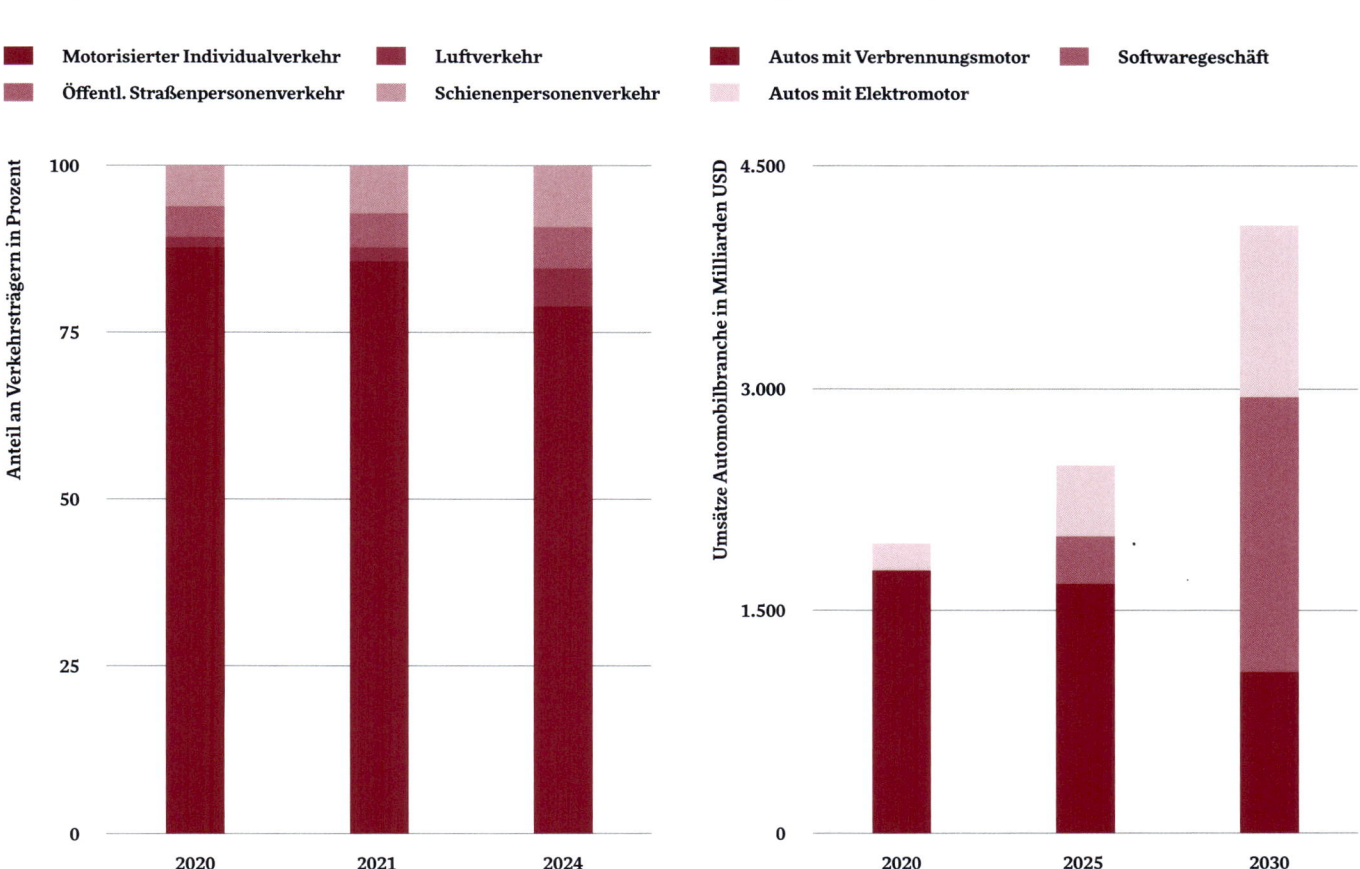

Transformation der Automobilbranche

Umsatzprognose für die globale Automobilbranche bis 2030[21]

E-Autos: Zulassungszahlen steigen stark an

Neuzulassungen elektrisch betriebener Pkw in Deutschland von 2015 bis 2021[22]

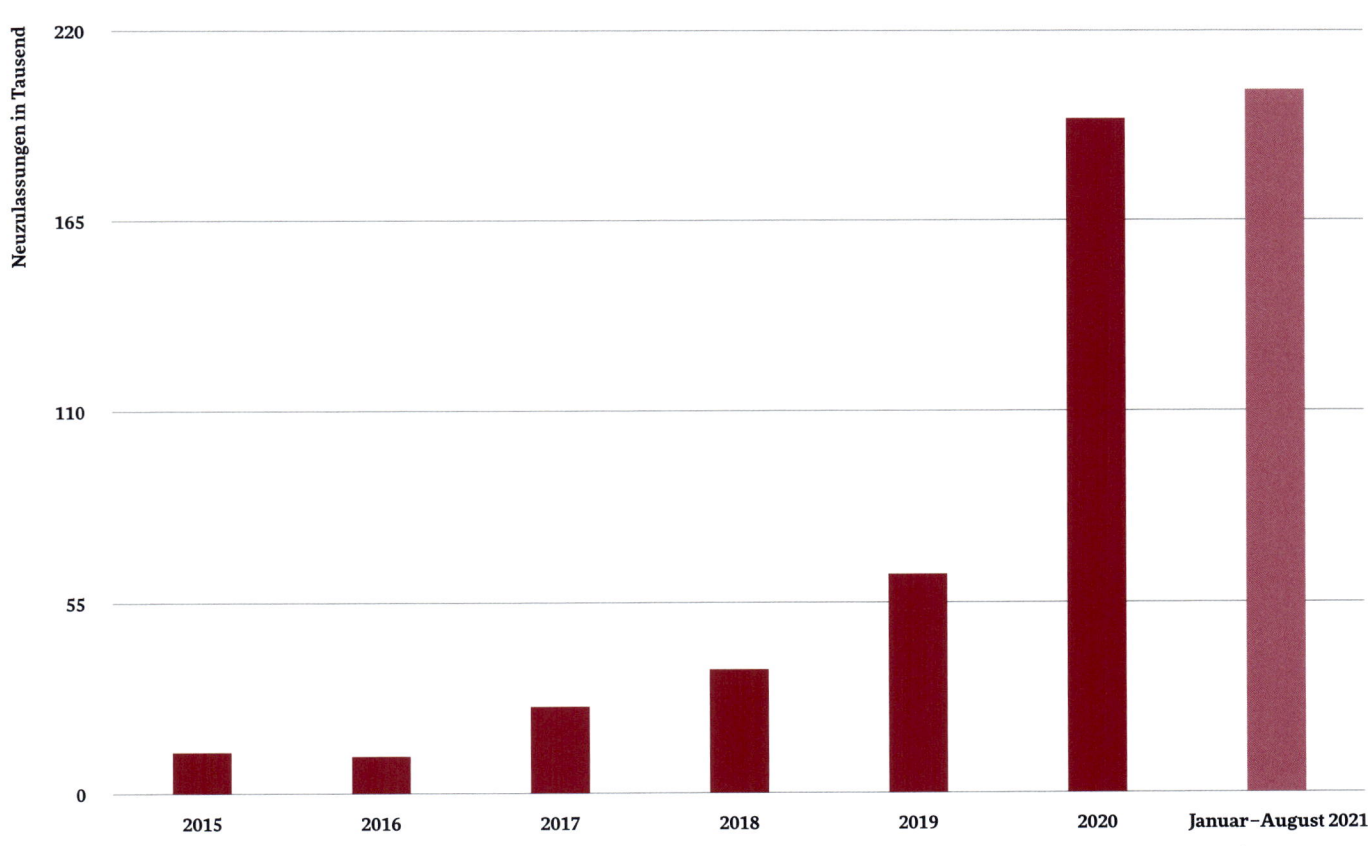

Lebensmittelproduktion

»Mithilfe von Technologien und künstlicher Intelligenz wird es möglich sein, Landwirtschaft, Forschung, Lebensmittelhersteller, Handel und Verbraucher besser miteinander in Einklang zu bringen.«

Aktiver Klimaschutz beginnt am Esstisch

Von Michael Hähnel

Klima- und Umweltschutz sowie neue digitale Technologien sind für die Lebensmittelindustrie vor allem eine Chance: Weniger Verschwendung, kürzere und effizientere Rohstoffbeschaffung und besser auf den Alltag der Konsumentinnen und Konsumenten abgestimmte Produkte und Vertriebswege werden durch die Digitalisierung gefördert oder sogar erst ermöglicht. Gleichzeitig steigt bei Themen wie Nachhaltigkeit und Klimaschutz das Vertrauen in Marken: Laut einem aktuellen »Trust Barometer« von Edelman setzen Verbraucherinnen und Verbraucher bei der Lösung dieser Problematiken eher auf Unternehmen als auf die Politik[1]. Ohnehin verändert sich die Branche – das ermöglicht uns, das Image einer eher gebremsten Traditionsindustrie endgültig zu verlassen, zu den großen Innovatoren aufzuschließen und internationale Vorreiter zu werden.

Mit rund 185 Milliarden Euro jährlichem Umsatz, mehr als 600.000 Beschäftigten und rund 6.200 Betrieben ist die deutsche Ernährungsindustrie Deutschlands viertgrößter Industriezweig und führend in Europa. Moderne Lebensmittel *made in Germany* stehen für höchste Qualität, Sicherheit, Vielfalt, Zuverlässigkeit und Kundenorientierung und erfreuen sich weltweit großer Beliebtheit. Durch das aufstrebende Exportgeschäft wächst die deutsche Lebensmittelindustrie auch im globalen Wettbewerb – jeder dritte Euro wird im Ausland verdient. Zugleich sind wir als Lebensmittelproduzenten eng mit unseren Produktionsstandorten, Zulieferern und Mitarbeitern, insbesondere im ländlichen Raum, verbunden. 90 Prozent der Branchenbetriebe zählen zu den kleinen und mittleren Unternehmen. Wir bieten vielfältige und sichere Beschäftigungsmöglichkeiten in allen Regionen Deutschlands und tragen dadurch maßgeblich zum Wohlstand und, nicht zuletzt durch anregenden Wettbewerb, zur Innovationskraft der deutschen Wirtschaft bei[2].

Die Einführung von Produkten aus pflanzlichen Proteinen war ein Meilenstein für die Branche.

Laut einer Studie zum Innovationssektor Lebensmittel und Ernährung[3] prägen wir in der Ernährungsindustrie die drei großen Trends der Gesellschaft: Genuss, Gesundheit und Convenience. Aber nicht nur der Zeitgeist, sondern auch globale Entwicklungen, wie das Wachstum der Weltbevölkerung, die Ressourcenknappheit und der Klimawandel, stellen uns vor enorme Herausforderungen. Hierfür brauchen wir neue, digitale, nachhaltige und kreative Lösungen. Wir können also gar nicht anders, als in unsere Zukunft zu investieren und mithilfe von digitalen Technologien als Innovationstreiber weiter neue Märkte zu erschließen und nachhaltige Ansätze für die Ernährung der Zukunft zu finden.

Das können und müssen wir international stärker ausspielen. Es gab schon genügend Branchen und Technologien, die ihre weltweite Vorreiterrolle eingebüßt oder erst gar nicht genutzt haben. Die Beispiele reichen von der Motorradindustrie über eine Vielzahl von Elektronikinnovationen bis hin zur aktuell unter Druck geratenen Automobilindustrie. Das wollen wir in der Lebensmittelbranche besser machen.

Kleine Veränderungen mit großer Hebelwirkung

Die Klimaschutzziele der Europäischen Union und Deutschlands verlangen von allen Wirtschaftsbereichen zusätzliche Einsparungen von Treibhausgasemissionen. Wer jetzt nicht in den Klimaschutz investiert, trägt dazu bei, dass die Erderwärmung weiter voranschreitet, und riskiert umfangreiche Einschränkungen und hohe CO_2-Vermeidungskosten. Auf den Klimaschutz ausgelegte Investitionen bilden hingegen die Grundlage für Innovationen und wettbewerbsfähige grüne Technologien[4].

Der Vorteil unserer Branche: In der Ernährung steckt einer der größten Hebel, um die Klimaschutzziele im Allgemeinen und die Reduktion von Treibhausgasemissionen im Besonderen zu erreichen. Einer Studie der Universität Oxford zufolge haben wir durch die stärkere Umstellung auf eine pflanzenbasierte Ernährung eine Chance, den Klimawandel zu stoppen. Würde sich die Menschheit rein pflanzlich ernähren, könnten wir 73 Prozent der CO_2-Emissionen einsparen[5]. Das ist zwar Utopie, verdeutlicht aber die enorme Hebelwirkung, die schon kleine Veränderungen, wie etwa in der Ernährungsweise, eine effizientere Logistik oder regionale Rohstoffgewinnung, hervorrufen können.

Alle Marktteilnehmer eng vernetzen

Um die vorgegebenen Ziele der Politik zu erreichen und darüber hinaus als Branche mehr Digitalisierung und Nachhaltigkeit zu integrieren, sind noch viele Schritte nötig. An erster Stelle steht hier sicher die entschlossene, branchenweite Vernetzung. Mithilfe von Technologien und künstlicher Intelligenz (KI) kann und wird es möglich sein, Landwirtschaft, Forschung, Hersteller, Handel und Verbraucher besser und effizienter miteinander in Einklang zu bringen.

Olaf Deininger und Hendrik Haase gehen in ihrem Buch »Food Code«[6] bereits der Frage nach, wie die Digitalisierung zukünftig unser aller Ess- und Einkaufsverhalten verändern wird – mit Folgen für die gesamte Branche: Da ist die Technologisierung von Küchengeräten, die nicht nur Rezepte abrufen können, sondern inzwischen selbstverständlich über Plattformen mit Herstellern oder sogar dem Einzelhandel vernetzt sind. Gerät, Rezept und Lebensmitteleinkauf gibt es mit wenigen Schritten als Rundumservice – ein komfortables und einfaches Gadget für die Endverbraucherinnen und -verbraucher. Das ist wichtig und macht bei allen Beteiligten Lust auf die Chancen der Zukunft durch Digitalisierung und Klimaschutz. Außerdem zeigen diese Lösungen im Kleinen, was zukünftig auch in der Branche möglich sein kann und nötig sein wird: mehr digitale Kommunikation mit- und untereinander, beginnend auf

Regionale und hochwertige Lebensmittel werden ihren festen Platz in den Einkaufswagen, Kühlschränken und auf den Tischen behalten.

dem Feld des Landwirts, über die Produzenten und den Einzelhandel bis hin zu den Konsumentinnen und Konsumenten. Mehr Austausch bringt mehr Effizienz und damit mehr Klimaschutz.

Gleichzeitig liegt es in der Verantwortung der Marktteilnehmer, während dieser Transformation die Diversität der Branche zu erhalten, denn die Vielfalt der deutschen Lebensmittelbranche mit starkem Mittelstand, Großproduzenten und Kleinstunternehmern bietet unzählige Möglichkeiten der Digitalisierung. Egal, ob Onlineshop für Hofproduzenten, der Einsatz von KI im Rohstoffanbau oder die vernetzte App für Hersteller von Küchengeräten: Die Lebensmittelbranche kann ein Gewinner der Digitalisierung sein, ohne ihre beständigen Werte, ihre Innovationskraft und ihre Vielfalt zu verlieren.

Schon heute eine hoch technisierte Branche

Wie kann das nun konkret aussehen, und welche technischen Innovationen sind nötig, um die Lebensmittelbranche erfolgreich in Richtung einer digitalen und nachhaltigeren Zukunft zu entwickeln? Wie weit ist die Digitalisierung schon vorangekommen? In Bezug auf nachhaltiges Unternehmertum und Produktion können digitale Technologien schon heute dabei helfen, die Emissionen verschiedener Wertschöpfungsstufen zu messen und so die Lieferkette effizienter und klimafreundlicher zu gestalten. Mithilfe von künstlicher Intelligenz und beispielsweise digitalen Wetterprognosen sowie Informationen über aktuelle Verbraucherbedürfnisse können Produktionsmengen

Agenda für 2022

— Im ersten Schritt muss der Gesetzgeber die Lebensmittelindustrie als Innovationstreiber und wichtigen Hebel zu Erreichung der Klimaziele anerkennen.

— Bis 2022 müssen konkrete Ziele für die Branche aus den Klimazielen abgeleitet und formuliert werden. Dabei helfen Machbarkeitsstudien, die eine einheitliche, aktuelle Datenlage schaffen.

— Sobald die Ziele formuliert sind und die Akteure auf entsprechende Daten zurückgreifen können, sind kontinuierlicher Austausch und die technische Vernetzung entlang der Wertschöpfungskette die nächsten wichtigen Schritte.

— Um am besten von dieser Vernetzung zu profitieren, ist es notwendig, laufend neues Fachwissen zu generieren und weiterzugeben. Das kann durch die Integration des Digitalisierungs- und Transformationsthemas in Forschung und Lehre erfolgen.

zukünftig besser geplant und der Marktsituation angepasst werden. Sagt der Wetterbericht etwa für die nächsten Tage viel Sonnenschein bei sommerlichen Temperaturen voraus, ist es naheliegend, mehr Grillprodukte herzustellen. Selbstverständlich sind noch viel mehr Zukunftsszenarien möglich, aber es wird klar: Digitalisierung und KI werden an einigen Stellen zielgenauere Produktionsprozesse schaffen und damit dafür sorgen, dass sich die Angebote schneller und unkomplizierter an die sich verändernden Ernährungsgewohnheiten der Gesellschaft anpassen können. *Food waste*, aktuell eine große Herausforderung vor allem in westlichen Industrienationen wie Deutschland, wird vermieden – und zwar vom Feld bis auf den Tisch. Und auch in der Logistik sorgt die zunehmende Technologisierung für effiziente und letztlich ressourcenschonende Prozesse, die bereits heute an vielen Stellen implementiert sind und erfolgreich umgesetzt werden.

Durch die stärkere Umstellung auf eine pflanzenbasierte Ernährung haben wir eine Chance, den Klimawandel zu stoppen.

Wirft man einen Blick ins Jahr 2030, sind auch Lebensmittel aus dem 3D-Drucker oder Fleisch aus dem Labor denkbar. »Vollwertige« Nahrung, ohne viele Ressourcen zu benötigen – hinsichtlich der Reduktion von Treibhausgasemissionen sind das interessante Ansätze. Diese Art der Lebensmittelproduktion und Ernährung wird aber sicher auch 2030 noch ein Nischenthema sein, denn bei aller Digitalisierung, Nachhaltigkeit und Transformation wird weiterhin der Genuss im Vordergrund stehen, und regionale, hochwertige Lebensmittel werden ihren festen Platz in den Einkaufswagen,

Durch die kurzen Lieferwege schonen wir die Umwelt und haben stets die Möglichkeit, uns direkt mit den Lieferanten auszutauschen.

Kühlschränken und auf den Tischen behalten. Das ist ein wichtiger Punkt. Wenn wir die Menschen für neue Wege in der Zukunft gewinnen wollen, darf der Spaß an Genuss, an Lebensmitteln generell und vor allem auch an starken Marken nicht zu kurz kommen. Das muss auch kein Widerspruch sein. Als Hersteller wird es unsere Aufgabe sein, immer wieder alle Themen dieser Entwicklung abzuwägen, Mittelwege zu finden und eine zentrale Rolle im Prozess einzunehmen. Denn durch unsere Forschung, unsere Produktideen und Motivationen ermöglichen wir erst die Transformation und können deren Umsetzung organisieren.

Die Rügenwalder Mühle als Vorreiter

Ein gutes Beispiel hierfür ist die Rügenwalder Mühle. Schon immer von Innovationsgeist getrieben und seit mehr als 180 Jahren auf nachhaltige Unternehmensführung bedacht, haben wir 2014 als erstes Fleisch verarbeitendes Unternehmen Fleischalternativen, die auf pflanzlichen Proteinen basieren, auf den Markt gebracht und uns innerhalb von sieben Jahren zum deutschen Marktführer in diesem Segment entwickelt. Neben rund 25 klassischen Fleisch- und Wurstwaren zählen zum Sortiment der Rügenwalder Mühle nun 30 vegetarische und vegane Produkte, die genauso gut schmecken, aussehen und verarbeitet werden können wie ihre Vorbilder aus Fleisch. Für uns ist das die logische Konsequenz aus den globalen Herausforderungen und den veränderten Bedürfnissen sowie das Ergebnis von konsequenter Investition in modernste Forschung und Entwicklung.

Gleichzeitig war und ist uns klar, dass wir als mittelständisches Unternehmen Antworten auf die großen Fragen haben müssen – angefangen beim Klimawandel, über Gesundheit und Tierwohl bis hin zur zunehmenden Ressourcenknappheit. Deshalb stellen wir uns diesen Herausforderungen und hinterfragen

Bestehendes. Mit der Erweiterung unseres Angebots um vegetarische und vegane Produkte ist die Komplexität unserer Lieferkette noch einmal deutlich gewachsen. Unser Anspruch bleibt dabei gleich: Wir wollen genau wissen, woher unsere Zutaten kommen. Zugleich möchten wir verstehen, mit welchen Risiken die einzelnen Rohwaren in Verbindung stehen. Dies gilt für Produkte mit und ohne Fleisch: vom Stall bis zur Zerlegung sowie vom Anbau bis zur Ernte.

Dabei setzen wir uns sorgfältig mit den bezogenen Waren und unseren Lieferanten auseinander, nutzen unter anderem digitale Lösungen und haben jüngst auch Pilotversuche für eigenen Sojaanbau in Deutschland gestartet. Grundsätzlich legen wir einen klaren Fokus auf Regionalität. Rund 80 Prozent unserer langjährigen Lieferanten kommen aus Deutschland, ein Drittel von ihnen sogar aus Niedersachsen. Diese befinden sich im Durchschnitt weniger als 100 Kilometer von uns entfernt. Das heißt: Wir wissen immer genau, woher das Fleisch kommt, das wir gerade verarbeiten. Gleiches gilt auch für unsere pflanzlichen Rohwaren. Unsere Basisrohstoffe Weizen, Erbsen und Rapsöl beziehen wir über deutsche Lieferanten. Durch die kurzen Lieferwege schonen wir die Umwelt und haben stets die Möglichkeit, uns direkt mit den Lieferanten auszutauschen. Zukünftig möchten wir diesen Weg konsequent weitergehen, durch digitale Technologien weiter vorantreiben und unseren Teil dazu beitragen, die Klimaziele der Bundesrepublik und der Europäischen Union sowie die Nachhaltigkeitsziele der Vereinten Nationen bis 2045 zu erreichen.

Mit verantwortungsvollen Lieferketten, ressourcenschonender Produktion und nachhaltiger Landwirtschaft können wir dazu beitragen, die Ernährungsbedingungen weltweit zu verbessern.

Ernährungssicherheit weltweit verbessern

Global steht sicher an oberster Stelle, die Ernährung der Weltbevölkerung zu sichern: Rund 800 Millionen Menschen haben keinen ausreichenden Zugang zu Nahrungsmitteln[7]. Die Ursachen sind komplex, Ressourcenknappheit, die Vernachlässigung des ländlichen Raumes und die sich ändernden klimatischen Bedingungen spielen aber eine große Rolle. Unsere Ernährung ist einer der größten und wichtigsten Hebel zur Reduktion der Treibhausgasemissionen und damit auch gegen den globalen Hunger. Mit verantwortungsvollen Lieferketten, ressourcenschonender Produktion und nachhaltiger Landwirtschaft können wir einen wichtigen Beitrag dazu leisten, die Ernährungsbedingungen weltweit zu verbessern. Die Einführung und der stetige Ausbau von Produkten aus pflanzlichen Proteinen waren hier bereits ein Meilenstein für die Branche. Zusammen mit der schrittweisen Verbesserung der Haltungsbedingungen und der verstärkten Nutzung von regionalem Mehrwert- und Biofleisch kann es schon in wenigen Jahren zumindest auf dem deutschen Markt heißen: leckere, hochwertige und verantwortungsvoll produzierte Produkte für alle.

Agenda für 2030

— Um die Erreichung der Klimaziele im Lebensmittelbereich weiter voranzutreiben, sind Investitionen in Forschung, die gesamte Wertschöpfungskette und Infrastruktur, zum Beispiel durch Förderung von Veredelungsanlagen für alternative Proteinquellen, notwendig.

— Außerdem muss die Weiterentwicklung der bestehenden Produktions- und Verfahrenstechnik gesetzlich verankert und unterstützt werden.

Agenda für 2040

- Die Umstrukturierung der Lieferketten muss abgeschlossen sein.

- Es muss sichergestellt werden, dass alle Erzeuger ihre neue Rolle in einer digitalen und nachhaltigen Lebensmittelindustrie gefunden haben: Der Großteil der Rohstoffe soll so regional wie möglich bezogen

werden können, vor allem beim zukunftsträchtigen Thema der alternativen Proteinquellen.

- Landwirte benötigen mehr langfristige Planungssicherheit, um einen Anreiz zu haben, in Tierwohl oder generell in ihre Betriebe zu investieren.

Der Gesetzgeber ist mit gefordert

Die Branche ist mit der Vielfalt ihrer Produkte, der Struktur der Unternehmen und der globalen Verzweigung der Lieferketten hochkomplex. Auch wenn wir uns als Lebensmittelbetriebe Klima- und Umweltschutz weiter auf die Fahne schreiben: Ohne die Unterstützung der Gesetzgeber in Bund und EU wird es nicht gehen. Die Bundesregierung hat die Klimaziele mit gesetzt und ist jetzt gefordert, die Umsetzung entsprechend zu fördern. Als Erstes muss der Gesetzgeber die Lebensmittelbranche als Innovationstreiber anerkennen. Momentan liegt der Fokus der Öffentlichkeit und Politik vor allem auf den anderen wichtigen Wirtschaftszweigen der Nation: etwa der Automobilindustrie und der Energiewirtschaft.

Die Ernährungswirtschaft hat enormes Potenzial, Emissionen von Treibhausgasen einzusparen. Das wird noch nicht vollumfänglich anerkannt, und die dringend notwendige Vernetzung findet kaum oder nur in vergleichsweise kleinem Rahmen statt. Die Möglichkeit des institutionellen Austausches auf Bundesebene wäre ein wichtiges Signal an die Branche und alle Marktteilnehmer. Aber nicht nur die Vernetzung, auch die gezielte Förderung von pflanzlichen Proteinen, Mehrwertfleisch oder anderen klimaschonenden Rohstoffen muss ausgebaut werden. In erster Linie müssen wir eine aktuelle Datenlage schaffen, insbesondere im Hinblick auf die notwendigen Technologien und Gebiete für den regionalen Anbau. Auch hier gilt es, alle Akteure entlang der Wertschöpfungskette an einen

Mit der Erweiterung unseres Angebots um vegetarische und vegane Produkte ist die Komplexität unserer Lieferkette deutlich gewachsen.

Tisch zu bringen: Landwirte, Veredler, Vermarkter, Produzenten und Politik. Fachwissen muss generiert, gesammelt und weitergegeben werden, beispielsweise durch die Integration des Themas in landwirtschaftliche und ernährungstechnische Ausbildungs- und Studiengänge. In engem Austausch mit Lieferanten, Herstellern und dem Maschinenbau gilt es, die Verfahrenstechnik weiterzuentwickeln und eine digitale Infrastruktur zu schaffen, um das Fachwissen auch kleinen und mittleren Unternehmen zugänglich zu machen. Für den Umschwung vom klassischen hin zum innovationsgetriebenen Ackerbau sind Anreize in Form von Fördergeldern, Investitionen in die Wertschöpfungskette und Infrastruktur sowie Forschungsgelder erforderlich. Zu guter Letzt müssen wir – wie bei der Mobilitäts- und Energiewende – klare Ziele formulieren.

Wenn wir jetzt die skizzierten Maßnahmen ergreifen und es einen Schulterschluss von Politik, Forschung und Lebensmittelunternehmen gibt, kann es uns gelingen, den CO_2-Fußabdruck Deutschlands deutlich zu verbessern. Wir glauben fest daran, dass nachhaltigen Lebensmitteln die Zukunft gehört.

MICHAEL HÄHNEL, *geb. 1966, ist seit Januar 2020 der Vorsitzende der Geschäftsleitung der Rügenwalder Mühle und führt das Unternehmen auf dem Weg von einem Wurst- zu einem Lebensmittelhersteller. Zuvor war er als Vorstand der Bahlsen Gruppe und in verschiedenen internationalen Topmanagement-Positionen bei Beiersdorf tätig. Erste berufliche Erfahrungen sammelte er bei Johnson & Johnson. Michael Hähnel ist gelernter Bankkaufmann und graduierte an der Georg-August-Universität in Göttingen zum Diplom-Kaufmann.*

Logistik

»Ein einheitlicher Preis für die Emission von Treibhausgasen – idealerweise auf internationaler Ebene – wäre ein Durchbruch und zweifellos die wirksamste Maßnahme.«

Klimaneutrale Wirtschaft: Was die Logistikbranche beitragen kann

Von Frank Appel

In der COVID-19-Pandemie erleben wir die Verletzlichkeit der Welt. Vieles, was bisher selbstverständlich schien, wurde plötzlich unsicher und gefährdet. Die Pandemie hat aber auch gezeigt, was wir erreichen können, wenn wir ein gemeinsames Ziel verfolgen und international zusammenarbeiten. Innerhalb kürzester Zeit wurden Impfstoffe entwickelt, und trotz großer Schwierigkeiten konnten wichtige Transportketten aufrechterhalten werden. Dies ist eine wichtige Erfahrung für die Bewältigung der Klimakrise. Denn die globale Erwärmung bedroht die Lebensgrundlagen heutiger und künftiger Generationen. Sie ist die größte Herausforderung unserer Zeit. Wir können sie nur lösen, wenn wir gemeinsam und weltweit die Weichen für klimaneutrales Leben und Wirtschaften stellen.

Auf grüne Logistik kommt es an

Auf dem Weg in die Klimaneutralität spielen Transport und Logistik eine wichtige Rolle. Der Transportsektor ist für etwa 16 Prozent der weltweiten Treibhausgasemissionen verantwortlich. Gleichzeitig geht es nicht ohne Logistik. Sie ist das unverzichtbare Rückgrat einer funktionierenden Weltwirtschaft und der Garant für die Entwicklung von Gesellschaften. Kurzum: Wir brauchen Logistik, aber sie muss klimafreundlich werden. Ohne grüne Logistik gibt es keine klimaneutrale Welt.

Das Ziel einer grünen Logistik ist ambitioniert, aber erreichbar. Deutsche Post DHL Group hat sich schon früh auf den Weg gemacht und sich als erstes Unternehmen der Branche ein Nullemissionsziel gegeben: Bis 2050 wollen wir unsere CO₂-Emissionen netto auf null senken. Dieses Ziel haben wir kürzlich durch ein ambitioniertes Zwischenziel bis 2030 ergänzt, das den Fokus auf die tatsächliche Reduktion von Emissionen legt – und nicht auf Offsetting durch den Kauf von Zertifikaten. Andere Unternehmen der Branche sind mittlerweile gefolgt und arbeiten ebenfalls engagiert an einer nachhaltigeren Logistik. Auch wenn sich das Vorgehen zum Teil unterscheidet, sind die Erfahrungen der Branche und die Herausforderungen, vor denen wir stehen, ähnlich – denn unsere Transportmittel sind am Ende die gleichen, egal zu welchem Unternehmen sie gehören. Anhand der einzelnen Logistikbereiche werde ich

Ohne grüne Logistik gibt es keine klimaneutrale Welt.

im Folgenden aufzeigen, wie eine klimaneutrale Logistik gelingen kann und welchen Beitrag die Politik dazu leisten sollte.

Angemerkt sei vorab: Logistik ist ein internationales Geschäft, und auch der Klimawandel kennt keine Landesgrenzen. Im Idealfall wird Klimapolitik deshalb im globalen oder zumindest im europäischen Rahmen vorangetrieben und nicht ausschließlich national gedacht. Eine internationale oder mindestens europäische Abstimmung minimiert in unserer Branche Wettbewerbsverzerrungen und sorgt dafür, dass Unternehmen wettbewerbsfähig und Arbeitsplätze in Deutschland gesichert bleiben. Denn es hilft weder dem Klima noch der deutschen Wirtschaft, wenn beispielsweise Regeln zum Emissionshandel durch Tanktourismus umgangen werden.

Um das Ziel einer klimaneutralen Wirtschaft zu erreichen, sollte sich die deutsche Bundesregierung deshalb um eine intensive Abstimmung vor allem auf europäischer und internationaler Ebene bemühen. Je mehr Allianzen es bei diesem Thema gibt, desto schneller werden wir unsere Ziele erreichen. Unabhängig davon gibt es weitere Regelungen, die schnell und unkompliziert Fortschritte bringen würden.

Stärkere Anreize für den Klimaschutz: CO₂-Preis und Innovationsförderung

Es mag trivial klingen, aber das Allerwichtigste, um eine klimaneutrale Wirtschaft und Logistik zu erreichen, ist Kooperation. Politik und Wirtschaft müssen an einem Strang ziehen und ihr Handeln aufeinander abstimmen. Eine wirksame Strategie zur Eindämmung des Klimawandels braucht Dialog und intensiven Austausch.

Aufgabe der Politik ist es, stringente und verlässliche Rahmenbedingungen vorzugeben. Den aus meiner Sicht stärksten Impuls für mehr Klimaschutz kann eine wirksame Bepreisung von CO₂-Emissionen setzen. Wenn CO₂-Emissionen einen Preis haben, ermöglicht das zum Beispiel eine klimafreundliche Flottenplanung, denn es entsteht Transparenz hinsichtlich der zu erwartenden Kosten. Dies wiederum ist ein Anreiz, in alternative Technologien zu investieren beziehungsweise sie dem

Agenda für 2022

Da technologische Alternativen für die Langstrecke noch nicht serienreif sind, müssen *Brückentechnologien* gefördert werden. Dazu gehört eine ausreichende Mautreduktion für Gas-Lkw über 2023 hinaus. Um technologische Alternativen voranzutreiben, sind *Förderprogramme für die Produktion von nachhaltigen Kraftstoffen* nötig. Der Transport zum Beispiel von Paketen sollte durch *Maßnahmen für einen leichten und schnellen Schienengüterverkehr* unterstützt werden.

Markt zügig zur Verfügung zu stellen. Wichtig ist dabei, dass sich Steuern, Abgaben, Förderungen und eine CO_2-Bepreisung im Europäischen Emissionshandel (EU-ETS) zu einem kohärenten System mit konsistenter Lenkungswirkung für mehr Klimaschutz zusammenfügen. Doppelbelastungen, die zum Beispiel durch ein nicht abgestimmtes Zusammenspiel von Kfz-Steuern, CO_2-basierter Maut und CO_2-Zertifikaten entstehen könnten, sollten vermieden werden.

Ordnungspolitik nachhaltig ausrichten
Viele Unternehmen engagieren sich schon heute für klimafreundliches Wirtschaften. Wir bei Deutsche Post DHL Group investieren allein sieben Milliarden Euro bis 2030, um unsere Emissionen deutlich zu reduzieren. Derzeit erschwert es der ordnungspolitische Rahmen aber, diese Investitionen wieder zu erwirtschaften – und das geht nicht nur uns so. Das öffentliche Vergaberecht ist ein Beispiel, das viele Unternehmen betrifft. Solange dort in der Praxis vor allem der Preis das ausschlaggebende Kriterium ist, bleiben die Nachhaltigkeitsbemühungen von Unternehmen bei öffentlichen Aufträgen unberücksichtigt. Auch bei der Regulierung im Postbereich könnte Nachhaltigkeit eine deutlich stärkere Rolle spielen, etwa in der Entgeltregulierung und bei den Laufzeitvorgaben.

Klimaneutral unterwegs im Straßenverkehr
Damit Deutschland seine Klimaziele erreicht, muss eine Lösung für den weiter wachsenden Straßengüterverkehr gefunden werden. Das bedeutet: Wir müssen fossile Brennstoffe durch saubere Kraftstoffalternativen und Antriebe ersetzen. Allerdings sind die benötigten alternativen Technologien wie Wasserstoff-Brennstoffzellen-Lkw noch nicht auf dem Markt verfügbar. Die Batterieelektrik macht zwar Fortschritte und ihre Bedeutung wird in den kommenden Jahren auch bei Lkw von 7,5 bis 26 Tonnen steigen, aufgrund eingeschränkter

Reichweiten aber eher für regionale Verkehre. Erst ab etwa 2030 könnte für längere Strecken und schwere Fahrzeuge eine Elektrifizierung durch Wasserstoff möglich sein.

Wichtig sind deshalb langfristige Förderprogramme für die Produktion von nachhaltigen Kraftstoffen wie Wasserstoff und E-Fuels. Unternehmen bekämen dadurch Planungssicherheit und könnten die Produktion erheblich ausweiten. Das wiederum führt zu preisrelevanten Skaleneffekten, die Nutzern wie uns den Übergang von konventionellen zu alternativen Kraftstoffen im Wettbewerb ermöglichen. Schon heute sollte in den Aufbau einer tragfähigen Wasserstoffinfrastruktur investiert werden, damit wasserstoffbetriebene Fahrzeuge auch wirklich durchstarten können, sobald sie auf dem Markt verfügbar sind.

Gleichzeitig setzt das deutsche Klimaschutzgesetz für jeden einzelnen Sektor sinkende CO_2-Jahresbudgets fest. Für die Logistik ist das besonders im Fernverkehr sehr anspruchsvoll, da es – wie geschildert – aktuell kaum Alternativen zum Diesel gibt. Gerade im Schwerlastverkehr ist die Logistikbranche vorerst auf Brückentechnologien wie beispielsweise Gas-Lkw angewiesen. Bis Wasserstoff-Lkw serienreif verfügbar sind, muss die Nutzung von nachhaltigen Biokraftstoffen als Übergangstechnologie gefördert werden. Hier sind insbesondere Bio-LNG (*liquified natural gas*) und HVO (*hydrotreated vegetable oils*) als Energieträger wichtig. Ohne ihren Einsatz im Straßengüterverkehr auf der Langstrecke wird der Verkehrssektor seine CO_2-Jahresbudgets nicht einhalten können und die Umsetzung des Klimaschutzgesetzes in der Praxis nicht gelingen.

Aufgrund der Marktrealitäten im Schwerlastverkehr muss die Politik einen konkreten Fahrplan entwickeln, damit große wie kleine Unternehmen ihren technologischen Wandel planen und gestalten können. Politik und Wirtschaft müssen an einem Strang ziehen, um die Nutzung von Brückentechnologien zu fördern und anzuerkennen, gleichzeitig aber klimaschädliche Lock-in-Effekte zu vermeiden. Berücksichtigt man beides, können wir die 2020er-Jahre, trotz mehrfacher Technologiewechsel und der damit verbundenen betriebswirtschaftlichen Investitionsrisiken, bestmöglich für den Klimaschutz nutzen.

Mit welchen Mitteln können wir im Schwerlastverkehr beim Klimaschutz möglichst schnell vorankommen? Im Zentrum sollten finanzielle Anreize für den Einsatz von klimafreundlichen schweren Lkw sowie CO_2-armen Kraftstoffen stehen. Denkbar wäre zum Beispiel, das Abgabensystem von Maut, CO_2-Bepreisung und Energiebesteuerung neu zu justieren. Dazu könnte eine Mautreduktion für gasbetriebene Lkw über 2023 hinaus gehören. Auch die europaweite Einführung einer CO_2-Komponente in die Lkw-Maut unterstützt diesen Prozess.

E-Mobilität für die letzte Meile
Bei leichten Nutzfahrzeugen auf kürzeren Strecken hat die Logistik bereits große Fortschritte gemacht. Der Blick auf die Straßen zeigt es: Die Anzahl der Elektrofahrzeuge ist in den letzten Jahren deutlich gestiegen. Bei Deutsche Post DHL haben wir mit dem StreetScooter eine viel beachtete Vorreiterrolle eingenommen; über 15.000 dieser Fahrzeuge setzen wir mittlerweile auf der letzten Meile in der Zustellung und Abholung ein. Aber

der Umstieg in der Logistikbranche ist noch lange nicht abgeschlossen und kann auf vielfältige Weise politisch unterstützt werden. Hilfreich wäre zum Beispiel die Fortführung der Fahrzeugförderung, verbunden mit erleichterten Antragsverfahren. Davon würden insbesondere kleine und mittlere Unternehmen profitieren, denen oftmals die Mittel zur Neuanschaffung von Fahrzeugen und für eine aufwendige Antragstellung fehlen. Gleiches gilt für die Förderung der Erstinstallation von Ladepunkten.

Eine positive Dynamik kann auch durch betriebliche Vorteile für die Betreiber von Elektroflotten entstehen. Dazu gehören zum Beispiel kostenlose Kurzparkrechte auf öffentlich bewirtschafteten Parkplätzen oder erweiterte Zeitfenster, um mit geräuscharmen Elektrofahrzeugen in Fußgängerzonen zuzustellen. Nicht zuletzt würde ein bevorzugter Zugang zu Innenstädten für saubere Fahrzeuge – etwa in Form einer klimafreundlichen Citymaut – eine lenkende Wirkung entfalten, sofern lokale Alternativen auch einsetzbar sind und es eine adäquate Tank- und Ladeinfrastruktur gibt. Was wir hingegen nicht brauchen, sind neue Abgaben, die Investitionsmittel entziehen, ohne positive Klimaeffekte zu erzielen.

Die Schiene attraktiver machen
Auch die Verlagerung von Transporten auf die Schiene ist unerlässlich, will Deutschland seine Klimaziele erreichen. Schließlich ist die Bahn eines der energieeffizientesten Transportmittel. Doch neben der

Agenda für 2025

Klimaneutrale Logistik funktioniert nicht ohne entscheidende *Fortschritte bei der klimafreundlichen Luftfahrt.* Um das zu erreichen, brauchen wir eine kohärente Kraftstoffpolitik mit dem Fokus auf *sustainable aviation fuels* (SAF). Hierbei sind die nächsten Jahre entscheidend!

Da zum Ende dieses Jahrzehnts der Wasserstoffantrieb serienreif werden könnte, ist es höchste Zeit, sich mit dem *europaweiten Aufbau einer Lade- und Tankinfrastruktur für Elektro- und Wasserstoff-Lkws* zu beschäftigen.

Agenda für 2030

Ein *globaler CO_2-Preis* könnte einen großen Beitrag zur Bewältigung der Klimakrise leisten. Emissionen würden dadurch nicht nur in einzelnen Regionen wie der EU, sondern weltweit reduziert. Die Ausgestaltung bliebe dabei jedem Land selbst überlassen. Um die Einführung zu erleichtern, könnten Entwicklungsländer pro Tonne CO_2 zunächst weniger zahlen als reiche Länder. Das wäre fair, denn reiche Länder haben in den letzten 200 Jahren mehr Emissionen produziert als Entwicklungsländer.

Nachhaltigkeit sind für Logistikkunden auch hohe Zuverlässigkeit, Geschwindigkeit und Pünktlichkeit entscheidend. Hier sind aktuell andere Beförderungsmodi gegenüber der Schiene im Vorteil – gerade bei zeitsensiblen Gütern. Gemeinsam mit allen Beteiligten müssen wir deshalb daran arbeiten, die Bedingungen für leichte, schnelle Schienengüterverkehre möglichst rasch zu verbessern. Das betrifft insbesondere die Verfügbarkeit von Loks und Waggons für höhere Geschwindigkeiten, effizientere Verladungsprozesse sowie flexiblere und schnellere Trassenplanungsverfahren.

Nachhaltige Kraftstoffe für den Luft- und Seeverkehr

Ohne Luft- und Seefracht gäbe es keine globalen Lieferketten und Handelsströme – und dadurch auch deutlich weniger weltweiten Wohlstand. Allerdings verursachen beide Transportarten große Mengen an CO_2. Welche Möglichkeiten, Emissionen zu reduzieren, gibt es in diesen Bereichen und was kann die Politik tun, um hier zu unterstützen? Sowohl im Luft- wie auch im Seeverkehr sind die Möglichkeiten überschaubar, aber es gibt sie!

Die vielversprechendste Lösung für die Luftfahrt heißt *sustainable aviation fuel*, kurz SAF. Dazu gehören nachhaltig produzierte Biokraftstoffe sowie E-Fuels (strombasierte Kraftstoffe oder Powerfuels). SAF sind eine Alternative zu fossilen Kraftstoffen für Flugzeuge, sie bieten ein erhebliches Potenzial zur Reduzierung der CO_2-Emissionen in der Luftfahrt und können in aktuellen Verkehrsflugzeugen beigemischt eingesetzt werden. Da zwei Drittel unserer konzernweiten CO_2-Emissionen aus dem Luftfrachtgeschäft stammen, wollen wir hier einen deutlichen Schritt vorangehen: Bis 2030 wollen wir – durch

Gerade im Schwerlastverkehr ist die Logistikbranche vorerst auf Brückentechnologien wie beispielsweise Gas-Lkw angewiesen.

Beimischung – 30 Prozent SAF einsetzen. Auch andere Unternehmen planen den Einsatz von SAF.

Alle stehen aber aktuell vor der Herausforderung, dass es diese Kraftstoffe derzeit noch nicht ansatzweise in ausreichender Menge gibt und die Preise entsprechend sehr hoch sind. Entscheidende Fortschritte bei der klimafreundlichen Luftfahrt können wir nur erreichen, wenn die Produktion von SAF erheblich gesteigert wird. Auch der Nutzer muss einbezogen werden: In der Politik werden dazu verschiedene Ansätze diskutiert – in der EU vorrangig eine verpflichtende Beimischquote, während in den USA eher ein System von Steuergutschriften favorisiert wird. Beides hat Vor- und Nachteile. Aus Branchensicht, als Abnehmer von SAF, kommt es vor allem auf verlässliche Rahmenbedingungen an.

Im Seeverkehr ist die Situation ähnlich herausfordernd wie im Luftverkehr, und global gesehen stoßen alle Frachter etwa genauso viel CO_2 aus wie die Luftfahrt. Auch hier mangelt es an echten technologischen Alternativen, sodass wir nach jetzigem Stand der Technik auf nachhaltige Kraftstoffe setzen müssen, die im Rahmen der vorhandenen Infrastruktur auf den heute genutzten Schiffen genutzt werden können. Die Herausforderungen sind ähnlich wie die in der Luftfahrt: Es bedarf einer Tankinfrastruktur an den Häfen, und wir benötigen Anreize für eine weltweite Kraftstoffproduktion sowie für den Einsatz dieser klimaschonenden Treibstoffe im globalen Wettbewerb. Auf europäischer Ebene wird derzeit an einem Emissionshandel für die Schifffahrt gearbeitet, den wir sehr begrüßen.

Nachhaltige Kraftstoffe fördern

Die Bedeutung nachhaltiger Kraftstoffe für die Logistik habe ich mehrfach erwähnt. Neben den staatlichen Programmen zur Förderung von Produktionsstätten und regulativen Erleichterungen für den

Herstellungsprozess können noch weitere Maßnahmen diesen Kraftstoffen zum Durchbruch verhelfen. Hierzu gehört eine Anerkennung von E-Fuels und Biokraftstoffen in der EU-Taxonomie sowie im Rahmen des EU-Emissionshandels und im internationalen CO_2-Kompensationssystem CORSIA für den Luftverkehr. Eine Beimischquote für alternative Kraftstoffe mindestens auf EU-Ebene kann eine Marktentwicklung sinnvoll flankieren. Starke Anreize könnten auch von Opt-in-Optionen ausgehen, nach denen die Nutzung von nachhaltigen Kraftstoffen im Luft- und Seeverkehr auf die Verpflichtungen eines Beimischmandats für nachhaltige Kraftstoffe im Straßensektor angerechnet werden kann. Solche Beimischquoten sollten zudem auch Anreize zur Übererfüllung setzen.

Angesichts weltweiter Lieferketten sind wir zudem auf einen globalen Markt für nachhaltige Kraftstoffe angewiesen. Ideale Produktionsbedingungen und die Nachfrage liegen heute geografisch nicht beieinander, daher sollte es Regelungen für Anrechnungsmöglichkeiten geben. Besonders wichtig wäre es, für nachhaltige Kraftstoffe einen Zertifikatehandel ähnlich dem Grünstromsektor global zu etablieren. Ein solcher Zertifikatehandel im Book-&-Claim-Verfahren würde ressourcenintensive Transportwege zum Kunden vermeiden, eine

Maßnahmen wie die Anerkennung von E-Fuels und Biokraftstoffen in der EU-Taxonomie sowie im Rahmen des EU-Emissionshandels können alternativen Kraftstoffen zum Durchbruch verhelfen.

Vertankung nahe der Produktion ermöglichen und so letztlich die Preise reduzieren. Voraussetzung hierfür ist eine internationale Registrierungsstelle, die den Einsatz solcher Kraftstoffe dokumentiert und Doppelanrechnungen verhindert. Vor diesem Hintergrund wäre ein Einsatz der Bundesregierung für eine Reform des Greenhouse Gas Protocol und der ISO-Norm 14083 für Emissionsberechnungen im Transportbereich sehr hilfreich. Wichtig wären daneben internationale Standardisierungen hinsichtlich der Nachhaltigkeitskriterien der Kraftstoffe.

Klimaneutral in eine lebenswerte Zukunft

Die Gesamtschau lässt erkennen, dass der Weg in eine nachhaltige Zukunft große Aufgaben und Herausforderungen bereithält. Aber es gibt Anlass zu Optimismus. Wir wissen, wie wir unsere Branche klimaneutral machen können. Erforderlich ist ein Ineinandergreifen verschiedener Technologien für die unterschiedlichen Logistikfelder und Transportbereiche.

Wir bei Deutsche Post DHL Group werden als Branchenführer weiterhin Impulse setzen, Entwicklungen anschieben und uns gemeinsam mit anderen Logistikunternehmen mit aller Kraft für Veränderungen einsetzen. Mit großer Freude sehe ich, wie das Bewusstsein für Nachhaltigkeit überall wächst und wie viel sich in den letzten Jahren getan hat. Das macht mich stolz auf das Erreichte und zuversichtlich für die Zukunft.

Doch ohne flankierende politische Maßnahmen werden wir nicht die nötige Durchschlagskraft erreichen. Verbesserte Rahmenbedingungen in Deutschland, Europa und weltweit sind notwendig, um das Ziel zu erreichen. Dabei gilt: Ein einheitlicher Preis für die Emission von Treibhausgasen – idealerweise auf internationaler Ebene – wäre ein Durchbruch und zweifellos die wirksamste Maßnahme.

Der Klimawandel ist ein globales Problem, er kennt weder Branchen- noch Ländergrenzen. Daher müssen wir alles daransetzen, um gemeinsame Antworten auf diese Herausforderung zu finden. Nur wenn möglichst viele an einem Strang ziehen, kann es uns gelingen, die Erderwärmung im Sinne des Pariser Klimaabkommens wirksam zu begrenzen.

DR. FRANK APPEL, *geb. 1961, ist als Vorstandsvorsitzender von Deutsche Post DHL Group für das globale Management des weltweit führenden Post- und Logistikkonzerns verantwortlich. Er kam im Jahr 2000 als Zentralbereichsleiter Konzernentwicklung zum Unternehmen und ist seit 2002 Mitglied des Vorstands. 2008 übernahm er den Vorstandsvorsitz. Bevor Frank Appel in den Konzern eintrat, war er Partner bei McKinsey & Company in Frankfurt am Main. Er erwarb ein Diplom in Chemie an der Universität München und hat an der Eidgenössischen Technischen Hochschule in Zürich in Neurobiologie promoviert.*

»Wir holen schon jetzt europaweit mehr als 22 Millionen Lkw von der Straße und sparen dadurch jährlich sieben Millionen Tonnen CO_2. Nun haben wir das historische Zeitfenster, um die Weichen für noch mehr klimafreundlichen Schienengütertransport zu stellen.«

Mehr Güter auf die Schiene

Von Sigrid Nikutta

Mit der Novelle des Klimaschutzgesetzes hat die Bundesregierung ihr Klimaziel verschärft: Deutschland soll nicht erst 2050, sondern bereits 2045 klimaneutral sein. Damit bekommt auch der gesamte Verkehrssektor ein neues Ziel. In einer ersten Etappe bis 2030 sollen durch Mobilität nur noch 85 Millionen Tonnen CO_2 statt wie bisher 95 Millionen Tonnen ausgestoßen werden dürfen. Das bedeutet auch: Güter gehören auf die Schiene. Diese politische Forderung ist ein gutes Dutzend Legislaturperioden alt. Es war SPD-Verkehrsminister Georg Leber, der 1967 erstmals forderte, dass der schwere Güterverkehr dort rollen soll, wo mit höchster Effizienz große Mengen bewegt werden: auf dem engmaschigen Schienennetz der Deutschen Bahn.

Dass im Jahr 2021 der Schienengüterverkehr zum entscheidenden Hebel für eine klimafreundliche Verkehrswende wird, konnte vor mehr als 50 Jahren noch niemand wissen. Dabei liegt es auf der Hand: Ein Güterzug ersetzt bis zu 52 Lkw. Damit werden im Vergleich zur Straße 80 bis 100 Prozent weniger CO_2 ausgestoßen.

Beim Neu- und Ausbau von Verkehrsinfrastruktur in Deutschland sollte die Schiene Priorität im Bundeshaushalt bekommen.

Um die neuen Klimaziele der Bundesregierung zu erreichen, müssen die Güter auf die Schiene. Derzeit werden 74 Prozent der schweren Güter mit dem Lkw quer durch die Republik gefahren. Das hinterlässt in unserer Atmosphäre pro Jahr 40 Millionen Tonnen CO_2 – was rund einem Viertel des gesamten CO_2-Ausstoßes im Verkehrssektor entspricht. Auf der Schiene hingegen werden 18 Prozent der Güter in Deutschland transportiert, und der Anteil am CO_2-Ausstoß im Verkehrssektor beträgt lediglich 0,8 Prozent.

Leistung, Kosten und grüne Energie: Schiene schlägt Lkw

Abgeleitet aus den Zielen der Europäischen Union im »Fit for 55«-Programm, müssen bis 2030 beim Lkw-Transport weitere 20 Millionen Tonnen CO_2 eingespart werden. Wie soll das gehen? Wollen wir Autobahnen flächendeckend mit Oberleitungen ausbauen und Lkw im Konvoi – sogenannten Platoons – fahren lassen? Dieses Prinzip praktiziert der Schienenverkehr doch seit fast 200 Jahren: Güterzüge mit bis zu 52 Wagen bewegen sich heute auf einem Umweltnetzwerk mit 35.000 Kilometern Schienenstrecke durch Deutschland. Zudem operiert die Deutsche Bahn traditionell europäisch und global: 13 Güterverkehrskorridore bilden das Rückgrat der europäischen Wirtschaft. Rund 20.000 Züge fährt DB Cargo pro Woche durch ganz Europa, mehrmals täglich rollen auch Züge nach China. Das System Eisenbahn arbeitet dabei hocheffizient: Eine Güterzuglok mit gut rund 6.000 PS zieht bis zu 3.000 Tonnen Fracht. Auf der Straße ist dafür fast das Vierfache an Leistung von Lkw-Motoren nötig.

Auch beim Kostenvergleich schneidet die Schiene deutlich besser ab als die Straße. Zwar erscheint der Gütertransport per Lkw auf den ersten Blick kostengünstiger. Das ist er aber nicht, wenn wir jene Kosten hinzurechnen, die wir alle bezahlen: die Folgen der Treibhausgasemissionen, von Unfällen, Lärm und Flächenversiegelung. Die externen Kosten für Verkehr in Deutschland belaufen sich auf jährlich rund 150 Milliarden Euro. Davon entfallen 95 Prozent auf den Straßenverkehr. Die Kosten für den täglichen Stau auf den Straßen sind dabei nicht einmal eingerechnet. Je 1.000 Tonnenkilometer liegen die externen Kosten im Straßenverkehr laut INFRAS-Studie von 2019 bei 29,80 Euro. Die volkswirtschaftlichen Schäden durch Stau sind darin nicht enthalten. Im Schienenverkehr dagegen belaufen sich die externen Kosten für 1.000 Tonnenkilometer nur auf 9,50 Euro.

Gegenüber der Straße ist die Schiene auch die deutlich grünere Option. 95 Prozent des Güterverkehrs auf der Schiene sind elektrisch. Die restlichen fünf Prozent entstehen durch Rangierbetrieb und auf den letzten Meilen zum Kunden. Hier werden alternative Antriebe und Treibstoffe für Klimaneutralität sorgen, selbst – oder gerade – die älteren Dieselloks kommen mit alternativen Treibstoffen erstaunlich gut zurecht. Immer mehr Kunden buchen zudem 100 Prozent grünen Bahnstrom – das ermöglicht vollständig klimaneutrale Lieferketten auf der Schiene. Die gesamte DB ist der größte Ökostromverbraucher in Deutschland. Aktuell liegt der Anteil erneuerbarer Energien am Bahnstrommix bei rund 61 Prozent, der Bahnstrom ist damit doppelt so grün wie der klassische Haushaltsstrom. Bis 2030 will die DB den Ökostromanteil am Bahnstrommix auf 80 Prozent erhöhen,

233

Agenda DB Cargo

— Güter auf der Schiene zu transportieren ist aktiver Klimaschutz. Ein Güterzug ersetzt 52 LKW und spart so automatisch 80 bis 100 Prozent CO_2. Damit Deutschland und Europa ihre Ziele im Klimaschutz erreichen, muss der Anteil der Schiene im Verkehrsmix von heute 18 Prozent bis 2030 auf 25 Prozent wachsen. Als größtes Schienengüterverkehrsunternehmen in Europa leistet DB Cargo dazu einen großen Beitrag.

— DB Cargo setzt verstärkt auf Bahnlogistik und erweitert sein Geschäft zum Anbieter kompletter Logistikketten. Kunden des Schienengüterverkehrs bekommen somit künftig deutlich mehr Service angeboten. Um den Zugang zur Schiene zu erleichtern, werden Straße und Schiene noch besser verknüpft – die Anzahl der nationalen und internationalen Terminals und die Präsenz in den Häfen werden europaweit ausgebaut.

— Der Einzelwagenverkehr wird wegen seiner großen volkswirtschaftlichen Bedeutung gestärkt, und es werden Direktverbindungen über Nacht zwischen großen Wirtschaftszentren angeboten.

— Bis 2030 wird der Ökostromanteil am DB-Bahnstrommix auf 80 Prozent erhöht, bis 2038 sogar auf 100 Prozent. Außerdem werden klassische Diesellokomotiven bis 2030 durch Hybridloks beziehungsweise Loks mit alternativen Antriebsformen ersetzt.

bis 2038 sollen es 100 Prozent sein. Auch der kombinierte Verkehr – also der Mix verschiedener Verkehrsträger wie Güterzug und Lkw oder Schiff – soll grüner werden: Bis 2030 sollen insgesamt 50 Millionen Tonnen CO_2 eingespart werden. Das ist so viel, als würde man jedes Jahr ein großes Steinkohlekraftwerk abschalten.

Um den Schienenverkehr voranzubringen, sind einige Themen von zentraler Bedeutung: der nachhaltige Ausbau der Infrastruktur, die Digitalisierung und Automatisierung im Bahnbetrieb, die Entwicklung neuer Technologien und die Schaffung geeigneter Rahmenbedingungen. Verkehrswende und klimafreundliche Logistik müssen in den Fokus rücken.

Schieneninfrastruktur ausbauen
Für den Erhalt der vorhandenen Schieneninfrastruktur ist die Leistungs- und Finanzierungsvereinbarung zwischen Bund und Deutscher Bahn ein gutes Instrument. Nun geht es jedoch um den weiteren Streckenausbau der klimafreundlichen Schiene, denn nur durch den Ausbau der Schieneninfrastruktur lässt sich der Anteil des Schienengüterverkehrs am Gesamtgüterverkehr steigern. Daher sollte beim Neu- und Ausbau von Verkehrsinfrastruktur in Deutschland zukünftig die Schiene Priorität im Bundeshaushalt bekommen und mindestens zwei Drittel des hierfür zur Verfügung stehenden Etats erhalten.

Für mehr Güterverkehr kann aber noch mehr getan werden: Wir brauchen leistungsfähige Verladeterminals, um Güter von der Straße auf die Schiene und von der Schiene auf die Straße zu verladen. Der Zugang von Unternehmen zum Schienentransport soll grundsätzlich einfach sein und räumlich so nah wie möglich erfolgen können. Deshalb sollten Gewerbegebiete in Deutschland mit Gleisanschlüssen ausgestattet werden. Sinnvoll wäre, bei der Planung neuer Gewerbegebiete auch mögliche Anschlüsse an das Schienennetz zu prüfen. Ein guter Ansatz ist, dass der Bund den Neubau und die Reaktivierung von Gleisanschlüssen für Unternehmen heute mit 50 Prozent der Kosten fördert – diese Förderung sollte über das Jahr 2025 hinausgehen.

Nachhaltige Mobilität durch Nachtsprung und kombinierten Verkehr
Ziel der DB Cargo ist außerdem, das Angebot von Nachtsprung- und Direktverbindungen zwischen Wirtschaftszentren als Teil des Einzelwagennetzwerks auszubauen. Einzelwagenverkehr bedeutet: Wir rangieren den Güterzug oder eben den einzelnen Wagen direkt bis zum Kunden an die Laderampe. In unseren Rangierbahnhöfen bündeln wir die Einzelwagen zu großen Zügen und fahren sie über Knotenpunkte an ihr Ziel. Derzeit werden in neun großen Rangierknotenpunkten sowie mehr als 140 mittleren und

kleineren Rangierbahnhöfen täglich mehr als 2.200 Züge zusammengestellt.

Ein weiterer Hebel für nachhaltige Mobilität ist der kombinierte Verkehr, bei dem das für die jeweilige Etappe passende Transportmittel eingesetzt wird. Ganze Container, Wechselbehälter sowie Sattelanhänger werden beispielsweise vom Lkw auf den Zug oder auch das Schiff umgeladen. Der Verladevorgang erfolgt an Terminals, die sich in Güterverkehrszentren, See- oder Binnenhäfen befinden. Beispielsweise übernimmt die klimafreundliche Schiene die Langstrecke von Terminal zu Terminal, während der Lkw nur auf der ersten und letzten Meile zwischen Unternehmen und den Terminals zum Einsatz kommt. Wo es geht, gehören Güter auf die Schiene. Wo es nicht geht, nutzen wir bei der Lieferung oder Abholung einen Lkw mit möglichst alternativem Antrieb.

Es gilt, vieles neu zu denken und neu zu bewerten – dazu zwingen auch Ereignisse wie Flutkatastrophen, Hitzeperioden sowie Waldbrände und Dürren.

Digitalisierung schafft mehr Kapazität auf der Schiene

In einem finanziellen und organisatorischen Kraftakt kann das gesamte Bundesschienennetz bis zum Jahr 2035 digitalisiert werden. Nötig sind dafür digitale Stellwerke sowie die Ausstattung von Fahrzeugen und Strecken mit der europäischen Leit- und Sicherungstechnik ETCS (European Train Control System). Die Kapazitäten des Schienennetzes lassen sich nur mit der ETCS-Ausrüstung steigern. Loks und Güterwagen sollten durch die digitale Ausrüstung ebenfalls intelligent werden. Der Bund fördert mit dem Programm »Digitale Schiene Deutschland« die Digitalisierung des Schienennetzes. Im Ergebnis könnten dann 20 bis 30 Prozent mehr Züge fahren, ohne dass ein einziger Meter Schiene neu gebaut werden muss.

Damit die Güter auf die Schiene kommen und jeder Kunde einen schnellen Zugang erhält, ist die Buchung eines Güterverkehrstransports heute so einfach wie Onlineshopping. Mit einigen Klicks kann der Warentransport in unserem Netzwerk online mit allen Komponenten auch von Tür zu Tür gebucht werden. Die Ladung wird beim Kunden abgeholt, auf die Schiene verladen, zum Zielort transportiert und am nächsten Tag ausgeliefert. Auch Kunden ohne eigenen Gleisanschluss erhalten so einen Zugang zur Schiene. Der flächendeckende Einzelwagenverkehr gewährleistet zudem, dass auch Unternehmen mit geringem Transportvolumen im ganzen Land Zugang zum Gütertransport auf der Schiene haben. Er nutzt dabei die Vorteile des größten europäischen Schienennetzwerks mit seinen hochfrequenten Verbindungen. Im Einzelwagenverkehr werden täglich rund 15.000 Wagen transportiert, ein Drittel davon sind internationale Transporte.

Schon heute kann jeder DB-Cargo-Kunde seine Wagenladung digital verfolgen, denn alle Güterwagen von DB Cargo sind mit GPS ausgestattet. Mithilfe eines Telematikmoduls, GPS sowie RFID- und NFC-Tags wurden die analogen Güterwagen in die voll vernetzte digitale Welt überführt. Über Mobilfunk sendet der Wagen Signale während der Fahrt und bei Ereignissen wie Start, nicht geplanten Halten oder Stößen. Daraus können Informationen zum Beladungszustand, zur Temperatur, der Luftfeuchtigkeit oder der Bewegung sensibler Ladegüter ermittelt werden. Auch der Ankunfts- und Liefertermin ist exakt zu bestimmen.

Digitale Automatische Kupplung beschleunigt Rangieren

Die entscheidende Technologie für mehr Effizienz im Schienengüterverkehr heißt Digitale Automatische Kupplung (DAK). Bis 2030 sollen Güterwagen und Loks europaweit mit einheitlichem Standard automatisch kuppeln, 2023 soll der Roll-out dazu erfolgen. Die neue Technologie macht das Kuppeln deutlich effizienter. In den Rangierbahnhöfen werden heute täglich mehr als 2.200 Züge in Handarbeit zusammengestellt – ein Wagen nach dem anderen wird mit einem 20 kg schweren Kupplungshaken verbunden und verschraubt. Wie beim ersten deutschen Zug, dem Adler 1835. Das ist zeit- und kostenintensiv. Durch die Einführung der DAK ließe sich der Kupplungsvorgang erheblich beschleunigen. Die Kupplung der Güterwagen sowie der Strom- und Luftleitungen geschieht dann ohne Muskelkraft, sondern – vereinfacht gesagt – so, als würden sich zwei starke Magnete anziehen.

Rahmenbedingungen für einen umweltfreundlichen Güterverkehr

— Fast eine halbe Million Güterwagen und 17.000 Lokomotiven müssen europaweit mit der Digitalen Automatischen Kupplung ausgerüstet werden. Sie ermöglicht es dem Schienengüterverkehr, von einer digitalen Infrastruktur zu profitieren: transparente Informationen für Kunden, effizientere Organisation von Kapazitäten auf der Schiene und schnelle Abfertigung von Güterzügen. Für die DAK sind ein europäischer Roll-out-Plan sowie die Förderung der Ausrüstung (circa acht Milliarden Euro, darunter 2,5 Milliarden Euro für Deutschland) auf EU-Ebene in Form einer langfristigen Förderzusage zu verankern.

— Der Einzelwagenverkehr ist ein gigantisches Umweltnetzwerk und ein wesentlicher Bestandteil der Logistikketten deutscher Schlüsselindustrien. Es braucht Förderinstrumente, die es erlauben, ihn kostendeckend zu betreiben. Die Anlagenpreisförderung soll daher fortgeführt und ausgebaut werden.

— Im Bundeshaushalt sind Vorkehrungen für eine Verlängerung der Trassenpreisförderung nach 2023 zu treffen. Sie stärkt die Investitionsfähigkeit und steigert damit die Attraktivität des Schienengüterverkehrs.

— Der Roll-out der europäischen Leit- und Sicherungstechnik ETCS sowie Digitaler Stellwerke (DSTW) ist die Basis für eine Digitalisierung des Bahnbetriebs. Dieser Technologiesprung wird die Kapazität, Produktivität und Interoperabilität der Schiene deutlich steigern. Der Finanzierungsbedarf für die Umstellung liegt bei vier Milliarden Euro in den nächsten zehn Jahren.

— Um schnell Güter von der Straße auf die umweltfreundliche Schiene zu verlagern, müssen Lkw-Sattelauflieger in der Lage sein, den Verkehrsträger zu wechseln und an sogenannten Umschlagpunkten auf die Schiene umgeladen werden. Etwa 70 Prozent des Lkw-Fernverkehrs in Europa werden heute mit Standard-Sattelauflieger abgewickelt, von denen aber weniger als zehn Prozent kranbar sind. Eine entsprechende Eignung von Sattelaufliegern sollte bei der Neuzulassung daher europaweit gesetzlich vorgeschrieben werden.

Mithilfe von Kameras an Kamerabrücken wiederum lassen sich die Güterzüge schneller und effizienter prüfen, als wenn ein Wagenmeister oder eine Wagenmeisterin den bis zu 740 m langen Zug abläuft und jeden einzelnen Wagen begutachtet. Die Kameras können auch von oben in die Wagen schauen und alle Informationen digital übermitteln. Beim Rangieren selbst gibt es ebenfalls noch viel Innovationspotenzial, beispielsweise durch den Einsatz autonomer Rangierloks.

Durch die Automatisierung und Digitalisierung des Zugbetriebs, des Kuppelns und Rangierens bringen wir mehr Tempo in die Abläufe und lasten das Netzwerk besser aus – und schaffen so auch eine höhere Wirtschaftlichkeit. Von der Einführung einer DAK profitieren alle Nutzer der Schiene, denn die DAK ermöglicht Güterzügen ein höheres Tempo, gewissermaßen ein harmonisches »Mitschwimmen« auf stark befahrenen Bahnstrecken. Außerdem bremsen Züge mit der digitalen Kupplung schneller, was die Sicherheit im Bahnverkehr weiter erhöht. Letztlich kann ein Güterzug durch eine Verdopplung der Zughakenlast mehr Fracht aufnehmen. Wo bislang zwei bis drei Züge ein Stahlwerk anfahren mussten, genügt künftig einer. Das spart Ressourcen im eng getakteten Schienennetz.

Das Bundesministerium für Verkehr und digitale Infrastruktur (BMVI) sieht die Digitalisierung des Kupplungsvorgangs bei den Güterzügen als zentrales Element, um die Wettbewerbsfähigkeit des Schienengüterverkehrs zu erhöhen. Wir brauchen nun eine Allianz aus Güterbahnen, Politik und Wirtschaft, um europaweit einheitlich die Einführung der DAK voranzutreiben. Für die Umrüstung der europaweit 500.000 Güterwagen rollen Kosten in Höhe von mehr als acht Milliarden Euro auf den Sektor zu – verteilt auf die siebenjährige Umrüstungsphase. Der Bund und die EU sind deshalb gefragt und sollten die Umrüstung sowohl auf nationaler als auch auf europäischer Ebene umfangreich fördern. Der moderne Bahnverkehr braucht in allen Bereichen einen einheitlichen Standard, deshalb können viele Aufgaben bei der Harmonisierung der grenzüberschreitenden Eisenbahnverkehre nur auf europäischer Ebene gelöst werden. Klimaschutz darf nicht an der nächsten Grenze aufhören.

Innovationen vorantreiben und unterstützen

Neben der Digitalisierung sind technische Innovationen die Grundlage eines nachhaltigen Güterverkehrs auf der Schiene. Deshalb treibt die DB Cargo den Einsatz alternativer Antriebe, klimafreundlicherer und synthetischer Kraftstoffe, den Bau neuer Infrastruktur für Akku-Züge sowie die Versorgung von Brennstoffzellen-Zügen mit Wasserstoff mit ganzer Kraft voran.

Darüber hinaus gibt es zukünftig multifunktionale und modulare Güterwagen. Dabei lassen sich auf einem variablen Untergestell nach dem Baukastenprinzip verschiedenste Behälter zum Transport unterschiedlicher Güter montieren. Diese neuartigen Tragwagen ermöglichen somit eine flexible Nutzung je nach dem individuellen Kundenbedürfnis. Dieses revolutionäre Konzept im Güterwagenbau und -einsatz wurde von DB Cargo entwickelt.

Die Bahnen sollten von der Stromsteuer befreit werden, und die EEG-Umlage sollte für elektrisch betriebene Züge gesenkt werden.

Die Güterverkehrsbranche fordert, dass der Bund diese Innovationen im Markt durch finanzielle Incentivierung unterstützt. Denn neue Lösungen wie automatisches Fahren (Automatic Train Operation, ATO), vorausschauende Wartung und alternative Antriebe sorgen für einen leistungsfähigeren, attraktiveren und über den Lebenszyklus optimierten Schienenverkehr bei null Emissionen.

Verkehrswende und klimafreundliche Logistik in den Fokus rücken

Für den umweltfreundlichen Schienengütertransport bedarf es einer Anpassung der Rahmenbedingungen mit einer Reihe von Einzelmaßnahmen. Beispielsweise sollten die Bahnen von der Stromsteuer befreit werden, und die EEG-Umlage sollte für elektrisch betriebene Züge gesenkt werden. Außerdem sollten Rahmenbedingungen für zukunftsfähige Einzelwagenverkehre geschaffen und die Infrastrukturnutzungsentgelte im Personen- und Güterverkehr dauerhaft reduziert werden. Zugleich gehören die Gebühren im Eisenbahnsektor, die keine Entsprechung bei anderen Verkehrsträgern haben, abgeschafft.

Wir holen schon jetzt europaweit pro Jahr mehr als 22 Millionen Lkw von der Straße und sparen dadurch jedes Jahr sieben Millionen Tonnen CO_2 ein. Nun haben wir das historische Zeitfenster, um die Weichen für noch mehr klimafreundlichen Schienengütertransport zu stellen. Schienengüterverkehr ist umweltverträglich und systemrelevant. Die Erfahrung, vor leeren Regalen im Supermarkt zu stehen, hat viele Menschen am Anfang der Coronapandemie nachdenklich gemacht. Lkw standen an den Grenzen im Stau, während die Güterzüge ungehindert unterwegs waren. Und weil die DB-Cargo-Züge rollten und etwa Nudeln und Orangen transportierten – zusätzlich zu Stahl, Kohle und Autos –, war der Nachschub gesichert.

Die Wirtschaft sollte jetzt auf möglichst emissionsarme Lieferketten umstellen. Darum: Güter gehören auf die Schiene! Wir realisieren den »ICE für Güter« – ein Netz, das mehrmals täglich die wichtigsten Wirtschaftszentren Deutschlands miteinander verbindet.

DR. SIGRID NIKUTTA, *geb. 1969, ist seit Januar 2020 Vorstand Güterverkehr der Deutschen Bahn AG und Vorstandsvorsitzende der DB Cargo AG. Zuvor war sie als Vorstandsvorsitzende der Berliner Verkehrsbetriebe tätig und führte das Unternehmen erstmals in die schwarzen Zahlen. Von 1996 bis 2010 war sie bei der DB AG in verschiedenen Leitungsfunktionen tätig. Sigrid Nikutta studierte Psychologie und promovierte 2009 an der Ludwig-Maximilians-Universität München. Sie ist stellvertretende Vorsitzende des Senats des Deutschen Zentrums für Luft- und Raumfahrt e.V. (DLR) sowie Vorsitzende des Kuratoriums des Deutschen Instituts für Wirtschaftsforschung (DIW).*

Maschinenbau

»Der Maschinen- und Anlagenbau braucht
verlässliche staatliche Rahmenbedingungen.
Dann allerdings ist es Aufgabe der Unternehmen,
ins Risiko zu gehen und in neue Technologien zu
investieren.«

Genug Talente, Werkzeuge und Ressourcen für große Aufgaben

Von Bertram Kawlath

»Survival of the fittest« bedeutet nicht, dass der Stärkste überlebt, sondern der Anpassungsfähigste. Auch nach der Coronapandemie nehmen die agilsten Unternehmen die besten Wettbewerbspositionen ein. Sie stellen sich auf eine Welt ein, in der Klimaschutz und Nachhaltigkeit die entscheidenden Treiber der Märkte sein werden. Resiliente Unternehmen erkennen frühzeitig Markttrends und richten sich mutig immer wieder so aus, dass sie an der technologischen Spitze bleiben. Gerade das große Wachstumsfeld Klimaschutz bietet dem Maschinen- und Anlagenbau eine hervorragende Perspektive.

Die Voraussetzungen dafür sind gut: Von jeher denkt und handelt die Branche international. Der deutsche und europäische Maschinenbau ist stark in globale Lieferketten eingebunden. Zudem gibt es in Deutschland und Europa genug Talente sowie Entwicklungswerkzeuge und -ressourcen, um große Aufgaben zu lösen.

Zielkonflikte und Zumutungen

Allerdings stellt die Klimakrise die Unternehmen auch vor komplexe Probleme, denn sie hat viele Ursachen, die sich gegenseitig verstärken können. Es geht nicht nur darum, die Emissionen unterschiedlichster Treibhausgase drastisch zu reduzieren, sondern auch um die kosteneffiziente weltweite Einführung von neuen, klimaschonenden Technologien – oftmals gegen den Widerstand alter Industrien oder Politiksysteme, die im Wandel vor allem eine Bedrohung ihrer eigenen Macht sehen.

Zudem setzt die Klimakrise unsere Wirtschaftssysteme und damit auch die Unternehmen handfesten Zielkonflikten aus. So steht bei einer wachsenden Weltbevölkerung eine ausreichende Versorgung der Menschen immer wieder in Konkurrenz zu einem ressourcenschonenden, nachhaltigen Wirtschaften. Wie soll sich ein Maschinenbauer verhalten, wenn er einerseits weiß, dass mit seinen Geräten die Bewässerung von Feldern entscheidend verbessert werden kann und somit weniger Menschen hungern müssen – dies aber andererseits bedeutet, dass noch mehr Urwald in Weide- und Ackerland umgewandelt wird? Ahnt der Maschinenbauer doch, dass »sich jemand finden wird«, der solche Skrupel nicht kennt. Hierfür gibt es keine einfachen Antworten. Die alte Maxime, nach der Unternehmen nur den Daseinszweck haben, Gewinne zu erzielen, ist passé. Aber Firmen können sich umgekehrt auch nicht leisten, gegenüber ihren Kunden als Moralapostel aufzutreten – das bestraft der globale Wettbewerb unmittelbar.

Eine »One size fits all«-Lösung gibt es nicht

Bei der Bekämpfung der Klimakrise gibt es nicht die eine Energiewende, den einen Klimaschutz oder die immer gleiche Kreislaufwirtschaft. Vielmehr benötigt jede Region, jedes Land und jeder Kontinent, aber auch jede Branche einen eigenen Lösungsweg. Dabei kommen zwar häufig dieselben Technologien mit ähnlichen Anwendungen aus dem Maschinenbau zum Einsatz, jedoch in unterschiedlichen Konstellationen und Zeiträumen. Eine »One size fits all«-Lösung für die Umsetzung des globalen Klimaschutzes gibt es nicht.

Genau dieses weite Feld an Klimaschutzmaßnahmen und -technologien bietet den »fitten« Maschinenbaufirmen Marktchancen und Umsatzpotenziale. Die Innovationskraft des klassischen Mittelstands ist hier genauso gefragt wie das Know-how von Großunternehmen im Anlagenbau oder die Denkanstöße und Ideen von Start-ups. Deshalb lautet die Aufgabe der kommenden Jahre, die schon so häufig bewiesene Innovationskraft des Maschinen- und Anlagenbaus auf den Bereich Klimaschutz und Nachhaltigkeit zu fokussieren und effiziente, maßgeschneiderte Lösungen anzubieten.

Auch neue Geschäftsmodelle gilt es zu entwickeln. Spezifische Stoffkreisläufe können etwa in Contracting-Modellen oft deutlich besser realisiert werden: Wenn der Hersteller nicht die Maschine selbst, sondern nur ihre Leistung verkauft, kann er sie auch modernisieren oder in die Wiederverwertung einbringen.

Dass es sich lohnen kann und wird, Klimaschutz und Nachhaltigkeit als Chance zu begreifen und mit Innovationen anzugehen, zeigt die Studie »Grüne Technologien

> Die Innovationskraft des klassischen Mittelstands ist genauso gefragt wie das Know-how von Großunternehmen und die Ideen von Start-ups.

für grünes Geschäft« (2020) des Verbands Deutscher Maschinen- und Anlagenbau (VDMA) und der Boston Consulting Group (BCG). Darin heißt es: »Unternehmen aus dem Maschinenbausektor stellen die erforderliche Ausrüstung und die Dienstleistungen bereit, die zum Erreichen der globalen Treibhausgasreduktionsziele benötigt werden. Sie tragen bereits jetzt zur Reduzierung von 13 Gt Treibhausgasemissionen bei, die durch wirtschaftlich tragbare und bereits verfügbare Technologien eingespart werden können. Allerdings müssen die Emissionen um weitere 17 Gt gesenkt werden, wenn wir die Auswirkungen der Erderwärmung abmildern wollen. Diese Aufgabe ist sehr viel schwieriger. Es ist weitgehend Sache der Unternehmen aus dem Maschinenbausektor, die dafür erforderlichen Technologien zu entwickeln und zu produzieren. Dafür müssen sie zukunftsorientiert vorgehen und den Bedarf ihrer Kunden vorwegnehmen, wenn CO_2-Emissionen mit zunehmender Dringlichkeit reduziert werden müssen. Glücklicherweise besteht ein beträchtliches Wachstumspotenzial.«

Aufgaben der politisch Verantwortlichen

Im Zentrum der Ausarbeitung von Strategien bis 2050 steht auch die Frage nach den Rahmenbedingungen. Dabei sind eine große zeitliche und inhaltliche Kohärenz der deutschen und europäischen Vorgaben sowie eine enge Verzahnung mit dem Pariser Abkommen und dem Weg anderer Wirtschaftsräume zwingend nötig. Auf die politisch Verantwortlichen in der EU warten drei Aufgabenbereiche.

1. *Einen klaren Rahmen für kosteneffiziente Nachhaltigkeit setzen:*
   — Bepreisungen von Umweltbelastungen müssen zu einem globalen Leitinstrument im Kampf gegen den Klimawandel werden. Dies kann mithilfe von Emissionsrechten geschehen, die weltweit handelbar sind und zunehmend verknappt werden. Da es unrealistisch ist, ein solches System gleich weltweit zu etablieren, muss die EU vorangehen.

— Investitionen in den Klimaschutz müssen radikal von bürokratischen Lasten befreit werden, besonders dem Mittelstand sollte man kleinteilige Nachweispflichten ersparen. Um den Klimawandel erfolgreich zu bekämpfen, brauchen wir eine moderne Energieinfrastruktur und Brückentechnologien. Noch immer dauert es Jahre auf dem Verwaltungsgerichtsweg, bis Gaskraftwerke gebaut, Windenergieanlagen errichtet und Stromtrassen in Betrieb genommen werden können. Diese Verzögerungen können wir uns nicht mehr leisten. Eine sichere Stromversorgung benötigt deutlich mehr Nord-Süd-Leitungen als heute, sonst stehen die industriellen Zentren in Baden-Württemberg und Bayern vor erheblichen Problemen und Deutschland droht eine Aufteilung in verschiedene Strompreiszonen. Ähnliches gilt für Wasserstoff: Teilweise können Erdgasleitungen umgewidmet werden, aber das muss schnell genehmigt und unbürokratisch umgesetzt werden können. Alle Parteien müssen den Menschen ehrlich sagen, dass konkrete Schritte mit großem Nutzen auch konkrete Zumutungen für Einzelne beinhalten.

— Es muss den Unternehmen – und auch den Bürgerinnen und Bürgern – deutlich leichter gemacht werden, klimafreundliche Energien direkt zu beziehen, selbst zu erzeugen und zu nutzen. Hierbei gibt es noch riesiges Potenzial: Gerade Unternehmen mit einer klaren Klimazielsetzung wollen oft die Stromversorgung in der eigenen Hand haben.

— Viele Klimaschutztechnologien benötigen eine Weltmarktperspektive, damit Unternehmen

Agenda bis 2025

- CO$_2$-Preise spiegeln die Umweltbelastung wider und bleiben Treiber des Klimaschutzes.

- Der Ausbau erneuerbarer Energien hat durch vereinfachte Genehmigungsverfahren erheblich Fahrt aufgenommen.

- Abgaben und Umlagen auf alle Energieträger sind emissionsorientiert umgestaltet.

- Harmonisierte Standards für die Bewertung des Klimafußabdruckes von Produkten und Unternehmen sind etabliert.

- Digitale Zwillinge können Informationen zur Umweltwirkung von Produkten entlang der Wertschöpfungskette bereitstellen.

sie bis zur Marktreife entwickeln können. Daher muss die internationale Zusammenarbeit auf diesem Feld ausgebaut werden, zum Beispiel durch die Anrechenbarkeit von Auslandsinvestitionen auf eigene Minderungsziele. Auch ein großer, internationaler Emissionsrechtemarkt ohne Zollschranken bietet die Chance auf eine schnelle, globale Marktdurchdringung. Die rasche Gründung eines ambitionierten internationalen Klimaklubs mit der EU, den USA und anderen gleichgesinnten Staaten wäre ein wichtiges Signal, das eine Sogwirkung auf viele andere Länder hätte.

2. *Dauerhaft Innovationsstärke fördern:*
   - Unternehmen können am besten auf freien Märkten forschen und entwickeln. Staatliche Technologievorgaben und -verbote schränken den Innovationsgeist ein und sollten daher auf das absolute Minimum begrenzt bleiben. Der Markt weiß, welche Technologie an welchem Ort zu welchem Zweck benötigt wird oder sich durchsetzen kann. Einschränkungen dürfen nur im Ausnahmefall aus öffentlich finanzierten Infrastrukturentscheidungen abgeleitet werden.
   - Gerade für den Mittelstand gilt: Die vorwettbewerbliche Forschung muss gestärkt und die steuerliche Forschungsförderung muss ausgebaut werden. Solche Investitionen, die am Anfang des Innovations- und Wissensprozesses stehen, bringen sehr breite Effekte für den Klimaschutz und die Unternehmen. Fast marktreife Großtechnologien müssen sehr sensibel gefördert werden und auch nur dort, wo der spätere Marktrahmen politisch parallel ausgestaltet wird.

3. *Transformation demokratisch legitimieren und sozial gestalten:*
   - Manche Klimaschutztechnologien stoßen auf Widerstand in der Bevölkerung. Das gilt für etablierte Formen der Energieerzeugung (Windenergieanlagen) ebenso wie für Zukunftstechnologien (zum Beispiel CO$_2$-Speicherung unter der Erde). Politik und Wirtschaft müssen gemeinsam deutlich machen, dass Klimaschutzmaßnahmen zwingend notwendig sind. Sie müssen die Chancen des wachsenden Weltmarktes aufzeigen und damit ihr hohes Ambitionsniveau und schnelle Entscheidungen begründen.
   - Die Transformation zu einer nachhaltigen Wirtschaft und Gesellschaft bringt auch Zumutungen für Bürger und Unternehmen mit sich. Es ist wichtig, ehrlich damit umzugehen und solche Veränderungen in demokratischen Wahlen zu legitimieren. Wer den Bürgern heute noch suggeriert, der Status quo ließe sich erhalten oder es reiche, Klimaschutz in den Wäldern Südamerikas oder in der Stromerzeugung Chinas zu betreiben, täuscht sie mit Absicht.

Was nun vor den Unternehmen liegt

Im Maschinen- und Anlagenbau gehören nachhaltiges Wirtschaften und der sparsame Umgang mit Ressourcen schon lange zu den Grundpfeilern. Es ist die Stärke der Branche, Anlagen so effizient zu konstruieren, dass der Kunde damit nicht nur Zeit, sondern auch Material und Abfall spart. Das Motto »Billig ist besser« gilt hier nicht – zumindest nicht bei den vielen Abnehmern des Maschinenbaus, die über das nächste Quartal hinausdenken.

Dagegen gestaltet sich die Markteinführung neuer Klimaschutztechnologien deutlich schwieriger. Gerade im Energiesektor rechnen sich neue Technologien in der Regel erst, wenn eine ausreichende Marktgröße erreicht ist. Das gilt für die Elektromobilität ebenso wie für synthetische Kraftstoffe, auf künstlicher Intelligenz basierende Stromverteilungssysteme sowie die Wasserstoffwirtschaft. Mittelständler können das nicht allein stemmen. Deshalb brauchen sie verlässliche staatliche Rahmenbedingungen. Dann allerdings ist es Aufgabe von Unternehmen, ins Risiko zu gehen und in neue Technologien zu investieren – auch auf die Gefahr hin, damit zu scheitern. Meist heißt das, im ersten Schritt zu prüfen, inwiefern sich die eigene Produktpalette auf neue Klimaschutztechnologien adaptieren lässt und wie gut die Chancen der Vermarktung sind. Diese grundsätzliche Hausaufgabe erledigen die Firmen in der Regel sorgfältig.

Ein großer, internationaler Emissionsrechtemarkt ohne Zollschranken bietet die Chance auf eine schnelle, globale Marktdurchdringung.

Keine Angst vor neuen Formen der Kooperation

Darüber hinaus gilt es, in neue Marktsegmente einzusteigen. Auch Mittelständler können zum Beispiel technologische Lösungen für bestimmte Anwendungen entwickeln, bei denen als Energieträger und auch als stoffliche Basis nicht mehr Öl oder Gas eingesetzt werden, sondern erneuerbare Energien. Das betrifft besonders die wasserstoffbasierten Prozesse in der Stahlherstellung und der Chemieindustrie. Das schließt auch ein, gegebenenfalls Geschäftsbereiche, die aufgrund von Klimarisiken keine Zukunft mehr haben, schrittweise abzubauen. Gerade wenn es um so große Projekte wie den Aufbau einer Wasserstoffwirtschaft geht, rückt die Vernetzung mit anderen Unternehmen oder auch wissenschaftlichen Instituten besonders in den Fokus. Bewährte Instrumente wie die Industrielle Gemeinschaftsforschung können dabei eine ebenso wichtige Rolle spielen wie ganz neue Kooperationen, etwa mit Start-ups. Gerade der Mittelstand ist gefordert, seine traditionellen Denkmuster aufzubrechen und sich neuen Formen der Technologieentwicklung zu öffnen.

Auch kleinere Betriebe müssen sich mit der Frage beschäftigen, wie sie ihr eigenes Unternehmen im Sinne der Nachhaltigkeit und des Klimaschutzes umgestalten. Zwar verweisen Mittelständler im Maschinenbau nicht ohne Grund darauf, es sei wichtiger, dass die Kunden mit ihren Maschinen effizienter und damit klimaschonender produzieren könnten, als dass sie ihren eigenen Stromverbrauch um ein paar Kilowattstunden senkten. Aber der Druck wächst von oben nach unten: Große Konzerne erwarten von ihren Zulieferern, dass sie Nachhaltigkeitsstandards einhalten, und diese wiederum geben die Vorgaben an ihre Zulieferer weiter. Auch aus der

Agenda bis 2030

— Ein Klimaklub der wichtigsten Industrie- und Schwellenländer ist etabliert, sodass Handelsbarrieren durch ähnliche Ambitionen beim Klimaschutz vermieden werden.

— Die Umstellung emissionsintensiver Großprozesse wie der Stahlherstellung auf klimaneutrale Verfahren ist demonstriert und ein Marktrahmen für die Produkte geschaffen.

— Der Einstieg in eine Wasserstoffwirtschaft ist erfolgreich vollzogen, und durch Partnerschaften entwickelt sich ein internationaler Markt für den Bezug des Energieträgers.

Agenda bis 2040

- Stoffkreisläufe und ein internationaler Wasserstoffmarkt sind breit etabliert.

- Europäische Strom- und Gasnetze sind erheblich ausgeweitet und ertüchtigt (Erdgas zu Wasserstoff).

- Technische und natürliche CO_2-Senken werden gezielt vergrößert und entwickelt sowie in den Emissionshandel integriert.

- Emissionen werden entlang der Wertschöpfungskette digital erfasst und können gezielt eliminiert werden.

Finanzwelt kommt mehr Druck: Immer häufiger wird eine Unternehmens- und Projektfinanzierung mit der Reduzierung von Klima- und Nachhaltigkeitsrisiken verbunden.

In ihrer Studie haben VDMA und BCG all diese Aufgaben und das dahinterliegende Potenzial untersucht und technologische Hebel identifiziert, an denen Unternehmen ansetzen können. Das reicht von der Optimierung von Heizsystemen, Wärmepumpen und Wärmerückgewinnung (heute bereits gut machbar) über die Nutzung umweltfreundlicher Kraftstoffe (möglich, aber noch sehr teuer) bis hin zur Abscheidung und Speicherung von Treibhausgasen (Zukunftsmusik). Sprich: Die Nutzung dieser Hebel ist auch eine Investition mit teilweise ungewissem Ausgang. Dennoch schreiben die Autoren zu Recht: »In jedem Falle können und sollten jedoch ungeachtet der technischen Reife der einzelnen Technologien unverzüglich Maßnahmen ergriffen werden, um sie weiterzuentwickeln und zu verfeinern.«

Dazu gibt es auch eine Roadmap mit drei Kernpunkten, die jedes Unternehmen studieren und in der einen oder anderen Form für sich annehmen sollte:
- *Die eigene CO_2-Intensität reduzieren.* So kann ein Unternehmen seinen Kunden zeigen, dass es die Dringlichkeit der Dekarbonisierung verstanden hat. Dasjenige Unternehmen, das als Erstes in seinem Sektor eine CO_2-arme Produktion verwirklicht, hat einen beträchtlichen Startvorteil, sobald den Kunden bewusst wird, dass sie ihren eigenen CO_2-Fußabdruck verringern müssen.
- *Das Produkt- und Dienstleistungsportfolio analysieren und Klimarisiken identifizieren.* Dabei sind verschiedene Szenarien der globalen Entwicklung des Klimaschutzes und die entsprechenden Chancen und Risiken zu berücksichtigen. So lassen sich neue Greentech-Chancen in bisher nicht bedienten Sektoren und Anwendungen erkennen, und es wird möglich, Chancen in neuen Märkten gegebenenfalls rasch zu nutzen.
- *Bereits jetzt mit der Entwicklung neuer Ideen beginnen.* Dadurch können Unternehmen später Produkte und Dienstleistungen anbieten, mit denen die Kunden ihre Treibhausgasemissionen reduzieren können. Leuchtturmprojekte im Bereich Forschung und Entwicklung können dazu beitragen, die technische und wirtschaftliche Tragfähigkeit der entsprechenden Konzepte zu ermitteln. Außerdem sollte das Angebotsportfolio organisch oder durch strategische Übernahmen verbessert werden.

Wenn Unternehmen all diese Punkte befolgen, haben sie dann eine Garantie für einen erfolgreichen Weg in eine klimaschonende und nachhaltige Zukunft? Natürlich nicht. Garantien gibt es nur für Staatsbetriebe in staatsgelenkten Wirtschaftssystemen, und was das bedeutet, hat die Geschichte immer wieder gezeigt: Fehlallokationen zuhauf. Eine klimaneutrale Zukunft wird es nur mit dem Markt und mit Unternehmen mit ihren Ideen und Technologien geben. Der mittelständisch geprägte Maschinen- und Anlagenbau kann diese Ideen umsetzen und damit Klimaschutz möglich machen.

BERTRAM KAWLATH, *geb. 1970, hat Geschichte in London und Erlangen studiert und ein Studium zum MBA in der Schweiz absolviert. Danach folgten berufliche Stationen in der Industrie, darunter als Geschäftsführer und Aufsichtsrat von Eisenwerk Erla GmbH. Heute ist Bertram Kawlath geschäftsführender Gesellschafter der Schubert & Salzer Firmengruppe mit Hauptsitz in Ingolstadt. Im Oktober 2020 wurde er zum Vizepräsidenten des Verbandes Deutscher Maschinen- und Anlagenbau (VDMA) gewählt.*

Messewirtschaft

»Unser zukünftiges Geschäftsmodell wird geprägt sein von einer intelligenten Kombination des Besten aus beiden Welten – dem physischen Messeevent sowie einer ganzjährigen digitalen Erweiterung.«

Die klimaneutrale Messe ist keine Utopie

Von Klaus Dittrich

Lange standen internationale Messeveranstaltungen und Großevents im Ruf, Klimakiller zu sein. Doch das ändert sich gerade. Neues Denken, ambitioniertes nachhaltiges Handeln am und um den Messestandort sowie hybride Veranstaltungskonzepte markieren den Weg in eine »grüne« Zukunft. Das Ziel der Messe München: Klimaneutralität bis 2030.

Die internationale Messewirtschaft befindet sich inmitten einer einschneidenden kulturellen Veränderung. Ein wesentlicher Treiber der Transformation ist der Klimawandel. Die klassische Präsenzmesse, wie wir sie kannten und über Jahrzehnte hinweg erfolgreich veranstaltet haben, kann und wird es so in Zukunft wohl nicht mehr geben. Der Umbruch der gesamten Branche ist in vollem Gange, und er beeinflusst nicht nur Verhaltensweisen und unternehmerisches Handeln. Er fordert vor allem ein neues Denken.

Nachhaltiges Handeln ist zuallererst eine Haltung

Nachhaltigkeit wird oft missverstanden, zumal der Begriff gerne als Buzzword benutzt wird. Aber es geht um weitaus mehr, als ein paar Maßnahmen – ob freiwillig oder staatlich verordnet – mit einer möglichst imageträchtigen Außenwirkung umzusetzen. PR-getriebener Aktionismus bis hin zum Greenwashing mag verlockend sein, aber die daraus resultierende »Nachhaltigkeit« ist trügerisch und eben eines nicht: nachhaltig. Der Weg zur Klimaneutralität beginnt nicht mit der Ernennung eines Klimabeauftragten oder der Einrichtung einer entsprechenden Spezialabteilung. Der Weg zur Klimaneutralität beginnt mit einem fundamentalen Umdenken. Klimabewusstes und nachhaltiges Denken sollte absolut jedes Handeln im Unternehmen prägen, von der übergeordneten Strategie bis ins kleinste Detail der täglichen Arbeit. Und es betrifft jeden einzelnen Mitarbeitenden im Unternehmen, ganz gleich auf welchem Level. Denn erst in der Gemeinschaft – im Unternehmen genauso wie im Nationenbündnis – lassen sich die entsprechenden Ziele erreichen. Nachhaltiges Handeln ist nur möglich mit einer Denkweise, die Nachhaltigkeit nicht nur als notwendiges Übel sieht, sondern konsequent als ein primäres Ziel setzt. Nachhaltiges Handeln ist also zuallererst eine Frage der Haltung. Oder anders formuliert: *It's a state of mind.*

> **Die klassische Präsenzmesse, wie wir sie kannten und über Jahrzehnte hinweg erfolgreich veranstaltet haben, kann und wird es so in Zukunft wohl nicht mehr geben.**

Wir sind zur Verantwortung verpflichtet

Für die Messe München gehören unternehmerischer Erfolg und gesellschaftlich verantwortungsvolles Handeln untrennbar zusammen. Es ist uns ein Herzensanliegen, das Gemeinwohl und die heimische Wirtschaft zu stärken, den Umwelt- und Klimaschutz zu fördern und einen Wissenstransfer an unsere weltweiten Standorte zu leisten. Unser Ziel bei allen Aktivitäten ist es, zum Nachahmen und Mitmachen anzuregen. Daher unterstützen wir zielgerichtet Maßnahmen und Projekte im Sinne der Nachhaltigkeit. Im Fokus steht dabei neben unserer Verantwortung gegenüber der Umwelt, unseren Mitarbeitern und der Gesellschaft vor allem der Anspruch, das verantwortungsvolle Handeln in unserer Gesellschaft zu stärken.

Diese Haltung wird auch von der Gesellschafterstruktur genährt. Die Messe München gehört zu gleichen Teilen dem Freistaat Bayern und der Landeshauptstadt München als Hauptgesellschafter. Über die Handwerkskammer und die Industrie- und Handelskammer für München und Oberbayern ist auch die Wirtschaft eingebunden. Das Unternehmen ist quasi im Besitz der Bürger. Ich denke, wir tragen damit in ganz besonderer Weise Verantwortung.

Unser nachhaltiges Geschäftsmodell hilft uns im Übrigen auch international. Bei der Akquise von Messen im Ausland haben wir schon mehrfach erlebt, dass unsere zum Teil börsennotierten Mitbieter sehr viel mehr Geld auf den Tisch gelegt haben. Dass sich am Ende Verkäufer trotzdem für uns entschieden haben, liegt daran, dass wir als ein nachhaltig verlässlicher Partner wahrgenommen werden.

Nachhaltigkeit ist ein Dauerthema der Branche

Natürlich ist sich die gesamte Branche schon seit Langem ihrer Verantwortung bewusst. Umweltverträglichkeit in der Messewirtschaft wurde erstmals in den frühen 90er-Jahren ein zentrales Branchenthema. Abfallvermeidung, Energieeffizienz oder wasserarmes und ressourcenschonendes Wirtschaften werden seitdem sowohl auf der Veranstalter- als auch auf der Aussteller- und Besucherseite sowie von unseren Servicepartnern angestrebt.

Was sich seither getan hat, konnte man gut auf der IAA MOBILITY 2021 sehen. Eines der zentralen Ziele ist, den Weg zu einer klimaneutralen Mobilität aufzuzeigen – beispielsweise durch nachhaltige Innovationen und Mobilitätslösungen, alternative Antriebe, über neue Entwicklungen im Bike-Bereich bis hin zu den Möglichkeiten, modulare Mikromobilität und neue Mobilitätslösungen erfahrbar zu machen. Darüber hinaus ist die Entwicklung urbaner Lebensräume ein buchstäblich erfahrbares Thema: Auf einer sogenannten Blue Lane von der Münchener Innenstadt bis zum Messegelände zeigt die IAA MOBILITY, wie Mobilität zukünftig durch eine Umweltspur zu einem Teil nachhaltiger Städteplanung werden kann.

Aber auch bei den Präsentationsflächen der Aussteller hat Nachhaltigkeit Priorität. Bei den Markenauftritten wird besonders auf eine lange Lebensdauer der genutzten Materialien, die Möglichkeit zur Wiederverwertung sowie den Einsatz recycelbarer und mehrmals nutzbarer Baustoffe geachtet. Erstmals werden Aussteller und Messebauer verpflichtet, ihre CO_2-Emissionen bei der Planung zu berücksichtigen und ihren Auftritt bilanziell CO_2-neutral zu gestalten. Dabei steht ihnen »myclimate« zur Seite: Mit diesem Label können die Aussteller ihre Treibhausgasemissionen kompensieren. Eine integrierte Trackingnummer zeigt, welches Klimaschutzprojekt von »myclimate« durch die Kompensation unterstützt wird. Nicht nur die Aussteller, auch die Besucher können ihren CO_2-Fußabdruck für ihre Anreise ermitteln. Und wer seinen Besuch klimaneutral gestalten möchte, erfährt, wie viele CO_2-Äquivalente die Reise verursacht hat und wie sie kompensiert werden können.

Ein wesentliches Ziel der Messe München ist es, ihre internationale Reichweite bestmöglich zu nutzen. Gerade unsere Weltleitmessen bieten eine geeignete Plattform, um den Austausch über zentrale Themen rund um Nachhaltigkeit und Umweltschutz zu stärken. Damit erweitert sich der Radius unserer Verantwortung. Natürlich können wir die politischen Rahmenbedingungen in Ländern, in denen wir aktiv sind, nicht unmittelbar beeinflussen. Aber wir können durch unsere Messen Wirkung entfalten. Zum Beispiel durch die IFAT, die größte Umweltmesse der Welt, die wir weltweit an mehreren Standorten ausrichten. Damit

Agenda für 2022

— Kreislauffähige Gestaltung von Materialien (etwa für Teppiche)

— Ökologischer Eigenstandbau

— In Zukunft soll der Anteil der stofflichen Verwertung, das heißt der wiederverwertbaren Müllentsorgung gegenüber einer thermischen Verwertung (Müllverbrennung), schrittweise ansteigen

— Erstellung der CO_2- und Abfallbilanz mit kontinuierlichem Monitoring

— Trennen und Verwerten der Abfälle im Rahmen eines innovativen Abfallkonzepts, auch unter Einbezug der Aussteller leisten wir einen konkreten Beitrag zur Verbesserung der Umweltsituation.

Glaubwürdigkeit beginnt zu Hause

Auch an unserem Heimatstandort München verstehen wir uns als Vorreiter in Sachen Nachhaltigkeit mit Vorbildfunktion. Unser Messegelände in München-Riem ist ein gutes Beispiel dafür. Als erstes Messegelände der Welt wurde es durch den TÜV SÜD mit dem Zertifikat »Energieeffizientes Unternehmen« ausgezeichnet. 220.000 Quadratmeter Grünflächen, rund 2.500 Bäume, begrünte Hallenaußenwände und 35.000 Quadratmeter Dachbegrünung – unser Messegelände ist wortwörtlich »grün«.

Kunden und Gäste der Messe München können auf unserem Messegelände komfortabel und kostenlos ihr Elektrofahrzeug auftanken – mit Ökostrom aus der messeeigenen Photovoltaikanlage.

Bereits bei der Planung hatten die Verantwortlichen den nachhaltigen Betrieb unseres Messegeländes im Blick. Die Photovoltaikanlage auf den Dächern der Messehallen unterstützt die Stromversorgung auf dem gesamten Gelände. Sie gehört zu den weltweit größten Photovoltaikdachanlagen und ist bislang eine der wenigen, die auf einem Messegelände installiert wurden. Durch die Nutzung von Sonnenenergie können wir jedes Jahr den Ausstoß von rund 1.600 Tonnen CO_2 vermeiden, der bei der Stromerzeugung aus fossilen Brennstoffen entstehen würde.

Innovative digitale Formate für Messen können den durch Reisen entstehenden Klimaschaden, aber auch die Schadstoffentstehung und das Müllaufkommen vor Ort deutlich reduzieren.

Anfang 2020 hat die Messe München komplett auf regenerativ erzeugten Strom umgestellt und ging damit einen weiteren Schritt in Richtung klimaneutralem Handeln. Schon in den Jahren zuvor war mehr als die Hälfte des Strombedarfs aus erneuerbaren Energiequellen gedeckt worden. Durch die vollständige Umstellung auf Ökostrom werden nun im Normalbetrieb jährlich rund 6.400 Tonnen CO_2 eingespart.

Teile des Messegeländes werden ausschließlich über Fernwärme geheizt, die aus Geothermie gewonnen wird.

Kunden und Gäste der Messe München können auf unserem Messegelände komfortabel und kostenlos ihr Elektrofahrzeug auftanken – mit Ökostrom aus der messeeigenen Photovoltaikanlage. 50 Ladestationen und eine Supercharger-Schnellladestation finden sich verteilt auf dem gesamten Gelände. Damit bekräftigen wir unser Engagement für Umweltschutz und Nachhaltigkeit im Rahmen unserer Corporate Social Responsibility. Ein weiteres Engagement, das nicht nur den Menschen nutzt: 2019 haben wir rund 400.000 Honigbienen in zehn Bienenstöcken auf der Freifläche des Messegeländes angesiedelt. Ein unmittelbarer Beitrag zum Erhalt der Artenvielfalt und des ökologischen Gleichgewichts in der Umgebung. Nachhaltigkeit findet eben nicht nur auf globaler Ebene statt.

Mit Strategien Verantwortung verankern

Nachhaltiges Wirtschaften und Projekte zum Umwelt- und Klimaschutz sind für die Messe München strategische Themen. Dies wurde 2020 durch eine Nachhaltigkeitsstrategie verankert. Sie ist ganzheitlich angelegt und orientiert sich an den Sustainable Development Goals (SDGs) der Vereinten Nationen. Sie umfasst eine Vielzahl von Maßnahmen und Projekten in den Bereichen Energie, Wasser, Mobilität, Biodiversität, Soziales, Governance und Ressourcen. Wichtige Ziele sind beispielsweise, Nachhaltigkeit messbar zu machen, eine Zero-Waste-Strategie – also Abfall vermeiden und Ressourcenkreisläufe schließen – umzusetzen, CO_2-Kompensationsmöglichkeiten für Kunden zu etablieren sowie Mobilitätsangebote intern und extern weitgehend CO_2-arm zu gestalten.

Auf der Basis dieser Nachhaltigkeitsstrategie wurde der »Green Footprint« jetzt auch als zentrale Säule in der neuen Unternehmensstrategie 2026 verankert. Hauptziel ist das Erreichen der CO_2-Neutralität der Messe München bis 2030. Das wären 20 Jahre früher als im Pariser Abkommen vorgesehen. Flankierend hat das Management eine ganze Reihe von Maßnahmen beschlossen, darunter:

- Ausbau der E-Mobilität und Steigerung des ÖPNV-Anteils
- Ausbau des Photovoltaikanteils und der LED-Beleuchtung

- Trennen und Verwerten der Abfälle im Rahmen eines innovativen Abfallkonzepts, auch unter Einbezug der Aussteller
- Umsetzung eines Abfallvermeidungskonzepts unter Einbezug der Aussteller mittels Schulungen und Code of Conduct
- Optimierung der Abfuhrzyklen der Entsorger
- Kreislauffähige Gestaltung von Materialien (zum Beispiel Teppiche)
- Ökologischer Eigenstandbau
- Ökologische Standbauangebote für Aussteller
- Erstellung eines Biodiversitätskonzepts
- Ausweitung des Blühwiesenprogramms auf dem Messegelände und Biotopvernetzung
- Erstellung der CO_2- und Abfallbilanz mit kontinuierlichem Monitoring
- Festlegung von Umweltbedingungen und -verträgen

Code of Conduct unterstützt die Implementierung

Die besten Strategien für nachhaltiges Handeln nutzen wenig, wenn sie nicht konsequent umgesetzt werden. Zertifizierungsprogramme haben deshalb für uns eine große Bedeutung. Als Basis setzen wir als Messeveranstalter dabei zuerst auf unseren konzerninternen Code of Conduct, mit dem sich unsere Dienstleister und Lieferanten verpflichten, keine Kinderarbeit, Korruption oder Bestechung zu tolerieren und Mitarbeiterrechte, Arbeits- und Gesundheitsvorschriften sowie Umwelt- und Klimaschutzvorschriften einzuhalten. Auch rechtliche und ethnische Gleichberechtigung sind selbstverständlich ein fester Bestandteil in unserem Unternehmenskodex.

Es ist diese Mischung, die uns zuversichtlich stimmt, die gesteckten Klimaziele zu erreichen: schadstoffarme Digitalformate und eine immer weiter klimaoptimierte Präsenzkultur.

Außerdem unterstützt die Messe München viele Nachhaltigkeitsinitiativen. So gehören wir beispielsweise zu den Unterzeichnern des Kodex »fairpflichtet«, der mit zehn Leitsätzen die Nachhaltigkeit bei der Organisation und Durchführung von Veranstaltungen in den Fokus stellt. Und auch was Energieeffizienz und Treibhausgasemissionen betrifft, achten wir auf eine korrekte Bilanzierung nach dem Greenhouse Gas Protocol (GHG Protocol).

Intelligente Müllentsorgung bei Großveranstaltungen

Bei Großveranstaltungen rücken Müllvermeidung und Müllentsorgung immer weiter in den Blickpunkt. Unsere Branche ist auf Veranstaltungen fokussiert, die nur wenige Tage dauern. Wir arbeiten unter erheblichem Zeitdruck, setzen kurzfristig sehr viel Material ein, das im Anschluss wieder entsorgt werden muss. Die Herausforderungen an unsere Branche sind daher hoch.

So legt die Messe München großen Wert auf eine möglichst umweltschonende Müllentsorgung via Recycling. In Zukunft soll der Anteil der stofflichen Verwertung, das heißt der wiederverwertbaren Müllentsorgung gegenüber einer thermischen Verwertung (Müllverbrennung), schrittweise ansteigen. Zudem lagert die Messe München ihren Müll an regionale Experten und Verwertungsanlagen aus, um eine möglichst umweltschonende Entsorgung zu gewährleisten. Immer mehr Standbauer benutzen bereits recycelbare Standteile, um diese zu einem späteren Zeitpunkt wiederverwenden zu können und das Müllaufkommen zu reduzieren. Außerdem übernehmen wir für die Aussteller die professionelle Mülltrennung durch erfahrene Entsorgungspartner.

Digitale Formate helfen, Klimaziele schneller zu erreichen

Der wirksamste Klimaschutz aber ist der, der erst gar keine Schadstoffe oder Emissionen entstehen lässt. In diesem Zusammenhang erfährt die Digitalisierung eine zusätzliche Bedeutung. Innovative digitale Formate für Messen können den durch Reisen entstehenden Klimaschaden, aber auch die Schadstoffentstehung und das Müllaufkommen vor Ort deutlich reduzieren.

Die Messe München hat in den vergangenen Jahren zahlreiche solcher Formate entwickelt und erfolgreich etabliert – eine Entwicklung, die sich enorm beschleunigt hat während der Pandemie, als physische Großveranstaltungen monatelang nicht möglich waren und kurzfristig durch digitale Angebote ersetzt werden mussten. Digitalisierung ist für uns heute keine Spezialistenangelegenheit mehr. Sie muss breit und tief im gesamten Unternehmen verankert werden. Hier sind wir im Markt sicher Vorreiter. In den kommenden Jahren werden wir unseren Fokus noch stärker als bisher

Agenda für 2025

— Umsetzung eines Abfallvermeidungskonzeptes unter Einbezug der Aussteller mittels Schulungen und Code of Conduct

— Definition von Umweltbedingungen und -verträgen

— Ausbau der E-Mobilität und Steigerung des ÖPNV-Anteils

— Ausbau des Photovoltaikanteils und der LED-Beleuchtung

— Ausweitung des Blühwiesenprogramms auf dem Messegelände und Biotopvernetzung

Agenda für 2030

— Die Messe München ist klimaneutral

auf digitale und innovative Produkte legen und unser gesamtes Unternehmen digitaler ausrichten.

Unser Geschäftsmodell ist es, Menschen zu verbinden. Wir sehen uns nicht mehr nur als Vermieter von Hallenfläche, sondern als Manager von Plattformen – in physischer Form auf einer Messe oder digital 365 Tage im Jahr. Die Pandemie hat diesen Trend verstärkt: Wir stehen vor einem Umbruch, vergleichbar mit der Entwicklung des Mobiltelefons. Früher diente es nur dazu, mobil zu telefonieren. Heute ist das Smartphone unser mobiles Büro, mit dem man zusätzlich fotografieren, Musik hören, navigieren, fernsehen, Spiele spielen oder seinen Gesundheitszustand überwachen kann.

Unser Kerngeschäft war bislang überwiegend die Vermietung von Ausstellungsfläche. Wie beim Smartphone müssen wir jetzt digitale Zusatzangebote schaffen, die echten Mehrwert für unsere Kunden stiften – und zugleich, wo immer möglich, die Klimabilanz verbessern. Aus reinen Klimaschutzaspekten sind digitale Formate sicherlich der erfolgversprechendste Weg in die Zukunft.

Die Zukunft der Messe ist hybrid

Allerdings haben wir auch gelernt, dass die Vorteile der menschlichen Begegnung durch kein digitales Format voll ersetzt werden können. Das Messegeschäft lebt von diesen menschlichen Begegnungen. Sie sind unverzichtbar für den wirtschaftlichen Erfolg. Wie die Messe der

Zukunft genau aussehen wird, lässt sich momentan noch nicht sagen. Unser zukünftiges Geschäftsmodell wird jedoch geprägt sein von einer intelligenten Kombination des Besten aus beiden Welten, dem physischen Messeevent sowie einer ganzjährigen digitalen Erweiterung.

Es ist diese Mischung, die uns zuversichtlich stimmt, die gesteckten Klimaziele zu erreichen: schadstoffarme Digitalformate und eine immer weiter klimaoptimierte Präsenzkultur. Unterstützung durch politische Maßnahmen ist dabei jederzeit willkommen, seien es Förderprogramme für den nachhaltigen Ausbau der Messegelände, Anreize für den öffentlichen Nahverkehr, Leitlinien für den nachhaltigen Messebau oder die Wiederverwendbarkeit von Materialien.

Wenn alle gemeinsam konsequent handeln, dann ist die klimaneutrale Messe schon bald keine Utopie mehr.

KLAUS DITTRICH, *geb. 1955, ist seit 2010 Vorsitzender der Geschäftsführung der Messe München GmbH. In dieser Funktion verantwortet er auch die Gesamtleitung und Koordination des Konzerns Messe München. Als Mitglied des Ausschusses für Stadtplanung und Bauordnung der Landeshauptstadt München wirkte er schon in den 90er-Jahren an der Ausgestaltung des neuen Messegeländes mit. Dittrich ist unter anderem Mitglied im Vorstand des Ausstellungs- und Messe-Ausschusses der Deutschen Wirtschaft sowie des Boards of Directors des Weltverbands der Messewirtschaft (UFI).*

Pharma

»Die disruptive Kraft neuer Technologien, die den Siegeszug der Digitalisierung kennzeichnet und viele Industrien erfasst hat, verändert auch die Art, wie Patientinnen und Patienten künftig behandelt werden können.«

Wir brauchen eine Willkommenskultur für Innovationen

Von Werner Baumann

»Veränderungen«, so beschrieb es einst der französische Wissenschaftler Louis Pasteur, »begünstigen nur den, der darauf vorbereitet ist.« Heute – 200 Jahre nach der Geburt dieses Pioniers der Impfstoffentwicklung – wird wohl kaum jemand einen Mangel an Veränderungen beklagen. Nach knapp zwei Jahren in der Pandemie, mit einer sich immer stärker abzeichnenden Klimakrise und einer Digitalisierung, die nahezu jeden Aspekt von Wirtschaft und Gesellschaft verändert, fühlt es sich für viele von uns wie eine Zeitenwende an. Die Frage im Sinne Pasteurs ist dabei nur: Sind wir darauf vorbereitet? Und wenn nicht, was sollte eine neue Bundesregierung unternehmen, um das zu ändern?

Ich will in diesem Beitrag versuchen, Antworten zu skizzieren, aus meiner persönlichen Sicht und mit Blick auf die führende Rolle unseres Unternehmens, der Bayer AG, in den systemrelevanten Branchen Gesundheit und Ernährung. Die Transformation unserer Industrien in eine digitale und dekarbonisierte Zukunft steht dabei stellvertretend für den tiefgreifenden Wandel, der uns alle betrifft.

Unsere Debatten vermitteln oft den Eindruck, als gehe es nur darum, dass 80 Millionen Menschen klimaneutral leben können. Tatsächlich geht es um acht Milliarden.

Gerade für die Veränderungen in der Gesundheitswirtschaft, um die es hier besonders gehen soll, lohnt es sich dabei, auf die COVID-19-Pandemie zu schauen und die richtigen Schlüsse zu ziehen.

Gesundheit ist die Voraussetzung für Freiheit

Das beginnt mit der grundlegenden Feststellung: Gesundheit steht an erster Stelle. Wohl selten zuvor ist diese Erkenntnis so in unser individuelles wie kollektives Bewusstsein gerückt wie in den Jahren 2020 und 2021. Wir bekamen drastisch vor Augen geführt, dass Gesundheit die Voraussetzung für Freiheit darstellt – und buchstäblich für alles, was wir zuvor als selbstverständlich empfanden. In dieser Erfahrung liegt die Chance auf eine neue Perspektive. Früher haben wir Innovationen im Gesundheitswesen häufig auf die Kosten reduziert. Mit dem Blick von heute sollten wir sie auch als Investitionen in Lebensqualität und Wohlstand begreifen.

Die nächste Lehre steckt in der Erfolgsgeschichte, die Özlem Türeci und Uğur Şahin von BioNTech geschrieben haben. Aus meiner Sicht eignet sie sich als Blaupause für andere große Herausforderungen: Wir haben erlebt, dass Forschung und Fortschritt Berge versetzen können, gerade wenn wir auch für neue Technologien offen sind. Wir haben gesehen, dass die globale Zusammenarbeit in Wissenschaft und Wirtschaft gesundheitliche Lösungen für alle hervorbringen kann. Şahin selbst sprach nach den Phase-III-Daten des Impfstoffs von einem »Sieg für die Innovation, Wissenschaft und weltweite Zusammenarbeit«. Genau darum geht es.

Dieser Erfolg kann ein Weckruf sein. Denn ehrlich gesagt mangelt es uns noch immer am Verständnis für Biotechnologie und an einem konsistenten politischen Rahmen, um Innovationen zu fördern. »Man kann sich nur wundern«, sagte einmal BioNTech-Investor Andreas Strüngmann, »dass Deutschland so wenig in neue Technologien investiert. Ausgerechnet Biotechnologie als eine der bedeutendsten Zukunftsindustrien ist ganz weit abgeschlagen.« Vor der Pandemie floss in den USA etwa 50-mal so viel Eigenkapital in die Biotechbranche wie in Deutschland. 2020 war es trotz BioNTech und CureVac noch immer fast 30-mal so viel. Eine neue Initiative für Wagniskapital gehört daher in den Koalitionsvertrag der neuen Bundesregierung.

Wir müssen größer denken

Auch für den Umgang mit Klimawandel und Digitalisierung gibt es Lehren aus der Pandemie. Sie lauten, vereinfacht gesagt: Wir müssen größer denken! Bei der Digitalisierung hat COVID-19 wie unter einem Brennglas unsere Defizite offenbart. Die digitale Infrastruktur und die digitale Vernetzung von Verwaltung und Schulen zählen dazu. Zudem haben wir am Beispiel der Kontaktverfolgung gesehen, welche digitalen Versäumnisse existieren. Mit Zettel und Stift erfasste Daten oder gar Ämter mit Faxgeräten können nicht dem digitalen Anspruch unseres Landes genügen. Hier müssen wir besser werden.

Auf der anderen Seite hat die Pandemie einen digitalen Schub ausgelöst. Nicht nur für Videokonferenzen, sondern auch für elementare Prozesse in unseren Branchen. Ein Beispiel: In der pharmazeutischen Forschung

Agenda für 2022

— Von der neuen Bundesregierung muss ein klares Zeichen zum Aufbruch ausgehen. Wir brauchen neue Initiativen für mehr Forschungsförderung und Wagniskapital, eine bessere digitale Infrastruktur und Bildung.

— Wir müssen Klimaneutralität und Wettbewerbsfähigkeit zusammendenken. Nur mit erfolgreichen Unternehmen gelingt die Transformation.

— Biotechnologie sollte als strategisch wichtig erkannt und gefördert werden. Die EU-Regulierung, auch der »Green Deal«, sollte gezielt auf Innovationen setzen.

kann man mit Computermodellen simulieren, wie sich ein neues Medikament im Körper verhält. Das hilft uns, neue Arzneimittelkandidaten schneller zu entwickeln und in klinischen Studien gezielter zu untersuchen. Dank digitaler Technologien finden heute immer mehr klinische Studien virtuell statt, bei denen Patientinnen und Patienten nicht mehr zu Prüfzentren reisen, sondern zu Hause überwacht werden. Dazu hat die Pandemie massiv beigetragen und allgemein den Trend zur Telemedizin verstärkt.

Die Klimakrise schreitet voran. Der IPCC-Report und die extremen Wetterereignisse in diesem Sommer haben das einmal mehr verdeutlicht. Gleichzeitig haben wir in der Pandemie ein geradezu historisches Experiment erlebt und gesehen, was Einschränkungen bewirken. Weltweit wurden 2020 nahezu alle großen Veranstaltungen abgesagt sowie große Teile der Wirtschaft und der individuellen Mobilität heruntergefahren – und dennoch gingen die Emissionen nur um wenige Prozentpunkte zurück.

Meine Schlussfolgerung ist, dass Verhaltensänderungen bei Weitem nicht ausreichen. Es braucht mehr, um die Transformation zu stemmen. Wir benötigen neue Technologien, wissenschaftliche Durchbrüche und nachhaltige Geschäftsmodelle. Eine große Verantwortung dafür liegt bei Industrieunternehmen wie Bayer – aufgrund unserer Größe und wirtschaftlichen Stärke. Gleichzeitig müssen wir in Deutschland noch besser verstehen, dass es sich bei der Bekämpfung des Klimawandels um eine globale Aufgabe handelt. Unsere Debatten vermitteln oft den Eindruck, als gehe es nur darum, dass 80 Millionen Menschen klimaneutral leben können. Tatsächlich geht es um acht Milliarden.

Sind wir bereit für die Bio-Revolution?

Wir müssen größer denken, um auf die Veränderungen einer digitalen und dekarbonisierten Zeit vorbereitet zu sein und sie im globalen Wettbewerb zu gestalten. Klimawandel und Digitalisierung sind dabei keine losgelösten Megatrends, sondern beeinflussen sich gegenseitig, und häufig treiben gerade digitale Technologien neue ressourcenschonende Lösungen voran. Das gilt besonders in den Lebenswissenschaften, also der Forschung mit menschlichen und pflanzlichen Genen und Zellen.

In den Laboren weltweit sehen wir hier enorme wissenschaftliche Erfolge. Fortschritte in der Biologie und der künstlichen Intelligenz verschmelzen in einer Weise, die Fachleute als »Bio-Revolution« bezeichnen. Sie bietet das Potenzial, unser Verständnis von Gesundheit und Ernährung tiefgreifend zu verändern und zur Bewältigung globaler Herausforderungen beizutragen, von Pandemien bis zum Klimawandel. Der wissenschaftliche Kampf gegen COVID-19, vor allem die Geschwindigkeit, mit der das Genom des Virus sequenziert wurde, ist eng mit diesen Technologien verbunden.

Wie grundlegend dieser Wandel ist, lässt sich vielleicht am besten mit den Worten von Steve Jobs beschreiben. Er wurde 2011 nach bevorstehenden Disruptionen befragt und antwortete: »Die größten Innovationen des 21. Jahrhunderts werden an der Schnittstelle von Biologie und Technologie stattfinden. Es beginnt eine neue Ära.« Wir befinden uns mitten in der Transformation für diese neue Ära, und die besondere Chance liegt darin, dass grundlegende Technologien wie die Genom-Editierung Innovationen mit breiten Anwendungsfeldern vorantreiben.

Agenda für 2025

— Mehr Digitalisierung im Gesundheitsbereich: verantwortungsvolle Erfassung und Integration von Gesundheitsdaten, Governance-Rahmen für die Sicherheit von Gesundheitsdaten und künstlicher Intelligenz.

— Innovationsfreundliche EU-Regulierung von neuen gentechnischen Verfahren, zum Beispiel klimaresistenter Züchtungsverfahren in der Landwirtschaft.

— Stärkung von internationalen Organisationen wie WHO oder WTO, etwa zur besseren Vorbeugung gegen Pandemien und zum Abbau von Handelsbarrieren.

Die Versprechen einer neuen Zeit

Was bedeutet das nun konkret für die pharmazeutische Industrie? Was heißt Nachhaltigkeit in der Gesundheit? Und wie verändert die digitale Transformation die Perspektiven für Patientinnen und Patienten? Auf diese Fragen gibt es drei grundlegende Antworten. Es sind die Versprechen einer neuen Zeit: erstens eine bessere medizinische Versorgung und persönliche Ertüchtigung des Einzelnen, zweitens mehr Zugangsmöglichkeiten für Menschen in Ländern mit kleinen und mittleren Einkommen sowie drittens eine neue und bessere Behandlung von Krankheiten.

Der erste Aspekt ist bereits weit fortgeschritten. Digitale Tools ermöglichen eine bequeme und umfassende individuelle Gesundheitsüberwachung, die zu schnelleren und genaueren Diagnosen führt. Sie bieten leichter zugängliche Lösungen, etwa für die Behandlung chronischer Erkrankungen. Die Politik hat bereits damit begonnen, die digitale Zukunft der Gesundheitsversorgung zu fördern und zu gestalten. Die nächste Bundesregierung sollte diesen Weg fortsetzen.

Individuelle Vorsorge und personalisierte Medizin

Doch individuelle Lösungen betreffen nicht nur Monitoring oder Arztbesuche, sondern auch Medikamente. Personalisierte Arzneimittel, die auf die jeweiligen Erkrankungen oder die genetische Veranlagung des Einzelnen zugeschnitten sind, können die Ergebnisse der Behandlung verbessern, die Verweildauer in Krankenhäusern verkürzen, die Verschwendung von Medikamenten verringern und Ressourcen sparen. Gezieltere Therapien mit neuen Ansätzen in der Zell- und Gentherapie lassen zudem hoffen, dass in Zukunft Krankheiten wie Parkinson, Hämophilie oder Mukoviszidose nicht nur besser therapiert, sondern vielleicht

sogar geheilt werden können. Fortschritt und Innovation in diesen Bereichen sind angesichts der steigenden Nachfrage nach Gesundheit in einer immer älteren Bevölkerung in Deutschland und vielen Teilen der Welt von entscheidender Bedeutung.

Bei Bayer arbeiten wir an digitalen Gesundheitslösungen. Ein Beispiel ist unsere Partnerschaft mit der Plattform One Drop. Dort finden Menschen, die an Diabetes erkrankt sind, personalisiertes Coaching zur Verbesserung ihrer Gesundheit. Sie werden an die Einnahme ihrer Medikamente erinnert. Es gibt Tipps für einen gesunden Lebensstil und die Möglichkeit zum virtuellen Austausch. So ein ganzheitlicher Ansatz hilft Patientinnen und Patienten dabei, gesund zu bleiben oder zu werden. Nebenbei spart es Kosten für sie selbst, ihre Arbeitgeber und Versicherer.

Integrierte Gesundheitslösungen werden zu den Kernbestandteilen der Gesundheitsversorgung von morgen zählen. Sie ertüchtigen den Einzelnen und setzen auf ein lernendes System. Voraussetzung dafür ist das verantwortungsvolle Sammeln von Gesundheitsdaten, die dabei helfen, spezifische Krankheitsverläufe zu verstehen und Lösungen zu entwickeln. Individuelle Vorsorge und personalisierte Medizin werden zu einer Verringerung der Krankheitslast beitragen. Entsprechend wichtig ist die Förderung im Bereich Digital Health, für Bayer wie auch für die Bundesregierung.

Nachhaltigkeit bedeutet: Gesundheit für alle

Das zweite Versprechen lautet: Mehr Menschen sollen Zugang zu medizinischer Versorgung bekommen. Bei Bayer haben wir seit 2019 die sozialen Nachhaltigkeitsziele in allen unseren Geschäftsbereichen darauf ausgerichtet, weil wir erkannt haben, dass wir mithelfen können, die Innovationslücke in Ländern mit kleinen und mittleren Einkommen zu schließen. In unserer Agrarsparte wollen wir bis 2030 100 Millionen Kleinbauern dabei unterstützen, ihre Ernten zu steigern. Im Gesundheitsbereich wollen wir bis 2030 100 Millionen Frauen in Entwicklungsländern Zugang zu moderner Familienplanung verschaffen. Und wir wollen das globale Problem einer fehlenden Gesundheitsversorgung angehen, indem wir bis 2030 für 100 Millionen Menschen weltweit den Zugang zu unseren alltäglichen Gesundheitsprodukten erweitern. Das betrifft beispielsweise die Versorgung von Müttern und Kindern mit Mikronährstoffen, die wir gemeinsam mit der NGO Vitamin Angels unterstützen.

Es geht längst nicht mehr darum, ob Veränderungen stattfinden, sondern darum, wie wir diese konkret gestalten.

Grundsätzlich führt der Gedanke der Nachhaltigkeit im Gesundheitssektor zu einem möglichst inklusiven Ansatz. Der Anspruch heißt: Gesundheit für alle und nicht für wenige. Das geht eindeutig aus den Zielen für nachhaltige Entwicklung der Vereinten Nationen (SDGs) hervor, die uns für ein umfassendes Verständnis von Nachhaltigkeit als Referenz dienen sollten. Auch hier erweist sich die Pandemie mit der zentralen Aufgabe einer globalen Verteilung von Impfstoffen als Vorbote einer neuen Zeit.

Zurück zum Urgedanken der Medizin

Wir erleben derzeit einen atemberaubenden Fortschritt in den Forschungslaboren. Die disruptive Kraft neuer Technologien, die den Siegeszug der Digitalisierung kennzeichnet und viele Industrien erfasst hat, verändert auch die Art, wie Patientinnen und Patienten künftig behandelt werden können. Es bringt uns zum Urgedanken der Medizin und dem lateinischen Ursprung des Wortes zurück, dass man Krankheiten nicht nur behandeln, sondern auch tatsächlich heilen kann.

Viele Unternehmen der Branche arbeiten bereits an medizinischen Lösungen, die früher undenkbar schienen. Bei Bayer haben wir vor sechs Jahren entschieden, eine eigene Einheit zu schaffen, die in potenziell bahnbrechende Innovationen wie Zell- und Gentherapie investiert. Das betrifft zum Beispiel die bisher unheilbare Nervenkrankheit Parkinson. 2016 haben wir zusammen mit anderen die Firma BlueRock gegründet, um an einer Stammzellentherapie gegen Parkinson zu forschen. Heute sind wir so weit, dass zwei klinische Studien mit vollkommen neuen Behandlungsansätzen gegen Parkinson laufen, eine davon mit der Technologie von BlueRock.

So kann die industrielle Transformation gelingen

Selbstverständlich ist die Perspektive der Gesundheitsbranche in die allgemeine Transformation zu einer klimaneutralen Wirtschaft eingebettet. Die größte Verantwortung für uns als Unternehmen liegt dabei in der Landwirtschaft, die insgesamt knapp ein Viertel der Treibhausgasemissionen weltweit verursacht. Doch auch der Pharmasektor trägt in erheblichem Maße zu den aktuellen Emissionen bei, vor allem durch Produktion, Lagerhaltung und Transport von Medikamenten.

Wie viele andere Unternehmen arbeiten auch wir daran, das zu ändern, sowohl für unseren eigenen Betrieb als auch mit unserem Einfluss auf Lieferanten und Kunden. Ich will unseren Ansatz zur Dekarbonisierung in ein paar Punkten skizzieren, auch weil ich der Meinung bin, dass Aspekte davon für die Wirtschaft als Ganzes hilfreich sein können:

— Das beginnt bei klaren Zielen, die am Pariser Klimaabkommen ausgerichtet sind. Wir haben uns verpflichtet, bis 2030 in unserer eigenen Produktion klimaneutral zu sein. Bis spätestens 2050 wollen wir eine Netto-Treibhausgasemission von null inklusive Lieferketten erreichen.
— Die Nachhaltigkeitsziele sind in unseren finanziellen Anreizsystemen berücksichtigt, aktuell zu 20 Prozent in der langfristigen Bezahlung von Management und Vorstand. Zudem existiert ein interner CO_2-Preis von 100 Euro je Tonne, der in die Kalkulation jeder Neuinvestition einfließt. Beides trägt dazu bei, die Dekarbonisierung systematisch voranzutreiben.
— Bis 2030 wird Bayer ausschließlich Strom aus erneuerbaren Quellen beziehen. Zusammen mit

Agenda für 2030

— Konsistente Klimapolitik mit steigendem CO_2-Preis und ausreichend Strom aus erneuerbaren Energien, damit Unternehmen einen klaren Rahmen haben, um ihre Klimaziele zu erfüllen.

— Kontinuierliche Eindämmung protektionistischer Bestrebungen. Das funktionierende System globaler Lieferketten muss aufrechterhalten und resilienter gegen externe Schocks werden.

— Wissenschaftsbasiertes globales Regulierungsumfeld, beispielsweise für Arzneimittel, mit einer stärkeren Harmonisierung zwischen Regionen und Ländern.

Investitionen in Energieeffizienz wird dies unsere Emissionen gegenüber 2019 um 42 Prozent senken. Schon 2020 haben wir langfristige Lieferverträge abgeschlossen und Standorte in mehreren Ländern, etwa in Mexiko oder Spanien, komplett auf grüne Energie umgestellt.

— Es liegt in der DNA der forschungsintensiven deutschen Industrie, auf Innovationen zu setzen. Diese Stärke sollte uns auch auf dem Weg in das klimaneutrale Zeitalter leiten. Dafür brauchen wir die digitale Transformation und eine Regulierung, die Innovationen fördert und die Wettbewerbsfähigkeit stärkt. Damit können wir in Deutschland und Europa die Spitzentechnologie weiterentwickeln, die Wertschöpfung steigern und mit neuen Lösungen weltweit zur Erreichung der SDGs beitragen.

Protektionismus gefährdet unsere Handlungsfähigkeit

Es geht längst nicht mehr darum, ob Veränderungen stattfinden, sondern darum, wie wir diese konkret gestalten. Unternehmen sollten dabei dem nachhaltigen Imperativ folgen und Geschäftsmodelle an den planetaren Grenzen ausrichten. Die Politik sollte Klimaneutralität und Wettbewerbsfähigkeit zusammendenken und gezielt Innovationen fördern. Private und öffentliche Forschungsinvestitionen müssen massiv ausgebaut und an Dekarbonisierung und Digitalisierung ausgerichtet werden.

All dies sollte weiterhin in internationaler Arbeitsteilung geschehen. Darin liegt wohl die größte Herausforderung für die kommenden Jahre. Denn Abschottung und Nationalismus schaden letztlich allen und gefährden die globale Handlungsfähigkeit. Das betrifft nicht nur den Protektionismus. Auch die politische Forderung, vor allem im medizinischen Bereich

regionale Produktionskapazitäten vorzuhalten, würde unser funktionierendes System schwächen. Nach der Pandemie ist klar, dass globale Lieferketten resilienter werden müssen, also etwa in kritischen Bereichen mehr regionale Diversifizierung gebraucht wird. Zudem ist es nachvollziehbar, wenn Regierungen Produkte zur gesundheitlichen Grundversorgung wie etwa Masken als Vorräte anlegen. Aber eine Nationalisierung von Lieferketten würde unnötige, im Ergebnis wertlose Doppelstrukturen und hohe Investitionen verursachen, die für den Umbau der Wirtschaft und den Klimaschutz dringend gebraucht werden.

Genauso wichtig erscheint mir, dass wir alle zu einem gesellschaftlichen Klima beitragen, das von Aufbruch und Fortschritt geprägt ist. Wir benötigen einen neuen gesellschaftlichen Konsens, die Zukunft zu gestalten. Beim Klimawandel bedeutet das, mehr zu erfinden und weniger zu verbieten. Bei der Digitalisierung bedeutet das, nicht immer nur den Datenschutz zu betonen, sondern auch den Datenschatz in unseren Händen zu sehen. Anders gesagt: Wir brauchen in Deutschland eine Willkommenskultur für Innovationen! Dann werden wir die großen Veränderungen unserer Zeit meistern und sie im Sinne von Louis Pasteur auch gestalten können.

WERNER BAUMANN, *geb. 1962, arbeitet seit mehr als 33 Jahren für die Bayer AG. Nach seinem Berufseinstieg 1988 diente er dem Unternehmen in unterschiedlichen Rollen und Ländern, seit 2016 als Vorstandsvorsitzender. Er hat die Transformation von Bayer zu einem Life-Science-Unternehmen mit führenden Geschäften in Gesundheit und Ernährung an mehreren Stellen maßgeblich vorangetrieben. 2020 übernahm er zusätzlich die Rolle des Chief Sustainability Officer.*

Politik

»Die Förderung zukunftsfähiger Innovationen steht in einem Spannungsfeld zwischen Sicherung des Wohlstandes und langfristiger Nachhaltigkeit.«

Politik als Innovationstreiberin

Von Marion A. Weissenberger-Eibl

Eine Hitzewelle in Kanada, Mutationen des SARS-CoV-2-Virus, demografischer Wandel sowie fragile Lieferketten – derlei Herausforderungen beschäftigen die Menschen im Sommer 2021. Die Grand Challenges beeinflussen das Heute und das Morgen und wirken sich auf Gesellschaft und Natur aus. Wir müssen uns daher fragen, wie und wovon wir in Zukunft leben wollen. Die internationale Staatengemeinschaft hat darauf eine Antwort gegeben. Die Entwicklung muss nachhaltig sein: »Nachhaltig ist eine Entwicklung der Menschheit, die es der heutigen Generation erlaubt, ihre Bedürfnisse zu befriedigen, ohne die Chancen zukünftiger Generationen zu gefährden.«[1]

Diese Herausforderungen sollten uns zum Handeln motivieren. Denn die Zeit drängt! Anders als 1987, als der Brundtland-Bericht vorgelegt wurde, ist Zeit mittlerweile zum kritischen Faktor geworden. Kipppunkte im Klimawandel könnten zu irreversiblen Schäden mit verheerenden Folgen führen[2]. Leider haben solche Erkenntnisse in der Vergangenheit nicht dazu beigetragen,

Eine entscheidende Stellschraube wird eine effektive Innovations- und Technologiepolitik sein.

dass früher gehandelt wurde. Zwar hat der »Stern-Report« im Jahr 2006 festgestellt, dass rasche und wirkungsvolle Handlungen wesentlich mehr Vorteile als Kosten mit sich bringen[3]. Dieses Potenzial scheinen wir jedoch kollektiv verschwendet zu haben. Auch wenn Nachhaltigkeit soziale Herausforderungen miteinbezieht, haben diese die Lebensgrundlage nicht derart gefährdet, wie es die Klimakrise nun tut. Erst die Bedrohung der gesamten Weltbevölkerung bewegt uns zum Handeln. Eine entscheidende Stellschraube wird eine effektive Innovations- und Technologiepolitik sein, denn Innovationen gestalten die Welt der Zukunft – und wir gestalten die Innovationen auf dem Weg dorthin.

Vorteile und Spannungsfelder einer nachhaltigen Entwicklung

Nachhaltigkeit sichert unsere Zukunftsfähigkeit in ihren drei Dimensionen. Ökonomische Nachhaltigkeit bedeutet, dass Unternehmen ihren Gewinn unter Aufrechterhaltung der eingesetzten Ressourcen maximieren. Ökologische Nachhaltigkeit ist auf die Erhaltung unserer Lebensgrundlage ausgerichtet.

Die soziale Nachhaltigkeit wird leider manchmal vernachlässigt. Dafür sollten wir beispielsweise auch die Zukunft der Arbeit näher untersuchen, denn nachhaltiges Wirtschaften setzt eine nachhaltige Arbeitswelt voraus[4]. Grundsätzlich sichert soziale Nachhaltigkeit also unseren gesellschaftlichen Zusammenhalt und trägt damit zu einer guten Zukunft bei.

Um die Nachhaltigkeitsziele zu erreichen sind Wirtschaft, Wissenschaft, Politik und Zivilgesellschaft gefragt. Die verschiedenen Stakeholder haben wiederum unterschiedliche Interessen und Ziele, was zu Konflikten und Spannungen führen kann. Unternehmen wollen Profitmaximierung, Wissenschaft strebt nach Erkenntnisgewinn, Politik nach Macht, und zivilgesellschaftliche Zusammenschlüsse setzen sich für bestimmte Interessen wie den Umweltschutz oder Menschenrechte ein. Zu häufig werden die komplexen Systemzusammenhänge unterminiert, sodass Kosten externalisiert werden und Verantwortung für übergeordnete Ziele diffundiert[5].

Ich schlage vor, dass wir den Konflikt zwischen der Sicherung von Wohlstand und langfristiger Nachhaltigkeit aufweichen, indem wir ein breiteres Verständnis von Wohlstand verwenden. Die Messung des Wohlstands am Bruttoinlandsprodukt ist umstritten. Alternative Maßstäbe sind zwar noch nicht allgemein akzeptiert, doch Glück[6] scheint ein ernst zu nehmender Indikator zu werden. So zeigt die empirische Glücksforschung, dass »mehr Einkommen ›uns‹ Bürger der Industrienationen schon lange nicht mehr glücklich macht«[7]. Studien belegen außerdem, »dass steigendes Wohlbefinden nur bedingt an wachsenden Ressourcenverbrauch gekoppelt ist«[8]. Es geht darum, mithilfe von Innovationen Nachhaltigkeitsziele zu erreichen und dabei das Glück und Wohlbefinden der Gesellschaft als Bestandteil einer wünschenswerten Zukunft miteinzubeziehen. Dies konkret zu operationalisieren und zu quantifizieren ist eine komplexe Aufgabe.

Technologie und Innovation nachhaltig adaptieren und aktiv nutzen

Einerseits ist es wichtig, Technologien und Innovationen nachhaltig an ökonomischen, ökologischen und sozialen

Dimensionen auszurichten, denn Innovationen sind nicht per se nachhaltig. Bei der Digitalisierung sprechen wir vom Reboundeffekt: Die Digitalisierung spart zwar Papier, aber den Energieverbrauch für den Betrieb großer Datenserver gilt es mitzudenken. Technologie und Innovation können auch sozial nachhaltig gestaltet werden. Die Nutzung neuer Produkte sollte etwa auch für ältere Menschen verständlich sein. Um heutzutage am sozialen Leben teilzuhaben, muss man sich immer besser mit digitalen Produkten auskennen. Ein schönes Beispiel ist das Projekt »Kaffee Digital«, das Kurse zum Aufbau digitaler Basiskompetenzen für die Generation 60 plus anbietet[9].

Es geht darum, Nachhaltigkeitsziele zu erreichen und dabei das Wohlbefinden der Gesellschaft als Teil einer wünschenswerten Zukunft miteinzubeziehen.

Andererseits können – und müssen – wir Technologie und Innovation aktiv nutzen, um unsere Nachhaltigkeitsziele zu erreichen. Zum einen als Werkzeug: Für ökologische Nachhaltigkeit sollten vor allem die Emissionen im Industriesektor vermindert werden. Das gelingt allerdings nur, wenn die Emissionen auch in der Produktion großer Industrieanlagen reduziert werden – auch wenn hierfür umfangreiche Investitionen notwendig sind und Risiken durch notwendige Testläufe entstehen[10]. Im sozialen Bereich können wir mithilfe von Technologie und Innovation für menschenwürdige Arbeitsbedingungen sorgen, beispielsweise indem Technologien unsere Unternehmen dabei unterstützen, ihren menschenrechtlichen Sorgfaltspflichten nachzukommen.

Zum anderen eröffnen sich durch Technologie und Innovation ungeahnte Möglichkeiten und neue Sichtweisen, um Nachhaltigkeit voranzubringen. Wir können zum Beispiel Big Data und künstliche Intelligenz (KI) gemeinsam mit der menschlichen Bewertungskompetenz nutzen, um die Ursachen des Klimawandels zu untersuchen und potenzielle Abhilfehandlungen zu bewerten. KI kann uns auch dabei helfen, wirksame Medikamente und Impfstoffe zu entwickeln. Die Deep-Mind-KI AlphaFold[11] kann innerhalb von Minuten dreidimensionale Proteinstrukturen, darunter auch von SARS-CoV-2, höchst präzise vorhersagen. Je mehr über die Proteinstruktur eines Erregers bekannt ist, desto schneller können Medikamente entwickelt werden. Gerade im Hinblick auf Mutationen des SARS-CoV-2-Virus ist eine schnelle Analyse der Proteinstruktur essenziell.

Wirtschaft als zentraler Akteur
Bei der Entwicklung neuer Technologien und Innovationen ist die Wirtschaft ein zentraler Akteur. Aber sie agiert in einem System mit Wissenschaft, Bildung, Staat und Gesellschaft. Sie überführt Ergebnisse aus der Forschung in Wissen, um Innovationen zu entwickeln.

Agenda für 2022

— Nachhaltigkeit ist als gesamtgesellschaftliche Herausforderung integriert und fester Bestandteil von Bildungs- und Aufklärungsinitiativen.

— Zukunftsfähigkeit ist ein zentrales Ziel des Koalitionsvertrags, der nicht nur auf eine Legislaturperiode ausgelegt ist, sondern langfristig.

— Initiative »Deutschlands Zielbild 2030« startet als gesamtgesellschaftlicher Partizipationsprozess.

— Stellen für die Organisation ressortübergreifender Zusammenarbeit, für vielfältigen Austausch und Partizipation werden eingerichtet.

Für die Politik gilt es, die richtigen Rahmenbedingungen zu setzen. Dafür muss sie die unternehmerischen Voraussetzungen für erfolgreiche Innovationen verstehen.

Erfolgreiche Innovationen zu entwickeln beginnt damit, Suchfelder für neue Ideen zu bestimmen. Die Quellen umfassen das eigene Unternehmen und die eigenen Kompetenzen, Konkurrenzunternehmen, externe Forschungseinrichtungen und die Kunden. Sind die Suchfelder definiert, beginnt die Ideenentwicklung mithilfe verschiedener Kreativitätstechniken. Dabei hat sich in der Praxis gezeigt, dass gute Ideen insbesondere in einem offenen Prozess

Insbesondere die heutigen Grand Challenges erfordern radikale Innovationen.

entstehen: Open Innovation bindet externe Akteure ein und erweitert damit die Perspektiven und die Wissensbasis[12]. Es gilt also, ein vielfältiges Unternehmensnetzwerk aufzubauen. Insbesondere die heutigen Grand Challenges erfordern radikale Innovationen. Diese gelingen vor allem im interdisziplinären Austausch über Unternehmensgrenzen hinweg.

Mobi.me zeigt, was daraus entstehen kann. Das intelligente System bündelt umfangreiche Informationen für die Nutzenden, um im urbanen Raum mobil zu sein. Über einen einzelnen Authentifizierungsmechanismus erhalten sie Informationen verschiedener Mobilitätsanbieter und können für die Nutzung des Transportmittels über die gewünschte Methode zahlen. Zusätzlich werden Echtzeitinformationen über den damit verbundenen Emissionsausstoß bereitgestellt, was durch eine Verknüpfung zum jeweiligen Energieanbieter erfolgt[13]. Bei dieser Innovation arbeiten Softwareentwickler mit Banken und Finanzdienstleistern sowie Firmen aus dem Mobilitäts- und dem Energiesektor zusammen. Dabei berücksichtigt die Technologie auch den Kundennutzen und bietet mehrere Services an, gebündelt in einer App. Die Protokollierung des Emissionsausstoßes adressiert ein verändertes Bewusstsein der Gesellschaft im Hinblick auf Umweltschutz und ermöglicht klimabewusste Entscheidungen.

Im Austausch verschiedener Disziplinen gilt es, eine gemeinsame Sprache zu finden. Treffen etwa Klimaforscher mit Ingenieuren zusammen, ist das jeweilige Wissen sehr spezifisch und der Wissenstransfer schwierig, sodass wichtige Erkenntnisse möglicherweise verloren gehen. Wie effizient der Wissenstransfer ist, hängt also von den Fähigkeiten und vom Wissen der Akteure, aber auch vom organisationalen und kulturellen Kontext ab[14]. Radikale Innovationen erfordern auch die Implementierung einer zukunftsfähigen Unternehmenskultur: eine Kultur des Wandels, der Technologieoffenheit, der Offenheit für andere Perspektiven, eine Kultur des Experimentierens.

Agenda für 2025

— Die zielgerichtete Innovationsförderung nachhaltiger Technologien und Innovationen zeigt erste Erfolge zum Erreichen der Nachhaltigkeitsziele.

— Gut ausgebaute Innovationsparks sind global und disziplinübergreifend vernetzt. Etablierte Unternehmen, Start-ups und Wissenschaft arbeiten eng zusammen.

— Die Innovationskraft Deutschlands steigt. Der Mensch steht bei der Entwicklung neuer Technologien im Fokus, was zu einer insgesamt hohen Technologieakzeptanz und Wettbewerbsfähigkeit führt.

Dafür braucht es auch eine positive Fehlerkultur. Aus Fehlern können Lerneffekte entstehen und Ideen oder Konzepte verbessert werden. Am Ende stellt sich die Frage, ob eine Idee umsetzbar ist – in wirtschaftlicher, rechtlicher und auch technischer und organisationaler Hinsicht.

Rahmenbedingungen und Handlungsempfehlungen für die Politik

Um die Herausforderungen der Nachhaltigkeit zu bewältigen, scheint es verschiedene Strategien zu geben. Während die Postwachstumsidee den Verzicht als adäquates Mittel propagiert, verlassen sich Libertäre weiterhin auf die unsichtbare Hand des Marktes. Beides erscheint angesichts der sich zuspitzenden Lage nicht zielführend. Ich denke, dass die soziale Marktwirtschaft ein starkes System ist, um die Zukunftsfragen anzugehen.

Die Innovationspolitik wird für Kooperationen, Netzwerke und Cluster immer wichtiger. Dies geht mit der immer stärker interdisziplinären und ressortübergreifenden Arbeit einher, die in der Innovationspolitik notwendig ist. Denn welches Instrument die Politik auch nutzt, es gehören verschiedene Akteure an den Tisch. Um hier gezielt vorzugehen, empfehle ich, Stellen einzurichten, die einen Austausch mit Expertinnen und Experten aus unterschiedlichen Disziplinen, Branchen und Ressorts

Weder Verzicht noch die unsichtbare Hand des Marktes erscheinen angesichts der sich zuspitzenden Lage zielführend.

organisieren. »Change-Management« wiederum unterstützt dabei, Handlungsfelder und Möglichkeiten für Austausch und Partizipation zu identifizieren. Die Akteure müssen stets frühzeitig eingebunden werden. Beispielsweise ist es wichtig, immer den aktuellen Stand der Forschung und Technologien zu kennen, um etwa entsprechende Infrastruktur und Gesetze auf den Weg zu bringen.

Angebots- und nachfrageorientierte Innovationspolitik

In der angebotsorientierten Innovationspolitik kommt es zunehmend darauf an, Innovationsförderung zielgerichtet zu gestalten. Wo liegen die Bedarfe? Was ist der gesellschaftliche Nutzen? Dabei gilt es, vorhandene Stärken zu erkennen und weiter anzutreiben, radikale Innovationen zu fördern und Pfadabhängigkeiten aufzubrechen. Erfolg kann sich vor allem dann einstellen, wenn Nischen entdeckt sowie regionale Stärken ausgebaut und mit Neuem verknüpft werden. Dafür gilt es, die unterschiedlichen Wirtschaftssektoren bei der Implementierung gesellschaftlicher Ziele miteinzubinden. Außerdem braucht es Mut, um traditionelle Konzepte neu zu denken.

Hier kann die Politik steuern und auch riskante Projekte fördern, wenn sie Lösungspotenzial für gesellschaftliche Ziele bieten. Die Innovationsförderung muss offen für Neues sein. Start-ups sind gute Innovationsquellen, um neuen Trends zu begegnen. Gründungen, die sich der Transformation stellen und Ideen zur Lösung gesellschaftlicher Herausforderungen

Agenda für 2030

— Deutschland wird seiner Vorreiterrolle gerecht. Deutliche Emissionsreduktionen stellen sich ein. Das 1,5-Grad-Ziel ist für Deutschland in realistischer Reichweite.

— Staatliche Regulierung in der Innovations- und Technologiepolitik ist durch die effektive Bildungs- und Aufklärungsarbeit im Nachhaltigkeitsbereich immer weniger erforderlich.

bereithalten, sind daher zu fördern. Hier können wir noch mehr auf das Wissen aus Forschungsinstituten und Universitäten zurückgreifen. Gerade bei Gründungen sind häufig gute Ideen vorhanden, aber es fehlt wirtschaftliches oder technisches Know-how für die Umsetzung.

Die nachfrageorientierte Innovationspolitik gibt ein Ziel vor und steuert damit die Richtung künftiger Innovationen. Die Gesetze zur Förderung des Klimaschutzes bieten solch eine Zielvorgabe. Auch bei der Entwicklung von Gesetzen hilft der interdisziplinäre und ressortübergreifende Austausch. Wie hätten wir etwa ohne den Ethikrat Entscheidungen zum Umgang mit COVID-19 im Sinne der gesamten Gesellschaft treffen können? So erfordert die Entwicklung von Klimaschutzgesetzen eben nicht nur die Expertise von Juristen, sondern auch aus der Wissenschaft, wie etwa Klimaforschung, Geologie, Physik und Ingenieurwissenschaft. Die gesetzlichen Rahmenbedingungen müssen frühzeitig mitgedacht werden, um bereit zu sein, wenn Innovationen da sind.

Die Politik ist gefragt, interdisziplinäre und ressortübergreifende Zusammenarbeit zu fördern.

Die Politik ist gefordert, vermehrt Räume für Austausch, Kollaborationen und Netzwerke zu schaffen. Hierfür gilt es, Wissenschaftsparks einzurichten, auf regionale Stärken im Zusammenhang mit den gesellschaftlichen Herausforderungen zu fokussieren und einen lösungsorientierten Dialog herzustellen. Gleichzeitig helfen global orientierte Plattformen, um Innovationen zusammenzubringen. Der Innovationspark Künstliche Intelligenz Baden-Württemberg ist ein gutes Beispiel für ein solches Ökosystem, in dem international etablierte Unternehmen auf Start-ups, Forschungsakteure,

Fachkräfte und Investoren treffen. Ein weiteres Beispiel ist das ZEISS Innovation Hub @ KIT, das neue Technologien ganz im Sinne von Open Innovation erkundet.

Wachsende Ressource Wissen nutzen

Das Bewusstsein für Klimawandel und Umweltschutz ist in der Gesellschaft stark gestiegen[15]. Es gilt aber, dieses auch für die anderen Grand Challenges wie den demografischen Wandel und die Digitalisierung zu fördern. Wenn das Bewusstsein da ist, treffen auch radikale Neuerungen auf Akzeptanz. Wir müssen das System also als Ganzes betrachten und vermitteln. Die Politik trägt bei den komplexen Herausforderungen unserer Zeit eine besondere Verantwortung. Um Entscheidungen zum Wohle der gesamten Gesellschaft zu treffen, braucht es die Perspektiven aller Stakeholder.

Eines steht im Hinblick auf die Nachhaltigkeitsziele und die Gefahr der Ressourcenzerstörung fest: Es gibt eine Ressource, die durch ihre Nutzung wächst – unser Wissen. Also sollten wir es nutzen. Ich plädiere dafür, unser Wissen interdisziplinär und ressortübergreifend auszutauschen und durch Bildung und Weiterbildung generationsübergreifend weiterzugeben.

UNIV.-PROF. DR. MARION A. WEISSENBERGER-EIBL, *geb. 1966, leitet das Fraunhofer-Institut für System- und Innovationsforschung ISI in Karlsruhe und ist Inhaberin des Lehrstuhls für Innovations- und Technologie-Management am Institut für Entrepreneurship, Technologie-Management und Innovation am Karlsruher Institut für Technologie (KIT). Sie arbeitet zu Entstehung und Auswirkungen von Innovationen. Wiederholt wurde sie als eine der 100 einflussreichsten Frauen der deutschen Wirtschaft ausgezeichnet. Die studierte Bekleidungsingenieurin und Betriebswirtin promovierte und habilitierte sich an der Technischen Universität München.*

Politische Bildung

»Weil Gesellschaftstransformationen Sicherheiten ins Wanken bringen, will politische Bildung dazu ermutigen, den Prozess aktiv mitzugestalten und als gewinnbringend zu erleben.«

Veränderungen ohne Angst begegnen

Von Thomas Krüger

Nicht nur für die Politik, auch für die politische Bildung wird Transformation immer stärker zu einem wichtigen Handlungsfeld. Auch weil durch Gesellschaftstransformationen Sicherheiten ins Wanken geraten, will sie Akteurinnen und Akteure dazu ermutigen, den Prozess aktiv mitzugestalten und als gewinnbringend zu erleben. Die Erfahrungen mit der deutschen Wiedervereinigung können dabei als Blaupause dienen, gilt die Entwicklung nach 1989/90 doch als idealtypisch für einen tiefgreifenden Veränderungsprozess – auch wenn dieser bis heute nicht abgeschlossen ist.

In Umfragen zu den drängendsten politischen Themen landen der Klimawandel und die damit verbundene Energiewende seit vielen Jahren stets auf den vorderen Plätzen. So wünschen sich die Bürgerinnen und Bürger nach einer Erhebung des Umweltbundesamtes vor allem in den Bereichen Energie, Landwirtschaft und Verkehr Veränderungen, die die Emissionen von Treibhausgasen reduzieren. Nahezu übereinstimmend befürworten die Befragten einen Umbau in Richtung einer »nachhaltigen Wirtschaft« Nicht nur die Fridays-for-Future-Bewegung, sondern auch viele andere regionale und lokale Initiativen für mehr Klimaschutz fordern Reformprozesse aktiv ein und verdeutlichen, dass eine starke Bereitschaft vorhanden ist, diese auch mitzugestalten.

Gerade im Umgang mit Transformationen aller Art sollte das Ziel politischer Bildung darin bestehen, auch die Breite der Gesellschaft dazu zu motivieren, über die Veränderungen ihrer Lebenswelten sowie staatlicher und ökonomischer Strukturen mitzubestimmen.

Für die politische Bildung ist das ein guter Ausgangspunkt, trotzdem bleibt die Aufgabe höchst komplex. Denn es geht nicht nur darum, die Klimafrage und andere prägende Transformationsphänomene zu beschreiben (Informationsvermittlung ist und bleibt ein wichtiges Anliegen der politischen Bildung). Gerade im Umgang mit Transformationen aller Art sollte das Ziel politischer Bildung darin bestehen, auch die Breite der Gesellschaft dazu zu motivieren, über die Veränderungen ihrer Lebenswelten sowie staatlicher und ökonomischer Strukturen mitzubestimmen. Gleichzeitig sollen ihnen die dafür notwendigen Kompetenzen vermittelt werden.

Transformation als eigener Typus sozialen Wandels

In »modernen bürgerlich-kapitalistischen Gesellschaften des Westens« wurde der Begriff Transformation im Zusammenhang mit gesellschaftlichem Wandel lange Zeit ausgeblendet, häufig wurde lediglich von »Entwicklung« oder »sozialem Wandel« gesprochen[1]. Erst mit der postsowjetischen Umbruchzeit und den Erfahrungen der letzten drei Jahrzehnte erfuhr der Transformationsbegriff eine größere Konjunktur. Transformationsprozesse werden dabei durch »endogene Ursachen, Quellen, Ereignisse«[2] hervorgerufen, wozu »wirtschaftliche, soziale Konflikte, Krisen und Spannungslinien« gezählt werden. Konfliktstrukturen, weltweite soziale, ökonomische und ökologische Brüche sowie längerfristige Trends sind dabei nicht als Zusammenbruchsszenario zu verstehen. Vielmehr sollen die Epochen als Phasen des Übergangs gesehen werden, die einen längeren Zeitraum umfassen und Gefährdungen wie Chancen einschließen.

Der Transformationsforscher Raj Kollmorgen sieht in der Gesellschaftstransformation einen integralen sozialen Wandlungsprozess, der »auf die Veränderung des gesamtgesellschaftlichen Ordnungs- und Institutionengefüges« abzielt[3]. Die Entwicklung ist gekennzeichnet durch einen »Generierungsprozess neuer Gesellschaftsformen«, in dem Anfang und Ende nicht klar definiert werden können[4]. Dabei berücksichtigt Kollmorgen die sozialstrukturellen und soziokulturellen Praktiken im Hinblick auf soziale Umschichtungen, die neu entstehenden Ungleichheiten sowie einen Wertewandel[5]. Wenn zudem »die informellen Institutionen, mentalen Modelle, Lebensformen und [...] Strukturen«[6] einbezogen werden, beschreibt der Begriff der Gesellschaftstransformation Prozesse, die alle Lebensbereiche substanziell beeinflussen. Zugleich werden die Betroffenen als Individuen und Gesellschaft politisch, wirtschaftlich, sozial, kulturell und nicht zuletzt mental herausgefordert.

Dabei kann der Transformationsprozess als Suche nach einem neuen Gesellschaftsvertrag verstanden werden, wobei »kulturelle, lebensweltliche Veränderungen Element oder Voraussetzung einer solchen Suche« sind[7]. Hierbei werden sowohl soziale Veränderungen als auch alternative Handlungsregularien gesucht, um einen gesellschaftlichen Verständigungsprozess zu diesen Fragen zu erzielen und zugleich Kommunikationsprozesse zu initiieren, in denen die verschiedenen Handlungspräferenzen diskutiert werden[8].

Bewältigung von Transformationsprozessen im 21. Jahrhundert

Eine solche Theorie gesellschaftlicher Transformation rückt nicht nur die Komplexität einer sich wandelnden Gesellschaft in den Vordergrund. Sie birgt zugleich ein produktives Moment in sich, das für die Lösung grundlegender Probleme und Herausforderungen der Gegenwart elementar ist. Die akuten Transformationen unserer Zeit tragen deutlich die Handschrift handelnder Akteurinnen und Akteure: Vor allem Politik und Wirtschaft prägen die entsprechenden Prozesse. Wie im Falle des Klimawandels, beziehungsweise bei der Frage, wie dieser bewältigt werden soll, werden jedoch auch andere Einflusssphären deutlich. Hierzu können etwa Protestbewegungen wie die zuvor erwähnten Fridays for Future gezählt werden. Auf der anderen Seite stehen im wörtlichen Sinne konservative Kräfte, die am gesellschaftlichen und politischen Status quo festhalten. Nur kurz seien hier beispielhaft Initiativen genannt, die sich gegen den Ausbau der Windenergie einsetzen.

Die gesamtgesellschaftliche Aufgabe besteht darin, verschiedene politische Ausrichtungen und gesellschaftliche Gruppen mitzunehmen, ohne dass der gesellschaftliche Diskurs beeinträchtigt oder gar vergiftet wird.

Es ist begrüßenswert, dass insbesondere im Zusammenhang mit dem Klimawandel die Debatte um Verteilungskonflikte in den vergangenen Jahren stärker in den Fokus gerückt ist. Bedingt durch die unterschiedlichen Forderungen und Interessen verschiedener politischer Akteure und Unternehmen in diesem Feld, stellt sich die Abwägung von Veränderung und gesellschaftlicher Sicherheiten vielfach als ein Dilemma dar. Spannungen werden insbesondere dann deutlich, wenn ökologische, ökonomische und soziale Sichtweisen gegenseitig in Stellung gebracht werden. Dies ist die Kehrseite der eingangs erwähnten vermeintlich konstruktiven Grundhaltung gegenüber den notwendigen Schritten gegen den Klimawandel.

Die gesamtgesellschaftliche Aufgabe besteht darin, verschiedene politische Ausrichtungen und gesellschaftliche Gruppen mitzunehmen, ohne dass der gesellschaftliche Diskurs beeinträchtigt oder gar vergiftet wird, wobei »unterschiedliche Prioritäten, Hoffnungen und Bedenken« berücksichtigt werden müssen[9]. Die Begleitung klimapolitischer Maßnahmen mit dem damit verbundenen Transformationsprozess erfordert daher große Sensibilität. Vielstimmige Aushandlungsprozesse auf der einen, massive Konfliktpotenziale auf der anderen Seite sorgen dafür, dass die Transformation an dieser Stelle nicht einseitig normativ beschrieben werden kann.

Wiedervereinigung als Blaupause

Auch die Folgen der Wiedervereinigung erweisen sich als Generationenaufgabe, die auch nach über 30 Jahren nicht abgeschlossen ist. Den damit verbundenen Entwicklungen ist nicht nur der Quellcode zum Verständnis des gesamtgesellschaftlichen Gefüges in der Jetztzeit eingeschrieben. Sie können gleichzeitig als Blaupause für viele andere Transformationsprozesse dienen. Die Entwicklung nach 1989/90 gilt als idealtypisch für einen solch tiefgreifenden Veränderungsprozess, da ein politisches und ökonomisches System abgewickelt wurde. Institutionen wurden ausgetauscht, Märkte umgewandelt, Arbeitsplätze gingen vielerorts verloren. Daher führte die Wiedervereinigung trotz der enormen Investitionen – etwa in Infrastrukturen – nicht überall zu einer nachhaltigen Verbesserung der Lebensbedingungen und der Daseinsvorsorge vor Ort.

Diese Schwierigkeiten dürften auch bei bevorstehenden Transformationsprozessen eine Herausforderung darstellen, weswegen Parallelen mit Blick auf Fragestellungen zur Ökologie und der Digitalisierung bereits jetzt Gegenstand der Debatten sind.

Transformation als Schlüsselkompetenz

Obwohl gesellschaftlicher Wandel ein permanenter Zustand gemeinsamen Zusammenlebens ist, ist gerade die Gesellschaftstransformation für die politische Bildung von großer Bedeutung: Neben dem inhärenten Konfliktpotenzial sind es insbesondere die Schnelligkeit und die Wucht von gesellschaftlichen Transformationen,

die dazu führen, dass sie sich als Bruch in der Biografie der Betroffenen manifestieren, der über Jahrzehnte nachwirken kann. In der Transformation erodieren sinnstiftende Gemeinschaftsstrukturen, emotional besetzte kollektive Identifikationsorte oder positive Zugehörigkeitsmodelle. Zugleich verschwinden vertraute Kategorien und Sozialräume wie auch soziale und kulturelle Gewissheiten. Mit ihnen zusammen verändern sich Formen von Vergesellschaftung und Kommunikation.

In dieser Gemengelage positioniert sich die politische Bildung nicht entlang eines Top-down-Prinzips, sondern tritt unmittelbar in den Dialog mit den Menschen. Dadurch sollen die vielfältigen Perspektiven der Gesellschaft aufgezeigt und zugleich die Ambiguitätstoleranz und Resilienz durch die Kontextualisierung verschiedener Sichtweisen gestärkt werden. Resilienz meint in

diesem Zusammenhang die Fähigkeit, diverse Meinungen und Lebensweisen auszuhalten, die in der Pluralität unserer Gesellschaft ganz automatisch aufeinanderprallen. Auch weil durch Gesellschaftstransformationen Sicherheiten ins Wanken geraten, will politische Bildung die Akteurinnen und Akteure dazu ermutigen, den Prozess aktiv mitzugestalten, und sie dabei stärken, diesen für sich gewinnbringend zu erleben.

Alte Sicherheiten kann zwar auch die politische Bildung nicht ersetzen, ohnehin muss sich die Profession stets ihrer Einflussmöglichkeiten bewusst werden und diese transparent machen. Politische Bildung kann jedoch nicht nur die Stimmen hörbar machen und Räume zum Austausch schaffen. Ihr Anspruch besteht auch darin, zusammen mit Beteiligten nachhaltige Zukunftsvisionen zu erarbeiten, neue Narrative und an die

Lebensrealitäten angepasste Wertegerüste zu entwickeln sowie institutionelle Verfahren zu gestalten.

Gestaltungsmöglichkeiten erkennen und nutzen

Es gilt, Angebote dahingehend zu schaffen, dass Personen ohne Angst und mit Vertrauen in ihre eigenen Fähigkeiten diese Veränderungsprozesse durchschauen und sie selbstbestimmt mitlenken. Menschen sollen dazu gebracht werden, sich in eine Situation zu versetzen, in der sie ihre eigenen Gestaltungsmöglichkeiten erkennen und anwenden. Selbstwirksamkeitserfahrungen können beispielsweise über moderierte Konversions- oder Bürgerbeteiligungsverfahren initiiert werden – sowohl in der Freizeit als auch am Arbeitsplatz. Im Übrigen erweisen sich insbesondere im Umgang mit der Digitalisierung und auch hinsichtlich der Klimapolitik Formate der politischen Bildung als sehr anschlussfähig an das betriebliche Umfeld vieler Menschen in Deutschland. Immerhin vollzieht sich der digitale und der ökologische Wandel genau dort mit am sichtbarsten.

Der Anspruch politischer Bildung besteht auch darin, zusammen mit Beteiligten nachhaltige Zukunftsvisionen zu erarbeiten, neue Narrative und an die Lebensrealitäten angepasste Wertegerüste zu entwickeln sowie institutionelle Verfahren zu gestalten.

Akteurinnen und Akteure der politischen Bildung sind zudem gut beraten, sich auch an benachbarten Disziplinen zu orientieren. Insbesondere bezüglich des Umgangs mit dem Klimawandel kann das Konzept der Gestaltungskompetenz, das seit rund 15 Jahren im Bereich der Nachhaltigkeitsbildung Anwendung findet, didaktisch und methodisch neue Impulse geben. Nach Gerhard de Haan wird unter Gestaltungskompetenz die Fähigkeit bezeichnet, »Wissen über nachhaltige Entwicklung anwenden und Probleme nicht nachhaltiger Entwicklung erkennen zu können«[10]. Damit verbunden ist die Entwicklung von (Handlungs-) Fähigkeiten, die ermöglichen sollen, Entscheidungen zu treffen und diese »individuell, gemeinschaftlich und politisch« umsetzen zu können[11].

Ziel sollte sein, Entscheidungsprozesse unter größtmöglicher Beteiligung der Bürgerinnen und Bürger herbeizuführen und die Dringlichkeit der Themen gesamtgesellschaftlich bewusst zu machen.

Gestaltungskompetenz umfasst eine Reihe von Teilkompetenzen, die auch für die politische Bildung noch stärker in den Fokus gehören: darunter etwa die Bereitschaft, Wissen auf neuen Perspektiven aufzubauen, sich selbst und das eigene Umfeld zum Mitmachen zu motivieren, oder auch die Empathie und Solidarität für Benachteiligte. Es handelt sich um ein Bildungsverständnis, das explizit zukunftsorientiert ist und die (Vor-) Erfahrungen der angesprochenen Zielgruppen aufgreift[12].

Entscheidungsprozesse sollten möglichst viele einbinden

Ziel sollte sein, Entscheidungsprozesse unter größtmöglicher Beteiligung der Bürgerinnen und Bürger herbeizuführen und die Dringlichkeit der Themen gesamtgesellschaftlich bewusst zu machen. Die Zielgruppen sollen auch bei der Entwicklung neuer Formate eingebunden werden, um nicht in der recht homogenen und selbstreferenziellen Perspektive der professionellen politischen Bildung verhaftet zu bleiben. Zugleich kann eine Lektion für Gesellschaftstransformationen gerade nach den Erfahrungen infolge der Wiedervereinigung folgendermaßen lauten: Die Implementierung demokratischer Institutionen ist nicht ausreichend, um soziale Bindungswirkungen zu entfalten. Das gilt umso mehr, als dass die Verbindung der beiden deutschen Staaten vielfach als Überstülpen fremder Institutionen wahrgenommen worden sei[13].

Aus diesem Grund ist es unabdingbar, sicherzustellen, dass sich Menschen die demokratischen »Institutionen aktiv aneignen und durch ihr Handeln bestätigen«[14]. Dafür muss die politische Bildung zivilgesellschaftliche Strukturen stärken, um kein Vakuum der gelebten Demokratie entstehen zu lassen. Gerade dort, wo Strukturen der Daseinsfürsorge weggebrochen sind, ist es geboten, an Ansätze demokratischer Alltagskultur anzudocken, indem beispielsweise in Sportvereinen oder in der Feuerwehr Aushandlungsprozesse gefördert werden. Im Zusammenhang mit der Frage nach gesellschaftlichem Zusammenhalt sind in den vergangenen

Jahren insbesondere in ländlich-strukturschwachen Gegenden der Bundesrepublik Formate entstanden, die in eine vielversprechende Richtung weisen.

Bildungsprozesse müssen von den Lernenden ausgehen

Auf diese Weise können kreative Bildungsprozesse entstehen, die von den Bedarfen und der Lebensrealität der Lernenden ausgehen und dadurch leichter als relevant vermittelt werden können. Essenziell ist zudem, der Wahrnehmung entgegenzutreten, dass die Betroffenen pauschal fremdgesteuert sind – etwa durch die Politik oder die Wirtschaft. Gerade in gegenwärtigen Prozessen der Gesellschaftstransformation wird diese Wahrnehmung frustrierend sein, wenn Entscheidungen, die das eigene Leben markant verändern, über den eigenen Kopf hinweg getroffen werden. Ebenso kommt es jedoch darauf an, dem Eindruck vorzubeugen, dass die politische Bildung als Agentin hegemonialer Strukturen auftritt. Fest verankert im Grundgesetz und menschenrechtsorientiert, eröffnet die politische Bildung Reflexionsräume, in denen offen und kontrovers über gesellschaftliche Verhältnisse sowie verschiedene politische Systeme diskutiert werden kann.

Fest verankert im Grundgesetz und menschenrechtsorientiert, eröffnet die politische Bildung Reflexionsräume, in denen offen und kontrovers über gesellschaftliche Verhältnisse sowie verschiedene politische Systeme diskutiert werden kann.

Die sozialräumlichen Lösungsansätze, die gemeinsam mit den Menschen erarbeitet und von ihnen geprägt werden, können zwar nicht eins zu eins auf andere Kontexte übertragen werden. Nicht alles, was die politische Bildung im Kontext der Wiedervereinigung erprobt hat, werden wir etwa in den Bereich des Klimawandels übersetzen können. Dennoch können viele Formate eine Folie für andere Regionen und Umstände sein, sodass an jene Erfahrungen und erworbenen Kompetenzen angedockt werden kann. Entscheidend ist, die oftmals schmerzhaften Transformationserfahrungen als Ressource für die Zukunft zu begreifen. Gerade Personen, die bereits eine Transformation erlebt und durchgemacht haben, haben sich in den vergangenen Jahrzehnten neue Fähigkeiten angeeignet und Lösungen für die persönlichen Probleme und die ihres Umfelds gefunden. Aus Sicht der politischen Bildung ist es daher produktiv, Werkzeuge dafür zu entwickeln, um vorhandene Kompetenzen mit Transformationserfahrungen freizulegen, weiterzuentwickeln und diese der Allgemeinheit zugänglich zu machen.

Dabei reicht es nicht, die Transformationsthemen allein unter innerstaatlichen Vorzeichen zu betrachten. Projekte wie der New Deal der Europäischen Union unterstreichen, dass alle nationalen Anstrengungen und Besonderheiten der jeweiligen Gesellschaften in globalen Kontexten stehen. In den hiesigen Debatten um den Zusammenbruch des Ostblocks sind internationale Perspektiven oftmals zu kurz gekommen[15]. Daher wäre es gut, dieses Versäumnis sowohl mit Blick auf die Wiedervereinigung aufzuarbeiten als auch bei der Auseinandersetzung mit den sogenannten Zukunftsaufgaben gar nicht erst zu wiederholen.

Die politische Bildung hat jedenfalls die Aufgabe angenommen, jene Wissensbrücken zu bauen, die bei der Bewältigung der akuten Transformationsprozesse helfen können. Aus der Perspektive der Betroffenen ist es wichtig, Unsicherheiten anzuerkennen und – falls nötig – damit einhergehende Polarisierungen und Konflikte aufzugreifen. Diese Ehrlichkeit, verbunden mit der konzeptionellen handlungs- und sozialraumorientierten Vielschichtigkeit, ist die Conditio sine qua non der politischen Bildung im Umgang mit jeglichen Formen der Transformation.

THOMAS KRÜGER, *geb. 1959, ist seit Juli 2000 Präsident der Bundeszentrale für politische Bildung (bpb). Er war 1989 einer der Gründungsmitglieder der Sozialdemokraten in der DDR (SDP) und blieb bis 1990 deren Geschäftsführer in Berlin (Ost) und Mitglied der Volkskammer in der DDR. Er war 1990 bis 1991 als Erster Stellvertreter des Oberbürgermeisters in Ost-Berlin tätig sowie als Stadtrat für Inneres beim Magistrat Berlin und in der gemeinsamen Landesregierung. Von 1991 bis 1994 war er Senator für Jugend und Familie in Berlin, 1994 wurde er für die SPD in den Deutschen Bundestag gewählt.*

Sport

»Der Fußball kann eine führende Rolle im Klimaschutz einnehmen und mit seiner enormen Kraft die Gesellschaft inspirieren.«

Der Fußball als Impulsgeber für eine erfolgreiche Wende

Von Nico Briskorn

Aufschub war gestern. Unternehmen, Politik und Zivilgesellschaft müssen gemeinsam handeln, um die globale Erderwärmung auf 1,5 °C zu begrenzen. Durch seine große, globale und sozial vielfältige Gemeinschaft kommt dem Fußball hierbei besondere Bedeutung zu. Die Bundesliga ist eine der größten und beliebtesten Profisportligen der Welt. Sie begeistert die Menschen in den Stadien und ist einer der attraktivsten Medieninhalte Deutschlands mit globaler Ausstrahlung. Allein in deutschen Stadien finden jährlich mehr als 700 professionelle Spiele statt. In Europa sind es knapp 15.000 Spiele.

Mit seiner Beliebtheit und Ausstrahlungskraft hat der Fußball ein bemerkenswertes Potenzial, den Wandel voranzutreiben und die Menschen für einen klimafreundlichen Sport und eine nachhaltige Gesellschaft zu begeistern. Dabei muss er sich das Vertrauen immer wieder verdienen: indem er offen anspricht, wie sich Fußball auf die Umwelt und das Klima auswirkt, und sich bei Sportlern und Fans authentisch und glaubwürdig für Klimaschutz einsetzt.

Unsere Welt verändert sich – und mit ihr der Fußball
Bereits heute führen Starkregen und Orkane immer wieder zu Spielabsagen. Der zukünftige Trainings- und Spielbetrieb wird sich dem Klima anpassen müssen. Dies betrifft die Terminierung von Welt- und Europameisterschaften genauso wie den laufenden Ligenbetrieb.

Die BBC hat für 2050 ein Szenario entwickelt, das nachdenklich stimmt[1]. Fußball findet darin mit einer begrenzten Anzahl von reisenden Fans in klimatisierten und vollständig überdachten (Hallen-) Stadien statt. Die Spiele werden in der Nacht ausgetragen, wenn es kühler ist. Die Spieler und Spielerinnen werden immer dann ausgewechselt, wenn die biometrischen Messwerte ihrer aktiven Trikots anzeigen, dass sie sich der »roten Zone« in Bezug auf Hitze oder Müdigkeit nähern. Tickets für Europa- und Weltmeisterschaften können nur einheimische Bürger kaufen. Ausländische Fans können teilnehmen, wenn sie nachweisen, dass sie auf umweltverträgliche Weise angereist sind, zum Beispiel mit einem elektrischen Fahrzeug oder mit einem mit Wasserkraft betriebenen Boot. Damit die Umweltverschmutzung gering bleibt, werden Flüge nicht möglich sein. Dank der innovativen Virtual-Reality-Technologie, die in allen Stadien zum Einsatz kommt, werden die Fans aus aller Welt jedoch nicht das Gefühl haben, etwas zu verpassen. Natürlich ist die Anwesenheit aus der Ferne nichts Neues, aber die Gastgebernationen werden ein neues virtuelles Erlebnis bieten, das die gewohnten Seh- und Klangpakete um Berührungen und Gerüche ergänzt. Auf riesigen, vernetzten Augmented-Reality-Wänden, die das Spielfeld umgeben, werden auch die Spieler die Fans sehen und hören können, wenn sie auf dem Spielfeld sind.

Klimaschutz als Chance für den Fußball
Zurück in die Gegenwart: Trotz der globalen Erderwärmung und zunehmender Hitzewellen können die Spieler nach wie vor im Sommer spielen, und auch klimabedingte Flugverbote sind derzeit noch weit entfernt. Fakt ist, dass Profivereine einen großen ökologischen Fußabdruck haben und sie dadurch sowohl das Klima beeinflussen als auch von den klimatischen Bedingungen abhängig sind. Gleichzeitig verfügen die Klubs über die notwendigen Ressourcen, um eine Vorreiterrolle für eine nachhaltige Form des Fußballbetriebs zu übernehmen.

Klubführungen und Spitzenfunktionäre sollten daher die Chance eines grünen, nachhaltig transformierenden Fußballs erkennen und nutzen. Für Klubs und Liga ist es eine vielversprechende Gelegenheit – ergeben sich doch neue Vermarktungschancen, Chancen auf eine höhere Marktkapitalisierung und nicht zuletzt eine höhere gesellschaftliche Akzeptanz.

Die globale Entwicklung formt aktuell eine sogenannte *Purpose Economy*. Heranwachsende Generationen bewerten kritisch, wie verantwortlich ihre Arbeitgeber und die Marken sind, die sie konsumieren. Bereits heute sagen 81 Prozent der Millennials, dass erfolgreiches Business einen echten Zweck braucht. Den Fußball schließt diese Entwicklung nicht aus, auch wenn einige Verantwortungsträger immer noch denken, dass sich die Menschen zu allen Zeiten »um das letzte Lagerfeuer« versammeln.

Die Europameisterschaft 2024 in Deutschland bietet die große Chance, als Meilenstein in einer nachhaltigen Entwicklung des Fußballs gesehen zu werden.

Agenda für 2022

— Ein Nachhaltigkeitsstandard, der sich an international anerkannten Rahmenwerken orientiert, ist Bestandteil der Lizenzierung der Klubs der Bundesliga und 2. Bundesliga.

— Die Deutsche Fußball Liga (DFL) setzt wirtschaftliche Anreize für besonders nachhaltig agierende Vereine.

— Alle Klubs und Verbände verpflichten sich zur transparenten Berichterstattung und machen ihr Engagement insbesondere für Fans nachvollziehbar.

— DFL und Klubs bauen Strukturen und inhaltliche Expertise auf und forcieren die Zusammenarbeit mit dem DFB.

Dass Purpose mittlerweile auch im Fußball eine zentrale Rolle spielt, belegen aktuelle Studien: 86 Prozent der Fußballanhänger erwarten ein umfassendes Umweltengagement von den Klubs. 69 Prozent würden lieber zu einem Spiel gehen, wenn sie wüssten, es ist umweltfreundlich. Der englische Verein Forest Green Rovers belegt diesen Trend. Eine konsequente ökologische Ausrichtung bis hin zu rein vegetarischen Speisen im Stadion hat dazu geführt, dass der englische Viertligist in aller Munde ist und weltweit über 70 Fanklubs besitzt.

Unter den europäischen Profiligen gilt der VfL Wolfsburg in puncto Klimaschutz als Benchmark. So erhebt der Klub seit 2012 seinen CO_2-Fußabdruck und will bis 2025 Netto-Null-Emissionen erreichen. Der Reduktionspfad ist orientiert an *science based targets* (SBT): Ausgehend von dem Saisonjahr 2017/18 sollen die Treibhausgasemissionen jährlich um 6,45 Prozent schrumpfen. Daraus ergibt sich bis zum Jahr 2030 eine Reduzierung um rund 55 Prozent. Der VfL war außerdem der erste Topclub mit einer Zielsetzung für alle Scopes, zudem der erste Bundesligist, der das »Sports for Climate Action«-Framework der UN unterschrieben hat und »Race To Zero« unterstützt.

Herausforderung meistern und Wirkung maximieren

Die Herausforderung für den Sport hinsichtlich der Einbettung der ökologischen Nachhaltigkeit besteht darin, von Ad-hoc-Umweltinitiativen in die Strategie überzugehen. Dies braucht Mut und Veränderungswillen sowie einen selbstkritischen Umgang mit dem aktuellen Vermarktungs- beziehungsweise Geschäftsmodell, das auf maximalen Gewinn und die damit verbundene (erhoffte) Chance auf maximale sportliche Erfolge ausgelegt ist. Um den Fußball auch in Zukunft als nachhaltige

gesellschaftliche Instanz zu positionieren, müssen die Deutsche Fußball Liga (DFL), der Deutsche Fußball-Bund (DFB), Klubs, Sponsoren und auch Fans an einem Strang ziehen. Denn die Wende zu einem klimafreundlichen Fußballgeschäft kann nur gemeinsam erfolgen. Es gilt, Entwicklungen und Auswüchse der Vergangenheit zu reflektieren, zu diskutieren und gangbare Wege für die Zukunft zu entwerfen. Hierfür werden klare und faire Ziele benötigt, die aufzeigen, welchen ökologischen Beitrag die Branche als Ganzes leistet und mit welchen Instrumenten diese zweckmäßig erreicht werden. Es geht darum, die Wirkung des Fußballs zu maximieren.

Der Fußball und seine Auswirkungen auf das Klima

Die An- und Abfahrten zu den Spielen durch Fans und Mannschaft haben eine große Klimawirkung. Im Laufe eines Spieltags entsteht viel Abfall. Nicht zuletzt erhöht die zunehmende Digitalisierung den Energiebedarf im Spielbetrieb, aber auch in der Verwaltung und der IT. All dies belastet die Umwelt. Nach wie vor klafft zwischen Realität und Handlungsbedarf eine große Lücke. Daher müssen neue Wege gefunden werden, den Fußballbetrieb effizienter und nachhaltiger zu gestalten. Entlang der Wertschöpfung müssen die Bereiche Energie, Wasser, Abfall, Transport, Lebensmittel, Dienstleistungen sowie Produkte auf ihre ökologische Nachhaltigkeit stetig geprüft werden. Für den Fußball heißt die Aufgabe: vermeiden, reduzieren, kompensieren und Anreize setzen, sodass alle Anspruchsgruppen mitmachen.

Erste gute Beispiel zeigen, was möglich ist. Der FC St. Pauli produziert seit 2021 mit DIIY eine eigene nachhaltige Teamsportkollektion. Brands Fashion, Marktführer für Merchandising-Textilien, hat 2020 die Green Factory in Indien eröffnet, die CO_2-Emissionen unter anderem durch den Einsatz von Solarpaneelen reduziert.

Erneuerbare Energien sind auch in der Bundesliga weit verbreitet. Werder Bremen und Borussia Dortmund betreiben eigene Photovoltaikanlagen. Das Olympiastadion in Berlin hat eine Regenwasserzisterne, und der VfL Wolfsburg nutzt Grauwasser aus dem Mittellandkanal zur Bewässerung der Trainingsplätze.

Mit Kampagnen klimafreundliches Verhalten fördern

Das Mobilitätsverhalten ist von entscheidender Bedeutung im Kampf gegen den Klimawandel. Ein Champions-League-Endspiel zweier englischer Klubs in Portugal wie 2021 ist in Zukunft kaum vorstellbar. Der Sport kann als Katalysator für Veränderungen im Transportsektor dienen, indem er die Nachfrage nach kohlenstoffarmen Verkehrsmitteln erhöht und indem er die Zuschauer dazu ermutigt, emissionsarme Reisemöglichkeiten wie Fahrräder, Elektrofahrzeuge oder öffentliche Verkehrsmittel zu wählen. Das Kombiticket ist beispielsweise ein interessantes Angebot in dieser Hinsicht, aber bei internationalen Veranstaltungen sollten auch längerfristige Strategien erforscht werden, etwa im Hinblick darauf, wie Fernflüge reduziert und mehr Anreize für lokale und regionale Zuschauer geschaffen werden können.

Der zukünftige Trainings- und Spielbetrieb wird sich dem Klima anpassen müssen.

Entsprechende Kampagnen der Klubs könnten dabei helfen, Zuschauer zur Nutzung nachhaltiger Verkehrsmittel zu animieren. Außerdem ist der Zusammenschluss mit wichtigen Interessenvertretern im Fußball erforderlich, um gemeinsam an Konzepten zu arbeiten und diese auf lokaler und nationaler Ebene einzuführen. Das Ziel sollte hierbei sein, dass kohlenstoffarme Verkehrsmittel zur Norm werden und alle Fußballvereine einen einheitlichen und universellen Ansatz für die Anreise zu Spielen verfolgen. Schließlich können unvermeidbare Emissionen, die durch Reisen entstehen, durch glaubwürdige Kompensationsprogramme ausgeglichen werden.

Ein grüner Spieltag kann aber noch mehr leisten, etwa durch zertifiziert nachhaltige Produkte im Fanshop, vegane Angebote und Mehrwegsysteme im Catering sowie die Reduktion von Müll durch *circular economy*-Ansätze.

Das PETA-Ranking (2019)[2] und die Studie »So fair sind die Shops« (2020) von Cum Ratione[3] zeigen gute Beispiele, aber auch Handlungsempfehlungen. Vor allem eine vegane Ernährung ist derzeit im Sport in aller Munde. Immer mehr Topsportler wie Formel-1-Weltmeister Lewis Hamilton oder Tennisspieler Novak Đoković entdecken den Fleischverzicht als leistungssteigerndes Mittel. In der Fußball-Bundesliga schwören immer mehr Fußballer auf eine vegane Ernährung. Unter ihnen die Nationalspieler Luca Waldschmidt oder Serge Gnabry. Im Zuge von Kampagnen können Leistungssportler ihre Vorbildfunktion nutzen, um eine vegane und klimafreundliche Ernährungsweise noch salonfähiger zu machen.

Chancen der Digitalisierung

Das Produkt Fußball lebt als Kulturgut von gemeinsamen Stadionerlebnissen und Emotionen der heterogenen Gesellschaft und entfaltet dabei eine positive soziale Kraft. Digitale Angebote für Fans, zum Beispiel der virtuelle Stadionbesuch, scheinen zunächst schwer vorstellbar. Im Zuge der Internationalisierungsaktivitäten der Klubs können virtuelle Begegnungen mit Fans aus aller Welt jedoch Chancen bieten, einerseits Reichweiten zu erhöhen und andererseits Marketingreisen nach China oder in die USA zu vermeiden. Auch Trainingslager werden zukünftig im Rahmen einer nachhaltigen Positionierung daheim stattfinden müssen.

Mindset verändern und Stakeholder aktivieren

Das Mindset der Klubführungen spielt bei der Transformation eine Schlüsselrolle. Effizienter Klimaschutz gelingt nur mit strukturellen Veränderungen und Investitionen, die sich teilweise erst mittel- und langfristig auszahlen. Ein großes Problem der Branche ist dabei, dass Manager im Fußball zumeist am kurzfristigen sportlichen Erfolg gemessen werden. Hier braucht es künftig andere Bewertungsansätze.

Den Handlungsbedarf auf Fachebene zeigt eine Klubumfrage unter den Verantwortlichen für Corporate Social Responsibility (CSR) der 36 deutschen Profiklubs. Damit sich die Klubs in Sachen Klimaschutz weiterentwickeln können, benötigen die Fachexperten Budget und mehr Handlungsspielräume, einen besseren Austausch untereinander, um von den Besten zu lernen und sich weiterentwickeln zu können, sowie mehr Expertise. Insbesondere der Qualifizierung kommt hier eine zentrale Bedeutung zu, die DFL unterstützt übergreifend. Nur sehr wenige Klubs verfügen aktuell über Energie-, Umwelt- oder Klimamanager. Das fehlende Know-how führt unter anderem dazu, dass sich Vereine als klimaneutral bezeichnen, in Wahrheit jedoch nur die Scope-1- und Scope-2-Emissionen in die Zielsetzung einbeziehen und die restlichen Treibhausgasemissionen, die in der vor- und nachgelagerten Wertschöpfung liegen, außer Acht lassen. Denn branchenübergreifend liegen durchschnittlich 80 Prozent der CO_2-Emissionen im Scope-3-Bereich. Dabei müsste die Zielsetzung mit Blick auf den CO_2-Fußabdruck viel weiter gehen, um sich nicht dem Vorwurf des Greenwashings auszusetzen.

Das aktuelle Geschäftsmodell ist auf maximalen Gewinn und maximale sportliche Erfolge ausgelegt.

Klimamanagement ist eine Gesamtaufgabe im Verbund mit unterschiedlichen Anspruchsgruppen. Mit Blick auf den CO_2-Fußabdruck und den CO_2-Treiber »Fanmobilität« – die An- und Abreise zu den Heim- und Auswärtsspielen macht circa 60 Prozent der CO_2-Emissionen aus – ist die Einbindung der Anhänger ein zentrales Element. Dabei gilt es, die Leidenschaft aller Fangruppen zu erhalten und zu stärken. Partizipative Strukturen in Klubs und Verbänden ermöglichen Teilhabe und Austausch über die geplanten

Klimaschutzmaßnahmen. Mögliche Anreizmechanismen können im Dialog gemeinsam diskutiert werden.

Auf kommunaler Ebene unter Mitwirkung der Stadt und weiterer wichtiger Organisationen, die den Sport und die Stadien als Leuchtturm zur Veranschaulichung eines gelungenen Wandels nutzen können und sollten, können wichtige Schritte gegangen werden. Denn das Fußballstadion als Mikrokosmos mit bis zu 80.000 Zuschauern pro Heimspiel bietet sich als Testcenter und Showcase für innovative Mobilitäts- und Nachhaltigkeitslösungen an. Die Zusammenarbeit mit Sponsoren und Partnern sowie Start-ups erscheint in diesem Rahmen sinnvoll und macht im besten Fall Klimaschutz für ein Millionenpublikum sichtbar.

Die Zukunft des Profifußballs

Die DFL-Taskforce »Zukunft Profifußball« hat in ihrem Abschlussbericht mit Blick auf das Jahr 2030 das Ziel ausgegeben, durch die Maßnahmen der Profiklubs breite Bevölkerungsschichten für den Umwelt- und Klimaschutz zu gewinnen. Der Profifußball wirkt dabei nach innen und nach außen als Vorbild für die Gesellschaft. Der Arbeitskreis Verantwortung, zusammengesetzt aus CSR-Verantwortlichen der Klubs, hat dieses Ziel konkretisiert und im Auftrag des DFL-Präsidiums ökologische Handlungsempfehlungen entwickelt. Diese beinhalten Vorschläge für strukturelle Veränderungen auf DFL-Ebene und im Zusammenspiel der DFL mit den Klubs

Agenda für 2025

— Moderne Führungsstrukturen mit mehr Frauen in Führungspositionen prägen die Vorstände und Aufsichtsräte der Klubs und Verbände.

— Die Klubspitzen werden neben dem sportlichen Erfolg auch am nachhaltigen (ökologischen) Impact gemessen.

— Die EM 2024 in Deutschland überträgt ihr Konzept auf den Breitensport und bietet ökologische Fachberatung mit Unterstützung der Politik.

Agenda für 2030

— Die Klubs der Bundesliga und 2. Bundesliga sind CO_2-neutral in den Scopes 1 bis 3.

— Die Klubs haben gemeinsam den Wettbewerb überarbeitet und Regelungen, etwa zu Gehaltsobergrenzen, verabschiedet. Die Vermarktungsspirale wurde gebremst.

— Der Fußball fungiert als starke Interessenvertretung der Athleten, die die Entscheidungen der Verbände und Klubs positiv beeinflusst.

— FIFA und UEFA einigen sich auf weniger Wettbewerbe und Spiele und stärken damit das Produkt Fußball.

sowie zur Bewusstseinsbildung und Qualifizierung der Führungs- und Fachebenen. Unter anderem empfiehlt der Arbeitskreis Verantwortung die Einführung einer Kommission Nachhaltigkeit, die das DFL-Präsidium berät und konkrete Handlungsempfehlungen erarbeitet. Die Empfehlungen bieten eine gute Grundlage für die weitere Diskussion, um zeitnah eine ligaweite Haltung und Zielsetzung zum Thema Klimaschutz zu entwickeln.

Mit sustainClub hat sich bereits ein erster Nachhaltigkeitsstandard im Fußball etabliert. Das von der Schweizer NGO sustainable /// sports entwickelte Managementsystem greift auf bestehende Orientierungsrahmen wie den der Global Reporting Initiative (GRI) zurück, berücksichtigt aber auch die Besonderheiten des Sports. Gemeinsam mit sechs Klubs wurden 2020 im Rahmen einer Pilotphase die Kriterien geschärft und Mindeststandards festgelegt. Dazu gehören neben dem schriftlichen Commitment der obersten Vereinsführung zur Nachhaltigkeit auch Konzepte zur Bevorzugung lokaler Lieferanten, der Einkauf von Ökostrom sowie Konzepte zur Reduktion der Mobilitätsemissionen. Seit 2021 durchlaufen bereits weitere Klubs den Prozess inklusive einer Auditierung. Zukünftig sollte ein entsprechender Nachhaltigkeitsstandard Teil des Lizenzierungsverfahrens der Klubs sein.

Neben diesem Pflichtprogramm sollten Klubs aber auch eine Vision mit gemeinsamen kurz-, mittel- und langfristigen Zielen entwickeln. Die Europameisterschaft 2024 in Deutschland bietet eine große Chance, wenn sie nicht nur als Produkt, sondern auch als Meilenstein für eine nachhaltige Entwicklung des Fußballs gesehen wird. Dies setzt voraus, dass neben den Spielorten alle Fußballstandorte sowie auch der Breitensport mitgenommen werden und dass in die Infrastruktur investiert

wird. Der Fußball könnte damit eine sichtbare Vorreiterrolle einnehmen, ein Vermächtnis für die Klubs schaffen und jeden dazu befähigen, seine Forderungen gegenüber der Politik klar zu formulieren.

Vereine: Sportlicher Erfolg darf nicht das einzige Ziel bleiben

Fußballvereine, die früher durch ehrenamtliches Engagement aufgebaut wurden, sind heute teilweise sehr erfolgreiche Wirtschaftsunternehmen. Die Fußballprofiabteilungen sind zumeist in Rechtsformen wie GmbH, AG oder GmbH & Co. KG auf Aktien ausgelagert. Dieser Wandel wirft heute mehr denn je Fragen nach dem gesellschaftlichen Beitrag des Profifußballs auf. Auch wenn bei allen Aktivitäten das oberste Ziel der maximale sportliche Erfolg ist, stellt sich die Frage nach weiteren Zielen. Fußballvereine sollten sich zu ihrem Beitrag zum Gemeinwohl auf allen Ebenen, auch hinsichtlich Umwelt- und Klimaschutz, bekennen – zumal das Commitment interner und externer Stakeholder zunehmen wird. Es gilt, neue, mutige Wege einzuschlagen und Verantwortung zu übernehmen für die Zukunft des Fußballsports in all seinen Ausprägungen und, ganz allgemein, für die Lebensgrundlagen der nächsten Generationen.

NICO BRISKORN, *geb. 1977, ist seit mehr als zehn Jahren als Nachhaltigkeitsexperte beim VfL Wolfsburg im Einsatz. Unter seiner Leitung hat der VfL Wolfsburg als weltweit erster Fußballklub 2012 einen GRI-zertifizierten Nachhaltigkeitsbericht veröffentlicht. In nationalen und internationalen Gremien und Arbeitsgruppen wirkt der Diplom-Sportwissenschaftler maßgeblich daran mit, Branchenstandards zu entwickeln und zu etablieren. So haben Klubs der Bundesliga und 2. Bundesliga 2020 gemeinsam mit dem VfL Wolfsburg »sustainClub« durchlaufen, das erste Nachhaltigkeitslabel speziell für den Fußball.*

»Die vielleicht wichtigste Säule im Engagement der Motorsportler für den Klimaschutz ist die Technik: Autorennen sorgen für einen Technologietransfer aus dem Motorsport in den Bau von Serienfahrzeugen.«

Motorsport: Klimaneutral bis 2030

Von Peter Thul

Der Motorsport basiert auf klaren Regeln. Insofern war der Beitritt der auch für den Rennsport verantwortlichen Fédération International d'Automobile (FIA) zum Pariser Klimaschutzabkommen keine unverbindliche Absichtserklärung, sondern ein klares Statement. Die Unterschrift des Weltautomobilverbands unter das »Sports for Climate Action Framework« der Klimarahmenkonvention der Vereinten Nationen (UNFCCC) markiert einen Wendepunkt in der Historie des Rennsports.

Bis 2030 soll der Motorsport klimaneutral sein. Dazu will die FIA mit ihren 243 Mitgliedsverbänden in 146 Ländern einen Beitrag leisten. Auch der Deutsche Motor Sport Bund (DMSB) gehört dem internationalen Dachverband an. »Die FIA stellt sich ihrer Verantwortung, Motorsport und Mobilität in eine CO_2-reduzierte Zukunft zu führen, den Einfluss unserer Aktivitäten auf die Umwelt zu verringern und einen Beitrag für eine grünere Erde zu leisten«, bekräftigt FIA-Präsident Jean Todt. Felipe Calderón, ehemaliger Präsident von Mexiko und heute Leiter der FIA-Kommission für Umwelt und Nachhaltigkeit, ergänzt: »Die FIA hat durch ihre Mitgliedsverbände und Meisterschaften eine führende Rolle im Kampf für eine Verbesserung des globalen Klimas übernommen. Unsere Strategie nutzt die Fähigkeiten des Motorsports, innovative Technologien zu entwickeln, von denen Umwelt und Gesellschaft profitieren.«[1]

Die Bandbreite reicht von Hybridsystemen bis hin zu rein elektrisch fahrenden Rennwagen.

Alternative Antriebstechnologien auf dem Vormarsch

Die vielleicht wichtigste Säule im Engagement der Motorsportler für den Klimaschutz ist die Technik. Schon die ersten Autorennen Ende des 19. Jahrhunderts sorgten für einen Technologietransfer aus dem Motorsport in den Bau von Serienfahrzeugen. Was damals eher ein Nebeneffekt war, ist heute bei vielen Automobilherstellern und Zulieferern Standard, denn die auf Rundstrecken oder Rallyepisten investierten Summen müssen auf das Tagesgeschäft einzahlen.

Die Entwicklung in der Automobilindustrie hat in den vergangenen Jahren dazu geführt, dass alternative – und damit umweltfreundliche – Antriebstechnologien auch im Motorsport eine immer größere Rolle spielen. Die Bandbreite reicht von Hybridsystemen, die beim Bremsen frei werdende Energie wieder in Antriebskraft umwandeln, bis hin zu rein elektrisch fahrenden Rennwagen.

Rennserien für rein elektrisch angetriebene Fahrzeuge

An der Spitze letzterer Kategorie steht die Formel E, die eine von der FIA offiziell sanktionierte Weltmeisterschaft austrägt. In dieser seit 2014 bestehenden Serie, deren einsitzige Boliden an die Formel 1 erinnern und die in Deutschland Rennen auf dem Gelände des ehemaligen Flughafens Berlin-Tempelhof durchführt, sind auch die deutschen Hersteller Audi, Mercedes-Benz und Porsche engagiert. Ebenfalls ausschließlich auf Batteriepower setzen die internationale Tourenwagen-Meisterschaft für Elektrofahrzeuge (Pure ETCR) und die Offroad-Rennserie Extreme-E, die mit der Wahl ihrer Veranstaltungsorte gezielt auf Umweltprobleme aufmerksam macht. Aktuell noch auf Deutschland beschränkt ist der Markenpokal ADAC Opel e-Rally Cup.

Andere Rennserien für rein elektrisch angetriebene Fahrzeuge stehen bereits in den Startlöchern. Dazu zählt Rallycross, eine Art Rundstreckenrennen auf Pisten mit sowohl Asphalt- als auch Schotterpassagen. Hier fährt bereits 2021 die Rahmenserie RX2e voll elektrisch, bevor in der Rallycross-Weltmeisterschaft (World RX) 2022 dann auch in der World RX-Topklasse die sogenannten Supercars mit Elektroantrieb antreten. Die FIA hat außerdem eine Meisterschaft für elektrisch angetriebene Sportwagen angekündigt. Sogar die DTM, die frühere Deutsche Tourenwagen-Meisterschaft, diskutiert den Umstieg auf Elektrorenner.

Doch nicht für jede Motorsportdisziplin sind die heutigen Elektroantriebe geeignet. Die Formel E mit ihren auf 45 Minuten begrenzten Rennen ist dafür ideal. Gleiches gilt für Rallycross mit seinen über maximal sechs Runden gehenden Läufen. Bei längeren Strecken setzen die Batteriepakete mit ihrer Größe und ihrem Gewicht (noch) Grenzen. Zwei Beispiele: Der 900-Volt-Akku der

Agenda für 2022

Ab 2022 sind in der Topfahrzeugklasse Rally1 der FIA Rallye-Weltmeisterschaft (WRC) Hybridantriebe gefordert. Bei der Cross-Country-Weltmeisterschaft macht ein neues technisches Reglement Fahrzeuge mit Hybridantrieb bei Wüstenrallyes zu Anwärtern auf den Gesamtsieg. In der Rallycross-Weltmeisterschaft (World RX) treten dann auch die Supercars mit Elektroantrieb an. Die Rallye-Weltmeisterschaft und der Porsche Mobil 1 Supercup haben zudem beschlossen, ab 2022 ein E-Fuel/Biosprit-Kraftstoffgemisch zu verwenden.

Formel E wiegt 385 Kilogramm. Das Elektro-Rallyeauto ŠKODA Kreisel RE-X₁ bringt rund 100 Kilogramm mehr auf die Waage als ein vergleichbares Modell mit Benzinmotor – im Wettbewerb ein klarer Nachteil.

Hybridtechnologien kombinieren Elektroaggregate mit Verbrennungsmotoren

In Motorsportdisziplinen, die für reinen Elektroantrieb mittelfristig ungeeignet sind, forciert die FIA schon lange Hybridtechnologie, also die Kombination von Elektroaggregaten mit konventionellen Verbrennungsmotoren. Diese Strategie entspricht dem globalen Trend bei Serienfahrzeugen. Laut einer Studie des Oliver Wyman Institute (»Future Automotive Industry Structure – FAST 2030«) werden Hybridfahrzeuge 2030 weltweit mit einem Anteil von 37 Prozent deutlich zahlreicher sein als Elektrofahrzeuge (25 Prozent) [2].

Der Einsatz von Hybridsystemen im Motorsport ist eine wesentlich komplexere Aufgabe als bei Serienfahrzeugen. Rennfahrer müssen darauf vertrauen können, dass sich ihr Fahrzeug bei jedem Bremsvorgang, bei jeder Beschleunigung absolut identisch verhält. Die Rekuperation darf die Länge des Bremswegs nicht beeinflussen. Beim Beschleunigen sollte die zusätzliche Power einzelner oder mehrerer

Der Einsatz von Hybridsystemen im Motorsport ist eine wesentlich komplexere Aufgabe als bei Serienfahrzeugen.

Elektromotoren nicht zu durchdrehenden Rädern führen. In einigen Rennserien sind aus Kostengründen die Komponenten des Elektroantriebs einheitlich vorgeschrieben. Die erforderlichen Regelsysteme sind der entscheidende Punkt, an dem sich Siegerteams von weniger erfolgreichen Konkurrenten absetzen. Dieser Bereich ist ein Musterbeispiel für den von der FIA »Track to Road« genannten Technologietransfer aus dem Motorsport in den Bau von Serienfahrzeugen.

Hocheffiziente Antriebe durch Nutzung frei werdender Energie

In der Formel 1 setzten Teams ab 2009 ein System zur Rückgewinnung von Bremsenergie (*kinetic energy recovery system*, KERS) ein. Das auf kinetische Energie beschränkte KERS wurde 2014 durch die wesentlich effizientere Rückgewinnung zusätzlich von thermischer Energie aus dem Abgasstrom erweitert. Dank *energy recovery system* (ERS) gehören die rund 735 kW (1.000 PS) starken 1,6-Liter-Turbomotoren der aktuellen Formel 1 zu den effizientesten Benzintriebwerken aller Zeiten.

Das 24-Stunden-Rennen in Le Mans gewann erstmals 2012 ein Rennwagen mit Hybridantrieb. Der Audi R18 e-tron speicherte beim Bremsen frei werdende Energie in Akkus sowie mechanisch in einem Schwungrad, um zusätzlich die Vorderachse elektrisch anzutreiben. In der Langstrecken-Weltmeisterschaft (WEC), zu denen der Le-Mans-Klassiker als Saisonhöhepunkt zählt, ist die Mischung aus Verbrenner und Elektromotor in der Prototypen-Klasse seitdem die dominierende Technologie. Ab 2023 gilt in der WEC ein neues Reglement, das die mit der Hybridtechnologie verbundenen Kosten reduzieren soll. Wie intelligent dieses Konzept ist, zeigt das große Interesse der Hersteller: Allein in Deutschland haben bereits Audi, BMW und Porsche die Entwicklung entsprechender LMDh-Rennwagen gestartet.

Rallyes erfahren einen tiefgreifenden Wandel

In der Rallye-Weltmeisterschaft erleben wir aktuell einen der größten Paradigmenwechsel in der Geschichte des Sports. Die Rallyefahrzeuge fahren über Stock und Stein, bei Minustemperaturen und Eis und Schnee sowie in der Gluthitze Afrikas. Hybride werden Studien zufolge 2030 mehr als ein Drittel aller Antriebsformen im Automobilbereich ausmachen und sind als Brückentechnologie nach wie vor wichtig.

Ab 2022 sind in der Topfahrzeugklasse WRC (World Rally Car) Hybridantriebe gefordert. Hier wird bewusst die Bedeutung des Ladens bei jeder Rallye kommuniziert. Die durch Laden und Energierückgewinnung erreichte zusätzliche Batteriepower steigert die Effizienz und Leistungsfähigkeit der Rallye-Boliden. Zusätzlich möchte die WRC die »Lademuffel« unter den Besitzern eines Plug-in-Hybriden dazu animieren, ihr Auto öfter zu laden und somit das Beste aus ihm herauszuholen. Außerdem bekommen die in der Rallye-WM engagierten Hersteller ein ideales Marketinginstrument an die Hand: Plug-in-Hybride werden durch den Einsatz im Rallyesport »sexy« und sportlich.

Zu welchen Leistungen Elektroantriebe im Motorsport inzwischen fähig sind, zeigen einzelne Leuchtturmprojekte.

Der vom Reglement vorgeschriebene rund 280 kW (380 PS) starke 1,6-Liter-Turbobenziner wird mit einem für alle Teams einheitlichen 750-Volt-Elektromotor mit 100 kW (entsprechend 136 PS) Leistung kombiniert.

Einen technisch freizügigeren Weg geht die gerade formierte Cross-Country-Weltmeisterschaft mit dem Aushängeschild Rallye Dakar. Ein neues technisches Reglement macht Fahrzeuge mit Hybridantrieb bei Wüstenrallyes zu Anwärtern auf den Gesamtsieg. Schon im Januar 2022 will Audi mit einem entsprechend konstruierten Rennwagen bei der Rallye Dakar an der Spitze mitfahren.

Zu welchen Leistungen Elektroantriebe im Motorsport inzwischen fähig sind, zeigen einzelne Leuchtturmprojekte: Volkswagen gewann mit dem extra für diesen Zweck konstruierten Prototyp ID. R im Jahr 2018 das legendäre Bergrennen am Pikes Peak im US-Bundesstaat Colorado mit neuem Streckenrekord. Hintergründig ging es dem Wolfsburger Hersteller darum, Komponenten und Software für die inzwischen präsentierten Elektroserienmodelle der Konzernmarken unter Rennbedingungen zu testen. Einen ähnlichen Ansatz verfolgt aktuell ŠKODA. Die Marke hat zusammen mit dem österreichischen Batteriespezialisten Kreisel ein Allradrallyeauto entwickelt, das regulär im Wettbewerb gegen Konkurrenzmodelle mit Benzinmotor antritt.

FIA fördert Einsatz von klimaneutralen Kraftstoffen

Zwar gewinnen Fahrzeuge mit reinem Elektroantrieb in vielen Ländern an Bedeutung. Nach Zahlen des Zentrums für Sonnenenergie- und Wasserstoff-Forschung Baden-Württemberg (ZSW) stieg der Bestand an Elektrofahrzeugen 2020 weltweit auf rund 10,9 Millionen[3]. Dem gegenüber steht allerdings rund um den Globus die etwa 100-fache Anzahl von Fahrzeugen mit Verbrennungsmotoren[4]. Global betrachtet werden deshalb auch im Motorsport Rennwagen mit konventionellem Triebwerk auf absehbare Zeit eine große Rolle spielen.

Dessen ist sich auch die FIA bewusst. Überall dort, wo Verbrennungsmotoren im Motorsport noch nicht vollständig zu ersetzen sind – ob allein stehend oder in Hybridausführung –, fördert der Weltverband die

Agenda für 2025

Ab 2025 schreibt der Weltmotorsportverband FIA allen Weltmeisterschaften (zum Beispiel Formel 1) eine konkrete Strategie zur Reduzierung des ökologischen Fußabtritts vor. Alle WM-Läufe müssen klimaneutral durchgeführt werden und alle Beteiligten nach dem FIA-internen Klassifizierungssystem eine Drei-Sterne-Beurteilung im Umweltmanagement erreichen. Spätestens dann muss auch der erste Schritt auf dem Weg zu Kraftstoffen aus regenerativen Quellen erfolgen.

Verwendung von klimaneutralen Kraftstoffsorten. Diese binden bei ihrer Erzeugung genauso viel Kohlendioxid (CO_2) aus der Umwelt, wie sie bei der Verbrennung wieder freisetzen.

Zwei Alternativen: Biosprit und E-Fuel

Die Herstellung von klimaneutralen Kraftstoffen ist grundsätzlich nach zwei unterschiedlichen Methoden möglich. Die eine verarbeitet biologische Ausgangsstoffe zu Benzin, Diesel, als Kraftstoff tauglichen Alkoholen oder Gas, im Volksmund Biosprit genannt. Die andere wendet das Power-to-X-Verfahren (auch Power-to-Liquid-Verfahren) an, um mithilfe elektrischer Energie zu 100 Prozent synthetische Kraftstoffe herzustellen. Sie werden, abgeleitet vom englischen Begriff *electric fuel*, meist E-Fuel genannt.

Biosprit steht schon jetzt in größeren Mengen zur Verfügung, die Erzeugung verursacht allerdings in einigen Ländern Probleme. Die Verwendung von eigens zu diesem Zweck angebauten Pflanzen konkurriert mit der Lebensmittelerzeugung. Wird im Rennsport Biosprit eingesetzt, legen die Organisatoren Wert darauf, dass bei der Produktion ausschließlich Abfälle, etwa aus der Landwirtschaft, eingesetzt werden. Beispielsweise der Porsche Mobil 1 Supercup (Benzin), ein international im Rahmen der Formel 1 ausgetragener Markenpokal, und die Truck-Europameisterschaft (Diesel) fahren in der

Plug-in-Hybride werden durch den Einsatz im Rallyesport »sexy« und sportlich.

Saison 2021 mit Biosprit aus ökologisch unbedenklichen Quellen. Auch beim 24-Stunden-Rennen auf dem Nürburgring sind seit vielen Jahren Rennwagen am Start, die aus biologischen Grundstoffen hergestellten Kraftstoff im Tank haben.

Auch bei E-Fuel stammen die beiden Hauptbestandteile Kohlenstoff und Wasserstoff nicht aus fossilen Quellen. Bei der Produktion wird Kohlenstoff der Luft – oder direkt industriellen und landwirtschaftlichen Abgasen – in Form von Kohlendioxid entnommen. Wasserstoff entsteht durch die elektrolytische Aufspaltung von Wasser in Wasserstoff (H_2) und Sauerstoff (O_2). Im weiteren Verlauf der Herstellung werden die Rohmaterialien verfahrenstechnisch zunächst zu Methanol (CH_4O) und im nächsten Schritt zu jedem beliebigen Treibstoff zusammengefügt, darunter Benzin, bis Qualitäten erreicht sind, wie sie der Rennsport fordert.

Strom für Elektrolyse aus regenerativen Energiequellen

Damit E-Fuel gegenüber aus fossilen Quellen hergestelltem Benzin die von Porsche erwartete CO_2-Einsparung von bis zu 85 Prozent[5] erreicht, muss der für die Elektrolyse benötigte Strom aus regenerativen Quellen stammen. Dazu zählen Windräder, Wasserkraftwerke und Solaranlagen. Porsche hat zusammen mit dem Bundeswirtschaftsministerium und Siemens im Süden von Chile das Projekt Haru Oni gestartet. In Patagonien ermöglichen Stürme aus der Antarktis eine zuverlässige und nahezu unbegrenzte Stromgewinnung aus Wind und

Agenda für 2030

Ab 2030 müssen alle vom Weltmotorsportverband FIA sanktionierten Veranstaltungen – also auch Rennen im Rahmen von deutschen Meisterschaften – klimaneutral durchgeführt werden sowie nach der FIA-eigenen Beurteilung eine Drei-Sterne-Bewertung im Umweltmanagement erreichen. Bei allen Weltmeisterschaften müssen darüber hinaus Rennfahrzeuge und Infrastruktur (zum Beispiel Stromgeneratoren) mit klimaneutralen Kraftstoffen betrieben werden.

damit die Erzeugung von grünem Wasserstoff. In Skandinavien laufen ähnliche Forschungen mit Strom aus Wasserkraft. Zukünftig ist die solarenergiegetriebene E-Fuel-Produktion in Ländern mit hoher Sonneneinstrahlung denkbar, vielleicht sogar in Wüsten.

Bis gigantische Strommengen preisgünstig aus regenerativen Quellen erzeugt werden können, wird E-Fuel nur in geringen Mengen zur Verfügung stehen. Erst ab 2026 erwartet Porsche in der chilenischen Fabrik eine Jahresproduktion von 550 Millionen Litern. Zum Vergleich: 2019 tankten allein die Pkw in Deutschland rund 85-mal so viel[6].

Solange nur wenig E-Fuel produziert wird, ist es vorerst am praktikabelsten, ihn im Motorsport mit Kraftstoffen aus biologischen Quellen zu mischen. Die Rallye-Weltmeisterschaft und der Porsche Mobil 1 Supercup haben beschlossen, ab 2022 diese E-Fuel/Biosprit-Zwischenstufe zu verwenden. Die Formel 1 plant denselben Schritt für 2025, wenn ohnehin ein neues Motorenreglement eingeführt wird.

Parallel dazu will die gesamte Branche mehr regenerative Energieträger in der Infrastruktur der Veranstaltungen einsetzen. Die Offroad-Rennserie Extreme E erzeugt den an abgelegenen Veranstaltungsorten,

Die gesamte Branche will mehr regenerative Energieträger in der Infrastruktur der Veranstaltungen einsetzen.

unter anderem in der Wüste von Saudi-Arabien, benötigten Strom mit Brennstoffzellen. Formel E und Tourenwagenrennserie Pure ETCR betreiben ihre Ladestromgeneratoren ebenfalls umweltfreundlich mit Glycerin, chemisch betrachtet ein Alkohol. Die Serviceplätze und Ladestationen der Rallye-Weltmeisterschaft sollen künftig mit Stromerzeugern versorgt werden, die mit Kraftstoffen aus regenerativen Quellen betankt werden. Mittelfristig wollen diese Rennserien in der Energieversorgung auf Brennstoffzellentechnologie umsteigen.

Eine noch geringe Rolle dagegen spielt Wasserstoff als Treibstoff im Motorsport. Vorreiter ist das 24-Stunden-Rennen in Le Mans, bei dem ab 2024 Hydrogenfahrzeuge um den Sieg fahren sollen. Die HYRAZE League ist gleich eine ganze Rennserie ausschließlich für mit Wasserstoff angetriebene Autos – die Premiere ist für 2023 geplant.

Drei-Sterne-Bewertung für Nachhaltigkeit

Mit dieser Vielzahl von Initiativen ist der Motorsport nach Einschätzung des Weltverbandes FIA für die Herausforderungen der Zukunft gut aufgestellt. »Indem wir unseren Einfluss auf die Umwelt reduzieren und eine Vorreiterrolle bei nachhaltigen Innovationen einnehmen, sind wir zuversichtlich, dass wir den Übergang zu einer nachhaltigen Zukunft für alle beschleunigen«, sagt FIA-Umweltexperte Calderón[7].

Welch hohen Wert der Weltverband auf Nachhaltigkeit legt, zeigt auch das interne Bewertungssystem. Ganze Rennserien, einzelne Veranstaltungen, beteiligte Teams, Vermarktungsunternehmen und Hersteller können sich klassifizieren lassen und maximal eine Drei-Sterne-Bewertung für Nachhaltigkeit erhalten. Ab 2025 ist diese Bestnote für alle von der FIA sanktionierten Weltmeisterschaften vorgeschrieben, ab 2030 dann für alle weltweit rund 300 FIA-Championate im Automobilsport, auch jene auf regionaler oder nationaler Ebene.

In Zusammenarbeit mit den weltweiten Mitgliedern und den von der FIA ausgerichteten Meisterschaften soll der CO_2-Ausstoß in Übereinstimmung mit dem Pariser Abkommen reduziert werden[8]. Die Menge CO_2, die nicht vermieden werden kann, soll der Atmosphäre entnommen werden. Spätestens 2030 will die FIA klimaneutral sein. Diese Regel gilt dann auch in Deutschland für alle von ihr sanktionierten Meisterschaften.

PETER THUL, *geb. 1963, hat den Automobilsport als Journalist begleitet und war als Rallye-Beifahrer aktiv. Anschließend bekleidete er verschiedene Führungspositionen in der Automobilindustrie. Bei Audi arbeitete er von 2004 bis 2008 als Leiter Produktkommunikation, bevor er in gleicher Funktion zu Volkswagen wechselte. Dort wurde Thul 2015 in den Kreis der Topmanager berufen und zum Leiter Kommunikation Marke Volkswagen ernannt. Nach einer zwischenzeitlichen Selbstständigkeit (2017) wechselte er 2020 zum Promoter der FIA-Rallye-Weltmeisterschaft, wo er derzeit als Senior-Direktor Sport arbeitet.*

Städte

»Die Kommunen können anschaulicher als jede andere staatliche Ebene aufzeigen, dass eine klimaneutrale Gesellschaft trotz und wegen der Veränderungen ein wünschenswertes Zukunfts- szenario ist.«

Die Zukunft ist schon da: Kommunen als Triebfedern

Von Ulf Kämpfer

»Die Zukunft ist schon da – sie ist nur ungleichmäßig verteilt.«[1] Für den Weg hin zu einer klimaneutralen Wirtschafts- und Lebensweise bedeutet dieser Satz: Die Transformation ist in vollem Gange. Wie unsere Zukunft im postfossilen Zeitalter aussieht, ist schon vielerorts zu besichtigen: Freiburg liegt weit vorn bei der klimafreundlichen Verkehrswende und Bottrop bei der energetischen Gebäudesanierung, Paris wird zur fußläufigen »15-Minuten-Stadt« umgebaut, Kopenhagen ist ein Paradies für Radfahrer. Nur vier von Tausenden Beispielen[2] kommunalen Engagements für Klimaschutz und Nachhaltigkeit.

Die Kommunen übernehmen seit Jahrzehnten mit eigenen Projekten eine Vorreiterrolle und mit der Umsetzung internationaler und nationaler Vorgaben eine wichtige Scharnierfunktion.[3] Zum Beispiel die Landeshauptstadt Kiel, in der ich Verantwortung trage: 2017 verabschiedete die Ratsversammlung den »Masterplan 100 % Klimaschutz«, den mehr als 1.000 Kielerinnen und Kieler mit erarbeitet hatten. Ziel ist es, bis 2050 den Ausstoß von klimaschädlichen Treibhausgasen im Vergleich zu 1990 um mindestens 95 Prozent zu reduzieren und den Endenergieverbrauch zu halbieren. 2019 konstatierte Kiel als erste deutsche Großstadt den »Climate Emergency« und verpflichtete sich zu schnelleren Schritten auf dem Weg zur Klimaneutralität. Damit wurde die Zielsetzung des im Juni 2021 novellierten Klimaschutzgesetzes vorweggenommen. Dank der Abschaltung seines Kohlekraftwerks im Jahr 2019 erreichte Kiel 2020 das Ziel von 40 Prozent CO_2-Reduktion im Vergleich zum Jahr 1990. Derzeit beschäftigen wir uns mit Szenarien, wie lokal die Klimaneutralität bis 2035 erreicht werden könnte. Mit unserem Engagement stehen wir in einer Reihe mit vielen Kommunen, die nicht darauf warten, dass Länder, Bund und EU das Nötige in Sachen Klimaschutz tun, sondern einfach loslegen.

> **Es braucht Anreizsysteme wie den Emissionsrechtehandel und andere Instrumente der CO_2-Bepreisung sowie verbindliche Vorgaben.**

Kommunen müssen viele Klimaschutzgesetze und -programme umsetzen

Die Rolle der Kommunen in der Transformation ist komplexer, als sie auf den ersten Blick erscheint.

Zunächst einmal sind sie als Umsetzende gefragt: Viele Klimaschutzgesetze und -programme werden kommunal umgesetzt. Das Verhältnis der Kommunen zu Bund und Ländern ist dabei nicht spannungsfrei. Regelmäßig werden den Kommunen neue klimapolitische Ziele und Aufgaben aufgebürdet, ohne ihnen die dafür nötigen Gelder mitzugeben. Kommunen geraten dann schnell in die Zwickmühle, sich zwischen besserem Nahverkehr und energetischer Schulsanierung einerseits und neuen Kitaplätzen und einem modernisierten Krankenhaus andererseits entscheiden zu müssen. In Kiel ist genau das passiert: Trotz des seit 1995 erhobenen Anspruchs, Klimaschutzstadt zu sein, ließen sich viele ambitionierte Vorhaben in den für die Stadt finanziell sehr mageren Jahren bis 2015 nur rudimentär umsetzen.

Doch nicht nur das Geld entscheidet. Ohne ehrgeizige und verbindliche nationale wie europäische CO_2-Reduktionsziele sowie einheitliche Umsetzungsmechanismen stehen selbst die engagiertesten Kommunen klimapolitisch langfristig auf verlorenem Posten – und es droht zwischen den Kommunen nicht zuletzt ein Standortwettbewerb um die laxesten Klimaschutzstandards. Deshalb braucht es Anreizsysteme wie den Emissionsrechtehandel und andere Instrumente der CO_2-Bepreisung, aber auch verbindliche Vorgaben wie beispielsweise verschärfte Sanierungsvorgaben, Solardachpflicht und Förderung der Kreislaufwirtschaft durch neue Standards.

Klimapolitik regional ausbuchstabieren und passgenaue Konzepte entwickeln

Neben der Umsetzung ist der rechtliche, planerische und politische Gestaltungsspielraum der Kommunen entscheidend. Entstehen Ein- oder Mehrfamilienhäuser? Wird der öffentliche Verkehrsraum fahrrad- und fußgängerfreundlich um- und der öffentliche Nahverkehr ausgebaut? Investieren die örtlichen Stadtwerke in Solar- und Windenergie? Mit solchen lokalen Maßnahmen leisten Kommunen wichtige Reduktionsbeiträge[4]. Immer mehr Kommunen bleiben aber nicht bei der Umsetzung einzelner Maßnahmen stehen, sondern erarbeiten eigene Konzepte mit Monitoring für Klimaschutz, Mobilitätswende und Nachhaltigkeit[5]. Jede Kommune hat dabei eine andere Ausgangslage: Wie ist der Mobilitäts-mix vor Ort? Welche finanziellen Spielräume bestehen? Wie groß ist die Schere zwischen Reduktionszielen und Realität? Es braucht passgenaue Entwicklungskonzepte, die den individuellen Weg einer Kommune zur Klima-neutralität beschreiben. Für eine planvolle Umsetzung nationaler und internationaler Klimaschutzziele ist dieses regionale Ausbuchstabieren der Klimapolitik unverzichtbar.

Zentrales Handlungsfeld eigenständiger kommuna-ler Klimapolitik ist die Verkehrswende. Ohne den massiven Ausbau von Fuß-, Rad- und öffentlichem Nah-verkehr wird es keine Klimawende geben. Dass die Hälfte aller Pkw-Fahrten kürzer als fünf Kilometer ist, zeigt das große Umsteigepoten-

Der Bau von Glasfaser- und 5G-Netzen dient als Basisinfra-struktur, um klimaschonende Dienste anzubieten.

zial. Die Kommunen benötigen größere rechtliche Spielräume bei der Anordnung von Fahrradstraßen, Tempo-30-Zonen oder mobilitätsbezogenen Vorgaben im Baurecht.

Auch die Stadtentwicklung muss sich klimagerecht umpolen. Quartiersbezogene Klimaschutzpolitik zielt zunächst auf kollektive Energiekonzepte und hohe Sa-nierungsquoten. Sie muss aber umfassend gedacht werden und Alltagsbedürfnisse, wie Einkaufen, Arbei-ten, Bildung, Kultur, Gesundheit und Erholung, im Sinne einer »15-Minuten-Stadt« der kurzen Wege fußläufig oder mit dem Fahrrad erreichbar machen und einen wohnortnahen Anschluss an den öffentlichen Nahver-kehr garantieren.

Agilität und interdisziplinäres Denken in der kommunalen Verwaltung

In der kommunalen Verwaltung brauchen wir einen Kulturwandel: weg von traditionellem Be-harrungsvermögen und starren Strukturen hin zu Change-Management, Agilität, ämterübergreifendem und interdisziplinärem Denken. Und ein obligatorischer Klima-Check muss Klimafreundlichkeit zum Maßstab sämtlichen Verwaltungshandelns machen.

Das Handlungsspektrum der Kommunen ist aber noch deutlich vielfältiger: Ist das Beschaffungswesen – vom Druckerpapier bis zum Müllfahrzeug – an Nachhaltig-keit ausgerichtet? Werden Schulen und kommunale Wohnungen klimafreundlich gebaut und saniert? Gibt es ein Mobilitätsmanagement, das es den kommunalen Beschäftigten erleichtert, per Rad oder gefördertem Job-ticket zur Arbeit zu kommen? Besonders groß ist das transformative Potenzial in den kommunalen Unter-nehmen, in Kiel zum Beispiel im Seehafen (Wie kann etwa der Kreuzfahrttourismus mit Landstromanla-gen nachhaltiger werden?), in den Verkehrsbetrieben (Wie schnell schaffen wir die Umstellung der Bus-flotte auf E-Mobilität?), in den Stadtwerken (Wie kann die Ladeinfrastruktur für E-Mobilität schneller ausgebaut, wie kann langfristig das neue Gasmotoren-kraftwerk klimaneutral betrieben werden?) und im

Agenda für 2022

— »Peak Car« – Trendumkehr bei der Anzahl der ange-meldeten Pkw.

— Das kommunale Klärwerk arbeitet klimaneutral.

— Ein Drittel der Beschäftigten kann vergünstigtes Jobticket nutzen.

— Digitales Bürgerkonto und Umsetzung des Onlinezugangsgesetzes.

Agenda für 2025

- Fahrradverkehr erreicht 25 Prozent Anteil im Verkehrsmix.

- Kiel hat ein flächendeckendes Glasfasernetz.

- Ein-Euro-Ticket im öffentlichen Nahverkehr wird eingeführt.

Abfallwirtschaftsbetrieb (Wie kann die Vision »Zero Waste« schrittweise Realität werden?).

Bildung fördern und Werte vermitteln

Die ebenfalls wichtige Rolle der Kommunen in der Bildung und Wertevermittlung wird oft übersehen. Die Bildungskonzepte der städtischen Kindertagesstätten, der Volkshochschulen und Jugendtreffs tragen ebenso zum Bewusstseins- und Wertewandel bei wie die enge Kooperation mit Schulen und Hochschulen, etwa beim Aufbau von Netzwerken für Bildung für nachhaltige Entwicklung (BNE). Zudem haben Kommunen eine Förder-, Informations- und Koordinierungsaufgabe. Dazu gehört die Förderung von nachhaltigen Start-ups oder auch die Unterstützung – wie in Kiel erfolgreich geschehen – von runden Tischen lokaler Initiativen, Einzelhändler und Gastronomie mit dem Ziel, Plastiktüten und Einwegbecher zu vermeiden.

Prototyping-Wochen für digitale Nachhaltigkeitsprojekte und Klima-Hackathons sowie Kreativzentren für alternative Stadtentwicklungs- und Lebensmodelle wie etwa Urban Gardening, Reparatur- und Do-it-yourself-Cafés, nicht kommerzielle Tausch- und Sharing-Konzepte wie das Kieler »Glückslokal«[6] – damit werden Kommunen zu Wertetransformatoren und Reallaboren. Dabei braucht es allerdings noch mehr Mut zu gesetzlichen Ausnahmeklauseln für solche lokalen Experimentierräume, in denen kommunale Verwaltungen schnell und agil gemeinsam mit Initiativen und Unternehmen Lösungen entwickeln und ausprobieren können.

In der kommunalen Verwaltung brauchen wir einen Kulturwandel.

Kommunen sind Vorbild

Mit ihren Klimaschutzaktivitäten übernehmen Kommunen auch eine Vorbildfunktion. Unternehmen, Bürgerinnen und Bürger, aber auch andere Kommunen werden durch Best-Practice-Beispiele zum Nachahmen angeregt – und weniger engagierte Kommunen geraten unter Rechtfertigungsdruck, warum bei ihnen nicht geht, was woanders funktioniert. Ohnehin agieren Kommunen nicht nur lokal, sondern auch überregional und international. Städtepartnerschaften werden ebenso für Klimaschutzprojekte genutzt wie die interkommunale Entwicklungszusammenarbeit. Die von Kommunen geknüpften Netzwerke gehen über den Austausch von Best-Practice-Beispielen hinaus. Es geht darum, die Rahmenbedingungen der Klimapolitik zu beeinflussen, damit kommunale Perspektiven in den nationalen und europäischen Konzepten berücksichtigt werden. Das geschieht ganz klassisch über die kommunalen Spitzenverbände, aber auch mittels internationaler Netzwerke für Klimaschutz und Nachhaltigkeit, wie das C40-Städtenetzwerk, der Konvent der Bürgermeister für Klima und Energie, das europäische Klima-Bündnis oder ICLEI – Local Governments for Sustainability.

Digitalisierung: Nur nützliche Nebenrolle

Digitalisierung und andere technische Lösungen spielen eine wichtige Rolle in der kommunalen Transformation, aber keine maßgebliche. Digitalisierung kann viele Prozesse schlanker und effizienter machen, beim Energiesparen helfen und den Ressourcenverbrauch reduzieren[7]. Zunächst einmal hinterlassen Digitalisierung und technologischer Fortschritt aber einen erheblichen ökologischen Fußabdruck. Häufig habe ich den Eindruck, dass der Verweis auf das Transformationspotenzial von Digitalisierung und neuen Technologien dazu dient, der notwendigen Debatte um eine fundamentale Neuausrichtung unserer Wirtschafts-, Konsum- und Lebensweise an dem Leitbild der Suffizienz auszuweichen.

Dennoch lassen sich Klimaneutralität und Digitalisierung vielfach verbinden: Digitale Smart-City-Lösungen liefern Echtzeitinformationen über die besten Routen und freie Parkplätze und machen geteilte Mobilität und Mobilitätsflatrates einfach und effizient. Auf diesem Feld sind bereits viele neue Geschäftsmodelle mit starkem Skalierungspotenzial entstanden: *Mobility as a service* schließt Carsharing, Bikesharing, Ridesharing, Fahrradabodienste und Last-Mile-Logistiker ein, die künftig an Mobilitätsstationen gebündelt und mit anderen Verkehrsarten vernetzt werden[8].

Der Bau von Glasfaser- und 5G-Netzen dient dabei als Basisinfrastruktur, um klimaschonende Dienste anzubieten. Das digitale Rathaus macht zukünftig viele Behördengänge überflüssig: Digitale Sitzungen der kommunalen Gremien, Homeoffice und Videokonferenzen vermindern ebenso den Verkehr wie digital eingereichte und beschiedene Anträge. Kontrollfahrten im Abwassernetz entfallen, weil energieeffiziente LoRaWAN-Funknetze Rohrbrüche melden. Mithilfe von Smart-City-Infrastrukturen für umfassende Sensorik entstehen letztlich eine »programmierbare Stadt« und die digitale Grundlage zur Speicherung, Auswertung und Visualisierung mannigfaltiger Daten. Die Kommunen stellen diese auf einem digitalen Marktplatz für entstehende Geschäftsmodelle rund um die Nutzung dieser Daten bereit. In der Kollaboration verschiedener Akteure liegt der Schlüssel zum Erfolg: So haben kürzlich die TU München und die Münchener Stadtverwaltung mit dem Munich Urban Colab gemeinsam ein

Es braucht mehr Mut zu gesetzlichen Ausnahmeklauseln für lokale Experimentierräume.

Innovations- und Gründungszentrum für nachhaltige Smart-City-Lösungen unter anderem zu den Themen Mobilität, Wohnen, Handel und Energieversorgung aufgebaut[9]. In Kiel will ein Netzwerk aus Hochschulen, Unternehmen und Verwaltung autonome Wasser-Land-Mobilitätsketten umsetzen und in der Kieler Förde ein Testfeld für emissionsfreie autonome Schifffahrt einrichten[10].

Alles nicht so einfach: Zielkonflikte

Selbst wenn der Rahmen und die politische Entschlossenheit stimmen, muss kommunale Klimapolitik komplizierte Zielkonflikte austarieren. Ein Beispiel: Klimaschutz ist ein wichtiger Aspekt von Nachhaltigkeit, aber nicht der einzige[11]. Kiel hat sich zusammen mit vielen anderen Kommunen der »Agenda 2030« mit ihren 17 Zielen für nachhaltige Entwicklung verpflichtet. Nachhaltige kommunale Finanzen stehen gegen teure klimafreundliche Investitionen, wirtschaftliche Wettbewerbsfähigkeit steht gegen Auflagen für klimaschädliche Branchen, bezahlbares Wohnen gegen energetische Sanierung. Wie etwa können Menschen mit geringem Einkommen die Aufschläge bei Mieten, Mobilität, Heizung und Strom bezahlen, wenn klimaschädliches Verhalten durch CO_2-Bepreisung teurer wird? Die entstehenden sozialen Unwuchten müssen nicht zuletzt die Kommunen ausbalancieren.

Ein zweites Beispiel ist der Zielkonflikt zwischen klimapolitischen Zielen und den grundgesetzlich geforderten einheitlichen Lebensverhältnissen. In den

Agenda für 2030

— Inbetriebnahme der neuen Kieler Stadtbahn, ÖPNV ist komplett emissionsfrei.

— Anteil des Fahrradverkehrs bei 30 Prozent, 30 Prozent der Pkw fahren elektromobil.

— In Kiel und der Umlandregion fahren 5.000 E-Carsharing-Fahrzeuge.

— Kommunale Beschaffung ist komplett nach Nachhaltigkeitskriterien umgestellt.

Agenda für 2040

- Umstellung des KWK-Gasheizkraftwerks auf nicht fossiles Gas.

- Ersatz aller fossilen Einzelheizungen ist abgeschlossen und wird zu 100 Prozent durch regenerative Energieträger gedeckt.

- Die Hälfte des Gebäudebestandes ist energetisch saniert, der Wärmeenergieverbrauch hat sich halbiert.

- Die Anzahl der Fahrzeuge im Privatbesitz hat sich um ein Drittel verringert.

Städten und prosperierenden Ballungszentren sind die Wege kurz und der Wohnraum ist stark verdichtet – beides ist klimapolitisch von Vorteil. Aber ausblutende ländliche Räume und in absurde Höhen abdriftende Immobilienpreise in attraktiven Städten sind kein nachhaltiges Entwicklungsmodell. Pendlerströme und zersiedelte Metropolregionen werden allerdings nicht von heute auf morgen verschwinden, und das Potenzial der durch verschärfte Stadt-Land-Konflikte ausgelösten politischen Polarisierung ist groß. Bereits die klimapolitisch motivierte Kraftstoffverteuerung in Frankreich hat dort zur Gelbwestenbewegung geführt. In den nächsten Jahren stehen aber wesentlich einschneidendere Maßnahmen an. Nationale, kommunale sowie Regionalpolitik müssen deshalb klug aufeinander abgestimmt werden.

Großes Umsteigepotenzial: Die Hälfte aller Pkw-Fahrten ist kürzer als fünf Kilometer.

Ausblick ohne Apokalypse

Nur mit gut verwalteten, finanziell ausreichend ausgestatteten und vom Klimaschutz überzeugten Kommunen ist Klimaneutralität bis 2045 zu schaffen. Kommunen sind es gewohnt, zu kooperieren und Veränderungen pragmatisch und lösungsorientiert zu gestalten. Jetzt müssen sie unternehmerisches und bürgerschaftliches Engagement und die »Koproduktion« kommunaler Klimaschutzprojekte als Chance begreifen. Klimaneutralität wird nur zusammen mit Wirtschaft und Zivilgesellschaft zu erreichen sein. Wenn Kommunalpolitik örtliche Bündnisse und Netzwerke eng in die Erarbeitung und Umsetzung von

Kommunale Klimapolitik muss komplizierte Zielkonflikte austarieren.

Klimamaßnahmen einbindet, dann entstehen wichtige Ideen und Impulse sowie die politische Unterstützung für engagierte Klimaschutzpolitik bei der nächsten Kommunalwahl.

Statt angstgesteuert und rational-verkopft können Kommunen anschaulicher und konkreter als jede andere staatliche Ebene aufzeigen, dass eine klimaneutrale Gesellschaft trotz – und wegen! – der damit einhergehenden Veränderungen ein positives, wünschenswertes Zukunftsszenario ist. Bei aller Ungewissheit zukünftiger gesellschaftlicher und technologischer Entwicklungen scheint mir folgendes Zukunftsbild plausibel: Eine klimaneutrale Stadt ist eine Stadt mit viel Grün und ohne Abgase, mit weniger Autos, weniger Lärm, weniger Müll, mit mehr regionaler Wertschöpfung und weniger Konsum- und Wegwerfmentalität, vielleicht auch mit weniger Egoismus, weniger Stress, mehr nachbarschaftlicher Unterstützung und unterm Strich: mehr Lebensqualität. Wenn das der Preis für die Klimaneutralität ist, muss uns trotz der epochalen Herausforderung, vor die uns die Klimakrise stellt, nicht bange sein.

DR. ULF KÄMPFER (SPD), *geb. 1972, ist seit 2014 Oberbürgermeister und Wirtschaftsdezernent der Landeshauptstadt Kiel. Zuvor war der Jurist Staatssekretär im Ministerium für Energiewende, Landwirtschaft, Umwelt und ländliche Räume des Landes Schleswig-Holstein und Richter am Amtsgericht Kiel. Seit 2018 ist er Vorsitzender des schleswig-holsteinischen Städtetages und seit 2019 stellvertretender Präsident des Deutschen Städtetages. Aktuell wurde seine Stadt mit dem Deutschen Nachhaltigkeitspreis 2021 in der Kategorie Großstädte ausgezeichnet – bereits seit 1995 bezeichnet sich Kiel als Klimaschutzstadt.*

»In Berlin werden gerade 15 große Stadtquartiere entwickelt, und jedes einzelne davon kann Modell-projekt sein – mit Signalwirkung weit über die Stadtgrenzen hinaus.«

Die Stadt der Zukunft ist menschen- und klimagerecht

Von Regula Lüscher und Sigrid Nikutta

Städtebau und Mobilität haben zwei Dinge gemeinsam: Sie haben ein langes Gedächtnis, und beide funktionierten in den vergangenen 200 Jahren des rasanten Wachstums von Verkehr und Metropolen immer als Widerspruch. Viele Menschen brauchen Platz und müssen in einer Stadt von A nach B kommen. Zugleich bringt Massenmobilität so viele Räder ins Rollen wie noch nie. Und Hoch- und Tiefbau ermöglichen kühne Großprojekte im Städtebau. Nie war der immer schon rare Platz in Städten knapper und somit teurer, und nie ging es so langsam in den Städten vorwärts: In Berlin beispielsweise stieg der durchschnittliche Quadratmeterpreis für Wohnraum allein 2019 um 7,4 Prozent. Und Autofahrer bewegen sich im dichten Gedränge zu den Hauptverkehrszeiten mit rund 8,2 Stundenkilometern durch die Hauptstadt.

Es scheint, als stecke die moderne Metropole in einer Sackgasse. Neue Lösungen müssen her. Wir brauchen bezahlbaren Wohnraum und innovative Verkehrslösungen, die Mensch und Umwelt entlasten. Die Stadt der Zukunft ist lebenswert und klimagerecht. Bis dahin ist es noch ein weiter Weg. Es ist jetzt an uns, die entscheidenden Weichen zu stellen und die Transformation unserer Städte anzustoßen.

Rasantes Wachstum von Bevölkerung und Verkehr

Berlins bewegte Vergangenheit prägt noch heute das Stadtbild der Metropole. So ist etwa der mittelalterliche Berliner Stadtgraben nach wie vor erkennbar. Als stählerner Lindwurm voller Gleisbogen kurvt er von Ost nach West: Die Berliner Stadtbahn setzte Ende des 19. Jahrhunderts genau dort auf – schlicht aus Praktikabilitäts- und Platzgründen. Ein lebhafter Alltagsverkehr aus neuartigen Trambahnen, mit zahllosen Kutschen, Droschken und Handwagen charakterisierte seinerzeit die Stadt. Kurz darauf sah man auch vermehrt das Automobil auf den Straßen. Dazu kamen schon damals zahllose Pendler, die zu den Fabriken am Ufer von Spree und Landwehrkanal zogen.

Berlin kann zum weltweiten Vorbild einer Stadt neuen Typus werden.

Zwischen 1740 bis 1840 verdreifachte sich die Bevölkerung von 100.000 auf 300.000 Einwohner, ohne größere Flächenentwicklung. In Europa war nur Paris damals größer. Vor allem ab 1870 erlebte Berlin die Initialzündung seines bis heute andauernden, fast schon grenzenlosen Wachstums – als Hauptstadt des jungen deutschen Nationalstaats. Die »Berliner Mischung« – die damalige städtebauliche Version einer aus der schieren Platz- und Expansionsnot geborenen Integration sozialer Schichten innerhalb eines Kiezes – prägt das Berliner Stadtleben bis heute.

Der Gartenarchitekt und Schöpfer der Potsdamer Parklandschaft Peter Joseph Lenné hatte erheblichen Einfluss auf wichtige Sicht- und Straßenachsen Berlins, die auch heute noch überdimensioniert anmuten. Seine Schüler vollendeten die Ost-West-Magistralen mit Großem Stern und Brandenburger Tor. Entlang dieser prachtvollen Alleen ins brandenburgische Umland entstanden hohe Bürgerhäuser. Dahinter kaskadierten Wohnhöfe. Zunehmend wurde das Grün- und Ackerland hinter den Häusern dicht bebaut. Während sich die Fabriken entlang den Mühlen der Spree und der anderen Flüsse sowie schnell gebauten Kanäle ansiedelten. Heute werden Wohnbebauungen im großen Stil ähnlich angelegt: Die Grundrisse der Wohnhöfe kennen ein verkehrsumtostes Außen und ein möglichst intimes, ruhiges Innen, im besten Fall mit Platz für Begegnungen der Nachbarn.

Die Spuren der geteilten Stadt

Wer genau hinschaut oder mithilfe von Google Maps die Draufsicht auf Berlin hat, erkennt noch heute, mehr als 30 Jahre nach dem Mauerfall, den Verlauf der gespenstischen Trennlinie durch die Stadt. Die Teilungsnarbe der Millionenmetropole ist ganz einfach an der Bebauung und vor allem an Verkehrsbauwerken abzulesen. Entweder, weil die einstigen Todesstreifen und Sperrflächen in den 90er-Jahren stürmisch überbaut wurden, wie ums Brandenburger Tor herum oder am Potsdamer Platz. Oder aber, weil sich die Trennung in West und Ost auch an den Stadtbildern der auto- oder fast schon autobahngerechten Stadt ablesen lässt. Die achtspurigen Asphaltschneisen entstanden bei der Neugestaltung des Alexanderplatzes und des Scheunenviertels Ende der 60er-Jahre – Autos gab es in der DDR wenige, aber umso repräsentativere »Hauptstraßen für die Hauptstadt der DDR«. Im Westen der Stadt ist das Spiegelbild dazu das Gebiet zwischen Kurfürstendamm, Kreuzberg und Schöneberg. Dort vermittelt das Stadtbild aufgrund der automobilen Dominanz fast schon ein Gefühl von Brachen. Menschen, die nicht in einem Auto unterwegs sind, sind dort an den Rand gedrängt.

Im Übrigen erkennt man vielfach noch an der Form der öffentlichen Mobilität, ob man sich im ehemaligen Osten oder im Westen aufhält: Die Berliner Straßenbahn verbindet auch heute die östlichen Stadtteile wie Prenzlauer Berg, Friedrichshain oder Weißensee. Im ehemaligen Westen verkehren nach wie vor eher Busse, die die Straßenbahn ab den 50er-Jahren nahezu komplett ablösten. Auch das Netz der U-Bahn ist deutlich westlastig.

Damit mehr Menschen auf das eigene Auto verzichten und den öffentlichen Nahverkehr nutzen, muss er attraktiver und einfacher werden.

Berlin kann die Pionierrolle übernehmen

Die Herausforderungen für die Stadtentwicklung Berlins sind heute groß. Die Infrastruktur ist monumental und marode, der Nachholbedarf ist immens. Schätzungsweise ist Berlin etwa 15 bis 20 Jahre im Verzug. Lange wurde das ausschließlich als Defizit ausgelegt. Es ist jedoch eine große Chance. Berlin kann wie so oft die Pionierrolle übernehmen und Stadtentwicklung unmittelbar mit Nachhaltigkeit zusammendenken. Die autogerechte Stadt Berlin kann zum weltweiten Vorbild einer Stadt neuen Typus werden: einer menschen- und klimagerechten Stadt. Nicht weniger als 15 große Stadtquartiere werden gerade entwickelt. Jedes einzelne davon kann Modellprojekt sein – mit Signalwirkung weit über die Stadtgrenzen hinaus.

Man kann von Anfang an eine »Schwammstadt« planen – mit ganz anderen Oberflächen.

Beton ist ewig. Wer Verkehrs- und Stadtplanung den Anforderungen unserer Zeit anpassen will, braucht einen langen Atem. Die Transformation der Städte im Sinne einer wirklichen Veränderung zum Besseren – eine Transformation, die den Menschen und seine Bedürfnisse in den Mittelpunkt stellt – geht nicht über Nacht. Sie ist letztlich auch ein Verteilungskampf. Es geht um Platz, um Quadratmeter öffentlichen Raums, um Ressourcen und deren Umverteilung.

Beispielhaft ist die Umgestaltung des Molkenmarktes, gleich hinter dem Roten Rathaus von Berlin. Hier läuft die wichtigste Ost-West-Verbindung entlang: Die Bundesstraße 1 durchquert von der Spree bis in Höhe Alexanderplatz tatsächlich eine historische Frühindustriebrache. Nach der Beseitigung der Trümmer des Zweiten Weltkriegs, mehr noch aber nach dem eiligen Zusammenschluss der Ost- und Westverkehrswege nach der Wiedervereinigung wurde dem Verkehr hier eilends Platz geschaffen. Mit diesem Bundesverkehrsprojekt wurde jedoch auch eine autobahngleiche Fahrzeugfrequenz direkt ins Herz der Stadt und in das sanierte Nikolaiviertel geflutet. Dieses Viertel war am Ende der DDR im Jahr 1987 als Konglomerat aus historischen Gebäuden, angepassten Plattenbauten und Fußgängerzonen ein Vorzeigeprojekt der spätsozialistischen Stadtentwicklung.

Innerstädtischen Verkehr entschleunigen und neu aufteilen

Heute steht man vor der Herausforderung, hier im Herzen der Stadt den Straßenraum anders zu verteilen und den reinen Transitverkehr nicht durchs Zentrum rollen zu lassen. Es geht also darum, die Verkehrswege zu verschwenken und auf ein fußgängerfreundliches Tempo inmitten dieses Stadtkerns zu entschleunigen. Konkret gibt es nun aber große Diskussionen um Brücken, die hier die Spree und ihre Kanäle überspannen. Diese sind – wie die Straßeninfrastruktur – dringend sanierungsbedürftig. Der Umbau der Stadt in lebenswerte Räume ist immens zeitaufwendig. Gleichwohl drängt die Stadtverwaltung darauf, die Brücken sofort zu sanieren, weil sie sonst nicht mehr verkehrssicher seien.

Das ist symptomatisch für deutsche Innenstädte: Eine ganze Generation von Verkehrsbauwerken aus den 60er-Jahren wartet dringend auf eine grundlegende Betonsanierung. Für Stadtplaner steht aber nicht allein die Sanierung im Vordergrund, sondern auch der Appell, diese Chance zu nutzen und die Verkehrswege unserer Städte auch zu gestalten: lebenswert, nachhaltig und klimagerecht. Die bloße Sanierung bedeutet Eins-zu-eins-Ersatz und verändert nichts zum Besseren.

Es geht um nichts weniger als um die Gestaltung attraktiver Metropolen für die Menschen, die darin leben. Die autogerechte Stadt ist ein Auslaufmodell. Der öffentliche Raum muss vor allem bürger- und umweltgerecht sein. Wir müssen den innerstädtischen Verkehr und vor allem den Modal Split – also die Verteilung des Verkehrsaufkommens auf verschiedene Verkehrsträger – verändern. Es reicht nicht aus, die vorhandenen Verkehrsschneisen zu sanieren und so den Status quo in unseren Innenstädten buchstäblich ein zweites Mal auf Jahrzehnte hin in Beton zu gießen.

Die Stadtentwicklung steckt demnach in einer Zwickmühle zwischen sofortigen baulichen Erfordernissen und der nachhaltigen Umorganisation von Verkehrsströmen, die einfach längere Fristen und Zeitläufe brauchen. Für die Politik ist das ein Dilemma. Was hält man aus? Welche Folgen zieht welche Entscheidung nach sich? Rückstau gibt es nicht nur bei den Planungen und Planungsschritten, sondern ganz praktisch auch bei den Autokolonnen in der Stadt. Hält man es aus, dass der Verkehr zäh durch unsere Städte fließt, weil wir Spuren reduzieren und punktuell die eine oder andere Verkehrsberuhigung und Umleitung vorziehen? Oder wollen wir so weitermachen wie bisher?

Der schienengebundene Personen- und Güterverkehr ist ein wesentlicher Treiber für eine polyzentrale Entwicklung.

Neue Quartiere konsequent autofrei planen
Auf der »grünen Wiese« ist Stadtentwicklung wesentlich einfacher. Ein Beispiel dafür ist der ehemalige Flughafen Berlin-Tegel. Dort haben wir »nur« die Herausforderung, den Anschluss einer Stadtautobahn an den einstigen Flughafen zu reduzieren – und an diese Flächen heranzukommen. Ansonsten kann man hier ein Quartier von Anfang an konsequent autofrei planen. Wichtig ist, dass man sogenannte Mobilitätshubs an den Rändern aufbaut, die dafür sorgen, dass Bewohner und Güter schnell und umweltfreundlich sowohl hin- als auch wegkommen.

Ebenso zentral ist es, das Quartier mit U- und Straßenbahnen und Elektrobussen zu erschließen sowie Waren umweltgerecht zu verteilen.

Auch das wird nicht mehr mit den großen Last- und Lieferwagen passieren, wie sie heute noch unser Stadtbild prägen, sondern mit kleineren Vehikeln wie Elektrobussen und Lastenfahrrädern. Man kann von Anfang an eine »Schwammstadt« planen – mit ganz anderen Oberflächen. Autogerecht ist nicht mehr das städteplanerische Mantra. So entfällt auch die Versiegelung vieler Oberflächen für Straßenraum. Solche Quartiere können grüner werden und damit durchlässiger für Regenwasser. Das ist zum einen besser für die Umwelt, und zum anderen steigt damit die Lebensqualität. Auch eine klassische Blockrandbebauung ist dann nicht mehr nötig. Wenn wir keine Autos mehr haben, müssen die Außenfassaden von Häusern nicht mehr den Straßenlärm abschirmen. Damit lassen sich völlig andere Stadtmuster entwickeln.

Es gibt dann keine Trennung mehr von außen und innen. Kinder und Jugendliche können sich wieder gefahrlos auf der Straße bewegen. Neue Stadtquartiere können von Anfang an inklusiv und barrierefrei geplant werden, sodass sie für alle Menschen lebenswert sind. Nicht nur in puncto Verkehrsplanung können viele Aspekte der Nachhaltigkeit direkt berücksichtigt werden. Beispielsweise lassen sich andere Wohnungsgrundrisse anlegen, in denen Schlafzimmer auch wieder an den Außenfassaden liegen.

Mit der vorhandenen Substanz arbeiten und sich gleichzeitig nachhaltig ausrichten
Wenn wir ein Quartier neu planen, können wir all diese Aspekte berücksichtigen und aufeinander abstimmen. Die Transformation einer Stadt – also das Bauen im Bestand – hat jedoch komplett andere Prämissen. Rückbau ist weder klimagerecht noch nachhaltig. Die Herausforderung besteht darin, mit der vorhandenen Substanz zu arbeiten und sich gleichzeitig konsequent an Nachhaltigkeit auszurichten. Dazu gehören der Schutz und die Erhaltung des Lebensraums. Umwelt- und Klimaschutz sind demnach zentrale Aspekte einer nachhaltigen Transformation unserer

Städte. Sie müssen zur obersten Leitschnur unseres Handelns werden. Sind sie es nicht, zahlen wir und folgende Generationen einen hohen Preis. Nicht zuletzt das Bundesverfassungsgericht hat jüngst mit einem Urteil deutlich gemacht, dass Umwelt- und Klimaschutz mit Blick auf die jungen und künftigen Generationen zu gestalten sind.

Der Bezugspunkt kann zudem nicht nur die Metropole sein, sondern wir müssen eine Stadt immer gemeinsam mit ihrem Umland betrachten. Nachhaltige Stadtentwicklung muss polyzentral gedacht werden. Monozentrische Stadtbilder wie in Köln oder München sind aus der Logik des frühen Mittelalters entstanden, als es darum ging, Burg und Bürger samt Dom gegen Bedrohungen von außen zu verteidigen. Moderne Städte haben deutlich mehr als einen Kirchturmshorizont. Sie funktionieren als organisches Netzwerk – gerade auch, was den Verkehr betrifft. Dieses Netzwerk erstreckt sich im Kleinen wie im Großen auf die vielen innerstädtischen Zentren und in sich geschlossenen Quartiere wie auch auf die Region, die die Stadt umgibt. Stadt und Umland müssen wie Puzzleteile ineinandergreifen. Wo sind Produktionsstandorte? Wo sind primär Wohngebiete? Wie steht es um die Verkehrsanbindung? Sind alle Menschen gleichermaßen gut versorgt?

Eine ganze Generation von Verkehrsbauwerken aus den 60er-Jahren wartet dringend auf eine grundlegende Sanierung.

Umweltfreundliche Citylogistik ist entscheidend

Mobilität und Logistik kommt eine Schlüsselrolle zu. Der schienengebundene Personen- und Güterverkehr ist ein wesentlicher Treiber für eine polyzentrale Entwicklung. Großer Lieferverkehr auf der Straße gehört nicht in die Städte. Wir brauchen weniger Lkw und Pkw in den Innenstädten. Es braucht ein klares Bekenntnis zu einer neuen Mobilität. Um Berlin herum besteht ein herausragendes Schienennetz: Waren kommen auf der Schiene

Für Stadtplaner steht nicht allein die Sanierung im Vordergrund, sondern auch der Appell, diese Chance zu nutzen und die Verkehrswege unserer Städte auch zu gestalten.

an den Stadtgrenzen an oder auch auf dem Wasserweg in die Stadt. Es gibt beispielsweise den Westhafen und Terminals wie etwa in Großbeeren vor den Toren der Stadt – dort werden Waren umgeschlagen und ins Zentrum gebracht. Das Wie der Citylogistik ist hier zukunftsentscheidend.

Wir alle kennen die von wochenlangem Smog in den Megacitys etwa von Indien und China entstehenden gesundheitlichen Folgen für die dortigen Menschen. Soll das Mikroklima einer Stadt nachhaltig gesund sein, bedarf es einer ausschließlich umweltfreundlichen Citylogistik. Lösungen dafür sind längst vorhanden, zum Beispiel die Auslieferung auf der letzten Meile mithilfe elektrisch betriebener Cargobikes. In die Stadt hinein bekäme man die Güter beispielsweise mithilfe einer Lastenstraßenbahn. Die politischen Rahmenbedingungen müssen sich ändern. Umweltauswirkungen müssen künftig eingepreist werden, und wir brauchen Fahrverbote für dreckige Lkw in Innenstädten oder eine Citymaut. Dann wird die umweltfreundliche und ressourcenschonende Alternative wirtschaftlich – und letztlich alternativlos.

Arbeiten und Wohnen müssen stärker zusammenwachsen

Gleiches gilt für die Mobilität, die Menschen bewegt. Berlin als Metropole ist schon polyzentrisch angelegt. Zahlreiche kleinere städtische Zentren in den Bezirken bilden das Rückgrat der Stadt. Berlin ist eine Stadt der kurzen Wege: Grundversorger wie Ärzte und Supermärkte liegen unmittelbar vor der Haustür. Aber auch Arbeiten und Wohnen müssen wieder stärker zusammenwachsen, damit die Menschen nicht mehr lange Strecken vom Wohnort zum Arbeitsort zurücklegen müssen.

Es sind historische Zäsuren, wie jüngst die Coronapandemie, die unser Mobilitätsverhalten unglaublich schnell und fast schon radikal verändern. Wer hätte im Januar 2020 geglaubt, dass ein Jahr später das Arbeiten im Homeoffice vor allem für viele Büroangestellte normal sein würde? Heute sind Pendlerwege für viele Beschäftigte nicht mehr selbstverständlich – das entlastet die Umwelt und die Menschen.

Öffentlichen Nahverkehr ausbauen und attraktiv machen

Es ist eine Chance, unsere in die Jahre gekommenen – und vor der Pandemie häufig überfüllten – öffentlichen Verkehrsmittel robust und zukunftssicher zu gestalten, zu sanieren und auszubauen. Es ist eine Chance, mit dem öffentlichen Nahverkehr Stadtteile und Quartiere noch besser und verlässlicher sowie Stadt und Region wirkungsvoll miteinander zu vernetzen.

Die Berliner Stadtentwicklung beispielsweise steht vor der Herausforderung, die vielen Unterzentren effizient und umweltgerecht zu versorgen. Schiene und Straßenbahn benötigen eine aufwendige Infrastruktur und Investitionen. Aus Sicht des Umweltschutzes ist eine schienengebundene Beförderung von Personen und Gütern aber eindeutig eine nachhaltigere Strategie als eine Beförderung im Straßenverkehr. Klar ist: Nachhaltige Stadtentwicklung braucht Ressourcen, in erster Linie Geld. Daran mangelt es nicht unbedingt, aber es ist eine Umverteilung nötig. Die kostengünstigste Variante ist selten die nachhaltigste und damit nie die beste.

Auf der »grünen Wiese« ist Stadtentwicklung wesentlich einfacher.

Autos gehörten lange zum deutschen Selbstverständnis. Das eigene Auto war das Statussymbol schlechthin – das wandelt sich langsam. Umweltfreundlicher Individualverkehr – sei es mit dem Fahrrad, zu Fuß oder mit dem Elektrolastenrad – funktioniert jedoch nur auf überschaubaren Strecken. Oftmals ist auch heute noch das eigene Auto die einzige Möglichkeit, längere Distanzen zurückzulegen. Damit mehr und mehr Menschen auf das eigene Auto verzichten und den öffentlichen Nahverkehr gern und viel nutzen, muss er attraktiver und einfacher werden. Das fängt bei einem gut ausgebauten Netz und einer dichten Taktung an, geht über die Preisgestaltung und reicht bis hin zu Haltestellen als attraktive Aufenthaltsorte.

Hier schließt sich wieder der Kreis zum Städtebau: Haltestellen und Stationen sind Bauten des öffentlichen Raums. Sie sind weit mehr als Verkehrsdrehscheiben, sie sind wichtige öffentliche Aufenthaltsorte. Allein unter den Glasdächern des Berliner Hauptbahnhofs sind täglich fast 500.000 Menschen zu Gast. Darum müssen Bahnhöfe und Stationen dauerhaft schön und sicher sein. Es geht darum, dass die Menschen sich wohlfühlen können. Eine nachhaltige Transformation unserer Städte braucht demnach eine Aufwertung des ÖPNV.

Historische Chance nutzen

Metropolen sind maßgeblich durch ihre dominante Verkehrsform geprägt. Heute ist das zumeist der motorisierte Individualverkehr, der viel Platz für die Beförderung weniger Menschen benötigt. Das städteplanerische Mantra der »funktionalen« autogerechten Stadt hat viele Innenstädte in Betonwüsten mit monumentalen, eher wie Autobahnen anmutenden Hauptverkehrsachsen verwandelt. An Berlin sieht man das besonders eindrucksvoll. Historisch bedingt ist Berlin städteplanerisch im Verzug. Das ist jedoch eine historische Chance.

Die nachhaltige Stadtentwicklung Berlins kann zum Vorbild für die Transformation unserer Städte werden. Jetzt gilt es, diese Möglichkeit auch zu nutzen. Der Weg ist lang und besteht aus etlichen Etappen. Es braucht ein Umdenken in Politik, Wirtschaft und Gesellschaft sowie veränderte politische Rahmenbedingungen, wie etwa eine konsequente Weiterentwicklung der CO_2-Steuer und die Einrichtung von Innovationsfonds. Nachhaltigkeit als oberste Leitschnur unseres Handelns hat nur auf den ersten Blick ihren Preis. Der Preis, wenn man es nicht tut, ist exorbitant höher – für uns und folgende Generationen.

REGULA LÜSCHER, geb. 1961, war von 2007 bis 2021 Berlins Senatsbaudirektorin und Staatssekretärin für Stadtentwicklung. Die in der Schweiz geborene Architektin und Stadtplanerin arbeitete in renommierten Architekturbüros in Zürich und Wien und machte sich 1989 mit einem eigenen Architekturbüro in Zürich selbstständig. 1998 wechselte Regula Lüscher in die öffentliche Verwaltung und leitete den Bereich Stadtplanung im Amt für Städtebau der Stadt Zürich. Seit 2012 ist sie Honorarprofessorin an der Universität der Künste Berlin.

*Die biografischen Angaben zu Frau **DR. SIGRID NIKUTTA** finden Sie auf S. 237.*

»Für eine erfolgreiche Bauwende brauchen
wir ein mutiges und gesamtheitliches Narrativ,
das den sozialen und den ökologischen Umbau
unserer Kommunen und urbanisierten
Regionen zusammendenkt.«

Bauwende zur nachhaltigen Stadtentwicklung

Von Hans Joachim Schellnhuber und Philipp Misselwitz

Die Art und Weise, wie die Menschheit die gebaute Umwelt und die Städte plant und entwickelt, folgt noch heute einer fossil-industriellen Logik mit desaströsen ökologischen Auswirkungen und sozialen Verwerfungen. Das Siedlungswesen trägt insofern massiv zur Nachhaltigkeitskrise der Moderne bei. Städte müssen daher künftig als wesentliche Komponenten des zivilisatorischen Gesamtgefüges analysiert und gestaltet werden. Ziel ist es, regenerative Stadtsysteme zu verwirklichen – also Siedlungen, die sich als Ganzes innerhalb der natürlichen Grenzen unseres Planeten entfalten. So forderte es etwa der Wissenschaftliche Beirat der Bundesregierung Globale Umweltveränderungen (WBGU) 2016 in seinem Gutachten »Der Umzug der Menschheit: Die transformative Kraft der Städte«.

Wichtige Aspekte nachhaltiger Stadtentwicklung sind in Deutschland schon länger Teil politischer Debatten und öffentlicher Förderprogramme, besonders wenn es um Wohnen, Mobilität und Energieversorgung geht. Andere Themen dagegen sind in der Diskussion unterrepräsentiert und erfordern eine deutlich höhere Aufmerksamkeit. Dies betrifft vor allem den Bausektor: Er ist global für knapp 40 Prozent der gesamten Emissionen verantwortlich, wenn man die Emissionen durch Konstruktion, Nutzung und Abriss von Bauobjekten zusammenrechnet. Darüber hinaus verursacht der Bausektor rund 50 Prozent des gesamten Abfallaufkommens. Ein Wirrwarr von Regulierungen auf Landesebene behindert derzeit die Verwendung von biobasierten Baumaterialien. Dagegen sind Stahl und Zement von CO_2-Zertifikaten freigestellt und werden somit indirekt gefördert – das stellt das Nachhaltigkeitsprinzip auf den Kopf.

Gegenwärtige Ansätze sind oft unsystematisch und kontraproduktiv

Ein gewisses Umdenken in den vergangenen Jahrzehnten hat die Situation zwar etwas verbessert, geht aber über vereinzelte Initiativen und systemblindes Stückwerk nicht hinaus. Aktuelle Förderprogramme adressieren etwa den Austausch von Ölheizungen durch Gas – obwohl für die Energiewende nur noch wenige Jahre verbleiben. Ähnlich kontraproduktiv ist die Förderung von Fassadendämmung mit Baustoffen, die als Sondermüll hohe Folgekosten verursachen. Die nachhaltige Versorgung mit Strom und Wärme/Kälte muss ganzheitlich konzipiert und in Quartieren oder besser in größeren Gefügen wie Stadtteilen und Städten implementiert werden. Baustoffe müssten von der Herstellung bis zur Rezyklierung Teil regionaler Systeme sein. Es fehlen bisher effektive raumplanerische Werkzeuge, um regenerative Energien und Baumaterialen territorial und kreislaufgerecht bereitzustellen.

Sozialen und ökologischen Umbau zusammendenken

Initiativen für zukunftsorientiertes und integriertes Handeln scheitern zudem allzu oft an der Unfähigkeit der Verwaltungen, über Zuständigkeitsbereiche und Sachthemen hinweg schnell und wirksam zu handeln. Die seit Jahren hitzig diskutierte Wohnungsfrage illustriert die Dilemmata, die aus kurzfristigem, systemblindem Handeln entstehen: Der Druck auf öffentliche und private Bauträger, möglichst viele bezahlbare Wohneinheiten zu errichten, führt zur Entwicklung großer Bauareale vor allem an der Peripherie von Großstädten. Neue Siedlungsprojekte sind aber oft schlecht oder gar nicht an Mobilitätsinfrastrukturen wie den öffentlichen Personennahverkehr oder Radwege angebunden, versiegeln weitere ökologisch wertvolle Flächen und verpassen die Chance, klimagerechte und gestalterisch anspruchsvolle Architektur zu etablieren. Dabei laufen wir Gefahr, die Fehler der Banlieues zu wiederholen, anstatt die Innenstädte nachzuverdichten, sozial und funktional zu durchmischen und eine Stadt der kurzen Wege zu schaffen. Gleichzeitig brauchen wir eine kritische Debatte über Wohnformen: Einfamilienhäuser und Ein-Personen-Lofts passen nicht mehr in die Zeit. Zudem müssen wir uns einer Suffizienzdebatte stellen. Die »RESCUE«-Studie »Wege in eine ressourcenschonende Treibhausgasneutralität« des Umweltbundesamtes von 2019 argumentiert, dass nur mit einer langfristigen Beschränkung auf circa 40 m² Wohnfläche pro Person ein Leben innerhalb der planetaren Grenzen möglich ist.

Dabei geht es längst nicht mehr nur um sozialgerechten Klimaschutz. Gerade der Sommer 2021 hat auch in Deutschland uns allen vergegenwärtigt: Bedingt durch den Klimawandel kommen extreme Wetterereignisse wie Hitze und Starkregen mit Überschwemmungen häufiger vor und bedrohen unsere Städte und Siedlungen. Die Ursachen dafür lassen sich nur mit jahrzehntelanger aktiver Klimarestaurierung bekämpfen. Das bedeutet: Unsere Siedlungsräume müssen auch krisenfester und resilienter werden, um in der Übergangszeit mit solchen Ereignissen fertigzuwerden.

Das Fazit: Es gelingt derzeit nicht, die großen Themen des globalen Wandels zusammenzudenken und unsere Gesellschaft auf einen schwierigen, aber notwendigen Systemwechsel zur Nachhaltigkeit vorzubereiten. Wenn große Transformationsziele wie ökologische Zukunftsfähigkeit und soziale Inklusion jedoch weiterhin um knapper werdende Flächen und Ressourcen konkurrieren und nicht solidarisch ausgehandelt werden, zerbricht unsere Gesellschaft und öffnet die Schleusen für populistische Strömungen.

Die letzte Chance zum Handeln

Die kommende Legislaturperiode ist die letzte Chance, die rechtlichen, finanziellen und institutionellen Instrumente zu schaffen, um noch zeitgerecht eine »Bauwende« einzuleiten. Dafür brauchen wir ein mutiges und gesamtheitliches Narrativ, das den sozialen und ökologischen Umbau unserer Kommunen und urbanisierten Regionen zusammendenkt. Diese Wende – vom extraktiven, fossilen und linearen Bauwesen hin zur kreislaufgerechten Architektur und Stadtplanung – kann zum Kerngedanken einer gesamtgesellschaftlichen Vision der Transformation werden. Dafür müssen unsere Gebäude, Städte und Stadt-Land-Systeme als Grundbausteine eines regenerativen Wirtschafts- und Gesellschaftsmodells gewissermaßen neu erfunden werden.

Ein Umbauministerium könnte weitreichende Kompetenzen für eine integrierte Steuerung der Transformation der gebauten Umwelt erhalten.

Bei der Transformation der gebauten Umwelt geht es zum einen um den Wechsel der »Hardware«: Baustoffe, Gebäude, Stadt- und Infrastrukturen müssen klimagerecht, ressourcenschonend und als Teil von zirkulären Systemen neu konzipiert werden. Zum anderen ist die »Software« entscheidend. Das heißt: die Menschen in Wandlungsprozesse einbinden, sie zur Veränderung ihres Lebensstils ermutigen und neue Formen der Teilhabe, Koproduktion und Solidarität ermöglichen. Nur so lässt sich die Transformation als soziales Fortschrittsprojekt verwirklichen.

Umbauministerium als Schlüsselressort einrichten

Die Bauwende lässt sich weder *top-down* noch *bottom-up* realisieren. Sie muss vielmehr als gesamtgesellschaftliches *Mehr-Ebenen-Vorhaben* angegangen werden. Während viele Kommunen und zivilgesellschaftliche Initiativen bereits innovative Ansätze erproben, fehlt auf Bundesebene ein für den urbanen Strukturwandel zuständiges Ressort, das die Verantwortung bündelt, Sichtbarkeit schafft, Ressourcen mobilisiert und die politische Initiative ergreift. Ein Umbauministerium könnte als Schlüsselressort dienen und weitreichende Kompetenzen für die transformative Gestaltung der gebauten Umwelt erhalten. Das Ministerium müsste insbesondere die für eine integrierte Siedlungs- und Raumentwicklung notwendige Sektorkopplung vorantreiben. Daher sollten hier neben den Kernkompetenzen Bauen und Flächenentwicklung auch die für die Landnutzung künftig entscheidenden Themen regenerative Energien, Agroforstwirtschaft und nachhaltige Mobilität verankert sein.

Kernaufgabe eines solchen Ministeriums wäre es, adäquate Rahmenbedingungen, ambitionierte Standards und effektive Anreizsysteme für die sozial-ökologische Transformation von Städten und Regionen zu schaffen. Diese Transformation muss auf vielen Skalen konzipiert und realisiert werden: vom Material für einzelne Gebäude über Nachbarschaftsdesign bis hin zu Infrastrukturen für Städte und ganze Stadt-Land-Systeme. Dabei ließen sich die positiven Erfahrungen der Nationalen Stadtentwicklungspolitik in Deutschland fortführen. Es geht dabei nicht um eine neue Zentralisierung von Bau- und Stadtentwicklungspolitik auf föderaler Ebene; vielmehr muss der Grundsatz von Subsidiarität und dezentraler Vielfalt gewahrt bleiben.

Steuersystem für Bauwesen und Waldwirtschaft verbessern

Unmittelbar sollte das Ministerium das Steuersystem im Bauwesen so reformieren, dass Lebenszyklen und Umweltfolgewirkungen von verwendeten Materialien und

Agenda für 2022

- Einrichtung eines Umbauministeriums

- Enquete-Kommission »Wald-Bau-Wende«

- Start eines Bund-Länder-Kommunen-Reformdialogs für Bauverordnungen, Baugesetzgebung und integrierte Raumplanung

- Förderinitiative »Urbane Resilienz«

- Nationales Forschungsprogramm »Nachhaltiges Bauen«

- Neuer entwicklungspolitischer Schwerpunkt »Gebaute Umwelt«

Prozessen vollständig anerkannt werden. Dies schließt die direkte Förderung regenerativer, kreislaufgerechter und biobasierter Baustoffe oder dezentraler Heiz- und Energiesysteme für den Gebäudesektor mit ein. Wenn die Freisetzung von gebundenem CO_2 im Baubestand besteuert oder ein Ausgleichs- und Kompensationssystem etabliert wird, sollte das den kreativen, klima- und sozialgerechten Umbau fördern und den Abriss reduzieren. Mit jedem öffentlichen Projekt für Um- und Neubau sollte gezeigt werden, wie soziale Inklusion und ambitionierte Standards für die Verwendung nachhaltiger Baustoffe und Energiesysteme zusammengedacht werden können.

Das Umbauministerium sollte zudem eine interdisziplinär besetzte, nationale Enquete-Kommission für eine »Wald-Bau-Wende« einberufen. Ihr Ziel wäre, eine integrierte Strategie für einen klima- und naturgerechten Umbau von Wäldern zu entwickeln und damit eine Grundlage für eine nachhaltige Holzbau-Kreislaufwirtschaft zu schaffen. Ebenso wesentlich wäre es, die Landwirtschaft einzubeziehen, denn aus einjährigen Pflanzen lassen sich regenerative Materialien für Dämmungen und Platten für die Bauindustrie gewinnen. Die Umsetzung einer solchen Strategie braucht Jahrzehnte und kann nur gelingen, wenn die Kommunen an der Wertschöpfung adäquat beteiligt werden.

Klimaorientierung in allen Förderprogrammen verankern und Anreize schaffen
Ebenso dringlich sollte ein Bund-Länder-Kommunen-Dialog starten, der die Bauwende fördernde Richtlinien, Regulierungen und Verordnungen sowie ein effektives Planungssystem ausarbeitet. Dabei müsste es auch um adäquate Förderungen und Anreizsysteme gehen, denn sozialgerechter Klimaschutz und inklusive Klimaanpassung bedeuten eine beispiellose Kraftanstrengung für

Städte und Kommunen. Finanziell und personell sollten die Kommunen bei der Entwicklung von zukunftsorientierten Resilienzagenden unterstützt werden, die alle klassischen Sektoren wie Wohnen, Mobilität, Wasser und Energie berücksichtigen. Förderprogramme für den Städtebau könnten direkt mit integrierten und gebietsübergreifenden Transformationsstrategien gekoppelt sein. Ebenso sollten sie die Entwicklung von Ressourcenregionen (wie Berlin-Brandenburg) unterstützen. So ergeben sich Anreize dafür, kreislaufgerechte Handlungsräume zu schaffen.

Bisherige Ansätze zur Raumplanung sind vor allem bestandswahrend und scheitern oft an territorialer Fragmentierung und einem Wirrwarr von Zuständigkeiten. Mithilfe einer Verpflichtung zu kommunenübergreifenden Kooperationen ließen sich nachhaltige, regionale Ressourcensysteme entwickeln. Nur so kann es gelingen, das Bauwesen langfristig zu dekarbonisieren, regenerative Baumaterialien bereitzustellen, eine nachhaltige Wasser- und Energieversorgung zu sichern und regionale Ernährungssysteme zu schaffen.

Nationales Forschungsprogramm starten
Auch bedarf es mehr Geschwindigkeit bei der Umsetzung von Reformen. Derzeit dauert es etwa eine Dekade, bis eine Innovation im Baugesetzbuch oder Planungsverfahren integriert ist. Diese Zeit haben wir nicht (mehr). Nur durch Experimentieren, Testen und zeitgleich forschendes Begleiten und Reflektieren erreichen wir das für den Umbau nötige Tempo. Ein Instrument dafür ist das Reallabor für den Bau, wo durch Versuch, Erfolg und Scheitern das noch fehlende Transformationswissen entsteht. Ein nationales Forschungsprogramm sollte transdisziplinäre

experimentelle Kooperationen zwischen Wissenschaft, Kommunalverwaltungen, Wirtschaft und Zivilgesellschaft fördern, um konkrete Lösungsansätze etwa für die Anwendung verbesserter biobasierter Baumaterialien zu identifizieren.

Effektive Entwicklungszusammenarbeit

Die weltweite Transformation der gebauten Umwelt wiederum gehört unbedingt auf die Agenda eines neu ausgerichteten Bundesministeriums für wirtschaftliche Zusammenarbeit und Entwicklung (BMZ). Als Klimahebel ist der Bausektor nicht nur in Deutschland, sondern auch in den sich rasant urbanisierenden Entwicklungs- und Schwellenländern von entscheidender Bedeutung. Das BMZ sollte daher einen neuen Schwerpunkt »Gebaute Umwelt« einrichten. Durch entsprechende Programme in der internationalen Entwicklungszusammenarbeit könnte Deutschland damit seiner globalen Nachhaltigkeitsverantwortung besser gerecht werden.

Biobasierte Baustoffe können zu Grundbausteinen des (Um-) Bauens in Deutschland werden.

Noch mehr Tempo ab 2025 mit Internationaler Bauausstellung

Spätestens 2025 muss das Tempo der Bauwende verschärft werden. Die zweite Legislatur sollte die in den Dialogen und Pilotversuchen generierten Ideen und Konzepte in neue verbindliche Standards überführen. Hierzu gehört insbesondere die Einführung eines Zertifikatesystems für bauliche Kohlenstoffspeicherung. Aus steuerlichen Anreizsystemen für regenerative Alternativen, wie Wärmepumpen und Photovoltaikanlagen, sowie aus den dezentralen, bürgerschaftlichen Initiativen für Block-, Quartiers- und Stadtteillösungen sollten *Normen* entstehen. Festgesetzte Mindestanteile müssen die Verwendung biobasierter, regenerativer Baumaterialien aus regionalen Wertschöpfungsketten forcieren. Zugleich sind gesetzliche Standards für die Entsiegelung von Flächen, für die Dachbegrünung und die Installation von Photovoltaikanlagen (Dachlandschaften als »Energieweiden«) notwendig. Gegebenenfalls sollten solche Maßnahmen an Ausgleichs- und Kompensationsalternativen für öffentliche und private Bauvorhaben gekoppelt werden. Um den erforderlichen substanziellen Wandel in der Baukultur einzuleiten, muss die öffentliche Hand als Bauherrin eine Schlüsselrolle spielen. Durch die Einführung einer ambitionierten Holzbauquote im öffentlichen Gebäudesektor ist ein Zeichen für kreislaufgerechtes Bauen zu setzen. Biobasierte Materialien können so zu den Grundbausteinen des (Um-) Bauens in Deutschland werden.

Auch in der Stadtplanung und in der öffentlichen Verwaltung sollten bindende Standards gelten, zum Beispiel für Regenwassermanagement, Entsiegelung, Begrünung, Energieversorgung, Mobilität sowie effektives Krisenmanagement. Das Umbauen dieser Bereiche erfordert weiterhin eine substanzielle Unterstützung durch Bund und Länder. Um Innovationen zu generieren und

Agenda für 2025

— Einführung eines Zertifikatesystems für bauliche Kohlenstoffspeicherung

— Gesetzlicher Quotierungsfahrplan für biobasierte Materialien und regenerative Heiz- und Energiesysteme bei Bestandsrenovierung und Neubau

— Gemeinsame Internationale Bauausstellung zum Thema Transformation in den deutschen Bundesländern

— Förderung von zehn großen »Deep Demonstration Projects« in Entwicklungsländern

Agenda für 2030

- Komplettierung der landesweiten Wärme/Kälte-Wende

- Start der Jahrhundertstrategie für den nachhaltigen Waldumbau

- Gebaute Umwelt in Deutschland wird zur Netto-Kohlenstoffsenke

- Rahmenabkommen zwischen EU und Afrikanischer Union zur gemeinsamen Entwicklung der biobasierten Kreislaufwirtschaft

- Ausrichtung der »Habitat IV«-Konferenz in Berlin-Brandenburg

Erfahrungen zu verbreiten, könnte eine gemeinsame, speziell auf Transformation zugeschnittene Internationale Bauausstellung (IBA) in allen Bundesländern eingerichtet werden.

Auch die globale Bauwende sollte ab spätestens 2025 im Rahmen der internationalen Entwicklungszusammenarbeit an Fahrt gewinnen: Der beim BMZ eingerichtete Schwerpunkt »Gebaute Umwelt« sollte bis dahin in Kooperation mit lokalen Partnern zahlreiche konkrete Umsetzungsprojekte begonnen haben.

Erfolg zeigt sich 2030

Ohne Bauwende kann Deutschland seine Klimaziele nicht erreichen. Spätestens 2030 wird sich zeigen, ob diese Transformation, für deren Design und Durchsatz maximal zwei Legislaturen zur Verfügung stehen, erfolgreich ist. 90 Prozent aller Gebäude sollten dann aus regenerativen Energiequellen versorgt und beheizt werden. Ebenso sollte bis dahin der größere Teil aller verwendeten Baumaterialien mindestens klimaneutral und durch ein effektives, bindendes Zertifikatesystem vollständig ökobilanziert sein. Alle Kommunen und Regionen in Deutschland müssten 2030 konkrete lokale Bauwendeprozesse umgesetzt haben und würden durch effektive Resilienzstrategien den unvermeidbaren Klimaveränderungen und den damit verbundenen sozialen Herausforderungen begegnen. Dann ist es auch höchste Zeit, sich der Menschheitsaufgabe der *Klimarestaurierung* ernsthaft zu widmen: Die gebaute Umwelt sollte von da an nicht nur klimaneutral sein, sondern schrittweise zur Netto-Kohlenstoffsenke weiterentwickelt werden. Grundlage dafür ist eine Jahrhundertstrategie für nachhaltigen Waldumbau beziehungsweise nachhaltige Forstbewirtschaftung.

Auch sollte sich die Bundesrepublik verstärkt den globalen Herausforderungen widmen, denn sie hat den Klimawandel in historisch signifikanter Weise mitverschuldet und muss Finanzierungsverantwortung übernehmen. Zum Beispiel könnte Deutschland ein Rahmenabkommen zwischen der Europäischen Union und der Afrikanischen Union zur Entwicklung einer biobasierten Kreislaufwirtschaft im Bausektor anregen und unterstützen. Die Ressourcenregion Berlin-Brandenburg könnte zudem in Kooperation mit dem Programm Habitat der Vereinten Nationen eine vorgezogene »Habitat IV«-Konferenz ausrichten.

PROF. DR. HANS JOACHIM SCHELLNHUBER, *geb. 1950, ist Physiker, Klimaforscher und emeritierter Gründungsdirektor des Potsdam-Instituts für Klimafolgenforschung (PIK). »John« Schellnhuber hat Bundeskanzlerin Angela Merkel in wissenschaftlichen Fragen beraten und berät nun EU-Kommissionspräsidentin Ursula von der Leyen zum »New European Bauhaus«. Zurzeit hält er eine Gastprofessur an der Tsinghua-Universität in China und ist Mitglied in vier Wissenschaftsakademien. Als Initiator, Mitbegründer und Co-Geschäftsführer der »Bauhaus der Erde gGmbH« strebt Schellnhuber eine nachhaltige Bauwende in Deutschland, Europa und der Welt an.*

PROF. DR. PHILIPP MISSELWITZ, *geb. 1974, ist Architekt und Stadtplaner. Nach einer Karriere als Professor an der Universität Stuttgart und an der Technischen Universität Berlin leitet er seit September 2021 die Bauhaus der Erde gGmbH als Co-Geschäftsführer. Zusätzlich ist er Gesellschafter des Berliner Planungsbüros Urban Catalyst GmbH und hält eine Gastprofessur an der University of the Witwatersrand in Johannesburg, Südafrika.*

Stahl

»Die Stahlindustrie leistet ökonomisch wie ökologisch viel – wenn man sie jetzt nicht zugunsten CO_2-intensiverer Importe aufgibt.«

Maximaler Minderungsbeitrag bei überschaubaren Kosten

Von Jörg Fuhrmann

Die Grundstoffsektoren, allen voran Stahl und Chemie, bilden eine verlässliche Basis für die verarbeitenden Branchen und sichern Millionen hoch qualifizierter Arbeitsplätze in Deutschland. Die Bundesregierung ist sich bewusst, dass es dieses wichtige gesellschaftliche Rückgrat zu bewahren gilt. Das heißt aber nicht, dass die energieintensiven Produktionsprozesse unverändert bleiben können. Denn wir alle wissen nur zu gut, wer nichts verändert, wird das verlieren, was er bewahren möchte.

Die Wahrnehmung der Stahlindustrie, insbesondere in den Schlagzeilen, wurde in der Vergangenheit oft von Stereotypen dominiert. Überwiegend handelte es sich um Schrumpfungsprozesse mit Fusionen, Werksschließungen, Personalabbau, Umweltthemen, vermeintliche und tatsächliche Überkapazitäten, des Weiteren internationale Handelskonflikte und bisweilen auch Managementfehler.

Schon vor 30 Jahren kam die Frage auf, wie junge Leute als Nachwuchskräfte für diese Branche als wichtige Grundstoffindustrie zu begeistern sind, wenn man andauernd solche Schlagzeilen liefert. Diese selbstkritische Betrachtungsweise war und ist mit Sicherheit berechtigt. Denn neben den von außen hereingebrachten Herausforderungen waren viele Probleme hausgemacht, das muss man leider zugestehen. In Folge begleitet unsere Industrie seit Jahrzehnten ein Imageproblem.

Spätestens seit der globalen Finanz- und Währungskrise wissen wir in Europa um den hohen Wert stabiler Wertschöpfungsketten. Deutschland hat diese tiefe Krise dank seiner ausgeprägten Industriestrukturen sichtbar besser und schneller überwunden als viele andere Länder. Diese strukturelle Stabilität sichert Millionen hoch qualifizierter, gut bezahlter Arbeitsplätze und garantiert in Folge vielen Regionen Deutschlands Wohlstand als wichtige Grundlage gesellschaftlichen Zusammenhalts sowie sozialen Friedens.

Die angestrebte Dekarbonisierung ist ein gesellschaftliches Mammutprojekt, das einen zeitlichen wie finanziellen Aufwand erfordert, der über den Umfang der deutschen Wiedervereinigung weit hinausgehen dürfte.

Die Bundesregierung ist sich, wie sie in ihrem »Handlungskonzept Stahl« aus dem Juli 2021 festhält, bewusst, dass es dieses wichtige gesellschaftliche Rückgrat zu bewahren gilt und die Produktion, unter Inkaufnahme deutlich höherer CO_2-Emissionen, nicht in Länder außerhalb der EU getrieben werden sollte.

Alle Sektoren werden sich ändern müssen, auch der Stahl

Ein simples »Weiter so« ist auf dem Weg zur angestrebten Klimaneutralität bis 2045 dennoch ausgeschlossen. Die ganze Gesellschaft muss sich weg von fossil-kohlenstoffbasierten Prozessen und hin zu solchen orientieren, bei denen kein oder kaum noch CO_2 ausgestoßen wird. Dies ist breiter gesellschaftlicher Konsens mit höchster Priorität für die Politik.

Die Bundesregierung hat dazu die nationalen Klimaziele nochmals verschärft. Sie überbietet sogar den ambitionierten Green Deal der EU (europaweit minus 55 Prozent bis 2030 und Klimaneutralität 2050) mit minus 65 Prozent CO_2 bis 2030 und Klimaneutralität bis 2045. Das ist jetzt – für uns alle – gesetzt.

Seit 1990 haben wir in Deutschland für die Absolvierung der ersten Hälfte des 2030er-Ziels inklusive des Zusammenbruchs der DDR-Industrie fast 30 Jahre gebraucht. Jetzt verbleiben nur noch neun Jahre für die zweite Hälfte – und dieser Teil des Dekarbonisierungspfads ist zudem der deutlich schwierigere. Denn die *low-hanging fruits* sind bereits gepflückt.

Eine zweite industrielle Revolution

Der angestrebte Wandel ist gleichermaßen anspruchsvoll wie unausweichlich. Es handelt sich um eine wahre industrielle Revolution, die zweite. Denn es müssen historisch gewachsene und gut funktionierende Systeme von Energieerzeugung und -transport, des Güter- und Individualverkehrs, von industrieller Produktion bis zur Versorgung mit Wärme auf eine völlig neue Grundlage gestellt werden. Die angestrebte Dekarbonisierung ist ein gesellschaftliches Mammutprojekt, das einen zeitlichen wie finanziellen Aufwand erfordert, der über den Umfang der deutschen Wiedervereinigung weit hinausgehen dürfte.

Die Stahlindustrie steht dabei vor ganz besonderen Herausforderungen, weil die Erzeugung von Stahl über die konventionelle Hochofenroute auf Basis von Erzen unter Einsatz von Kokskohle auch im weltweiten Maßstab immer noch der technologisch reifste, effizienteste und wirtschaftlichste Weg ist. Genau aus diesem Grund werden heute noch 70 Prozent der Weltstahlerzeugung auf diese klassische Art und Weise durchgeführt.

Hochöfen in Salzgitter, Bremen oder Duisburg sind mit einem energetischen Wirkungsgrad von circa 95 Prozent Weltspitze. Das systemimmanente Emissionsminderungspotenzial ist hier nahezu ausgereizt.

Hochöfen in Salzgitter, Bremen oder Duisburg sind dabei mit einem energetischen Wirkungsgrad von circa 95 Prozent Weltspitze. Das systemimmanente Emissionsminderungspotenzial ist hier nahezu vollkommen ausgereizt. Implikation dieser klassischen Verfahrensroute ist allerdings, dass trotz jahrzehntelanger Optimierung der Prozesse noch etwa zwei Tonnen CO_2 pro Tonne Walzstahl emittiert werden.

Die Stahlindustrie in Deutschland ist mit rund 58 Millionen Tonnen eine der großen CO_2 emittierenden Branchen. Ein einzelnes Hüttenwerk wie in Salzgitter mit drei Hochöfen, Stahlwerk, Weiterverarbeitungsanlagen und eigenem Kraftwerk zur Verwertung der Abfallgase stößt, am physikalisch-chemischen Minimum operierend, immer noch circa acht Millionen Tonnen CO_2 pro Jahr und damit etwa ein Prozent der deutschen Gesamtemissionen aus.

Dabei ist aber zu berücksichtigen: Die Energieversorgung erfolgt hier seit Jahren zuverlässig und fast ausschließlich über die Kohle, wodurch man über das Jahr gesehen trotz eines Strombedarfs des gesamten Hüttenwerks in der Größenordnung einer mittleren Großstadt (1,4 TWh/a) mit seinem eigenen Kuppelgaskraftwerk vollständig stromautark ist!

Da sich naturwissenschaftliche Gesetze und Zusammenhänge nicht mit EU-Gesetzen und -Verordnungen außer Kraft setzen lassen, müssen die integrierten Hüttenwerke auf dem Weg in die Klimaneutralität komplett neue Pfade für eine CO_2-arme Produktionsroute beschreiten – andernfalls findet die Eisen- und Rohstahlerzeugung als wichtige Vorstufe für unsere Weiterverarbeitungsanlagen wie Walzwerke sowie Verzinkungs- und Beschichtungsanlagen künftig außerhalb der Europäischen Union statt. Bei diesem für die Dekarbonisierung der Primärstahlerzeugung notwendigen Technologiewechsel mit milliardenschweren Investitionen spielt Wasserstoff die wesentliche Rolle.

Emissionsarme Stahlherstellung mit Wasserstoff

Schon Jules Vernes schrieb 1870: »Das Wasser ist die Kohle der Zukunft. Die Energie von morgen ist Wasser, das durch elektrischen Strom zerlegt worden ist. Die so zerlegten Elemente des Wassers, Wasserstoff und Sauerstoff, werden auf unabsehbare Zeit hinaus die Energieversorgung der Erde sichern.«

Erst heute, 150 Jahre später, geht die Verwendung von Kohle und anderen fossilen Energieträgern allmählich ihrem Ende entgegen. In der Stahlindustrie mussten wir dafür einen neuen Herstellungsprozess finden, der zeitnah, das heißt ohne jahrzehntelange Forschung, in industriellem Maßstab verwirklicht werden kann.

Bis vor etwa zwei Jahren standen verschiedene Konzepte zur Reduzierung der CO_2-Emissionen der Stahlindustrie öffentlich in Konkurrenz zueinander. Mittlerweile hat sich die Erkenntnis durchgesetzt, dass Stahlproduktion auf Basis der Direktreduktion mit Wasserstoff die ökologisch sinnvollste und auch wirtschaftlich effizienteste Alternativroute ist. Dieser Ansatz der Carbon Direct Avoidance (kurz CDA), wonach die CO_2-Entstehung von Anfang an vermieden wird und keine zusätzliche Energie in die Komprimierung, Lagerung oder die Transformation in andere chemische Stoffe investiert werden muss, ist inzwischen bevorzugte Handlungsoption der Bundesregierung als Ersatz für die kohlenstoffbasierte Hochofen-Konverter-Route.

Wie genau funktioniert dieses Direktreduktionsverfahren (kurz DRI-EAF-Route)? Dabei wird aus dem Erz der Sauerstoff entfernt, die sogenannte Reduktion durchgeführt und das Eisenerz dann zu Eisen in fester Form, sogenanntem Eisenschwamm (*direct reduced iron,*

Agenda für 2022

— Um die Wirtschaftlichkeit der heimischen »grünen« Stahlproduktion sicherzustellen, muss die nächste Bundesregierung entsprechende Rahmenbedingungen schaffen und Anschubfinanzierungen für den Umbau der Anlagen auf den Weg bringen.

— Solange in Deutschland nicht ausreichend grüner Wasserstoff zu wettbewerbsfähigen Preisen zur Verfügung steht, muss dafür der im Erdgas enthaltene Wasserstoff genutzt werden können. Mit seiner Hilfe lassen sich mit mehr als 66 Prozent bereits signifikante CO_2-Einsparungen erzielen.

kurz DRI), umgewandelt. Anschließend wird der Eisenschwamm in Elektrolichtbogenöfen (*electric arc furnaces*, kurz EAF) aufgeschmolzen. Der für den Direktreduktionsprozess benötigte Wasserstoff sollte dabei vorher am besten klimaneutral per Elektrolyse mit Strom aus erneuerbaren Energien – wie zum Beispiel Windkraft – erzeugt werden.

Bei CDA-Konzepten wie zum Beispiel »SAlzgitter Low CO_2 Steelmaking« (SALCOS®) oder auch dem Hybrit-Projekt ersetzt Wasserstoff die heutige Kohle und den Koks bei der Erzeugung von Eisen aus Eisenerz. Statt CO_2 entsteht hier H_2O, also Wasser. In der Folge wird sich der CO_2-Ausstoß dieser Werke um bis zu 95 Prozent in der Endausbaustufe reduzieren lassen.

Transformationshebel: Wasserstoffnutzung aus Erdgas und eine sichere Energieversorgung

Zwei Punkte sind für den technischen Umbau heutiger integrierter Hüttenwerke, der für die neue DRI-EAF-Route keine langfristige Grundlagenforschung mehr bedingt, aber mit milliardenschweren Investitionen in neue Anlagen (Elektrolyse, Direktreduktionsanlage, Elektrolichtbogenöfen) einhergeht, von entscheidender Bedeutung: Solange in Deutschland nicht ausreichend grüner Wasserstoff zu wettbewerbsfähigen Preisen zur Verfügung steht, muss übergangsweise der im Erdgas enthaltene Wasserstoff diese Funktion ausfüllen. Gleichzeitig sind die Hüttenwerke auf eine sichere Energieversorgung mit Fremdstrom zu wettbewerbsfähigen Preisen angewiesen. Ohne den Ausbau der erneuerbaren Energien wird die Sicherstellung ihrer Energieversorgung im angestoßenen Dekarbonisierungsprozess nicht gelingen.

Die Stahlindustrie braucht Erdgas als Brücke in die Wasserstoffwirtschaft.

Mit einer zeitnahen Realisierung der ersten Stufe des beschriebenen DRI-EAF-Konzeptes werden die Hüttenwerke in der Lage sein, die Zukunftsfähigkeit ihrer Stahlstandorte und der damit verbundenen Arbeitsplätze in Deutschland einzuleiten. Die dafür notwendigen Umbauten müssen aus prozess- wie auch produkttechnischen, aber auch aus sicherheitsrelevanten Gründen stufenweise im laufenden Betrieb spätestens bis zur angestrebten Klimaneutralität im Jahr 2045 erfolgen.

Aber: Diese Eingriffe am »offenen Herzen« zur Erzeugung CO_2-armen, »grünen« Stahls bedingen selbstverständlich auch die Sicherstellung einer Wirtschaftlichkeit mittels geeigneter politisch-ökonomischer Rahmenbedingungen. Sonst sind die Patienten »wirtschaftlich tot«, bevor sie die Transformation erfolgreich abschließen konnten.

Die Stahlbranche braucht wirtschaftliche Anreize und klare Vorgaben

Zugegeben, die Transformation der Primärstahlproduktion ist kein Pappenstiel und kann in einer konjunkturzyklischen Stahlbranche nicht ohne Weiteres von den Unternehmen allein gestemmt werden. Zwischen Rohstoff-Oligopolen und der Nachfragemacht großer Abnehmerbranchen angesiedelt, bewegen sich ihre durchschnittlichen Gewinne – anders als zum Beispiel in der Automobilindustrie – leider nicht im Milliardenbereich.

Außerdem sind CO_2-arme Stahlprodukte auch teurer als jene über die konventionelle Route. Dies bedeutet, dass man bis auf Weiteres mit »grünen« Erzeugnissen im Weltmarkt nicht konkurrenzfähig sein wird. Denn warum sollten in- und ausländische Stahlkunden, die mit ihren Produkten in einem harten internationalen Wettbewerb stehen, grünen Stahl verarbeiten, der zu vergleichbarer Qualität, »bloß« CO_2-intensiver, wesentlich günstiger im Ausland beschafft werden kann?

Dafür gibt es bisher weder wirtschaftliche Anreize noch regulatorische Vorgaben wie entsprechende Produktstandards. Revolutionäre Transformationen der Wirtschaft erfordern aber eine rationale ökonomische Basis, wenn sie tatsächlich und nachhaltig erfolgreich stattfinden sollen. Niemand investiert Geld für Anlagen, die nicht wettbewerbsfähig betrieben werden können. Deshalb benötigt die Stahlindustrie zum einen passende wirtschaftspolitische Rahmenbedingungen, um ihre Wettbewerbsfähigkeit auch in der Transformationsphase sicherzustellen, und zum anderen substanzielle Anschubfinanzierungen, um so die milliardenschweren Investitionen stemmen zu können.

Es hat sich die Erkenntnis durchgesetzt, dass Stahlproduktion auf Basis der Direktreduktion mit Wasserstoff die ökologisch sinnvollste und auch wirtschaftlich effizienteste Alternative ist.

Im Sektoren- und Branchenvergleich das günstigste Angebot

Man darf sich an dieser Stelle als steuerzahlender Bürger die Frage stellen, warum der Staat gerade die Stahlindustrie mittels öffentlicher Anschubfinanzierungen und Schaffung geeigneter politischer Rahmenbedingungen fördern sollte.

Die Antwort hierauf ist so einfach wie überzeugend: Die Anlageninvestitionen für eine CO_2-neutrale Stahlerzeugung belaufen sich zwar auf einige Milliarden Euro, in Relation zu der Menge an vermeidbarem CO_2 legt die Stahlindustrie aber das im Sektoren- und Branchenvergleich günstigste sowie energieeffizienteste Angebot vor. Unter Betrachtung der relevanten Kriterien schneiden sämtliche alternativen Konzepte schlechter ab. Denn Fakt ist: Strom aus erneuerbaren Quellen wird hierzulande auf lange Sicht ein knappes Gut bleiben. Daher ist die Höhe der CO_2-Vermeidung pro eingesetzter Megawattstunde Strom die entscheidende Kenngröße. Und genau hier hat die wasserstoffbasierte Stahlerzeugung unter Berücksichtigung des Vermeidungspotenzials im Branchenvergleich klar »die Nase vorn«.

Ein weiterer erheblicher Vorteil der Stahlindustrie liegt darin, dass die für hohe CO_2-Vermeidungen notwendigen Investitionen in integrierten Hüttenwerken auf sehr wenige Standorte konzentriert werden können. Fortschritte bei der geplanten CO_2-Vermeidung in der Stahlproduktion sind dadurch vergleichsweise zügig realisierbar.

Wer dort anfangen will, wo die Prozesse am reifsten sind und der CO_2-Minderungsertrag in Relation zu den Engpassfaktoren Geld und regenerativer Strom am größten ist, kommt an der Stahlindustrie mit ihrer Transformation zur DRI-EAF-Route nicht vorbei. Bereits mit der ersten Ausbaustufe bis 2025/26 an einem Standort ließe sich bei einer Investition von gut einer Milliarde Euro so viel CO_2 vermeiden, wie es dem Austausch einer Million Verbrenner-Pkw gegen vollelektrische Autos entspräche! Ein Vergleich mit den hierfür ausgelobten staatlichen Kaufprämien lohnt sich, denn dafür stehen mehr als fünf Milliarden Euro im Raum!

Agenda für 2025

— Für die Elektrifizierung der Stahlherstellung sind die Werke auf eine verlässliche Zuführung großer Mengen an Fremdstrom zu wettbewerbsfähigen Preisen angewiesen. Dazu muss der Anteil erneuerbarer Energien deutlich ausgebaut werden.

— Bei einer Investition von gut einer Milliarde Euro lässt sich in einer ersten Ausbaustufe bis 2025/26 so viel CO_2 vermeiden, wie es dem Austausch einer Million Verbrenner-Pkw gegen vollelektrische Autos entspricht.

Agenda für 2030 bis 2045

— Die notwendigen Umbauten der Hüttenwerke für eine zeitnahe Realisierung der ersten Stufe des Direktreduktionsverfahrens müssen aus prozess- und produkttechnischen sowie sicherheitsrelevanten Gründen stufenweise im laufenden Betrieb spätestens bis zur angestrebten Klimaneutralität 2045 erfolgen. Sie sind ein entscheidender Baustein, um die Zukunftsfähigkeit der heimischen Stahlstandorte und der damit verbundenen Arbeitsplätze abzusichern.

Zur Lösung der Frage, wie sich die anfänglich höheren operativen Herstellungskosten kompensieren lassen, werden derzeit verschiedene Optionen diskutiert: So könnte es eine Klimaumlage auf Endprodukte für die Konsumenten, ein Grenzausgleichsregime für Stahlimporte in die EU oder auch fest vorgegebene Quoten für die Verwendung CO_2-armen Stahls geben.

Ich bevorzuge ein aus dem Markt heraus generiertes Anreizsystem: Stahlverarbeiter wie zum Beispiel die Automobilindustrie sollten einen spürbaren wirtschaftlichen Nutzen aus dem Einsatz des höherpreisigen CO_2-armen Stahls ziehen können.

Ein Beispiel: Ein Auto – welches zur Hälfte aus Stahl besteht – würde in der Produktion etwa 300 Euro mehr kosten. Also ein Prozent des Kaufpreises für 25 Prozent weniger Emission über den Gesamtlebenszyklus. Das wäre wohl auch für den Endverbraucher verkraftbar und sollte es ihm auch wert sein! Typische vom Käufer ausgewählte Sonderausstattungen eines neuen Pkws, wie zum Beispiel eine Metallic-Lackierung, kosten je nach Hersteller das Dreifache und mehr.

Erdgas als Brücke in die Wasserstoffwirtschaft

Eine weitere Transformationshürde ist die Tatsache, dass regenerativ erzeugter Strom und damit auch Wasserstoff für die nächsten zwei Jahrzehnte Engpass bleiben werden. Deswegen braucht die Stahlindustrie Erdgas als Brücke in die Wasserstoffwirtschaft. Beim Einsatz von Erdgas entsteht weitaus weniger CO_2 als bei der Eisenerzreduktion mit Kohlenstoff. Wir kommen deshalb in Deutschland und der EU nicht daran vorbei, den Einsatz preislich wettbewerbsfähigen, verlässlich lieferbaren Erdgases für den Einsatz in der Stahlindustrie zu forcieren. Die Bereitstellung empfiehlt sich eher via Pipelines als nach energieintensiver Verflüssigung via LNG-Schiffe. Diese beiden Aspekte sollten bei öffentlichen Diskussionen, etwa um Nord Stream 2, mit bedacht werden; eine Energiewende ohne Atomkraft, ohne Kohle und ohne ausreichend Erdgas kann definitiv nicht gelingen.

Die Klimaziele ständig zu erhöhen mag zwar politisch in Verantwortung Stehenden ermöglichen, öffentlich ein gutes, ambitioniertes Bild abzugeben. Aber: Von allein »irgendwie einrütteln« wird sich leider nichts. Die neue Bundesregierung wird entscheiden müssen, wie die gesetzlich festgeschriebenen Klimaschutzziele bis 2030 erreicht werden sollen.

2020 war trotz der Coronapandemie kein verlorenes Jahr, denn mit der »Nationalen Wasserstoffstrategie« und dem »Handlungskonzept Stahl« der Bundesregierung sind wichtige Themen adressiert und richtige Aktionsfelder definiert worden. Die EU-Kommission liegt demgegenüber gefühlt mindestens zwei Jahre zurück. Jetzt sind konkrete Umsetzungsschritte gefragt: Richtungsweisende Entscheidungen über politische und rechtliche Rahmenbedingungen sowie die finanzielle Flankierung müssen zügig gefällt und entsprechende Maßnahmen müssen etabliert werden. Nicht nur die Stahlindustrie braucht aufgrund langer Vorlaufzeiten für Investitionen endlich Klarheit und Verlässlichkeit.

PROF. DR.-ING. JÖRG FUHRMANN, *geb. 1956, war ab 2011 Vorstandsvorsitzender der Salzgitter AG, im Juli 2021 ging er in den Ruhestand. Nach dem Studium der Eisenhüttenkunde und Wirtschaftswissenschaften begann er seine Laufbahn 1983 bei den Klöckner-Werken, wo er unter anderem für Unternehmensstrategie und Verarbeitung/Technische Organisation sowie Controlling zuständig war. 1995 wechselte er zur Preussag Stahl AG, aus der 1998 der Salzgitter-Konzern hervorging. In den Jahren 2001 bis 2011 war Fuhrmann dort Finanzvorstand, ab 2007 außerdem für den neu formierten Unternehmensbereich Technologie zuständig.*

Textilien und Mode

»Mit werthaltiger Mode und innovativen technischen Textilien zeigt die deutsche Textil- und Modeindustrie, dass sie den Green Deal Textil beherrscht. Das ist ein wesentlicher Beitrag zum Klimaschutz.«

Die deutsche Textil- und Modeindustrie kann Green Deal Textil

Von Ingeborg Neumann

Umbruch und Transformation bestimmen seit Jahrhunderten die Geschichte der Textilindustrie. In Europa begann die Industrialisierung mit der Erfindung der Spinnmaschine und des Webstuhls im 18. Jahrhundert. Mensch und Maschine machten möglich, was vorher unvorstellbar schien: industrielle textile Massenproduktion, die in atemberaubender Geschwindigkeit nicht nur unser Wirtschaften, sondern auch das gesellschaftliche Leben veränderte. Die Industriegesellschaft war geboren.

Seither hat sich die deutsche Textil- und Modeindustrie immer wieder neu erfinden müssen. Zuletzt in den 60er-Jahren, als die Bekleidungsproduktion massenhaft nach Asien abgewandert ist, und nach der Wende 1989, als von gut 300.000 Arbeitsplätzen in der ostdeutschen Textil- und Modeindustrie innerhalb weniger Jahre nur noch 50.000 übrig waren. Die Branche kennt Wandel wie kaum eine andere Industrie und kann ihn gestalten. Sie hat immer wieder neue Bereiche mit innovativen Produkten und Verfahren entwickelt, auch dank einer lebendigen

Die Branche hat sich immer wieder neu erfunden und innovative Produkte und Verfahren entwickelt.

textilen Forschungs- und Bildungslandschaft in unserem Land. Diese Veränderungen haben wir immer als Chance und Aufbruch empfunden. Dafür stehen unsere mittelständischen Unternehmen, viele von ihnen familiengeführt mit Geschäfts- und Kundenkontakten in die ganze Welt.

In der COVID-19-Pandemie hat sich gezeigt, wie wichtig es ist, eine eigene Textilindustrie im Land zu haben. Wir konnten einspringen, als es plötzlich keine Masken und keine Schutzkleidung mehr aus China gab. Aber wir können noch viel mehr: Wir können den Green Deal Textil und sind bereit, unseren Beitrag für eine

Wir brauchen starke Investitionen in Forschung und Entwicklung, um die neuen CO$_2$-neutralen Pfade einzuschlagen.

klimaneutrale Zukunft zu leisten. Doch es gibt mindestens fünf Voraussetzungen, die erfüllt sein müssen, damit wir am Standort Deutschland wettbewerbsfähig produzieren können.

Sichere Energieversorgung zu wettbewerbsfähigen Preisen

Die deutsche Textil- und Modeindustrie setzt sich aus tiefer Überzeugung aktiv für den Klimaschutz und die Energiewende in Deutschland ein. Die Unternehmen sind seit vielen Jahren auf dem Weg, ihren ökologischen Fußabdruck zu verkleinern und gleichzeitig die Wünsche der Kunden nach werthaltigen und langlebigen Produkten zu bedienen. Damit schaffen sie zugleich gute Arbeitsplätze und sichern das Einkommen vieler Tausend Familien in Deutschland, aber auch in den Produktionsländern, in denen deutsche Auftraggeber weltweit für höchste Standards stehen.

Die Transformation hin zu einer CO$_2$-neutralen Wirtschaft in Europa findet mitten im laufenden Betrieb in einer hochkomplexen, global vernetzten Welt statt. Eine Steuerung über den CO$_2$-Preis kann deshalb weder im deutschen noch im europäischen Alleingang gelingen. Um mit ihrer Produktion in Deutschland theoretisch bis 2030 klimaneutral zu sein, benötigt die deutsche Textilindustrie eine sichere Versorgung mit etwa drei Terawattstunden (TWh) grünem Gas und etwa zwei TWh grünem Strom pro Jahr zu international wettbewerbsfähigen Preisen. Das ist ungefähr so viel, wie eine halbe Million Durchschnittshaushalte in Deutschland pro Jahr für Strom und Heizung verbraucht.

Allein der Strombedarf der chemischen Industrie wird sich bis Mitte der 2030er-Jahre verzehnfachen. Das wäre mehr als der gesamte aktuelle deutsche Stromverbrauch. Diese Dimensionen zeigen, wie gewaltig das Vorhaben ist, unser Leben und unser Wirtschaften weitgehend auf Ökostrom umzustellen. Zwar hat sich bei der Speicherung von Wind- und Sonnenenergie schon viel getan. Dennoch lässt sich die Versorgung damit immer noch schlecht planen, wie das erste Halbjahr 2021 gezeigt hat. Da es an Wind und Sonne mangelte, deckten erneuerbare Energien nur 43 Prozent des Bedarfs, während im Vorjahreszeitraum der Anteil noch deutlich höher lag. Dabei gilt der Ausbau erneuerbarer Energien als entscheidend, damit die von der Politik beschlossenen ambitionierteren Klimaziele erreicht werden können. Nach Einschätzung von

Experten ist für das höhere CO_2-Einsparziel ein Anteil von mindestens 70 Prozent erneuerbarer Energien an der Stromerzeugung bis 2030 erforderlich.

Woher sollen etwa der grüne Wasserstoff und die zusätzlichen Mengen an Strom aus erneuerbaren Energien kommen, um die Produktionsprozesse in der Textilindustrie weiter zu elektrifizieren – und das zu wettbewerbsfähigen Preisen? Für viele der 1.400 mittelständischen Textilunternehmen mit rund 124.0000 Beschäftigten und rund 28 Milliarden Euro Jahresumsatz ist das die zentrale Frage. Sie produzieren in Deutschland Stoffe, Garne, Heimtextilien und vor allem technische Textilien – ein Innovationsfeld mit deutschen Weltmarktführern. Viele der Produktionsprozesse, vor allem in der Textilveredlung, sind energieintensiv. Wir sind also darauf angewiesen, dass es konkrete Antworten gibt.

Viele Textilunternehmen produzieren Stoffe, Garne, Heimtextilien und vor allem technische Textilien noch in Deutschland.

Nachhaltige und innovative Textilien brauchen Wertschätzung

Technische Textilien sind schon heute ein hochinnovativer Werkstoff in vielen Anwendungsgebieten: beispielsweise als textile Fassade, die kühlt, wärmt oder aus schmutziger Luft wieder saubere macht; als Wundverband, der dem Arzt signalisiert, wenn er gewechselt werden muss; als antivirale Bezüge oder OP-Kittel, die Patienten oder medizinisches Personal im Krankenhaus schützen. Aber auch als neuartige Filter in Industrieanlagen, die wertvolle Metalle oder seltene Erden zum Wiederverwerten aus Abwässern fischen. Ein besonderes Zukunftspotenzial steckt auch im textilen Leichtbau. Bauen geht damit schneller, CO_2-sparender, und es wird weniger Beton verbraucht.

Deutschland verdankt seine Marktführerschaft bei technischen Textilien dem hohen Stand der textilen Forschung im Land. Es gibt zahlreiche Hidden Champions unter den mittelständischen Textilunternehmen, die mit hochinnovativen Spezialprodukten auf den Märkten der Welt zu Hause sind. Im Bereich der technischen Textilien findet die Produktion in Deutschland statt. Auch die ostdeutsche Textilindustrie hat hier nach der Wende eine beeindruckende Transformation hin zu technischen Textilien geschafft. Sie finden sich in Autos und Flugzeugen, als Spezialtextilien im Arbeitsschutz oder bei der Feuerwehr. Gerade in diesem Bereich zeigt sich aber exemplarisch, dass der Einsatz von Chemikalien, für die es noch keine Ersatzstoffe gibt, auf absehbare Zeit in Europa erlaubt sein muss. Wer alles verbieten will, blendet aus, dass wir schusssichere Westen oder Feuerschutzanzüge dann nicht mehr selbst herstellen können, sondern dort kaufen müssen, wo unsere hohen Umweltschutzauflagen kein Standard sind. Damit schaden wir sowohl der Umwelt als auch den Standorten Deutschland und Europa.

Auch unsere Bekleidungs- und Schuhhersteller befinden sich in einer Transformation, die sich durch die Coronapandemie noch beschleunigt hat. Die Schlüsselfrage ist, ob sich Werthaltigkeit, gute Passform und Qualität am Modemarkt wieder durchsetzen können. Die Diskussion über nachhaltige Mode übersieht, dass

Agenda für 2022

— Strom- und Brennstoffpreise in Deutschland müssen wieder ein international wettbewerbsfähiges Niveau erreicht haben und langfristig garantiert werden.

— Die Industrie benötigt leistungsfähige, sichere, souveräne, vertrauenswürdige und verlässliche digitale Netze.

Agenda für 2025

— Erste erkennbare Erfolge bei der langfristig sicheren Versorgung der Unternehmen mit ausreichend grünem Strom und grünen Brennstoffen zu international wettbewerbsfähigen Preisen.

— Einheitliche europäische Datenschutz- und Sicherheitsstandards für einzelne Anwenderszenarien als Voraussetzung für den umfangreichen Einsatz von künstlicher Intelligenz (KI) – diese müssen insbesondere bezogen auf KI-Anwendungen entwickelt werden, um der Konkurrenz aus anderen Kontinenten zu begegnen.

Mode deutscher Traditions- und Qualitätsmarken nicht Teil des Problems, sondern der Lösung ist. Für unsere mittelständischen Modehersteller – viele davon über Generationen familiengeführte Traditionsunternehmen – gehören Wert- und Langlebigkeit nämlich zum Markenkern. Ganze Kollektionen finden sich auch Jahre später noch im Kleiderkreislauf. Reparaturdienste bieten viele Labels schon lange an. Doch solche Qualität ist in den vergangenen Jahren durch immer mehr international agierende Fast-Fashion-Ketten entwertet worden. Statt zwei Kollektionen pro Jahr werfen Fast-Fashion- und Ultra-Fast-Fashion-Ketten regelmäßig 20 und mehr auf den Markt. Die Folge: ein sich immer schneller drehendes Modekarussell, das Kleiderberge auf Kosten von Mensch und Umwelt produziert.

Unsere mittelständischen Hersteller werden mit Fast Fashion regelmäßig in eine Schublade gesteckt. Zu Unrecht: Es sind gerade unsere Modemarken und viele innovative Mittelständler, unsere textilen Forschungsinstitute, unsere Hochschulen und textilen Ausbildungsstätten und viele innovative Start-ups, die immer mehr Lösungen für nachhaltige Produktion und eine textile Kreislaufwirtschaft in die Anwendung bringen. Kleider aus Algen, Fasern aus Ananasschalen oder Brennnesseln, Skiunterwäsche aus Kaffeesatz, Sportschuhe und Outdoorbekleidung aus Meeresmüll – was sich derzeit im Bereich biobasierte Rohstoffe und Upcycling in der Textilindustrie alles tut, macht großen Mut.

An textilen Hotspots sind klimaneutrale Industrieparks geplant, die zeigen sollen, wie nachhaltige Produktion von Bekleidung auch in Deutschland funktioniert. Aber auch in den Produktionsländern sind deutsche Unternehmen mit Nachdruck engagiert, wenn es um faire Arbeits- und Sozialstandards und Nachhaltigkeit entlang der Lieferkette geht. Auch unsere textilen Studien- und dualen Ausbildungsgänge widmen sich immer mehr der Nachhaltigkeit. Virtuelle Umkleidekabinen, Blockchain-Technologie zur Nachverfolgung der Lieferkette oder der 3D-Druck schonen die Ressourcen und reduzieren den ökologischen Fußabdruck.

Dies ist nur ein Ausschnitt aus einer Branche, die an vielen entscheidenden Stellen im Wandel steckt. Die Welt braucht neue Kleider, aber nicht alles muss neu erfunden werden. Mode braucht wieder einen Wert, sie ist Ausdruck unserer Haltung, sie ist auch Kulturgut! Wenn wir das wieder erkennen, ist es nicht altmodisch, sondern im besten Sinne modisch und ganz im Trend, wenn es um unsere Transformation zu einer klimaneutralen und digitalen Gesellschaft geht.

Leistungsfähige und verlässliche digitale Netze auch in der Fläche

Längst spielt sich die Welt der Daten auch in und auf Textilien ab. Smart Textiles fühlen, wie es ihrem Träger geht, beispielsweise beim Sport, aber auch in der Medizin, wenn das T-Shirt dem Arzt direkt die Körperdaten des herzkranken Patienten auf den Computer spielt. Heimtextilien reagieren auf Bewegung, schalten Licht ein und aus. Im Smart Home regulieren sie die Raumtemperatur, oder sie schlagen Alarm, wenn im Pflegeheim jemand stürzt und Hilfe braucht. Rotorblätter von Windkraftanlagen können während des Betriebs den eigenen Wartungszustand erfassen und an die Steuerung melden, ohne dass aufwendige Inspektionen an einer stillgelegten Anlage notwendig sind. Aus Deichanlagen melden Spezialtextilien, wo Wasser eindringt und der Dammbruch schnell verhindert werden kann.

Agenda für 2030

— Eine vollständige sichere Versorgung der Unternehmen mit grünem Strom und grünen Brennstoffen zu international wettbewerbsfähigen Preisen bis spätestens 2045 muss sich klar und glaubwürdig abzeichnen.

— Zahlreiche KI-basierte Lösungen für Produkte und Produktionsprozesse wurden für die Textilindustrie entwickelt und sind im Einsatz. Mithilfe von KI sind wir in der Lage, sämtliche Aspekte des Produktionsprozesses zu planen, zu steuern und zu kontrollieren.

Durch die Digitalisierung werden auch Produktion und Vertrieb immer enger verzahnt. Es entstehen viele Geschäftsmodelle, bei denen die Produzenten immer mehr zu Händlern ihrer Waren werden. Die Digitalisierung ermöglicht dabei mehr und mehr die Individualisierung von Kundenwünschen: vom Sportschuh aus dem 3D-Drucker über die Smartphone-App, die die Körpermaße nimmt und die Onlinebestellung passgenau macht, bis hin zu den vielen Möglichkeiten im Internet, Mode zu mieten, zu tauschen oder weiterzuverkaufen.

Nachhaltigkeit und Digitalisierung sind nicht nur in der Textil- und Modeindustrie zwei Seiten einer Medaille. Sie gehören zusammen, wenn es um Klimaneutralität und den sparsamen Einsatz von Ressourcen geht. So können zum Beispiel Sensoren in textilen Produktionsanlagen dabei unterstützen, Ressourcen effizienter zu nutzen und etwa den Verschnitt von Stoffen zu reduzieren. Die Blockchain-Technologie ermöglicht es zunehmend, Materialien entlang der Wertschöpfungskette genau nachzuverfolgen und die Wiederverwertung der Stoffe zu optimieren. Mittels QR-Codes können Kunden Informationen über die Produkte direkt auf ihrem Smartphone abrufen.

Um all das umsetzen zu können, benötigt die Textilindustrie leistungsfähige, sichere, souveräne, vertrauenswürdige und verlässliche digitale Netze

Was sich derzeit im Bereich biobasierte Rohstoffe und Upcycling in der Textilindustrie alles tut, macht großen Mut.

auch in der Fläche. Zudem braucht die Branche einheitliche europäische Datenschutz- und Sicherheitsstandards für einzelne Anwenderszenarien. Diese müssen vor allem bezogen auf digitale Anwendungen entwickelt werden, um international wettbewerbsfähig zu sein.

Gesamte Finanzierung der Energiewende auf Haushaltsmittel umstellen

Die Unternehmen stehen in einem intensiven europaweiten und internationalen Wettbewerb – das gilt für Exporte wie für Importe. Daher können sie zusätzliche Belastungen durch den Klimaschutz nicht in beliebiger Höhe tragen. Besonders wettbewerbsfeindlich für die deutsche Industrie sind die Strompreise, über die wir bislang hauptsächlich unsere Energiewende finanzieren. Dabei fallen allein durch das Erneuerbare-Energien-Gesetz (EEG) Mehrkosten an, die dem gesamten Strompreis in wichtigen Wettbewerbsländern, wie den USA, entsprechen. Einige besonders energieintensive Unternehmen sind von der EEG-Umlage teilweise entlastet. Besondere viele mittelständische Industrieunternehmen zahlen aber die volle EEG-Umlage, da sie die Zugangsvoraussetzungen zur Umlagenentlastung knapp verfehlen.

Wir fordern daher zusammen mit vielen mittelständischen energieintensiven Industriebranchen im Bündnis Faire Energiewende (www.faire-energiewende.de), die gesamte Finanzierung der Energiewende auf Haushaltsmittel umzustellen. Damit würden die Unternehmen sofort bei den Stromkosten entlastet. Zugleich würden sie über Steuerzahlungen die Energiewende weiter finanzieren. Da Steuern nach der Leistungsfähigkeit erhoben werden, wäre ein solches System sowohl sozial gerechter als auch für die Unternehmen im internationalen Wettbewerb deutlich erträglicher als eine Finanzierung über den Strompreis. Den ersten Schritt in Richtung einer solchen Haushaltsfinanzierung hat der Gesetzgeber mit der Deckelung der EEG-Umlage immerhin gemacht.

Seit dem 1. Januar 2021 gibt es in Deutschland auch die Bepreisung des CO_2-Ausstoßes durch das Brennstoffemissionshandelsgesetz (BEHG). Für jede Tonne CO_2 aus Brennstoffen wie Erdgas oder Heizöl fallen 25 Euro

Mehrkosten an, was die Energiekosten auch für unsere Unternehmen um bis zu 20 Prozent erhöht. Bis 2025 soll der CO_2-Preis auf 55 Euro pro Tonne steigen und sich damit mehr als verdoppeln. Es ist daher dringend erforderlich, für die Unternehmen ein Entlastungssystem aufzubauen, das die Verlagerung von Unternehmen, Arbeitsplätzen und CO_2-Emissionen ins Ausland (Carbon-Leakage) verhindert.

Dieses Entlastungssystem im nationalen Emissionshandel muss dieselbe Wirkung für die Unternehmen haben, wie sie auch der EU-Emissionshandel im internationalen Wettbewerb gewährleistet. Insbesondere muss die Kompensation der CO_2-Kosten dem Niveau des EU-Emissionshandels entsprechen. Das hat die Bundesregierung mit ihrer sogenannten Brennstoffemissionshandel-Carbon-Leakage-Verordnung nicht erreicht. Ein Mindestkompensationsgrad der CO_2-Mehrkosten der Unternehmen von 85 Prozent wäre im Vergleich mit den Unternehmen im EU-Emissionshandel angemessen. Außerdem muss sichergestellt werden, dass die Unternehmen bereits unterjährig von den CO_2-Kosten entlastet werden und nicht erst ein Jahr oder länger in Vorleistung gehen müssen. Ebenso ist es nicht akzeptabel, dass die Entlastung der Unternehmen nur im Rahmen von vorher festgelegten Haushaltmitteln erfolgt. Die Carbon-Leakage-Gefährdung der Unternehmen richtet sich nicht nach der Kassenlage des Staates.

Durch Blockchain-Technologie lassen sich Materialien entlang der Wertschöpfungskette genau nachverfolgen.

Was CDU/CSU und SPD zum Ende der letzten Legislaturperiode nach zähem Ringen hier beschlossen haben, bricht mit dem Versprechen, dass sie die Klimaneutralität zusammen mit der heimischen Industrie erreichen wollen. Die neue Bundesregierung muss dieses Versprechen einlösen.

Weniger Bürokratie, mehr Investitionen – Deutschland braucht einen Modernisierungsschub

Deutschland hat die Kraft, die Innovationen und den unternehmerischen Mut, eine starke Industrie und Klimaschutz zusammenzubringen – nur miteinander werden wir diese Jahrhundertaufgabe stemmen. Die COVID-19-Pandemie und ihre wirtschaftlichen Folgen haben die Textilindustrie und vor allem die Bekleidungsunternehmen hart getroffen. Viele haben die Krisenzeit aber dazu genutzt, sich strategisch neu auszurichten und in Aus- und Weiterbildung zu investieren. Corona hat uns die ganze Misere unseres Bildungsföderalismus eindrücklich vor Augen geführt. Der Fachkräftemangel bleibt eine dringende Zukunftsaufgabe. Auch die Digitalisierung von Bildung und Verwaltung in der nächsten Legislaturperiode ist für die Zukunftsfähigkeit unseres Landes entscheidend.

Deshalb sprechen auch wir uns für einen Modernisierungsschub Deutschlands aus. Wir sind für ein Entbürokratisierungs- und Entfesselungsprogramm. Wir brauchen nachhaltige Investitionen in noch mehr Forschung und Entwicklung, um die neuen CO_2-neutralen Pfade einzuschlagen. Steuerliche Forschungsförderung ist dabei genauso ein Garant für Fortschritt wie wettbewerbsfähige Unternehmenssteuern.

Die mittelständischen Unternehmen der deutschen Textil- und Modeindustrie müssen gerade jetzt besonders leistungsfähig sein, um die Transformation erfolgreich zu gestalten. Sie brauchen außerdem die finanziellen Spielräume, in Nachhaltigkeit und Digitalisierung zu investieren. Das ist nicht für alle einfach, denn durch die Coronakrise sind viele Reserven aufgebraucht. Trotzdem haben sie die Ärmel längst wieder hochgekrempelt. Nun müssen die Folgen der Pandemie Schritt für Schritt überwunden und strategische Weichen für ein klimaneutrales Industrieland Deutschland gestellt werden.

INGEBORG NEUMANN, *geb. 1957, ist Präsidentin des Gesamtverbandes der deutschen Textil- und Modeindustrie sowie Vizepräsidentin und Schatzmeisterin des Bundesverbandes der Deutschen Industrie (BDI). 1997 gründete sie die Peppermint Gruppe mit Sitz in Berlin. Ihre Unternehmen entwickeln und produzieren innovative Garne, Stoffe und Textilien. Mit mehr als 600 Mitarbeitern erwirtschaften sie an sieben Standorten in Europa einen weltweiten Jahresumsatz von 90 Millionen Euro. Ingeborg Neumann ist auch als Investorin junger Unternehmen aktiv und engagiert sich für bildende Kunst und junge Künstler.*

Verkehr

»Wir müssen jetzt handeln und alle Hebel
in Bewegung setzen. Andernfalls verliert
der Verkehrssektor in einer klimaneutralen
Gesellschaft seine Existenzberechtigung.«

E-Fuels: Schlüssel zur CO_2-Reduktion im Verkehrssektor

Von Thorsten Lange

Der Verkehrssektor steht vor einer Mammutaufgabe: Einerseits nehmen Güter- und Personenverkehr kontinuierlich zu, ist die Branche doch das Rückgrat einer globalisierten Welt. Andererseits werden die Klimaziele unserer Gesellschaft stetig schärfer und kaum ein Sektor hat sich zuletzt so schwer mit Einsparungen von Kohlenstoffdioxid (CO_2) getan wie der Verkehr. Um die Ziele überhaupt zu erreichen, wird es auf alternative Kraftstoffe ankommen. Deren Potenzial offenbart ein Blick in die Luftfahrt.

Der Handlungsbedarf ist groß wie nie. Am 24. Juni 2021 hat der Bundestag schärfere Klimaschutzziele für Deutschland beschlossen: Bis 2030 soll Deutschland seine Treibhausgasemissionen (THG) gegenüber 1990 um 65 Prozent senken. Gut die Hälfte haben wir schon geschafft, allerdings über die vergangenen 30 Jahre. In den verbleibenden knapp zehn Jahren müssen wir das Tempo deutlich erhöhen. Auf uns wartet nichts anderes als ein beeindruckender Endspurt.

Der Status quo: Bei CO_2-Einsparungen stockt es

Der Verkehrssektor hat dabei keine gute Ausgangsposition. Auf der ersten Etappe wurden so gut wie keine CO_2-Einsparungen erzielt. Mit 164 Millionen Tonnen stießen Flugzeuge, Schiffe, Pkw und Co. in Deutschland 2019 etwa die gleiche Menge CO_2 aus wie 1990. Für das Jahr 2030 gibt es für den Verkehr nun ein verbindliches CO_2-Budget von 85 Millionen Tonnen.

Je größer die Rohstoffbasis, desto größer das Potenzial für den Klimaschutz. Es wird zu diskutieren sein, ob das »Fit for 55«-Paket der EU hier schon die richtigen Weichen stellt.

Es ist also einiges aufzuholen. Gleichzeitig wird das Verkehrsaufkommen steigen: Der Durst nach Mobilität und Gütertransporten ist noch nicht gestillt.

Auch wenn die Ziele ehrgeizig sind, herrscht Konsens hinsichtlich ihrer Notwendigkeit. Es führt kein Weg daran vorbei, die Art, wie wir leben, zu verändern. Überschreiten wir weiterhin unser CO_2-Budget, richten wir irreparable Schäden an, die die nachfolgenden Generationen kompensieren müssen. Das Credo lautet: Wir müssen jetzt handeln und alle Hebel in Bewegung setzen. Andernfalls verliert der Verkehrssektor in einer klimaneutralen Gesellschaft seine Existenzberechtigung.

Der Optionenraum: Neue Konzepte, Antriebe und Energieträger

Ob zu Wasser, zu Land oder in der Luft: Unser Vorankommen verdanken wir überwiegend fossilen Kraftstoffen. Mehr als 90 Prozent des weltweiten Energiebedarfs im Verkehr werden so bedient. In der Folge führen mehr Mobilität und mehr Verkehrsteilnehmer zu mehr CO_2-Emissionen. Wir haben drei Hebel, um dem entgegenzuwirken:

1. *Wir können die Art der Fortbewegung ändern:* Ein Ausbau von öffentlichem Personennahverkehr (ÖPNV) oder Fahrradwegen kann dazu beitragen, den Straßenverkehr insbesondere in Städten zugunsten klimafreundlicher Alternativen zu verschieben.
2. *Wir können die Antriebstechnologie verbessern:* So sinkt der Kraftstoffverbrauch von Flugzeugturbinen seit Jahren kontinuierlich, und auch die Verbrenner im Pkw sind stetig effizienter geworden. Auch neue Antriebsarten wie Elektromobilität werden zur Option.
3. *Wir können den Energieträger wechseln:* Fossile Kraftstoffe wie Benzin, Diesel oder Kerosin lassen sich durch klimaneutrale Alternativen ersetzen. Der Vorteil: Bestehende Technologie lässt sich je nach Lösung beibehalten.

Auf absehbare Zeit wird für zeiteffiziente Reisen kein Weg am Flugzeug vorbeiführen. Beim Transport großer Gütermengen zwischen den Kontinenten wird auch die Schifffahrt nur schwer zu ersetzen sein.

Was die Antriebstechnologie anbelangt, sind Effizienzsteigerungen aus vielen Gründen erstrebenswert, stoßen aber unweigerlich irgendwann an ihr theoretisches Optimum. Hinzu kommt, dass ein Umstieg auf andere, beispielsweise elektrische Antriebe derzeit bei vielen Transportmitteln abseits des Individualverkehrs an Grenzen stößt.

Um kurzfristige und wirkungsvolle CO_2-Einsparungen zu erzielen, müssen wir die Klimabilanz von Verbrennern deutlich verbessern. Den Schlüssel dazu können alternative Kraftstoffe liefern: Sie überwinden die strukturellen und technischen Grenzen, die bisher eine Hürde für CO_2-Senkungen im Verkehrssektor waren. Anders als andere Technologien sind sie schon heute in großen Mengen verfügbar sowie hochwirksam, und sie lassen sich in bestehenden Fahrzeugen, Flugzeugen und Schiffen einsetzen. Ganz ohne »Reichweitenangst«.

Wir werden zukünftig ein Zusammenspiel verschiedener Konzepte, Antriebe und Energieträger erleben. Alternative Kraftstoffe werden langfristig eine zentrale Rolle spielen.

Die Grenzen des Möglichen: Mangelnde technische Alternativen erschweren die Dekarbonisierung

Abseits des Personenverkehrs haben es neue Antriebstechnologien schwer. Was in der Öffentlichkeit oft als Unwillen zur Veränderung interpretiert wird, ist tatsächlich die Konsequenz klarer physikalischer Grenzen.

Das Paradebeispiel schlechthin ist die Luftfahrt. Wenn ein Elektroantrieb schon beim Pkw für deutliche Einschränkungen bei der Reichweite sorgt, wie sieht es dann beim Flugzeug aus, bei dem mehrere Hundert Tonnen bewegt werden müssen? Beim heutigen Stand der Technik müsste ein Passagierflugzeug pro Passagier mehrere Hundert Kilogramm Batterien an Bord haben.

Wann die Batterietechnologie eine gangbare Alternative für die Luftfahrt sein kann, ist noch nicht absehbar. Ein aktueller Bericht des World Economic Forum rechnet mit zehn bis 20 Jahren – hauptsächlich für kleinere Maschinen und Kurzstreckenflüge. Ähnliches gilt auch für wasserstoffbetriebene Flugzeuge: Wasserstofflösungen für Flugzeuge erfordern den Aufbau einer neuen Infrastruktur. Bestehende Systeme sind für die Nutzung von Wasserstoff nicht ausgelegt. Im Übergang müssten zudem parallele Strukturen betrieben werden. Ein Wasserstofftank würde ferner eine völlig neue Bauweise des Flugzeugs voraussetzen und mehr Raum einnehmen. Wann die Wasserstofftechnologie für die Luftfahrt marktreif ist, ist insofern ebenfalls nicht absehbar – genauso wenig wie die Verfügbarkeit von klimaneutral produziertem Wasserstoff in ausreichenden Mengen und zu wettbewerbsfähigen Preisen. Es ist dabei zwingend erforderlich, den für die Produktion von grünem Wasserstoff erforderlichen Strom komplett aus zusätzlichen oder ungenutzten erneuerbaren Ressourcen zu gewinnen.

Der maßgebliche zweite Faktor neben den physikalischen und technischen Grenzen ist die Nutzungsdauer der Transportmittel. Das durchschnittliche Auto auf deutschen Straßen ist gute zehn Jahre alt, Tendenz steigend. Viele derzeitige Pkw wurden zu einer Zeit gekauft, als es elektrische Fahrzeuge für den Massenmarkt noch gar nicht gab. Deren Anteil steigt zwar, dennoch sind auch die heute neu zugelassenen Fahrzeuge in der Mehrheit Verbrenner. Das bedeutet: In Deutschland werden Pkw auch weit nach 2030 noch Kraftstoff brauchen. Im Jahr 2021 zugelassene Fahrzeuge werden 2030 durchschnittliche Gebrauchtwagen sein. Hinzu kommt, dass alte Fahrzeuge ihren Lebensabend oft als Export im Ausland verbringen.

Die Nutzungsdauer von Flugzeugen übersteigt die der Pkw: Im Gegensatz zum Pkw ist ein Flugzeug in der Regel Teil des Anlagevermögens, und die Laufzeit ist Teil wirtschaftlicher Investitionsrechnungen mit einem Planungshorizont von mehr als 25 Jahren. Da alternative Antriebe noch fehlen, lässt sich also leicht absehen, dass Flugzeuge auch nach 2050 global mit aktuellen technischen Lösungen operieren werden. Gleichzeitig wachsen die Flotten, denn die Nachfrage nach Luftverkehr ist groß. In den kommenden 15 Jahren soll sich das globale Flugverkehrsaufkommen verdoppeln. Heute macht der Luftverkehr etwa 2,5 Prozent der globalen CO_2-Emissionen aus. Der Gesamtklimaeffekt wird mit 3,5 Prozent taxiert, wobei zwei Drittel auf die sogenannten Nicht-CO_2-Effekte entfallen. Mit dem unmittelbaren Einsatz der bereits existierenden THG-reduzierenden Treibstoffe können diese Effekte mit sofortiger Wirkung vermieden werden.

Hier kommen die alternativen Kraftstoffe ins Spiel: strombasierte Kraftstoffe einerseits und erneuerbare Kraftstoffe andererseits. Beide Technologien können

> **Eine verpflichtende Beimischung von acht bis zehn Prozent SAF würde bereits eine nennenswerte Reduktion von CO_2-Emissionen mit sich bringen – und die Luftfahrtbranche auf den richtigen Weg.**

Agenda für 2022

- Analyse von »Fit for 55«: Wirklich fit für 55?

- Interessenabgleich der Marktteilnehmer

- Erstellung eines Maßnahmenkatalogs zur Erreichung von »Net-Zero 2050«

- Schaffung der Rahmenbedingungen zur
Nachfragegenerierung

- Nachhaltigkeitskriterien bei Technologien und Rohstoffen definieren

die CO_2-Emissionen senken und sich ergänzen. Ein großer Unterschied ist ihre Verfügbarkeit: Strombasierte
Kraftstoffe werden ihr volles Potenzial erst in Zukunft
entfalten, erneuerbare Kraftstoffe hingegen sind schon
heute Realität.

Strombasierte Kraftstoffe: Schlüsseltechnologie der Zukunft

Strombasierte Kraftstoffe, sogenannte E-Fuels, werden
aus Wasserstoff und CO_2 hergestellt. Eng verbunden mit
dem Begriff ist die Power-to-Liquid-Technologie (PtL).
Das PtL-Verfahren schließt den Kohlenstoffkreislauf:
Mithilfe von Wasserstoff werden aus Emissionen wieder
Kraftstoffe. Das bei deren Verbrennung entstehende CO_2
kann mit Wasserstoff wieder zu Kraftstoff werden. Unterm Strich kann die Technologie damit klimaneutrale
Kraftstoffe ermöglichen.

Diese Kraftstoffe werden langfristig eine wichtige Rolle im Energiemix spielen. Ihr Durchbruch ist eine Frage
der Zeit und wird aktiv vorangetrieben – insbesondere
deutsche Unternehmen sind hier stark aufgestellt und
haben eine führende Po-
sition. Noch sind wir in
einem frühen Entwick-
lungsstadium. Größere
Mengen E-Fuels werden
voraussichtlich nicht
vor Mitte der nächsten
Dekade verfügbar sein. Entsprechende Pilotprojekte
sind bereits angelaufen. Es ist allerdings noch nicht zu
erkennen, welche Technologie sich durchsetzen wird.
Entscheidend ist die Bereitstellung ausreichender »grüner« Stromkapazitäten.

**Wer für den Preis eines Kinobe-
suchs in den Urlaub fliegt, macht
kein Schnäppchen, sondern verlagert die Last auf kommende
Generationen.**

Kurzfristige THG-Minderungen durch den Einsatz von
E-Fuels sind nicht zu erwarten. Die für die Branche

wegweisende »PtL-Roadmap« der Bundesregierung ist
ein guter Indikator: Bis 2030 sollen demnach mindestens
200.000 Tonnen nachhaltiges PtL-Kerosin pro Jahr für
den deutschen Luftverkehr nutzbar sein. Das entspricht
zwei Prozent des Kerosinabsatzes in Deutschland im
Jahr 2019. Auch die EU-Kommission hat das Kräftever-
hältnis im sogenannten »Fit for 55«-Paket noch einmal
eingeordnet: Ab 2030 wird ein Anteil von mindestens
fünf Prozent nachhaltiger Treibstoffe im Treibstoffmix
der europäischen Luftfahrt verpflichtend. E-Fuels werden dabei lediglich 0,7 Prozent ausmachen. Bis 2050 soll
sich dann der Anteil der *sustainable aviation fuels* (SAF)
auf 63 Prozent steigern, der von E-Fuels auf 28 Prozent.

E-Fuels sind also eine vielversprechende Komponente
im zukünftigen Energiemix, werden jedoch kurzfristig
nicht dabei helfen, die Reduktionsziele zu erreichen. Es
ist daher von entscheidender Bedeutung, kurz- und mittelfristig die richtigen Rahmenbedingungen für bereits
existierende Technologien zu schaffen.

Die naheliegende Lösung für das Hier und Jetzt: Erneuerbare Kraftstoffe

Die Logik erneuerbarer Kraftstoffe ist simpel: Beim
Verbrennen biologischer Ressourcen gelangt nur so
viel CO_2 in die Atmosphäre, wie die Pflanzen der Atmosphäre während ihres Wachstums entzogen haben. Als
biologische Ressource eignen sich dabei verschiedene
Stoffe wie zum Beispiel Algen, gebrauchte Pflanzenöle,
Tierfette oder Getreide- und Holzreste. Der natürliche Zersetzungsprozess der Biomasse würde den
Kohlenstoff früher oder später ohnehin als CO_2 zurück in die Atmosphäre geben. Beim Einsatz fossiler
Rohstoffe gelangt dieser Kreislauf aus dem Gleichgewicht: Die fossilen Rohstoffe haben den Kohlenstoff
über Jahrmillionen gebunden. Beim Verbrennen gelangt er als zusätzlicher Kohlenstoff in die Atmosphäre.

Eine wirklich nachhaltige Produktion der alternativen Kraftstoffe setzt voraus, dass alle verwendeten Ressourcen nachwachsen können oder sich zersetzen würden.

In der Luftfahrt werden Treibstoffe dieser Art, also SAF, schon heute erfolgreich eingesetzt. Neste MY Sustainable Aviation Fuel™ ist ein Beispiel dafür und wird zu 100 Prozent aus erneuerbaren Rest- und Abfallstoffen hergestellt. Zugelassen ist derzeit eine Beimischung von bis zu 50 Prozent zum herkömmlichen Kerosin. Über den gesamten Lebenszyklus des Treibstoffs hinweg reduziert Neste MY Sustainable Aviation Fuel™ die Treibhausgasemissionen im Vergleich zu fossilem Flugzeugtreibstoff um bis zu 80 Prozent. Es ist kommerziell verfügbar und wird bereits von mehreren Fluggesellschaften verwendet.

Dieser Kraftstoff kann ohne Einschränkungen, bei Einhaltung der Beimischungsquote, in bestehenden Systemen verwendet werden. Solche Drop-in-Produkte können die Klimabilanz von Flugzeugen sofort deutlich verbessern, ein Ausbau der Produktionskapazitäten ist kurzfristig möglich. In den kommenden zehn Jahren werden 80 Prozent der weltweiten Kapazitäten auf nachhaltige Kraftstoffe auf Basis von Estern und Fettsäuren entfallen – die sogenannte HEFA-Technologie (*hydroprocessed esters and fatty acids*) wird damit zum wichtigsten Baustein in der Dekarbonisierungsstrategie.

Neue, zusätzliche Technologien stehen ebenfalls kurz vor dem Marktdurchbruch. Dazu zählen insbesondere die Gasifizierung mit anschließendem Fischer-Tropsch-Verfahren, Fermentierung und Alcohol-to-Jet, die die Rohstoffbasis verbreitern. Nutzbar sind etwa Siedlungsabfälle oder Holzreste (Lignocellulose).

Die »Clean Skies for Tomorrow«-Initiative des World Economic Forum hat ermittelt, dass die Menge an einsetzbaren Rest- und Abfallstoffen ausreicht, um den weltweiten Kerosinbedarf im Jahr 2050 vollständig zu decken. Der Gesamtbedarf für Drop-in-Lösungen im Transportsektor macht es erforderlich, dass alle verfügbaren Technologien parallel zum Einsatz kommen. Strombasierte Kraftstoffe und Kraftstoffe biogenen Ursprungs werden gemeinsam den Treibstoffmarkt der Zukunft bilden.

Die Voraussetzung: Klare regulatorische Rahmenbedingungen für einen schnellen Markthochlauf

Nachhaltige Treibstoffe sind deutlich teurer als fossile. Die bereits eingesetzten Technologien (HEFA) sind etwa vier- bis fünfmal teurer als herkömmliche Treibstoffe. Größeneffekte werden nur in begrenztem Maße für eine Preissenkung sorgen. Gleichzeitig gilt aber auch: Von allen SAF-Technologien sind die HEFA-Treibstoffe heute und auch in den kommenden zehn Jahren trotzdem mit deutlichem Abstand die günstigste Lösung. Damit teilt SAF das Schicksal vieler klimafreundlicher Technologien und die gleichen Fragen: Wer zahlt die Differenz, und wie bleiben Unternehmen wettbewerbsfähig gegenüber denen, die keinen Wert auf ihren CO_2-Fußabdruck legen?

Eine Antwort können neue oder höhere verbindliche Verpflichtungen zur Beimischung von alternativen Kraftstoffen sein. Dies erlaubt es den Unternehmen, ohne Wettbewerbsverzerrung umzusteigen. Im Umkehrschluss ergeben sich direkte CO_2-Senkungen und ein Anreiz für den Aufbau von SAF-Produktionskapazitäten. Zur Erreichung der Klimaziele in Deutschland und der EU braucht es dabei entsprechende Ambitionen. Eine verpflichtende Beimischung von acht bis zehn Prozent SAF würde bereits eine nennenswerte Reduktion von CO_2-Emissionen mit sich bringen – und die Luftfahrtbranche auf den richtigen Weg. Diese Notwendigkeit haben auch mehrere EU-Mitgliedstaaten, darunter Deutschland, erkannt und sich Anfang 2021 in einem gemeinsamen Positionspapier geäußert. Sie appellieren darin an die Europäische Kommission, den Hochlauf erneuerbarer Treibstoffe anzuschieben und zu fördern.

»Fit for 55« ist ein wichtiger Schritt, die Erweiterung der nachhaltigen Rohstoffpalette ein Muss

Bei der Herstellung von SAF sollten alle mit der Erneuerbare-Energien-Richtlinie II (RED II) konformen, nachhaltigen Rohstoffe zugelassen werden. Eine Beschränkung auf bestimmte Rohstoffe würde die Verfügbarkeit alternativer Kraftstoffe hemmen, die Mengen beschränken und letztlich die Klimaziele torpedieren.

Agenda für 2025

— Ambitionierte Implementierung von Beimischungsquoten für Lieferanten

— Erhalt der Freiheitsgrade für die EU-Mitgliedstaaten hinsichtlich Übererfüllung

— Demokratisierung der Lieferkette von *sustainable aviation fuel* (SAF)

Agenda für 2030

— Skalierbare Volumina für E-Fuels

— Ermöglichung eines 100-Prozent-Einsatzes von *sustainable aviation fuel* (SAF)

— Implementierung globaler Anreizsysteme

Das EU-Gesetzespaket »Fit for 55« beschränkt das Portfolio der anerkannten Rohstoffe auf die Stoffe im Anhang IX Teil A und B der RED II. Es wird in den kommenden Monaten zu diskutieren sein, ob diese Beschränkung der Dringlichkeit des Themas gerecht wird: Je größer die Basis an Rest- und Abfallstoffen, desto größer das Potenzial für einen schnellen und deutlichen Beitrag zum Klimaschutz.

Es gilt außerdem, das Bewusstsein der Endverbraucher zu schärfen. Wer für den Preis eines Kinobesuchs in den Urlaub fliegt, macht kein Schnäppchen, sondern verlagert die Last auf kommende Generationen. Wir müssen uns darüber bewusst sein, dass bei einem Ticketpreis von 19,99 Euro der Einsatz von klimaneutralen Treibstoffen kaum möglich ist. Allein auf Freiwilligkeit zu setzen wird nicht ausreichen. Die Industrie braucht regulatorische Rahmenbedingungen, die langfristig nachhaltige Nachfrageimpulse generieren.

Es wird auf alternative Kraftstoffe ankommen

Wer nur auf Lösungen von morgen blickt und bereits heute verfügbare Lösungen vernachlässigt, handelt verantwortungslos und verschiebt die Last und Kosten auf die Zukunft. Die Luftfahrt wird bis 2050 in neue Technologien investieren. Klimaneutrales Fliegen wird eines Tages möglich sein. Auf dem Weg dorthin müssen alle zur Verfügung stehenden Technologien genutzt und weiterentwickelt werden. Bestehende Flotten werden mindestens weitere 25 bis 30 Jahre auf flüssige Kraftstoffe zurückgreifen müssen.

Die Herausforderungen in der Luftfahrt stehen dabei stellvertretend für den gesamten Transportsektor. Auf kurzen Strecken im Straßenverkehr mögen Batterien eine praktikable Lösung sein. Auf der langen Strecke, zu Wasser und in der Luft werden Kraftstoffe mit hoher Energiedichte auch über 2050 hinaus prägend sein. Alternative Kraftstoffe bieten eine wirksame und vielseitige Lösung auf dem Weg zur Klimaneutralität. Sie sind verfügbar und einsatzbereit.

Die Politik kann die erforderlichen Rahmenbedingungen schaffen. Verbindliche, ambitionierte Beimischungsquoten können die erforderlichen Nachfrageimpulse senden. Dabei ist es wichtig, Leitlinien zu implementieren, die offen für verschiedene Technologien und Rohstoffe sind. Der Markt wird dann in der Lage sein, die benötigten Mengen nachhaltiger Kraftstoffe zur Verfügung zu stellen.

Wir können die Ziele des Pariser Klimaschutzabkommens erreichen, wenn das globale CO_2-Budget von noch 270 Gigatonnen nicht überschritten wird. Industrie, Politik und Verbraucher müssen jetzt gemeinsam handeln, damit auch kommende Generationen die Herausforderungen im Klimaschutz bewältigen können.

THORSTEN LANGE, *geb. 1963, ist Executive Vice President Renewable Aviation bei Neste, dem weltweit größten Hersteller von erneuerbarem Diesel und nachhaltigem Treibstoff für die Luftfahrt. Zuvor war er von 2001 bis 2019 für die Lufthansa Group tätig, zuletzt als Head of Fuel Procurement. Er ist Mitglied der Fuel Steering Group der IATA. Neste verarbeitet Abfälle, Reststoffe und innovative Rohstoffe zu nachhaltigen und erneuerbaren Kraftstoffen sowie Polymeren und Chemikalien. So schafft das Unternehmen Lösungen zur Bekämpfung des Klimawandels und für einen schnelleren Umstieg in eine Kreislaufwirtschaft.*

»Bis 2030 sind 30 Prozent erneuerbare Kraftstoffe erforderlich, damit das Klimaziel für den Verkehrssektor erreicht werden kann.«

Was es für die Transformation der deutschen Automobilindustrie braucht

Von Lutz Meyer

Mit dem »Green Deal« hat die EU den größten Transformationsplan für die Industrie auf den Weg gebracht, den es für Deutschland je gegeben hat. Als erster Kontinent der Welt bis 2050 klimaneutral werden, das ist nun Europas Ziel – und eine gewaltige Aufgabe für Politik, Gesellschaft und nicht zuletzt die Industrie. Deutschland kommt dabei eine Sonderrolle zu, denn hier soll das Ziel der Klimaneutralität bereits fünf Jahre früher erreicht werden. Weil wesentliche Rahmenbedingungen für die Industrie – von der CO_2-Grenzsteuer bis zu den Emissionsvorgaben – auf europäischer Ebene geregelt werden, deutsche Hersteller ihre Autos aber weltweit verkaufen, verbietet sich allerdings ein nationaler Sonderweg.

Neben dem Weg zur Klimaneutralität ist das vernetzte, automatisierte und autonome Fahren das große Thema der kommenden Jahre und Jahrzehnte. Die deutschen Unternehmen haben bereits technologische Lösungen entwickelt, um das autonome Fahren Schritt für Schritt auf die Straße zu bringen. Rund 150 Milliarden Euro investiert die deutsche Automobilindustrie bis Ende 2025 in E-Mobilität, neue Antriebe und die Digitalisierung. Das entspricht in etwa der Summe, die der Bundeshaushalt im selben Zeitraum für Bildung, alle Forschungsprogramme und alle Forschungsinstitute inklusive der Raumfahrt investiert. Bei den Unternehmen muss das Geld aber auch verdient werden, weshalb der Machbarkeit und Wirtschaftlichkeit der Transformationsziele die entscheidende Bedeutung zukommt.

Rund 150 Milliarden Euro investiert die deutsche Automobilindustrie bis Ende 2025 in E-Mobilität, neue Antriebe und die Digitalisierung.

Was also ist zu tun, um die gesetzten Ziele zu erreichen und gleichzeitig die internationale Wettbewerbsfähigkeit der Industrie, ihre Rolle als wichtiger Beschäftigungsgarant und als Konjunkturmotor für Deutschland und Europa zu sichern?

Im Zentrum der europäischen und deutschen Klimastrategie steht die Reduktion von CO_2. In der Tat kommt dem Verkehr dabei eine besondere Rolle zu. Weltweit beträgt der Anteil des Verkehrssektors an der Gesamt-CO_2-Emission rund 25 Prozent. In Europa verursachen Pkw und Motorräder mit mehr als 60 Prozent den größten Teil der CO_2-Emissionen im Bereich Verkehr, auf Lkw und Busse entfallen 26 Prozent, weitere 13 Prozent auf leichte Nutzfahrzeuge[1]. Diese Werte entsprechen ungefähr den Emissionen in Deutschland[2], und sie zeigen, welche immense Bedeutung Mobilität, Transport und Logistik für die Gesellschaft haben.

Hohe Marktanteile der deutschen Automobilindustrie

Der weltweite Marktanteil der deutschen Konzernmarken lag 2020 bei 20 Prozent, der Marktanteil in Europa bei 49 Prozent. Damit kommt der deutschen Automobilindustrie innerhalb des Verkehrssektors eine besondere Verantwortung zu, Emissionen weiter zu senken, indem sie neue Antriebe in den Markt bringt und gleichzeitig die Defossilisierung des Fahrzeugbestandes in Angriff nimmt. Denn allein in Deutschland werden im Jahr 2030 noch rund 30 Millionen Autos mit Benzin- oder Dieselmotor unterwegs sein, die mit synthetischen Kraftstoffen aus erneuerbaren Energiequellen versorgt werden müssen, um einen Beitrag zum Klimaschutz leisten zu können. Mit einer einseitigen Ausrichtung der Transformation allein auf Elektroantriebe werden die Klimaziele nicht erreicht werden können, nicht in Deutschland, nicht in Europa und schon gar nicht weltweit, denn in vielen Ländern der Welt wird es auf längere Sicht keine elektrischen Fahrzeuge und keine entsprechende Ladeinfrastruktur geben.

In Europa ist die deutsche Automobilindustrie bereits führend bei der Entwicklung der E-Mobilität. Keine andere Nation bringt mehr neue Elektroautos auf Europas Straßen. Im nächsten Frühjahr können die deutschen Hersteller gemeinsam die weltweite Nummer eins werden und aus dem E-Auto-Europameister Deutschland einen E-Auto-Weltmeister machen.

In der Automobilindustrie gibt es keine Zweifel: Die Pariser Klimaziele sind richtig. So hat sich der Vorstand des Verbandes der Automobilindustrie (VDA) bereits im November 2020 zu den Zielen bekannt und beschlossen, die Produktion entsprechend umzusteuern. Damit wurde die deutsche Autoindustrie zum Vorreiter innerhalb der internationalen Industrie. Diese Vorreiterrolle wird sie aber nur unter einer Bedingung halten können:

Agenda für 2025

— Reduzierung des Preises von Ladestrom durch Aus-
nahme aus der EEG-Umlage

— Ausbau der Ladeinfrastruktur im öffentlichen
Bereich, von privater Ladeinfrastruktur, von Ladeinfrastruktur im Handel und am Arbeitsplatz

— Ökostromgarantie für Ladestrom

— Festlegung von verbindlichen und deutlich höheren
Ausbauzielen für Ladeinfrastruktur in allen Mitgliedstaaten der EU

— E-Fuels-Förderprogramme in Deutschland
und Europa

— 300 Lkw-Wasserstofftankstellen in Europa

Die Europäische Kommission muss gemeinsam mit den
Mitgliedstaaten nun rasch die Voraussetzungen dafür
schaffen, dass die Unternehmen die Verpflichtungen aus
dem im Juli durch die Kommission vorgestellten »Fit for
55«-Klimapaket auch umsetzen können.

Ab 2035 faktisches Verbrennerverbot in der EU
Bis 2030 sollen die EU-Treibhausgasemissionen um
55 Prozent im Vergleich zu 1990 reduziert werden
statt wie bisher vorgesehen um 40 Prozent. Das »Fit
for 55«-Gesetzespaket der EU-Kommission soll den Regulierungsrahmen der europäischen Energie- und
Klimapolitik an dieses neue Ziel anpassen. So will die
EU-Kommission den klassischen Kolbenmotor mit Ver-
brennertechnik, also Benziner und Dieselfahrzeuge,
ab 2035 in Europa faktisch auslaufen lassen. Es wurde
zwar kein formelles Verbot beschlossen, dafür aber ein
Flottengrenzwert von null Gramm.

Auf dem Weg zu dieser Nullgrenze im Jahr 2035 hat
die EU-Kommission zwei Zwischenziele für die Reduktion der CO_2-Flottengrenzwerte definiert: Bis 2025 gilt
weiterhin das Reduktionsziel von 15 Prozent. Bis 2030
wurde das Ziel für Pkw von 37,5 auf 55 Prozent angehoben, was einer Verschärfung um 28 Prozent entspricht.
Und für leichte Nutzfahrzeuge steigt die Zielmarke von
31 auf 50 Prozent, was ebenfalls einer Verschärfung um
28 Prozent entspricht. Wenn die Pläne der EU-Kommission Wirklichkeit werden, müssen in Deutschland 2030
rund 80 Prozent der Neuwagen elektrisch sein. Ab 2032
werden die Hersteller nur noch E-Autos verkaufen können, um die Vorgaben der EU zu erfüllen.

Aus diesen ambitionierten Zielen ergeben sich
erhebliche Anforderungen an den Ausbau der

Ladeinfrastruktur, deren Versorgung mit Strom aus
erneuerbaren Energiequellen, an die Versorgung mit
grünem Wasserstoff und, wie schon erwähnt, auch mit
E-Fuels. Dennoch bleibt die EU-Kommission ein Programm für den raschen Aufbau ebendieser notwendigen
E-Fuels-Versorgung schuldig.

Ladeinfrastruktur als Achillesferse
Für die Verbraucher ist die Ladeinfrastruktur der entscheidende Punkt, wenn es um die Entscheidung für
ein Auto mit Elektroantrieb geht. Dies zeigt eine Erhebung von Allensbach im Auftrag des VDA. So nennen
64 Prozent der Befragten die Sorge über fehlende Lademöglichkeiten als größten Vorbehalt gegen einen
E-Auto-Kauf, gefolgt von Reichweite und Preis. Die Daten
zeigen: Die Ladeinfrastruktur ist die Achillesferse der
Transformation im Straßenverkehr. Im Juli 2021 verfüg-
te Deutschland im öffentlichen Bereich gerade einmal
über rund 39.000 Normal- und rund 6.750 Schnellla-
depunkte. Bis 2030 braucht Deutschland jedoch eine
Million Ladepunkte, um die dann zu erwartenden zehn
bis 14 Millionen E-Fahrzeuge versorgen zu können.

Zur Erreichung dieses Zieles müssten 2.000 Ladepunkte pro Woche neu gebaut werden, tatsächlich werden
aber auf öffentlichen Flächen pro Woche derzeit nur
etwa 250 gebaut. Mit der heutigen Ausbaugeschwin-
digkeit gäbe es 2030 also gerade einmal circa 150.000
öffentliche Ladepunkte. Der Ausbau muss also in
etwa um den Faktor sieben beschleunigt werden, und
das vor allem mit Lademöglichkeiten im privaten Bereich, im Handel und am Arbeitsplatz. Es braucht ein
bundesweites Highspeedprogramm mit konkreten
Zielvorgaben für die jeweiligen Bereiche, um den Rück-
stand aufzuholen.

Die Bundesregierung sollte den Ländern und Kommunen verpflichtende Ziele auferlegen und die entsprechenden Förderprogramme erweitern, damit der Ausbau an den privaten Stellplätzen, im Handel und am Arbeitsplatz deutlich beschleunigt wird. Dabei sind für den Nutzer vor allem die Ladesituationen von Bedeutung, die mit den üblichen Standzeiten des Fahrzeugs verbunden sind, also der heimische Parkplatz, der Parkplatz beim Einkauf und der Parkplatz am Arbeitsplatz. Hier sollte die staatliche Förderung einen klaren Schwerpunkt haben.

Deutschland muss ausgleichen, was in Europa fehlt

Nicht nur in Deutschland, sondern in der ganzen EU muss der Ausbau der Ladeinfrastruktur massiv beschleunigt werden, denn weite Teile der Mitgliedstaaten verfügen über kaum mehr als eine spärliche Ausstattung mit Lademöglichkeiten. Zwei Drittel aller Ladeinfrastruktur in der EU finden sich in gerade einmal drei Ländern: Deutschland, den Niederlanden und Frankreich.

Von dieser Ungleichverteilung ist die deutsche Automobilindustrie in besonderer Weise negativ betroffen. Weil für die Hersteller Flottengrenzwerte gelten, also der durchschnittliche CO$_2$-Ausstoß über alle in der EU verkauften Fahrzeuge, und ein Verstoß gegen diese Grenzwerte mit erheblichen Strafzahlungen verbunden ist, ist die fehlende Ladeinfrastruktur ein erhebliches Vertriebsrisiko. Denn ohne die Aussicht der Verbraucher, das eigene Fahrzeug alltagstauglich laden zu können, wird sich der Absatz der Hersteller nicht ausreichend schnell steigern lassen.

Zwei Drittel aller Ladeinfrastruktur in der EU finden sich in gerade einmal drei Ländern: Deutschland, den Niederlanden und Frankreich.

Für jedes E-Auto, das in Slowenien, Griechenland oder Ungarn wegen der fehlenden Ladeinfrastruktur nicht verkauft werden kann, muss ersatzweise eines in Ländern, die eine bessere Ladeinfrastruktur bieten, verkauft werden. Damit steigt abermals der Druck auf Deutschland, die heimischen Lademöglichkeiten energisch auszubauen, damit die Absatzziele erreicht werden können. Wenn Bund, Länder und Kommunen mit dem Ausbau der Ladeinfrastruktur nicht nachkommen und die Bundesregierung in Brüssel keinen

deutlich ambitionierteren Ausbauplan für ganz Europa durchsetzen kann, kommen auf die deutschen Automobilhersteller Strafzahlungen in Milliardenhöhe zu, weil sie in den europäischen Märkten zu wenig E-Autos absetzen können. Damit müsste der Anteil des Exports ins außereuropäische Ausland weiter erhöht werden, mit der Folge, dass in Europa die alten Fahrzeuge länger im Markt bleiben – klimapolitisch eine völlig falsche Entwicklung.

Der massive Eingriff in den Markt, den die neuen CO$_2$-Vorgaben und die mit ihnen verbundenen Strafzahlungen bedeuten, ist nur dann legitim, wenn die Unternehmen in die Lage versetzt werden, die geforderten Ziele auch erreichen zu können. Der gegenwärtige Plan der EU-Kommission sieht europaweit eine Million Ladepunkte 2025 und 3,5 Millionen Ladepunkte 2030 vor. Das ist deutlich zu wenig. Der tatsächliche Bedarf liegt bei zwei Millionen Ladepunkten 2025 und sechs Millionen 2030. Aktuell vorhanden sind innerhalb der EU übrigens gerade mal 260.000 Ladepunkte.

Das von der EU-Kommission vorgegebene Ziel, dass die Mitgliedstaaten entlang der wichtigen Verkehrswege bis 2025 alle 60 Kilometer Ladepunkte für Pkw und leichte Nutzfahrzeuge bereitstellen müssen, ist völlig realitätsfremd. Die Abstände sind zu groß und würden eine hohe Dichte von Fahrzeugen, die an einem Ort geladen werden müssen, erzeugen. Der von der Kommission avisierte Schlüssel von 1 kW Ladeleistung pro E-Fahrzeug reicht ebenfalls nicht aus. Aus Sicht der Industrie ist ein Faktor von 2 bis 3 kW Ladeleistung pro rein elektrisch betriebenem Fahrzeug und von 1,5 kW Ladeleistung pro Plug-in-Fahrzeug erforderlich. Die Vorgaben für die Flächen- und Bedarfsdeckung bei der Ladeinfrastruktur müssen verbessert und konkretisiert werden.

Die schnelle Verfügbarkeit von Wasserstoff und E-Fuels ist ein tragender Faktor für das Erreichen der Klimaziele. Deswegen fordert die Industrie eine ehrgeizige Quote für E-Fuels und das Vorziehen der Vorgaben zum Ausbau der Wasserstofftankinfrastruktur auf 2025 sowie eine Verdoppelung der Ziele bis 2030. Die Industrie hält bis 2030 30 Prozent erneuerbare Kraftstoffe für erforderlich, damit das Klimaziel für den Verkehrssektor erreicht werden kann. Diese Quote sollte bis 2050 auf 100 Prozent erhöht werden.

Verfügbarkeit und Kosten des Ökostroms
Die Transformationsstrategie der EU setzt auf Elektroantrieb im Individualverkehr und eine Dualität von Wasserstoff- und E-Antrieb im Güterverkehr auf der Straße. Damit richtet sich der Blick auf die Qualität, die Verfügbarkeit und die Kosten des Stroms, der aus erneuerbaren Energiequellen stammen muss, damit er den Zielen des »Green Deals« entspricht. In der EU werden im Mittel 255 Gramm CO_2 je Kilowattstunde Strom emittiert, in Deutschland liegt der Wert sogar bei 350 Gramm. Aktuell ist der Anteil von Ökostrom in Deutschland und erst recht in der EU deutlich zu niedrig.

In Deutschland lag der Anteil der erneuerbaren Energie im ersten Halbjahr 2021 bei 43 Prozent, in der EU bei gerade einmal 20 Prozent. In den vergangenen Jahren lag der Anteil des Schienen- und Straßenverkehrs am Stromverbrauch in Summe bei stabilen fünf bis sechs Prozent. Dieser Bedarf wird sich mit der vorgesehenen Elektrifizierung des Straßenverkehrs deutlich erhöhen – und er zielt allein auf Ökostrom. Um im Jahr 2030 die zu erwartenden zehn bis 14 Millionen E-Autos in Deutschland ausschließlich mit Ökostrom beladen zu können, braucht es eine enorme Strommenge aus erneuerbaren Energiequellen.

Entscheidend für die gesellschaftliche Akzeptanz der E-Mobilität ist, dass die Kosten für die Verbraucher tragbar bleiben. Aktuell gelten in Europa die höchsten Strompreise seit zwölf Jahren, wir haben gar eine Verdoppelung in kurzer Zeit zu verzeichnen. Das führt zu entsprechend hohen Kosten an den Ladesäulen, vor allem an den Schnellladesäulen mit kürzeren Wartezeiten.

Bei Preisen von bis zu 1,09 Euro für eine Kilowattstunde Strom an Schnellladesäulen kosten 100 km mit dem E-Auto damit mehr als 20 Euro – doppelt so viel wie die Fahrt mit einem modernen Diesel. Die hohen Ladekosten und die derzeit noch höheren Anschaffungskosten für ein E-Fahrzeug im Vergleich zu einem Verbrenner mindern die Attraktivität einer E-Auto-Anschaffung für alle Schichten. Den höheren Kosten kommt eine große soziale Bedeutung zu, denn für 76 Prozent der Bevölkerung

ist das Auto im Alltag unverzichtbar, wie Allensbach ermittelt hat.

Der Preis für Ladestrom muss also niedrig sein, damit der politisch gewollte Umstieg auf die Elektromobilität auch tatsächlich stattfindet. Dazu muss Ladestrom zum Beispiel von der EEG-Umlage und den Stromsteuern ausgenommen werden. Und es braucht eine Ökostromverpflichtung für alle Anbieter von Ladestrom, damit kein E-Auto mit Strom aus Braunkohle oder Atomstrom betankt werden kann. Nur unter diesen Voraussetzungen kann die Elektromobilität ihr volles Potenzial entfalten.

Wasserstoff als zweiter Pfeiler
Der zweite Pfeiler der Defossilisierung des Verkehrs ist Wasserstoff. Aufgrund seiner hohen Energiedichte ist Wasserstoff besonders geeignet für den Schwerlastverkehr. Aktuell mangelt es jedoch an einer Ladeinfrastruktur für Wasserstoff in Deutschland und Europa. Nur wenige der gerade einmal 92 Wasserstofftankstellen in Deutschland sind für das Betanken von Lkw geeignet, wobei es bisher auch nur wenige Wasserstoff-betriebene Lkw gibt. Allerdings: Während zum Beispiel die Marken des Volkswagen-Konzerns bei Lkw ausschließlich auf Elektro setzen, entwickeln andere deutsche Hersteller wie Daimler Trucks neben E-Antrieben auch den Wasserstoffantrieb bei Lkw.

Mit Blick auf die internationale Marktlage wird Raum für beide Antriebstechnologien sein. Für den Industriestandort Deutschland ist es von großer Bedeutung, dass beide Technologien unterstützt werden. Doch auch für die Tankinfrastruktur für Wasserstoff hat die EU-Kommission ein Ausbauziel vorgegeben, das unter dem tatsächlichen Bedarf liegt. Der VDA sieht einen Bedarf von 300 Lkw-geeigneten Wasserstofftankstellen in Europa bis 2025 und von 1.000 solcher Tankstellen bis 2030.

1,5 Milliarden Fahrzeuge weltweit brauchen E-Fuels
Weil kein Weg daran vorbeiführt, grünen Wasserstoff in großen Mengen für den Einsatz in der Schwerindustrie, der Schifffahrt, für den Flugverkehr und für den Gütertransport verfügbar zu machen, wird er auch in der individuellen Mobilität kommen. Ein Spill-over-Effekt der Mengen- und Kostenentwicklung ist nicht nur

Agenda für 2030

— Ausbau auf eine Million E-Auto-Ladepunkte in Deutschland

— Ausbau auf sechs Millionen Ladepunkte in der EU

— E-Fuels-Verfügbarkeit in allen EU-Staaten

— 1.000 Lkw-Wasserstofftankstellen in Europa

Agenda für 2035

— Ausbau auf zwei Millionen E-Auto-Ladepunkte in Deutschland

— Ausbau auf zehn Millionen Ladepunkte in der EU

— 3.000 Lkw-Wasserstofftankstellen in Europa

wahrscheinlich, sondern notwendig. Aktuell gibt es weltweit rund 1,5 Milliarden Fahrzeuge mit Verbrennungsmotor, und auch in Deutschland werden, wie schon erwähnt, nach 2030 noch mehr als 30 Millionen Verbrenner unterwegs sein. Um das Ziel eines klimaneutralen Verkehrs spätestens 2045[3] zu erreichen, muss die Transformation auch den Bestand adressieren und darf sich nicht einseitig auf Neuzulassungen konzentrieren. Das zeigt auch der Blick auf Regionen dieser Welt, die in den nächsten Jahrzehnten keine Infrastruktur für E-Mobilität haben werden. Auch dort muss der Verkehr emissionsfrei werden. Daher werden neben E-Mobilität auch andere alternative Antriebe und Kraftstoffe wie E-Fuels und Wasserstoff Teil der Lösung sein müssen.

Schon jetzt gibt es synthetische Kraftstoffe, die einen Verbrennungsmotor antreiben können. Wenn wir es schaffen, dass diese E-Fuels marktreif und zu Preisen, die ökonomisch attraktiv sind, produziert werden, dann können wir einen großen Teil der 1,5 Milliarden Verbrennerfahrzeuge weltweit klimaneutral machen. Selbst in einem stark batterieelektrifizierten Verkehrsszenario ist Europa auf E-Fuels angewiesen. Obwohl also der Beitrag von E-Fuels für die Erreichung der Klimaziele wesentlich ist, findet sich davon im Programm der EU-Kommission nichts. Im Gegenteil: De facto gibt es eine Verpflichtung zur Elektromobilität ab dem Jahr 2035 – und damit eine Abkehr vom technologieoffenen Ansatz. Dies ist eine Absage der EU-Kommission an Forschung und Innovation – und praktisch auch eine Absage an das Erreichen der Klimaziele im Verkehrssektor.

Klimaerfolg hängt an den Standortbedingungen

Die EU-Kommission hat eine große Wette auf die Zukunft abgeschlossen. Wir können diese Wette gewinnen, wenn die Unternehmen die richtigen Voraussetzungen haben, um die geforderte Transformation wirtschaftlich erfolgreich umzusetzen. Schon jetzt schneidet Europa bei wichtigen Standort-Indikatoren im internationalen Vergleich nicht immer gut ab. Die ambitioniertesten Klimaziele der Welt brauchen aber die besten Standortbedingungen der Welt. Die Transformation wird viele neue Jobs schaffen, aber es werden auch viele Arbeitsplätze verloren gehen. Wie die Bilanz ausfällt, hängt entscheidend von den Rahmenbedingungen für die Unternehmen in Deutschland und Europa ab: von den Unternehmenssteuern, den Energiekosten, den Bürokratielasten, dem digitalen Netz und weiteren Standortbedingungen. Wenn die Produktion nicht mehr in Deutschland stattfindet, sondern in Ländern mit besseren Bedingungen für Unternehmen, ist nichts gewonnen.

Die Welt beobachtet das europäische Jahrhundertprojekt. Ob man uns nacheifert, hängt davon ab, ob Europa Klima-, Sozial- und Wirtschaftspolitik zu einem nachhaltigen Erfolgsmodell und Wettbewerbsvorteil verbinden kann. Die erfolgreiche Transformation der deutschen Automobilindustrie kann das Vorzeigeprojekt werden.

DR. LUTZ MEYER, *geb. 1968, ist Kommunikationschef des Verbandes der Automobilindustrie (VDA) und einer der erfahrensten Experten für politische Kommunikation. Er hat zahlreiche bekannte Kampagnen für Branchen, Unternehmen und Institutionen in Deutschland und Europa entwickelt, dazu viele erfolgreiche Wahlkämpfe für Parteien. Meyer ist Dozent sowie Autor und Herausgeber unter anderem der Bände »Deutschlands Neue Verantwortung« und »Deutschland und die Welt 2030«.*

»Die maritime Energiewende ist schon heute technisch machbar, jetzt muss die Politik die regulativen Rahmenbedingungen für eine wirtschaftliche Umsetzung schaffen.«

Eine maritime Energiewende

Von Uwe Lauber

Elf Milliarden Tonnen Fracht werden jährlich über die Weltmeere transportiert. Angetrieben werden die meisten Ozeanriesen bislang mit Schiffsdiesel, doch das soll sich ändern: Bis 2050 hat sich die Schifffahrtsindustrie ein Klimaziel gesetzt und will ihre CO_2-Emissionen halbieren. Technologisch ist eine solche maritime Energiewende möglich. Für die Organisation der weltweiten Lieferketten aber kommt sie einer Herkulesaufgabe gleich. Politisch geht es nun darum, die regulatorischen Rahmenbedingungen für eine wirtschaftliche Umsetzung zu schaffen.

Am sichtbarsten ist die Energiewende an Land, wo konventionelle Stromerzeugungstechnologien zunehmend durch erneuerbare Energiequellen ersetzt werden – PV-Anlagen und Windparks sind nicht zu übersehen. Noch stärker im Fokus der breiten Bevölkerung findet der Ausbau der Elektromobilität statt, der sich in einem Tempo vollzieht, das noch vor wenigen Jahren unvorstellbar schien.

Weniger sichtbar, zählt auch der Schifffahrtssektor zu den großen Treibhausgasemittenten und muss daher seinen Beitrag zum Klimaschutz leisten. Zwar sind Schiffe im Verhältnis zur transportierten Menge (Emission pro Tonne und Kilometer) das mit Abstand umweltfreundlichste Transportmittel.

Für den Zeitraum bis 2050 prognostizieren Experten ein Wachstum des weltweiten Schiffsverkehrs um bis zu 250 Prozent.

In Summe aber zeichnen sie für rund 2,5 Prozent der globalen CO_2-Emissionen verantwortlich, und dieser Anteil wird deutlich steigen, sollte die Dekarbonisierung der Schifffahrt mit der anderer Verkehrsträger nicht Schritt halten.

Als zuständige globale Regulierungsbehörde hat die International Maritime Organization (IMO) daher ein Klimaziel gesetzt. Die 2018 formulierte »Initial Strategy« zur Dekarbonisierung der Schifffahrt sieht vor, dass die jährlichen Treibhausgasemissionen der Branche bis 2050 bei gleichzeitig steigendem Frachtaufkommen auf 50 Prozent der Werte von 2008 sinken. Erste Maßnahmen zur Erreichung der IMO-Ziele sind bereits in der Umsetzung und markieren damit den Beginn einer »maritimen Energiewende«.

Die maritime Energiewende ist eine Herkulesaufgabe

Laut einer Statistik der International Chamber of Shipping werden jedes Jahr rund elf Milliarden Tonnen Fracht per Schiff transportiert. Auf die Weltbevölkerung umgelegt, entspricht dies rund 1,5 Tonnen pro Kopf. Diese Zahl zeigt, wie sehr der Seetransport von Industrieerzeugnissen und Rohstoffen von der Produktion bis zum Verbrauch das moderne Leben prägt. Im Handel der Europäischen Union etwa werden 80 Prozent der Exporte und Importe nach Volumen – und rund 50 Prozent nach Wert – an mindestens einem Punkt der Lieferkette per Schiff transportiert.

Und Bedeutung und Volumen wachsen weiter: Für den Zeitraum bis 2050 prognostizieren Experten ein Wachstum des weltweiten Schiffsverkehrs um bis zu 250 Prozent. Die Industrie steht damit vor einem Dilemma: Wie können Treibhausgasemissionen reduziert werden, während zugleich das Frachtaufkommen zunimmt?

Das Dieselprinzip ist gesetzt

Schiffe werden mit Kolbenmotoren betrieben. Beim Gedanken an eine Dekarbonisierung der Schifffahrt scheinen daher zunächst Analogien zu den technologischen Ansätzen der Kraftfahrzeugindustrie naheliegend, wo – gerade im Individualverkehr – eine Abkehr vom Prinzip des Verbrennungsmotors eingeleitet wird. An seine Stelle sollen elektrische Antriebe treten.

In der maritimen Industrie hingegen bietet die direkte Elektrifizierung mit Batterien als Energiespeicher nur in bestimmten Nischen einen Lösungsansatz, beispielsweise in der Küstenschifffahrt oder für Kurzstreckenfähren. Den Antrieben von Hochseeschiffen schreiben Betriebs- und Sicherheitserfordernisse Eigenschaften ins Lastenheft, die von batteriebetriebenen Systemen kaum leistbar sind.

Je größer ein Schiff auf dem heutigen Stand der Technik ist, desto geringer ist das Potenzial für den Einsatz von batterieelektrischen Antrieben. Batterien oder Brennstoffzellen stellen weder die Leistungsstärke noch die Energiedichte für die notwendige Reichweite bereit, auf die Hochseeschiffe angewiesen sind – geschweige denn die geforderte Lebensdauer und Robustheit.

Agenda für 2022

— Umstieg von Schweröl auf emissionsreduzierte Kraftstoffe wie Flüssigerdgas (LNG) fördern – nicht nur im Schiffsneubau, sondern auch bei der Umrüstung der Bestandsflotte.

— CO_2-Preis sukzessive erhöhen, um Anreize zum Umstieg auf emissionsarme Kraftstoffe zu schaffen. Der VDMA hat gezeigt, dass selbst ein Preis von bis zu 110 Euro pro Tonne CO_2 bei richtiger Weichenstellung für die deutsche Industrie vertretbar ist.

— Klare Roadmap für die Bereitstellung klimaneutraler Schiffstreibstoffe.

Daher sind große Zwei- und Viertaktmotoren auf absehbare Zeit unverzichtbar für die meisten herkömmlichen Schiffsantriebsanwendungen auf hoher See. Ziel einer maritimen Energiewende muss es also sein, die Treibhausgasemissionen dieser großen Motoren zu reduzieren oder gar zu eliminieren. Ansatzpunkt einer nachhaltigen Schifffahrt ist folglich die Erschließung von zunächst kohlenstoffärmeren und schließlich vollständig dekarbonisierten Kraftstoffen.

Große Zwei- und Viertaktmotoren sind auf absehbare Zeit unverzichtbar für die meisten herkömmlichen Schiffsantriebsanwendungen auf hoher See.

Kraftstoffinnovation – der Weg zur Dekarbonisierung

Tatsächlich hat der Übergang zu kohlenstoffärmeren Kraftstoffen bereits begonnen. Derzeit entfallen 30 Prozent der Neuaufträge von MAN Energy Solutions auf Dual-Fuel-Motoren, die mit Flüssigerdgas (LNG) betrieben werden. Die klimarelevanten Emissionen aus der Verbrennung liegen hier um bis zu 20 Prozent unter denen herkömmlicher Schiffstreibstoffe. Flüssigerdgas und andere emissionsreduzierte Gase haben damit das Potenzial, eine maritime Energiewende anzustoßen, die über emissionsreduzierte schließlich zum Einsatz vollständig klimaneutraler Kraftstoffe führt. Eine solche »grüne« Schifffahrt wird leistbar durch synthetische Kraftstoffe, die aus grünem Wasserstoff hergestellt werden, also Wasserstoff, der mit regenerativem Strom aus der Elektrolyse von Wasser gewonnen wird (sogenanntes Power-to-X-Verfahren).

Ziel einer maritimen Energiewende muss es sein, die Treibhausgasemissionen durch kohlenstoffärmere und schließlich vollständig dekarbonisierte Kraftstoffe zu reduzieren.

Derzeit ist eine Vielzahl von synthetischen Kraftstoffen im Gespräch.

— Wasserstoff

Die Anwendungsmöglichkeiten von Wasserstoff (H_2) elektrisieren schon jetzt eine Vielzahl von Branchen. Der gasförmige Kraftstoff hat den großen Vorteil, dass bei seiner Verbrennung nur Wasserdampf (H_2O) entsteht – also kein CO_2 und keine anderen Treibhausgase. Zugleich hat Wasserstoff jedoch zahlreiche Eigenschaften, die seine Verwendung als direkten Kraftstoff erschweren, etwa seine geringe Energiedichte und sehr hohe Entflammbarkeit. Selbst in flüssiger Form liegt die Energiedichte von H_2 um das 4,5-Fache unter der von Dieselkraftstoff, und der Wasserstoff muss zur Verflüssigung energieintensiv auf –253 °C gekühlt werden.

Obwohl es also Vorschläge gibt, Wasserstoff als Schiffskraftstoff zu verwenden, zum Beispiel im Küsten- und Fährverkehr, ist er als Standardkraftstoff für größere Handelsschiffe ungeeignet. Eine Schlüsselstellung kommt ihm dennoch zu. Denn er bildet die chemische Grundlage für die Produktion der meisten anderen synthetischen Kraftstoffe, die für eine Dekarbonisierung des Schifffahrtssektors infrage kommen. Zu den interessantesten Kandidaten zählen synthetisches Erdgas (Methan), Ammoniak und Methanol.

— Synthetisches Erdgas

Auch Kohlenwasserstoffgase wie Methan lassen sich CO_2-neutral produzieren. Ein solches synthetisches Erdgas (SNG) kann aus grünem Wasserstoff gewonnen werden sowie aus CO_2, das der Atmosphäre oder anderen Kohlenstoffquellen entnommen wird. Dieses sogenannte Power-to-Gas-Verfahren ist lange etabliert. Bereits 2013 hat MAN Energy Solutions den

Frachtschiff auf Sparkurs

20 **Tonnen** der insgesamt 120 Tonnen Tankfüllung werden durch SNG ersetzt

56 **Tonnen** zusätzliche CO_2-Ersparnis pro Fahrt

3.264 **Tonnen** CO_2-Ersparnis bereits durch Umstellung auf LNG in den ersten drei Jahren erzielt

MAN Energy Solutions und die Reederei Elbdeich haben angekündigt, dass das 2017 auf den Betrieb mit Flüssiggas (LNG) umgerüstete Containerschiff Elbdeich im Herbst 2021 erstmalig klimaneutrales synthetisches Erdgas (SNG) als Treibstoff einsetzen wird.

europaweit größten Methanisierungsreaktor für eine Anlage am Audi-Standort im niedersächsischen Werlte in Betrieb genommen.

Bei SNG handelt es sich zwar chemisch gesehen um den gleichen brennbaren Hauptbestandteil wie bei Flüssigerdgas, Methan. Gewonnen aus grünem Wasserstoff, ist Methan allerdings klimaneutral und eignet sich damit ideal für die Verbrennung in bereits vorhandenen Gasmotoren. Darüber hinaus ist die Weiterverwendung der bestehenden Gasinfrastruktur möglich.

— **Ammoniak**
Der große Vorteil von Ammoniak ist seine chemische Zusammensetzung – NH_3 enthält keinen Kohlenstoff und setzt daher bei seiner Verbrennung kein CO_2 frei. Ebenfalls von Vorteil: Der Stoff wird bereits heute in großen Mengen hergestellt und weltweit gehandelt, zum Beispiel als Rohstoff für Düngemittel. Technologien für einen sicheren Umgang sind daher erprobt, und auch der Infrastrukturaufbau für eine Versorgung von Schiffen begänne nicht bei null. Auch die klimaneutrale Produktion aus grünem Wasserstoff ist technisch unproblematisch.

Ein weiterer positiver Aspekt ist die einfache Lagerung und Handhabung an Bord, da sich Ammoniak bei nur –33 °C verflüssigt. Zudem benötigt Ammoniak einen nur 2,9-mal größeren Tank als Marinediesel (MGO) und damit ist die Lagerung kompakter möglich als zum Beispiel bei Wasserstoff (Faktor 4,2 im Vergleich zu MGO). Zu den Herausforderungen, die gelöst werden müssen, gehört die mögliche Bildung von Distickstoffmonoxid (N_2O, »Lachgas«) bei der Verbrennung. N_2O ist ein Treibhausgas, 270-mal intensiver als CO_2.

MAN Energy Solutions entwickelt derzeit den weltweit ersten ammoniakbetriebenen Motor, der 2024 marktreif bereitstehen wird.

— **Methanol**
Methanol wird als sauber brennender, kohlenstoffarmer Kraftstoff für Schiffe immer beliebter, und Methanol-betriebene Schiffsmotoren sind bereits heute im Einsatz. Zwar wird der Kraftstoff noch konventionell hergestellt, ermöglicht aber auch so bereits eine deutliche Reduzierung der GHG-Emissionen. Im Kontext einer maritimen Energiewende muss der sukzessive Aufbau einer klimaneutralen Methanolproduktion aus erneuerbarem grünem Wasserstoff und abgeschiedenem Kohlenstoff erfolgen. Eine erste kommerzielle Anlage wird derzeit im dänischen Esbjerg geplant.

Die Hauptvorteile von Methanol als alternativem Kraftstoff sind seine mögliche Lagerung als

Agenda für 2030

— Bis 2030 müssen die GHG-Emissionen der Schifffahrt um mindestens 40 Prozent sinken.

— Emissionsarme Kraftstoffe, zum Beispiel LNG, treiben den Großteil der Schiffe auf den Weltmeeren an und werden teilweise bereits von grünen Kraftstoffen ersetzt.

— Eine funktionierende globale Wasserstoffwirtschaft ist in der Lage, den zukünftigen Bedarf an synthetischen Kraftstoffen zu decken.

— Ein global gültiger CO_2-Preis macht die Nutzung von fossilem Kraftstoff wirtschaftlich unattraktiv.

Agenda für 2040

- Synthetische Kraftstoffe sind die vorherrschende Antriebsform auf den Weltmeeren; sie sind wirtschaftlich attraktiv und flächendeckend verfügbar.

- Fossile Kraftstoffe (Schweröl, Marinediesel) spielen keine Rolle mehr; auch die Anteile von LNG nehmen zugunsten synthetischer Kraftstoffe stark ab.

- Hafen-, Speicher- und Transportinfrastrukturen weltweit haben sich an die neuen Kraftstoffe angepasst und stellen diese zuverlässig zur Verfügung.

- Die Wasserstoffwirtschaft wird zu einem etablierten, weltweiten Wirtschaftszweig.

Flüssigkeit bei Umgebungstemperaturen und -drücken sowie seine günstige Energiedichte. Aufgrund seiner komplexeren chemischen Zusammensetzung sind die Kosten einer grünen Produktion zwar höher als etwa bei SNG oder Ammoniak, aber die einfachere Handhabung reduziert Kosten und Komplexität der Lager- und Bunkerinfrastrukturen in den Häfen. Als Ladung ist Methanol in den weltweiten Seehäfen schon heute keine Seltenheit, und es existieren Verfahren für den sicheren Umgang als Ladung und Kraftstoff.

Der Kraftstoff der Zukunft?
Die Transformation der Schifffahrt hat begonnen, aber sie braucht Zeit und politische Unterstützung: Kohlenstoffarme fossile Brennstoffe haben die Dekarbonisierung der Schifffahrt eingeleitet. Dieser Wandel wird sich durch einen stetig steigenden Anteil von gasbetriebenen Motoren im Schiffsneubau sowie durch die Umrüstung der Bestandsflotte in den kommenden zehn bis 15 Jahren marktgetrieben fortsetzen. Der notwendige parallele und sukzessive Aufbau einer Produktion von klimaneutralen synthetischen Kraftstoffen hingegen kann nur mit politischer und regulatorischer Unterstützung erfolgreich sein.

Wasserstoff wird ohne Zweifel das künftige Fundament einer maritimen Energiewende bilden.

Erfolgt diese Unterstützung, wird grüner Wasserstoff ohne Zweifel das künftige Fundament einer maritimen Energiewende bilden – weniger als Kraftstoff zum Antrieb von Verbrennungsmotoren, sondern vor allem als Rohstoff für die Produktion von SNG, grünem Ammoniak und Methanol.

Bei großen Transportschiffen werden Ammoniak und Methanol eine zunehmend tragende Rolle spielen. Bei Kreuzfahrern, kleineren Schiffen und Spezialschiffen könnte synthetisches Erdgas maßgeblich werden. Die Marktanteile dieser Kraftstoffe werden entsprechend wachsen. Für die Schifffahrt in küstennahen Regionen könnte neben batterieelektrischen Hybriden auch die direkte Verbrennung von Wasserstoff eine Option werden.

Maritime Energiewende: Technisch machbar, sofern die politischen Voraussetzungen gegeben sind
Die maritime Energiewende ist schon heute technisch machbar. Das Setzen der Rahmenbedingungen aber, die eine weltweite Verfügbarkeit von grünem Wasserstoff und synthetischen Kraftstoffen und ihre wirtschaftliche Nutzung in der Schifffahrt ermöglichen, wird eine der entscheidenden politischen Gestaltungsaufgaben der kommenden Jahre sein. Sie ist lösbar durch die Schaffung von Anreizsystemen wie der Festlegung eines erst national oder europäisch und letztlich weltweit gültigen CO_2-Preises. Ein solches globales »Preisschild« macht die deutlich teureren, klimaneutralen Kraftstoffe für Schiffseigner und Charterer zu einer wirtschaftlich abbildbaren Option.

DR. UWE LAUBER, *geb. 1967, ist seit 2015 Vorstandsvorsitzender der MAN Energy Solutions SE und als Technologievorstand für das Ressort Forschung und Entwicklung verantwortlich. Zudem ist er Vorsitzender des Fachverbandes VDMA Motoren und Systeme (seit 2018) sowie Vorsitzender des VDMA-Arbeitskreises »Power-to-X for Applications« (seit 2018) und Mitglied des Nationalen Wasserstoffrates der Bundesregierung (seit 2020). Lauber studierte Maschinenbau und Wirtschaftsingenieurwesen in Konstanz und St. Gallen und promovierte 2009 im Fach Maschinenbau an der Universität Kronstadt.*

»Nur gemeinsam mit starken Partnern aus
Politik, Wirtschaft und Forschung schafft
die Luftfahrtbranche ihren nächsten großen
Innovationssprung.«

Mit technologischem Fortschritt zum CO$_2$-neutralen Fliegen

Von Christina Foerster

Die Rolle des Luftverkehrs bewegt weit über die Grenzen unserer Branche hinaus die Gemüter. Fakt ist, der Luftverkehr trägt insgesamt 2,8 Prozent zu den weltweit von Menschen verursachten CO$_2$-Emissionen bei. Eine Zahl, die sich erst mal nicht hoch anhört, wir aber dennoch in Richtung Null bewegen müssen.

Die Luftverkehrsbranche hat seit Jahrzehnten allein schon aus wirtschaftlichen Gründen ein besonderes Interesse, effizient zu fliegen. Die einfache Gleichung lautet: Weniger Kerosin bedeutet weniger Kosten und damit zugleich weniger CO$_2$-Emissionen. Aber Kosten allein sind nicht unser Ansporn. Wir setzen alles daran, die Auswirkungen des Fliegens auf die Umwelt weiter zu minimieren – und zwar aus voller Überzeugung. Die gesamte Luftverkehrsbranche transformiert sich, und dies ist notwendig.

Die Luftfahrt und auch wir in der Lufthansa Group arbeiten intensiv am Thema Nachhaltigkeit. Wir werden unsere Anstrengungen aber in Zukunft noch deutlich intensivieren müssen. Ich bin stolz darauf, dass wir dabei vorangehen, Begeisterung für das Thema bei unseren Kundinnen und Kunden sowie unserer Belegschaft schaffen und dabei helfen, die Welt ein Stück zu verändern.

Es geht daher nicht um die im Zusammenhang mit dem Klimaschutz oft gestellte Frage: »Wie kann das Flugzeug ersetzt werden?« Reisen ist heutzutage kein Luxus mehr, nicht einfach Urlaub oder Vergnügen. Reisen verbindet Familien, Freunde, Kulturen und stärkt Wirtschaftsbeziehungen. Es dient zudem der Völkerverständigung, leistet einen Beitrag zum Frieden und bringt Forschung und Entwicklung voran. Kurz: Es verbindet die Welt. Trotz aller Befürwortung werden Videokonferenzen den persönlichen Austausch zwischen Geschäftspartnern nicht komplett ersetzen können.

Für den europäischen Wirtschaftsstandort ist der Luftverkehr ein strategischer Erfolgsfaktor. Ab Deutschland müssen möglichst schnell die wichtigsten Orte der Welt erreichbar sein, um global agieren zu können. Der schnelle und sichere Versand wertvoller Güter durch professionell agierende Cargo-Airlines ist ein Standortvorteil nicht nur für unser Land, sondern auch für den Wirtschaftsraum Europa.

Stattdessen ist es richtig zu fragen, wie der Luftverkehr seinen bereits sichtbaren Beitrag für mehr Nachhaltigkeit ausbauen kann. Wie können Stakeholder aus allen Bereichen der Gesellschaft diese Transformation sinnvoll mitgestalten? Die Richtschnur ist klar: Das Pariser Abkommen will den weltweiten Temperaturanstieg auf 1,5 Grad begrenzen, und das deutsche Klimaschutzgesetz peilt eine CO$_2$-Neutralität bis 2045 an.

Die Lufthansa Group gestaltet diesen Weg mit. Auch wenn die Dekarbonisierung für unsere Branche sehr herausfordernd ist, übernehmen wir Verantwortung und tragen unseren Teil bei. Der Schlüssel liegt dabei nicht in der Stigmatisierung des Luftverkehrs, sondern in Forschung und Entwicklung. Mit technischen Innovationen von CO$_2$-senkenden oder vermeidenden Antriebstechniken und Kraftstoffen können wir die Vorteile des Luftverkehrs nutzen und ihn zugleich nachhaltig gestalten. Innovationen voranzutreiben ist tief in unserer DNA verankert. Unser Engagement geht über das reine Angebot hinaus. Wir steigen tief in Lieferketten ein, um nachhaltige Produkte anbieten zu können. Klimaschutz und Luftverkehr sind kein Widerspruch, sondern gehen Hand in Hand.

Instrumente der Transformation

Für wirksamen Klimaschutz im Luftverkehr ist ein Mix aus verschiedenen Maßnahmen erforderlich: Emissionsarme Flugzeuge und nachhaltige Flugkraftstoffe (*sustainable aviation fuels*) sind dabei die besonders großen Themen. Weitere wichtige Stichwörter sind Intermodalität, effiziente Flugrouten und eine qualitativ hochwertige Kompensation von CO$_2$-Emissionen.

Zugleich braucht es ein faires, passendes Regelwerk, das dem weltweiten Wettbewerb Rechnung trägt. Nur so können Emissionen wirklich eingespart werden. Nationale Alleingänge hingegen nützen dem Klima nicht, wenn sie Emissionen nur von einem Land ins andere verlagern (Carbon-Leakage).

Ein wichtiger, aktuell der wichtigste Hebel für weniger CO_2 sind effizientere Flugzeuge, die bis zu 30 Prozent Kerosin einsparen können. Die Flottenerneuerung ist daher ein Eckpfeiler der Nachhaltigkeitsstrategie der Branche. Deshalb müssen wir nahezu ausschließlich auf die modernsten und neuesten Flugzeuge setzen, die nebenbei auch bis zu 50 Prozent leiser bei Start und Landung sind. Weniger effiziente Flugzeuge müssen perspektivisch stillgelegt werden. Die dramatischen Auswirkungen der Coronapandemie beschleunigen diesen Prozess. Allein im vergangenen Jahr hat beispielsweise die Lufthansa Group die sogenannte Ausflottung von 115 Flugzeugen beschlossen. Durch eine konsequente Flottenerneuerung vermeiden wir in den nächsten drei Jahren rund eine Million Tonnen CO_2. Modernere und treibstoffeffizientere Flugzeuge gibt es aber nicht umsonst. Airlines weltweit müssen Geld verdienen, um sich diese Flugzeuge auch leisten zu können.

Um Nachhaltigkeitsziele zu erreichen, können wir aber nicht allein auf neue Flugzeuge setzen, sondern müssen auch mit strategischen und technologischen Partnerschaften arbeiten. Als erste Airline weltweit wird Lufthansa Cargo die sogenannte »Sharkskin«-Technologie in Serie bringen: eine Oberflächenfolie, die Lufthansa Technik und BASF gemeinsam entwickelt haben und die der Haut von Haifischen nachempfunden ist. Lufthansa Cargo wird bis Ende 2022 die gesamte Flotte mit der »AeroShark«-Folie bekleben und so pro Jahr 3.700 Tonnen Kerosin und fast 11.700 Tonnen CO_2 einsparen. Für noch mehr klimafreundliche Entwicklungen gründen wir derzeit den Lufthansa Group CleanTech Hub, welcher die Erforschung und Umsetzung von *clean technology*-Lösungen vorantreiben wird. Ein Zentrum, das die Themenfelder alternative Treibstoffe, flugzeugbezogene Hardware, digitale Lösungen sowie andere wichtige Nachhaltigkeitsthemen des Konzerns bündelt und beschleunigt.

Kompensationen machen CO_2-neutrales Fliegen möglich

Kommerzielle Lösungen, die Kundinnen und Kunden einbinden, sind ebenfalls weit oben auf der Agenda. Bester Beweis: Auf Initiative des Lufthansa Innovation Hubs wurde die Onlineplattform Compensaid gegründet.

Dank Compensaid können Kundinnen und Kunden bereits heute CO_2-neutral reisen, indem sie ihren Flug mit *sustainable aviation fuel* durchführen. Doch Compensaid bietet auch alternative Möglichkeiten an, um die CO_2-Emissionen eines Fluges zu neutralisieren: durch die Auswahl von hochwertigen Kompensationen in Form von Klimaschutzprojekten mit dem Prüfkriterium Gold Standard oder Plan Vivo. Als Beispiel können hier unter anderem »myclimate«-Projekte wie die Waldaufforstung in Nicaragua oder auch der Bau und Betrieb von Solarparks in der Dominikanischen Republik genannt werden. Die Kundinnen und Kunden können also bereits jetzt aktiv an der CO_2-Reduktion teilnehmen. Die hohe Qualität der Kompensationsangebote ist uns dabei ein besonders wichtiges Anliegen. Seit Kurzem gibt es Compensaid auch für Firmen, die die Plattform unkompliziert für Dienstreisen ihrer Mitarbeiterinnen und Mitarbeiter nutzen können. Wie ich finde, eine tolle Lösung, um direkt wirksamen Klimaschutz zu betreiben.

Zudem hat der Luftverkehr ein weltweites CO_2-Kompensationssystem geschaffen. Das »Carbon Offsetting and Reduction Scheme for International Aviation« (CORSIA) läuft seit Anfang 2021 in der Pilotphase. Mit dem System werden die wachstumsbedingten Emissionen im weltweiten Luftverkehr kompensiert. Das mag unser aller Ehrgeiz noch nicht befriedigen. Aber immerhin ist es eine global ausgerichtete Lösung, die in anderen Branchen ihresgleichen sucht.

Einen wichtigen Beitrag für mehr Klimaschutz bietet – Stichwort Intermodalität – die Kombination unterschiedlicher Verkehrsträger. Wo immer möglich und sinnvoll, müssen wir intensiv an einer noch engeren Vernetzung und Kooperation mit den deutschen und anderen europäischen Bahngesellschaften arbeiten. Nur so kann den Kundinnen und Kunden ein nahtloser und bequemer Übergang auf der Reise angeboten werden. Die Frage kann daher nicht »Flugzeug oder Bahn?« heißen. Die Antwort besteht aus der Kombination von Verkehrsträgern und muss den Kundinnen und Kunden einen nahtlosen Reiseverlauf bieten können.

Auch die Lufthansa Group forciert aktiv derartige Angebote und Kooperationen. Das Ziel ist, die

Agenda für 2022

- Gemeinsame Verantwortung und gemeinsames Handeln von Politik, Luftfahrtindustrie sowie Verbraucherinnen und Verbrauchern vorantreiben

- CO_2-Kompensationsmöglichkeiten für Airline-Kundinnen und -Kunden weiterentwickeln und als Teil der Flugbuchung anbieten

- Verfügbarkeit von SAF konsequent ausbauen

- Investitionen in Innovationen tätigen und Anreizsysteme schaffen

Zubringerverkehre zu den Flughafendrehkreuzen ökologisch und ökonomisch sinnvoll zu gestalten. Von diesen Hubs ausgehend können wir den internationalen Langstreckenverkehr besonders effizient bündeln.

Bei alledem zeigt sich eines: Nachhaltigkeit und Klimaschutz sind eine Gemeinschaftsaufgabe mit Partnern aus Industrie, Politik und Wirtschaft. Wir alle tragen eine gemeinsame Verantwortung. Wie wichtig so ein Teamwork ist, zeigt sich insbesondere bei der Herstellung nachhaltiger Kraftstoffe.

SAF als wichtiger Transformationstreiber

Wer über die Transformation im Luftverkehr spricht, weiß: An modernen, effizienteren Flugzeugen führt kein Weg vorbei. Das gilt auch für nachhaltige Flugkraftstoffe, die sogenannten *sustainable aviation fuels* (SAF). Dabei sind prinzipiell zwei Arten der SAF-Erzeugung zu unterscheiden: zum einen die heute gängige Produktion auf Basis biogener Ursprungsprodukte, wie beispielsweise Altöle oder Fette aus der Nahrungsmittelherstellung oder auch die Verwendung von Abfällen. Daneben stehen zukunftsgerichtete Modelle, die sogenannten Power-to-Liquid-Verfahren (PtL). Bei diesen wird mit Strom aus erneuerbaren Energien zunächst Wasserstoff durch eine Elektrolyse erzeugt. Dieser CO_2-neutral hergestellte Wasserstoff, auch grüner Wasserstoff genannt, wird im Folgeprozess mit Kohlenstoffmonoxid synthetisiert, und dabei wird unter anderem Kerosin hergestellt.

Durch PtL hergestellte SAF sind daher zentral für CO_2-neutrales Fliegen, denn selbst im Verfahren zur Herstellung wird nur so viel CO_2 freigesetzt, wie im Herstellungsprozess der Atmosphäre entzogen wird. Technisch gesehen hat demnach ein Flug eines

vollständig mit SAF betankten Flugzeugs keinen CO_2-Fußabdruck. Eine echte Zukunftschance.

Als Lufthansa Group sind wir seit zehn Jahren an der Erprobung und Forschung zur Produktion von SAF im industriellen Stil beteiligt. In Europa ist die Lufthansa Group gegenwärtig der größten Abnehmer von SAF. Zur Wahrheit gehört aber auch: Die Lufthansa Group könnte mit der zurzeit weltweit verfügbaren Menge von SAF ihre Konzernflotte nur eine Woche lang betreiben.

SAF sind bereits heute mit konventionellem Flugkraftstoff mischbar. Gegenwärtig ist eine Beimischquote von 50 Prozent regulatorisch zugelassen. Diese Quote wird sich in den kommenden Jahren voraussichtlich erhöhen.

Wir und auch die Branche setzen deshalb auf Partnerschaften mit Forschungsinstituten und Start-ups und sind weltweit bereits in zahlreichen SAF-Zukunftsprojekten aktiv. Mit den ersten sichtbaren Erfolgen: Lufthansa Cargo hat im vergangenen November den weltweit ersten CO_2-neutralen Frachtflug nach Shanghai mit unserem Partner DB Schenker durchgeführt. Inzwischen geht es einmal pro Woche CO_2-neutral zur chinesischen Millionenmetropole und wieder zurück nach Frankfurt.

Aber allein kann der Luftverkehr die Herkulesaufgabe Klimaschutz und damit die benötigte Produktion von SAF nicht stemmen. Nur gemeinsam mit starken Partnern aus Politik, Wirtschaft und Forschung schafft die Luftfahrtbranche ihren nächsten großen Innovationssprung. Rahmenbedingungen und Anreizsysteme sind gefragt, die nachhaltige Kraftstoffe skalierbar machen und Investitionen fördern.

Wasserstoff kommt eine tragende Bedeutung in der Transformation der Luftfahrt zu. Sobald die Infrastruktur für »grünen« Wasserstoff zur Verfügung steht und gleichzeitig ein Weg gefunden wird, wie Kohlenstoffdioxid der Atmosphäre oder auch industriellen Prozessen entzogen werden kann, steht einer globalen industriellen Erzeugung von PtL-Flugkraftstoffen nichts mehr im Wege.

Bleibt die Frage: Warum wird nicht einfach Wasserstoff im großen Stil als Hybridkraftstoff verwendet?

Ein Blick auf den Automobilsektor verrät, dass es hier Wasserstoffantriebstechniken als Ersatz für Verbrennungsmotoren gibt. Konzepte von Unternehmen und Forschungsinstituten, von kleinen Hybridflugtaxis, Elektro-Kleinflugzeugen bis hin zu Flugzeugen mit reinem Wasserstoffantrieb, gibt es bereits. Vor fünf Jahren hob zum Beispiel das erste Flugzeug mit Wasserstoff ab. An Bord eine Brennstoffzelle, die Wasserstoff mit Luftsauerstoff zur Herstellung elektrischer Energie nutzt. Ein wichtiger Fortschritt, auch wenn die Reichweite sowie die zulässige Passagierzahl gering waren.

Flugzeughersteller wie Airbus haben mit ihrer Konzeptreihe »ZEROe« bereits verschiedene Ansätze zur Nutzung dieses Kraftstoffs vorgestellt, unter anderem einen mit Wasserstoff betriebenen »Nurflügler«. Airbus beabsichtigt, bis 2035 das erste Passagierflugzeug mit Wasserstoffantrieb abheben zu lassen, wenn auch zunächst nur auf kurzen Strecken. Für die Langstrecke, bei der deutlich größere Energiemengen benötigt werden, ist Wasserstoff vorerst kein Thema. Forschung und Entwicklung brauchen noch Zeit. Wir befinden uns in Bezug auf Wasserstoff in einer extrem spannenden und wichtigen Forschungsphase, die den Luftverkehr nachhaltig verändern wird.

Wenn Forschung, Politik und Luftverkehr gemeinsam arbeiten, wird der SAF-Anteil auf kommerziellen Flügen weltweit steigen. Eine in Europa für 2025 geplante SAF-Quote wird diese Entwicklung beschleunigen. Dies ist der richtige Schritt in die Zukunft des CO_2-neutralen Fliegens, er muss aber unbedingt wettbewerbsneutral umgesetzt werden. Andernfalls besteht die Gefahr einer Verlagerung von Verkehren und damit CO_2-Emissionen in Drittstaaten außerhalb der EU, die nicht in den EU-Emissionshandel einbezogen sind (Carbon-Leakage).

Gesetzliche Voraussetzungen für die Transformation
Trotz Innovation, effizienteren Flugzeugen und technischem Fortschritt: Kern aller Luftfahrt-Transformationsanstrengungen für mehr Nachhaltigkeit wird eine moderne europäische Klimapolitik sein, die Zukunftsinnovationen nicht nur gezielt fördert, sondern auch zur Marktreife bringt. SAF hat für die Luftfahrtbranche aktuell das größte Potenzial, da neuartige Antriebe für Flugzeuge noch Zukunftsmusik sind. Vorrangig hierbei und grundsätzlich elementar ist, den rechtlichen Rahmen wettbewerbsneutral zu gestalten. Carbon-Leakage-Effekte müssen erkannt und adressiert werden. Auch gilt es, Kostennachteile für die europäische Industrie zu vermeiden, denn ein Passagier aus Madrid, der nach Bangkok reisen möchte, kann in Frankfurt oder in Istanbul umsteigen. Entsprechend sollte jede europäische Regulierung international faire Wettbewerbsbedingungen anstreben und dafür Sorge tragen, dass innereuropäische Zubringerflüge keine Kostennachteile gegenüber Verbindungen haben, die über Anrainer-Drehkreuze führen.

Ein starkes Instrument, um nachhaltige Innovationen im Luftverkehr zu unterstützen, sind Finanzierungskreisläufe – bezogen sowohl auf nationale als auch europäische Einnahmequellen. So könnte zum Beispiel das Aufkommen der Luftverkehrssteuer zweckgebunden zur SAF-Förderung genutzt werden. Dies würde Deutschlands Vorreiterrolle beim Klimaschutz festigen. Klimaschutz, ob für den Luftverkehr oder andere Industrien, muss eine globale Aufgabe sein. Sie führt nur zum Ziel, wenn nationale Interessenspolitik zugunsten international harmonisierter Lösungen (zum Beispiel CORSIA) das Nachsehen hat. Auch regionale Initiativen, wie ein harmonisierter europäischer Luftraum (Single European Sky), sind zielführend. Gesetzgeber weltweit sind gefragt, gemeinsam mit dem Luftverkehr einen internationalen politischen Rahmen für die verstärkte Nutzung von SAF zu gestalten. Der Staat Kalifornien zum Beispiel verringert den Kaufpreis von SAF für die Airlines direkt, während in Europa der fossile Preis verteuert wird. Mindestens ebenso wichtig

Agenda für 2025

— Flottenmodernisierung durch gezielte Anreizsysteme

— SAF-Quote wettbewerbsneutral gestalten und SAF-Infrastruktur entwickeln

— Intermodalität verbessern

— Investition von Flugzeug- und Triebwerksherstellern in neue Technologien

— Kreislauffinanzierung zur Förderung der CO_2-Neutralität

— International verbindliche Lösungen anstreben

Agenda für 2030

— Ambition eines klimaneutralen Betriebs am Boden

— Nettoreduktion von CO_2-Ausstoß um 50 Prozent

— SAF in großen Mengen verfügbar und bezahlbar machen

— SAF-Quote steigern

— Anreize für Modernisierung schaffen

— Förderung von Zukunftsprojekten

sind marktwirtschaftliche Anreize für mehr Innovation. Denn weniger Emissionen müssen belohnt werden.

Gefragt sind politische Entscheidungsträger auch beim Intermodalverkehr. Soll das volle Potenzial ausgeschöpft werden, muss die Politik den Fernverkehr ausbauen, um Bahn und Luftverkehr optimal zu verbinden.

Auch ein harmonisierter Luftraum trägt zum Klimaschutz bei

Gleichzeitig müssen nationale und europäische Flugsicherheitsbehörden effizientere Konzepte für Flugsicherungssysteme umsetzen. Nirgendwo ist dies dringlicher als in Europa. Der Luftraum gleicht einem Flickenteppich aus nationalstaatlichen Zuständigkeiten. Seit vielen Jahren diskutiert die EU darüber, einen harmonisierten Luftraum, den sogenannten Single European Sky (SES), zu schaffen. Ein funktionierender SES wäre ein sehr großer Beitrag. Bis zu zehn Prozent CO_2-Emissionen beziehungsweise 1,8 Millionen Tonnen CO_2 pro Jahr könnten eingespart werden – für ganz Europa. Leider gibt es noch keinen Umsetzungsfahrplan.

Mehr Klimaschutz darf aber nicht den Wettbewerb zulasten deutscher beziehungsweise europäischer Airlines verzerren. Die Politik sollte der Luftfahrtindustrie in Deutschland und Europa deshalb Investitionen in mehr Klimaschutz erleichtern. Ein weiterer Punkt:

Luftverkehrsabkommen mit Drittländern oder Regionen außerhalb Europas müssen Klimaschutz größeres Gewicht geben. Nur so erreichen wir internationale Standards und verhindern, dass nur ein Teil der Welt sich dem Klimaschutz verpflichtet.

Die Luftfahrt war immer Zukunftsindustrie. Und sie wird es bleiben. Sie ermöglicht Völkerverständigung und wirtschaftlichen Wohlstand. Ohne Luftfahrt gäbe es keine globalisierte Welt. Aber, und das kann man gar nicht stark genug betonen, bitte so nachhaltig wie nur irgend möglich. Hierfür müssen Luftfahrtindustrie und politische Entscheidungsträger an einem umweltbewussten, innovativen Strang ziehen. Erst dann bringen wir Ökonomie und Ökologie auf einen zukunftsweisenden Nenner.

CHRISTINA FOERSTER, geb. 1971, ist seit 2002 mit wechselnden Verantwortungen bei der Lufthansa Group tätig, seit 1. Januar 2020 ist sie Mitglied des Vorstandes der Deutschen Lufthansa AG. Als Chief Customer Officer verantwortet sie zusätzlich die Bereiche Nachhaltigkeit und IT. Nachdem sie 2016 als Chief Commercial Officer (CCO) zu Brussels Airlines gewechselt war, übernahm sie 2018 als eine der wenigen Frauen, die global an der Spitze einer Airline stehen, die Position des Chief Executive Officer (CEO). Christina Foerster begann ihre Karriere bei der Boston Consulting Group.

Versicherungen

»Lassen Sie uns – Politik und Wirtschaft –
gemeinsam nach den besten Lösungen suchen,
um die großen Probleme unserer Zeit nachhaltig
in den Griff zu bekommen. Für eine bessere und
sichere Zukunft.«

Zukunft braucht Sicherheit

Von Norbert Rollinger

Als es kürzlich in der Coronadebatte darum ging, ob eine Impfpflicht sinnvoll sei, haben Vertreter aller relevanten Bundestagsparteien vor einem gesetzlich verordneten Impfzwang gewarnt. In der Diskussion über eine Pflichtversicherung gegen Naturgefahren wie Überschwemmungen nach der Eifel-Flut äußerten dieselben Politiker viel Sympathie für einen Versicherungszwang. Dabei ist Bevormundung die falsche Strategie, sei es im Hinblick auf die Zukunft unserer Altersvorsorge, beim Klimaschutz oder bei der Digitalisierung.

Als Vorstandschef eines Versicherers, der aus der 150-jährigen Erfolgsgeschichte der Genossenschaftsbewegung hervorgegangen ist und sich Werten wie Solidarität und »Hilfe zur Selbsthilfe« verpflichtet fühlt, rufe ich die neue Bundesregierung auf: Setzen Sie auf Überzeugen statt auf Bevormunden! Begeistern Sie die Bürger und Unternehmen dieses Landes mit guten Argumenten für die großen politischen Entscheidungen, die in den nächsten Jahren zu treffen sind, um Wohlstand und Sicherheit zu stärken. Dazu gehören effektiver Impfschutz für möglichst viele sowie ein umfassender Schutz vor Hochwasserschäden – nicht nur in Form einer Elementarversicherung für alle, sondern auch durch bauliche Schutzmaßnahmen in Risikogebieten und eine Bauplanung, die sich stärker an den natürlichen Gegebenheiten orientiert.

> **Begeistern Sie die Bürger und Unternehmen dieses Landes mit guten Argumenten für die großen politischen Entscheidungen, die in den nächsten Jahren zu treffen sind, um Wohlstand und Sicherheit zu stärken.**

Mit anderen Worten: Lassen Sie uns – Politik und Wirtschaft – gemeinsam nach den besten Lösungen suchen, um die großen Probleme unserer Zeit nachhaltig in den Griff zu bekommen.

Populistisches Misstrauen, das der Versicherungsbranche seitens der Politik immer wieder entgegenschlägt, hat zum Beispiel dazu geführt, dass ein so wichtiges und erfolgreiches Produkt wie die Riester-Rente zum Ladenhüter geworden ist. Gemeinsam hätten wir in den vergangenen Jahren dafür sorgen können und müssen, dass die Riester-Rente vernünftig reformiert und zukunftsfest gemacht wird. Wir Versicherer haben frühzeitig Vorschläge gemacht, die die alte Bundesregierung leider ignoriert hat.

Lassen Sie uns das in den nächsten Jahren besser machen. Mit Vertrauen in die Leidenschaft und Kreativität der deutschen Unternehmen und ihrer Beschäftigten, die unseren Staat mit ihren Steuergeldern zu einem der wohlhabendsten und erfolgreichsten auf der Welt gemacht haben. Ohne Bevormundung, mit Überzeugungskraft, alle zusammen.

Zu tun gibt es eine Menge. Exemplarisch möchte ich drei Herausforderungen näher beleuchten, die mich besonders beschäftigen – und bei denen die Versicherungsbranche ihren Teil zur Lösung beitragen kann und wird:

Herausforderung 1: Generationenvertrag

Konrad Adenauer hat sich am Ende doch geirrt – zumindest in einem Punkt, denn die Prognose des ersten Bundeskanzlers, wonach die Menschen immer Kinder bekommen und damit das umlagefinanzierte Rentensystem ausreichend stützen, ist von der Realität überholt. Mittlerweile stehen immer mehr Rentnern immer weniger Erwerbstätige gegenüber – mit klar absehbaren Folgen für Beiträge und Rentenniveau. Der Generationenvertrag in seiner ursprünglichen Form ist bald reif fürs Haus der Geschichte.

Es wird höchste Zeit, Altersvorsorge neu zu denken. Gewiss: Die gesetzliche Rente bietet nach wie vor eine sehr gute Grundversorgung – aber eben auch nicht mehr. Wer seinen gewohnten Lebensstandard im Alter nachhaltig sichern will, ist auf zusätzliche Geldquellen angewiesen. Auch hier hat die Politik bereits erste Vorschläge auf den Tisch gelegt – von einem Staatsfonds wie beispielsweise der »Deutschlandrente« bis hin zur »Generationenrente«, die jedem Neugeborenen ein Startkapital für den späteren Ruhestand mit auf den Weg geben soll.

So wichtig und richtig alle diese Bemühungen um eine grundlegende Reform des Generationenvertrags und um eine tragfähige Lösung für das 21. Jahrhundert sind, sie lassen jeweils systematisch einen zentralen Player links liegen: die private Versicherungswirtschaft. Warum aber bleibt gerade sie bei allen politischen Diskussionen permanent außen vor, trotz ihrer jahrzehntelangen Erfahrung und bewährten Kompetenz beim Thema Kapitalanlage und Verrentung bis zum Lebensende? Ist es die Angst der Politik, sich mit den falschen Partnern zusammenzutun? Oder sind es gar ideologische Vorbehalte gegen eine kapitalmarktkundige Branche, ohne deren Versicherungsschutz freilich viele Dinge in diesem Land nicht möglich wären? Auch hier stellt sich die Grundsatzfrage: Überzeugen oder bevormunden? Mehr Markt – oder doch wieder mehr Staat?

Eine Pflichtversicherung für alle, wie sie manche Politiker angesichts der Eifel-Flut ins Spiel gebracht haben, ist verfassungs- und europarechtlich zweifelhaft.

Sprechen wir es klar aus: Ein reiner Staatsfonds unter Ausschluss der Versicherungsbranche wäre ein tiefer dirigistischer Eingriff in den Altersvorsorgemarkt, gewissermaßen Sozialismus durch die Hintertür, oder überspitzt gesagt: mehr Marx statt Markt, mehr Engels statt Eigenverantwortung. Der Staat würde zu einem Topplayer in einem Feld, auf dem er doch eigentlich die Spielregeln kontrollieren soll. Gewiss, ein Rundum-sorglos-Paket, etwa nach schwedischem Vorbild, hat durchaus Charme und würde jedem, der sich nicht mit dem Thema Vorsorge beschäftigen will, eine Art gemeinschaftliches Vollkaskogefühl vermitteln.

Schon in der Schule sollten die Themen Umgang mit Geld und Altersvorsorge eine Rolle spielen, um die Eigenverantwortung zu stärken.

Aber wäre es nicht viel klüger, dem mündigen Bürger die Wahl zu lassen, wie er seine individuelle Vorsorge gestaltet, und dafür gezielt in die Finanzbildung der Deutschen zu investieren? Schon in der Schule sollten die Themen Umgang mit Geld und Altersvorsorge eine Rolle spielen, um die Eigenverantwortung zu stärken.

Neben grundsätzlichen Erwägungen gibt es auch Kritik im Detail: Ein Staatsfonds braucht Zeit, bis genügend Kapital angespart ist. Erst dann hat er eine Relevanz für die Rentenbezieher. Er ist also keine Ad-hoc-Lösung, sondern wird erst in Jahrzehnten seine volle Wirkung entfalten. Die Babyboomer-Generation geht aber bereits heute in den Ruhestand. Auch die Vorstellung, dass der Staat automatisch ein besserer Anleger sei als der übrige Markt, muss sich erst noch in der Realität beweisen. Und über die Frage, wie das angesparte Vermögen eines Tages angemessen verrentet werden soll, ist noch gar nicht gesprochen worden. Hier sind noch viele Fragen offen.

Mehr Vertrauen in die Kompetenzen und Ressourcen der Branche

Wer das wichtige Zukunftsthema Altersvorsorge allein auf Kosten und Provisionen reduziert, springt zu kurz. Erneut sei daher die Frage gestattet, warum die Politik nicht mehr Vertrauen in die Versicherungswirtschaft setzt, die trotz aller Aufwendungen für die sich stets ausweitende Regulatorik eine durchaus kompetitive Kostenstruktur aufweist. Die Branche bringt zudem bereits alle Ressourcen mit, um ein neues flächendeckendes Altersvorsorgeprodukt an die Frau und an den Mann zu bringen. Sie hat bewiesen, dass sie trotz Niedrigzins oder gar Negativzinsszenarien sehr verantwortungsvoll mit den Geldern ihrer Kunden umgeht.

Was wir in Zukunft brauchen, ist also nicht (noch) mehr, sondern deutlich weniger Regulatorik. Weniger Fesseln in der Kapitalanlage, um auch angesichts von Null- und Minuszinsen auskömmliche Renditen zu erwirtschaften. Und eine staatliche Förderung da, wo sie einen maximalen Ertrag für die künftigen Rentnerinnen und Rentner erwarten lässt und konkrete Eigenvorsorge anstelle von Versorgungsmentalität fördert.

Der Vorschlag, den die Versicherer etwa zur Riester-Reform vorgelegt haben, berücksichtigt auch einen weiteren Punkt, der für den Zusammenhalt der Gesellschaft von enormer Bedeutung ist: die Förderung der privaten Altersvorsorge bei Geringverdienern. Daran sollte die Politik ein großes Interesse haben. Auch die zweite Säule, die betriebliche Altersvorsorge, zielt in die gleiche Richtung und hat mehr Aufmerksamkeit verdient.

Versicherung lebt von Vertrauen. Mein Petitum an Staat und Politik lautet daher: Haben Sie mehr Vertrauen in die Versicherungswirtschaft und ihre Leistungsfähigkeit – und in den bewährten Mix aus staatlicher, betrieblicher und privater Vorsorge. Lassen Sie uns diese gesamtgesellschaftliche Aufgabe gemeinsam angehen. Getreu dem genossenschaftlichen Motto: »Was einer allein nicht schafft, das schaffen viele.«

Herausforderung 2: Klimastrategie

Dieses Motto von Friedrich Wilhelm Raiffeisen könnte auch über der zweiten großen Herausforderung stehen, dem Umwelt- und Klimaschutz. Ob Dürrekatastrophen oder Überschwemmungen, Wirbelstürme oder Abschmelzen der Polkappen: Selbst dem hartnäckigsten Leugner dürfte inzwischen dämmern, dass der Klimawandel kein Medienphänomen ist, sondern nackte Realität. Und das nicht nur in fernen Ländern, sondern direkt vor unserer Haustür. Den Treibhauseffekt und die Erderwärmung zu begrenzen und damit auch nachfolgenden Generationen einen lebensfähigen und lebenswerten Planeten zu hinterlassen, muss oberstes Ziel aller Verantwortlichen sein. Die Versicherungswirtschaft kann und wird ihren Teil dazu beitragen – und tut es bereits heute.

Ein reiner Staatsfonds unter Ausschluss der Versicherungsbranche wäre ein tiefer dirigistischer Eingriff in den Altersvorsorgemarkt.

Der Beweggrund ist dabei nicht Altruismus oder der Drang, »mal eben schnell die Welt zu retten«. Es handelt sich vielmehr um das Kerngeschäft unserer Branche – eben die Einschätzung von Risiken, sei es in der Erst- oder in der Rückversicherung. Die Rechnung dabei ist denkbar einfach: Naturkatastrophen bedeuten Schäden. Schäden bedeuten Kosten. Und Kosten bedeuten letztlich höhere Prämien für die Versicherten. Hier entsprechend vorzubauen und Risiken zu minimieren liegt im ureigenen Interesse der Versicherungswirtschaft und ihrer Kunden.

Pflichtversicherungen gegen Umweltschäden sind verfassungsrechtlich zweifelhaft

Neue Umwelttechnologien bieten zudem neue Geschäftsfelder. Staat und Bürger können und dürfen deshalb darauf vertrauen, dass unsere Branche aktiv in die Zukunft schaut und denkt. Die Versicherer leben Nachhaltigkeit – man muss sie nicht erst dazu zwingen. Schon gar nicht durch eine weitere Überregulierung, die häufig tief in das bewährte Geschäftsmodell eingreift. Beispiel Hochwasserschutz: Eine Pflichtversicherung für alle, wie sie manche Politiker angesichts der Eifel-Flut ins Spiel gebracht haben, ist verfassungs- und europarechtlich zweifelhaft. Das EU-Parlament hat sich bereits 2014 aus gutem Grund gegen die Einführung einer europaweiten Pflichtversicherung ausgesprochen.

Eine Versicherung kann nicht allein die Folgen des Klimawandels tragen! Was wir in Deutschland brauchen, ist ein umfassendes und aufeinander abgestimmtes Konzept aus Hochwasserschutzmaßnahmen, risikogerechten Bebauungsplänen und passendem Versicherungsschutz, also eine gemeinsame Initiative von Staat, Bürgern und Versicherern. Das Thema Flutschäden allein auf die Versicherungswirtschaft abzuwälzen greift viel zu kurz. Mehr noch: Es ist kontraproduktiv und löst nicht das eigentliche Problem.

Fakt ist: 99 Prozent aller Gebäude in Deutschland sind schon heute über die private Versicherungswirtschaft gegen Naturgefahren wie Hochwasser und Starkregen versicherbar, in den meisten Fällen sogar mit überschaubarem und angemessenem finanziellem Aufwand. Lediglich für ein Prozent – etwa in stark flutgefährdeten Regionen – ist eine Versicherung nicht oder nur mit risikobedingt großen Aufschlägen oder hohen Selbstbehalten möglich. Allenfalls für dieses eine Prozent besteht in Deutschland Bedarf an speziellen Lösungen, gegebenenfalls mithilfe des Staates. Hier rasch eine gemeinsame, dauerhaft tragfähige Lösung zu finden ist nun das Gebot der Stunde. Die Versicherungswirtschaft steht für konstruktive Gespräche bereit.

Wenn es um neue Technologien beim Umwelt- und Klimaschutz geht, sind die Versicherer ganz vorn mit dabei – als Möglichmacher und Inkubatoren. Beispiel Energiewende: Mit ihrem Versicherungsschutz stellt die Branche sicher, dass neue Windparks und Photovoltaikanlagen entstehen können, weil sie von Beginn an entsprechend abgesichert sind. Ein Geschäft mit

Zukunft, für alle Beteiligten. Durch entsprechende Incentivierung belohnt und fördert unsere Branche zudem seit Jahren klimafreundliches Verhalten auch bei jedem Einzelnen: Wer einen kleinen und sparsamen Wagen kauft, zahlt dafür weniger Versicherungsprämie als für einen großen. Wer nur wenige Kilometer im Jahr fährt, erhält einen entsprechenden Rabatt. Wer in einer Region mit geringer Hochwassergefahr baut, zahlt für seinen Elementarschutz deutlich weniger als in einem flutgefährdeten Gebiet. Und für Photovoltaikanlagen auf dem Dach gibt es günstige Bündelpolicen.

Wenn es um neue Technologien beim Umwelt- und Klimaschutz geht, sind die Versicherer ganz vorn mit dabei.

Frei nach Wilhelm Busch (»Das Gute, dieser Satz steht fest, ist stets das Böse, was man lässt«) geht unsere Branche auch mit gutem Beispiel voran: So investieren viele Versicherer bei ihrer Kapitalanlage nicht mehr in CO_2-intensive Industrien, deren Geschäftsperspektiven absehbar endlich sind. Deutlich attraktiver sind Zukunftstechnologien, die voraussichtlich auch in Jahren und Jahrzehnten noch Bestand haben werden. Unsere Branche besitzt damit einen kräftigen Lenkungshebel in Richtung einer klimafreundlichen und nachhaltigen Wirtschaft – und setzt ihn gezielt ein.

Herausforderung 3: Digitalisierung
Damit komme ich zum dritten Punkt: Die Digitalisierung erweist sich aktuell als echter Gamechanger für unsere Gesellschaft. Sie bietet Möglichkeiten, von denen die Generation zuvor nicht im Entferntesten etwas geahnt hat. Aber sie enthält auch neue Gefahren – Stichwort Cyberkriminalität.

Diese Gefahr ist nicht nur virtuell, sie ist mittlerweile ganz real: Unternehmen werden gehackt und anschließend erpresst. Entstehen dadurch in der freien Wirtschaft vor allem materielle Schäden, ist das Hacking etwa von Krankenhäusern oder öffentlicher Infrastruktur längst ein sicherheitsrelevantes Thema. Hier stehen Menschenleben auf dem Spiel! Aus der virtuellen Bedrohung wird so im Handumdrehen tödlicher Ernst.

Die Versicherungsbranche trägt diesen neuen Risiken bereits auf etlichen Gebieten Rechnung: etwa durch eine Cyberversicherung für Firmen wie für Privatleute – dort etwa beim Identitätsdiebstahl oder beim immer häufigeren Phänomen des Cybermobbings. Und durch entsprechende Aufklärungs- und Gegenmaßnahmen, die letztlich allen zugutekommen. Doch auch hier reicht es auf Dauer nicht, die Symptome zu lindern, man muss vielmehr die Krankheit an der Wurzel bekämpfen. Und hier sind alle gefordert: Staat, Wirtschaft und Bürger.

Überfällig: Ein echter Digitalpakt für Deutschland
Dafür braucht es nicht nur ein neues Sicherheitskonzept, sondern endlich auch eine Digitalisierungsstrategie unter Beteiligung aller Stakeholder, also einen echten Digitalpakt für Deutschland. Der fängt bei den Schülerinnen und Schülern an, mit entsprechender technischer Ausstattung der Schulen und einem Lehrplan, der den gestiegenen Anforderungen des

Agenda für 2022

— Digitalpakt für Deutschland: Breitbandnetzausbau, Digitalisierung des Schulunterrichts, globale Datenschutzregelungen nach europäischen Standards, staatliche Abwehr von Cyberrisiken

— Neuer Generationenvertrag für eine zukunftsfähige Altersvorsorge mit dem bewährten Mix aus staatlicher, betrieblicher und privater Vorsorge

Agenda für 2025

— Klimaoffensive: Förderung alternativer Energien, Incentivierung einer ressourcenschonenden Lebensweise, intelligente Verkehrslenkung zur Vermeidung von Staus, neue Mobilitätskonzepte unter Einbindung des Individualverkehrs

Agenda für 2030

— Zukunftsplan »Deutschland 2050« unter Einbeziehung aller Lebensbereiche zur Sicherung der globalen Wettbewerbsfähigkeit unseres Landes

21. Jahrhunderts Rechnung trägt. Dazu gehört nicht nur die flächendeckende und kostenlose Ausrüstung mit digitalen Endgeräten für jede Schülerin und jeden Schüler, sondern auch eine entsprechende Schulung der Lehrkräfte. Das setzt sich bei der öffentlichen Hand fort: im Sinne einer digitalen Verwaltung, deren Dienste für die Bürgerinnen und Bürger 24/7 zur Verfügung stehen. Wie solche Services aussehen können, zeigen exemplarisch die Versicherer: etwa mit digitalen Abrechnungs-Tools oder telemedizinischen Angeboten, die gerade in der Coronapandemie regen Zulauf erfahren haben.

Eine weitere Notwendigkeit ist der rasche flächendeckende Ausbau eines schnellen Internets, vor allem in ländlichen Gebieten. Nur damit wird es uns gelingen, ohne »weiße Flecken« auf der Landkarte mit der immer rasanteren digitalen Entwicklung global Schritt zu halten. Wichtig ist dabei der unverkrampfte, pragmatische Blick auf Chancen und Risiken der Daten, die ja inzwischen als Währung gelten. Digitalisierung und Datennutzung sind weder Selbstzweck noch Rationalisierungskeule, sondern helfen uns allen, die Zukunft lebenswert zu gestalten, etwa in der neuen Arbeitswelt.

Einmal mehr hat die Versicherungswirtschaft gezeigt, was unter Extrembedingungen möglich ist: In der Coronapandemie im Frühjahr 2020 ist es praktisch allen Unternehmen innerhalb kürzester Zeit gelungen, ihre Arbeitsplätze flächendeckend ins Homeoffice zu verlegen – und das ohne erkennbaren Produktivitätsverlust. Im Gegenteil: Stimmungsbilder zeigen, dass Kreativität und Output im Homeoffice sogar zugelegt haben.

Doch wie wird das »New Work« der Zukunft aussehen? Werden wir die neuen Freiräume für kreatives Arbeiten bewahren und weiter weltweit konkurrenzfähig

sein? Werden wir es auch langfristig schaffen, eine gesunde Balance aus Homeoffice und Office zu erreichen? Oder wird am Ende doch wieder dumpfer Dirigismus obsiegen? Wir haben es in der Hand – jetzt! Deutschlands Kapital war immer der Ideenreichtum seiner Bewohnerinnen und Bewohner, ihr kreatives Potenzial. Die Versicherungswirtschaft steht bereit, die digitale Transformation aktiv zu begleiten und mit ihren Schutzmöglichkeiten abzusichern.

Mit Sicherheit in die Zukunft

»Das einzig Beständige ist der Wandel«, lautet ein bekanntes Sprichwort. Auch wenn es der eine oder die andere noch nicht wahrhaben will: Wir stehen am Beginn der 2020er-Jahre erneut vor einer gravierenden Zeitenwende, ähnlich wie unsere Vorfahren in den 1920er-Jahren. Doch was wird uns die Zukunft diesmal bringen?

Ich bin überzeugt: Deutschlands Antwort lautet Freiheit, Sicherheit und Planbarkeit – im Sinne eines verlässlichen Zukunftsplans, einer nachhaltigen Agenda für Wohlstand und Fortschritt in den kommenden Jahren und Jahrzehnten. Die Weichen dafür stellen wir jetzt. Für eine bessere Zukunft für uns alle – mit Sicherheit!

DR. NORBERT ROLLINGER, *geb. 1964, ist Vorstandsvorsitzender der R+V Versicherung und Präsidiumsmitglied im Gesamtverband der Deutschen Versicherungswirtschaft (GDV). Zuvor verantwortete er zwischen 2010 und 2016 als Vorstandsmitglied das gesamte Kompositgeschäft der R+V Versicherungsgruppe. Weitere berufliche Stationen waren die Generali Versicherungen, der AXA Konzern, die DBV-Winterthur Gruppe und die internationale Beratungsgesellschaft McKinsey & Company. Der gebürtige Rheinländer mit Luxemburger Staatsangehörigkeit ist verheiratet und hat drei Kinder.*

Verwaltung

»Gut organisiert ist der Staat, wenn er sich genauso transformiert wie er es von den anderen Akteuren der Gesellschaft auch verlangt.«

Was sich in der staatlichen Verwaltung ändern muss

Von Dirk Meyer

»[…] besinnt euch […] darauf, dass jede Zeit eigene Antworten will und man auf ihrer Höhe zu sein hat, wenn Gutes bewirkt werden soll.« Dieses gemeinhin als Willy Brandts politisches Testament verstandene Zitat umreißt mit wenigen Wörtern, was die ökologische und digitale Transformation der Wirtschaft für den Staat bedeutet und wie staatliches Handeln über den Erfolg der Transformation entscheidet. Beide Sphären stehen inmitten umwälzender Veränderungen und brauchen darin einander. Wo ihr Handeln ineinandergreift, erwächst Gutes, wo es gegeneinanderläuft, sind Stagnation und Scheitern die Folge. Wenn wir von der Transformation der Wirtschaft und der staatlichen Verwaltung sprechen, betrachten wir also zwei Seiten derselben Medaille.

Das Ziel der Treibhausgasneutralität bis 2045 nach dem novellierten Klimaschutzgesetz und die Digitalisierung sind die wichtigsten Treiber der Veränderungen unserer Zeit. In ihrer Kombination liegt zugleich der Schlüssel für den Erfolg: keine sektorkoppelnde Energiewende ohne digitale Unterstützung, keine nachhaltige Mobilität ohne digitale Werkzeuge, keine Kreislaufwirtschaft ohne Blockchain. Doch diese Zuordnung zeigt schon, dass am Anfang stets das politische Zielbild steht, nicht die Technologie. Nichts existiert um seiner selbst willen: Die Treibhausgasneutralität ist Voraussetzung für weiterhin gutes Leben auf dem Planeten, die Technologie ein Instrument, dieses Ziel zu erreichen[1].

> **Egal, in welchen Sektor man schaut: Überall springt eine Diskrepanz zwischen zeitlichen Erfordernissen, bisherigen Selbstverständnissen und eingesetzten Instrumenten ins Auge.**

Die Rolle des Staates

Was hat der Staat damit zu tun? Seine Mission, sein Handeln, seine Rahmensetzungen, seine Geschwindigkeit, seine Reputation, seine Innovationskraft, seine Vorausschau und sein Selbstverständnis prägen die Handlungsfähigkeit der wirtschaftlichen und gesellschaftlichen Akteure beim Generalumbau aller Sektoren unseres Lebens – im besten Fall auch auf europäischer Ebene, denn nur durch die großen geopolitischen Räume werden künftig Standards gesetzt, die auch in einer global vernetzten Ökonomie wirksam sind.

Dazu zwei Beispiele: Bis 2030 erfordert die Energiewende mindestens 7.800 Kilometer neue Stromleitungen. Davon sind 70 Prozent noch nicht genehmigt[2]. Bei Glasfaseranschlüssen liegt Deutschland weit hinter Südkorea, Japan oder auch Schweden[3]. Der Ausbau der infrastrukturellen Lebensadern der digital-ökologischen Transformation bleibt dramatisch hinter den beschleunigten Zielen zurück. Der Daseinsauftrag des Staates droht zu scheitern. Eine flächen- und bedarfsdeckende infrastrukturelle Versorgung mit Strom- und Glasfasernetzen ist aber Voraussetzung für das Gelingen der Jahrhundertaufgabe Transformation.

Egal, in welchen Sektor man schaut: Überall springt eine Diskrepanz zwischen zeitlichen Erfordernissen, bisherigem Selbstverständnis und eingesetzten Instrumenten ins Auge. Das postfordistische und fossile System muss sich zu einem System innerhalb der planetaren Grenzen wandeln. Der Staat muss diesen Wandel auf allen Feldern unterstützen. Er tut dies mit Methoden, deren Grundlagen in der preußischen Verwaltung gelegt wurden. Hier passt vieles nicht mehr zusammen, was lange zusammengehörte.

Lehrmeister COVID-19

Die COVID-19-Pandemie hat ein Fenster zum transformationsorientierten staatlichen Handeln der Zukunft geöffnet. Diese aktuelle globale Krise machte unter anderem deutlich:

1. Zoonosen als Auslöser der Pandemie haben ihren Ursprung im Überschreiten planetarer Grenzen. Sie treten immer wieder auf, wenn menschliches Handeln nicht innerhalb dieser Grenzen bleibt.
2. Globale Krisen lassen sich nur global lösen. Das Entstehen immer neuer und die Krise perpetuierender Mutationen erfordert das schnelle Impfen aller.
3. Resilienz nicht nur der Gesundheitssysteme wird zur Zukunftsaufgabe staatlichen Handelns.
4. Staatliches Handeln war dort erfolgreich, wo komplexe Probleme in permanenten Rückkopplungsschleifen angegangen wurden; Agilität als Methode sicherte breiten gesellschaftlichen Rückhalt.
5. Digitale Technologien sind ein problemlösendes Instrument.

6. Silo- und ebenenübergreifendes staatliches Handeln erweist sich als wirkungsvoll.
7. Kommunikation fortwährend und auf allen Ebenen ist der Schlüssel, um Verhetzungsversuchen gegen staatliches Handeln etwa durch Rechtspopulisten widerstehen zu können.
8. Intergenerationelle Solidarität, gesellschaftlicher Zusammenhalt und Orientierung am Gemeinwohl sind alte Werte von aktueller Bedeutung.
9. Krisen sind Beschleuniger von Erkenntnissen und Innovationen.
10. Demokratische Gesellschaften können Krisen besser bearbeiten als autoritäre.

Auch die Transformation hat ihren Ausgangspunkt in einer Krise, der menschengemachten Klima- und Biodiversitätskrise. Sie ist ebenfalls global und kann auch nur multilateral und global gelöst werden. Die Modi des Wirtschaftens, Arbeitens, Wohnens, Lebens, der Fortbewegung, die zu dieser Krise beigetragen haben, müssen neu erfunden werden. Die komplexen Probleme sind mit großen Masterplänen nicht zu lösen, sondern erfordern klare Ziele und agile Methoden.

Die COVID-19-Pandemie hat ein Fenster zum transformationsorientierten staatlichen Handeln der Zukunft geöffnet.

Dabei verschärft die Digitalisierung die systemische Krise, kann sie gar als »Brandbeschleuniger« vertiefen, richtig gestaltet ermöglicht sie aber auch Transformation. Fachliche und föderale Silos müssen überwunden werden, das ist eine Conditio sine qua non der Transformation. Denken in Zuständigkeiten und Hierarchien blockiert administrative Kreativität und systemisches Denken. Die Fokussierung auf die Menschheitsaufgabe Klimaschutz ist eine intergenerationelle Gerechtigkeitsfrage, die demokratische Entscheidungs- und Beteiligungsprozesse zur Voraussetzung hat und damit vor Verhetzung schützt.

Damit ist die Aufgabe der transformierten Administration beschrieben – sie konnte sich während der Pandemie als erstes globales Reallabor erproben und beweisen.

Zugleich ist damit ein Narrativ für die Verwaltungsmodernisierung beschrieben, das sich grundsätzlich von dem der neoliberalen Phase unterscheidet: Mit den Menschen, die unseren Staat von der Kommune bis zum Bund und in den Organen der Selbstverwaltung »am Laufen halten«, soll nun in wenigen Jahren der Transformationsprozess in Wirtschaft und Gesellschaft ermöglicht werden. Sie werden damit zu Pionieren des Wandels. Sie sind es, die sich ertüchtigen, in Projekten zu arbeiten, digitale Technologien zu nutzen, silo- und ebenenübergreifend zu kollaborieren und Methoden jenseits von Linienstrukturen anzuwenden, wenn sie schneller zum Ziel führen. Die Transformation der Verwaltung erkennt an, selber Bedingung und Treiber des Wandels zu sein, alle Sektoren und Felder von der Planung über Investitionen bis hin zur Qualifizierung gleichermaßen und parallel anzugehen.

Infrastrukturen als wichtigste Cluster der Veränderung

Eile ist in jedem Sektor geboten, in jeder Branche, auf jeder föderalen Ebene. Das »Gefäßsystem«[4] bisheriger und künftiger Industriegesellschaften aber sind die Infrastrukturen. Ihr Lückenschluss ist Voraussetzung für das Gelingen der Transformation:

— Der Strom erneuerbarer Energien muss dorthin fließen können, wo er gebraucht wird. Leitungstrassen und Wasserstoffpipelines müssen im Rahmen eines nationalen und europäischen Kraftaktes errichtet werden und funktionsfähig sein, Windparks ausgebaut und Solarpaneele aufmontiert werden.
— Im Verkehrsbereich braucht es ein vollständig elektrifiziertes und digitalisiertes Schienennetz für Güter und Personen. Ertüchtigung, Reaktivierung und Zubau erfordern massive Investitionen – im Vorrang vor der Straße. Ladesäulen überall und flächendeckend entscheiden über die Geschwindigkeit bei der Elektrifizierung des Verkehrs.
— 5G bis »an jede Milchkanne« ist die Voraussetzung für die Digitalisierung – und digital unterstützte Transformation.

Auf allen Infrastrukturfeldern muss die Geschwindigkeit in jeder Ausbauphase um den Faktor X gesteigert, Planungs- und Genehmigungsprozesse müssen vereinfacht und entsprechende rechtliche Voraussetzungen geschaffen werden. Agiles, projektgestütztes, föderal übergreifendes professionelles Projektmanagement muss die Grundlage dafür sein. All dies erlaubt keine Kompromisse. Der Ausbau der Infrastrukturen ist eine zentrale Staatsaufgabe. Dort, wo sich der Staat Privater bedient, haben sich die vertraglichen Bedingungen dem Ziel der flächendeckenden Versorgung unterzuordnen.

Jahrelanges Vordenken in Reformkommissionen führt genauso wenig zum Ziel wie Abgrenzungs- und Verteilungskonflikte für ein neu geschaffenes Digitalisierungs- und Verwaltungsministerium.

Administrative Ertüchtigung

Wie kann das gelingen, wo nahezu alle bisherigen Abläufe hinter dem erforderlichen Tempo dramatisch zurückbleiben?

Aus der Pandemie haben wir gelernt: Ohne einen aktiven und gut organisierten Staat geht es nicht. Gut organisiert ist der Staat, wenn er sich genauso transformiert, wie er es von den anderen Akteuren der Gesellschaft auch verlangt. Was bedeutet das?

Ein die Transformation unterstützender Staat denkt und handelt missionsorientiert, er fokussiert sich auf das »infrastrukturelle Gefäßsystem«, er richtet seine Politiken danach aus, wie sie auf das Ziel einzahlen, innerhalb der planetaren Grenzen zu wirken. Um seine zeitlich und fachlich komplexen Ziele zu erreichen, stützt er sich auf eine entsprechende Datenbasis, organisiert sich über alle föderalen Ebenen hinweg verstärkt in agil arbeitenden, professionellen Projektstrukturen, ertüchtigt seine Mitarbeitenden in entsprechenden Methoden, begünstigt all jene, die systemisch am Projekterfolg arbeiten, und verschafft ihnen adäquate Raum- und Arbeitsstrukturen.

Fachliche und föderale Silos müssen überwunden werden, das ist eine Conditio sine qua non der Transformation.

Das so ausgelöste Changemanagement wird von der Spitze der Institutionen aktiv begleitet, bestenfalls vorgelebt, professionell gesteuert, bildet sich in den Missionen der Verwaltungsabteilungen ab, die sich von klassischen POH-Abteilungen (Personal, Organisation und Haushalt) hin zu Treibern der administrativen Transformation entwickeln. Diese Abteilungen kennen die fachlichen Zielbilder ihrer Häuser und entwickeln maßgeschneiderte Unterstützungs- und Ertüchtigungsleistungen des Personals, das mit der Transformation befasst ist. Aus- und Weiterbildungseinrichtungen der föderalen Ebenen unterstützen den Kulturwandel. In Netzwerken der Innovation stärken und verstärken die Macherinnen und Macher der administrativen Transformation diese Mission. Fachliche und administrative Fortschritte werden kontinuierlich gemessen und können sich auf entsprechende verknüpfte Datenquellen stützen, erleichtern Controlling und Entscheidungsfindung. Erkannte systemische Hürden im administrativen Handeln werden postwendend aufgegriffen, intersektoral und unter Einbindung der relevanten Stakeholder ausgeräumt, um die notwendige Geschwindigkeit der Transformation zu halten.

Umstürzende Reformprozesse dieser Art brauchen Steuerungsbrücken. Um auch hier schnell voranzukommen, brauchen wir eine Governancestruktur, die die Grundlagen unseres Gemeinwesens respektiert. Dazu zählen in Deutschland der Föderalismus, das Ressortprinzip, die europäische Kooperation, die systematische Mobilisierung von wissenschaftlichem Know-how für die Politik. Dazu gehört aber auch eine sich diversifizierende Parteienlandschaft. Jahrelanges Vordenken in Reformkommissionen führt genauso wenig zum Ziel wie Abgrenzungs- und Verteilungskonflikte für ein neu geschaffenes Digitalisierungs- und Verwaltungsministerium. Stattdessen muss es darum gehen, durch politische Verträge und gesetzlich unterstützte Mitwirkungspflichten der Ressorts, analog zum Klimaschutzgesetz, einen gemeinsamen Ort zu definieren, der im Kanzleramt, in den Staats- und Senatskanzleien ebenso zu finden ist wie in den (Ober-) Bürgermeistereien. Agiles Nachjustieren bei Zielverfehlungen gehört ebenfalls dazu.

Vier Anforderungen an die Transformation der Verwaltung

Erstens: Die digital-ökologische Transformation steht zu Recht in einer Reihe mit den industriellen Revolutionen der Geschichte. Sie sind immer dann gelungen, wenn alles Denken und Handeln auf dieses Ziel ausgerichtet war, wenn Staat, Wirtschaft und Gesellschaft ihr Handeln komplementär abgestimmt haben. Im Angesicht der Klima- und Biodiversitätskrise muss ab sofort der Fokus auch allen staatlichen Handelns darauf ausgerichtet sein, binnen 25 Jahren die Transformation zum Gelingen zu bringen – und warum nicht mit dem Pathos, menschheitsgeschichtlich Großes zu bewegen? Die Transformation muss das gesamte Mindset künftiger Regierungen prägen. Sie ist Mission und sektorales Zielbild zugleich. Startpunkt ist das Regierungsprogramm 2022 bis 2025.

Im Angesicht der Klima- und Biodiversitätskrise muss ab sofort der Fokus auch allen staatlichen Handelns darauf ausgerichtet sein, binnen 25 Jahren die Transformation zum Gelingen zu bringen.

Zweitens: *It's the infrastructure, stupid!* So wie es ohne Eisenbahn keine industrielle Revolution gegeben hätte, kann es keine Transformation ohne erneuerbare Energien und Wasserstoff geben. Jeder Transformationssektor braucht Infrastruktur: Elektrolyseure, Windräder, Solarpaneele, Stromtrassen und Pipelines für die Energiewende, Ladesäulen und digitalisierte Schienenwege für die Verkehrswende, 5G und Breitband als Voraussetzung für alles Digitale. Bei allem braucht es staatliche Unterstützung und Entfesselung, von der Planung bis zur Genehmigung – in neuer, um ein Vielfaches gesteigerter Geschwindigkeit. Hierfür braucht es höchste Priorität im Regierungsprogramm, eine starke *ownership* im Kanzleramt und eine Governance, die eifersüchtelnde Ressorteitelkeiten unmöglich macht.

Zahllose internationale Beispiele zeigen, wie viel besser Verwaltung wird, die sich verstärkt in Projekten organisiert und systemisch-komplexe Probleme lösen kann.

Drittens: Die Transformation braucht eine sich »unter rollendem Verkehr« selbst ertüchtigende Administration, die in Ausbildung und Betrieb lernt, wie eine agile Verwaltung schnellstmöglich das treibhausgasneutrale Zielbild erreichen kann. Digitalisierung wird dabei nicht als Selbstzweck verstanden, sondern als Mittel, um über verknüpfte Daten, parallelisierte Prozesse und vereinfachte Instrumente schneller und effektiver zum Ziel zu kommen. Um das zu erreichen, muss es in den kommenden vier Jahren gelingen, Verwaltungen zu datengetriebenen Einrichtungen zu machen. Dazu braucht es missionsorientierte Zentralabteilungen, Chief Digital und Chief Data Officers, von allen Hausleitungen gelebte und vorangetriebene Kulturwandelprozesse sowie einen koordinierenden und machtvollen Ort im Kanzleramt. Auf keinen Fall braucht es Modernisierungskommissionen und eher auch kein Digitalministerium, dessen Konstruktion sich wenigstens zwei Jahre im harten Zuständigkeitsgerangel zu verlieren droht.

Viertens: Es wird nicht ohne professionelles Projektmanagement gehen; auch hier muss der Durchbruch zwischen 2022 und 2025 gelingen. Die Industrie hat längst vorgemacht, wie komplexe Marktfragen über Projektmanagement gelöst werden können, schneller, effektiver und nachhaltiger als in sequenziellen Methoden. Die Stadt Hamburg macht seit Jahren vor, wie das geht. Die Hamburg Port Authority hat sich nach erfolgreichem Umbau zum Kopf der Projektmanagementorganisation gemausert. Zahllose internationale Beispiele zeigen, wie viel besser Verwaltung wird, die sich verstärkt in Projekten organisiert und systemisch-komplexe Probleme lösen kann. Für die Bundesverwaltung ist dieser Schritt überfällig. Das nächste Regierungsprogramm sollte ein Bündel an Projekten zur Transformation formulieren, sie sollten alle ein entsprechendes Projektregime durchlaufen.

Transformation und die demokratische Herausforderung

Noch jede industrielle Transformation hat auch das politische System transformiert, wenn nicht revolutioniert. Die rechtspopulistischen Herausforderungen weltweit zeigen, dass die treibhausgasneutrale und digitale Transformation ähnliches Potenzial hat. Wirken Rechtspopulisten regressiv, stellen manche Aktivisten von progressiver Seite die bisweilen schwerfällige Demokratie infrage. Zugleich führt der zeitliche Druck im Angesicht der Klima- und Biodiversitätskrise dazu,

Agenda für 2025

— Verankerung eines mit weitreichenden Befugnissen und Agenda ausgestatteten Chief Digital Officer im Bundeskanzleramt

— Umbau der Zentralabteilungen der Ministerien und ihrer Geschäftsbereiche zu Innovationszentralen der digitalen Verwaltungsmodernisierung

— Entwicklung der Behörden zu datengetriebenen Organisationen

— Aufbau von Projektmanagementorganisationen in und zwischen den Ministerien und Geschäftsbereichen, Koordination im Bundeskanzleramt entlang der Projekte aus dem Regierungsprogramm

— Entwicklung transformationsbeschleunigender Planungs- und Genehmigungsprozesse, insbesondere beim Infrastrukturausbau

— Konsequente Ausrichtung der Personalentwicklung im öffentlichen Dienst an den Erfordernissen der digital-ökologischen Transformation

— Transformationsgerechte Weiterentwicklung der verwaltungsbezogenen Rechtsregime

— Einsetzung einer Transformationskommission von Bundesverwaltung und Sozialpartnern zur Identifikation administrativer Hindernisse

Beteiligungsverfahren mitunter als hinderlich zu betrachten. Andere Fallstricke lauern, wo Rechnungshöfe Fehlerkultur als Missmanagement brandmarken, Medien leichtfertig mit dem Vorwurf des Staatsversagens operieren und transformative Prozesse für große soziale Unwuchten sorgen.

Kurzum, unser Leben in 25 Jahren vollständig treibhausgasneutral und innerhalb der planetaren Grenzen digital zu organisieren, Arbeits- und Verwaltungsprozesse in kurzer Zeit grundlegend zu verändern, all das löst auch Verunsicherung und Überlastungssymptome aus, wie sie schon in der Pandemie wahrzunehmen waren.

Es wird daher eine Herausforderung für alle Akteure sein, ritualisierte Praxen aus der fossilen Zeit zu überwinden und das Mindset kollaborativ auf Transformation umzustellen – ohne dadurch zu einer »formierten Gesellschaft« zu werden. Für diese Gemeinschaftsaufgabe braucht es ein starkes Signal, vielleicht starke und breit akzeptierte Persönlichkeiten und Akteure, die sich in ihren unterschiedlichen Rollen unter der

Als primär technisches oder gar technokratisches Projekt wird die Transformation scheitern.

Mission der sozial-ökologischen und digitalen Transformation versammeln. Vermutlich wird die darin zu vermittelnde Sicherheit eine Voraussetzung sein, um der populistischen Versuchung und regressiven Rückschlägen dauerhaft in demokratischer Ordnung widerstehen zu können. Als primär technisches oder gar technokratisches Projekt wird die Transformation scheitern. Sie wird ein großes, auch kommunikatives Erklärprojekt werden müssen, das Leben, Arbeiten und Wirtschaften innerhalb der planetaren Grenzen mit sozialem Fortschritt und neu gewonnener Lebensqualität verbindet. Alle Schichten der Gesellschaft müssen motiviert werden, selbst Motor und Teil der Veränderung zu werden und nach dem Motto des BMU-Dialogprozesses zu handeln: »Wir schafft Wunder.«

DIRK MEYER, *geb. 1965, leitet die Zentralabteilung (Verwaltung, Haushalt, Forschung und Digitalisierung) im Bundesministerium für Umwelt, Naturschutz und nukleare Sicherheit und hat dort eine umfassende Modernisierungsagenda umgesetzt. Unter anderem hat er mit der »Umweltpolitischen Digitalagenda« erstmals die Themen Umwelt und Digitalisierung verknüpft. Zuvor war er in zahlreichen Landesministerien Nordrhein-Westfalens in leitenden Funktionen tätig, zuletzt im Wissenschaftsressort. Dirk Meyer ist studierter Historiker und Germanist.*

Wirtschaftsstandort

»Keine der Parteien macht einen kohärenten Ansatz erkennbar, welche Maßnahmen der Technologie-, Wettbewerbs- oder internationalen Klimadiplomatie dazu beitragen sollen, die ehrgeizigen Ziele zu erreichen.«

Transformation des Wirtschaftsstandortes: Was die Parteien planen

Von Joachim Lang und Lutz Meyer

Deutschland will bis 2045 klimaneutral sein. Das Ziel steht fest, aber über den Weg besteht Uneinigkeit. Als Hauptverursacher von CO_2-Emissionen stehen insbesondere Industrie und Energieversorgung vor einem umfassenden Strukturwandel. In ihren Wahlprogrammen skizzieren die Parteien, wie sie Deutschland zum fortschrittlichsten Industriestandort der Welt machen wollen. Der folgende Beitrag erläutert die Gemeinsamkeiten und Unterschiede der Transformationskonzepte von Union, SPD, Grünen und FDP, um eine Orientierungsbasis für die weitere Debatte in diesem Buch zu bieten.

Bis kurz vor der Bundestagswahl haben sich die Parteien noch darin geübt, einander mit weiteren Zielverschärfungen zu überbieten, ohne aber durch zu konkrete Maßnahmenvorschläge ihre jeweilige Wählerklientel zu verschrecken. Die Transformationskosten sozial gerecht zu finanzieren ist das Megaprojekt der nächsten Jahre. Die Parteien haben unterschiedliche Vorstellungen, wie groß das Gewicht des Staates gegenüber dem Markt sein soll. Die folgenden Koalitionsverhandlungen und der neue Koalitionsvertrag müssen Entscheidungen treffen, anstatt diese weiter in die Zukunft zu verlagern.

Technologische Sprünge können nur vollzogen werden, wenn sich am Ende das Ergebnis auch betriebswirtschaftlich rechnet, indem neue, klimafreundliche Produkte weltweit nachgefragt werden. Hierfür braucht es exzellente Standortfaktoren – von einer technologieoffenen Regulierung über eine effiziente digitale Verwaltung und strategische Förderung bis hin zu steuerpolitischen Rahmenbedingungen –, damit Investitionen angeschoben werden und Freiraum entsteht, kostenintensive Innovationen marktfähig zu machen. Die digitale Transformation hängt damit unmittelbar zusammen, denn sie schafft die Voraussetzungen, um nachhaltiger, aber auch wettbewerbsfähiger zu werden. Auch die Außenwirtschaftspolitik muss in einen kohärenten Ansatz einfließen, denn es sind am Ende Verbraucherinnen und Verbraucher auf Märkten außerhalb unseres Kontinents, die europäische Produkte kaufen und Standards übernehmen sollen.

Die Transformationskosten sozial gerecht zu finanzieren ist das Megaprojekt der nächsten Jahre.

Alle Parteien bekunden, Arbeitsplätze und industrielle Wertschöpfung in Deutschland halten zu wollen. Der klimaneutrale Industriestandort als Vision der Zukunft muss Geschäftsmodelle und ganze Branchen transformieren und Arbeitsplätze sichern. Innovationsleistung entsteht durch Forschung und Entwicklung in Teamleistung von Politik und Wirtschaft, indem Grundlagenforschung bis zur Anwendung begleitet wird – nicht nach dem Prinzip, welche Technologie heute wünschenswert wäre, sondern danach, welche am effizientesten ist. Darüber, wie weit der Staat Wirtschaftsprozesse beeinflussen kann und soll, besteht weiterhin Dissens. Die Wahlprogramme sind ein erster Versuch der Parteien, tragfähige industriepolitische Ansätze zu entwickeln. Wenn der Weg erfolgreich beschritten werden soll, muss ein Gleichgewicht zwischen Ökonomie, Ökologie und Sozialem hergestellt werden.

Transformation braucht Investition

Alle Parteien betonen die gigantische Herausforderung der Transformation. Die Messlatte liegt hoch, denn Deutschland und Europa sollen an der Spitze des technologischen Fortschritts stehen, die digitale Transformation meistern und auch energieintensive Industrien so rasch wie möglich klimaneutral gestalten. Zur Frage, wie das gelingen soll, haben die Parteien in ihren Wahlprogrammen nicht immer klar definierte Ansätze, jedoch unterschiedliche Pfade entworfen.

So sehen alle Parteien einen großen Mehrbedarf an Investitionen zur Schaffung eines wettbewerbsfähigeren Industriestandorts, die Lösungswege sind jedoch unterschiedlich. Die Union bekräftigt den Industriestandort als Grundlage für Wohlstand, setzt dabei auf Anreizsysteme und Investitionen, bleibt aber ohne konkrete Vorschläge, wie die Transformation umzusetzen ist, und scheut sich, mit Blick auf öffentliche Investitionen für Infrastruktur und Klimaschutz konkrete Summen zu benennen.

Die SPD setzt auf Wachstum und Innovation, hüllt sich aber in Schweigen, wie Unternehmen die massiven notwendigen Investitionen anschieben sollen, damit die »Wirtschafts- und Innovationskraft« Europas gestärkt wird. Dies ist umso verwunderlicher, als die Partei das Thema Steuern angesichts des konstatierten Investitionsbedarfs ganz oben auf die Agenda setzt. Vermögen- und Erbschaftsteuer sollen soziale Gerechtigkeit schaffen. Dabei sind die im OECD-Durchschnitt bereits sehr hohen Unternehmenssteuern in Deutschland ein Wettbewerbsnachteil – und weder SPD noch Union legen sich fest, wann infolge des Rahmenwerks für eine internationale Steuerreform eine Absenkung erfolgen soll.

Die Grünen fordern ähnlich wie die SPD eine Erbschaft- oder Vermögensteuer und werden bei der Unternehmensbesteuerung mit der Forderung nach einem europäisch einheitlichen Ansatz von 25 Prozent Mindestbesteuerung konkreter. Jedoch konkurriert auch hier das Ziel, neue Investitionen für die Transformation bereitzustellen, mit dem Ziel der sozialen Umverteilung.

Die FDP fordert einen Investitionsschub über zehn Jahre, und zwar von 25 Prozent des Bruttoinlandsproduktes (BIP) pro Jahr ab 2025, bleibt eine Differenzierung zwischen staatlichen und privaten Investitionen aber ebenso schuldig wie eine Antwort auf die Frage, welches Volumen damit generiert werden kann. Die Liberalen konzentrieren sich vor allem auf ein innovationsfreundliches Umfeld, schlankere Bürokratie und Planungsbeschleunigungen sowie Infrastrukturausbau. Neue Ideen, durch welche Maßnahmen über die bestehenden hinaus die Finanzierung gestaltet werden kann, werden nicht präsentiert.

Sämtlichen Parteien fehlt es an Ideen und Ansätzen, auf Grundlage marktbasierter Prozesse Technologiehochläufe zu erreichen und Fördermaßnahmen auszugestalten.

Die Grünen setzen auf eine strategische Verbindung der Forschungs- und Innovationspolitik mit der Industriepolitik, wenngleich konkrete wirtschaftspolitische Vorschläge fehlen. Das Ziel, in diesem Jahrzehnt 50 Milliarden Euro zusätzlich investieren zu wollen, entspricht etwa dem notwendigen Investitionsbedarf nach Berechnungen des Instituts der deutschen Wirtschaft

Köln. Zugleich wollen die Grünen den klimaneutralen Industriestandort durch Quoten, Verbote und Vorgaben realisieren. Preissetzung und Ordnungsrecht sind die maßgeblichen Ansätze. Die Grünen setzen aber auch stark auf die Preissignale des Emissionshandels und wollen insbesondere im nationalen System rasch die CO_2-Preise erhöhen. Zudem möchten sie mit Carbon Contracts for Difference längerfristige Investitionsrisiken für Unternehmen reduzieren. Dieses Instrument findet auch in der Union Zustimmung.

Die FDP bekennt sich ausdrücklich zur Technologieoffenheit und zieht damit eine Grenze zwischen staatlichen Anreizen und betriebswirtschaftlich orientierter Innovationsleistung. Gemeinsam mit der Union rückt die FDP eher den betriebswirtschaftlichen Nutzen in den Vordergrund, weil Kundinnen und Kunden bereit sein müssen, für ein neues Produkt zu zahlen. Der Staat sollte nicht bestimmen, welche Technologie in zehn oder 20 Jahren konkurrenzfähig ist. Die SPD setzt ebenfalls auf Technologieoffenheit, ist aber vage, inwieweit staatliche Regulierung in die Wirtschaftsprozesse eingreifen soll.

Sämtlichen Parteien fehlt es an Ideen und Ansätzen, auf Grundlage marktbasierter Prozesse Technologiehochläufe zu erreichen und Fördermaßnahmen auszugestalten. Innovationsoffenheit ist nicht Parteienkonsens. Die Beantwortung der Frage, wie ein geeigneter Marktrahmen zur Skalierung von Technologien aussehen kann, ist auf die Zeit nach den Wahlen verschoben. Damit steigt der Druck auf alle Parteien, bei der Finanzierung Farbe zu bekennen und staatliche Steuerungsinstrumente in Einklang zu bringen mit den Prinzipien des globalen Wettbewerbs und der sozialen Marktwirtschaft.

Deutschland im internationalen Wettbewerb

Während sich Europa erst langsam von den wirtschaftlichen Folgen der COVID-19-Pandemie erholt, wachsen die Volkswirtschaften in Asien und den USA wieder rasant. In den Wahlprogrammen besteht Konsens, dass die Industrie in die Lage versetzt werden muss, mit dem großen Systemwettbewerber China mitzuhalten. Der Anspruch, auf die veränderte Weltordnung zu reagieren und Europa als souveränen, eigenständigen Akteur zu etablieren, ist in allen Wahlprogrammen verankert.

Als exportorientierter Wirtschaftsstandort ist Europa gefordert, durch Innovationskraft konkurrenzfähige Technologien auf den Weltmärkten anzubieten und dadurch Standards zu setzen. Europa braucht Nachahmer, damit sich nachhaltiges Wirtschaften durchsetzt, Technologien global zum Einsatz kommen und so ein global wirksamer Beitrag zum Klimaschutz gelingt. Ausweich- und Abwanderungsbewegungen der Industrie schützen weder das Klima noch erhalten sie Arbeitsplätze. Der Spagat besteht also darin, als Industriestandort wettbewerbsfähiger zu werden, aber gleichzeitig die kostspieligen Transformationsprozesse zu finanzieren.

> **Der Anspruch, auf die veränderte Weltordnung zu reagieren und Europa als souveränen, eigenständigen Akteur zu etablieren, ist in allen Wahlprogrammen verankert.**

Nur durch funktionierende Lieferketten und Abkommen mit anderen Wirtschaftsräumen kann Nachhaltigkeit zum Leitmotiv der internationalen Handelsordnung werden. Union, SPD, Grüne und FDP liegen in zentralen Fragen der Außenwirtschaftspolitik eng beieinander. Hierzu gehört, dass die EU ein geschlossenes Auftreten in der Außen- und Handelspolitik braucht und überdies einheitlich gegenüber China als Systemwettbewerber positioniert sein muss. Gleiches gilt für eine vertiefte transatlantische Wirtschaftspartnerschaft. Die Grünen lehnen hingegen den modernen Investor-Staat-Streitschlichtungsmechanismus als Teil des europäischen Wirtschaftsabkommens mit Kanada (CETA) ab und sind gegen eine vollständige Ratifizierung des Abkommens. Grundsätzlich stehen SPD und Grüne Freihandelsabkommen offen gegenüber. Wesentlich freihandelsfreundlicher sind die Union und FDP.

> **Union, SPD, Grüne und FDP liegen in zentralen Fragen der Außenwirtschaftspolitik eng beieinander.**

Insgesamt werden sozial-ökologische Interessen priorisiert, sodass die Übertragung von hohen Standards auf die Partnerländer der Marktöffnung übergeordnet wird. Es wird damit die Gefahr übersehen, dass andere Wettbewerber die fehlende Marktöffnung als Chance nutzen, um ihren Einfluss auszudehnen. Zudem scheint nicht immer klar zu sein, dass internationale Wertschöpfung und Export von Spitzenprodukten den Wohlstand hierzulande überhaupt erst möglich machen.

Die Union sticht mit dem Vorschlag von Sanktionsautomatismen in Handelsabkommen hervor, die dann greifen, wenn Standards unterlaufen werden, erklärt aber nicht, wie andere Märkte zunächst einmal geöffnet werden sollen. Die FDP bekennt sich uneingeschränkt zum Freihandel, versäumt jedoch, die Außenwirtschaftsförderung zu erwähnen oder sich für konkrete Abkommen wie Mercosur einzusetzen. Bis auf die FDP bringen die übrigen Parteien einen CO_2-Grenzausgleich ins Spiel, um die Industrie wettbewerbsfähig zu halten, verkennen allerdings das Risiko des Protektionismus, sollte dieses Instrument unerprobt und einseitig pauschal angewendet werden.

Energie, Klima, Umwelt und Mobilität als Kern der Transformation

Die Parteien wollen eine verlässliche Energieversorgung und die erneuerbaren Energien ausbauen. Als Nettoenergieimportland muss Deutschland Partnerschaften eingehen und darf die energieintensive Industrie nicht überfordern. Die EEG-Umlage vollständig aus dem Bundeshaushalt zu finanzieren beziehungsweise abzuschaffen ist zwischen Union, SPD und FDP Konsens – die Grünen plädieren für eine Senkung und ein »Energiegeld«. Einig scheinen sich die Parteien darüber zu sein, dass Technologien, Innovationen und Digitalisierung maßgeblich sind, um das Ziel der Klimaerwärmung um maximal 1,5 Grad zu erreichen. Die SPD hat zwar folgerichtig erkannt, dass wettbewerbsfähige Strompreise den Standort stärken würden. Offen bleibt aber, wie das System aus Steuern, Abgaben und Umlagen am Ende aussehen soll.

Gemeinsam ist allen Parteien, dass Zukunftsinnovationen ein zentraler Stellenwert zukommt: So sollen Forschungs- und Entwicklungsausgaben bis 2025 in Höhe von 3,5 Prozent des BIP finanziert werden. Die

Union setzt etwas konkreter auf eine nochmalige Verdoppelung der Forschungszulage. Eine Verzahnung der deutschen und europäischen Innovationsprogramme mit dem Ziel, die sich aus der EU ergebenden Chancen stärker zu nutzen, findet sich nur bei Union und FDP. Bei allen Parteien fehlen konkrete Vorstellungen, wie der Technologiestandort Deutschland und die technologische Souveränität Europas ganzheitlich gestärkt werden können.

Einig scheinen sich die Parteien darüber zu sein, dass Technologien, Innovationen und Digitalisierung maßgeblich sind, um das Ziel der Klimaerwärmung um maximal 1,5 Grad zu erreichen.

Keine der Parteien macht einen kohärenten Ansatz erkennbar, welche Maßnahmen der Technologie-, Wettbewerbs- oder internationalen Klimadiplomatie dazu beitragen sollen, die ehrgeizigen Ziele zu erreichen. Die Grünen sind bislang am konkretesten geworden und wollen mit einem »Industriepakt« den Weg klimaneutralen Wirtschaftens in Zusammenarbeit mit der Wirtschaft durch Klimaschutzverträge festschreiben. Der Anspruch ist als Wettbewerbsfähigkeit durch Klimaneutralität definiert und soll marktbasiert hergestellt werden. Die Grünen rücken die Kosten der verursachten Umweltschäden in den Mittelpunkt, weil die CO_2-Preise ihrer Ansicht nach nicht den wahren Preis abbilden. Wie die daraus resultierenden Preissteigerungen in ein Mehr an »Wohlstand und Stabilität« zu übersetzen sind, bleibt offen. Ebenso unklar ist, wie ein internationaler oder zumindest im Kreis der G20 konvergenter Po-

Der Spagat besteht darin, als Industriestandort wettbewerbsfähiger zu werden, aber gleichzeitig die kostspieligen Transformationsprozesse zu finanzieren.

litikansatz erreicht werden soll. Die Grünen haben außerdem kein Konzept für wettbewerbsfähige Strompreise und ein sicheres Stromsystem, außer dass sie den Anteil erneuerbarer Energien ausbauen wollen.

Die SPD bietet keine Antworten, durch welchen Rahmen der Staat Technologieoffenheit wahren und einen Ausbau der Ladeinfrastruktur voranbringen kann. Die Union öffnet sich zwar für *carbon capture, utilization and storage technologies* (CCUS), um Prozessemissionen abzuführen, für die bislang noch keine Alternative zur Verfügung steht, ohne die aber auch die Klimaziele nicht erreichbar sein werden. Die Union setzt im Wesentlichen auf eine Ausweitung des Emissionshandels auf die Sektoren Wärme und Verkehr. Dass dies aber zu stärkeren Preisanstiegen führen dürfte, wird so wenig thematisiert wie die Tatsache, dass eine Preisbildung am Markt nur erfolgen wird, wenn insbesondere für Unternehmen, die nicht im Emissionshandel der EU sind, ein angemessener Carbon-Leakage-Schutz besteht.

Die Mobilitätswende als elementare Stellschraube für einen effektiven Klimaschutz wird je nach Couleur der künftigen Bundesregierung zu einem schwierigen Streitthema werden. Die Vorschläge reichen von Beschränkungen der individuellen Mobilität über günstigeres Bahnfahren und ein Verbot von Inlandsflügen bis hin zu Technologiefestlegungen. Die E-Mobilität soll massiv vorangetrieben werden, dabei gerät allerdings vor allem bei den Grünen aus dem Blick, dass auch synthetische Kraftstoffe notwendig sein werden, weil nicht alle Fahrzeuge mit Strom aus nachhaltigen Quellen versorgt werden können, schon gar nicht die 1,5 Milliarden Fahrzeuge, die es aktuell auf der ganzen Welt gibt. Gerade beim Thema E-Fuels fehlt eine globale Perspektive.

In Wasserstoff als Kraftstoff der Zukunft setzen alle Parteien große Hoffnungen, jedoch unterscheiden sich auch hier klar marktbasierte Ansätze von einer staatlichen Steuerung. Während die SPD das Ziel eines raschen Hochlaufs benennt, aber konkrete Schritte außen vor lässt, wollen die Grünen Wasserstoffkontingente staatlich zuteilen. Union und FDP wollen Technologieoffenheit wahren. Aus Sicht der Industrie ist es zentral, eine globale Skalierung zu schaffen, damit Wasserstoff auch international wettbewerbsfähig ist. Die Parteien müssen hierfür eng mit der Wirtschaft zusammenarbeiten.

Digitale Transformation als zentraler Standortfaktor

Große Einigkeit unter den Parteien besteht darin, dass es in den vergangenen Jahren versäumt wurde, Deutschland erfolgreich ins digitale Zeitalter zu führen und darin nicht nur Risiken, sondern auch Chancen zu sehen.

Insgesamt wollen alle Parteien die Digitalisierungsbe-strebungen von Unternehmen sowie Bürgerinnen und Bürgern nutzen, auch wenn sich Ausgestaltung und Wege zur Erreichung des Ziels unterscheiden. Union, Grüne und FDP liegen beim Thema Digitalisierung eng beieinander, wohingegen bei der SPD wichtige Impulse beispielsweise für die Etablierung eines wettbewerbs-fähigen Ökosystems für künstliche Intelligenz (KI) oder vereinfachte, digitalisierte Genehmigungsverfah-ren fehlen.

Die Union wagt sich mit einer Forderung nach einer 15 Milliarden Euro umfassenden Initiative für den Ausbau der digitalen Infrastruktur für ein flächende-ckendes Gigabitnetz bis 2025 nach vorne. Ein weiteres Augenmerk der Union liegt auf der Verwaltung. Sie soll effizienter und digitaler werden, Genehmigungs-verfahren sollen vereinfacht und beschleunigt werden. Konkrete Ideen, wie dies umzusetzen ist, fehlen jedoch.

Auch die Grünen sehen großen Bedarf für Investi-tionen in die digitale Infrastruktur. Sie wollen die Innovationskraft vor allem in den Bereichen KI, Quan-tencomputing, IT-Sicherheit, Kommunikations- und Biotechnologie sowie bei ökologischen Batteriezel-len vorantreiben, damit Deutschland seine tech-nologische Souveränität im internationalen Wett-bewerb sichern kann. Die SPD kündigt eine »digitale Infrastruk-tur auf Weltniveau« für Deutschland bis 2030 an sowie »eine vollständig und durchgängig digitalisier-te Verwaltung«, ohne Umsetzungsschritte zu benennen. Auch die FDP fordert, ähnlich wie die Union, ein Digi-talministerium für die digitale Transformation sowie den flächendeckenden Ausbau hochleistungsfähiger Mobilfunknetze. Die Digitalisierungsforderun-gen der FDP zeigen sich auch in ihren Bestrebungen,

Die EEG-Umlage vollständig aus dem Bundeshaushalt zu finanzieren beziehungsweise ab-zuschaffen ist zwischen Union, SPD und FDP Konsens – die Grü-nen plädieren für eine Senkung und ein »Energiegeld«.

Deutschland vom Nachzügler zum Vorreiter im Bereich E-Government und digitaler Verwaltungen machen zu wollen. Auf einen näher definierten Zeitrahmen ver-zichtet sie dabei.

Wünsche müssen Wirklichkeit werden
Die Parteiprogramme wecken allesamt große Erwartun-gen, wie der Industriestandort Deutschland in eine neue Zukunft geführt werden kann und folgenden Generatio-nen vergleichbarer Wohlstand und lebensfreundliche Bedingungen geboten werden können. Das Konzept für die Umsetzung dieses Versprechens wird vor der Wahl nicht präsentiert. Das ist ein Fehler, denn die nächste Regierungskoalition wird eine industriepolitische Neu-aufstellung des Standortes Deutschland vornehmen müssen. Die Transformation ist eine Jahrhundertauf-gabe, die kenntnisreich und über alle Sektoren hinweg vernetzt geplant werden muss.

Die Wirtschaft ist hier weiter als die Politik: Unterneh-men und Verbände wissen, was sie brauchen, um die Grundlagen für soziale Sicherheit, Wohlstand und die Freiheit unserer Gesellschaft klimaneutral und digi-tal zu liefern. Dieser Band präsentiert die wichtigsten Konzepte und Handlungsschritte für die nächsten deut-schen Regierungen.

DR. JOACHIM LANG, *geb. 1967, übernahm 2017 die Hauptgeschäftsführung des Bundesverbandes der Deut-schen Industrie e. V. (BDI). Zuvor leitete der promovierte Volljurist neun Jahre lang die Berliner Repräsentanz des DAX-Konzerns E.ON. Zu Langs beruflichen Statio-nen zählen außerdem das Bundeskanzleramt, in dem er 2007 während der deutschen EU-Ratspräsidentschaft die Europapolitik der Bundesregierung koordinierte, die CDU/CSU-Bundestagsfraktion, der Bundesrat und das Bundesministerium der Verteidigung.*

Die biografischen Angaben zu **DR. LUTZ MEYER** *finden Sie auf S. 341.*

»Beim Klimaschutz bleibt viel zu tun,
doch entschlossenes Handeln lohnt sich:
Wer sein Geschäftsmodell jetzt konsequent
auf Nachhaltigkeit ausrichtet, wird später
Wettbewerbsvorteile haben.«

Dekarbonisierung als Chance begreifen

Von Yvonne Ruf

Emissionsabbau ist in aller Munde, die Wirtschaft spürt enormen Handlungsdruck. Doch lässt sich die Sache auch aus einer erfreulichen Perspektive betrachten: Durch Nachhaltigkeit und Dekarbonisierung eröffnen sich für Unternehmen neue Chancen im Wettbewerb – zumindest für die, die jetzt schnell und entschlossen handeln.

Mehr als fünf Jahre sind seit der Pariser Klimakonferenz verstrichen. Obgleich sich fast alle Staaten dem Abkommen anschlossen, sind wir von den Zielen noch weit entfernt: Bei Fortschreibung des Status quo würde schon das 2-Grad-Ziel deutlich verfehlt, von den ehrgeizigeren 1,5 °C ganz zu schweigen. Die Zeit läuft, der Handlungsdruck steigt – der Klimaschutz muss ganz oben auf die Agenda.

Viele Staaten sind denn auch aktiv geworden: Mit dem Ziel »Net-Zero« haben fünf Spitzenreiter – Norwegen, Schweden, Großbritannien, Island und Frankreich – bereits Gesetze erlassen, wenn auch mit unterschiedlichen Zeithorizonten; andere haben Grundsatzpapiere oder Gesetzesvorschläge erarbeitet. Auch die Vereinigten Staaten gehen jetzt, unter Führung von Präsident Biden, das Thema mit neuer Energie an. Als Exportnation ist Deutschland ganz besonders gefordert, den Klimaschutz stärker voranzutreiben. Dass wir dies künftigen Generationen schulden, hat zuletzt das Bundesverfassungsgericht mit seinem Urteil vom April sehr deutlich gemacht. Und die Bundesregierung zeigt sich entschlossen, bis 2045 Klimaneutralität erreichen zu wollen.

Ohne rechtzeitiges Gegensteuern wären nach unserer Schätzung in vielen Branchen bis zu 50 Prozent der Unternehmensgewinne bedroht.

Für die Wirtschaft bringt dies enorme Herausforderungen mit sich, denn in wenigen Jahren muss sich vieles verändern. Doch wie so oft bei großen Veränderungen gilt: Wer schnell und entschlossen agiert, kann seine Position im Wettbewerb stärken. Unternehmen sollten also baldmöglichst darangehen, ihre Geschäftsmodelle zu überdenken und mit Blick auf Nachhaltigkeit neu aufzusetzen. Es liegt in ihrem ureigensten Interesse.

Der ökologische Umbau kommt

Einer der zentralen Hebel zur Senkung der Emissionen ist die Dekarbonisierung, vor allem die der industriellen Prozesse. Einen Anreiz sollen die Kohlenstoffpreise liefern – unter anderem realisiert im Emissionshandelssystem der EU oder ähnlichen *cap and trade*-Programmen (bei denen eine Obergrenze für Emissionen festgelegt und darunter der Handel mit Zertifikaten erlaubt wird), des Weiteren in Form der zurzeit diskutierten CO_2-Grenzausgleiche oder auch diverser steuerlicher Instrumente.

Bislang haben rund 30 Länder solche Mechanismen eingeführt. Damit sind allerdings erst rund 20 Prozent des CO_2-Ausstoßes abgedeckt – in nächster Zeit dürften also viele weitere hinzukommen. Auch wird der Kohlenstoffpreis in den nächsten Jahren voraussichtlich stark ansteigen, denn in den meisten der marktbasierten Systeme ist er noch viel zu niedrig. Zum Erreichen der Pariser Klimaziele müsste er schon bis 2030 zwischen 80 und 120 Euro pro Tonne liegen, bis 2040 zwischen 90 und 150 EUR/t – das realisieren derzeit nur die Vorreiter Schweden und Schweiz (EUR 123/t beziehungsweise EUR 96/t). Andere werden nachziehen.

Für Unternehmen heißt das: Wer nicht rechtzeitig aktiv wird, geht Rentabilitätsrisiken ein. Welches Ausmaß diese Risiken annehmen können, haben Consultants von Roland Berger unlängst für eine Reihe von Branchen – darunter Automotive, Chemie, Finanzdienstleistungen und Energie – unter der Annahme ermittelt, dass der Kohlenstoffpreis auf EUR 100/t klettern wird. Das Ergebnis: Ohne rechtzeitiges Gegensteuern wären nach unserer Schätzung in vielen Branchen bis zu 50 Prozent der Unternehmensgewinne bedroht. Es sind also auch wirtschaftliche Erwägungen, die zum ökologischen Umbau zwingen.

Die gute Nachricht dabei: Nachhaltigkeit wird vom Markt honoriert. Immer mehr Verbraucherinnen und Verbraucher verlangen nach »grünen« Produkten und Dienstleistungen. Laut aktuellen Marktforschungsdaten halten drei Viertel gezielt Ausschau nach Erzeugnissen mit natürlichen Inhaltsstoffen und aus nachhaltiger Produktion, nehmen dafür zum Teil auch einen Mehrpreis in Kauf; 88 Prozent zahlen beim Onlineshopping einen freiwilligen CO_2-Zuschlag für den Versand, falls diese Option besteht. Von Anbietern und Zulieferern wird zunehmend Transparenz über die CO_2-Bilanz erwartet. Besonders stark scheinen diese Trends bei der jungen Generation zu sein: Von den Millennials wären mehr als 90 Prozent bereit, aus ethischen Gründen die Marke zu wechseln.

Ähnlich sieht es im Investorenmarkt aus: Nachhaltige Vermögensanlagen entlang der ESG-Kriterien (ESG = Umwelt, Soziales, Governance) entwickeln sich besonders dynamisch. Schon drei Viertel der Anlegerinnen und Anleger bevorzugen Fonds mit guter CO_2-Bilanz; über die Hälfte erwartet sich von sozial verantwortlichen Unternehmen auch höhere Renditen. Zwischen 2014 und 2020 wuchs der Gesamtumfang »grüner« Investments von knapp 17 auf knapp 32 Billionen Euro – das entspricht einer durchschnittlichen jährlichen Wachstumsra-

Die gute Nachricht: Nachhaltigkeit wird vom Markt honoriert.

te (CAGR) von ungefähr elf Prozent; ihr Anteil am institutionell verwalteten Vermögen erhöhte sich in diesen sechs Jahren von rund einem Viertel auf mehr als ein Drittel. Bei fossilen Energieträgern hingegen sind Rückzugstendenzen zu beobachten: Weltweit haben sich bereits mehr als 1.100 institutionelle Investoren zur Verringerung dieser Investments bekannt. Sie repräsentieren ein Gesamtanlagevolumen von rund zehn Billionen Euro.

Dekarbonisierung als Wettbewerbsfaktor
Viele Unternehmen haben die Zeichen der Zeit erkannt. Immer mehr legen ihre CO_2-Emissionen offen – auf diese Unternehmen entfällt derzeit mehr als die Hälfte der weltweiten Marktkapitalisierung. Netto-Null-Ziele verfolgen inzwischen mehr als 1.500 Firmen mit einem Gesamtumsatz von über zehn Billionen Euro und 19,3 Millionen Beschäftigten. Am weitesten ist der Konsumgüterbereich: Net-Zero streben hier 195 Unternehmen an, die in Summe zwei Billionen Euro Umsatz erwirtschaften und 3,9 Millionen Menschen beschäftigen. Auf Rang zwei folgt das produzierende Gewerbe mit 171 Unternehmen, die zusammen für über eine Billion Euro Umsatz und mehr als drei Millionen Beschäftigte stehen.

Selbst in CO_2-intensiven Sektoren wie der Energiewirtschaft will eine Reihe Anbieter in den nächsten Jahren Netto-Null erreichen; einige davon nehmen auch die Senkung der Emissionen in ihren Lieferketten und nachgelagerten Bereichen ins Visier.

Mit diesen Entwicklungen geht ein profunder Wandel der Wettbewerbsmechanismen einher. Baute die Wettbewerbsfähigkeit in einem gegebenen Markt bislang meist auf Stärken in puncto Qualität oder Preise – wie einer überlegenen Kostenstruktur, eines einzigartigen Produkts oder einer Innovation –, gewinnt nun das Handeln oder Nichthandeln in Klimafragen als Differenzierungsfaktor an Bedeutung. Mehr noch: Wenn Unternehmen mit den steigenden Klimastandards nicht mehr mithalten können, riskieren sie den Zugang zu wichtigen Absatzmärkten. Als Resultat werden sich die Klimaschutzaktivitäten der Unternehmen zunehmend auch im Unternehmenswert widerspiegeln.

All das verlangt von den Verantwortlichen ein gründliches Umdenken. Statt als Kostenfaktor und Belastung fürs Ergebnis sollte die Dekarbonisierung als Investition in die Zukunft betrachtet werden. Eingesparte Emissionen werden in der neuen Welt zur Ertragsquelle, Kohlenstoffpreise zu einer Art Währung. Wer dies am besten verstanden hat und am konsequentesten umsetzt, wird zu den Gewinnern zählen. Überdies können First Mover in Sachen Dekarbonisierung noch relativ frei agieren: Sie haben die Wahl unter den Technologieprovidern und können Pflichtenhefte nach ihren eigenen Bedürfnissen festschreiben. So können sie aus der Klimaperformance greifbaren Wert für ihr Geschäft generieren – über niedrigere Kosten, einen größeren Kundenstamm und höhere Gewinnmargen.

Neue Chancen nutzen
Wie der richtige Weg zum nachhaltigen Wirtschaften und zur Wettbewerbsstärke in der neuen Welt aussieht, ist abhängig vom Geschäftsmodell der einzelnen Unternehmen. Zur Illustration seien hier zwei Beispiele aus sehr unterschiedlichen Branchen kurz umrissen.

Eine europäische Fluglinie erarbeitete mit unserer Unterstützung eine neue, umfassende

Nachhaltigkeitsstrategie mit drei Stoßrichtungen. Die erste ist der Abbau von CO_2-Emissionen: In Branchenkooperationen arbeitet das Unternehmen daran, die CO_2-Intensität des Luftverkehrs durch Nutzung neuer Technologien zu verringern; zusätzlich berät es Regierungen bei der Modernisierung des Luftverkehrsmanagements zur Steigerung der Treibstoffeffizienz. Ergänzend werden Projekte finanziert, die den CO_2-Ausstoß verringern – beispielsweise durch das Pflanzen von Bäumen – und damit die eigenen Emissionen kompensieren. Die zweite Stoßrichtung sind CO_2-Innovationen: Das Unternehmen beteiligt sich aktiv an der Entwicklung von Fluggerät mit hybridem, elektrischem oder Wasserstoffantrieb und bemüht sich um einen sinnvollen Einsatz von nachhaltigen Treibstoffen sowie Technologien zur CO_2-Abtrennung. Die dritte Stoßrichtung schließlich ist die Abkehr von CO_2. Sie erfordert einen umfassenden Kulturwandel: Müll und Plastik sollen konsequent verringert, gemeinnützige Aktivitäten im Bereich Nachhaltigkeit gefördert werden. Abgerundet wird das Programm durch Erarbeitung einer Strategie für Diversität, Inklusion und Wohlergehen der Belegschaft.

Das zweite Fallbeispiel liefert ein globaler Konsumgüterhersteller, der mit uns einen Zehnjahresplan zur Dekarbonisierung seiner Logistik entwickelte. Wir stellten dem Management drei unterschiedlich intensive Ansätze vor – wir nannten sie »maximal«, »fokussiert« und »defensiv« – und zeigten auf, wann und wie jeder Ansatz die Emissionen des Unternehmens reduzieren könnte. Als Entscheidungshilfen dienten Use Cases, die *total cost of ownership* (Anschaffungs- und Betriebskosten) neuer Technologien sowie die Kosten zur CO_2-Vermeidung – alles unter Annahme eines Tonnenpreises von 100 Euro –, ergänzt um eine Analyse aktueller und künftiger politischer Rahmenbedingungen. So konnte das Unternehmen auf einer soliden Faktenbasis die für sich passende Lösung wählen.

Handeln oder Nichthandeln in Klimafragen wird zum Differenzierungsfaktor.

Das sind nur zwei Beispiele von vielen. Sie zeigen: Mit den geänderten Spielregeln tut sich auch eine Fülle neuer Möglichkeiten auf. In einem Wettbewerb, der stark auf Dekarbonisierung abhebt, können Unternehmen ganz neue Geschäftsmodelle schaffen und neue Ertragsquellen ausschöpfen: Net-Zero-Kraftfahrzeuge etwa, die sich kostenlos mit Solarenergie aufladen lassen, Dienstleistungen im Bereich Energieeffizienz von Gebäuden, CO_2-freies Heizen, Batterienrecycling und dergleichen mehr. Wer klug ist, nutzt jetzt die Chancen.

Wie sollten Unternehmen vorgehen?

Zügiges Handeln ist also gefragt. Doch wo ansetzen, wie vorgehen? Wer die Entwicklung zu einer dekarbonisierten Wirtschaft mitgestalten und die damit verbundenen Chancen nutzen möchte, dem seien vier grundlegende Schritte ans Herz gelegt.

1. *Handlungsbedarf konkretisieren.* Als Erstes sollten sich Unternehmen die folgenden Fragen stellen:
   — Welche Regelungen könnten sich wie auf unser Geschäft / Ergebnis auswirken?

   Wie erläutert, gibt es mehrere Mechanismen zur CO_2-Bepreisung. Unternehmen sollten genau verfolgen, welche sich wie auf ihr Geschäft auswirken werden. Ähnliches gilt für die Kosten von Dekarbonisierungstechnologien: Hier winken teilweise staatliche Anreize – doch da diese oft auslaufen, wenn die Technologien erst etabliert sind, zahlt sich schnelles Handeln aus.

   — Wie wichtig ist unserem Kundenkreis der Klimaschutz?

   In vielen Branchen gibt es Nachfrageverschiebungen hin zu »grünen« Produkten und Services. Auch der B2B-Sektor ist davon nicht ausgenommen. Immer mehr Firmen und Branchen bemühen sich um eine CO_2-neutrale Wertschöpfungskette. Hier müssen Unternehmen am Ball bleiben.

   — Wie schneiden wir im Wettbewerbsvergleich ab?

   Hier ist ein genauerer Blick ins Branchenumfeld gefragt: Welche Neuerungen sind absehbar, wo stehen wir gut da, wo haben wir Nachholbedarf?

Das Risiko des Nichthandelns

Profit-at-Risk für Scope-1- und Scope-2-Emissionen bei einem Kohlenstoffpreis von 100 EUR/t[1]

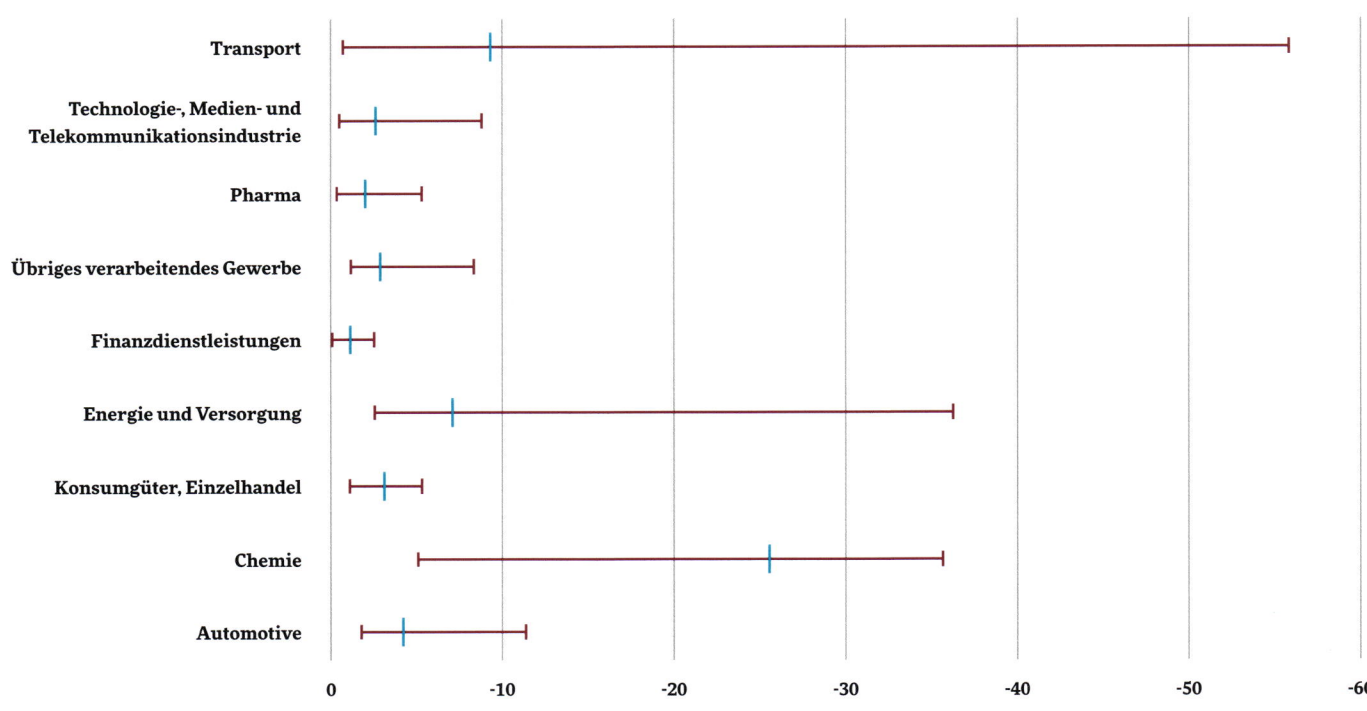

Rückgang der Unternehmensgewinne in % des EBITDA (25., 50., 75. Perzentil)

2. *Auswirkungen auf das Geschäftsmodell abschätzen.*
Nun gilt es zu prüfen, was die Entwicklungen für das
eigene Geschäftsmodell bedeuten. Konkret sollten
sich Unternehmen fragen:
— Wie könnte/sollte sich unsere Positionierung in
  einer dekarbonisierten Zukunft weiterentwickeln?
— Wird unser Produkt- oder Dienstleistungsan-
  gebot noch tragfähig sein? Wie werden unsere
  Hauptertragsquellen nach dem ökologischen
  Wandel aussehen?
— Wie können wir unsere Produktionsprozesse
  klimaneutral gestalten?

Die Antworten hängen stark von der Branche ab. In
B2C-Branchen sehen wir schon heute höhere Kun-
denerwartungen – sowohl an die Nachhaltigkeit in
Produktion und Beschaffung als auch an die Wiederverwendbarkeit, Reparatur- und Recyclingfähigkeit
von Produkten und Verpackungen. Marketing-
versprechen genügen da nicht – schon um das
Umsatzniveau zu halten, ist die effektive Erfüllung
von Kundenwünschen unerlässlich.

Im Transportsektor wurden vielfach sogenannte
CAFE-Standards (Corporate Average Fuel Economy)
für Leichtfahrzeuge eingeführt, unter anderem in

den USA, China, Indien, Mexiko, Südkorea, Japan und
Europa. Allerdings hielt sich die Wirkung auf den
CO_2-Ausstoß der Unternehmensflotten in den letzten Jahren in Grenzen. Dass die Hersteller den Absatz
vollelektrischer Fahrzeuge bislang nur zögerlich vorantreiben, wird nun zur Bedrohung für ihr Geschäft:
nicht nur, weil bei Missachtung von Auflagen teils saf-
tige Bußgelder drohen, sondern auch, weil angesichts
der schnell wachsenden Nachfrage jetzt auch Newco-
mer ins Geschäft einsteigen.

Für Lkw werden derzeit ähnliche Vorschriften in
den USA, der EU und weiten Teilen Asiens eingeführt. Auch hier sind die Kurzfristziele recht
einfach erreichbar, die Langfristziele aber werden
eine Umstellung auf kohlenstofffreien Transport
erfordern. Welche Technologie zur CO_2-Reduktion
am Ende das Rennen machen wird, hängt stark
vom Transportmittel und Fahrprofil ab (Stadtbus,
Überlandbus, städtischer Lieferverkehr, Langstreckenverkehr und so weiter).

In der Stromerzeugung hat der Wechsel zu kohlenstoffarmen Technologien schon stattgefunden. Neue
Kapazitäten werden überwiegend aus erneuerbaren Energien gespeist, der Anteil von Kohle und Gas

an der weltweiten Kapazität ist 2020 stärker denn je zurückgegangen. Erneuerbare Energien sind heute wettbewerbsfähiger als fossile Alternativen – meist sogar ohne Subventionen.

Besonders herausfordernd stellt sich die Dekarbonisierung für die Schwerindustrien dar. Technologische Alternativen zur Vermeidung der hohen Prozessemissionen sowie der Emissionen aus Hochtemperaturerzeugung sind oft noch in der Demonstrationsphase und nicht wettbewerbsfähig. Aufgrund der langen Investitionszyklen der Branche ist es dennoch wichtig, dass die Unternehmen jetzt handeln. Denn: Sollten sie bei steigendem Druck irgendwann mit technisch veralteten Anlagen dastehen und sogenannte *stranded assets* abschreiben müssen, könnte das fatal werden. Klar ist aber auch: Ohne die entsprechenden politischen Rahmenbedingungen wird die Dekarbonisierung der Industrie nicht gelingen.

Statt als Kostenfaktor und Belastung fürs Ergebnis sollte die Dekarbonisierung als Investition in die Zukunft betrachtet werden.

3. *Anspruchsniveau festlegen.* Unternehmen sollten ihr Anspruchsniveau anhand von drei Kriterien definieren:
   — Welchen Umfang haben die relevanten (direkten und indirekten) Emissionen?
   — In welchem Zeitrahmen müssen wir Klimaneutralität erreichen?
   — Auf welchem Weg kommen wir zur Klimaneutralität? Erreichen wir diese eher durch Abbau oder durch Ausgleich von Emissionen?

In diese Überlegung werden mehrere Faktoren einfließen: neben dem Handlungsdruck vonseiten des Marktes, der Investoren und der Politik vor allem das eigene Abschneiden im Wettbewerbsvergleich sowie der Umfang der Investitionen, die mit den unterschiedlichen Maßnahmen einhergehen.

4. *Klimaschutzstrategie (neu) definieren.* Die Entwicklung einer Klimaschutzstrategie – oder die Anpassung einer bereits vorhandenen – ist für die Ausrichtung auf eine klimaneutrale Welt unerlässlich. Die Strategie sollte alle relevanten Bereiche abdecken: von der neuen Vision und dem passenden Geschäftsmodell über nachhaltige Produkte und Dienstleistungen bis hin zu einem neuen F&E-Fahrplan, möglicherweise auch einer neu ausgerichteten Wertschöpfungs- und Standortstruktur.

Im Grunde geht es darum, die langfristige Überlebensfähigkeit abzusichern: Mit ihrer Klimaschutzstrategie schaffen Unternehmen die Voraussetzungen dafür, dass sie lokale Klimaziele und Grenzwerte einhalten, nach der Dekarbonisierung nicht ohne Bezugsquellen dastehen – und Erzeugnisse liefern, die mit einer kohlenstoffarmen Welt kompatibel sind.

Fazit: Die Zeit zu handeln ist jetzt

Dass ein wirksamer Klimaschutz auch den ökologischen Umbau in der Wirtschaft zwingend erfordert, steht heute außer Zweifel. Der Handlungsdruck ist in letzter Zeit deutlich stärker geworden – und wird weiter zunehmen. Doch wie viele große Veränderungen birgt auch die Dekarbonisierung attraktive Chancen. Sie zu erkennen und wahrzunehmen verlangt von Unternehmen ein Umdenken auf allen Ebenen, von der Chefetage bis zum Fließband: Eine umfassende, häufig auch völlig neue Klimaschutzstrategie ist zu erarbeiten, welche die UN-Nachhaltigkeitsziele ebenso berücksichtigt wie die Methoden der Kreislaufwirtschaft, die bei der Umsetzung zur Verfügung stehen. Wer sich diesen Herausforderungen stellt und jetzt handelt, kann die Entwicklungen noch mitprägen – und sich im neu verstandenen Wettbewerb einen klaren Vorsprung sichern.

YVONNE RUF, *geb. 1979, ist Partnerin bei Roland Berger und arbeitet zu Themen der Energiewende. Sie ist darauf spezialisiert, große Transformations- und Investitionsprojekte an der Schnittstelle zwischen öffentlichem und privatem Sektor von der ersten Idee bis zur Umsetzung zu begleiten. Als Expertin für Nachhaltigkeitsthemen, insbesondere Anwendungen für Wasserstoff- und Brennstoffzellen, unterstützt Yvonne Ruf öffentliche wie privatwirtschaftliche Klienten bei der Evaluierung strategischer Optionen und neuer Geschäftsmodelle.*

Wissenschaft

»Erst im Dialog zwischen Wissenschaft und Gesellschaft lässt sich das Orientierungswissen gewinnen, ohne das wir ziellos handeln.«

Transformation zur Nachhaltigkeit: Herausforderungen für die Wissenschaft

Von Dirk Messner und Jürgen Renn

Die Klima- und Erdsystemkrise hat, ähnlich wie die Coronakrise, die Wissenschaft in den Mittelpunkt des öffentlichen Diskurses gerückt. Die Bündelung und Vertiefung problembezogener wissenschaftlicher Erkenntnisse und ihre Aufbereitung zu Handlungsoptionen, die in einer tiefgreifenden Umbruchsituation gesellschaftlich und politisch diskutiert und entschieden werden können, sind eine zentrale, aber immer noch unterschätzte gesellschaftliche Aufgabe der Wissenschaft. Dabei kann sie einen wichtigen Beitrag dazu leisten, den Wandel zu gestalten, ein neues Gleichgewicht zwischen Mensch und Natur vorzudenken und die Entstehung neuer Ordnungen und institutioneller Systeme zu unterstützen.

Orientierungswissen

Die Klimakrise verdeutlicht die Notwendigkeit, sich der Herausforderung, *Orientierungswissen* zu schaffen, anzunehmen. Ohne Orientierungswissen verlieren sich gesellschaftliche Akteure in Komplexitätsfallen und verheddern sich in den durch institutionelle, machtpolitische und technologische Pfadabhängigkeiten geprägten Alltagsroutinen. Orientierungswissen trägt dazu bei, Wichtiges von Unwichtigem zu unterscheiden, überkommene Leitbilder und Heuristiken infrage zu stellen sowie neue kognitive Landkarten einer sich wandelnden Gegenwart und einer sich abzeichnenden Zukunft zu zeichnen.

Der Beginn des 21. Jahrhunderts ist durch besonders ausgeprägten Wandel gekennzeichnet, der die Hypothese rechtfertigt, dass wir uns mitten in einem Umbruch zu einer neuen Phase der Menschheitsgeschichte befinden. Dabei verstärken sich drei Großdynamiken wechselseitig:

1. Die Menschen sind zur stärksten Veränderungskraft im Erdsystem geworden und nun dazu in der Lage, einen gefährlichen Erdsystemwandel zu erzeugen, der die Lebensgrundlage menschlicher Zivilisation unterminieren könnte – wenn nicht massiv gegengesteuert wird[1].

2. Seit der industriellen Revolution sind global vernetzte ökonomische, politische und technologische Interdependenzstrukturen entstanden, die dazu führen, dass zentrale Problemkonstellationen, nicht zuletzt die Klimakrise, nur durch ein hohes Maß an weltweiter Koordination und Kooperation gelöst werden können. Die offensichtlichen Grenzen nationaler Handlungsfähigkeiten koinzidieren mit weiterhin schwachen globalen Institutionen und erschweren wirksame Antworten. Die Suche nach Grundlagen einer globalen Kooperationskultur, die Stabilität, Sicherheit und Freiheit im Zeitalter einer global vernetzten Gesellschaft ermöglichen, ist längst nicht abgeschlossen[2].

3. Digitale Transformation, künstliche Intelligenz und synthetische Biologie schaffen eine neue Technosphäre, die Wirtschaften und Gesellschaften ebenso umfassend verändern wird wie die Ökosysteme. »*Human enhancement*«, »künstliche Evolution«, immer dichtere Interaktionen und Verschmelzungen zwischen Menschen und technischen Systemen werden erforscht[3]. Das sich verändernde Zusammenspiel zwischen menschlicher Zivilisation, Erdsystem und den technischen Infrastrukturen wird im 21. Jahrhundert den Übergang zu einer neuen Phase der Menschheitsgeschichte einleiten. Zivilisatorische Fortschritte und Durchbrüche, aber auch Regressionen und tiefe Krisen sind dabei denkbar.

Die Wissenschaft kann die einschneidenden Veränderungen der Gegenwart auf die Tagesordnungen von Gesellschaft, Politik und Wirtschaft setzen – also Orientierung schaffen. Das ist eine große Leistung. Allerdings geht es in der ersten Hälfte des 21. Jahrhunderts nicht nur darum, »Alltagsprobleme« wissenschaftlich zu unterstützen, also etwa Steuer- und Rentenreformen zu begleiten, CO_2-Bepreisungen einzuführen oder Verbrennungsmotoren durch Elektromobilität zu ersetzen. Die Wissenschaft beschreibt vielmehr eine Welt in tiefem und umfassendem Wandel, einen Zivilisationsschub. Kann sie dazu beitragen, diesen zu gestalten, auszurichten, Klimakrisen zu vermeiden, ein neues Gleichgewicht von menschlichen Gesellschaften und dem Erdsystem vorzudenken, die Entstehung neuer Ordnungen und institutioneller Systeme zu unterstützen? Nichts spricht jedenfalls dafür, dass uns die Eigendynamiken von Macht, Märkten und technologischen Innovationen heil durch das 21. Jahrhundert bringen könnten.

Systemwissen

Die rasant voranschreitende Zerstörung des Lebensraums von Wildtieren ist mittlerweile als eine wesentliche Ursache für den in den vergangenen Jahrzehnten beobachteten Anstieg von neuen, zwischen Tier und Mensch übertragenen Infektionskrankheiten ausgemacht. Immer deutlicher zeichnet sich ein direkter Zusammenhang zwischen Klima-, Biodiversitäts- und Gesundheitskrise ab. Neben dem beschriebenen Orientierungswissen benötigen wir daher auch ein *Systemwissen* über diese komplexen Zusammenhänge.

Das Anthropozän zwingt uns, wissenschaftliche Forschung und politisches Handeln auf das jeweilige Verhalten der beteiligten komplexen Systeme und die ihnen zugrunde liegenden Wechselwirkungsprozesse auszurichten[4]. Schrittweise Verbesserungen in der Umweltpolitik oder technische Fortschritte, erkauft mit wirtschaftlichen Anreizen allein, werden dabei nicht ausreichen, um der systemischen Natur und dem Ausmaß der Dynamik der Krise gerecht zu werden. Verbesserungen an einem Ende (zum Beispiel möglichst rasche Aufforstung zur Schaffung von Senken für den Klimaschutz) drohen sonst zu Verschärfungen der Krise an anderen Enden zu werden (zum Beispiel Monokulturen, die Biodiversität beschädigen). Um das Risiko eines systemischen Zusammenbruchs grundlegender ökologischer, wirtschaftlicher und gesellschaftlicher Systeme zu verringern, ist es daher von entscheidender Bedeutung, die dynamische Entwicklung des Zusammenhangs zwischen menschlichem Handeln und den Veränderungen des Erdsystems erstens besser zu verstehen und zweitens auch in Öffentlichkeit und Politik besser zu vermitteln.

Die Wissenschaft muss ihre eigene Verfasstheit an die neuen, systemischen Herausforderungen des Anthropozäns anpassen.

Die Bilanz im Feld des Systemwissens ist gemischt. Das Zusammenspiel zwischen Ökosystemen, Ökonomien, Konsum- und Verhaltensmustern und gesellschaftlicher Entwicklung ist in den vergangenen fünf Dekaden in der multidisziplinären Nachhaltigkeitsforschung gut erforscht worden. Die Dynamiken globaler Interdependenzen und die Bedingungen von wirksamen Global-Governance-Strukturen sind ebenfalls umfassend untersucht, resultieren jedoch in einem beachtlichen Teil der Literatur in großer Kooperationsskepsis[5]. Ganz am Anfang steht die Entwicklung einer Forschungscommunity, die die Verschränkungen der neuen Technosphären mit Wirtschaften und Gesellschaften sowie dem Erdsystem ins Zentrum ihrer Forschung stellt[6].

Selbst wenn wir uns nur auf die Klimakrise konzentrieren, spielt der gerade in der öffentlichen Diskussion oft nur schwer vermittelbare Systemcharakter des Umbruchs zur Nachhaltigkeit eine entscheidende Rolle. Soll das Klimaziel von maximal 2 °C Erwärmung nicht verfehlt werden, muss die gesamte Welt bis spätestens 2050 treibhausgasneutral wirtschaften. Die vollständige Umstellung auf Klimaneutralität muss dabei nicht nur innerhalb der nächsten 15 bis 30 Jahre bewältigt werden. Sie muss auch rasch ihre größten Effekte erzielen. Die Kohlendioxidanreicherung in Atmosphäre und Ozean ist kumulativ. Je länger wir auf den derzeitigen Emissionshöchstständen verharren, desto schneller ist das Restbudget verbraucht – von möglichen Rückkopplungseffekten ganz zu schweigen.

Das Systemwissen zu Übergängen zur Nachhaltigkeit schafft nicht nur Orientierung, sondern beschreibt mögliche, aber eben auch unmögliche Handlungskorridore in die Zukunft. Das vorhandene Systemwissen zu Pfaden zur Nachhaltigkeit steht dabei durchaus im Spannungsverhältnis zum Systemwissen zu einzelnen Subsystemen unserer Gesellschaften: Demokratien benötigen Zeit, um akzeptierte Lösungen und Kompromisse zu finden; Unternehmen können Geschäftsmodelle und industrielle Infrastrukturen nicht in Echtzeit umbauen; Individuen verharren oft in routinisierten, möglicherweise umweltschädlichen Verhaltensweisen; globale Machtasymmetrien erschweren weltweite Klimakooperationen. Handlungsorientierte Forschung zu Pfaden zur Nachhaltigkeit muss diese gesellschaftlichen Fallstricke der Transformation berücksichtigen.

Transformationswissen

Dies bringt eine weitere Wissensdimension, das *Transformationswissen*, ins Spiel. Dieses kann Antworten auf die Frage liefern, auf welchen Pfaden sich ein neues Energiesystem als Grundlage einer defossilisierten Weltwirtschaft etablieren lässt.

In den kommenden Jahrzehnten werden massive Investitionen in technische Infrastrukturen getätigt und damit einhergehende immense logistische Herausforderungen bewältigt werden müssen. Jenseits der durch Visionen des »Green New Deal« aufgeworfenen Fragen ist daher auch von einer neuen Epoche der Gestaltung koordinierter globaler Interventionen zu sprechen. Die gegenwärtige Energiewende bedarf mehr als jede ihrer Vorgängerinnen politisch gesetzter und global wirksamer Rahmenbedingungen, um erfolgreich zu sein. Sie ist durch und durch eine politische oder, wenn man so will, »kuratierte« Energiewende, die deshalb auch auf eine breite gesellschaftliche Unterstützung angewiesen sein wird, gerade weil sie nicht ohne disruptive Veränderungen zu haben ist.

Die Politik sollte sich von allen Formen des Mikromanagements verabschieden und stattdessen klare Leitplanken definieren sowie die vielfach durch nationale und europäische Regulationen verbauten Freiräume eröffnen, um dadurch exploratives Handeln auf der benötigten Skala zu ermöglichen.

Orientierungswissen, Systemwissen und Transformationswissen sind also untrennbar miteinander verbunden, denn ohne Orientierungswissen handelt die Gesellschaft ziellos, ohne Systemwissen ist sie blind, und ohne Transformationswissen ist sie der Tragödie der Langzeitziele ausgeliefert, also der Vermeidung unmittelbaren Handelns durch Verlegung ehrgeiziger Ziele in die Zukunft, wie wir es im Klimadiskurs bereits so oft erlebt haben. Alle genannten Wissensdimensionen betreffen jedenfalls nicht nur die akademische Sphäre, sondern zugleich die Schnittstellen zwischen wissenschaftlichem und gesellschaftlich geteiltem Wissen.

Transformation zur Nachhaltigkeit erfordert auch Transformation der Wissenschaft

Zunächst eine Bemerkung zu den Schnittstellen innerhalb der Wissenschaft selbst: Die Wissenschaft arbeitet noch immer in disziplinärer Spezialisierung, während

die Integration des von ihr produzierten Wissens oft anderen gesellschaftlichen Instanzen überlassen wird. Immer öfter stößt dieser Mechanismus an seine Grenzen, etwa wenn es um das Verständnis des durch Menschen veränderten Techno-Erde-Systems geht. Wir müssen uns darüber im Klaren sein, dass wir genuin neue Erkenntnisse benötigen, die sich nicht einfach aus dem laufenden Betrieb ergeben. Die Prozesse, die uns gegenwärtig ins Anthropozän katapultieren, beruhen auf einer Wechselwirkung zwischen der globalen menschlichen Gesellschaft, ihren technologischen Infrastrukturen und dem Erdsystem.

Diese Kopplungen zwischen dem Erdsystem und der von Menschen geschaffenen Technosphäre sind bisher noch kaum verstanden. Hier brauchen wir dringend wissenschaftliches Wissen, das dieser neuen systemischen Qualität Rechnung trägt und insbesondere naturwissenschaftliche, sozialwissenschaftliche und geisteswissenschaftliche Ansätze miteinander verbindet. Die Wissenschaft muss, mit anderen Worten, ihre eigene Verfasstheit an die neuen, systemischen Herausforderungen des Anthropozäns anpassen, denn nur so kann sie Entscheidungsträgern im gesellschaftlichen und politischen Diskurs adäquate Handlungsoptionen vorstellen, die die genannten systemischen Zusammenhänge berücksichtigen.

Grundlagen tiefgreifenden gesellschaftlichen Wandels und die Rollen der Wissenschaft

Dabei sollte uns die Wissenschaft keine Imperative, sondern Handlungsoptionen anbieten, über die man streiten kann und muss, auch weil sie oft widersprüchlich sind, weil sie Prioritätensetzungen verlangen, aber vor allem, weil andere Elemente der Selbstreflexion von Gesellschaften hinzukommen. Dagegen ist es durchaus berechtigt, an die Wissenschaft die Forderung zu richten, ihre Einsichten so zuzuspitzen, dass daraus Handlungsoptionen abgeleitet werden können, was allerdings innerhalb der Wissenschaften keineswegs breit akzeptiert ist und wozu es möglicherweise ebenfalls einer Anpassung ihrer institutionellen Verfasstheit bedarf. Erst im Dialog zwischen Wissenschaft und Gesellschaft lässt sich das Orientierungswissen gewinnen, ohne das wir ziellos handeln.

Doch die charakterisierten Transformationsprozesse zur Nachhaltigkeit verändern Tiefenstrukturen unserer Gesellschaften, die auch das Zusammenspiel von Wissensordnungen und gesellschaftlichem Wandel betreffen[7]. Aus den Gesellschaftswissenschaften[8], aber auch der evolutionären Anthropologie[9] wissen wir, welche Dimensionen der Gesellschaft »in Bewegung geraten« müssen, um grundlegenden Wandel institutioneller, wirtschaftlicher und politischer Strukturen zu bewirken. Vier »Tiefenschichten« unserer Gesellschaften stehen dabei im Zentrum. Keine ließe sich im engeren Sinne »steuern«, »verordnen« oder »implementieren«. Alle sind mit der Wissenschaft verbunden.

Während die Wissenschaft möglichst realistische und systemisch durchdachte Handlungsoptionen bereitstellen sollte, bedarf es in Gesellschaft und Politik auch der Führungsstärke, über diese Optionen mutig und verbindlich zu entscheiden.

Im Folgenden möchten wir diese vier Veränderungsdimensionen skizzieren und am Beispiel der Klimakrise und ihrer Verarbeitung durch die Gesellschaft illustrieren. Dabei kommen wir zu einer optimistischen Interpretation der Transformationsprozesse. Die Menschheit steckt bereits mitten in der Transformation, die »Bedingungen der Möglichkeit« für eine gelingende Transformation entstehen vor unseren Augen – allerdings bleibt offen, ob Geschwindigkeit und Breitenwirksamkeit der Veränderungen ausreichen, um schwerere Klimakrisen noch zu vermeiden.

Vier Veränderungsdimensionen einer gelingenden Transformation

1. *Neues (System-) Wissen schafft die Grundlagen für gesellschaftlichen Wandel.* Der industriellen Revolution gingen ab der Renaissance und der Erfindung des Buchdrucks Wissensrevolutionen voraus. Seit den 70er-Jahren hat die Nachhaltigkeitsforschung immer umfassenderes Wissen geschaffen, das sukzessive die Illusion der Unendlichkeit des Planeten, seiner Ressourcen und Senken zerstörte. Der Weltklimarat IPCC ist eine geniale kulturelle Innovation, um die Wissensbestände der Welt zur Klimaproblematik wieder und wieder zu synthetisieren. In diesem Prozess ist eine neue, immer stabilere, international akzeptierte Wissensordnung entstanden, gegen deren Solidität sich am Ende noch nicht einmal mächtige ökonomische und politische Akteure des fossilen Zeitalters durchsetzen konnten. Die 1,5-bis-2-Grad-Leitplanke des Pariser Abkommens impliziert einen vollständigen Umbau der Weltwirtschaft. Was für ein Siegeszug der Wissenschaft, der dennoch an der Dynamik der Klimakrise scheitern könnte, wenn der Weltwirtschaftsumbau nicht schnell genug vonstattengeht!

2. *Neue Leitbilder und Heuristiken initiieren Richtungsänderungen.* Gesellschaftlicher Wandel wird durch den Austausch handlungsleitender Heuristiken, Leitbilder und Narrative begleitet. In der europäischen Nachkriegsära waren zum Beispiel der Wohlfahrtsstaat, das Wachstumsparadigma als Grundlage von Wohlstand, ein ökonomisches Grundverständnis, das Umweltkosten systematisch externalisierte, oder auch die europäischen Integrationsprozesse als Friedensprojekte solche Kohäsion erzeugenden Heuristiken gesellschaftlicher Entwicklung. In der Gegenwart gewinnt die Nachhaltigkeitsforschung und -perspektive an gesellschaftlicher Deutungshoheit: Defossilisierung, Klimaneutralität, Zirkularität werden zu neuen, dominanten Leitbildern, die zum Beispiel den »European Green Deal« der EU prägen. Die genannten kognitiven Heuristiken verbinden Orientierungs-, System- und Transformationswissen und können zu Richtungsänderungen in den Gesellschaften führen.

3. *Neue normative Konfigurationen und Ordnungen entstehen.* In den Demokratisierungsschüben der Vergangenheit setzten sich Menschenrechte und Gewaltenteilungskonzepte durch. Nach dem Zweiten Weltkrieg gewannen Fragen der Verteilungsgerechtigkeit oder auch der Rechte von Minderheiten an Bedeutung. Im Übergang zur Nachhaltigkeit emergieren »moralische Revolutionen«[10], die zu neuen normativen Handlungskorridoren gesellschaftlicher Entwicklung führen können. Die Vereinten Nationen haben 2015 die 17 Nachhaltigkeitsziele als normativen Kompass verabschiedet und damit

den wirtschaftsliberalen Washingtoner Konsens der 80er- und 90er-Jahre abgelöst; die pazifischen Inselstaaten (AOSIS) fordern internationale Klimagerechtigkeit ein; die Fridays-for-Future-Bewegung macht auf die Rechte zukünftiger Generationen aufmerksam; der IPCC stellt nüchtern fest, dass die Menschheit im Anthropozän Verantwortung für die Erdsystemstabilität übernehmen müsse; das Bundesverfassungsgericht versteht Klimaschutz seit Kurzem als Bedingung für den Schutz der Grundrechte und für die Sicherung der Freiheitsrechte nächster Generationen.

4. *Akteure des Wandels gewinnen an Bedeutung.* Die Zahl der wirtschaftlichen, politischen, kulturellen und wissenschaftlichen Akteure, die sich an Nachhaltigkeitsperspektiven orientieren, steigt. Sie können unterstützt und gestärkt werden, durch die Politik, aber auch die Wissenschaft. Wir verfügen also über genügend Wissen, um daraus die Notwendigkeit und prinzipielle Machbarkeit der Energiewende folgern zu können, aber ihre Realisierung im Einzelnen ist letztlich ein großes Experiment planetaren Ausmaßes, das wir zudem sehr rasch und konsequent angehen müssen. Die Politik sollte sich deshalb von allen Formen des Mikromanagements verabschieden und stattdessen klare Leitplanken definieren sowie die vielfach durch nationale und europäische Regulationen verbauten Freiräume eröffnen, um dadurch exploratives Handeln auf der benötigten Skala zu ermöglichen. Das benötigte Transformationswissen lässt sich, mit anderen Worten, zum Teil erst im Transformationsprozess selbst gewinnen.

Die Politik spielt eine Schlüsselrolle

Vor dem Hintergrund dieser Veränderungen der Tiefenstrukturen in unseren Gesellschaften spielt die Politik eine zentrale Rolle. Die Transformation hin etwa zu einem nachhaltigen Energiesystem ist auf die Festlegung langfristig verbindlicher Leitplanken angewiesen.

Denn das ist ja die andere Seite der Medaille: Während die Wissenschaft möglichst realistische und systemisch durchdachte Handlungsoptionen bereitstellen sollte, bedarf es in Gesellschaft und Politik auch der Führungsstärke, über diese Optionen mutig und verbindlich zu entscheiden, gerade auch dann, wenn sie langfristige Festlegungen einschließen und mit disruptiven Veränderungen verbunden sind. Gelingt das alles mit der notwendigen Geschwindigkeit?

Diese Frage können wir nicht beantworten, wollen aber dennoch mit einer optimistischen Beobachtung schließen. R. W. Fogel[11] beobachtet, dass von der neolithischen Revolution an zunächst große Innovationen im Rhythmus von etwa 1.000 Jahren stattfanden. Seit der industriellen Revolution hat sich ein beschleunigter Innovationsrhythmus durchgesetzt: In Schritten von drei bis vier Dekaden entstehen Dampfmaschinen, Eisenbahnen, Autos, Telefone, die DNA wird entschlüsselt, künstliche Intelligenz entwickelt, internationale Organisationen, globale Wertschöpfungsketten und das weltweite Wissenschaftssystem entstehen. Die Menschheit lernt also schneller.

Doch lernt sie schnell genug, um die Krise des Erdsystem abzuwenden? Schwer zu sagen, denn die Kehrseite von Fogels Beobachtung ist, dass die »Great Acceleration«[12] die Menschheit an die Grenzen des Erdsystems geführt hat. Wir müssen also die Geschwindigkeit des Wandels weiter erhöhen – aber die Richtung der Entwicklung radikal ändern.

Die biografischen Angaben zu **PROF. DR. DIRK MESSNER** *finden Sie auf S. 23.*

PROF. DR. JÜRGEN RENN, *geb. 1956, ist Physiker und promovierter Mathematiker mit Gastprofessuren in Boston, Tel Aviv und Zürich. Seit 2005 ist er Mitglied der Leopoldina, seit 2006 Honorarprofessor für Wissenschaftsgeschichte an der FU Berlin.*

Deutschlands Neue Agenda

Was jetzt zu tun ist

Zusammenfassung der Herausgeber

Um Klimaneutralität und Wohlstand in Deutschland und Europa zu erreichen, braucht es radikales Umdenken und wirkungsvolles Handeln in allen Sektoren: Politik, Wirtschaft, Verwaltung, Wissenschaft und Gesellschaft. Dabei müssen technologischer Fortschritt und konsequente Umsetzung in den Bereichen Clean Tech und Digitalisierung Hand in Hand gehen. Halbherzige Klimapolitik und die zögerliche Nutzung digitaler Potenziale unterminieren Zukunftschancen und werden insbesondere künftige Generationen teuer zu stehen kommen. Nun sind politische Führung (siehe den Beitrag Lang/Lutz Meyer) und die Innovations- und Gestaltungskraft von Wirtschaft, Gesellschaft und Wissenschaft gefragt.

Bisher sind signifikante, wenn auch noch immer unzureichende Reduktionen der Treibhausgasemissionen nur im Energiesektor gelungen. In den 2020er-Jahren muss der Ausbau der erneuerbaren Energien daher um den Faktor zwei bis drei erhöht werden. Die Energiewende bildet die Grundlage für einen erfolgreichen Übergang zur Klimaneutralität. Gleichzeitig müssen Klimaneutralitätspfade in allen Industrien und Wirtschaftszweigen, im Mobilitätssystem, bei Gebäuden und in der Stadtentwicklung sowie in der Landwirtschaft rasch umgesetzt werden.

Erfolgsbedingung für die Transformation ist die Beschleunigung aller Prozesse von der Planung bis zur Umsetzung von privaten und vor allem öffentlichen Investitionen.

Dafür gilt es, die Planungsverfahren zu straffen, das enorme und bisher ungenutzte Potenzial der Digitalisierung in allen Planungs- und Genehmigungsverfahren zu nutzen, Behörden mit mehr Fachkräften auszustatten (siehe unter anderem die Beiträge von Dirk Meyer und Stefan Schaible) und die Bürgerbeteiligung neu – und vor allem vorausschauend – zu strukturieren. Eine solche Beschleunigung ist nicht alles – aber ohne diese Beschleunigung ist alles nichts.

Eine weitere Grundvoraussetzung für den Erfolg der Transformation ist deren soziale Ausgestaltung. Klimaschutz und digitaler Wandel können soziale Inklusion und die Lebensqualität der Bürgerinnen und Bürger signifikant verbessern. Die Chancen für einen wirtschaftlichen und gesellschaftlichen Aufbruch steigen, wenn diese Synergiepotenziale mobilisiert und kommuniziert werden.

Inspiriert und getragen von den Empfehlungen der Autorinnen und Autoren dieses Bandes haben wir für alle politisch Verantwortlichen und Multiplikatoren in diesem Land diejenigen Ziele und Maßnahmen zusammengefasst, die aus unserer Sicht für eine erfolgreiche Transformation entscheidend sind. Die daraus entstandene Deutschland-Agenda erhebt keinen Anspruch auf Vollständigkeit, sondern umfasst vielmehr Meilensteine mit besonderer Dringlichkeit, die in den Beiträgen des Bandes um viele weitere Aspekte ergänzt werden.

1. Realwirtschaftlichen Rahmen auf Klimaschutz ausrichten

— Reform des Steuer-, Abgaben- und Umlagensystems inklusive Abschaffung der EEG-Umlage bis spätestens 2025, Senkung der Stromsteuer auf das europäische Minimum sowie steuerliche Förderung der Kreislaufwirtschaft (siehe unter anderem die Beiträge Grimm, Mastiaux und Stuchtey et al.)

— Einführung eines nationalen, planbar steigenden CO_2-Mindestpreises in den EU-ETS-Sektoren sowie Ambitionierung des nationalen Emissionshandels für Wärme und Verkehr (siehe unter anderem den Beitrag Löschel)

— Auf europäischer Ebene Anpassung des Europäischen Emissionshandelssystems (ETS) an die verschärften Klimaziele sowie Einführung eines Emissionshandels für Wärme und Verkehr (siehe den Beitrag Fischedick)

— Schrittweise Zusammenführung der europäischen Emissionshandelssysteme mit dem nationalen Emissionshandel zu einem sektorübergreifenden Emissionshandel in Europa (siehe unter anderem den Beitrag Pittel/Henning)

— Einführung von CO_2-Schattenpreisen für die öffentliche Beschaffung

— Beendigung von klimaschädlichen Subventionen und Investitionen in fossile Infrastruktur

2. Finanzierungsökosystem stärken

— Engere Verzahnung des realwirtschaftlichen Umfelds mit der Finanzwirtschaft, auch im Sinne eines besseren Informationsflusses über zukunftsträchtige Geschäftsmodelle (siehe den Beitrag Grimm)

— Stärkung der Transformationsfinanzierung über den Kapitalmarkt, Verbesserung des Zugangs zu privatem Risikokapital (siehe unter anderem den Beitrag Mauderer)

— Unterstützung der Anstrengungen der EU-Kommission für eine ambitionierte Nachhaltigkeitstaxonomie

— Impulse für den Kapitalmarkt durch den Ausbau einer kapitalmarktgedeckten betrieblichen und privaten Altersvorsorge

— Schaffung einer echten europäischen Kapitalmarktunion

3. Infrastruktur planen und ausbauen: Energie, Digitales, Verkehr

— Ausbau von glasfaserbasierten gigabitfähigen Netzen, auch in ländlichen Gebieten, bis 2025 sowie europaweite Abschaltung der 3G-Netze (UMTS) im Jahr 2022 (siehe die Beiträge Höttges und Jeschke)

— Verzahnte Planung von Strom-, Wärme-, Gas- und Wasserstoffinfrastrukturen (siehe den Beitrag Reiche)

— Beschleunigung des Stromnetzausbaus, schnellstmöglich Auf- und Ausbau einer Wasserstoff-Netzinfrastruktur (siehe unter anderem die Beiträge Grimm, Reiche und Purr/Schmied)

— Beschleunigter Aus- und Umbau der Wärmenetze (siehe den Beitrag Wielgoß)

— Verbindlicher Ausbau der Ladeinfrastruktur für Elektroautos in allen Mitgliedstaaten der EU, Aufbau einer europaweiten Lade- und Tankinfrastruktur für Wasserstoff- und E-Lkw (siehe unter anderem die Beiträge Appel und Lutz Meyer)

— Ausbau des öffentlichen Personenverkehrs sowie Berücksichtigung CO_2-freier Mobilitätsformen bei der kommunalen Verkehrs- und Stadtplanung (siehe unter anderem die Beiträge Kämpfer, Lüscher/Nikutta und Schellnhuber/Misselwitz)

— Unterstützung der Bauhaus-Europa-Initiative der EU-Kommission zu klimaneutralen und inklusiven Städten durch die Bundesregierung (siehe unter anderem den Beitrag Schellnhuber/Misselwitz)

4. Die Transformation fair gestalten

— Ausgleich der Belastungen durch die CO_2-Bepreisung durch die Reduktion von Abgaben und Umlagen, Abfederung von sozialen Härten, die dadurch nicht adressiert werden (siehe unter anderem die Beiträge Löschel und Boetius et al.)

— Schaffung von Handlungsalternativen, die es ermöglichen, der CO_2-Bepreisung auszuweichen (siehe unter anderem den Beitrag Stuchtey et al.)

— Effektive Kommunikation von Reformen, Benennung potenzieller Gewinner und Verlierer und Adressierung ihrer Anliegen, wo geboten (siehe unter anderem den Beitrag Vassiliadis)

— Transformation demokratisch legitimieren, sozial gestalten und Chancen aufzeigen (siehe die Beiträge Krüger und Kawlath)

5. Zielsystem und Korridore setzen

— Erhöhung der jährlichen Ausbauziele bei Windkraft und Photovoltaik (siehe die Beiträge Fischedick, Rohrig/Wagenknecht und Pittel/Henning)

— Schaffung eines wettbewerbsfähigen industriellen 5G-Ökosystems für alle 5G-Hersteller (siehe unter anderem die Beiträge Höttges und Polenz)

— Verdoppelung der Geschwindigkeit der energetischen Sanierung des Gebäudebestandes

— Schaffung der rechtlichen Grundlagen für umweltverträgliches *carbon capture and storage* (CCS) sowie

für *carbon capture and usage* (CCU) (siehe den Beitrag Boetius et al.)

— Etablierung von Standards zur transparenten Berichterstattung über Produktidentität, Lieferketten und Materialströme (Herkunftsnachweise und Lebenszyklusanalysen) (siehe unter anderem die Beiträge Oberhuber/Rau, Stuchtey et al. und Steilemann)

— Umsetzung der Kernempfehlungen der Zukunftskommission Landwirtschaft (siehe den Beitrag Strohschneider)

6. Forschung fördern

— Ausbau des europäischen Forschungsraumes

— Verbesserung des Wissens- und Technologietransfers durch Innovationscluster und Reallabore zur Begleitung und Beschleunigung der Transformation (siehe den Beitrag Weissenberger-Eibl)

— Stärkung der gesamtgesellschaftlichen Transformationskompetenz durch Aufbau und intensivere

Nutzung von interdisziplinärem Orientierungs-, System- und Transformationswissen (siehe den Beitrag Messner/Renn)

— Signifikante Steigerung von F&E-Investitionen in Deutschland und Europa zur Erforschung der Potenziale von künstlicher Intelligenz, Machine Learning und anderer digitaler Innovationen für Klimaneutralität

7. Internationale Kooperation stärken

— Koordination der weltweiten Klimapolitik in einem globalen »Klimaclub«, Einführung globaler CO_2-Preise gemeinsam mit wichtigen Handelspartnern oder alternativ internationale Koordination der Klimapolitik anhand gemeinsamer Reduktionsziele (siehe unter anderem die Beiträge Boetius et al. und Nakicenovic)

— Unterstützung wirksamer globaler Allianzen für den Ausstieg aus der Verbrennung fossiler Energieträger

und zum Schutz der weltweiten Ökosysteme und von deren Senkenfunktionen

— Akzeptanz vielfältiger Transformationspfade in einer Übergangsperiode in der EU und global – Einigung auf das Zielbild einer grünen Wirtschaft und klimaneutralen Wirtschaft

— Etablierung gestaltungsstarker deutscher und europäischer Beauftragter für globale Klimaschutzpolitik im Rahmen einer aktiven Klimaaußenpolitik

Endnoten

Quellen und Endnoten

Antje Boetius, Ottmar Edenhofer und Dirk Messner
Weichenstellungen für den Klimaschutz in den nächsten zwei Legislaturperioden

1 Intergovernmental Panel on Climate Change (IPCC). (2021). *Sixth Assessment Report*. Abgerufen von www.ipcc.ch/assessment-report/ar6
2 Abschnitte eins und drei in Teilen angelehnt an: Edenhofer, O. (in Druck). Die Klimapolitik wird zum Stresstest für die Demokratie. In T. Mirow (Hrsg.), *Demokratie in Bedrängnis: Warum wir jetzt gefragt sind*. In der Reihe *Berichte zur Lage der Nation*. Hamburg: Murmann Verlag.
3 IPCC, 2021.
4 Peters, G., Global Carbon Budget, IPCC AR6 WG1 Table SPM.2; eigene Berechnungen.
5 IPCC, 2021.
6 Intergovernmental Platform on Biodiversity and Ecosystem Services (IPBES) & IPCC. (2021). *Workshop Report on Biodiversity and Climate Change*. Abgerufen von ipbes.net/events/launch-ipbes-ipcc-co-sponsored-workshop-report-biodiversity-and-climate-change
7 Strassburg, B., Iribarrem, A., Beyer, H. L., Cordeiro, C. L., Crouzeilles, R., Jakovac, C., ... Visconti, P. Global priority areas for ecosystem restoration. *Nature 586* (7831), 724–729. doi: 10.1038/s41586-020-2784-9
8 IPCC, 2021.
9 Warszawski, L., Kriegler, E., Lenton, T. M., Gaffney, O., Jacob, D., Klingenfeld, D., ... Rockström, J. (2021). All Options, not silver Bullets, needed to limit global warming to 1,5 °C: A scenario Appraisal. *Environmental Research Letters, 16* (6).
10 IPCC, 2021.
11 Zukunftskommission Landwirtschaft. (2021). *Zukunft Landwirtschaft: Eine gesamtgesellschaftliche Aufgabe*. Rangsdorf: Zukunftskommission Landwirtschaft. Abgerufen von www.bmu.de/download/abschlussbericht-der-zukunftskommission-landwirtschaft
12 Nationale Akademie der Wissenschaften Leopoldina, acatech – Deutsche Akademie der Technikwissenschaften & Union der deutschen Akademien der Wissenschaften. (2020). *Biodiversität und Management von Agrarlandschaften*. Halle (Saale): Leopoldina. Abgerufen von www.leopoldina.org/publikationen/detailansicht/publication/biodiversitaet-und-management-von-agrarlandschaften-2020
13 IPBES & IPCC, 2021.
14 National Academies of Sciences, Engineering, and Medicine. (2021). *Reflecting Sunlight: Recommendations for Solar Geoengineering Research and Research Governance*. Washington, D. C.: The National Academies Press. Abgerufen von www.nap.edu/catalog/25762/reflecting-sunlight-recommendations-for-solar-geoengineering-research-and-research-governance. National

Academies of Sciences, Engineering, and Medicine. (2019). *Negative Emissions Technologies and Reliable Sequestration: A Research Agenda*. Washington, D. C.: The National Academies Press. Abgerufen von www.nap.edu/catalog/25259/negative-emissions-technologies-and-reliable-sequestration-a-research-agenda. Zelikova, T. J. (2020). The future of carbon dioxide removal must be transdisciplinary. *Interface Focus 10* (5), 20200038. Abgerufen von royalsocietypublishing.org/toc/rsfs/2020/10/5
15 Nationale Akademie der Wissenschaften Leopoldina & Rat für Nachhaltige Entwicklung. (2021). *Klimaneutralität: Optionen für eine ambitionierte Weichenstellung und Umsetzung*. Abgerufen von www.leopoldina.org/publikationen/detailansicht/publication/klimaneutralitaet-optionen-fuer-eine-ambitionierte-weichenstellung-und-umsetzung-2021
16 Umweltbundesamt (UBA). (2019). *Treibhausgasneutrales Deutschland – Green Supreme*. Abgerufen von www.umweltbundesamt.de
17 Warszawski et al., 2021.
18 World Business Council for Sustainable Development (WBCSD) 2021, www.wbcsd.org

Katja Purr und Martin Schmied
Die 2020er-Jahre sind entscheidend: Klimaschutz muss effizienter werden

1 Prognos, Öko-Institut & Wuppertal-Institut. (2021). *Klimaneutrales Deutschland 2045. Wie Deutschland seine Klimaziele schon vor 2050 erreichen kann*. Studie im Auftrag von Stiftung Klimaneutralität, Agora Energiewende und Agora Verkehrswende. Berlin: Prognos, Öko-Institut & Wuppertal-Institut.
2 Gerbert, P., Herhold, P., Burchardt, J., Schönberger, S., Rechenmacher, F., Kirchner, A., Kemmler, A. ... Wünsch, M. (2018). *Klimapfade für Deutschland*. Studie von Boston Consulting Group und Prognos im Auftrag des Bundesverbandes der Deutschen Industrie e. V. (BDI). Berlin: BDI.
3 Purr, K., Günther, J., Lehmann, H., & Nuss, P. u. a. (2019). *Wege in eine ressourcenschonende Treibhausgasneutralität – RESCUE-Studie*. UBA-Reihe CLIMATE CHANGE 36/2019 (2. Auflage: Juni 2021). Dessau-Roßlau: Umweltbundesamt.
4 Prognos et al., 2021.
5 Geschäftsstelle »Energiesysteme der Zukunft«(ESYS), Bundesverband der Deutschen Industrie e. V. (BDI) & Deutsche Energie-Agentur (dena). (2019). *Expertise bündeln, Politik gestalten – Energiewende jetzt! Essenz der drei Grundsatzstudien zur Machbarkeit der Energiewende bis 2050 in Deutschland*. Berlin: ESYS, BDI und dena.
6 Prognos et al., 2021.
7 Purr et al., 2019.
8 Purr et al., 2019.

9 Samadi, S., Fischedick, M., & Lechtenböhmer, S. (2018). Vergleich der BDI-Klimapfadestudie mit anderen Energieszenarien für Deutschland. *Energiewirtschaftliche Tagesfragen, 68. Jg., Heft 6/2018*, 52–57.
10 Gerbert et al., 2018.
11 Prognos et al., 2021.
12 Fraunhofer-Institut für System- und Innovationsforschung ISI, Consentec GmbH, ifeu – Institut für Energie- und Umweltforschung Heidelberg & Technische Universität Berlin. (2021). *Langfristszenarien für die Transformation des Energiesystems in Deutschland 3*. Im Auftrag des Bundesministeriums für Wirtschaft und Energie (BMWi). Foliensatz »Executive Summary: 3 Hauptszenarien«. Stand: 18. Mai 2021. Karlsruhe: ISI.
13 Purr et al., 2019.
14 Purr et al., 2019.
15 Gerbert et al., 2018.
16 Purr et al., 2019.
17 Prognos et al., 2021.
18 Purr et al., 2019.
19 Purr et al., 2019.

Andreas Engelhardt
In der Baubranche steckt großes Potenzial

1 Mercator Research Institute on Global Commons and Climate Change. (o. J.). *So schnell tickt die CO_2-Uhr*. Abgerufen von www.mcc-berlin.net/forschung/co2-budget.html
2 Potsdam-Institut für Klimafolgenforschung. (2015). *Vier von neun »planetaren Grenzen« bereits überschritten*. Abgerufen von www.pik-potsdam.de/de/aktuelles/nachrichten/vier-von-neun-planetaren-grenzen201d-bereits-ueberschritten
3 United Nations Environment Programme (UNEP). (2020). *2020 Global Status Report for Buildings and Construction*. S. 10. Nairobi: UNEP.
4 German Zero. (2021). *Maßnahmen für ein 1,5-Grad-Gesetzespaket*. S. 319. Berlin: German Zero. Abgerufen von germanzero.de/media/pages/assets/32045b6d7e-1623186112/GermanZero_Massnahmenkatalog_210608.pdf
5 Bundesministerium für Wirtschaft und Energie (BMWi). (2019). *Bauwirtschaft*. Abgerufen von www.bmwi.de/Redaktion/DE/Artikel/Branchenfokus/Industrie/branchenfokus-bauwirtschaft.html
6 Bundesinstitut für Bau-, Stadt- und Raumforschung (BBSR). (2015). *Wohnungsmarktprognose 2030*. S. 13. Abgerufen von www.bbsr.bund.de/BBSR/DE/veroeffentlichungen/analysen-kompakt/2015/DL_07_2015.pdf
7 Umweltbundesamt. (2020). *Gebäude: Wichtig für den Klimaschutz!* Abgerufen von www.umweltbundesamt.de/themen/klima-energie/energiesparen/energiesparende-gebaeude#gebaude-wichtig-fur-den-klimaschutz

8 Europäische Kommission. (o. J.). *Europäischer Grüner Deal*. Abgerufen von ec.europa.eu/info/strategy/priorities-2019-2024/european-green-deal_de

9 Europäische Union. (o. J.). *New European Bauhaus: Die Initiative im Überblick*. Abgerufen von europa.eu/new-european-bauhaus/about/about-initiative_de

10 Europäische Kommission. (2020). *Renovierungswelle: Verdoppelung der Renovierungsquote zur Senkung von Emissionen, zur Ankurbelung der wirtschaftlichen Erholung und zur Verringerung von Energiearmut*. Abgerufen von ec.europa.eu/commission/presscorner/detail/de/ip_20_1835

11 BMWi. (o. J.). *Rohstoffe – unverzichtbar für den Zukunftsstandort Deutschland*. Abgerufen von www.bmwi.de/Redaktion/DE/Dossier/rohstoffe-und-ressourcen.html

12 Umweltbundesamt. (2016). *Das anthropogene Lager als Sekundärrohstoffquelle*. Abgerufen von www.umweltbundesamt.de/themen/abfall-ressourcen/abfallwirtschaft/urban-mining/das-anthropogene-lager#das-anthropogene-lager-als-sekundarrohstoffquelle

13 Umweltbundesamt. (2010). *Recycling stoppt Treibhausgase*. S. 5. Berlin: Bundesverband der Deutschen Entsorgungs-, Wasser- und Rohstoffwirtschaft e. V. Abgerufen von www.umweltbundesamt.de/sites/default/files/medien/publikation/long/3893.pdf

14 European Aluminium. (2016).»*Recycled Content« vs.»End-of-Life Recycling Rate«*. Abgerufen von www.european-aluminium.eu/media/1644/recycled-content-vs-end-of-life-recycling-rate-may-2016.pdf

15 Rombouts, S. (7. Februar 2020). The role of Product-as-a-Service models in the Circular Economy. *firmhouse*. Abgerufen von www.firmhouse.com/blog/the-role-of-product-as-a-service-in-circular-economy

16 German Zero, 2021, S. 320 f.

17 Weiland, M. (10. Januar 2017). Schnellspur mit Grünstreifen. *Greenpeace*. Abgerufen von www.greenpeace.de/themen/endlager-umwelt/schnellspur-mit-grunstreifen

18 Deutschen Gesellschaft für die Vereinten Nationen (DGVN). (2019). *Digitalisierung und Nachhaltige Entwicklung. Eine-Welt-Presse, 1/2020*. Berlin: DGVN. Abgerufen von dgvn.de/veroeffentlichungen/publikation/einzel/digitalisierung-und-nachhaltige-entwicklung

19 Fridays for Future. (2021). *Keine Kohle für die Kohle – Woche 19/20*. Abgerufen von fridaysforfuture.de/woche-19-20-2. WWFDeutschland. (2017). *Aus dem Fenster geschmissen*. Abgerufen von www.wwf.de/2017/september/aus-dem-fenster-geschmissen

20 Europäische Kommission. (2021). *Nachhaltiges Finanzwesen und EU-Taxonomie: Kommission*

unternimmt weitere Schritte, um Geld in nachhaltige Tätigkeiten zu lenken. Abgerufen von ec.europa.eu/commission/presscorner/detail/de/ip_21_1804

Michael Vassiliadis
Beschäftigung und Verteilung: Die soziale Dimension der Transformation

1 Siehe auch mein Buch: Vassiliadis, M., & Borgnäs, K. (Hrsg.). (2020). *Nachhaltige Industriepolitik: Strategien für Deutschland und Europa*. Frankfurt am Main: Campus Verlag.

2 Um den Produzenten, Importeuren und Händlern den Übergang zu erleichtern und sich auf die neue Regelung einstellen zu können, soll die kostenlose Zuteilung schrittweise reduziert werden, während der CBAM schrittweise eingeführt wird.

3 Um etwa Importe von fossilem und hoch emittierendem Wasserstoff zu vermeiden, was einem indirekten Carbon-Leakage gleichkäme, fordern bereits erste Akteure aus der Energiewirtschaft den Einbezug des Wasserstoffsektors in den kommenden CO_2-Grenzausgleich: Timmermans, F., Gentiloni, P., Breton, T., & Simson, K. (2021). *For the Inclusion of Hydrogen in the Carbon Border Adjustment Mechanism. Joint Letter*. Abgerufen von www.euractiv.com/wp-content/uploads/sites/2/2021/07/210629_Call-for-H2-in-CBAM.pdf

4 Die Rückverlagerung von Produktionsstätten aus Schwellenländern zurück in die Industriestaaten. wird auch »Reshoring« genannt.

5 Die CO_2-Abscheidung und -Speicherung (*carbon capture and storage*, CCS) soll ab 2030 für die nicht vermeidbaren Restemissionen (maximal fünf Prozent) einen Ausgleich schaffen und den Weg für Negativemissionen ebnen, damit 2045 Klimaneutralität erreicht werden kann.

6 Bundesarbeitgeberverband Chemie e. V. (BAVC), Industriegewerkschaft Bergbau, Chemie, Energie (IG BCE) & HR Forecast (Hrsg.). (2021). *Zukünftige Berufsprofile. Future Skills Report Chemie*. Abgerufen von future-skills-chemie.de

Stefan Schaible
Wie Beratung die Transformation der Wirtschaft unterstützt

1 Agora Energiewende, Stiftung 2° & Roland Berger. (2021). *Klimaneutralität 2050: Was die Industrie jetzt von der Politik braucht*.

Timotheus Höttges
Grünes Wachstum durch Digitalisierung

1 Rifkin, J. (2014). *Die Null-Grenzkosten-Gesellschaft: Das Internet der Dinge, kollaboratives Gemeingut und der Rückzug des Kapitalismus*. Frankfurt am Main: Campus Verlag.

2 Accenture. (2021). *Europe's new dawn*. Abgerufen von www.accenture.com/_acnmedia/PDF-155/Accenture-Reinventing-Europe-Industries.pdf

3 Deutsche Telekom. (o. J.). *Corporate Responsibility Bericht 2020: Steuerung & Fakten*. Abgerufen von www.cr-bericht.telekom.com/site21/steuerung-fakten/umwelt/enablement-faktor

4 GeSI, gesi. org

5 Umweltbundesamt. (2019). *Rebound-Effekte*. Abgerufen von www.umweltbundesamt.de/themen/abfall-ressourcen/oekonomische-rechtliche-aspekte-der/rebound-effekte

6 Wir prognostizieren für 2021, dass wir durch den Bezug von Grünstrom rund 3.700 Kilotonnen CO_2 gegenüber 2017 einsparen.

7 Bieser, J. C. T., Salieri, B., Hischier, R., & Hilty, L. M. (2020). *Next generation mobile networks: Problem or opportunity for climate protection?* S. 6. Zürich, St. Gallen: Universität Zürich, Empa. Umweltbundesamt. (2020). *Video-Streaming: Art der Datenübertragung entscheidend für Klimabilanz*. Abgerufen von www.umweltbundesamt.de/presse/pressemitteilungen/video-streaming-art-der-datenuebertragung

8 Haut Conseil pour le Climat. (2020). *Maîtriser l'impact carbone de la 5G*. Paris: Haut Conseil pour le Climat. Abgerufen von www.hautconseilclimat.fr/wp-content/uploads/2020/12/rapport-5g_haut-conseil-pour-le-climat.pdf

9 Bundesministerium für Umwelt, Naturschutz und nukleare Sicherheit (BMU). (2020). *Green Cloud Computing*. Abgerufen von publicarea.admiralcloud.com/p/iRg9WDWNJTyyr1D21Bx4mY. Obermann, K. (2020). *Nachhaltigkeitsvergleich der Zugangsnetz-Technologien FTTC und FTTH*. S. 3. Gießen: Technische Hochschule Mittelhessen. Abgerufen von brekoverband.de/gutachten-nachhaltigkeitsvergleich-von-ftth-und-fttc

10 Eco-Studie: Hintemann, R., & Hinterholzer, S. (2020). *Rechenzentren in Europa – Chancen für eine nachhaltige Digitalisierung. Teil 1, Stand: 19. Mai 2020*. Berlin: Borderstep Institut.

11 Dieser Ausbau erfolgt vor allem in großen zentralen Cloud- und Colocation-Rechenzentren als auch dezentral in Hybrid- oder Edge-Rechenzentren.

12 Bieser, J., Hintemann, R., Beucker, S., Schramm, S., & Hilty, L. (2020). *Klimaschutz durch digitale Technologien – Chancen und Risiken*. S. 23. Berlin: Bitkom.

13 Bieser et al., 2020, S. 23.

14 Montevecchi, F., Stickler, T., & Hintemann, R., Hinterholzer, S. (2020). *Energy-efficient Cloud Computing Technologies and Policies for an Eco-friendly Cloud Market. Final Study Report*. S. 53. Wien: European Commission.

15 Montevecchi et al., 2020, S. 53.

16 Montevecchi et al., 2020, S. 17.

17 Deutsche Telekom. (o. J.). *Der grüne Daten-bunker*. Abgerufen von wecare.telekom.com/de/ks-der-gruene-datenbunker

18 Deutsche Telekom. (o. J.). *Corporate Responsibility Report 2020: Management & facts.* Abgerufen von www.cr-report.telekom.com/site21/management-facts/environment/energy-consumption-efficiency

19 Hintemann, R., & Hinterholzer, S. (2020). *Rechenzentren in Europa – Chancen für eine nachhaltige Digitalisierung. Teil 2, Stand: 10. November 2020.* S. 24. Berlin: Borderstep Institut.

20 European Round Table for Industry (ERT). (2020). *Making the most of Europe's climate leadership.* S. 4, S. 9 ff., S. 21 f. Brüssel: ERT. Abgerufen von ert.eu/wp-content/uploads/2020/12/ERT-Paper-Making-the-most-of-Europes-climate-leadership_December-2020.pdf

21 Europäische Kommission. (2020). *Für länger haltbare und nachhaltigere Produkte: Neuer EU-Aktionsplan zur Kreislaufwirtschaft.* Abgerufen von ec.europa.eu/germany/news/20200311-kreislaufwirtschaft_de

22 Bieser et al., 2020, S. 24.

23 Taylor, K. (27. Januar 2021). Circular economy can cut CO_2 emissions by 39 %: study. *EURACTIV.* Abgerufen von www.euractiv.com/section/circular-economy/news/circular-economy-could-reduce-greenhouse-gas-emissions-by-39

24 Deutsche Telekom. (o. J.). *Corporate Responsibility Bericht 2020: Steuerung & Fakten.* Abgerufen von www.cr-bericht.telekom.com/site21/steuerung-fakten/umwelt/abfallmanagement-recycling

25 Deutsche Telekom. (2021). *New pan-industry eco rating scheme launched for mobile phones.* Abgerufen von www.telekom.com/en/media/media-information/archive/new-pan-industry-eco-rating-scheme-launched-for-mobile-phones-628108

Tanja Wielgoß
Wärmewende: Systemrelevant und unterschätzt

1 Engelmann, P., Köhler, B., Meyer, R., Dengler, J., Herkel, S., Kießling, L., ... Strodel, N. (2021). *SysWärme – Systemische Herausforderung der Wärmewende.* Dessau-Roßlau: Umweltbundesamt. Durchgeführt wurde die Studie vom Fraunhofer-Institut für Solare Energiesysteme ISE.

2 Engelmann et al., 2021.

Kurt Rohrig und Antje Wagenknecht
Windenergie als Motor der Energiewende

1 Schaudwet, C. (14. Juli 2021). E-Autos und Wärmepumpen lassen den Strom knapp werden. *Der Tagesspiegel.* Abgerufen von www.tagesspiegel.de/wirtschaft/altmaier-erhoeht-prognose-fuer-strombedarf-e-autos-und-waermepumpen-lassen-den-strom-knapp-werden/27418986.html

2 Fraunhofer-Institut für Energiewirtschaft und Energiesystemtechnik. (o. J.). *Das »Barometer der Energiewende«.* Abgerufen von www.barometer-energiewende.de/2020

3 Umweltbundesamt. (2019). *Analyse der kurz- und mittelfristigen Verfügbarkeit von Flächen für die Windenergienutzung an Land.* S. 21. Dessau-Roßlau: Umweltbundesamt.

4 Fachagentur Windenergie an Land (FA Wind). (2019). *Hemmnisse beim Ausbau der Windenergie in Deutschland.* S. 18. Berlin: FA Wind.

5 FA Wind. (2015). *Dauer und Kosten des Planungs- und Genehmigungsprozesses von Windenergieanlagen an Land.* Berlin: FA Wind.

6 FA Wind. (2020). *Gesetzgeberische Möglichkeiten für eine rechtssichere Konzentrationszonenplanung.* Berlin: FA Wind.

7 FA Wind. (2021). *Ausbausituation der Windenergie an Land im Jahr 2020.* Kap. 3.4. Berlin: FA Wind.

8 Deutscher Bundestag. (2021). *Bericht der Bundesregierung über die praktischen Erfahrungen im Vollzug der Novelle zum Umwelt-Rechtsbehelfsgesetz, Drs. 19/31266.* S. 4 ff. Berlin: Bundestag.

9 FA Wind, 2019, S. 8 ff.

10 Siehe die Umfrageergebnisse auf der FA-Wind-Website, www.fachagentur-windenergie.de

11 Wolsink, M. (2007). Wind power implementation: The nature of public attitudes: Equity and fairness instead of ›backyard motives‹. *Renewable & Sustainable Energy Reviews, 11,* 1188–1207.

12 Hübner, G., Pohl, J., Warode, J., Gotchev, B., Nanz, P., Ohlhorst, D., ... Peters, W. (2019). *Naturverträgliche Energiewende. Akzeptanz und Erfahrungen vor Ort.* S. 10 ff. Bonn: Bundesamt für Naturschutz.

13 FA Wind. (2017). *Frühzeitige Beteiligung im Kontext der Windenergie. Von der Theorie in die Praxis.* Berlin: FA Wind.

14 FA Wind. (2021). *Handlungsempfehlungen für informelle Maßnahmen.* Berlin: FA Wind.

15 Rohrig, K. (2020). *Windenergie als Motor der Energiewende.* PowerPoint-Präsentation auf der FVEE-Jahrestagung 2020. Abgerufen von www.fvee.de/fileadmin/veranstaltungen/Vortraege_JT20/5.3_FVEE_Rohrig.pdf

Karen Pittel und Hans-Martin Henning
Mehr Solarenergie für Deutschland und Europa

1 Wirth, H., Eggers, J.-B., Trommsdorff, M., Neuhaus, H., Heinrich, M., Wieland, S., & Schill, C. (2021). *Potenziale der Integrierten Photovoltaik in Deutschland. Tagungsband 36. PV-Symposium.*

2 Energiesysteme der Zukunft (ESYS), Bundesverband der Deutschen Industrie (BDI) & Deutsche Energie-Agentur (dena). (2019). *Expertise bündeln, Politik gestalten – Energiewende jetzt! Essenz der drei Grundsatzstudien zur Machbarkeit der Energiewende bis 2050 in Deutschland.* Berlin: ESYS, BDI, dena.

3 Agora Energiewende. (2021). *Renewables overtake gas and coal in EU electricity generation.* Abgerufen von www.agora-energiewende.de/en/press/news-archive/renewables-overtake-gas-and-coal-and-coal-in-eu-electricity-generation-1

4 EU Commission. (2021). *Proposal for a Directive of the European Parliament and of the Council amending Directive (EU) 2018/2001 of the European Parliament and of the Council, Regulation (EU) 2018/1999 of the European Parliament and of the Council and Directive 98/70/EC of the European Parliament and of the Council as regards the promotion of energy from renewable sources, and repealing Council Directive (EU) 2015/652.*

5 Europäische Gemeinschaften. (2005). *Vertrag über die Verfassung von Europa.* Abgerufen von europa.eu/european-union/sites/default/files/docs/body/treaty_establishing_a_constitution_for_europe_de.pdf

6 Agora Energiewende. (2018). *Stromnetze für 65 Prozent Erneuerbare bis 2030. Zwölf Maßnahmen für den synchronen Ausbau von Netzen und Erneuerbaren Energien.* Berlin: Agora Energiewende. Abgerufen von www.agora-energiewende.de/fileadmin/Projekte/2018/Stromnetze_fuer_Erneuerbare_Energien/Agora-Energiewende_Synchronisierung_Netze-EE_Netzausbau_WEB.pdf

Manfred Fischedick
Die Stromversorgung der Zukunft: Erneuerbare Energien und Wasserstoff

1 Prognos, Öko-Institut & Wuppertal Institut. (2021). *Klimaneutrales Deutschland 2045.* Studie im Auftrag von Agora Energiewende, Agora Verkehrswende und Stiftung Klimaneutralität.

Nebojsa Nakicenovic
Globale Energietransformation hin zu Netto-Null

1 European Commission. (o. J.). *A European Green Deal.* Abgerufen von ec.europa.eu/info/strategy/priorities-2019-2024/european-green-deal_en

2 Wissenschaftlicher Beirat der Bundesregierung Globale Umweltveränderungen (WBGU). (2019). *Unsere gemeinsame digitale Zukunft.* Berlin: WBGU.

3 TWI2050 – The World in 2050. (2019). *The Digital Revolution and Sustainable Development: Opportunities and Challenges. Report prepared by the World in 2050 initiative.* Laxenburg, Österreich: International Institute for Applied Systems Analysis (IIASA).

4 Puig, D., Moner-Girona, M., Kammen, D. M., Mulugetta, Y., Marzouk, A., Jarrett, M., ... Nakićenović, N. (2021). An action agenda

for Africa's electricity sector. *Science, Vol. 373, Issue 6555*,616–619. doi: 10.1126/science.abh1975
5 European Commission's Group of Chief Scientific Advisors. (2021). *Scientific Opinion – A systemic approach to the energy transition in Europe*. Abgerufen von knowledge4policy.ec.europa.eu/publication/systemic-approach-energy-transition-europe_en
6 SAPEA, Science Advice for Policy by European Academies. (2021). *A systemic approach to the energy transition in Europe*. Berlin: SAPEA. doi. org/10.26356/energytransition
7 Intergovernmental Panel on Climate Change (IPCC). (2021). *AR6 Climate Change 2021: The Physical Science Basis. Working Group 1.* Abgerufen von www.ipcc.ch/report/ar6/wg1
8 European Commission's Group of Chief Scientific Advisors, 2021.
9 SAPEA, 2021.
10 TWI2050. (2020). *Innovations for Sustainability. Pathways to an efficient and post-pandemic future. Report prepared by The World in 2050 initiative.* Laxenburg, Österreich: IIASA. doi: 10.22022/TNT/07-2020.16533
11 TWI2050, 2019.
12 TWI2050, 2019.

Sabine Mauderer
Wer finanziert die Transformation? Zentrale Rolle der Finanzmärkte

1 Ich danke Dirk Bleich, Joschka Gerigk, Paolo Krischak, Johannes Lenschow, Marco Leppin, Alexander Paeck und Yvonne Winkler für ihre wertvollen Beiträge.
2 Siehe zum Beispiel: Stiftung Arbeit und Umwelt der IG BCE, Institut für Makroökonomie und Konjunkturforschung (IMK) & Hans-Böckler-Stiftung. (2021). *Ein Transformationsfonds für Deutschland* (S. 4). Berlin: Stiftung Arbeit und Umwelt der IG BCE.
3 European Commission. (6. Juli 2021). *Remarks by Executive Vice-President Dombrovskis at the press conference on the New Sustainable Finance Strategy and a European Green Bond Standard.* Abgerufen am 12. Juli 2021 von ec.europa.eu/commission/presscorner/detail/en/SPEECH_21_3506
4 Als Datengrundlage wird das Sustainability-Rating des Datenanbieters Morningstar verwendet, der die Investmentfonds in fünf Kategorien einteilt. Weitere Informationen hierzu: Hale, J. (17. März 2016). *Introducing the Morningstar Sustainability Rating for Funds.* Abgerufen am 9. Juli 2021 von www.morningstar.com/articles/745796/introducing-the-morningstar-sustainability-rating-for-funds
5 Deutsche Bundesbank. (2021). *Green Bond Monitor: Zentralbereich Märkte Mai 2021.* Abgerufen von https://www.bundesbank.de/resource/blob/

867282/21b2b37782b1df7c6009d5cee7fc90d4/mL/green-bond-monitor-data.pdf
6 Stand: 2. August 2021, Quelle: Bloomberg.
7 Rüppel, W. (5. Mai 2021). *Die ETF-Revolution erreicht neue Dimensionen.* Börsen-Zeitung.

Sabina Jeschke
Führen statt Folgen – eine neue IT-Infrastruktur

1 Bundesministeriums für Wirtschaft und Energie (BMWi). (2020). *Öffentliche Infrastruktur in Deutschland: Probleme und Reformbedarf.* Berlin: BMWi. Abgerufen am 30. Juli 2021 von www.bmwi.de/Redaktion/DE/Publikationen/Ministerium/Veroeffentlichung-Wissenschaftlicher-Beirat/gutachten-oeffentliche-infrastruktur-in-deutschland.pdf
2 ZEW – Leibniz-Zentrum für Europäische Wirtschaftsforschung. (12. Juli 2021). KI-Standort Deutschland mittelmäßig attraktiv für Unternehmen. *DATEV.* Abgerufen am 30. Juli 2021 von www.datev-magazin.de/nachrichten-steuern-recht/wirtschaft/ki-standort-deutschland-mittelmaessig-attraktiv-fuer-unternehmen-57115
3 Weise, S. (2021).*»5G an jeder Milchkanne«.* Berlin: Konrad-Adenauer-Stiftung. Abgerufen am 26. Juli 2021 von www.kas.de/documents/252038/11055681/Informationen+und+Recherche+-+5G+an+jeder+Milchkanne.pdf/f65c40c8-8938-a76a-162e-7d529d45895d
4 SPD. (2019). *Gesamtkonzept Mobilfunk.* Abgerufen am 26. Juli 2021 von www.spdfraktion.de/system/files/documents/positionspapier_mobilfunk_spd_2019_03.pdf
5 Rohde, R. (23. April 2020). China forciert Ausbau der 5G-Mobilfunknetze. *Germany Trade and Invest.* Abgerufen am 31. Juli 2021 von www.gtai.de/gtai-de/trade/branchen/branchenbericht/china/china-forciert-ausbau-der-5g-mobilfunknetze-241204
6 Telefónica Germany. (2020). *20 Jahre UMTS Auktion: Teurer Wegbereiter für das mobile Internet.* Abgerufen am 27. Juli 2021 von www.telefonica.de/news/corporate/2020/07/20-jahre-umts-auktion-teurer-wegbereiter-fuer-das-mobile-internet.html
7 Höferlin, M. (2020). Ein neues Vergabedesign für die 5G-Frequenzversteigerung. *R&W-Online.* Abgerufen am 26. Juli 2021 von online.ruw.de/suche/nur/Ei-neu-Vergabedesi-fu-di-5G-Frequenzversteigeru-333a287c77876ef12db4483f8b7f82f0
8 Asia Fund Managers. (2021). *Asien-Pazifik treibt 5G-Ausbau voran.* Abgerufen am 31. Juli 2021 von www.asiafundmanagers.com/at/5g-asien
9 Lindenau, R., Chen, Y., & Ding, R. (2020). *Mobilfunk in China: Wie gelingt höchste Leistung in Verbindung mit niedrigen Kosten.* mm1 Studie im

Auftrag der DB AG, internes Dokument der DB AG, Dezember 2020.
10 DividendenFarm. (2021). *Gepflanzt: 5G-Champion aus Fernost mit fetter Dividende.* Abgerufen am 31. Juli 2021 von dividendenfarm.de/2021/01/gepflanzt-china-mobile
11 Bayerisches Staatsministerium für Wirtschaft, Landesentwicklung und Energie. (2021). *Aiwanger: »Endlich mehr Geld für Mobilfunknetze – Bund lenkt bei Frequenzversteigerungen ein«.* Abgerufen am 26. Juli 2021 von www.stmwi.bayern.de/presse/pressemeldungen/pressemeldung/pm/169-2021
12 Fraunhofer-Gesellschaft zur Förderung der angewandten Forschung. (2021). *Vorhang auf: Fraunhofer und IBM weihen Quantencomputer ein.* Abgerufen am 29. Juli 2021 von www.fraunhofer.de/de/presse/presseinformationen/2021/juni-2021/fraunhofer-und-ibm-weihen-quantencomputer-ein.html
13 Mittermaier, H. (18. März 2021). Azure Quantum – Das Full-Stack-Ökosystem für Anwendungen auf Quantencomputern. Patrick Schidler im Gespräch. *DIGITALE WELT.* Abgerufen am 31. Juli 2021 von digitaleweltmagazin.de/interview/azure-quantum-das-full-stack-oekosystem-fuer-anwendungen-auf-quantencomputern
14 Lipman, P. (4. Januar 2021). How Quantum Computing Will Transform Cybersecurity. *Forbes.* Abgerufen am 31. Juli 2021 von www.forbes.com/sites/forbestechcouncil/2021/01/04/how-quantum-computing-will-transform-cybersecurity
15 Deutsches Zentrum für Luft- und Raumfahrt. (o. J.). *Quantencomputing.* Abgerufen am 31. Juli 2021 von www.dlr.de/content/de/dossiers/2021/quantencomputing.html
16 Smith-Goodson, P. (10. Oktober 2019). Quantum USA Vs. Quantum China: The World's Most Important Technology Race. *Forbes.* Abgerufen am 31. Juli 2021 von www.forbes.com/sites/moorinsights/2019/10/10/quantum-usa-vs-quantum-china-the-worlds-most-important-technology-race
17 Fuge, L. (6. Juli 2021). China demonstrates most powerful quantum computer. *Cosmos.* Abgerufen am 31. Juli 2021 von cosmosmagazine.com/science/physics/china-demonstrates-most-powerful-quantum-computer
18 Car2x. *Wikipedia.* Abgerufen am 31. Juli 2021 von de.wikipedia.org/wiki/Car2x
19 Jeschke, S., Plattner, C., Kolano, A., & Scheuermann, K. (2020). *Digital European Identity (eID).* Internes Dokument der DB AG, November 2020.
20 Hallensleben, S. (2021). *Vertrauen im digitalen Raum: Wie können sich Menschen nachhaltig gegen Fakes und Bots durchsetzen?* Interne Kommunikation, Mai 2021.

**Martin Stuchtey, Julia Okatz und
Bertram Kloss
Kreislaufwirtschaft und Ressourcenschonung
als Grundlage für Klimaschutz**

1 United Nations Environment Programme & International Resource Panel. (2019). *Natural Resource Use in the Group of 20 – Status, trends, and solutions.*

2 acatech – Deutsche Akademie der Technikwissenschaften, Circular Economy Initiative Deutschland & SYSTEMIQ. (2021). *Circular Economy Roadmap für Deutschland.*

3 United Nations Environment Programme. (2018). *Inclusive Wealth Report 2018.* Stuchtey, M. R., Enkvist, P. A., & Zumwinkel, K. (2019). *A Good Disruption: Redefining Growth in the Twenty-First Century.* London: Bloomsbury. Kubiszewski, I., Costanza, R., Franco, C., & Lawn, P. (2013). Beyond GDP: Measuring and achieving global genuine progress. *Ecological Economics 93*, 57–68.

4 Oxfam. (2020). *Confronting Carbon Inequality: Putting climate justice at the heart of the COVID-19 recovery.* United Nations Department of Economic and Social Affairs (UNDESA). (2020). *World Social Report 2020: Inequality In A Rapidly Changing World.*

5 Ellen MacArthur Foundation & McKinsey Center for Business and Environment. (2015). *Growth Within: A Circular Economy Vision for a Competitive Europe.* Report im Auftrag von SUN (Stiftungsfonds für Umweltökonomie und Nachhaltigkeit).

6 McAfee, A., & Brynjolfsson, E. (2016). *The Second Machine Age: Work, Progress, and Prosperity in a Time of Brilliant Technologies.* New York: W. W. Norton & Company.

7 United Nations Environment Programme & International Resource Panel, 2019.

8 acatech et al., 2021.

9 Rose, C. S., & Sesia, A. (2015). Note on Economic Inequality. *Harvard Business School Background Note 315-050.*

10 Energy Transitions Commission. (2018). *Mission Possible – Reaching net-zero carbon emissions from harder-to-abate sectors by mid-century.*

11 Ellen MacArthur Foundation & McKinsey Center for Business and Environment. (2015). *Growth Within: A Circular Economy Vision for a Competitive Europe.* Report im Auftrag von SUN (Stiftungsfonds für Umweltökonomie und Nachhaltigkeit).

12 Material Economics. (2020). *The Circular Economy and COVID-19 Recovery – How pursuing a circular future for Europe fits with recovery from the economic crisis.*

13 Circular Economy Initiative Deutschland.

14 The Pew Charitable Trusts & SYSTEMIQ. (2020). *Breaking the Plastic Wave: A Comprehensive Assessment of Pathways Towards Stopping Ocean Plastic Pollution.*

15 Hajer, M., Pelzer, P., Van Den Hurk, M., Ten Dam, C., & Buitelaar, E. (2021). *Neighbourhoods for the Future: A Plea for a Social and Ecological Urbanism.* Amsterdam: Valiz.

16 SYSTEMIQ & The Club of Rome. (2020). *A System Change Compass – Implementing the European Green Deal in a Time of Recovery.*

**Markus Steilemann
Die Kunststoffwirtschaft muss
zirkulär werden**

1 Gaffney, O., & Rockström, J. (2021). *Breaking Boundaries. The Science of Our Planet.* London: Dorling Kindersley Limited.

2 Climate Action Tracker. (2021). *Global update. Projected warming from Paris pledges drops to 2.4 degrees after US Summit: analysis.* Abgerufen am 14. Juli 2021 von climateactiontracker.org/press/global-update-projected-warming-from-paris-pledges-drops-to-two-point-four-degrees

3 Ernst & Young. (2020). *Nachhaltiger Konsum. Befragungsergebnisse.* Abgerufen am 13. Juli 2021 von ey-nachhaltiger-konsum-2020.pdf

4 Gates, B. (2021). *Wie wir die Klimakatastrophe verhindern.* München: Piper Verlag.

5 World Economic Forum. (2016). *Industry Agenda: The New Plastics Economy Rethinking the future of plastics.* Abgerufen am 13. Juli 2021 von www3.weforum.org/docs/WEF_The_New_Plastics_Economy.pdf

6 Carus, M. (2018). *Erneuerbarer Kohlenstoff ist der Schlüssel zur Zukunft einer nachhaltigen Chemie.* Abgerufen von renewable-carbon.eu/publications/?search=1&publication-type=nova-papers

7 Levi, P. (1987). *Das periodische System.* Wien: Carl Hanser Verlag.

8 Carus, 2018.

9 Covestro. (2021). *Bio-Anilin. Basis-Chemikalie aus Biomasse.* Abgerufen am 13. Juli 2021 von www.covestro.com/de/sustainability/lighthouse-projects/bio-anilin

10 Recitel. (2021). *KAPUA® foam – made with climate-friendly innovation.* Abgerufen am 13. Juli 2021 von recticelflexiblefoams.com/climate

11 FoamPartner. (2021). *Nachhaltige Schaumstoffe für Automotive.* Abgerufen am 18. August 2021 von www.foampartner.com/schaumstoffe/innovationen-design/obonature-schaumstoffe-automotive

12 Polytan. (2020). *Sport Group recycelt zukünftig Kunstrasen.* Abgerufen am 13. Juli 2021 von www.polytan.de/news/pressebereich/sport-group-recycelt-zukunftig-kunstrasen

13 Deutscher Zukunftspreis. (2019). *CO_2 – ein Rohstoff für nachhaltige Kunststoffe.* Abgerufen am 13. Juli 2021 von www.deutscher-zukunftspreis.de/de/team-1-2019

14 nova-institute. (2019). *Hitchhiker's Guide to Carbon Capture Utilisation (CCU), nova-Paper#11.* Abgerufen am 14. Juli 2021 von renewable-carbon.eu/publications/product/nova-paper11-hitchhikers-guide-to-carbon-capture-utilisation-ccu-%E2%88%92-full-version

15 European Commission. (2021). *A European Green Deal.* Abgerufen am 17. August 2021 von ec.europa.eu/info/strategy/priorities-2019-2024/european-green-deal_en

16 Brockmann, B. (2018). Saubere Stahlerzeugung. *Frankfurter Allgemeine Zeitung*, Verlagsbeilage *Zukunft Stahl*. Abgerufen am 13. Juli 2021 von www.faz.net/asv/zukunft-stahl-2018/saubere-stahlerzeugung-15636036.html

17 Projekt-Website Carbon2Chem. Abgerufen am 13. Juli 2021 von www.thyssenkrupp.com/carbon2chem/de/carbon2chem

18 Circle Economy. (2021). *Circularity Gap Report 2021.* Abgerufen am 13. Juli 2021 von www.circle-economy.com/resources/circularity-gap-report-2021

19 Quarks. (2021). *Das solltest du über Recycling wissen: Wie viel Müll wird in Deutschland recycelt?* Abgerufen am 12. August 2021 von www.quarks.de/umwelt/muell/das-solltest-du-ueber-recycling-wissen/#l%C3%B6sung4

20 Projekt-Website Alliance To End Plastic Waste. Abgerufen am 18. August 2021 von endplasticwaste.org/en/about

21 Hundertmark, T., Mayer, M., McNally, C., Simons, T. J., & Witte, C. (2018). How plastics waste recycling could transform the chemical industry. *McKinsey & Company.* Abgerufen am 14. Juli 2021 von www.mckinsey.com/industries/chemicals/our-insights/how-plastics-waste-recycling-could-transform-the-chemical-industry

22 Umweltbundesamt. (2021). *Kunststoffabfälle: Kunststoffe – Produktion, Verwendung und Verwertung.* Abgerufen am 12. August 2021 von www.umweltbundesamt.de/daten/ressourcen-abfall/verwertung-entsorgung-ausgewaehlter-abfallarten/kunststoffabfaelle#kunststoffe-produktion-verwendung-und-verwertung

23 Heinrich-Böll-Stiftung. (2019). *Plastikatlas. Daten und Fakten über eine Welt voller Kunststoffe.* S. 37. Berlin: Heinrich-Böll-Stiftung.

24 Bundesministerium für Umwelt, Naturschutz und nukleare Sicherheit. (2019). *Neues Verpackungsgesetz sorgt für bessere Verpackungen und mehr Recycling.* Abgerufen am 12. August 2021 von www.bmu.de/pressemitteilung/neues-verpackungsgesetz-sorgt-fuer-bessere-verpackungen-und-mehr-recycling

25 PlasticsEurope. (2021). *European plastics manufacturers plan 7.2 billion Euros of investment in chemical recycling.* Abgerufen am 18. August 2021 von www.plasticseurope.org/en/newsroom/press-releases/european-plastics-manufacturers-plan-over-7-billion-euros-investment-chemical-recycling

26 Covestro. (2021). *Den Kreislauf für Polyurethan-Matratzen schließen*. Abgerufen am 18. August 2021 von www.covestro.com/press/de/den-kreislauf-fuer-polyurethan-matratzen-schliessen-public

27 Gaffney & Rockström, 2021.

28 Dechema & FutureCamp. (2019). *Roadmap Chemie 2050. Auf dem Weg zu einer treibhausgasneutralen chemischen Industrie in Deutschland*. Abgerufen am 13. Juli 2021 von dechema.de/dechema_media/Downloads/Positionspapiere/2019_Studie_Roadmap_Chemie_2050-p-20005590.pdf

29 Projekt-Website Kopernikus-Projekte P2X. Abgerufen am 13. Juli 2021 von www.kopernikus-projekte.de/projekte/p2x

30 Rosling, H. (2018). *Factfulness. Wie wir lernen, die Welt so zu sehen, wie sie wirklich ist*. Berlin: Ullstein Buchverlage GmbH.

Sabine Oberhuber und Thomas Rau
Werterhalt statt Wertvernichtung – wie es andere Länder vormachen

1 Redaktion beck-aktuell & Birschel, A. (27. Mai 2021). Historisches Klima-Urteil: Shell muss CO_2-Emissionen reduzieren. *beck-aktuell*. Abgerufen von rsw.beck.de/aktuell/daily/meldung/detail/historisches-klima-urteil-shell-muss-co2-emissionen-reduzieren

2 BVerfG. (2021). *Beschluss des Ersten Senats vom 24. März 2021 – 1 BvR 2656/18 -, Rn. 1-270*. Abgerufen von www.bundesverfassungsgericht.de/SharedDocs/Entscheidungen/DE/2021/03/rs20210324_1bvr265618.html

3 Münchener Rückversicherungs-Gesellschaft. (o. J.). *Risiken durch Naturkatastrophen*. Abgerufen von www.munichre.com/de/risiken/naturkatastrophen-schaeden-nehmen-tendenziell-zu.html

4 Scheffran, J. (2017). Klimawandel als Risikoverstärker in komplexen Systemen. In G. P. Brasseur, D. Jacob & S. Schuck-Zöller (Hrsg.), *Klimawandel in Deutschland: Entwicklung, Folgen, Risiken und Perspektiven* (S. 287 ff). Geesthacht: Helmholtz-Zentrum.

5 Lindsey, R. (14. August 2020). Climate Change: Atmospheric Carbon Dioxide. *NOAA Climate. gov*. Abgerufen von www.climate.gov/news-features/understanding-climate/climate-change-atmospheric-carbon-dioxide

6 Woolven, J. (11. Dezember 2020). To fulfil the Paris Agreement we need a circular economy. *Circulate*. Abgerufen von medium.com/circulatenews/to-fulfil-the-paris-agreement-we-need-a-circular-economy-5516bddda67d

7 Sypien, M. (2009). *Der Club of Rome und Studien zu den Grenzen des Wachstums: Anmerkungen zur Zukunft der Menschheit*. Deutschland: GRIN Verlag. Stockholm Resilience Center. (o. J.). *The nine planetary boundaries*. Abgerufen von www.stockholmresilience.org/research/planetary-boundaries/the-nine-planetary-boundaries.html

8 Stockholm Resilience Center. (o. J.). The nine planetary boundaries. Abgerufen von www.stockholmresilience.org/research/planetary-boundaries/the-nine-planetary-boundaries.html Stockholm Resilience Center, o. J.

9 Reuß, J., & Dannoritzer, C. (2013). *Kaufen für die Müllhalde: das Prinzip der geplanten Obsoleszenz*. Deutschland: orange-Press.

10 McKinsey & Company. (2016). *The circular economy: Moving from theory to practice*. Abgerufen von www.mckinsey.com/business-functions/sustainability/our-insights/the-circular-economy-moving-from-theory-to-practice

11 DR Deutsche Recycling Service GmbH. (o. J.). *Top & Flop Recycler der Welt – welche Länder besonders vorbildlich sind und welche nicht*. Abgerufen von deutsche-recycling.de/blog/top-und-flop-recycler-der-welt

12 Rau, T., & Oberhuber, S. (2018). *Material Matters: Wie wir es schaffen, die Ressourcenverschwendung zu beenden, die Wirtschaft zu motivieren, bessere Produkte zu erzeugen und wie Unternehmen, Verbraucher und die Umwelt davon profitieren*. Berlin: Econ Verlag.

13 Gaulhofer, K. (11. April 2015). Die Wirtschaft der Zukunft läuft im Kreis. *Die Presse*. Abgerufen von www.diepresse.com/4706281/die-wirtschaft-der-zukunft-lauft-im-kreis

14 YouGov. (2019). *Plastik in den Meeren: Umfrage zeigt, wie wichtig das Umweltthema den Menschen auf 5 Kontinenten ist*. Abgerufen von yougov.de/news/2019/06/05/plastik-den-meeren-globale-umfrage-zeigt-wie-wicht

15 Deutsche Bundesstiftung Umwelt. (2021). *Mehrheit der Deutschen will Verbot von Einwegprodukten*. Abgerufen von www.dbu.de/123artikel39024_2442.html

16 Walker, A. M., Opferkuch, K. Lindgreen, E. R., Simboli, A., Vermeulen, W. J. V., & Raggi, A. (2021). Assessing the social sustainability of circular economy practices: Industry perspectives from Italy and the Netherlands. *Sustainable Production and Consumption Volume 27*, Juli 2021, 831–844. Abgerufen von www.sciencedirect.com/science/article/abs/pii/s2352550921000300

17 Gloy, R. (6. Februar 2019). Circular economy: still a long way to go. *Technologist*. Abgerufen von www.technologist.eu/circular-economy-still-a-long-way-to-go

18 Umweltbundesamt. (2020). *Klima- und Ressourcenschutz stärker zusammendenken*. Abgerufen von www.umweltbundesamt.de/presse/pressemitteilungen/klima-ressourcenschutz-staerker-zusammendenken

19 Fink, L. (o. J.). *Eine grundlegende Umgestaltung der Finanzwelt*. Abgerufen von www.blackrock.com/ch/privatanleger/de/larry-fink-ceo-letter

20 Rushe, D. (30. März 2021). Green investing ›is definitely not going to work‹, says ex-BlackRock executive. *The Guardian*. Abgerufen von www.theguardian.com/business/2021/mar/30/tariq-fancy-environmentally-friendly-green-investing

21 Umweltbundesamt. (2021). *Ökodesign-Richtlinie: Umweltfreundliche Gestaltung von Produkten*. Abgerufen von www.umweltbundesamt.de/themen/wirtschaft-konsum/produkte/oekodesign/oekodesign-richtlinie#umweltfreundliche-gestaltung-von-produkten

22 o. V. (22. Oktober 2014). Frankreich beschließt Gesetz gegen »geplanten Verschleiß«. *Deutsche Welle*. Abgerufen von www.dw.com/de/frankreich-beschlie%C3%9Ft-gesetz-gegen-geplanten-verschlei%C3%9F/a-18011619

23 Pakalski, I. (19. Januar 2018). Italien ermittelt gegen Apple und Samsung. *golem. de*. Abgerufen von www.golem.de/news/geplante-obsoleszenz-italien-ermittelt-gegen-apple-und-samsung-1801-132252.html

24 German Watch. (2017). *Steuerpolitische Instrumente zur Förderung der Reparatur – eine umwelt- und sozialpolitische Maßnahme. Hintergrundpapier*. Abgerufen von www.germanwatch.org/de/13576

25 IISD. (2020). *European Commission Adopts Circular Economy Action Plan*. Abgerufen von sdg.iisd.org/news/european-commission-adopts-circular-economy-action-plan

26 Wilts, C. H. (2021). *»Pfand auf alles« – eine Lösung für geschlossene Wertstoffkreisläufe in einer Kreislaufwirtschaft? Studie im Auftrag der Bundestagsfraktion von Bündnis 90/Die Grünen*.

27 The White House. (2021). *FACT SHEET: Executive Order on Promoting Competition in the American Economy*. Abgerufen von www.whitehouse.gov/briefing-room/statements-releases/2021/07/09/fact-sheet-executive-order-on-promoting-competition-in-the-american-economy

28 Runder Tisch Reparatur e. V., runder-tisch-reparatur.de

29 Government of the Netherlands. (o. J.). *Circular Dutch economy by 2050*. Abgerufen von www.government.nl/topics/circular-economy/circular-dutch-economy-by-2050

30 Wirtschaftskammer Österreich. (2021). *Aktuelle Recycling-Strategien in Schweden und Finnland*. Abgerufen von www.wko.at/service/aussenwirtschaft/aktuelle-recycling-strategien-in-schweden-und-finnland.html

31 Wijkman, A., & Skånberg, K. (o. J.). *The Circular Economy and Benefits for Society*. Winterthur: Club of Rome. Abgerufen von clubofrome.org/wp-content/uploads/2020/03/The-Circular-Economy-and-Benefits-for-Society.pdf

32 Wuppertal Institut für Klima, Umwelt, Energie. (o. J.). *Kreislaufwirtschaft*. Abgerufen von wupperinst.org/forschung/abteilungen/ kreislaufwirtschaft

33 The Ex'tax Project. (2016). *New era. New plan. Europe. A Fiscal Strategy for an Inclusive Circular Economy.* Utrecht: The Ex'tax Project. Abgerufen von www.neweranewplan.com/wp-content/ uploads/2016/12/New-Era-New-Plan-Europe-Extax-Report-DEF.compressed.pdf

34 Lin, Y. (4. Januar 2021). Mono-material packaging: A recycler's wish. *Eco-Business.* Abgerufen von www.eco-business.com/opinion/ mono-material-packaging-a-recyclers-wish

35 Weissenberg. (o. J.). *Wofür kann die Blockchain-Technologie eingesetzt werden?* Abgerufen von weissenberg-solutions.de/wofuer-kann-die-blockchain-technologie-eingesetzt-werden

36 Bundesministeriums für Wirtschaft und Energie (BMWi). (2019). *Blockchain-Strategie der Bundesregierung.* Berlin: BMWi. Abgerufen von www.bmwi.de/Redaktion/DE/Publikationen/ Digitale-Welt/blockchain-strategie.html

37 Duurzaam Gebouwd. (2013). *Gemeentehuis Brummen wint Award Duurzame Architectuur.* Abgerufen von www.duurzaamgebouwd.nl/ project/20130919-gemeentehuis-brummen-wint-award-duurzame-architectuur

38 Rau & Oberhuber, 2018.

39 Madaster Foundation, madasterfoundation.org

40 Madaster Germany, madaster.de

Peter Strohschneider
Ökologisierung von Landwirtschaft – zur gesamtgesellschaftlichen Agenda

1 Vgl. Umweltbundesamt. (2020). *Stickstoffeintrag aus der Landwirtschaft und Stickstoffüberschuss.* Dessau-Roßlau: Umweltbundesamt.

2 Vgl. Nationale Akademie der Wissenschaften Leopoldina, acatech – Deutsche Akademie der Technikwissenschaften & Union der deutschen Akademien der Wissenschaften. (2020). *Biodiversität und Management von Agrarlandschaften. Umfassendes Handeln ist jetzt wichtig.* Halle (Saale): Leopoldina.

3 Einschließlich von landwirtschaftlicher Landnutzung und Landnutzungsänderungen: Zukunftskommission Landwirtschaft (ZKL). (2021). *Zukunft Landwirtschaft. Eine gesamtgesellschaftliche Aufgabe. Empfehlungen der Zukunftskommission Landwirtschaft* (Kap. B 3). Rangsdorf: ZKL.

4 Kurth, T., Rubel, H., Meyer zum Felde, A., Krüger, J.-A., Zielcke, S., Günther, M., & Kemmerling, B. (2019). *Die Zukunft der deutschen Landwirtschaft nachhaltig sichern – Denkanstöße und Szenarien für ökologische, ökonomische und soziale Nachhaltigkeit.* Düsseldorf: Boston Consulting Group. Abgerufen von image-src. bcg.com/Images/Die_Zukunft_der_deutschen_ Landwirtschaft_sichern_tcm108-234154. pdf

5 ZKL, 2021, Kap. B 1.

6 ZKL, 2021, Kap. B.1.2.

7 Dazu die Entscheidung des Bundesverfassungsgerichts vom 24. März 2021, 1 BvR 2656/18, Rn. 1-270.

8 Von den Sustainable Development Goals der Vereinten Nationen und dem Pariser Klimaabkommen über Programme der Europäischen Kommission (Green Deal inklusive »Farm to Fork«-Strategie) bis hin zu Strategien der Bundesregierung (zu Insektenschutz, Klimaschutz, Ackerbau oder Nutztierhaltung).

9 ZKL, 2021, Kap. B 1.2.

10 ZKL, 2021, Executive Summary.

11 ZKL, 2021, Kap. B 2.8.

12 Verfehlt wäre die Erwartung, dass pragmatische *policy*-Entwürfe wie dem Abschlussbericht der ZKL ihre theoretischen Prämissen umfassend explizieren könnten. Ebenso verfehlt wäre allerdings die Annahme, sie seien diesbezüglich indifferent. Zusammenfassend zum Problemraum: Loske, R. (4. Januar 2021). Kritik der Politischen Ökonomie der Natur. *Frankfurter Allgemeine Zeitung* (Nr. 2), S. 6.

13 ZKL, 2021, Kap. B 4.4.

14 Vgl. auch Kompetenznetzwerk Nutztierhaltung. (2020). *Empfehlungen des Kompetenznetzwerks Nutztierhaltung.* Berlin, S. 16 ff. Karpenstein, U., Fellenberg, F., Schink, A. Johann, C., Dingemann, K., Kottmann, M., ... Gausing, B. (2021). *Machbarkeitsstudie zur rechtlichen und förderpolitischen Begleitung einer langfristigen Transformation der deutschen Nutztierhaltung.* Berlin, Bonn, Kraainem, Herne.

15 Neben den Empfehlungen der ZKL ist in diesem Zusammenhang insbesondere zu nennen: Wissenschaftlicher Beirat für Agrarpolitik, Ernährung und gesundheitlichen Verbraucherschutz beim Bundesministerium für Ernährung und Landwirtschaft (WBAE). (2020). *Politik für eine nachhaltigere Ernährung. Eine integrierte Ernährungspolitik entwickeln und faire Ernährungsumgebungen gestalten.* Berlin: BMEL.

16 ZKL, 2021, Kap. B 4.1.1.

17 ZKL, 2021, Kap. B 4.

18 ZKL, 2021, Kap. B 4.5.

19 ZKL, 2021, Kap. B 1.2.

20 ZKL, 2021, Kap. B 4.3.2.

Abbildungen
Zum Stand der Transformation in eine klimaneutrale und digitale Zukunft

1 Umweltbundesamt, Stand 11. August 2021.

2 Umweltbundesamt, Stand 11. August 2021.

3 Umweltbundesamt, Stand 11. August 2021.

4 Umweltbundesamt, Stand 11. August 2021.

5 Umweltbundesamt, Stand 11. August 2021.

6 Umweltbundesamt, Stand 11. August 2021.

7 Europäische Kommission; Digital Economy and Society Index (DESI) 2020, 11. Juni 2020

8 Bundesministerium für Verkehr und digitale Infrastruktur; Bericht zum Breitbandatlas – Teil 1: Ergebnisse; Mitte 2020

9 Statista Global Consumer Survey

10 cable.co.uk, Worldwide mobile data pricing 2021

11 Bundesministerium für Umwelt, Naturschutz und nukleare Sicherheit. (2021). *Lesefassung des Bundes-Klimagesetzes 2021*; Bundesministerium für Wirtschaft und Energie. (2020). *Energiewirtschaftliche Projektionen und Folgeabschätzungen 2030/2050.*

12 Bundesministerium für Wirtschaft und Energie. (2020). *Energiewirtschaftliche Projektionen und Folgeabschätzungen 2030/2050.*

13 bp. (2020). *Energy outlook: 2020 edition.*

14 Bundesministerium für Umwelt, Naturschutz und nukleare Sicherheit. (2021). *GreenTech made in Germany 2021.*

15 Global Carbon Project; Carbon Dioxide Information Analysis Centre (CDIAC).

16 IEA. (2020). *Key World Energy Statistics 2020.*

17 Eurostat. (2021). *Electricity prices for nonhousehold consumers.*

18 Fraunhofer-Institut für System- und Innovationsforschung ISI, Consentec GmbH & ifeu. (2021). *Langfristszenarien für die Transformation des Energiesystems in Deutschland.*

19 Zugrunde gelegt werden der durchschnittliche Ausstoß der deutschen Pkw-Flotte und der deutsche Strommix im Jahr 2018, Allianz pro Schiene. (2020). *Treibhausgas-Emissionen des Verkehrs.*

20 BAG. (2021). *Gleitende Mittelfristprognose für den Güter- und Personenverkehr.*

21 UBS, *Frankfurter Allgemeine Sonntagszeitung,* 5. September 2021.

22 Bundesministerium für Wirtschaft und Energie. (2020). *Energiewirtschaftliche Projektionen und Folgeabschätzungen 2030/2050.*

Michael Hähnel
Aktiver Klimaschutz beginnt am Esstisch

1 Edelman. (2021). *Edelman Trust Barometer 2021.* Frankfurt am Main: Edelman.

2 Bundesvereinigung der Deutschen Ernährungsindustrie. (2021). *Ernährungsindustrie. 2021.* Berlin: BVE.

3 Eisner, P., & Daniel, H. (2011). *Studie zum Innovationssektor Lebensmittel und Ernährung.* Freising: Fraunhofer Institut für Verfahrenstechnik und Verpackung IVV.

4 Informationsdienst des Instituts der deutschen Wirtschaft. (2021). *Deutschlands Klimaziele: Es gibt viel zu tun.* Abgerufen von www.iwd.de/ artikel/deutschlands-klimaziele-es-gibt-viel-zu-tun-510890

5 Poore, J., & Nemecek, T. (2018). Reducing food's environmental impacts through producers and consumers. *Science, 360* (6392), 987–992.

6 Deininger, O., & Haase, H. (2021). *Food Code*. München: Verlag Antje Kunstmann.
7 Deutsche Welthungerhilfe. (2021). *Hunger: Verbreitung, Ursachen & Folgen*. Abgerufen von www.welthungerhilfe.de/hunger

Marion A. Weissenberger-Eibl
Politik als Innovationstreiberin

1 World Commission on Environment and Development (wced), 1987, zit. in Holzbaur, U. (2020). *Nachhaltige Entwicklung. Der Weg in eine lebenswerte Zukunft*. Wiesbaden: Springer Fachmedien.
2 Lenton, T. M., Rockström, J., Gaffney, O., Rahmstorf, S., Richardson, K., ... Steffen, W. (2019). Climate tipping points – too risky to bet against. *Nature, 575* (7784), 592–595.
3 Stern, N. (2007). *The Economics of Climate Change: The Stern Review*. Cambridge, Vereinigtes Königreich: Cambridge University Press.
4 Lessenich, S., Weissenberger-Eibl, M. A., Barth, T., & Walli-Schiek, M. (2021). Nachhaltiges Wirtschaften setzt eine nachhaltige Arbeitswelt voraus. *Wirtschaftsinformatik & Management*. doi.org/10.1365/s35764-021-00345-8
5 Burger, S. (2021, im Erscheinen). *Die Abhilfeverantwortung global agierender Unternehmen. Ein Konzept zur Herstellung moralisch besserer Zustände (Hochschulschriften zur Nachhaltigkeit)*. München: oekom Verlag.
6 Diener, E., & Seligman, M. E. P. (2004). Beyond Money: Toward an Economy of Well-Being. *American Psychological Society, 5* (1).
7 Gesang, B. (2011). *Klimaethik*. Berlin: Suhrkamp Verlag.
8 Dallmer, J. (2020). *Glück und Nachhaltigkeit. Subjektives Wohlbefinden als Leitmotiv für nachhaltige Entwicklung*. Bielefeld: transcript Verlag.
9 Verein zur Steigerung der digitalen Kompetenzen in Österreich. (o. J.). *Generation 60+. Kaffee Digital*. Abgerufen am 8. Juli 2021 von www.fit4internet.at/view/generation_60plus
10 Eichhammer, W., Bradke, H., & Weissenberger-Eibl, M. A. (2018). Energiewende: Chancen bei der Transformation der Industrie aus einer deutschen Perspektive. In T. Vogel & P. Horvath (Hrsg.), *Das Pariser Abkommen und die Industrie. Wie kann Österreich die Chancen der Energiewende nützen?* Wien: new academic press.
11 Senior, A., Jumper, J., Hassabis, D., & Kohli, P. (2020). AlphaFold: Using ai for scientific discovery. *DeepMind*. Abgerufen am 8. Juli 2021 von deepmind.com/blog/article/AlphaFold-Using-ai-for-scientific-discovery
12 Ahmed, P. K., & Shepherd, C. (2010). *Innovation Management: Context, Strategies, Systems, and Processes*. Essex, Großbritannien: Pearson Prentice Hall.
13 ceiiA. (2020). *ceiiA Mobility*. Abgerufen am 7. Juli 2021 von www.ceiia.com/mobility-mobi-me

14 Weissenberger-Eibl, M. A., & Koch, D. J. (2013). *Innovation – Technologie – Entrepreneurship. Gestaltungssystem der frühen Phase des Innovationsprozesses* (1. Aufl.). Kassel: Cactus Group Verlag.
15 Gellrich, A. (2021). *25 Jahre Umweltbewusstseinsforschung im Umweltressort. Langfristige Entwicklungen und aktuelle Ergebnisse*. Dessau-Roßlau: Umweltbundesamt.

Thomas Krüger
Veränderungen ohne Angst begegnen

1 Reißig, R. (2014). Transformation – ein spezifischer Typ sozialen Wandels. Ein analytischer und sozialtheoretischer Entwurf. S. 51. In M. Brie (Hrsg.), *Futuring. Perspektiven der Transformation in Kapitalismus über ihn hinaus*. Berlin: Rosa-Luxemburg-Stiftung.
2 Reißig, R. (2009). *Gesellschafts-Transformation im 21. Jahrhundert. Ein neues Konzept sozialen Wandels*. Wiesbaden: vs Verlag für Sozialwissenschaften.
3 Kollmorgen, R., Merkel, W., & Wegener, H.-J. (2015). Transformation und Transformationsforschung: Zur Einführung. S. 17. In R. Kollmorgen, W. Merkel & H.-J. Wegener (Hrsg.), *Handbuch Transformationsforschung* (S. 11–27). Wiesbaden: Springer Fachmedien.
4 Kollmorgen, R. (2006). Gesellschaftstransformation als sozialer Wandlungstyp: eine komparative Analyse. In Sozialwissenschaftlicher Fachinformationsdienst soFid, *Politische Soziologie, 2006/1* (S. 9–30). Mannheim: gesis – Leibniz-Institut für Sozialwissenschaften.
5 Kollmorgen, R. (2010): Transformation für alle (s)? Zu Rolf Reißigs Entwurf eines neuen sozialen Wandlungskonzepts für das 21. Jahrhundert. S. 154. *Berliner Debatte Initial, 21 (2010), 2*, S. 147–155.
6 Kollmorgen et al., 2015, S. 22.
7 Thomas, M. (2015). Lebenswelt. S. 593. In R. Kollmorgen, W. Merkel & H.-J. Wegener (Hrsg.), *Handbuch Transformationsforschung* (S. 593–598).
8 Thomas, 2015, S. 593.
9 Gagné, J., & Krause, L.-K. (2021). *Einend oder spaltend? Klimaschutz und gesellschaftlicher Zusammenhalt in Deutschland*. S. 44. Berlin: More in Common e. V.
10 De Haan, G. (2008). Gestaltungskompetenz als Kompetenzkonzept der Bildung für nachhaltige Entwicklung. S. 31. In I. Bormann & G. de Haan (Hrsg.), *Kompetenzen der Bildung für nachhaltige Entwicklung* (S. 23–36). Wiesbaden: vs Verlag für Sozialwissenschaften.
11 De Haan, 2008, S. 31.
12 De Haan, 2008, S. 37.
13 Mau, S. (2020). Der Osten als Problemzone? Eine Skizze zur ostdeutschen Soziopolitik. S. 14. In Bundeszentrale für politische Bildung (bpb),

Deutsche Einheit. Aus Politik und Zeitgeschichte 28-29/2020 (S. 11–16). Bonn: bpb.
14 Mau, 2020, S. 14.
15 Brückweh, K. (2020). Das vereinte Deutschland als zeithistorischer Forschungsgegenstand. S. 10. In Bundeszentrale für politische Bildung (bpb), *Deutsche Einheit. Aus Politik und Zeitgeschichte 28-29/2020* (S. 4–10). Bonn: bpb.

Nico Briskorn
Der Fußball als Impulsgeber für eine erfolgreiche Wende

1 Sport 2050: Why are we doing this – and why does it matter today? bbc. Abgerufen von www.bbc.com/sport/56972366
2 peta Deutschland. (2020). *Bundesliga 2019: Das sind die vegan-freundlichsten Fußballstadien*. Abgerufen von www.peta.de/themen/bundesliga-2019-stadien-vegan
3 Cum Ratione. (2020). *Die Vereine im Ranking – so fair sind ihre Shops*. Paderborn: Cum Ratione.

Peter Thul
Motorsport: Klimaneutral bis 2030

1 Fédération Internationale de l'Automobile (fia). (5. Juni 2021). *The fia is committed to World Environment Day*. Abgerufen von www.fia.com/news/fia-committed-world-environment-day
2 Oliver Wyman & Verband der Automobilindustrie (vda). (2018). *Future Automotive Industry Structure – fast 2030*.
3 Zentrum für Sonnenenergie- und Wasserstoff-Forschung Baden-Württemberg (zsw). (9. März 2021). *Elektroautos: Bestand steigt weltweit auf 10,9 Millionen*. Abgerufen von www.zsw-bw.de/presse/aktuelles/detailansicht/news/detail/News/elektroautos-bestand-steigt-weltweit-auf-109-millionen.html
4 Umweltbundesamt. (o. J.). *Weltweiter Autobestand*. Abgerufen von www.umweltbundesamt.de/bild/weltweiter-autobestand
5 Porsche ag. (31. März 2021). *Porsche Mobil 1 Supercup setzt auf erneuerbare Kraftstoffe*. Abgerufen von presse.porsche.de/prod/presse_pag/PressResources.nsf/Content?ReadForm&languageversionid=1189937&hl=motorsport-news
6 Umweltbundesamt. (22. Februar 2021). *Kraftstoffverbrauch im Personen- und Güterstraßenverkehr*. Abgerufen von www.umweltbundesamt.de/daten/verkehr/kraftstoffe
7 fia. (o. J.). *fia PurposeDriven Environment*. Abgerufen von purposedriven.fia.com/page/environment
8 fia. (o. J.). *fia Environmental Strategy 2020–2030*. Abgerufen von www.fia.com/multimedia/publication/fia-environmental-strategy-2020-2030

Ulf Kämpfer

Die Zukunft ist schon da: Kommunen als Triebfedern

1 Zitiert nach dem US-amerikanischen Science-Fiction-Autor William Gibson: »The future is already here – it's just not very evenly distributed.«

2 Allein im Rahmen der Kommunalrichtlinie der Nationalen Klimaschutzinitiative sind von 2008 bis 2019 knapp 19.000 Projekte in mehr als 3.600 Kommunen gefördert worden, vgl. Website der Nationalen Klimaschutzinitiative des Bundesumweltministeriums, www.klimaschutz.de

3 Die im November 2020 auf europäischer Ministerebene verabschiedete »Neue Leipzig-Charta« spricht zutreffend von der »transformativen Kraft der Städte« für das Gemeinwohl im Allgemeinen und für erfolgreiche Klimaschutz- und Klimaanpassungspolitik im Besonderen.

4 Zum Beispiel spart Kiel durch den 2019 erfolgten Wechsel von einem Kohle- auf ein flexibles Gasmotorenkraftwerk das CO_2-Äquivalent von 500.000 Pkw ein.

5 In Kiel neben dem »Masterplan 100 % Klimaschutz« zum Beispiel der »Masterplan Mobilität« für die KielRegion, der »Green City Plan« sowie sektorale Konzepte zu Fußverkehr, E-Mobilität oder Premiumradrouten. Zu nennen ist auch die Bedeutung kommunaler Konzepte zur Klimafolgenanpassung.

6 Glückslokal, www.glueckslokal.de

7 Die »Neue Leipzig-Charta« nennt als transformativen Beitrag der Digitalisierung auf kommunaler Ebene »smarte städtische Mobilität, Energieeffizienz, nachhaltiges Wohnen, öffentliche Dienstleistungen, Einzelhandel, Nahversorgung sowie digitale Verwaltung und Beteiligung«.

8 In Kiel entsteht beispielsweise derzeit ein Netz von rund 50 Mobilitätsstationen.

9 Munich Urban Colab, www.munich-urban-colab.de

10 Das Clean Autonomous Public Transport Network (CAPTN), captn. sh

11 Um die »Agenda 2030 für nachhaltige Entwicklung« umzusetzen, sind tiefgreifende Transformationsprozesse notwendig, die weit über Klimaschutzmaßnahmen hinausreichen. Klimaschutz (SDG 13) ist zwar ein besonders wichtiges, aber eben nur eines der 2015 von den Vereinten Nationen unter dem Titel »Transformation unserer Welt« benannten 17 Ziele für nachhaltige Entwicklung (SDGs). Mit dem Ziel »Nachhaltige Städte und Siedlungen« (SDG 11) gibt es dabei sowohl Überschneidungen als auch Konfliktpotenzial.

Lutz Meyer

Was es für die Transformation der deutschen Automobilindustrie braucht

1 Statistisches Bundesamt. (o. J.). *Straßenverkehr: EU-weite CO_2-Emissionen seit 1990 um 24 % gestiegen*. Destatis. Abgerufen von www.destatis.de/Europa/DE/Thema/Umwelt-Energie/CO_2_Strassenverkehr.html

2 Bundesministerium für Umwelt, Naturschutz und nukleare Sicherheit (BMU). (2021). *Treibhausgasemissionen sinken 2020 um 8,7 Prozent*. Abgerufen von www.bmu.de/pressemitteilung/treibhausgasemissionen-sinken-2020-um-87-prozent

3 Bundesregierung. (2021). *Klimaschutzgesetz: Generationenvertrag für das Klima*. Abgerufen von www.bundesregierung.de/breg-de/themen/klimaschutz/klimaschutzgesetz-2021-1913672

Dirk Meyer

Was sich in der staatlichen Verwaltung ändern muss

1 Siehe hierzu auch den Dialogprozess des Bundesministeriums für Umwelt, Naturschutz und nukleare Sicherheit (BMU) »Wir schafft Wunder« unter www.bmu.de/wir-schafft-wunder. Darin hat das BMU die wichtigsten Sektoren der Transformation nach deren Zielbildern analysiert und die wichtigsten Akteure zu Zielkonflikten und Handlungsvorschlägen befragt.

2 Vassiliadis, M. (2021). *Kompakt, Juni 2021*. S. 10.

3 Heilmann, T., & Schön, N. (2020). *Neustaat: Politik und Staat müssen sich ändern*. S. 182. München: Finanzbuch Verlag.

4 Heilmann & Schön, 2020.

Yvonne Ruf

Dekarbonisierung als Chance begreifen

1 Sekundärrecherchen, Reuters, Dow Jones, Roland Berger.

Dirk Messner und Jürgen Renn

Transformation zur Nachhaltigkeit: Herausforderungen für die Wissenschaft

1 Steffen, W., Grinevald, J., Crutzen, P., & McNeill, J. (2011). The Anthropocene: conceptual and historical Perspectives. *Philosophical Transactions, Vol. 369, Issue 1938,* 842–867.

2 Messner, D., & Weinlich, S. (2016). *Global Cooperation and the Human Factor in International Relations*. London: Routledge.

3 Rosol, C., Steininger, B., Renn, J., & Schlögl, R. (2019). On the Age of Computation in the Epoch of Humankind. *Nature Outlook Special Issue: Digital Transformation*. Abgerufen von www.nature.com/articles/d42473-018-00286-8. Wissenschaftlicher Beirat der Bundesregierung Globale Umweltveränderungen (WBGU). (2019). *Unsere gemeinsame digitale Zukunft*. Berlin: WBGU.

4 Sachs, J., Schmidt-Traub, G., Mazzucato, M., Messner, D., Nakicenovic, N., & Rockström, J. (2019). Six Transformations to achieve the SDGs. *Nature Sustainability, Vol. 2,* 805–814.

5 Bremmer, I. (2013). *Every Nation for itself*. New York: Penguin.

6 Renn, J. (2020). *The Evolution of Knowledge: Rethinking Science for the Anthropocene*. Princeton: Princeton University Press.

7 Renn, 2020.

8 Mayntz, R., & Scharpf, F. (Hrsg.) (1995). *Gesellschaftliche Selbstregelung und politische Steuerung*. Frankfurt: Campus.

9 Tomasello, M. (2006). *Die kulturelle Evolution menschlichen Denkens: Zur Evolution der Kognition*. Frankfurt: Suhrkamp.

10 Appiah, K. A. (2011). *How Moral Revolutions Happen*. New York: Norton & Company.

11 Fogel, R. W. (1999). Catching up with the Economy. *American Economic Review, Vol. 89* (1), 1–21.

12 Steffen, W., Broadgate, W., Deutsch, L., Gaffney, O., & Ludwig, C. (2015). The Trajectory of the Anthropocene: The Great Acceleration. *Anthropocene Review, Vol. 2,* 81–98.

Bildnachweise und Impressum

Bildnachweise

Die Bildrechte der Porträtfotos liegen bei den
Autoren. Bei Ausnahmen werden diese hier aufgeführt.

16
Greb, PIK

16
Esther Horvath

16, 24, 386
Susanne Kambor, Umweltbundesamt

32
Marquard, RUB

46
Michael Lübke

76
Jan Voth

104
Guilia Ianicelli

110
Andreas Pein

122
Fraunhofer ISE

134
Laurence Chaperon

148
Gaby Gerster

198
Thomas Köhler, photothek

218
Rügenwalder Mühle

264
Rahel Täubert

294
Pepe Lange, Lh Kiel

232, 300
Copyright DB AG

300
Nora Blum

306
Mercator

306
Monika Keiler

336, 372
Dominik Butzmann

372
Christian Kruppa

Titel
1xpert, stock.adobe.com

6
Sven Huls, Pexels

16, 190
mangpor_2004, iStock.com

30
Alex Fu, Pexels

38, 198, 306, 386
Pla2na, Shutterstock.com

68, 90, 336
YiuCheung, iStock.com

72
Ksenia Chernaya, Pexels

116, 232, 256
Champiofoto, Shutterstock.com

122
ivanastar, iStock.com

275
Niki Nagy, Pexels

300, 372
tereshkov andrey, Shutterstock.com

Impressum

© **Ullstein Buchverlage GmbH,**
Berlin 2021
Alle Rechte vorbehalten
Econ ist ein Verlag der
Ullstein Buchverlage GmbH
ISBN 978-3-430-21069-0

Projektpartner
Roland Berger GmbH

Konzeption
Dirk Meyer, Lutz Meyer

Redaktion
Anette von Löwenstern
Daniela Schmidt, wissen und worte

Gestaltung und Satz
Hannes Schulze, Nur Mut
Gesetzt in More Pro

Bildbearbeitung
Hannes Schulze, Nur Mut

Lektorat
Robert Pitterle

Druck
Druck und Bindung: Eberl & Kösel, Krugzell
Printed in Germany

Redaktionsschluss: 10. September 2021.

Die Beiträge der Autoren geben
ausschließlich deren eigene
Meinung wieder.

Die Zusammenfassung der Handlungsagenda
gibt ausschließlich die Meinung der
Herausgeber wieder.

Website
www.deutschlands-neue-agenda.de

Klimaneutrales Produkt
ullstein.de/nachhaltigkeit

Die Website zum Buch
Alle Beiträge und Grafiken
zum Teilen

www.deutschlands-neue-agenda.de